JN250816

ソシオロジー選書 4

Culture, Class, Distinction

Tony Bennett, Mike Savage, Elizabeth Silva,
Alan Warde, Modesto Gayo-Cal, David Wright

文化・階級・卓越化

トニー・ベネット
マイク・サヴィジ
エリザベス・シルヴァ
アラン・ワード
モデスト・ガヨ＝カル
デイヴィッド・ライト

磯 直樹／香川めい／森田次朗／知念 渉／相澤真一 訳

青弓社

文化・階級・卓越化　目次

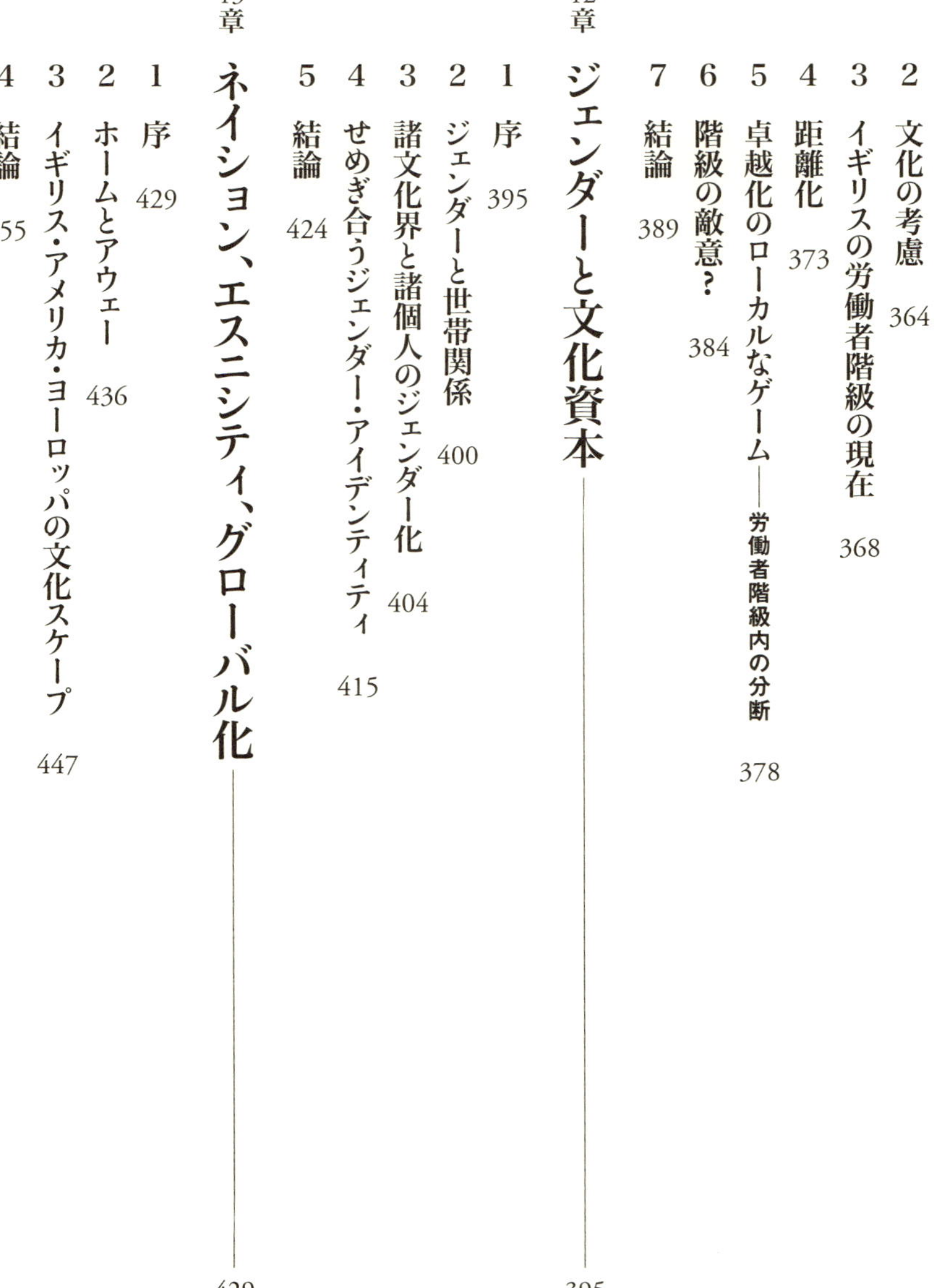

装丁――神田昇和

凡例

①原文のイタリック体による強調には傍点を付す。書名は『　』でくくる。
②訳者による補足は［　］とする。
③邦訳がある文献については、適宜参照しながら訳者が訳し直した場合がある。

謝辞

本書のための調査を実施し、本書を執筆するなかで、多大な協力を得てきた。そのようなすべての協力のおかげで、われわれはあらゆる段階で研究の価値を大いに高めることができたし、――どんな些細なものであれ――これらの協力がなかったのなら、本書はこれほどいいものにはならなかっただろう。

われわれは何よりもまず、この本のもとになる「文化資本と社会的排除――批判的探究」プロジェクトを支える資金を提供してくれた経済・社会研究カウンシル（ESRC）にお礼を述べたい。また、イギリス映画協会（BFI）からの資金援助にも感謝する。それらの資金がなければ、われわれは、本書で報告する調査を全面的に完成させることはできなかっただろう。さらに、文化・メディア・スポーツ省（DCMS）、国家統計局（ONS）、イングランド芸術委員会（ACE）、北アイルランド芸術委員会（ACNI）、ウェールズ芸術委員会（ACW）、スコットランド芸術委員会（SAC）、繰り返しになるが、その諮問機関を通じてプロジェクトを支援してくれたイギリス映画協会（BFI）にも感謝している。この制度的支援への感謝とともに、その機関のメンバーであるリチャード・ピーターソン（BFI）、ポール・アリン（ONS）、アン・ブリッジウッドとキャサリン・バンティング（ACE）、ニック・リビングストーン（ACNI）、ターニャ・ハチンソン（SAC）、フランシス・メドレイ（ACW）、そしてイアン・ウッドとゲリー・マンディ（DCMS）が積極的に関わってくれたことに対し、感謝したい。特に、この調査を始めるにあたって開催した住宅カンファレンスや、はじめに知見を紹介した密な一日がかりのミーティングで諮問機関のメンバーから受けた助言に感謝している。そして、諮問機関の長として可能なかぎり、効果的な役割を果たしてくれたポール・アリンには特に感謝する。

本書にはわれわれの名前が記載されているが、調査を進める際には、その他にも多くの研究者たちが様々な点で本書の発展に貢献している。このプロジェクトの原点は、オープン・ユニバーシティの国家生活文化プログラムとの関わりで発展してきた共同研究にあり、さらに、そのプロジェクトから発展した国家調査ネットワークの結果として引き出すことができた熟達した調査援助がなければ、われわれの調査設計の中心にあるフォーカスグループと家庭に対するインタビューという国家プロジェクトは不可能だっただろう。ステファニー・アダムス、クリス・アーチャー、スリンダー・グル、ルース・ジャクソン、ピパ・スティーヴンス、カレン・ウェルズから受けた情熱的で有能な支援には特に感謝している。フォーカスグループでの議論や家庭やエリートへのインタビューの文字起こしをしてくれたポーリン・ウィンザーの援助にも、かなり支えられた。

さらに、国立社会調査センター、とりわけ質問紙の設計に関して非常に有益な助言をくれ、効果的な調査運営をしてくれたカタリナ・トムソンに感謝する。この調査のために国家社会調査センターによって集められたインタビュアー・チームにも感謝する。また、バーミンガムでの仕事に就く前に、調査の起草段階で関わってくれたヤオジュン・リにも感謝する。質問紙を検討するセミナーに参加してくれた方々、特にアンジェラ・デール、ハザー・ローリー、ベヴァリー・スケグスからもわれわれは恩恵を受けている。

本書の中核となっている多重対応分析をおこなった二人のフランスの数学者の寛大さがなければ、われわれの調査データの分析ははるかに貧しいものになっていただろう。アンリ・ルアネとブリジット・ルルー（パリ第五ルネ・デカルト大学）は、われわれの研究のこの段階での理想の研究パートナーであり、ピエール・ブルデューとともに研究していたこともある彼らの幅広い経験は、われわれの研究をかなり豊かなものにしたし、また、その伝統の一部になるという光栄な感覚を与えてくれた。また、アンリとブリジットを紹介してくれたヨンス・イエールブレッケ（ベルゲン）、関心を寄せ支援してくれたオラフ・コシュネス（ベルゲン）、レンナート・ルーゼンルン（スタヴァンゲル）、フレデリク・ルバロン（アミアン）にも感謝したい。

その他にも多くの研究者が、われわれが企画したワークショップやシンポジウムに参加してくれたり、あるいは、自身が企画したカンファレンスやセミナーで調査の途中経過を報告する機会をわれわれに与えてくれたりすることで、この調査の様々な段階でわれわれとアイデアを共有し、助けてくれた。アンジェラ・デールが主催するＥＳＲＣ調査方法プロジェクトに資金援助を受けて開催された初のワークショップ「資本を定義する」に参加してくれた人々、ジュリア・ブラネン、イレン・ブリューゲル、フィオナ・ディヴァイン、ロザリンド・エドワーズ、ハリー・グルバーン、アン・グレイ、ロザリン・ハーパー（ＯＮＳ）、ジャネット・ホランド、リン・ジェイミソン、ヘレン・ルーシー、レイチェル・トムソン、スージー・ウェラー、キャス・ウッドワードに感謝する。特に、このプロジェクトを開始する際にわれわれが企画したシンポジウム「文化資本と社会的排除」に貢献してくれたフィオナ・ディヴァイン、シモン・ガン、ジョン・ヒル、デーヴ・ヘスモンダルグ、ルース・リーヴィタス、デイヴィッド・ルースリー、デイヴィッド・マクローン、タリク・モドゥード、ニック・プリアー、ダイアン・レイ、ディレク・ロビン、ケン・ロバート、サラ・セルウッド、アンドリュー・トゥリグ、そして、プロジェクトの終わりにわれわれが企画したシンポジウム「ブルデューと文化分析」に貢献してくれた、フィオン・ディヴァイン、リック・ファンタジア、マイケル・グレンフェル、アントニヌ・エニョン、池上英子、ミシェル・ラモン、ブリジット・ルルー、ニック・プリアー、ダイアン・レイ、アンドリュー・セイヤー、デイヴィッド・スワーツ、同じくそのイベントに参加してくれたリサ・アドキンス、ジョージア・ボーン、ヒューゴ・セロン・アナヤ、アンジェラ・デール、カミラ・ケネディ・ハーパー、ノブミ・コバヤシ・ヒラリー、フレデリク・ルバロン、ヘリーン・スニー、ジェイソン・トインビー、ジャネット・ウルフ、キャス・ウッドワードに感謝したい。また、ウプサラでワークショップを企画してくれたユッカ・グロノーとパトリック・アスパースにも感謝したい。おかげで北欧の同業者たちから恩恵を受けることができた。

本書を書き上げるまでにわれわれは、収めている各章の内容を、イギリスで数多く発表しただけでなく、オーストリア、オーストラリア、ブラジル、香港、オランダ、スウェーデン、チリ、フランス、ニュージーランド、ノルウェー、フィンランド、台湾、アメリカで発表してきた。ここで一人ひとりの名前を挙げることはできないが、協力していただいたことに感謝を述べたい。

最後に、われわれの研究は、オープン・ユニバーシティーのカレン・ホーからの運営上の立派な支援を受けてきた。数多くのワークショップ、打ち合わせ、関係者会議、定期的な会合を組織したり、ＥＳＲＣに提出するための書類や報告書を準備したりする際に、カレンの気遣いと効率的なはたらきがなければ、われわれのこのプロジェクトの効率性は半減していただろう。そして後半の段階では、ＥＳＲＣの社会文化的変容に関する調査センター（ＣＲＥＳＣ）のマネージャーであるジョシン・オプメールから、研究の最終局面という状況で尋常でない励ましをいただき、多大な恩恵を受けた。

読者のみなさまへ

本書を仕上げるなかで、われわれは調査の過程で個人やフォーカスグループへのインタビューを通じて二百人近い人々から話を聞いた。はじめに彼・彼女らを紹介してもらった際に、われわれは、インタビューを受ける人々の社会的立場や背景を突き止めていた。参照しやすいように、インタビューを受けてくれた人々の簡単な経歴情報を、本書の終わりに「登場人物」(Cast of characters) として付けた。

方法論補遺では、われわれの調査を特徴づけている方法を、分析上の適切な点から一般的な用語で、少し詳しく記している。しかしながら、紙幅の都合上、この調査で用いた実際の調査道具を収めることができなかった。量的調査で用いた質問紙や、フォーカスグループ、家庭やエリートへのインタビューで使用した質問項目の一覧表に関心がある読者は、これらの書類を含むわれわれの方法に関わるすべての書類を、エセックス大学のＵＫデータアーカイブ (http://www.data-archive.ac.uk/) で閲覧できる。われわれの調査によって生み出された、フォーカスグループでの議論や家庭インタビューのトランスクリプト、統計ファイルもこのサイトから利用できる。

こうした資源の多くは、「文化資本と社会的排除」プロジェクトが設けたウェブサイト (http://www.open.ac.uk/socialsciences/cultural-capital-and-social-exclusion/project-summary.php?) を通じて利用することもできる。この調査によって生み出された多くのその他の出版物もこのウェブサイトから利用できる。これらの詳細は、経済・社会研究カウンシルのウェブサイト（http://www.esrcsociety.ac.uk）で閲覧できる。

『ディスタンクシオン』における、一九六〇年代フランスでの文化的嗜好と階級的位置の諸関係に関するピエール・ブルデューの古典的考察をイギリスにどの程度適用できるのかについて、社会と文化の分析家たちは三十年以上にわたって問い続けてきた。[1] 多くの問題が提起された。イギリスの正統文化は、フランスの社会的・知的生活で与えられたものと同程度の中心的役割を担っているのか。ブルデューが六〇年代のフランスで見いだした階級と文化のつながりは、現在のイギリスにも存在するのか。文化的能力は、イギリスでも同様に権力を与えるのか。この三十年間の放送の発展、次いでインターネットの発展は、あらゆる文化を広く一般にアクセス可能にし、階級的諸文化のあらゆる選別が疑問に付されるまでになったのではないか。加えて、階級に関する語彙が公衆と政治の両方の生活で利用価値を失っていくにつれて、他の社会的諸分割（ジェンダー、エスニシティ、年齢）が文化的な嗜好と実践でのもろもろの差異との関係でより大きな意義を有するようになってきたのではないか。

ブルデューのフランス的諸嗜好の研究と同程度の詳細さと深さをもったイギリス的諸嗜好の社会的組織化を精査する研究が欠如していたために、以上のような問いに対する答えは大部分が思弁的なものだった。われわれの研究は、現代イギリスでの文化実践の社会的諸側面を可能なかぎり包括的・体系的に分析することで、その欠陥を埋めるものである。この研究のためには、イギリス全国からの無作為抽出のサンプルに加え、インド系、パキスタン系、アフロ・カリブ系の回答者によるエスニック・ブースト・サンプル（これは、人々がどのように考え、自身の文化的関心についてどのように語るのかを調べるための、フォーカスグループと世帯のインタビューに関する全国プログラムによって補完された）に対する質問紙調査がおこなわれた。

調査設計は、部分的にはブルデューの仕事を再現することを目的としたが、これと同時に、社会科学のその後の発展と様々な歴史的・政治的文脈の双方に照らして彼の仕事を拡張しながら修正することも目的とした。われわれの理論的・方法論的問題への関心は第1部で示すものの、ここではそれに先立って、われわれが考慮したいくつかの主要な文脈上の差異から立場をいくつか提示する。階級、文化、教育システム相互の関係をめぐるブルデューの考察の国に由来する特性を考慮し、現代イギリスでそのような諸関係が現れる形態と結び付けるために、われわれがどのようにその特性を修正したのかを説明する。ブルデューのジェンダーの概念化にみられるもろもろの欠陥もまた、克服すべき課題として立ちはだかった。それらの問題を克服し、世帯の形態の多様化を考慮に入れるには、理論的・方法論的にかなりの修正を加えなければならなかった。ここで言う世帯の形態の多様化とは、二十世紀中頃には異性のカップルの同居が統計的――そして社会的――な確固とした規範としてあったものの、現在ではその規範が揺らいでいることを指している。二十一世紀初頭の人々と諸文化の両方で増加した国際移動の文脈に適切に位置づけられるのであれば、同様のことはエスニシティをめぐる諸問題にも当てはまる。このことが意味するのは、ブルデューのアプローチを特徴づけるいくつかの仮定はますます疑わしくみえる、ということである。このことはとりわけ、国家に境界づけられた存在として社会を捉え、必然的にネイション内の諸関係の総体として階級を考える彼の観念に当てはまる。どんなにグローバリゼーション概念が過剰に用いられているにしても、文化と社会の諸関係はいまやネイションを超える（trans-national）性格を帯びるようになっている。

イギリスではさらに、サッチャーリズムの遺産とニュー・レイバーの十年が、階級の見え方とその語られ方――あるいは語られなさ――を大きく変化させることになった。サッチャーリズムは、新自由主義の旗の下で展開された資本主義の長期的・広域的再編成のローカルな政策表明だった。これによって、中産階級と労働者階級の双方の文化と生活に重大な帰結がもたらされた。格差の二極化は一九九〇年代以降のイギリス社会を特徴づけるものだが、こうした格差の拡大は西洋諸国の経済では共通するものとなっている。多くの論者が指摘するように[2]、だが、とりわけイギリスでは、階級の言語がここまでか弱くなったことはなかった。格差は社会的排除のような新語によってニュー・レイバーの政治的語彙で置き換えられるようになり、確固たるものになった不平等という居心地が悪い現実を「第三の道」という懐柔的でとりとめのない印象へと追いやったのである。

しかしながら、現代のイギリスの階級の顕著な特徴は、二極化が進展する経済的諸地位のまとまりとしてでは十分に理解されない。ブルデューの仕事の理論的レンズを通して階級に関する諸問題に取り組むことで得られる肯定的な帰結は、（資産としての資本の形態として理解される）文化が階級的諸関係の構成で中心的であるということだ。もろもろの階級的位置の論理は、職業的階級構造の形態に示される経済的諸関係によって規定される。文化はそのような階級的位置の単なる付随物ではなく、もろもろの階級的位置がどのように構成され、諸階級間の分割線（divisions）がどこで引かれるかの要因として考慮に入れられなければならないのである。文化を考慮に入れることで、現代のイギリスでどこでどのように階級の諸境界が、最も重要な形で引かれているのかが特徴的に描かれることになる。これは、ジョン・ゴールドソープの研究[3]やゴードン・マーシャルとその共同研究者が実施した全国調査[4]など、戦後イギリスでおこなわれてきた階級分析の最も活発な実証研究の伝統とは異なるものである。

エリック・オリン・ライトの言葉を借りるならば、われわれは「階級は重要である」[5]ことに異論はない。資本の形態としての文化という観点から、われわれは階級が文化的諸分割を示すことを明らかにする。しかし、われわれは同時に、階級がジェンダーやエスニシティ以上に重要だとはかぎらないということにも確信をもっている。それは、何を問題として取り上げるかによるのである。文化資本の特徴的な諸形態は、ジェンダー・エスニシティ・年齢による分割と結び付いていて、これらの要素は相互に影響し合い、階級に基づく諸形態とも関わっているのである。

この点は、ブルデューによるものとわれわれの発見との相違の鍵になる点である。われわれは、主要な理論的着想をブルデューから得ているとはいえ、彼のアプローチの重要な諸側面を認めるか、あるいはそれらを批判するかが必要だと認識してきた。このような認識でも、ジェンダー・エスニシティ・年齢による分割は鍵となっている。ここには、三つの論点がある。一つ目は、ブルデューによる社会的なものの関係論的組織化の考えに関わっている。すなわち、もろもろの文化実践はその意味と重要性を自らに固有の性質から引き出すのではなく、もろもろの異なる界の内部での一方の実践のもう一方への関わり方、および各界の内部や複数の界の越境を通して複数の異なる社会的位置に有する諸関係から引き出す、という彼の議論のことである。われわれはこの視座を評価するものの、この社会的なものの関係論的組織化は『ディスタンクシオン』で描かれた像よりもずっと複雑で多次元的な形態をとっている、と主張する。この著作では、もろもろの階級的位置の諸関係の形態が中心的に取り上げられている。ここでわれわれは、抽象的な理論的選択の問題として立場を異にしているのではない。そうではなく、ブルデューらが階級の重要性を確立したのと同様に、研究成果をもとにし、年齢・ジェンダー・エスニシティの重要性を社会文化的な分割の複雑なパターンを組織化するものとして捉える立場にあるのである。

第二に、これらのパターンを理解しようとすれば、特定の階級的位置に根ざしたもろもろの性向の統一された集合だというブルデューのハビトゥス概念の用法と解釈からの離脱を余儀なくされる。われわれの証拠は、ブルデューの考えとは逆に、ハビトゥスとは――この概念を保持し続けるとするならば――典型的には複雑でときには矛盾したものとして記述され、階級・ジェンダー・年齢・エスニシティが人格形成の諸過程でどう作用し合うかによって異なることを示している。

これらの二つの考察から三つ目の論点が導き出される。『ディスタンクシオン』では、ある特定の種類の文化的資源を保有することで得られる利益である文化資本は、大なり小なり階級的差異としてだけ考察されていた。これとは対照的にわれわれのアプローチでは、文化資本の概念を分解し、いくつかの異なる種類の文化的資源に細分化することで、文化的資源が組織化され、異なる種々の社会的関係のなかで動員される多様な様相を明らかにしていく。

大きくまとめるならば、以上がわれわれが前進させた立場である。われわれは、議論を次のように展開していく。第1部では、理論的・方法論的関心をより詳細に提示する。第1章では、ブルデューの研究の遺産を整理し、文化社会学がフランス・アメリカ・イギリスの諸伝統に与えたインパクト、および文化研究やフェミニズムのアカデミックな諸論争との関わりについて考察する。第2章では、われわれの仕事とブルデューのそれとの連続性、および両者の立場を区別する必要があると感じた点について述べる。われわれの理論的・方法論的前提を提示したうえで、それをふまえてどのように調査手段を設計したのか、そしてわれわれの発見をどう解釈したかを論じる。

ブルデューの界理論の用法にわれわれは重要性を見いだしているため、彼の範例にならい、主要な統計技法として多重対応分析（MCA）を用いて知見を解釈している。しかしながら、われわれは、得られたライフスタイル空間がどのように異なる社会的位置（階級、年齢、ジェンダー）と関わっているかをみるためだけにこの技法を使うのではなく、特定の諸個人の諸嗜好と諸実践をその空間のなかに位置づけることで、ブルデューの議論を拡張している。第2部では、これらの分析の結果を報告している。第3章では、現代イギリスのライフスタイルの社会空間を論じている。そして、読むこと、音楽、視覚芸術、テレビ、スポーツというもろもろの界＝領域での文化的参加と嗜好のパターンに、階級・教育・ジェンダー・年齢・エスニシティとの関係について、どのような共通の特徴が見いだせるのかを明らかにする。第4章では、それぞれの個人がこのライフスタイル空間に位置づけられる様子に焦点を当てる。特定の嗜好や選好と結び付いた多様な強度の関与の意味を統計的描写に加えるため、質的データの証拠を活用する。

第3部では、第3章で大局的に検討した様々な文化的界を、より詳細に考察する。もろもろの文化的嗜好、異なる種類の文化的知識、異なる諸領域での文化的参与の諸パターンの組織化を特徴づける特有の論理を明らかにすることが、われわれの目的である。われわれはまた、異なる界間で作動する文化的嗜好と実践のパターンを探究する。量的データをより詳細にみるだけでなく、フォーカスグループと諸世帯へのインタビューから得た質的データの証拠をも広く活用して、量的データから得られる知見が補完される場所、より複雑で微妙に差異づけられた分析形態の必要性が提起される場所を確認した。まず第5章で音楽の分野＝界から始め、第6章から第8章ではそれぞれ、読書慣行、視覚芸術、テレビを扱っている。第9章では、一連のスポーツと身体的実践との関わりに対する態度を取り上げる。最も顕著な分割がみられるのは音楽の分野と視覚芸術だが、文化的な嗜好・知識・参与が諸界のなかで隔てられている程度において、これら諸界は顕著に異なっている。階級は、決して重要でないことはないが、スポーツ、映画とテレビとの関係での影響は比較的小さいものだった。一方でこれらの領域ではジェンダーと年齢の影響がとりわけ強かったことが実証されている。諸界にまたがっての相似性と差異については、第3部を締めくくる総括の節である第3部の要約「文化の界――緊張と動態」で確認する。

第4部では、分析上の焦点を変え、階級、ジェンダー、エスニシティが文化的諸実践と結び付けられる方法を掘り下げて考察する。われわれはまた、これらがどのように相互作用するのかも考察する。まず中産階級(middle class) の文化的諸実践を取り上げ、特に様々なタイプの文化に関して多岐にわたる彼らの能力に着目する。特定の階級美学への関与にとどまらない彼らのこのような能力は、中間階級 (intermediate class) と労働者階級から中産階級を区別するものである。労働者階級に関する考察では、この五十年以上の間にイギリスで生じた諸変化によって労働者階級に固有の文化の存在がどの程度侵食されることになったのか、だけでなく、労働者階級の側でも文化的従属や劣等性についてのあらゆる感覚がどの程度薄められることになったのかに焦点を当てる。第12章では、ジェンダーの役割について考察を加える。特に文化資本の世代間伝達における性別の相対的重要性、および文化とジェンダー・アイデンティティの関係に重点をおいている。第13章では、メイン・サンプルが異なる白人諸集団とエスニック・ブースト・サンプルとフォーカスグループのインド系、パキスタン系、アフロ・カリブ系の回答者との関係性について、これらの集団がどのように、イギリス・アメリカ・ヨーロッパの諸文化形態と関わり合っているのかを考察する。人々と文化的諸形態両方の国際的運動によって国家の境界が広範囲にわたって越境される際、卓越化の社会諸関係がどのように形成され作用するのかを理解するためには、純粋にナショナルな準拠枠組みからの移行が必要になることを提唱する。

結論では、われわれの分析が現代イギリスの文化的諸実践の社会的組織化について何を示したのかを再検討しながら、得られた知見を以下の観点からまとめる。第一に、別々の諸界での、第二に、階級、年齢、ジェンダー、エスニシティそれぞれのなかでの、またそれぞれを超えての諸関係の結合を取り上げる。そして、これら諸関係で文化が資本の形態で――資産として――機能する諸側面を明らかにする。

注

(1) Bourdieu, P., *Distinction: A Social Critique of the Judgement of Taste*, Routledge, 1984.（ピエール・ブルデュー『ディスタンクシオンⅠ――社会的判断力批判』石井洋二郎訳、藤原書店、一九九〇年、同『ディスタンクシオンⅡ――社会的判断力批判』石井洋二郎訳、藤原書店、一九九〇年）

(2) Fairclough, N., *New Labour, New Language?*, Routledge, 2000, Steinberg, L. and R. Johnson eds., *Blairism and the War of Persuasion: Labour's Passive Revolution*, Lawrence and Wishart, 2004.

(3) Goldthorpe, J. H., (with C. Llewellyn and C. Payne,) *Social Mobility and Class Structure in Modern Britain*, Clarendon Press, 1980.

(4) Marshall, G., D. Rose, H. Newby and C. Vogler, *Social Class in Modern Britain*, Unwin Hyman, 1988.

(5) Wright, E. O., *Class Counts: Comparative Studies in Class Analysis*, Cambridge University Press/Maison des Sciences de l'Homme, 1997.

第1部

分析の位置づけ

第1章

『ディスタンクシオン』以後の文化

1　序

一九六〇年代の序盤、フランスの人類学者であったピエール・ブルデューは、ロラン・バルトやクロード・レヴィ＝ストロースらに関連づけられる構造主義的転回の潮流のなかで台頭してきた社会科学者のなかでも、最も重要な一人として評価されるようになった。彼の知名度を押し上げたのは、脱植民地化が進むアルジェリア社会に関する諸研究[1]だった。そのなかには、カビリアの住宅の間取りからジェンダーの関係をどのように読み取れるかを考察した重要な論考も含まれている。その後、ブルデューは、自分自身の社会に関心を向けた人類学者のなかでも初期の一人となり、自らの社会で価値を与えられるもろもろの文化実践が、特権的諸形態を保持する仕方に関心をもつようになった。彼は、六〇年代半ばからは自らが呼ぶところの「文化資本」に焦点を当てるようになった。これは、自分たちより下の階級の文化に対して、自らの文化が優越していると規定できる特権的階級の能力のことである。[2]彼は、写真研究[3]と美術館研究[4]を著した。彼はまた、質問紙調査とインタビュー調査をおこない、フランスの人々の文化的嗜好や活動への参加状況、さらには日常生活について調べ上げた。この研究は活字にするのに長い月日を要し、彼の理論的論考である『実践理論の素描』[5]を書き上げる間は先延ばしにされた。大人数の学際的研究チームと研究活動をともにしながら、彼はまず有名な論文である「嗜好の解剖学」を、自らが創刊したばかりの新しい学術誌「社会科学研究学報」に発表した。次いで七九年に、長篇で思考上の紆余曲折がみられる六百ページの大著『ディスタンクシオン』を著し、その英訳は八四年に刊行された。世界中を見渡しても、この著作は戦後の社会学のなかで、まさしく最も重要なモノグラフだと断言できるものである。

『ディスタンクシオン』を何の気なしに手に取った人は、この本がそれほどまでに重要な著作だとされていることに驚くかもしれない。一九六〇年代とはジェンダー、エスニシティ、若者に関わる問題群をめぐって特筆すべき文化的・社会的な運動がみられた時代であり、これら問題群に対する関心はのちの時代になるにつれていっそう高まっていった。しかし、ブルデューはこれらの問題に関してほんのわずかしか言及しておらず、距離をとっていたようにさえみえる。ブルデューの膨大でまとまりに欠ける散文には、哲学的省察や歴史的考察に加え、いまとなっては忘れられてしまっているような六〇年代のフランス文化の様相についての注解があちらこちらに織り交ぜられている。六八年にパリの高校教師の間で大流行したペトゥラ・クラークの歌やヴィスコンティの映画『ロッコ』をいったいどれくらいの人が知っているだろうか。ブルデューが知識人の嗜好の指標だと主張した『主なき槌』（ブーレーズ作曲）について、どれくらいの人が聞いたことがあるだろうか。加えて、驚嘆するほど多岐にわたる文化実践の数々を座標に位置づけた有名な図表についてはどうだろうか。また、英語版にみられる個別の文化実践のラベルについて、すべてのものを完全に解読することができるのか。[6] あるいは、様々な階級に関わるちょっとした断片物の社会的軌跡を、その人たちの文化実践にみられる割合のほんのわずかな差によって区別してしまう、この悪名高い傾向についてはどうだろうか。こうした賞味期限がある経験的な「種々」を扱った一冊の本が、その重要性を後世に保ち続けている、ということは稀有である。すなわち、社会科学引用指数（ＳＳＣＩ）などの指標で『ディスタンクシオン』のインパクトに並び立つ社会学的研究と言えば、純粋に理論的な論考（例えば、アンソニー・ギデンズのもの）か、あるいは高度に様式化された叙述形式による経験的素材を提示するもの（ミシェル・フーコーなど）のいずれかである。

にもかかわらず、『ディスタンクシオン』の魅力ははっきりと見て取れる。文化、メディア、余暇消費への関心が急激に高まっていた時代、また、これらの領域での階級の重要性の低下について過剰な主張がなされていたときに、ブルデューは最も包括的なやり方で当意即妙の社会学的返答をおこなった。彼の分析の核心は、文化をめぐる先験的な主張に対する批判にある。ブルデューは、アート、音楽、文学などの諸世界を「外側」の歴史として扱うよりもむしろ、社会的媒介物と見なした。文化的諸形態の本質に関する主張、すなわち文化的諸形態とは優れていて偉大なものであり、さらには普遍的で時代を超えて存在するものだという主張を額面どおりに受け取ってはならず、こうした主張は、文化的諸形態を高く評価する者たちが、それら諸形態に対してどのような社会的な価値を付与していて、そうして付与された価値がどれだけ必要とされているかということに、どれほど密接に結び付いているのかを提示するためにこそ分析されるべきものなのだ。このような動機のもとで、ブルデューはアカデミアの内外で文化分析の問題関心を書き直した。アカデミックな諸集団のなかで『ディスタンクシオン』は、道具的・実践的志向をもつ諸科学と、「啓蒙」「文明」「文化」などとの公平無私な関わり方によって「人文学」とを分け隔てるという伝統的な考え方を覆した。社会科学者が人文学者に任せていた究極的価値に関わる問題群を扱うことで、ブルデューは「紳士協定」に挑んだわけだが、一方でほとんどの場合、文化の批評家たちは、社会科学者たちが科学的探究をおこなうことに関わり合いをもとうとはしなかった。文化が「無垢」で私的な余暇活動ではないというブルデューの主張は、アカデミアの外では、文化の政治的次元を強調するという点できわめて重要なものであり続けた。

彼がフィールドワークを終えて四十年を経たいま、そして、その成果がフランス語で公刊されだして三十年を経たいま、本書は細かくかつ入念に彼の業績を取り込んでいる。彼と同様に、私たちの研究も広範なフィールドワークの成果に基づいている。私たちの場合、フィールドワークを二〇〇三年から〇五年にかけてイギリスでおこない、文化実践と社会的実践が、今日、どのような関係にあるかをめぐって広く議論を喚起することを目指している。[7] 文化的嗜好および活動と現代の社会的不平等の関係についての力強く鋭敏な考察を、ブルデューの総合的アプローチがいまもどのように提供してくれるかを私たちはここで示していく。ブルデュー自身は主として階級に焦点を当てていた。これに対して、私たちは階級がジェンダー、年齢、エスニシティとどう相互作用するかについてより大きな関心を向けることで、彼の分析をより豊かで精巧なものにしていく。

本章は、私たちが取り組んできたブルデューの議論のうち、鍵になる三点、すなわち、①文化資本の重要性、②もろもろの文化的界間の相同性、③優位性を再生産するうえでの文化の役割について概説することから始めることにする。次いで、これらの定理がばらばらの諸集合にどのように取り入れられ、論者たちが概してどのように自らの関心を狭めてしまい、各定理の特定の側面にばかり焦点を当ててしまったのかについて考察していく。こうした過程のなかで、これらの論者たちは批判を展開してきたものの、ブルデューの主要な業績をたびたびぼやかしてしまっている。ブルデューの関心は、文化的界と社会集団の形成の考察を文化資本に結び付けることを通じて、関係論的な観点から思考することにあったのである。本章の第2節では、フランスでのブルデューの遺産について検討する。第3節では、ブルデューの議論がアングロサクソン圏の教育社会学と社会階層研究でどのような影響を及ぼしてきたかを示すが、その一方で、文化の実践と嗜好に関する彼の研究が十分に顧みられなかった、ということも論じることにする。続いて、アメリカで（主流の）文化社会学での彼の位置について論じるが、そこでは他にみられないくらい深く文化資本を経験的に探究してきた一方で、界概念が無視されてきたことを確認する。最後の節では、文化研究に対するブルデューの影響を扱う。そこでは、ブルデューの議論が文化変容に関する諸理論に対して貢献してきたことが強調されてはいるものの、彼の仕事を支える美学的・認識論的土台については批判的に扱われている。

2　ブルデューの三つの公理

『ディスタンクシオン』で相互連関する主張のうち主要と考えられる三点について、われわれはいまの時代にどう関わるかを探究する。ブルデューによる第一の主張は、文化資本の意義についてである。「正統」文化の諸形態で教育された者たちはそれとは無縁の労働者階級や庶民階級に対して優位性を享受するわけだが、ブルデューは、こうした体系的な過程によってフランス社会が特徴づけられていると論じた。単純化するならば、これは「高級」(あるいはエリートや支配層の)文化と大衆文化間の強度な分断があると主張することである。こうした観点から文化を規定することは、珍しくはなかった(二十世紀のほとんどの時期のイギリスやアメリカでは、「ハイブラウ」「ミドルブラウ」「ローブラウ」などと階級諸文化を分類することはよくあった)が、ブルデューはそうした諸文化の中心性を社会関係にまで引き出したのだった。文化資本は、どちらかと言えば資産のようなはたらきをする。つまり、文化資本をもつ者は、それをもたない者からの支出を得る。ブルデューはそこに、金融資本のような流通と蓄積の過程も見いだした。文化資本は身体化され、教養がある中産階級は身体と知の両面で社会化されて、「正統」文化を享受できるようになっている。博物館や美術館と結び付いた教育システムや文化装置のなかでは、そのような文化は崇められながら制度化されているのだ。けれども、文化資本は資産とは異なる。それは身体化されていて、人々の性向と知覚から独立しては存在しえないため、その役割は社会的な当事者によって体系的・必然的に誤解されうる。われわれは、文化的なフレームを容易に取り外して不偏不党な評価をおこなうことなどできないのである。そのため、文化資本の力は不平等の体系的な形態として作用すると同時に、その重要性は決まって誤認されることになる。

ブルデューの分析の多くは、一九六〇年代のフランスで顕在化していた文化資本の性質をつまびらかにする試みに関わっていた。ブルデューによれば、文化資本はその最も価値が高い形態で特有の「美的性向」を包含するが、これは以下のように定義されている。

日常の差し迫った必要を和らげ、実践的な目的を括弧に入れる一般化された能力、あるいは実践的な機能をもたない実践に向かう持続的な傾向と適性のこと。これらは差し迫った必要から解放された世界での経験のなかでしか、また、それ自体が目的であるような諸活動、例えば学校での練習問題や芸術作品の鑑賞といった実践なくしては構成されえないものである。(8)

しかしブルデューは、文化資本を単一の定義にとどめることを拒んだ。彼は文化資本が様々な形態をとることをわかっていて、とりわけ二つの相異なる見方に着目していた。その一つは「純粋」美学と彼が呼ぶもので、機能よりも形式を重んじるモダニスト的関心によって特徴づけられているものであり、高度に抽象的な志向をもつものである。

ポスト印象派の絵画がすべてそうであるように、機能に対する形式の絶対的な優越性、すなわち、表象の対象よりも表象の形態の優越性を主張する芸術家の意図のもとで生み出された芸術作品は、概念上、それ以前の芸術が条件付きでしか要求しなかった純粋美学的な性向を要求する。(9)

これは、非常に純度が高い抽象化を求める知識人と芸術家によって擁護される、モダニストの前衛的な美学を生み出すことになる。対照的に、裕福な「工業実業家」は、ブルヴァール演劇や印象派絵画に象徴されるような、気楽さと容易さの快楽主義的美学へと向かうことで、ただしゆったりと贅沢な気ままさで日常の決まりきった経験を拒絶する。(10) これは、浪費を飾り立てる「顕示的消費」の美学である。ブルデューは文化資本を「スノッブ」

な文化の一形態と考えていたのだと言われることもあるため、次のことを指摘しておくのは重要である。すなわち、彼がこの「顕示的消費」という術語を用いなかったこと、および実際的な必要性を拒む形態の違いにはかなり敏感だったことである。

したがって、現代のイギリスに文化資本を見いだすことが可能か、もしそうである場合、それはどのような形態をとるかを判断することが、私たちの第一の問いになる。

ブルデューの第二の主張は、界間の相同性に関わる。それぞれの文化界（文学、視覚芸術、ジャーナリズムなどの界）はそれぞれ固有の自律性をもっていて、それぞれの内部での様々な関係性を捉えることによってだけ理解されると、ブルデューは論じた。例えば、ある芸術家が自身をどう位置づけ、他の芸術家たちと自身の位置関係をどう考えているかは重要なことである。何か卓越した評価を得ることは、ある界のなかで一定の位置を際立たせることにつながる。ブルデューはときとして階級決定論者だとして批判されることがあるために、こうした諸界の自律性を認めることを強調したことは重要である。しかしながら、それぞれの芸術世界は内在的形態を自らもっていて、他の何ものにも還元できないというモダニスト的美学に対しても、彼は反駁していた。彼によれば、諸界の間には相同性があって、異なる世界をまたいで似たような諸原理を見つけることが可能であり、そのことによって分類と卓越化の一般的諸原理を明らかにできるとされる。諸界は一般的に、一次的には、資源を付与されている者とされていない者とで対立するよう特徴づけられている。そして二次的には、「自律的」な地位を得ることで優位になっている者と、他の諸界から優位性を持ち込んできた者、なかでも重要なのは「経済的」・政治的対価を当の界に持ち込む者との間の対立がある。(11)

こうした諸原理については、フランスでの様々な文化的・知的生産の諸界の歴史的発展とその現代的な成立に焦点を当てた晩年期の著作で、非常にしっかりと練り上げられている。しかしながら、同様の原理は、『ディスタンクシオン』での生活様式の社会空間の分析にも示されている。これは多数の異なる界から構成されるが、このような界にはファッション、インテリアデザイン、スポーツ、美食、休日の過ごし方といったものから、文学、音楽、美術、メディアまで、様々なものがある。それぞれの界には固有の力学があり、諸差異の組織化と特徴づけがそれぞれで異なった方法でおこなわれている。にもかかわらず、ブルデューの主たる分析上の争点とは、もろもろの社会的差異を生産し表出するための様々なシステムが相互作用していて、それぞれのシステムを超えて種々の相同的な差異を生み出していることである。様々な文化の諸界が似たような特性を有すること、さらにそれらの界は相互にかぶさり合っていることをブルデューが示すことができたという事実は、異なる諸界の間で相同性が重なり合って優位性と特権性が蓄積されていくという彼の議論のなかで中心的な位置を占める。例えば、音楽での「知的」な位置を志向する人は、視覚芸術、スポーツの嗜好やインテリアに関しても同様の位置を占めるかもしれないのである。

したがって、われわれの第二の問いは、音楽、読書、芸術、テレビ、映画鑑賞、スポーツなどの様々な文化の界が似たような原理によって構造化されているのではないか、さらにもしそうであるならば、そのような類似性の本質とは何か、ということである。

ブルデューの第三の主張は、再生産と相続の重要性に関するものである。有名で論争を呼ぶ彼のハビトゥス論は、われわれが自らをどのように型どおりに行動へと習慣づけ、もろもろの実践を再生産するようになるのかに注意を向けていた。この問題は、われわれの生活の中にも、また、世代をまたいでも生起する。前近代の社会では、財産の相続というものが優位性を継承するうえで最有力の方法だったが、近代社会では第二のメカニズムがそれと競合し、しのぐことさえある。これは、学校教育や公教育と結び付いた再生産の回路である。文化資本を豊富に備えた親は、文化的に子どもを育て上げることができる。すなわち、自らの子どもが抽象的・形式的カテゴリーを使いこなして教育システムのなかでいい成績を上げられやすくすることができる。このような子どもは自らの文化資本を資格へと転じることができ、その資格によって優位な地位を得やすくなる。こうして、社会的再生産でもある文化的再生産の回路は存在している。表面的には動態的で動きが速い文化の諸界のなかでさえ、ヴァルター・ベンヤミン[12]であれば「不変なもの」の再生産と見なすだろうものを見いだすことができる、というのがブルデューの主張である。同種の支配諸階級はきわめて持続性がある方法で、自分たちと子孫を作り直すことができる。他方で、ブルデューが後期の著作の多くで認めたように階級に関して以上のことが真だとするならば、ジェンダーやエスニシティによる社会的分割との関係でも同様の諸過程のはたらきを同定するため、また、これら相互の諸関係と階級分割を再生産するメカニズムを探究するために、われわれはこの視座をさらに広げる必要がある。

われわれの第三の問いは、地位を確立した中産階級諸集団が文化形態の組織化によって優位になる過程をどの程度まで捉えることができるか、また、同様の過程がもろもろのジェンダーとエスニック集団の関係の秩序化と再生産でもみられるか、ということである。

これら三つの主張は、ブルデューの中心的な概念——資本、界、ハビトゥス——にそれぞれ関連している。ブルデューが主として一九六〇年代におこなった大々的な調査に基づいて練り上げられたこれらの概念が、理論的・方法論的・経験的にみて綿密な検証に堪えることができるか、われわれの研究のねらいはこれを考察することにある。しかしながら、手始めに、ブルデューを受容した研究がこうした問題の一部だけを取り上げてきたために、彼の枠組み全体を公平に扱えなかったことを以下に示そう。われわれは、文化的な嗜好と実践に関する研究を、より一般的に社会的不平等の研究へと接続し直すことを目指している。

3　フランス社会学でのブルデューをめぐる論争

ブルデューの研究経歴上、『ディスタンクシオン』は鍵となる業績となり、フランスでは彼をエミール・デュルケム以来最も著名な社会学者に押し上げ、ブルデューは一九八一年には誉れ高いコレージュ・ド・フランスの教授職を社会学分野で得ることになった。こうして、特徴的な社会学的アヴァンギャルドの一部として、ブルデューとその継承者たち（ヨーロッパ社会学センターの構成員）は自らを規定するようになった。彼は社会学の仕事の「メチエ」[1]の諸方法を擁護し、そうした方法に基づいて、学際的な研究チームが幅広い社会的諸争点についてデータを分析した。ブルデューは、二十世紀初頭にフランス社会学のなかで影響を確立したデュルケムの流儀を受容しながら[13]、また自身の界分析と一貫性をもたせながら、他の文化諸界のモダニスト・前衛と同種の地位をフランス社会学の空間で得ようとした。彼は、社会学の論法の自律性をその外部からの干渉から擁護しようとした。後年の仕事では、ウィリアム・フォークナー、ヴァージニア・ウルフ、ジェームズ・ジョイスなどのようなアヴァンギャルドとされる作家に、彼は自らの姿を重ね合わせていた[14]。特に政治学と経済学など他の社会諸科学と結び付き、より伝統的で正統的形態をとるようなフランスの社会学に対して、彼は「強硬的」とも言える立場をとった。「文化論的転回」は英語圏の研究では多大な影響力をもったが、彼はこれにほとんど関心を示さなかった。ミシェル・フーコーとも八〇年代初頭までは「新世代」としての共有意識とともに個人的に結び付いていたが、ブルデューは徐々に彼と距離をおくようになった。これは部分的には、知識人界での社会科学の位置を哲学のそれと差異化しようとするブルデューの関心によるものだった[15]。

こうした因習を破壊するアプローチは、ブルデュー自身や彼の継承者たちが、フランスの後続世代の社会学者たちからは切り離され、また、自らをブルデューの研究集団の外側に位置づける人々に対して超然とした学派の体制の一部として定義づけられるという長期的結果を生じさせた。ヨーロッパ社会学センターは確かに、活発な研究文化を構成員の間で培ってきた。他方、これは彼ら自身の研究関心においてであって、彼らと対立する諸観点からは研究されてこなかった。一九七〇年代以降、ブルデューは他の影響力ある社会学者たちのうち、かつての研究仲間たちと一連の亀裂や食い違いを経験することになる。例えば、ジャン＝クロード・パスロン、リュック・ボルタンスキー、ロラン・テヴノらであり、彼ら（ここにブルデューの長年の論敵だったアラン・トゥレーヌも含めよう）は文化的諸価値をブルデューよりも流動的に捉えたうえで、それらを社会的動員や政治行動の諸形態に関連づけようとした点で共通している。ボルタンスキーとテヴノによる価値が競合するエコノミーに関する議論[16]は、他の価値のかわりに名誉の分配に重きをおくブルデューの社会学に対して異議を呈した。

ベルナール・ライールは経験的な質問紙調査の資料を使って、単一性を本質的に志向するブルデューのハビトゥス解釈を批判した。[17]ライールによれば、ほとんどの人は「不調和」な文化的嗜好を複数もっていて、こうした嗜好はブルデューが強調したようなもろもろの文化的境界をまたぐものである。ライールの広範な研究プロジェクトである「諸個人の社会学」もまた、ブルデューによる質的インタビュー・データの解釈と統計データの関わらせ方、および統計データの解釈に対して、厄介な問題提起をしている。諸個人間で異なる嗜好のバリエーション（特にその不純さ）の重要性についての徹底的な議論の必要性を訴えることで、ライールは社会決定論に異議を呈し、諸個人と集合的人格の双方のより異質な諸形態を認める必要があると強調したのである。

以上のような諸論争の格好の事例は、ブルデューの後年の著作から見いだすことができる。それは、象徴的暴力に伴う逆説的な服従の主たる例として彼が提示した、「男性支配」に関する論争的な研究である。[18]これは一九六〇年代初頭に自身がおこなったカビリアの住宅に関する研究に基づいたものであり、男女の社会関係を探究するにあたって男性優位の原理がパラダイムとなった。超歴史的で不変の原理をフランス、イギリス、アメリカに適用し、正統な諸性向を生産するような、男性の支配と女性の服従という根深い伝統パターンの「常態」として、西洋的なジェンダー・ハビトゥスを位置づけた。[19]女性の就業率の増加などの変化をブルデューは認識していたが、ジェンダー秩序を揺るがす諸変動を自らの枠組みに組み込むことに、ブルデューは抵抗していた。特に、フランスで七〇年代から八〇年代にかけて増加していたフェミニズムの学術研究[20]を彼がほとんど参照しなかったことに、彼の立場が明確に示されている。ブルデューの枠組みにおいて、女性はもろもろの界から（不在として）除外されているのだが（例えば、政治界）、興味深いことに、男性支配の論考のなかでは界の概念が論じられていないのである。ブルデューは、女性と男性によるジェンダー化されたもろもろの位置の占め方に存在する多義性と不協和を扱うことを放棄し、相互に闘争的である主体のもろもろの位置や複合的な主体性を認識しなかったと、ロイス・マクネイは述べている[21]。

ブルデューの立場は、科学技術社会論の新しい視座の支持者によっても問い直されている。特に、ミシェル・カロンとブリュノ・ラトゥールらのアクター・ネットワーク理論によって社会的なものを自然のものや技術的なものから隔てることに異議が唱えられ、いっそう混交したものになってきている環境のなかで、ブルデューの社会学はあまりにも狭窄だと指摘されている[22]。一つにはこうした批判への応答として、また、もう一つには、フランスでの公共部門の役割を疑問視する新自由主義政治の伸長への応答として、ブルデューの研究の焦点はかなり変わることになった。彼のハビトゥスと文化資本への関心は後景に退き、かわりに界概念に焦点を合わせることを彼は好むようになる。こうして彼は、市場や政治権力などの外部から文化と知識の諸界の自律性を擁護する、界の諸動態へのアプローチを練り上げていくことになる。彼はアヴァンギャルド的諸要素との協力関係を深化させる一方で、市場原理の導入をねらう金融セクターなどと結び付いた「外部」からの諸行為者とは距離をおいた。ブルデューの界についての説明は、彼を文化相対主義者として糾弾する論者に対する応答となった。彼は究極的には、あらゆる界で最も自律的な極を代表する行為者たちを、最良で正当だとして擁護した[23]。普遍的で公平無私な実践としての科学という啓蒙主義的な見方が、科学界の組織化によって、真理の探究という無私のなかにある既得権益と結び付いた集団をどのように生み出すのか。このような問いを扱ったのがブルデュー生前最後の著作[24]だが、そこからは、技術的なもの、社会的なもの、文化的なものの乱雑に入り交じった関係を彼がどれだけ見落としていたのかがわかる。『ディスタンクシオン』以後、文化実践や社会的不平等、諸界の組織化の相互関係をブルデューは再び扱うことがなかった。その主たる要因は、様々な批判に対して以前よりも防衛的な立場をとらなければならなくなったからである。以上のことから、われわれの研究は喫緊のものだと言えるわけであり、重要なものになることを願ってやまない。

4　教育と社会階層の社会学におけるブルデュー

英語圏での最初期のブルデュー受容は、教育と社会階層の社会学でおこなわれたが、これはフランスの場合とは異なるものだった。特にイギリスでは、教育と不平等に関する関心は教育改革、とりわけ進学校をコンプリヘンシブ・スクールに作り替えるべきかという問題と分かちがたく結び付いている。選抜的なグランゼコールの疑いない優越性と、エリート主義的特質があるフランス型高等教育に依拠したブルデューの分析は、イギリスの社会民主主義的改革論者たちからイギリスの文脈には当てはまりにくいものだと見なされた。アルバート・ヘンリー・ハルゼーらの研究[25]によれば、すべての子どもが十一歳で選抜試験を受け、そのうち少数派がグラマー・スクールにいき、残りの子どもたちがセカンダリー・モダン・スクールにいくような戦後の選抜システムは、教育システム上、中産階級の子どもに有利だった。しかしながら、教育改革と総合制の熱心な支持者としてのハルゼーは、セカンダリー・モダン・スクールにいった労働者階級の子弟がよりアカデミックな進路を選択できないということ、すなわち、機会が与えられていないことに本質的な根拠はない、と主張した。ハルゼーは、こうして他の多くの改革志向の教育社会学者たちと同様に、文化資本の概念には決定論的な響きがあると決め付け、選抜教育を正当化するだろうと思われたブルデューの文化資本概念に対して敵意を向けたのだった（というのも、ほとんどの労働者階級の子どもたちは十分に文化資本をもっていないため、アカデミックではない学校に送られたとしても実に当然なことではないかと言いうるからである）。このような議論は、ピーター・ブラウやオーティス・ダドリー・ダンカン、ジェームズ・コールマンらアメリカの社会階層研究の社会学者によって展開された議論に類似している。彼らは、不利な出身階層の人々に社会移動の機会を与える装置として教育システムを捉えた。しかし、こうした議論の内実は、ブルデューが教育の役割に関してこだわったこととは様相が大きく異なっている。

ブルデューの文化資本概念を批判するため、多くの社会学者[26]は、教育を通じた上昇移動の総量に関する実証をおこなってきた。しかしながら、少数派ではあるが意義がある研究をおこなってきた教育社会学者たちは、中産階級集団が教育システムにおいていかに子どもの利益を持続させるのかを、文化資本という概念で説明可能であることを示してきた。アネット・ラロー[27]、ステファン・ボール[28]、ダイアン・レイ[29]らによるごく最近の教育社会学の成果によって、新自由主義的で市場化された教育システムでは保護者の教育への関与の重要性が高まり、子どものための学校選択を通じて、および、就学期を通じた子どもたちへの支援を通じて、子どもの学歴に関して保護者が大きな役割を果たしていることが明らかにされてきた。こうして多くの教育社会学者は、親の文化資本が教育達成において実際に有効で重要な道具となっていることとともに、家庭と学校の相互作用が増大傾向にあることを認識している。ボール[30]とレイ[31]は、中産階級の「選択」がどれだけ学校環境を形作るかを示しており、また、ティム・バトラーとガリー・ロブソン[32]は、学区の分割方法がそれぞれの学区の社会的諸要素によってどれだけ影響を受けているかを明らかにした。

総合的にみて、教育システムのなかで成功しない集団に関しては相当な量の研究蓄積がある。ベヴァリー・スケグスによるミッドランズの労働者階級の若い白人女性に関する研究[33]や、サイモン・チャールズワースによるロザラムの若者に関する研究[34]が示したのは、こうした集団は教育システムの諸作用によって能力がないと感じさせられていて、結果として周辺化されているという感覚を内面化してしまっているということである。スケグスは他のフェミニストの書き手と同様、文化資本のジェンダー的観点からの重要性を取り上げている[35]。

これらの一連の研究成果から提起されているのは、新自由主義的政策は文化資本のある種の形態の重要性を高めるのではないか、ということである。しかしながら、このような議論で明確でないのは、その場合に文化資本がどのような形態をとるかということである。この問題については、のちの章であらためて取り上げる。

5　文化社会学でのブルデュー

フランスでは、ブルデューは文化論的転回に対立する立場をとっていて、質問紙調査による分析と民族誌的フィールドワークを積極的に活用しているという点で、既存の正統派社会学を代表する人物だと見なされるようになった。一方、アメリカでは、ブルデューは「文化社会学」を特有の形態で発展させることに関心をもっていた小グループの社会学者たちからもてはやされることになった。このグループの主要人物として、ミシェル・ラモン、ポール・ディマジオ、ジェフリー・アレグザンダー、リチャード・ピーターソン、クレイグ・カルフーンらを挙げられるが、彼らの間ではブルデューの仕事に対する評価が分かれている（カルフーンが最も支持する立場であるならば、アレグザンダーは最も批判的な立場だった）。だが、彼らはみな、ブルデューが特徴的な文化社会学を立ち上げる際の発着点だということには同意していた。その理由とは、ブルデューが経験的研究に傾倒した結果、文化社会学というものを、労働・雇用、家族、コミュニティなどの社会学と比肩しうるような「真面目」な社会学的分析をおこなう確固とした分野として定義できるようになったからである。したがって、文化資本概念に特に関心がおかれ、これがこのグループの学者にとっての中核的な関心領域になった。

これらの研究者たちは、ブルデューの文化資本に関する考察を総じて還元論か決定論の立場にあるものだと見なし、三つの意義深い介入によって彼の議論と差別化しようとした。第一に最も重要なものとして、ミシェル・ラモンによる『貨幣・道徳・マナー』[36]が挙げられる。これは、パリ、クレルモン＝フェラン、ニューヨーク、ミネソタで中産階級の調査協力者に対してインタビューした研究である。ラモンは、スノッブなあるいはエリート主義的な文化資本が、アメリカとフランスの両方で見いだせるかどうかを詳細に調査した。彼女によれば、中産階級の回答者たちは三つの異なる軸に基づいてもろもろの文化的な境界を引いていて、それら境界は必ずしもひとくくりになるわけではない。三つの境界のうち、一つ目は文化的な序列に関するもの、二つ目は道徳に関するもの、三つ目は社会経済的な境界に関するものである。実際にアメリカでも、文化的な分割（divisions）は認めることができたが、社会経済的な分割に比べれば、はるかに重要度が低いものだったと、ラモンは論じた。裕福であることはそれ自体で恩恵があり、わざわざ文化的な言い分で正当化される必要はなかった。ラモンはしたがって、ブルデューの分析がフランスには適用可能だが、他の国では必ずしもそうではないことを認めながら、ブルデューの分析を比較研究へと発展させる可能性を切り開いた。また、デイヴィッド・ハレも文化的境界の複雑性について有益な洞察を提示した。[37] ハレはアメリカ国内の美術コレクションに関する綿密な研究によって、抽象芸術は教養ある中産階級を引き付けるが、こうした人々はあくまで少数派にすぎないことを示した。例えば風景画に対するもののような、ある種の文化的な鑑賞眼はどの階層でも広く見いだすことができた。つまり、一部の鑑賞眼は、明確に差異化された階級ハビトゥスによって嗜好が決まるという、ブルデュー好みの見方ではなく、もろもろの社会集団に訴える「ミドル・ブラウ」の文化的諸形態の可能性に焦点を合わせることが求められているのである。

もちろん、ラモンは回答者の諸実践を直接観察することよりも、彼らの語りにこそ論拠を求めている。卓越化することについて、複雑で後づけによって合理化されたような言い方があることを、彼女のデータは明るみに出している。文化的序列の維持に加担するようなおこないはしていないと人々がはっきりと否定を見いだすのと、逆に、実際にそういうおこないをしないことを実証することはかなり異なっている。したがって、リチャード・ピーターソンがこの研究分野に参入したことは重要だった。すなわち、アメリカの文化的嗜好に関する質問紙調査のデータを用いることによって、文化的序列化の役割に関するラモンによる議論を補完したのである。音楽を専攻し、ラディカルな社会学者アルヴィン・グールドナーの学生でもあったピーターソンは、一九八〇年代初頭に「文化のパターン化」に関する研究プログラムを開始した。ピーターソンは、九〇年代初頭には様々な共同研究者とともに、「文化的オムニボア」の登場に関する有名な議論を提示した。[38]ピーターソンによれば、中産階級はエリートやスノッブな嗜好を支持するよりもむしろ「文化的オムニボア（雑食性）」になってきていて、高級文化と大衆文化の両方の要素を共有しながら、様々な文化的形態の枠を超えた見方や関わり方をしている。「文化的オムニボア」の特質は文化社会学で主流の研究課題の一つになったが、それは部分的には「文化的オムニボア」が質問紙の調査項目にすでに入っていたからである。これによって文化資本の諸論争が正統な統計的諸方法を伴ったものに再編成されることになった。

ピーターソンがアメリカで発見したことは、他の国々で再検討されていった。概して、教養ある中産階級の嗜好と実践は、他の階級よりも多様な現れ方をしていて、その嗜好は大衆文化から高尚な文化にまで及ぶ。このことが本当に何を意味しているかはあまり明らかになっていないという問題こそが、本書の主たる焦点である。正統文化の要請と結び付いた両替可能な貨幣の価値が下落するのにつれて、文化資本の価値もまた瓦解し、溶解していくのだろうか。そうだとするならば、文化的にはずっと寛容な時代の前触れになるかもしれない。[39]あるいは、これは文化資本の新たな形態なのかもしれない。ボニー・エリクソンによれば、多様な嗜好をもつことは、管理職にある人々にとって都合がいい。[40]というのも、職場での広く効果的なコミュニケーションを可能にするからである。他方で、ワード、マーティンス、オルセン、[41]およびファン・アイクやバーガマンら[42]によれば、オムニボア性とはそれ自体が折衷主義の新しい「クール」なものとして、卓越化の指標としてはたらくこともある。[43]あるいは、そもそもこのようなことは何も特別でないのかもしれない。ライールは、正統なものとそうでない文化諸形態が混在しているような一貫しない嗜好を多くの人たちが仮にもっていたとしても、それは統計分析上の構築物でしかないことがありうることを提示している。[44]質問紙調査のデータにしか依拠しないような解釈は、不可能ではないにしても困難だと示されてきた。ライール[45]は、質的データと量的データを併用しているという点で、ピーターソンに対して明らかに批判的な方法をとってはいるものの、こうした課題が質的調査を通じて検討されだしたのは最近のことである[46]。こうした新しい研究からわかることは、対象となるほとんどの人は多様性に対して非常に開かれているものの、オムニボアな嗜好をある程度持つ人たちの間に見られる差異は、単一でまとまった形で区切ることはできない、ということである。様々な種類の嗜好が入り交ざる際に文化的な要素が何から構成されているかは、集団によって異なっていて、正統文化とどれほど結び付くかによってその差異を形作られている。にもかかわらず、中産階級の人々は文化的な産物に対し、一見したところ不釣り合いなくらいに、似たようなオムニボアな性向を享受するとともに実践しているようにみえる。本書では、文化的オムニボアの性質に対する理解をより洗練させていくために、以上のような議論を掘り下げていく。

アメリカの伝統を汲む文化社会学は、文化資本の組織化に関して、文化資本というものが人種による社会的分断とどのように関係しているかを精密に分析できるようなアプローチを複数生み出している。これはポール・ディマジオら[47]とミシェル・ラモン[48]のほか、ベサニー・ブライソンとボニー・エリクソン[49]によるアプローチの重要な点である。しかしながら、エスニシティと文化資本の関係についての研究はアメリカにとどまらず、ヨーロッパでも、ブルデューの伝統にのっとって経験的研究に従事する相当数の文化社会学者たちにとって重要な研究課題となってきた。両者の関係をめぐっては、理論的にも相当な関心が向けられてきた。そのなかでもとりわけ革新的な成果はおそらく、ガッサン・ハージによるものだろう。「ホスト」である人々は移民と比べ、国民的に価値を付与された諸形態の文化資本に親近性があることで優位性を得ている、というのが彼の説明である。ブルデューの諸カテゴリーの対象をハージは広げ、ナショナルな文化の諸界とトランスナショナルな文化や運動との関係に適用しようとしている[50]。

こうして、文化社会学分野の研究者たちは文化を高低に分ける単純な見方に対して一連の厳しい批判を投げかけてきた。また、文化実践の複雑性に加え、これが集団をまたぐ一方で差異化する力があることを、彼らは明らかにしてきた。しかしながら、ブルデューの文化資本概念を経験的に探究しているにもかかわらず、これらの研究では界の分析が体系的には取り上げられてこなかった。そのため、文化的な嗜好と実践の間の複雑な諸関係については、十分に考察がおこなわれなかった。これに対する修正手段として、多様な文化的諸界の間と内部にある様々な相似性と緊張関係を明らかにするまでは、文化資本の特質を提示しないでおくことにする。その後、このアプローチによって文化的オムニボアに関するわれわれの理解を異なった領域へといかに導いてくれるのかを提示する。

6　文化研究とメディア研究におけるブルデュー

ブルデューと文化研究との関係は、ある面では複雑だが、主たる部分で両者は同じ方向を向いていると考えられる。[51] ブルデューにはリチャード・ホガードやレイモンド・ウィリアムズの業績を受容していた時期があり、彼らの著作をフランス語に翻訳するべく関係者間の調整をおこない、バーミンガム大学現代文化研究センターと生産的な関係をもっていた。しかしながら、イギリスの文化研究が文化論的転回の影響下におかれてからは、社会科学を哲学に従属させるポストモダニズムの一形態として後者を捉えていたブルデューは、文化研究への関心を失ってしまった。[52]

文化社会学者と比べると、文化・価値・序列をめぐるブルデューの理論的・認識論的問題設定に対して、文化研究の研究者はより大きな関心を示した。[53] これは部分的には、文化と権力の諸関係の概念化と操作化の双方を様々な方法でおこなう文化研究の活用可能性を反映している。ブルデューの文化と権力の結び付け方は、基本的には文化を所有物として捉えることで成り立っている。この所有物とは、他人を代償にして一部の社会的行為者が得る資産であり、様々な界で繰り広げられる一連の力争いで競争的優位に立つために動員される。また、そうした界の諸関係は、文化の諸界に対する政治・経済の諸界の支配性によって構造化されている。この考え方では（芸術家と知識人を集合的な普遍の擁護者と捉えるブルデューの諸議論、および彼が「向かい火」としておこなった一連の新自由主義批判で明らかだが）、知識人とは権力に対する一つの対抗形態の源だと想定されていて、そうした対抗形態とは、政治経済的な諸力に対抗して広く存在するようにしなければならないものとされている。[54]

一般論として、フーコーの諸観念は、文化研究の内部では文化と権力の関係を探究するための新たな理論枠組みを提供するという点で、より影響力をもつようになってきたと言えるだろう。[55]フーコーは、知の様々な形態が権力の組織化と行使にどう関わるのかを考察した。こうした考察のあり方は、美学と権力の諸関係の捉え方を切り開くものであり、『ディスタンクシオン』での分析上の骨組みを提供し、いまとなっては方々から批判も受けているようなカントの『判断力批判』に対する挑発的な解釈のなかでブルデューが提示したやり方とは大きく異なっている。[56]このように、ブルデューの界分析をきっかけにして、美学と文化諸制度の諸関係を分析するための様々な方法が生まれていて、美学的言説が権力の諸関係に刻み込まれる諸方法に対して、多次元的なアプローチが生み出されている。[57]

以前から言われてきたことではあるが、分類体系に対するブルデューの関心は、文化の序列の組織化とそれらの諸効果に関する諸研究に多大な影響を与えてきた。[58]拡大され制限された文化生産の諸界を対比させる論理についてのブルデューの分析は、文化生産の様々な界の組織化に関する研究や、そうした諸界内部での特定の文化産業や文化諸制度のはたらきに関する研究に多くの刺激を与えた。[59]文化研究の蓄積が示しているように、ブルデューの業績は、あたかも実証主義的か経験論的な前提からすれば避けがたいものとして見なされてきたような、計量的作業の有用性に対する沈黙を乗り越える手助けにもなった。[60]

高尚な文化と低俗な文化の間の緊張関係というブルデューがこだわった図式の有効性は、最近の研究では以前よりはかなり弱まってきたと指摘されてはいるものの、文化研究のなかでは有益な資源だと主張されている。ブルデューの議論は、クラシック音楽、演劇、詩、視覚芸術などに対して伝統的に関心が向けられてきたことに対抗し、より「大衆的」な形態の文化に関する研究を促してきた。しかしながら、大衆文化に関する他の諸考察、特にアントニオ・グラムシの業績を革新的に読み解いたスチュアート・ホールの研究からの影響を反映して、多くの文化研究の研究者は、大衆文化が必然的に従属的な性格をもつというブルデューの主張に対して異を唱えるようになった。[61] ブルデューは、ある意味では大衆文化をアカデミックな俎上に載せた。しかしその一方で、ブルデューは、伝統的エリートの文化諸形態のほうにずっと大きな関心があると示すことで大衆文化を冷遇することになった。そのような聖別化された形態の文化消費は、ブルジョアジーによる労働者階級に対する卓越化の指標となる文化消費の形態を聖別化する人々をきらっていたが、他方で、そのような形態の文化は、国家と市場の双方から自律性を確保するために芸術家と知識人が展開した諸闘争からもたらされたものであり、普遍的な意義をもつことができるために大衆文化の諸作品とは異なるくくられ方をする、という見方にくみし続けた。[62]

このことからわかるのは、一般的に文化研究の研究者からみたブルデューの両義性である。すなわち、彼はある部分では同盟者なのだが、他方でその影響は批判的検討と反論の対象にもなるということである。サブカルチャーの研究者は、従属した位置にある文化が、文化の分類の支配的諸形態によって部分的には枠づけられているというブルデューの論旨を認めながら、価値形成の対抗システムに対しても十分に注意を払ってきた。[63] そのような価値形成は、公式に認められた文化的序列に対して、サブカルチャーの関与者が積極的に反対の立場を表明することを通じて形成されるものである。似たような緊張関係は、オーディエンス研究にも見いだせる。そこでは活字、映画、テレビ、ラジオなどのテクストをオーディエンスが読解・解釈する多様な方法を理解することに幅広い関心がもたれている。初期のオーディエンス研究の特徴はデイヴィッド・モーリー[64]、およびジャニス・ラドウェイ[65]と結び付けられるが、それらの研究はオーディエンスや読者の社会的性格が、どのようにテレビ番組や文学テクストの受容と解釈に影響を与えているかに留意するものである。これは、身体化されたハビトゥスに受容が依存するというブルデューの主張と一致している。また、序列として組織化された文化の分類の諸システムの内部で、特定の諸ジャンルが占める位置によって、オーディエンスの諸実践がどのように影響されるかについてラドウェイは注目した。もっとも、ラドウェイはブルデューの影響を受けた多くのフェミニスト美術史家[66]と同様に、そのような序列を組織立てるうえでジェンダーが果たす役割をより重視している。

近年の研究では、これらのテクスト自身がもっている社会的位置から導出される限られた枠組み、あるいはこれらのテクストの内部から導出される制限のいずれかを踏み越えることによって、オーディエンスはどのようにテクストと戯れることができるかが考察されている。ファンクラブに関する研究、同性愛者のサブカルチャー内での映画と音楽の反動的活用に関する諸研究、テクストが読まれる際に根本から異なることがあるようなテクスト間の枠組みに関する考察などがある。こうしたものは、ブルデューが認めるものよりもはるかに流動性が高い読み方と文脈解釈を提起している。[67] メディアの研究者たちはブルデューの界分析を批判してきた。ブルデューの生前の時代でも自明のことだったが、放送メディアの影響力は様々な界を横断し、それぞれの界のオーディエンスの関係を複雑化させる。[68] ブルデューは、このことを過小評価していた。今日ではしかし、新しいメディアが新たなパラダイムをどこまで原理的に問うているかをめぐって傾聴すべき議論がある。マーク・ポスター[69]とスコット・ラッシュ[70]の研究では、デジタル・メディアとは、文脈に根ざして意味付与がなされるハイカルチャーの伝統的形態とは根本的に異なる方法で組織化されているものである。情報は縮小された形で自己増殖・自己再生産し、そのことでさらに何度も参照されるようになっていく。あらゆる種類の多様で複雑な情報を操る能力がいっそう重要な指標になるにつれて、こうした情報のはたらきは、ハイカルチャーの根絶かその変容の兆候だと捉えることができるかもしれない。本書では、文化の諸界がこうした新たな技術と制度的諸力とどこまで深く関わっているのかを確かめていくつもりである。

7 結論

本章では、『ディスタンクシオン』の成果が、互いに対照的であるような複数の研究蓄積のなかにそれぞれ位置づけられていることを実に様々な方法で示してきた。バウマンの用法[71]にならうならば、ブルデューは「立法者」というよりも「解釈者」として描くことができるかもしれない。というのも、彼の仕事がなければ関わり合うことがなかったかもしれない学者間の対話と交流を引き起こしているからである。われわれが本研究であらためて強く主張したいのは、そうしたブルデューの幅広い野心と射程である。

ブルデューによる文献の多様な文章が、どれだけ難しい問いを提起したかということをこれまでみてきた。このような問いのなかの第一の問いとして、文化資本に関わるものが挙げられる。すなわち、『ディスタンクシオン』が「自律的」で「抽象的」な文化という「近代主義」の考え方に依拠しているかどうかということである。このような観念は、いまとなっては時代遅れであり、商業化された消費主義的な新自由主義の時代には適合しないようにもみえる。文化的嗜好が複数化し、多様化し、分節化したことを明らかにした研究が増加したことによって、「高尚な文化」の伝統的な捉え方がまだ有効か否かがわからなくなっている。

第二の問いは、諸界の相同性に関連したものである。ブルデューによる界の観念には、幾何学的空間の異なる場所に配置されることで文化実践は明確に区分されるという想定がある。しかし、技術の変化に加え、コミュニケーションのメディア化された諸形態と「情報化」の論理の劇的な増大は、そうした観念を問い直すことになった。この点に関するとりわけ重要なポイントは、グローバルな人や物の流れが国境を自由に越え、ブルデューが想定したような文化の諸界を規定する自然な国境を掘り崩していることである。特に、このことはグローバル・ディアスポラの場合に加え、その帰結として、国民人口とその文化実践が幾重にもわたってエスニシティを単位として差異化していくことを考慮に入れる際にも当てはまる。

最後の問いは、中産階級の優位性に関わるものである。世帯の形態の複雑性が増大していくことと家庭内分業が変化することによって、ブルデューが前提としていたように自動的な再生産の単位の類いとして世帯を捉えることが困難になっている。そして、もちろん、父親を一家の主として前提にできなくなっている。こうした問題提起は、『ディスタンクシオン』の分析に対して深く難しい問いを投げかけている。本書の主たる特徴は、そうした諸批判の重要性を検討することにある。

けれども、ブルデューの仕事が数えきれないほどの重要な研究に着想を与えていて、その多くはわれわれの関心と共通しているにもかかわらず、本研究ほど経験的に考察を深め、彼の議論の内容とも決定的に関わっている方法論を洗練させた研究は他に見当たらない。危険なのは、文化資本というものを、文化の実践や価値としてではなく、純粋に文化資本が教育のなかで果たす役割の観点から定義してしまうこと、あるいは、幅広い文化の諸界が組織化するなかで顕在化してくる複雑な集合体としてではなく、特定の指標として定義してしまうことである。これらの問題をより深く探究するために、第2章では、われわれの研究手法と分析の様式を特徴づけている、社会的なものの関係論的組織化について理解を深めることにしよう。

注

(1) Bourdieu, P., *The Algerians*, Beacon Press, 1962.

(2) Robbins, D., "The origins, early development and status of Bourdieu's concept of 'cultural capital,'" *British Journal of Sociology*, 56(1), 2005, pp.13-30.

(3) Bourdieu, P., ed., *Un art moyen : essai sur les usages sociaux de la photographie, 2e éd.*, Éditions de Minuit, 1965.(ピエール・ブルデュー監修『写真論――その社会的効用』山縣熙/山縣直子訳〔叢書・ウニベルシタス〕、法政大学出版局、一九九〇年)

(4) Bourdieu, P., A. Darbel and D. Schnapper, *The Love of Art: European Art Museums and Their Public*, Polity, 1990.(ピエール・ブルデュー/アラン・ダルベル/ドミニク・シュナッペー『美術愛好――ヨーロッパの美術館と観衆』山下雅之訳、木鐸社、一九九四年)

(5) Bourdieu, P., *Outline of a Theory of Practice*, Cambridge University Press, 1977.

(6)「社会科学研究学報」に最初に収録された複数の対応分析のほうが、ずっと理解しやすい。それらは英語には翻訳されなかった変数の見出しが入っていた。また変数間の関係を解釈しやすくするために「追記」がされていた。

(7) ブルデューがおこなった調査をモデルに独自のフィールドワークをおこなうことで『ディスタンクシオン』と格闘

している研究は、本研究以外ではベネットらによる共同研究だけである（Bennett, T., M. Emmison and J. Frow, *Accounting for Tastes: Australian Everyday Cultures*, Cambridge University Press, 1999）。われわれは彼らの研究を参照したが、彼らはおこなわなかった多重対応分析を用いることで、ブルデューの研究に方法論的に深く関わらせることができた。

（8）Bourdieu, P., *Distinction: A Social Critique of the Judgement of Taste*, Routledge, 1984, p.55.（ピエール・ブルデュー『ディスタンクシオンⅠ――社会的判断力批判』石井洋二郎訳、藤原書店、一九九〇年、同『ディスタンクシオンⅡ――社会的判断力批判』石井洋二郎訳、藤原書店、一九九〇年）

（9）*Ibid.*, p.30.

（10）*Ibid.*, p.176.

（11）Benson, R. and E. Neveu eds., *Bourdieu and the Journalistic Field*, Polity, 2005.

（12）Benjamin, Walter, *Charles Baudelaire: a lyric in the era of high capitalism*, NLB, 1973.

（13）Robbins, D., "The Origins, Early Development and Status of Bourdieu's Concept of 'Cultural Capital,'" *British Journal of Sociology*, 56(1), 2005, pp.13-30.

（14）Bourdieu, *Distinction*, p.2.（前掲『ディスタンクシオン』、前掲『ディスタンクシオンⅡ』）およびより一般的には Fowler, B., *The Alienated Reader: Women and Popular Romantic Literature in the Twentieth Century*, Harvester Wheatsheaf, 1991.

（15）Callewaert, S., "Bourdieu, Critic of Foucault: The Case of Empirical Social Science against Double-Game-Philosophy," *Theory, Culture and Society*, 23(6), 2006, pp.73-98.

（16）Boltanski, L. and L. Thévenot, *On Justification: Economies of Worth*, Princeton University Press, 2006.

（17）Lahire, B., *La culture des individus: dissonances culturelles et distinctions de soi*, Editions la Découverte, 2004.

（18）Bourdieu, P., "La domination masculine," *Actes de la recherche en sciences sociales*, 84, 1990, Bourdieu, P., *Masculine Domination*, Stanford University Press, 2001.（ピエール・ブルデュー『男性支配』坂本さやか／坂本浩也訳〔Bourdieu library〕、藤原書店、二〇一七年）

(19) Silva, E. B.,"Gender, Home and Family in Cultural Capital Theory," *British Journal of Sociology*, 56(1), 2005, pp.83-103.

(20) Trat, J., "Bourdieu et la domination masculine," "En débat," *Les Cahiers du Féminisme*, 81, 1998, Thebaud, F., "La loi du genre," *Mouvements*, 2, 1999, pp.127-128, Fougeyrollas-Schwebel, D., "Introduction" to "Nouvelles reflexions sur la domination masculine," *Cahiers du Genre*, 33, 2002, pp.221-224.

(21) McNay, L., *Gender and Agency: Reconfiguring the Subject in Feminist and Social Theory*, Polity Press, 2000.

(22) Latour, B., *Politics of Nature: How to Bring the Sciences into Democracy*, Harvard University Press, 2004, Latour, B., *Reassembling the Social: An Introduction to Actor-Network-Theory*, Oxford University Press, 2005.

(23) Bennett, T., "The Historical Universal: The Role of Cultural Value in the Historical Sociology of Pierre Bourdieu," *The British Journal of Sociology*, 56(1), 2005, pp.141-164.

(24) Bourdieu, P., *Science of Science and Reflexivity*, University of Chicago Press, 2001.(ブルデュー『科学の科学――コレージュ・ド・フランス最終講義』加藤晴久訳〔Bourdieu library〕、藤原書店、二〇一〇年)

(25) Halsey, A., A. Heath and J. Ridge, *Origins and Destinations: Family, Class and Education in Modern Britain*, Clarendon Press, 1980.

(26) 例えば、Goldthorpe, J. H., "'Cultural Capital': Some Critical Observations," *Sociologica*, 2, 2007.(http://www.sociologica.mulino.it/doi/10.2383/24755)

(27) Lareau, A., *Home Advantage: Social Class and Parental Interveation in Elementary Education*, Rowman & Littlefield Publishers, 2000.

(28) Ball, S. J., *Class Strategres and the Education Market: The Middle Classes and Social Advabtage*, Routledge Falmer, 2003.

(29) Reay, D., *Class Work: Mothers' Involvement in Their Children's Primary Schooling*, University College London Press, 1998.

(30) Ball, S. J., *Class Strategres and the Education Market*.

(31) Reay, *op. cit.*

(32) Butler, T. & G. Robson., *London Calling: The Middle Classes and the Re-making of Inner London*, Berg, 2003.

(33) Skeggs, B., *Formations of Class and Gender: Becoming Respectable*, Sage, 1997.

(34) Charlesworth, S. J., *A Phenomenology of Working-Class Experience*, Cambridge University Press, 2000.

(35) McNay, L., *op. cit.*, Adkins, L. and B. Skeggs eds., *Feminism after Bourdieu*, Blackwell/ The Sociological Review, 2005, Silva, E. B., "Gender, Home and Family in Cultural Capital Theory," *British Journal of Sociology*, 56(1), 2005, pp.83-103. (http://www.open.ac.uk/socialsciences/cultural-capital-and-social-exclusion/project-publications.php)

(36) Lamont, M., *Money, Morals and Manners: The Culture of the French and American Upper-Middle Class*, University of Chicago Press, 1992.

(37) Halle, D., *Inside Culture: Art and Class in the American Home*, University of Chicago Press, 1993.

(38) Peterson, R., "Understanding Audience Segmentation: From Elite and Mass to Omnivore and Univore," *Poetics*, 21 (4), 1992, pp.243-258, Peterson, R. and A. Simkus, "How Musical Tastes Mark Occupational Status Groups," in M. Lamont and M. Fournier eds., *Cultivating Differences: Symbolic Boundaries and the Making of Inequality*, University of Chicago Press, 1992, Peterson, R. A. and R. M. Kern, "Changing Highbrow Taste: From Snob to Omnivore," *American Sociological Review*, 61(5), 1996, pp.900-907.

(39) Cf. Bryson, B., "'Anything but Heavy Metal': Symbolic Exclusion and Musical Dislikes," *American Sociological Review*, 61(5), 1996, pp.884-899.

(40) Erickson, B. H., "Culture, Class, and Connections," *American Journal of Sociology*, 102(1), 1996, pp.217-251.

(41) Warde, A., L. Martens and W. Olsen, "Consumption and the Problem of Variety: Cultural Omnivorousness, Social Distinction, and Dining Out," *Sociology*, 33(1), 1999, pp.105-127.

(42) Van Eijck, K. and B. Bargeman, "The Changing Impact of Social Background on Lifestyle: 'Culturalization'instead of Individualization?," *Poetics*, 32(6), 2004, pp.439-461.

(43) Bellavance, G., V. Myrtille and M. Ratté, "Les goûts des autres: une analyse des répertoires culturels de nouvelles

élites omnivores," *Sociologie et Société*, 36(1), 2004, pp.27-58, Bellavance, G., "Where's High? Who's Low? What's New? Classification and Stratification Inside Cultural 'Repertoires'," *Poetics*, 36, 2008.

(44) Lahire, *op. cit.*

(45) *Ibid.*, pp.255-259.

(46) 次の文献を参照。Bennett, Emmison and Frow, *Accounting for Tastes*, Cambridge University Press, 1999, Carrabine, E. and B. Longhurst, "Mosaics of Omnivorousness: Suburban Youth and Popular Music," *New Formations*, 38, 1999, pp.125-140, Bellavance, Myrtille and Ratté, op. cit., Fridman, V. and M. Ollivier, "Ouverture ostentatoire à la diversité et cosmopolitisme: vers une nouvelle configuration discursive?," *Sociologie et Société*, 36(1), 2004, pp.105-126, Warde, A., D. Wright and M. Gayo-Cal, "Understanding Cultural Omnivorousness: Or, the Myth of the Cultural Omnivore," *Cultural Sociology*, 1(2), 2007, pp.143-164, Ollivier, M., "Modes of Openness to Cultural Diversity: Humanist, Populist, Practical and Indifferent," *Poetics*, 36(2), 2008.

(47) DiMaggio, P. and F. Ostrower, *Race, Ethnicity and Participation in the Arts*, Seven Locks Press, 1992.

(48) Lamont, M., *The Dignity of Working Men: Morality and the Boundaries of Race, Class, and Immigration*, Russell Sage Foundation/ Harvard University Press, 2000.

(49) Bryson B., "'Anything But Heavy Metal': Symbolre Exclusion and Musical Dislikes," *American Sociological Review* 61(5), 1996. pp.884-899.

(50) Hage, G., *White Nation: Fantasies of White Supremacy in a Multicultural Society*, Pluto Press, 1998.(ガッサン・ハージ『ホワイト・ネイション――ネオ・ナショナリズム批判』保苅実／塩原良和訳、平凡社、二〇〇三年)

(51) 文化研究の様々な伝統におけるブルデューの批判的受容については、*Cultural Studies* 誌第十七巻第三・四号合併号の「ブルデューと文化研究」特集号を参照。

(52) Neveu, E., "Bourdieu, the Frankfurt School and Cultural Studies: On Some Misunderstandings," in R. Benson and E. Neveu eds., *Bourdieu and the Journalistic Field*, Cambridge University Press, 2005.

(53) Frow, J., *Cultural Studies and Cultural Value*, Oxford University Press, 1995.

(54) Bourdieu, P. and H. Haacke, *Free Exchange*, Polity, 1995.（ピエール・ブルデュー，ハンス・ハーケ『自由—交換——制度批判としての文化生産』コリン・コバヤシ訳〔Bourdieu library〕，藤原書店，一九九六年），Bourdieu, P., *Practical Reason: On the Theory of Action*, Polity, 1998.（ピエール・ブルデュー『実践理性——行動の理論について』加藤晴久／石井洋二郎／三浦信孝／安田尚訳〔Bourdieu library〕，藤原書店，二〇〇七年）

(55) Callewaert, S., “Bourdieu, Critic of Foucault” はフーコーとブルデューとの諸関係を確認する必要性について糸口を与えてくれるが，ブルデューへのあまりにも明白な党派性によって，議論を損ねている。

(56) Rancière, J., *The Philosopher and His Poor*, Duke University Press, 2004, Uzel, J.-P., “Kant et la socialité du goût,” *Sociologie et Société*, 36(1), 2004, pp.13-25.

(57) Bennett, T., “Habitus clivé: aesthetics and politics in the work of Pierre Bourdieu,” *New Literary History*, 38(1), 2007, pp.201-228.

(58) Guillory , J., *Cultural Capital: The Problem of Literary Canon Formation*, University of Chicago Press, 1993, Frow, *op. cit.*

(59) Born, G., *Rationalizing Culture: IRCAM, Boulez, and the Institutionalization of the Musical Avant-Garde*, University of California Press, 1995, Cook, R., “The Mediated Manufacture of an ‘Avant-Garde’: A Bourdieusian Analysis of Contemporary Art in London, 1997-9,” *Sociological Review*, 49, 2000, pp.164-185, Gelder, K., *Popular Fiction: The Logics and Practices of a Literary Field*, Routledge, 2004, Grenfell, M. and C. Hardy, *Art Rules: Pierre Bourdieu and the Visual Arts*, Berg, 2007, Hesmondhalgh, D. “Audiemoes and Everyday Aesthetrcs: Talking about Good and Bad Music,” European Journal of Cultural Studies, 10(4), 2007, pp.507-257.

(60) Bennett, Emmison and Frow, *op. cit.*, Lewis, J., “Thinking by Numbers: Cultural Analysis and the Use of Data,” in T. Bennett and J. Frow eds., *The SAGE Handbook of Cultural Analysis*, Sage, 2008, pp.654-673.

(61) Fiske, J., “Cultural Studies and the Culture of Everyday Life,” in L. Grossberg, C. Nelson and P. Treichler eds., *Cultural Studies*, Routledge, 1992.

(62) Bennett, “The Historical Universal,” pp.141-164.

(63) Thornton, S., *Club Cultures: Music, Media and Subcultural Capital*, Polity Press, 1995, Gelder, K., ed., *Subcultures: Critical Concepts in media and Cultural Studies*, Vols 1 and 2, Routledge, 2007.

(64) Morley, D., *The'Nationwide' Audience: Structure and Decoding*, BFI Monograph 11, British Film Institute, 1980.

(65) Radway, J., *Reading the Romance: Women, Patriarchy, and Popular Literature*, University of North Carolina Press, 1984.

(66) Parker, R. and G. Pollock, *Old Mistresses: Women, Art and Ideology*, Pandora Press, 1981（ロジカ・パーカー／グリゼルダ・ポロック『女・アート・イデオロギー――フェミニストが読みなおす芸術表現の歴史』萩原弘子訳〔ウイメンズブックス〕、新水社、一九九二年）、Parker, R., *The Subversive Stitch: Embroidery and the Making of the Feminine*, Women's Press, 1984.

(67) 例えば、次の文献を参照。Bennett, T. and J. Woollacott, *Bond and Beyond: the Political Career of a Popular Hero*, Macmillan, 1987, Radway, J., "Reception Study: Ethnography and the Problems of Dispersed Audiences and Nomadic Subjects," *Cultural Studies*, 2(3), 1988, Penley, C., E. Lyon, L. Spigel and J. Bergstrom eds., *Close Encounters: Film, Feminism, and Science Fiction*, University of Minnesota Press, 1991, Tulloch, J. and H. Jenkins, *Science Fiction Audiences: Watching Doctor Who and Star Trek*, Routledge, 1995, Sconce, J., "'Trashing'the Academy: Taste, Excess, and an Emerging Politics of Cinematic Style," *Screen*, 36(4), 1995, pp.371-393, Smith, G. M. and P. Wilson, "Country Cookin' and Cross-Dressin': Television, Southern White Masculinities and Hierarchies of Cultural Ttaste," *Television and New Media*, 5(3), 2004, pp.175-195.

(68) Couldry, N., "Media Meta-Capital: Extending the Range of Bourdieu's Field Theory," *Theory and Society*, 32(5-6), 2003, pp.653-677, Lahire, *op. cit.*

(69) Poster, M., *The Second Media Age*, Polity Press, 1995.

(70) Lash, S., *Critique of Information*, Sage, 2002.（スコット・ラッシュ『情報批判論――情報社会における批判理論は可能か』相田敏彦訳、NTT出版、二〇〇六年）

(71) Bauman, Zygmunt, *Legislators and Interpreters : on modernity, post-modernity and intellectuals*, Polity Press, 1987.

（ジグムント・バウマン『立法者と解釈者――モダニティ・ポストモダニティ・知識人』奈良和重／向山恭一／萩原能久訳〔テオレイン叢書〕、昭和堂、一九九五年）

訳注

［1］『社会学者のメチエ』を想定していると思われる。

56

第2章

文化資本の調査に向けて

——理論と方法に関するいくつかの問い

1　序

前章で、われわれの問題関心の指針になる三つの問いを確認した。ここで再度それらを要約しておこう。第一の問いは、文化資本によって現代イギリスの社会的区分の組織化はどの程度説明できるのか、である。第二の問いは、文化の界の諸領域での文化資本のはたらきは、どの程度共通の原理によって統治されているのか、である。そして第三の問いは、階級、世代、ジェンダー、そしてエスニシティの交差を考慮したうえで、文化資本はどのように中産階級集団に利益を、そして他の集団に不利益をもたらしているのか、というものである。

このように文化資本の概念はわれわれの関心の中核を成しているとはいえ、ブルデューの著作での用法や解釈とわれわれのアプローチの違いを明確にしておく必要がある。そのためには、界やハビトゥスといった概念と文化資本の関連がブルデューの文化資本への理解にどのように影響しているのか、そして、ライフスタイル空間に関する説明と文化資本がどのように関係しているのかを考慮する必要がある。これらが本章で検討する第一の問いを構成するものになる。この問いについて考えることは、われわれの第二の問い、すなわちわれわれの調査方法がブルデューの方法論的な手続きから何を引き継いでいて、また、どれだけ相違しているのかを特定するのに理論的文脈を与えることにもなるだろう。

ブルデューの方法論を、彼が関わった論争の文脈に位置づけることにしたい。われわれは幅広い網を投げることになる。というのも、ブルデューの方法論的な関心は、技術的側面といった狭い意味ではなく、彼が提唱した社会的なものの関係論的組織化の概念と密接に関わっているからである。それは、ブルデューが『ディスタンクシオン』に取り組んでいた当時の質問紙調査研究で支配的だった実証主義的な前提に対抗して明確になっていったものである。ブルデューの研究は社会的・文化的実践の分析に対する関係論的アプローチを発展させるうえで、歴史的意義をもっている。このアプローチでは、社会的・文化実践の意味と効果は、任意の本質的・内在的な性質によって決まるのではなく、社会的・文化的実践自体が構成要素を形成する諸関係の体系に左右され、このような体系は複雑で動態的・可変的であることを強調する。他方で、社会的なものの関係論的組織化に対するブルデュー特有の見解は、昨今の議論で異議が呈されるようになっている。特にアクター・ネットワーク理論の立場からは、界、文化資本、そしてハビトゥスという概念に対するブルデューの解釈の主要な点について、異議が唱えられたり、修正がおこなわれたりしている。

議論の始点として、ブルデューのハビトゥスに関する説明を取り上げよう。ブルデューは、ハビトゥスは必然的に統合的だと考えているが、われわれはこの見方に異議を唱え、人間形成の過程に対する分散的で多元的なアプローチのほうを支持したい。このアプローチによって、ブルデューによる単一の階級的論理から、文化資本概念を引きはがせるようになる。ブルデューによる階級の論理は、無関心を美意識とするブルジョアジーの志向性と必要性を重視する労働者の文化との間の対立によって文化資本が構造化されてきた。この考察を手がかりにより包括的なものにすることで、社会的なものの関係論的組織化へのブルデューのアプローチを彼の遺産の正の側面として探究し、それをもとに新たなものを組み立て、拡張していく。この問題を抽象的に論じるのではなく、むしろブルデューがライフスタイルの社会空間を構築し分析するため、どのように多重対応分析（MCA）という統計的手法を使用したのかという点と関連づけて考察したい。われわれのここでの関心は、実証主義的社会学の理論的・方法論的手続きに対して、多重対応分析の使用がいかなる挑戦を意味したのかを特定することである。とりわけ、独立変数、あるいは説明変数の顕現や表出として文化的諸実践を扱うことができるという前提の批判という観点からみていきたい。加えてまた、階級に基づくハビトゥス間の関係によって規定された基本構造の表れとしてライフスタイル空間を解釈することに主に由来するブルデューの立場の限界についても言及する。

2 ハビトゥスと実践の分散

『ディスタンクシオン』の方法論補遺でブルデューは、質問紙の設計は「嗜好（趣味）の統一性という仮説に基づいている」[1]と述べている。つまり、それぞれの階級には統一的で内的に一貫性がある嗜好の対があり、その差異によって階級が相互に区分されると想定されているのである。彼はこの想定に基づいて、『ディスタンクシオン』では質問紙調査のデータと他の形態のエビデンス、すなわち自身の調査の統計分析の結果、文化消費に関するその他の全国調査の結果、様々なテーマについてのインタビューのまとめ、新聞や雑誌の記事、そして様々なライフスタイルに関する肖像写真などとを関連づけるアプローチをとった。こうした質の異なる様々な種類のデータを同列に提示することについて、ブルデューは詳しく検討しているわけではないものの、彼のやり方は十分に明確である。彼が、統計データ、インタビュー素材、あるいは写真を一緒に提示するのは、階級を基盤にしたハビトゥスの違いによるものと解釈される、階級間で明確に相違し、かつ、階級内では統一的なライフスタイルの存在を示すべくこれらの証拠が補強し合うときなのである。ブルデューはこれとは対照的に後期の著作では、しばしばハビトゥスをかなり粗めのゆるやかで柔軟な語句として用いている。[2] しかしながら、『ディスタンクシオン』では、ブルデューはハビトゥスの必然的な統一性にこだわり、あらゆるハビトゥスを決定づける地盤を供給するもろもろの存在条件のなかに、その統一性を見いだしている。

それは存在条件のある特定の階級＝集合に結び付いた条件づけから生まれるものであり、同じような条件に生まれた人々すべてを結び付けると同時に、これらの人々を他のすべての人々から区別する。それも彼らの最も本質的なやり方で区別するのである。というのも嗜好というのは、人間であれ物であれ、存在するものが有するすべての基盤であり、また、人が他人にとってどういう存在か、そして人は何によって自らを分類し何によって分類されるのか、といったすべてのことの基盤だからだ。(3)

ブルデューの議論の重要な側面は次の主張にある。すなわち、ハビトゥスの生成図式はもろもろの消費の界に適用され、単純な転移のメカニズムを通すことで統一的な性向が生成されるということである。ブルデューによれば、「ある一人の行為者の実践、そしてより広く、同じ一つの階級に属するすべての行為者の実践は、そのそれぞれを他のどの実践のメタファーでもあるようにする様式の類似性をもっているのだが、それはこれらの実践が同じ行動図式をある界から別の界へと転移させた結果出てきたものだという事実によっている」(4)。ライフスタイル空間上の位置の相同性についての彼の説明が意味するのは、文学界の個人や集団の嗜好を支える原理が、その他すべての界での個人や集団の嗜好にも適用されるにちがいないということである。ブルデューによれば、このメカニズムは、個人や集団の嗜好の全局面で見いだされるような体系的な統一性を示す。

ハビトゥスの総合的な統一性、あらゆる実践を統一し生成する原理のうちに体系的な統一性が存在するからこそ、家屋、家具、絵画、書籍、自動車、アルコール、タバコ、香水、衣服といった個人や集団を取り巻くすべての特性――そして物――のうちに、また、スポーツ、ゲーム、エンターテインメントといった彼らが自らの卓越性を顕示しようとする実践のうちに体系的な統一性が見いだされるのである。[5]

構造的因果のメカニズムの作動を通して階級ハビトゥスの理念型からの逸脱は下部構造の変異として理解されることになり、例外の可能性はほとんど排除される。ライールによれば、ブルデューの「スラム巡り」という言葉にみられるように、規則の例外は規則の裏づけとなるにすぎず、知識人やアーティストが大衆小説を読んだり、西部劇を見たり、漫画を読んだりする際には、ブルジョアジーの美的ハビトゥスの組織化原理に統制される距離化あるいはアイロニー化した読解をおこなうことで、そのような大衆作品を卓越化の道具に変換しているのである。[6]

このハビトゥスに関する説明は『ディスタンクシオン』での分析構造で重要な点となっている。この説明は、ブルデューがライフスタイルの社会空間の組織化についての説明をした直後におかれているが、その空間のなかでもろもろの文化実践は、空間の組織化を規定する二つの軸（資本の総量と経済・文化資本の割合）に対してどこに位置づけられるのかにしたがって、近くにもしくは遠くに配置され、特定の階級と結び付き、その他の階級とは結び付きを断たれているのである。このことは、のちに続く章で展開する、他とは明確に区別されつつも内部で統一された三つの階級ハビトゥス——ブルジョアジーの卓越化のセンス、プチブルの「文化的善意」の諸ヴァリアント、そして労働者階級の必要性を重視する選択——の議論の土台を用意することになる。「構造化され、構造化する構造」としてのハビトゥスの諸作動は、以上のような諸階級に帰される一連の文化実践を構成することになり、それぞれのハビトゥスの決定条件に根ざしたライフスタイルとして結合していく。さらに、階級に基づくハビトゥスは他のあらゆる要素（例えば年齢やジェンダー）からの影響を処理するメカニズムとなるが、ライフスタイル空間の組織化の基底となり、究極的にはその主要因となるのがこれらハビトゥス間の諸関係なのである。

このようなハビトゥス概念の解釈については、多くの欠陥が批判的な諸論考によって指摘されてきた。[7] ここでは、文化についての調査データ分析への含意に密接に関連する欠陥にだけ焦点を当てておこう。第一の問題は、特定の嗜好や性向が獲得されるメカニズムに関するものである。『ディスタンクシオン』で、この問題に対するブルデューの立場には、三つの側面があった。一つ目は、個人のハビトゥスは、社会的位置や軌跡によって形作られるという捉え方である。二つ目は、特定の制度化された訓練（例えば「純粋な眼」を養うための芸術制度）を通じて嗜好や性向が形成されるという観点である。そして三つ目に、ミシェル・ペシューの議論[8]をふまえた、ある特定の種類の制度化された訓練や言説へのアクセスを決定づける社会的位置の役割によって嗜好や性向が形作られるという見方である。最後の点は、個人が、その階級的立場とは必ずしもつながりがない文化的な訓練や言説にさらされることを通じて、異質な嗜好や性向を獲得する可能性に開かれていることを示している。しかしながら、ブルデューはこうした可能性を開きながらも、次のように主張することで、ただちにその可能性を閉じている。すなわち「同質の条件づけや訓練を押し付け、類似の実践を生み出しうる同質な諸性向の体系を生産する同質の存在条件に位置づけられた行為者の集合[9]」として客観的階級を定義し、個人がおかれた条件づけは客観的階級の自明なる影響下にある、と。この指摘は、ジェンダー、エスニシティ、そして宗教に関係して自発的に文化的訓練をおこなう力を否定している。さらに、ハビトゥスと階級との関連は、純粋に一国内（国家的）での社会的なものの範囲にとどまっているので、トランスナショナルな文化的フローによってハビトゥスが解体される可能性はほぼ想定されていない。

第二の問題は、ライールが紙幅を割いて議論[10]しているように、ブルデューは、異なる階級の人々同士で共有される嗜好や実践をなおざりにし、その特定の階級を他の諸階級から最も区別できる嗜好の諸側面や文化参加のパターンだけに注意を向けがちだったという点である。その結果、その他の階級との関係で当該の階級を最も明確に区別できる嗜好を突き止め、社会空間での各階級の相対的位置関係を最も明確に同一化（あるいは戯画化）するものの、その階級全体の諸活動としてあまり重要でない活動に偏向して焦点を当て、理念型的な階級像を構築してしまった。その点をわれわれのデータによって例示すると、メインサンプルで上級専門職に就く人々の芸術趣味は、印象派を好む人々の割合の高さによって最も明確に区別される（絵画のなかで印象派を最も好むと回答した割合は、半熟練と非熟練の労働者で六％だったのに対して、上級専門職は二一％）、一方でそれよりも高い割合の上級専門職の人々は、風景画を好み（四一％）、その嗜好は、半熟練と非熟練の労働者（四四％）と共有されている。

ライールは、そのようなパターンを、統合されたハビトゥスというより分裂したハビトゥスを意味する「不協和な嗜好歴」の表れとして解釈している。しかしながら、おそらくブルデューは、ハビトゥスの必然的な統一性という認識を強調する必要性に突き動かされ、次のように主張してライールに反論するだろう。階級的位置によって人々が受けてきた芸術的修練の種類や程度は異なるのだから、風景画に関して中産階級の専門職に就く人々に見いだされた形態は、労働者階級のそれとは異なっている、と。ブルデューが自身の方法論補遺で展開した教訓の一つであるこの議論の効力を、われわれは否定しない。つまり、質問紙調査の結果から「実践の様態」、すなわち特定の文化実践が弁別的な「生の技法」に統合される道筋を捉えることはできない、と彼が論じていることについてである。しかしながら、ブルデューがこの考察で許容した程度については異議を呈する。中産階級の専門職の人々は、他の点では嗜好が異なる別の階級の人々と同じ方法や同じ理由で多様な形態の文化活動に参加したり、それらを好んだりしているのだろうか。これらの問いは経験的に確かめられる必要がある。

第1章での文化的オムニボアの議論で明らかにしたように、「交差し合う」嗜好と実践を理解することは、まさに発展しつつある文化資本の現代的説明の中心的課題であり、そこでは、単に特定の集団に密接に関連する文化嗜好や実践だけでなく、複数の集団にまたがり架橋している実践にも焦点が当てられるようになっている。このことは、それぞれの集団を際立たせている嗜好や実践と同じように、多様な集団が共有する嗜好や実践にも目を向けることを意味する。また、量的データを精査し適切に扱うために質的データを用い、また、諸個人や諸集団に不調和で矛盾した嗜好プロフィールを見いだせるかどうかを確かめることも意味しているのである。

3　文化資本の分解

これらの関心は、われわれに文化資本概念を熟考する機会を与えてくれる。ブルデューはカントの『判断力批判』を用いながら、二律背反するブルジョアジーと労働者階級の美的志向性に規定され、存在する一連の中間点として、ライフスタイルの社会空間を配列した。ブルジョアジーの美的志向性は、カント的無関心性の美と定義されるが、それは嗜好（趣味）が「言葉では言い表せない」という純粋な美的感覚によって定義される「目的なき目的性」に支配されているというものである。したがって、それは必要なものの「選択」という労働者階級文化と対立するのである。後者は「反美学」として理解される。そこではつまらない経済的衝動の要求に応えるものに嗜好が還元されてしまい、美的形式それ自体のためのどのような熟慮によっても埋め合わせられることがない非妥協的な機能性を生み出す。このような対立がライフスタイルの社会空間座標を構造化し、それに関連して、中産階級の家庭で養われた無関心性の美学によって形作られ、教育システムによって承認と恩恵を受ける、このようなハビトゥスを有する者への資産になるものとして文化資本は定義される。

このようなハビトゥスと文化資本の関係性に対する捉え方は、様々に批判されてきた。イギリスの社会階層理論を合理的選択の観点から論じているゴールドソープ[11]にとって、ブルデューの文化資本の概念と、世代から世代へと相続されるメカニズムとしてハビトゥスをその拠りどころにするという考え方は、それぞれ別個の存在としてあるものを交ぜ合わせてしまうものである。例えば、中産階級の親が学校選択で自らの子どもに動員できる教育資源と、中産階級の家庭生活の文化的エートスを介して親が子どもに植え付ける価値観とは、分析上、区別すべきなのである。ジル・ドゥルーズやブリュノ・ラトゥールの流れを汲むアサンブラージュ（*assemblage*）理論の観点からマヌエル・デランダも同じように、家庭生活、教育、そして職業的運命の間に必然的な統一性を保持するハビトゥスを「マスターメカニズム」と特徴づけてブルデューを批判[12]している。これらの批判に配慮し、われわれは文化資本の概念でどこまで説明可能なのかについては慎重であろうとしており、ブルジョアジーのハビトゥスの説明でブルデューはいくつかの資産のタイプを必然的な関係性として混合しているが、それらが影響を及ぼす範囲や効果の程度をより正確に評価するためには、分解したほうがいいと提案する[13]。したがって、文化資本に本質的な統一性を想定するよりも、文化的特権の源泉として示される多様で幅広い資源や指標の範囲を探求するほうが有益だと考えている。本書のねらいは現代イギリスの文脈で、もしそのようなものがあるとすれば、これらのうちどれが最も顕著なのかを探求することにある。

われわれは文化資本の構成要素を識別し区別すること、そして、いままでにない新しい状況で文化資本の有効性を考察することが重要だと考えている。これがとりわけ重要だと考えられるのは、ブルデューの著作や資料のなかに資本のタイプやそれらの互いの関係性に関する明確で体系的な説明が残されていないからでもある。彼は繰り返し経済資本、文化資本、社会関係資本、そして象徴資本を区別している。また、その精確な由来や内容を突き止めることは困難ではあるものの、ある論考のなかでは、文化資本を三つの下位タイプ――制度化・身体化・客体化――に分類[14]している。制度化された文化資本とは主として教育資格を保持することに由来する恩恵によるもので、取得した資格やそれらを与える制度は個人や集団の価値を弁別する。客体化された文化資本は所有物、さらに暗示的には、関連領域でのモノの獲得や参与に関わる嗜好の判断を指し示している。身体化された文化資本は、立ち振る舞い、話しぶり、着こなし、さらには身体的態度一般として表れる。美しさ、スリムさ、あるいは適切な口調など、資産から引き出せる利益は広く認められる。もっとも、例えば美しさに関して、それを認識する技術については論争の余地は大いにある。

後期の研究では、これらに加え、社会集団によっては異なる形態の文化資本が動員されている可能性を認識する必要性が提起されている。晩年の研究の一つのなかでブルデューは、「技術資本」という概念を導入している。それは、労働者階級の人々が職業的スキルを身につけるなかで獲得し、また、家庭内でのしつけを通じて子どもたちに継承する固有の資源に言及するための概念だった。[15]ブルデューの定式化は労働者階級の男性に関わるものであるとはいえ、家庭や学校で獲得される技術能力に由来し、労働者階級のある特定の層に相対的利益をもたらすこの概念について、そのように男性に限定する必要はない。ブルデューに影響を受けたフェミニズムのアプローチでも、家庭内で通常は主に母親によってもたらされる資源としての感情資本の効果を考慮する必要性を指摘している。[16]感情資本は、例えばケア専門職やマネジメントの領域――特に人的資源管理――で、職業的利益に変換可能な資源を構成する。

さらに、特定の下位文化の成員の間で限定的に流通する資産と呼べる下位文化資本がある。この下位文化資本は、特定の年齢集団の観点[17]から、あるいは特定のエスニック・コミュニティ固有な文化的ノウハウやありふれた知識の形態の観点[18]から、定義されうるものである。加えて、文化資本には、ガッサン・ハージが提起[19]するような国民形成に特化した概念化もある。それは、ネイションへの帰属感覚を与える文化的経験、知識、親密性の諸形態とエスニック集団が取り結ぶ様々な関係性を通して作動するような文化資本を意味している。

これらは様々な形態の資産のなかでもとりわけ重要なものであり、社会的世界と社会的文脈に取り入れられたり、経済的機会、価値のある社会的コンタクト、名誉や評判などへと変換されたりする資産である。文化資本を解明するには、それらすべてに注意を向ける必要がある。どのようにして、こうした資本の様々な形態が承認されるようになり、相対的に価値づけられるのかについて、さらなる考察が要求される。『ディスタンクシオン』の議論で強調された主要な点は、階層的序列化の二つの標識、すなわち、正統文化の運用とカント美学の適用だった。文化資本を最も多くもっている人々は両者を示していた。しかしながら、カント美学は、文化消費の様態で社会的な名誉と評判の要請を見つけて伝達するいくつかの志向性のなかの一つにしかすぎない。

無関心性というカント美学的エートスに通じることで、日々の生活の実践的必要性から距離をとり、「抽象的」文化形態を鑑賞する能力を得られる。このことはブルデューによって、文化資本の構成要素として決定的に重要なものとされている。それは、文化的産物に対する特有の志向性――あるいは、ブルデューが実践の様態と呼んだもの――である。それが最も顕在化するのは正統文化（例えば、クラシック音楽やオペラに関わるもの）の伝統的形態との関わりにおいてであるが、現代のコスモポリタンな成り立ちを含むモダニストと前衛の文化実践では、一層顕在化しているかもしれない。しかしながら、ホルトが強く固執したように[20]、志向性、すなわち生産物の領有の仕方は、その実質的な内容から推論することはできない。

以上と部分的に関わっているが、オルタナティブな志向性としてしばしば言及されるものに「スノッブ」な文化がある。これは、排他的な文化実践に関与することで諸集団の社会的優位性を主張するものである。ここでは同様の文化実践の一部が再び取り上げられるが、他の諸実践、例えばエリート・スポーツと並んで特に正統文化の伝統的形態が挙げられる。そこでは、カント的性向ではなく、実践を可能にする費用や活動の他の側面が重要になり、後者が社会的排他性の印として機能している。

第三の志向性は、どのようなものであれ、教育システム内で最も高く価値づけられたものの運用能力のなかにある。これは、洗練されていることよりもむしろ、教育を受けているかの問題であり、例えば文化に関する専門分野のほか、科学や経営学の専門分野などの実践的な運用能力を示すことで表される。この志向性は、多くの人々に開かれているが、主に専門職系・管理職系諸階級に集中していて、もろもろの資格の価値の承認を通じた世代間の遺産相続戦略の重要な特質となっている。

第四は文化的オムニボア性であり、先の三つの志向性とはいくぶん対照的な方向に向いている。文化的オムニボアな文化資本は、ある特定の文化の型に愛着するよりもむしろ、「高尚」や「低俗」といった分類に関わりなく、様々なジャンルに適応できる特有で正当性がある能力として示され、これもまた、もっぱら教育システムを通じて習得・伝達される。多様性に対する開放性と趣味判断の洗練された敏捷さが、そのような文化資本の根本的で決定的な特徴である。

以上のような文化資本の様々な類型に加え、これらに付随することもある様々な志向性を区別することで、現代世界の文化資本の作動に関して、より複雑で経験的に妥当な説明が可能になる。われわれはもちろん、同程度の利益や「利潤」をそれらの保持者に与えるという意味で、以上の諸形態の文化資本がすべて等価だと主張しているわけではない。それぞれは、明らかに異なる権力の資本であり、説得力の程度も異なる志向性である。それらの資源が換金されたり取り引きされたりする市場は異なっていて、きわめて局所的で特殊な効果があるものもあれば、労働市場や学校システムが作動していくなかでより中心的な役割を果たしているものもある。

ここまで、ハビトゥスや文化資本という概念をわれわれがどのように解釈しているかを明確にしてきた。次に、ブルデューの界の理論の用法と、社会的なものの関係論的組織化に対する彼の理解を検討し、それらがわれわれのアプローチに与える示唆について考察する。

4　界の理論と社会的なものの関係論的組織化

『ディスタンクシオン』の方法論補遺でブルデューは、当時のアメリカ社会学に支配的な流儀を「科学的手法に対する単純すぎる経験論的理解[21]」と特徴づけてコメントしている。このコメントは、いくつかの有益な指針を与えてくれる。ブルデューは主にポール・ラザースフェルドを通して、このような流儀と自身の関係に取り組んだ。ラザースフェルドは、研究成果の提示の仕方は研究の実際の過程に一致しているべきで、それは最初の仮説、方法、データ、分析、結果という論理的な順序で展開されるものだとしていた。[22]ブルデューは『ディスタンクシオン』の草稿段階ではこの教えを守って執筆したとしながら、最終的には「個々の事実が自らの真理値を受け取る母体である諸関係のシステムのなかに、それらの事実を置き直してやることを可能にする唯一のもの」として「研究の到達点を出発点と見なすような」記述形式を採用することを決断したという。[23]ここでのブルデューにとっての懸案事項は、一九六六年に初版が刊行された初期の著作である『美術愛好――ヨーロッパの美術館と観衆[24]』についての後年の省察で明確にされている。『美術愛好』では回帰分析と統計モデルという古典的手法が主に用いられ、当時の標準的な作法によって知見が提示された。[25] ブルデューによれば、この初期の著作は、ヨーロッパ社会学に対しても科学的実証主義の規範を強いるラザースフェルドの圧力への応答として書かれたものであり、結果的に、ラザースフェルドさえこの本を気に入ってくれたと皮肉ぎみに述べている。[26] しかし、それによって『美術愛好』の真に科学的な目的を認識しにくいものにしてしまったという代償を、ブルデューは感じることにもなった。彼のねらいは、博物館訪問者の経験的な研究をおこなうことにではなく、芸術的知覚の社会学のための基盤を提示することにあったという。この社会学とは、芸術の専門家の「純粋な眼」を芸術界での位置の表れとして捉え、その位置はその界の他の地位との関連性によってだけ理解できると考えるものである。

ブルデューは明らかに、実証主義の力の前に再び屈服せんことを熟考したものの、最終的にはそれを思いとどまった。その結果、彼は『ディスタンクシオン』で、文化貴族――消費に関する高級ブルジョア的形態の無関心性の美学――を、文化消費の界での様々な位置間の諸関係を支配する諸対立の体系に関する議論の出発点として取り上げた。この議論はまた、第2章でのライフスタイル空間を支配する「実践のエコノミー」の議論の導入ともなっている。ライフスタイル空間では、種々の文化消費の形態に固有の社会的意味や価値が、互いの関係的な位置づけによって見いだされている。このライフスタイル空間は、彼が実施した質問紙調査データに多重対応分析の技法を用いることで構築された。多重対応分析の技法は、ブルデューが深く関わっていた数学者コミュニティであるJ・P・ベンゼクリ学派の幾何学的データ分析によってもたらされたものである。そして、幾何学的に定義された界のなかに文化的な実践の関係的な分布を点描するこの技法によって、ブルデューの理論的関心を文化に関する調査データの分析へと転換する新たな手段がもたらされたのである。[27]

ブルデューはこの技法を用いた最初の社会学者だったものの、心理学者のクルト・レヴィンが二十世紀中頃に先導し、社会調査に適用された場（＝界）の分析という重要な伝統も活用した。場の分析は、あたかも磁極間の緊張関係によって特徴づけられる力場で組織されるように、関係性の観点から実践を把握することを主張するものである。[28] この「場の分析」的アプローチは、第二次世界大戦直後には心理学者、社会学者そして人類学者に盛んに用いられていたものの、原子的個人とその「属性」を社会科学的分析の中心的存在とする全国規模の無作為社会調査が隆盛するようになると、急速に後退していくことになった。[29] 一九七〇年代から八〇年代にかけてのブルデューは、時代の潮流に抗い、場（＝界）の分析の支持者であり続けていた。しかしながら、近年の発展、特に「国民全体」にネットワーク分析をおこなうことを可能とするような人間関係のデータの新形態は、場の分析に新たな展開可能性をもたらしている。[30] この観点から言えば、ブルデューの格闘は、アメリカの事例中心の社会学、例えば、スタンリー・リーバーソン[31]、アンドリュー・アボット[32]、チャールズ・レイガンとハワード・ベッカー[33]のような研究やブリュノ・ラトゥール[34]のようなアクター・ネットワークの理論家が、二十年後や三十年後に格闘したものと同様だった。従属変数と独立変数もしくは原因変数を区別して「社会的なもの」を定義するのではなく、平面上に配置された実践の関係に焦点を当てることで「社会的なもの」を捉えようとするブルデューの学問的関心には、現在では大いに共感できるものがある。[35] 彼は、異なる類いの文化実践の関係を多重対応分析の図を用いて視覚化したが、これは、変数の物象化、そしてある種の自律的で独立の「因果関係」が変数間にあるという前提への彼の反発と表裏一体の関係にある。

ブルデュー流の文化調査の「伝統」は『ディスタンクシオン』を契機として広まることはなかった。[36] 社会調査に関心がある社会科学者たちは、社会的階級、収入そして貧困など型どおりの経済的あるいは社会的指標を用いることに関心を向けていった。結果的に、『ディスタンクシオン』の調査項目は、のちに続く文化に関する調査研究からみると異質なものとなっている。一九八三年の「アメリカ行動科学研究」（ＡＢＳ）の特別号にはアメリカの総合的社会調査データを用いた文化実践の組織化についてのリチャード・ピーターソンの研究が掲載されたが、これが端緒となり、文化調査研究での支配的な研究の伝統が形作られることになった。ピーターソンの当初の関心は、多変量解析の手法を用いてアメリカ人の文化生活の類型を記述し、整理することにあり、むしろブルデューの関心との親近性は高かった。しかし、のちの彼の「文化的オムニボア」についての研究[37]やその過程で生み出された文化実践を計量的・包括的に明らかにした多くの論文（その大半は *Poetics* 誌に集中的に掲載された）

では、標準的な統計的手続きがより多く用いられることになった。その手続きとは、とりわけ回帰分析の手法を用いて従属変数に対する独立変数の効果を同定することに関心があるものである。典型的な分析の目的は、例えば、映画の好み、余暇活動など特定の文化活動のパターンに対して、職業階層、ジェンダー、年齢などのいくつもの社会的要因のうちどれが最も影響力が強いのかを特定することにある。

しかし、これらの手続きの根底にある理論的前提こそ、社会的なものの関係論的組織化を的確に説明することができないとして、ブルデューがまさに反論しようとしたものだった。

> ある従属変数（例えば政治上の意見）と性別、年齢、宗教、さらに教育水準、収入、職業などのいわゆる独立変数との個別的な関係は、こうした個々の相関関係のうちにしるされた様々な効果がもつ独自な力と形の、真の原理を構成する諸関係の完全な体系を隠蔽してしまう傾向がある。だから「独立」変数のうちでも最も独立性が強いものは、その変数がある意見なり行動との間に取り結んでいるなかにひそむ統計的諸関係の網を、すっかり隠蔽してしまうだろう。[38]

近年アボットは、このごちゃごちゃした複雑な世の中では、「従属」変数と「原因」変数を区別することはたやすくなく、加えてそれらの関係を統計的に評価することなど不可能だと批判しており[39]、ブルデューのこの指摘と同一の方向性を示している[40]。アボットは、社会生活には再帰性（反省性）があること、「事前」と「事後」とを区別することの恣意性、そして、その結果、独立に原因的特性をもつとされる具体的な変数群に行為者性を付与することに伴う問題点を主張した。以上のような理由により、これまで英語圏でおこなわれてきた『ディスタンクシオン』にまつわる研究とは異なり、われわれは、ブルデュー自身の用語法で彼と議論するために、ブルデューが用いたように多重対応分析に立ち戻ることにする。

多重対応分析を用いれば、文化的嗜好や実践、社会的地位の関係を同一平面上に描き出し、変数間に序列的な因果的従属関係をアプリオリに想定することなく変数の相互作用を分析することが可能になる。そのためこの手法は、社会的なものの関係論的組織化を解明するにあたって、方法論的に強力な手段となりうる。同様に重要なのは、ブルデューのライフスタイル空間の分析を特徴づけている社会的なものの概念、それ自体の構成要素として文化が含まれていることである。このことは、ブルデューの研究のなかで文化資本の概念が果たしている役割のもう一つの側面として挙げられる。というのも、社会階級という古典的な社会学の概念をブルデューが新たな観点から「まとめあげる」ことができたのは、まさにこの文化資本という概念を通してだったからである。この概念が最初にブルデューの語彙のなかに登場したのは、一九六四年に初版が出版されたジャン＝クロード・パスロンとの共同研究においてだった。この研究ではリール大学の学生の社会的出自、文化的嗜好、そして学業達成の間の関係が検討された[41]。デレク・ロビンズの見立て[42]によれば、この研究の最も革新的だった点は、文化資本に付与された役割にある。文化資本が間に入ることで異なる水準や種類の学業成績に社会的出自が及ぼす影響の格差のメカニズムを説明することができたのである。この見方は、社会経済的な術語に限定することなく社会的出自を定義するもので、その再－概念化の一部を形成している。社会的出自が学業成績の格差とつながり、そして学業成績に転換される中継のメカニズムのなかで、文化資本は、社会的地位と特定の文化的・教育的な訓練とを結び付け、そのような性向を社会的地位の要とすることで、社会的なものを「文化の影響下におく」のである。『ディスタンクシオン』でブルデューが提示したあの有名なライフスタイル空間の図に、この捉え方の帰結を容易にそして文字どおり可視化して見ることができる。というのも、これらの図では、同一平面上に文化実践と階級的位置の相互作用がまとめられ、一緒に提示されているからである。それは例えば、ブロット［カードゲーム］やサッカー、ラグビーに興じ、パブリックダンス、ベーコン、パン、パスタ、そして普通の赤ワインを好むことは、熟練労働者とのつながりが深いといったふうに示されている。

したがって、ブルデューの社会的なものの概念とその複雑性を把握するために用いた統計的手続きに関することの側面には真に強みがある。しかし、ブルデュー自身も認識しているように、多重対応分析の図を具体化し、そこに作図されたものが事実に即した現実の変数と見なすことは問題をはらんでいる。多重対応分析が前提とする純粋に幾何学的な意味で空間を見なすことの限界は、近年の社会理論でも主張されている。[43] これが、近年のアクター・ネットワーク理論、特に「流動性」を強調する系譜である。デランダの解釈[44]によれば、この点について指摘しているものに、ドゥルーズの研究の例も挙げることができる。ドゥルーズは、物理的空間の幾何学からは強度や情動の空間を読み取ることはできないと主張した。[45] これをふまえれば、ライフスタイル空間が異なる「圏」には異なる「エネルギー」が生じているかもしれないことへの配慮が必要になる。例えば、ライフスタイル空間でかなり近しい位置関係にある人々であっても、彼らが共有している文化項目やジャンルの細目について、著しく不一致であることが（もちろん一致することも）ある。多重対応分析の図を用いて、軸の一方の諸項目は軸の他方の諸項目と対立していて、そのような緊張関係はそれらの項目の行為者については顕著なことである、と想定することには、危険を伴う。実際には、ライフスタイル空間において反目する位置を占め、強度があり、「情動的」でさえある文化圏にいるとはいえ、自らにきわめて近い行為者に対してより大きなエネルギーを持つかもしれないからである。加えてまた、文化的嗜好と実践を幾何学的に切り離すことは、人工的で不適切に嗜好を二極化し、個々人そして集団の実践についての異なる界の間の相同性の程度、また同じように統一的な嗜好をもっている他の集団との対照性の程度を過剰に見積もってしまう危険をはらんでいる。このことはもちろん、『ディスタンクシオン』にも当てはまることである。

ブルデューによる社会関係の空間化の説明にまつわるこのような困難は、ブルデューの研究を構造主義的側面からみた際に生じる矛盾にも呼応している。ブルデューの社会的なものの関係論的組織化の観念は、界の理論には依拠しているだけではなく、構造言語学とその派生、特に構造主義的な文学分析を参照している。後者では、言語の構成単位（あるいは、文学的・芸術的システムの構成単位）の諸価値がその内在的な特性から生じるのではなく、相互を差異化し合う関係性から生じると捉えられている。しかし他方で、社会学の対象化の手続きは、観察可能な現象の性質を説明する根底の構造を同定することが可能であると、ブルデューは繰り返し主張していた。[46]

ブルデューは、自身の界理論による位置分析を構造分析の客観性に対する問題関心として彼が特徴づけたものと結合させようと試みた。そこから生じた緊張関係について論評しながら、マーティンは以上の点について省察している。[47] 界理論の位置分析は、競争的闘争が繰り広げられている異なる場のなかで、社会的行為者が互いにどのように位置取りしようとするのかを記述しようとするものである。しかしながら、ブルデューの議論では、これら界に共通の基体を提供し、互いの関係性を序列化し、それぞれの界内部でのアクター間の相対的な位置取りを説明するのは、社会空間の客観性にあるとされている。この構造は資本の異なる割り当てによって組織化され、関係性の集合を構成している。それらの関係性は、異なる界で行為者が占める位置とは異なり、ブルデューの捉え方では、主体の意思や意図とは無関係だという意味で客観的とされている。ブルデューの社会学的分析の根本的な対象は、これらの関係性である。というのも、もろもろの界の内部での主観的な位置取りという互酬的な振る舞いから構成される行動の水準こそが、そうした関係性の根底にあるとともに主要因でもあるからである。[48]

このことは、具体化された独立変数が一対一の対応をもって文化実践を説明することで、根拠となる現実ではない。むしろ、すでにみたように、階級に基づく本質的に統一的な様々なハビトゥスの間での構造化された諸関係の集合、という形態をとる現実である。そしてそれは、文化実践の分布にみられる違いを説明する「構造化する構造」に基づくものとして記述される。われわれが、なぜこの社会的なものの組織化という概念に異議を唱えるのかについては先のハビトゥスの議論で論じたとおりである。本書ののちの章で示すように、階級という用語法からだけで社会的なものの関係論的組織化に迫ったのでは、経験的分析結果が示す文化実践と社会的地位をつなぐ論理の多面性をまったくもってつかみ損ねてしまうことになる。

実践の諸関係の基底を成し主要因になる決定的構造に対し、ブルデューは強い関心を抱いていた。ラトゥールの見立てでは、「社会的なものの社会学者たち」[49] に好まれる二重平面型の分析の重要な側面をブルデューが保持し続けた理由は、このことによって説明できる。ラトゥールによれば、そのような社会学者たちは、複数の現実の他の諸集合との関係で任意の集合の優位を認めるという二元論的存在論に傾倒するなかで、以下のことから生じる諸過程に注意を払い損ねているという。すなわち、諸関係の様々なネットワークは、特有のものとして、しかし同水準で作用し合うモノと人の様々な公的な組織化として永続しているが、当然ながらそれらは必ずしも同一の原動力によって支えられているわけではない、ということである。[50] いまから見れば明らかなことなのだが、不透明な社会的パターンや諸過程を解明することができる「科学」としての社会学に対し、『ディスタンクシオン』は新たな管轄権を要求した。この著作は、社会科学が急激に拡大し、幅広い人気を誇った時期に執筆されたものである。他の多くの国々でも、一九五〇年代から六〇年代にかけては、先駆的な社会学者たちはブルデュー同様、他の専門知識に対する批判の根拠として、社会的なものをめぐる専門知識を展開させていた。自らの学問としての基盤を安全に保ったまま他の学問分野に批評を加えられる専門学科、あるいは「社会の科学」の代表格としての社会学の構想は、明らかに支持できるものではない。というのも、「社会的なもの」の問題としての重要性に疑念が大きく呈されていることに加え、社会的なものに関する様々な見解が社会学者たちによって援用されたことについて、かなりの程度が彼らの研究対象をはやらせるためにもろもろの理論と方法を利用した産物だという認識がだいぶ広まっているからである。以上のような理由から、社会学的フィールドワークと統計分析の伝統的な形態から産出される知識に対して控えめな評価を与え、特定の方法でおこなう探究の対象である「社会的なもの」をわれわれが構築していることを明確に認識したうえで、われわれは議論をおこなっていく。

この点は、次のように要約できるかもしれない。すなわち、われわれの主要な目的は、『ディスタンクシオン』での扱いよりももっとゆるく柔軟で偶有的な諸関係の集合へとブルデューの鍵概念を折り合わせていくことである。ブルデューはハビトゥスを統合的なものとして定義し、文化的資本については、どのような階級に対しても同じように作動する単一の資本形式の論理にしたがうものとしてではなく、多様な文化資産に対する便利な包括的用語として概念化した。われわれは、ブルデューのハビトゥスのこのような概念化の理論的な基盤に異議を呈する。そこで以下では、このような理論的原理を調査の方法論的要素へと翻訳した方法について、ブルデューによって展開された方法にわれわれがどのように依拠しているか、どの部分について立場を異にするのかを示しながら、考察していく。[51]

5　方法論序説

歴史的な観点からみた場合、詳細な文化項目について幅広い設問を用いたという点で『ディスタンクシオン』は、それまでの社会学的研究とは大きく異なっていた。[52]一九六〇年代の半ばは、質問紙調査が急速に社会調査の主流の道具となりつつある時期だった。アメリカでは、ピーター・M・ブラウとオーティス・D・ダンカンが『アメリカ人の職業構造』[53]で社会移動の一般的な性質について研究したが、これは全国規模の無作為抽出された質問紙調査を用いたこの類いの研究の最初のものだった。イギリスでは、デービッド・グラースが四九年におこなった質問紙調査が社会移動研究の先駆的なものだが、包括的な質問紙調査の方法を用いて調査がおこなわれるまでには、七二年から七三年の「ナフィルード社会移動調査」を待たなければならなかった。これらの研究はすべて、主として職業と教育からみた地位達成や階級達成の様相を明らかにすることを目指すものだった。そのうちのいくつかの調査では、態度に関する質問項目があり、ボランティア団体や友人関係といった社会参加に関する質問項目を備えている調査もわずかながらあった。しかし、例えば、人々がどのような映画を見るのか、どのような絵画を好むのか、どのミュージシャンが好きなのかといった文化行動や、調査対象者に写真のリストを見せてどの写真がいちばん好きなのかといったことに関して尋ねたものはなかった。

社会調査の方法論が発展した現在からみれば、『ディスタンクシオン』がとった方法は必ずしも好ましいものとは言えなくなっている。これは、もちろんブルデューがどのようにサンプルを設計したのかという点についても当てはまる。再びブルデューの方法論補遺を参照すると、『ディスタンクシオン』のもとになった質問紙調査は、もともと一九六三年にパリ、リール、そしてある地方の小都市在住の六百九十二人に対しておこなわれたものであることを知ることができる。その後六七年から六八年にかけて追加調査が実施され、合計で千二百十七人の回答を集めることになった。また、文化的な嗜好や実践に関する適切な項目を質問紙に加えるため、最初の質問紙調査より前に、長時間の聞き取り調査や観察が実施された。サンプルの特徴についてブルデューは、サンプルが意図的に上流階級や中流階級に偏っていることを指摘している。それによって文化実践について細やかな分析をおこなうことが可能になり、これらの階級内での相違を明らかにすることができると述べている。彼はまた、調査設計段階で半熟練や非熟練労働者の数を少なくしていることについても述べている。それは、これらの人々は「調査の目的に照らしたときとても画一的」だとすでに知られているから、つまり、正統文化から一様に排除されていることがわかっているからだという。[54]

われわれの調査は、最新のサンプリングテクニックを用いているという点でこのブルデューの調査とは対照的である（方法論補遺2を参照）。この調査は、全国規模の無作為サンプルの千五百六十四人に加えて、エスニック・ブースト・サンプルの二百二十七人、合計して千七百九十一人に対して実施された。エスニック・ブースト・サンプルには、イギリスの三大エスニック・マイノリティ集団（インド系、パキスタン系、そしてアフロ・カリブ系）がおおよそ均等に含まれている。質問紙設計に関しては国立社会調査センターの助力を得て、二〇〇四年から〇五年の冬から早春にかけての実査はこのセンターが担当した。調査実施期間中には、一週間分の新聞や雑誌を収集し、異なる読者層に対して、ある特定の種類やスタイルの文化的消費はどのようにして仕向けられているのかも調査した。実際に質問紙を作成したり調査を実施したりする前に、大規模なフォーカスグループインタビューを実施した。これは、人口が異なる層の文化実践とその様式の両方を詳しく調査することを目的としていた（方法論補遺1を参照）。職業階級やジェンダー、エスニシティ、年齢、セクシュアリティなどの異なる社会的地位の組み合わせに配慮してフォーカスグループの対象者は集められた。

質問紙調査によっては実践の様式を詳細に明らかにすることはできないというブルデューの言葉に配慮し、質問紙調査を実施したあとに、大規模な世帯インタビュー調査を実施した。この世帯インタビューは、質問紙調査のサンプルに加え、該当する場合はそのパートナーを対象とした（方法論補遺3を参照）。経済的・政治的、または文化的に卓越した地位にある個人が無作為サンプルの対象になることはほぼないか、あったとしてもごくごくわずかな人数しか確保できないことはわかっていたので、ブルデューの先例にならい、成功したビジネスマンやビジネスウーマン、政治家、上級公務員と学者を対象にした「エリートインタビュー」も実施した。この「エリートインタビュー」の対象者は、制度的・個人的なつながりを通して選定された（方法論補遺4を参照）。

ブルデューの方法におおむね沿っているとはいえ、われわれの質問紙のデザインはブルデューのものとは多くの重要な点で異なっている。ジェンダー間での文化的嗜好や実践の多様性が重要であることに気を配り、このような観点を明示的に明らかにするような質問を入れ込んだ。ブルデューが父親と父方の祖父の職業と教育資格について尋ねているのに対し、われわれの質問紙では、父親と母親両方の職業と教育資格について尋ねている。われわれはまた、家庭内での両親それぞれの子育て役割の分担についても尋ねている。これは、異なる形態の文化資本がどのように組織化され世代間で伝達されるのかについての家庭内のジェンダーダイナミクスの重要性を調べるためである。経済資本をより正確に測定するため、所得だけでなくより広い経済的資産に関する質問項目も含めた。そして、英語圏の社会科学領域で発展してきた社会関係資本に関する研究文脈を考慮し、われわれの質問紙には、社会関係資本を測定するべく友人関係や社会関係に関する設問が含まれている。ブルデューの『ディスタンクシオン』では、このようなことは試みられていない[55]。われわれの調査では対象者と文学、音楽、芸術やメディア分野、スポーツ、身体上の（肉体に関する）実践、そして料理の好みとの関連について検討している。質問紙は文化資本について以下の三つの構成要素を識別すべく設計された。それらの構成要素とは、①どのような文化的活動をどの程度の頻度でおこなっているのかということ、②どのような嗜好（好き嫌い両方の側面を含む）をもっているのかということ、③どのような文化的な知識を保持しているのかということ、である。これらの三つの要素は必然的に関連し合っているものの、分析をおこなううえで区別することは有用になる（方法論補遺2を参照）。

通常の分析では、正統文化が過剰に扱われることが多いが、以下のわれわれの質問紙調査の分析では、正統文化だけを過度に強調しないよう十分に注意した。正統文化が過度に重用されてしまう大きな理由の一つに、このようなデータ獲得のための研究資金を提供しているのが公立の文化機関であることが挙げられる。このような機関は正統文化に対する資金援助をおこなっていて、主要な関心事項はこれらの（正統）文化に親しんでいるのは誰なのかを理解することにあるからだ。このような制度的要因のため、評価が確立した文化領域へ系統的に過度に研究関心が偏る事態が生じている。われわれは、同じ轍を踏まないように配慮し、絵画や彫刻などの視覚芸術よりはテレビに関する質問を、読書よりは音楽に関する質問を、そして、同一の文化領域のなかでは、「評価が確立した」作品やジャンルよりもより「大衆的」か「主流」のものについての質問を多くして、より典型的な文化項目について調査するよう工夫した。このように異なる文化の界のバランスをとったため、どうしてもいくつかの分野は除外せざるをえなかった。除外したなかで最も重要なのは家のなかでおこなうレジャー活動（コンピューターゲーム、手芸、絵を描くこと、ガーデニング、ＤＩＹ［日曜大工］、ボードゲーム、家庭内の娯楽）であり、また同程度に重要な祝祭日の慣習、ギャンブル、ダンスや写真についても除くことにした。このように扱う文化領域を限定したことは、結果の解釈に少なからぬ影響を及ぼすことになったが、それについては、個々の議論の部分で適宜言及していく。

質問紙データの分析に用いたデータには、エスニック・ブースト・サンプルも含まれていて、エスニックな自己の同定に関して調べる質問もしている。法的規制のため、ブルデューは彼の質問紙のなかにエスニシティに関する質問項目を含めることができなかった。これは奇妙な帰結を生むことになった。この時期は、旧植民地からのフランスへの移民が急増していた時期だったにもかかわらず、ジャック・ランシエールが指摘するようにポルトガル人やユーゴスラビア人、北アフリカからの移民や黒人労働者など、フランスのプロレタリアートの中心となりつつあった人々について『ディスタンクシオン』ではまったくふれられていないのである。(56) その意味では、文化資本の形成過程でマジョリティとマイノリティ両者を含む異なるエスニック集団がどのように関連しているかを調べるためにエスニック・ブースト・サンプルを用いることは、明らかな革新だと言える。これに加えて国際的移動が文化的領域の組織化にどのように影響しているのかを調べるため、出身国の情報に関する質問も尋ねた。これは、エスニック・マイノリティグループのイギリス生まれと他国生まれの人々を区別するためである。われわれの質問紙にはまた、様々な国々の本や音楽作品、テレビ番組の事例に関する質問も含めた。これは、地球規模での文化的な流れがもたらす国内の文化領域の孤立性や文化的コスモポリタニズムの新たな形への影響を評価するためである。

6 結論

本章では、関係論的社会学の精神を保持することの価値を主張すると同時に、ブルデューが『ディスタンクシオン』で資本、ハビトゥス、そして界の間をつなげたリンクが適切なものだったのかについて疑義を呈した。『ディスタンクシオン』の最も大きな強みの一つは、その経験的な知見の豊かさにある。その精神を受け継ぎ、実証的な知見が文化的資本やハビトゥスといった概念によってよりよく解釈できうる場合を除いてこれらの概念を用いることを避けた。ブルデューはエリートの再生産に関する還元主義的な、もっと言えば機械的な社会学を展開したことを非難されているが、われわれはよりオープンで複雑な社会学を生成するためにその可能性を引き出そうとしている。界の分析そのものを開放することで、そして、量的な関連を多重対応分析を用いて分析するだけでなく、伝統的な多変量解析をも用いることで、われわれはいくつかの異なる種類の「文化資本」の存在可能性について検討する。最も関心があるのは、以下の議論を追求することである。すなわち、現代社会での文化的優越性の獲得は、あからさまに排他的な形――スノッブ性やモダニズム的抽象性――を涵養することで達成されるのではなく、多様で増加しつつある様々な文化的な世界を関連づけ、橋渡しし、取り結ぶ能力を通じて達成されるというものである。

このプロジェクトを遂行していくうえで、われわれは具体的な「支配的」変数の説明力を正確に捉えることを追求するのではなく、文化的な領域そのもののなかにどのような複雑な関連性が存在しているのかを把握しようとした。しかしこれは、文化的実践や嗜好が組織化されるなかでどのような主要な力がはたらいているのかを明らかにすることの放棄は意味していない。この点は、第3部で、「原動力」「過程」「権力」「萌芽的性質」を識別しようとする際に問題になる。界で組織化される際に中核になる動態性を、最も効率的な原因になる変数や潜在的な構造の表れとしてではなく他の形で把握しようとするときに、これらが検出されるだろう。このことは他方で、われわれは文化実践が集団の形成と統合にどのようにして寄与するのかに興味がない、ということも意味していない。第4部では、文化実践でのクラスター化と区分の複雑な形式について分析して、文化実践によってどのようにして境界線が引かれ、アイデンティティが顕示され、卓越化が行使されるのかを明らかにする。しかし、まず最初に、第2部でわれわれの多重対応分析の原則と手続きについて解説し、ブルデューの方法論を検討するなかで明らかになったいくつかの問題を克服するためにどのようにして結果を解釈したのかについて述べることにしよう。

注

(1) Bourdieu, P., *Distinction: A Social Critique of the Judgement of Taste*, Routledge, 1984, p.506.(ピエール・ブルデュー『ディスタンクシオンI――社会的判断力批判』石井洋二郎訳、藤原書店、一九九〇年、同『ディスタンクシオンII――社会的判断力批判』石井洋二郎訳、藤原書店、一九九〇年)

(2) 例えば、Bourdieu, P., *In Other Words: Essays Towards a Reflexive Sociology*, Polity, 1990, pp.77-8.(ピエール・ブルデュー『構造と実践――ブルデュー自身によるブルデュー』石崎晴己訳、藤原書店、一九九一年)、Bourdieu, P., *Pascalian Meditations*, Polity, 2000, p.160.(ブルデュー『パスカル的省察』加藤晴久訳〔Bourdieu library〕、藤原書店、

二〇〇九年)

(3) Bourdieu,*Distinction*, p.56.(前掲『ディスタンクシオンⅠ』、前掲『ディスタンクシオンⅡ』)

(4) Bourdieu,*Distinction*, p.173.(同書)

(5) *Ibid.*

(6) Lahire, B., *La culture des individus: dissonances culturelles et distinctions de soi*, Editions la Découverte, 2004, pp.7-10.

(7) Crossley, N., *The Social Body: Habit, Identity and Desire*, Sage, 2001(ニック・クロスリー『社会的身体――ハビトゥス・アイデンティティ・欲望』西原和久/堀田裕子訳、新泉社、二〇一二年)、Lahire, B., "De la théorie de l'habitus à une sociologie psychologique," in B. Lahire ed., *Le travail sociologique de Pierre Bourdieu: dettes et critiques*, Editions la Découverte, 2001, pp.121-152, Lahire, B., "From the Habitus to an Individual Heritage of Dispositions: Towards a Sociology at the Level of the Individual," *Poetics*, 31(5-6), 2003, pp.329-355, Lahire, *La culture des individus*, Bennett, T., "Habitus clivé: aesthetics and politics in the work of Pierre Bourdieu," *New Literary History*, 38(1), 2007, pp.201-228.

(8) Pêcheux, M., *Language, Semantics and Ideology*, MacMillan, 1982.

(9) Bourdieu, *Distinction*, p.101.(前掲『ディスタンクシオンⅠ』、前掲『ディスタンクシオンⅡ』)

(10) Lahire, *La culture des individus.*

(11) Goldthorpe, J. H., "'Cultural Capital': Some Critical Observations," *Sociologica*, 2, 2007.(http://www.sociologica.mulino.it/doi/10.2383/24755)

(12) DeLanda, M., *A New Philosophy of Society: Assemblage Theory and Social Complexity*, Continuum, 2006, pp.63-66.(マヌエル・デランダ『社会の新たな哲学』篠原雅武訳、人文書院、二〇一五年)

(13) Bennett, T., M. Savage, E. Silva, A. Warde, M. Gayo-Cal and D. Wright, *Cultural Capital and the Cultural Field in Contemporary Britain*, CRESC Working Paper, No.3, Centre for Research on Socio-Cultural Change(CRESC), 2005.

(14) Bourdieu, P., "The Forms of Capital," in J. G. Richardson ed., *Handbook of Theory and Research for the Sociology of Education*, Greenwood, 1986, pp.241-58.

(15) Bourdieu, P., *The Social Structures of the Economy*, Polity, 2005.（ピエール・ブルデュー『住宅市場の社会経済学』山田鋭夫／渡辺純子訳〔Bourdieu library〕、藤原書店、二〇〇六年）

(16) Reay, D., "A Useful Extension of Bourdieu's Conceptual Framework?: Emotional Capital as a Way of Understanding Mothers' Involvement in Their Children's Education?," *Sociological Review*, 48(4), 2000, pp.568-585, Silva, E. B., *The Politics of Consumption at Home: Practices and Dispositions in the Uses of Technologies*, Pavis Centre for Social and Cultural Research, 2000.

(17) Thornton, S., *Club Cultures: Music, Media and Subcultural Capital*, Polity Press, 1995.

(18) Trienekens, S., "'Colourful'Distinction: The Role of Ethnicity and Ethnic Orientation in Cultural Consumption," *Poetics*, 30(4), 2002, pp.281-298.

(19) Hage, G., *White Nation: Fantasies of White Supremacy in a Multicultural Society*, Pluto Press, 1998.（ガッサン・ハージ『ホワイト・ネイション――ネオ・ナショナリズム批判』保苅実／塩原良和訳、平凡社、二〇〇三年）

(20) Holt, D., "Does Cultural Capital Structure American Consumption?," *Journal of Consumer Research*, 25(1), 1998.

(21) Bourdieu, *Distinction*, p.503.（前掲『ディスタンクシオンⅠ』、前掲『ディスタンクシオンⅡ』）

(22) *Ibid.*

(23) *Ibid.*

(24) Bourdieu, P., A. Darbel and D. Schnapper, *The Love of Art: European Art Museums and Their Public*, Polity, 1990.（ピエール・ブルデュー／アラン・ダルベル／ドミニク・シュナッペー『美術愛好――ヨーロッパの美術館と観衆』山下雅之訳、木鐸社、一九九四年）

(25) Bourdieu, P., *Sociology in Question*, Sage, 1993, pp.265-256.（ピエール・ブルデュー『社会学の社会学』田原音和監訳、藤原書店、一九九一年）

(26) ラザースフェルドは、ラジオ調査局の研究プログラムの共同研究のなかでアドルノとも激論を交わしていて、以前にもヨーロッパ社会理論の伝統に対する論争に関与していた（Jay, M., *The Dialectical Imagination: A History of the Frankfurt School and the Institute of Social Research, 1923-1950,* Heinemann Educational Books, 1973, pp.219-224.〔マーティン・ジェイ『弁証法的想像力――フランクフルト学派と社会研究所の歴史 1923-1950』荒川幾男訳、みすず書房、一九七五年〕を参照のこと）。しかし、ブルデューはアドルノのことを「つまらない経験的なもので自分の手を汚すことをいとう退屈な理論家」といくぶん批判的に表現し、アドルノと自身の立ち位置は異なるとしている（Bourdieu, *Distinction*, p.511〔前掲『ディスタンクシオンⅠ』、前掲『ディスタンクシオンⅡ』〕）。

（27）ブルデュー社会学と幾何学データ分析の数学とのつながりは、今日でも強い。それは多くの数学者がブルデューを活用していることからも明らかである。例えば、ブリジット・ルルーとアンリ・ルアネは「ブルデューの研究は社会空間の空間的概念化と幾何学的データ分析表現の選択的親和性の範になるものである」と述べている（Le Roux, B. and H. Rouanet, *Geometric Data Analysis: From Correspondence Analysis to Structured Data Analysis,* Kluwer, 2004, p.15）。ブルデューの研究と多重対応分析の間の関係性についてのより一般的な議論はウェニンガー（Weininger, E., "Foundations of Pierre Bourdieu's Class Analysis," in E. O. Wright ed., *Approaches to Class Analysis,* Cambridge University Press, 2005）を参照のこと。

（28）ブルデュー社会学と拡張ケーススタディ法（extended case study methods）、そして、マンチェスター学派転じてレヴィンの場にも関連する状況の人類学の三者のつながりについては、ブラヴォイ（Burawoy, M., "Introduction: Reaching for the Global," in M. Burawoy et al. eds., *Global Ethnography: Forces, Connections and Imaginations in a Postmodern World,* University of California Press, 2000）が興味深い論考を記している。

（29）Martin, J. L., "What is Field Theory?," *American Journal of Sociology,* 109（1）, 2003, pp.1-49.

（30）Savage, M. and R. Burrows, "The Coming Crisis of Empirical Sociology," *Sociology.* 41(5), 2007, pp.885-899.

（31）Lieberson, S., *Making It Count : The Improvement of Social Research and Theory,* University of California Press, 1985.

（32）Abbott, A., *Time Matters,* University of Chicago Press, 2001.

（33）Ragin, C. and H. Becker eds., *What is a Case? : Exploring the Foundations of Social Inquiry,* Cambridge University

Press, 1992.

(34) Latour, B., *Reassembling the Social: An Introduction to Actor-Network-Theory*, Oxford University Press, 2005.

(35) フランスの社会科学分野のこれら二人の学者については、その対立に多くの注意が払われてきたことを反省的にふまえながら、忘れてはならないのはこの根本的な類似性である。

(36) 特異な例外はあるが、これらの研究によっては容易に伝統は形成されなかった。そのなかでもドイツのハビトゥスを研究したヴェスターほか（Vester, M., "Habitus and class in Germany," in F. Devine, M. Savage, R. Crompton, and J. Scott eds., *Culture, Class and Identities*, Palgrave, 2004.）とオーストラリアについて研究したベネットほか（Bennett, T., M. Emmison and J. Frow, *Accounting for Tastes: Australian Everyday Cultures*, Cambridge University Press, 2004）の研究が最も重要である。

(37) Peterson, R. A. and R. M. Kern, "Changing Highbrow Taste: From Snob to Omnivore," *American Sociological Review*, 61(5), 1996, pp.900-907.

(38) Bourdieu, *Distinction*, p.103.（前掲『ディスタンクシオンⅠ』、前掲『ディスタンクシオンⅡ』）

(39) Abbott, *op. cit.*

(40) 記述的な方法の価値については、以下も参照のこと。Goldthorpe, J. H., "'Cultural Capital': Some Critical Observations," *Sociologica*, 2, 2007, 207ff.（http://www.sociologica.mulino.it/doi/10.2383/24755）

(41) Bourdieu, P. and J.-C. Passeron, *The Inheritors: French Students and Their Relation to Culture*, University of Chicago Press, 1979.（ピエール・ブルデュー，ジャン＝クロード・パスロン『遺産相続者たち――学生と文化』石井洋二郎監訳、小澤浩明／高塚浩由樹／戸田清訳〔Bourdieu library〕、藤原書店、一九九七年）

(42) Robbins, D., "The Origins, Early Development and Status of Bourdieu's Concept of 'Cultural Capital,'" *British Journal of Sociology*, 56(1), 2005, pp.13-30.

(43) ブルデュー自身は物理的空間と社会空間の重なりについて、正確にどのように捉えているのか明らかにしたことはなかった。彼の発言は不十分なもので、挿話以上のものになることはほぼなく、一貫性が欠如していることで有名だった。サヴィジ、バグノール、ロングハーストは精緻化と考察を試みている（Savage, M., G. Bagnall and B.

Longhurst, *Globalisation and Belonging*, Sage, 2005)。

(44) DeLanda, M., *Intensive Science and Virtual Philosophy*, Continuum, 2002.

(45) ドゥルーズの研究の性質から、ここでの彼の思考の要点を追えるような一つの原典を指し示すことは難しい。ここでのわれわれの見解は主にドゥルーズとガタリ（Deleuze, G. and F. Guattari, *A Thousand Plateaus*, University of Minnesota Press, 1987〔ジル・ドゥルーズ／フェリックス・ガタリ『千のプラトー――資本主義と分裂症』宇野邦一／田中敏彦／小沢秋広訳、河出書房新社、一九九四年〕）をもとにしている。

(46) ブルデューの関係論が「根拠に基づく関係論」だという点は、彼がロシア・フォルマリズムによる文学体系の関係論的動態性を「無根拠の関係論」と特徴づけ、批判している論考のなかで明らかになっている。ブルデュー（Bourdieu, P., *The Rules of Art: Genesis and Structure of the Literary Field*, Polity, 1996, pp.138-139, 181, 196, 200, 205.〔ピエール・ブルデュー『芸術の規則Ⅰ』石井洋二郎訳、藤原書店、一九九五年、同『芸術の規則Ⅱ』石井洋二郎訳、藤原書店、一九九六年〕）を参照のこと。

(47) Martin, op. cit., p.21.

(48) De Nooy, W., "Fields and Networks: Correspondence Analysis and Social Network Analysis in the Framework of Field Theory," *Poetics*, 31(5-6), 2003, pp.305-327, p.317.

(49) Latour, B., "Why Has Critique Run out of Steam: from Matters of Fact to Matters of Concern," in B. Brown ed., *Things*, University of Chicago Press, 2004, Latour, *Reassembling the Social*.

(50) Latour, B., *Politics of Nature: How to Bring the Sciences into Democracy*, Harvard University Press, 2004, p.53. 文化と社会的なものの関係へのこの視角の適用については、ベネット（Bennett, T., "Habitus clivé: aesthetics and politics in the work of Pierre Bourdieu," *New Literary History*, 38(1), 2007, pp.201-228, Bennett, T., "The Work of Culture," *Cultural Sociology*, 1(1), 2007, pp.31-47）を参照のこと。

(51) ここでの関心は、われわれのアプローチ法に関する一般的な方針について述べることにある。この問題についてのより詳しい議論は第３章と方法論補遺で展開している。

(52) しかしながら、形式ばらない調査の伝統に目配りすれば、似たような調査がみられなかったわけではない。ジョナサン・ローズの著書（Rose, J., *The Intellectual Life of the British Working Classes*, Yale University Press, 2001）では、戦間期イギリスの労働者と成人教育運動との関連で発展した音楽や文学の嗜好や知識についての、ややもすると驚かんばかりに詳細な設問について述べられている。

（53）Blau, P. M. and O. D. Duncan, *The American Occupational Structure*, Wiley, 1967.

（54）Bourdieu, *Distinction*, p.505.（前掲『ディスタンクシオンⅠ』、前掲『ディスタンクシオンⅡ』）

（55）しかしながら、本研究ではこれらの質問項目は扱わない。この点についての分析は今後の課題としたい。

（56）Rancière, J., *The Philosopher and His Poor*, Duke University Press, 2004, p.197.（ジャック・ランシエール『哲学者とその貧者たち』松葉祥一／上尾真道／澤田哲生／箱田徹訳〔革命のアルケオロジー〕、航思社、二〇一九年）

第2部

嗜好・実践・個人のマッピング

第3章

イギリスの文化的趣味と関与のマッピング

1　序

本章[1]では、七つの界――音楽、読むこと、視覚芸術、テレビ、映画、スポーツ、外食[2]にわたる文化生活のパターンに焦点を当てる。[3]ここで概要を示すのは、のちの章で詳細に検討する論点について紹介するためでもある。われわれは、文化的活動が互いにどの程度区別され、また関連しているのかについて分析した。加えて、異なる文化の界の間にどの程度系統的な相同性があるのかを考察した。また、系統的な文化的亀裂が文化資本の運用にどの程度関連しているのかについても探求した。このような問題に取り組むなか、本章の導入的分析はまた、本書を読み進めるなかで立ち戻り、解明していく議論の導入部になるものでもある。われわれは主要な亀裂が、高尚な文化と大衆文化の間の分断にではなく、文化的に活発であり幅広い活動に関与しているようにみえる人々と狭い範囲の文化的活動や関心しかもたない相対的に無関心な人々との間にあることを発見した。これが、階級や教育の不平等が重なり合って生じていること、また、文化的生活の構造のなかで年齢とジェンダーが重要な意味をもっていることも明らかにされる。

われわれにとって最初の課題になったのは、文化的嗜好、関与、知識についての数多くの調査票の質問を縮約する方法を見つけ、統合的分析をおこなうための土台を作ることだった。そのため、われわれは主成分分析の一種である多重対応分析を人々の文化的選好を描画するために用いることにした。この手法は、非常に広範囲に及ぶ文化的嗜好と実践とを精査するために配置し、結果として得られた図や統計情報から様々な嗜好の凝集や断裂について解釈したり、文化的景観の序列関係を視覚化したりできる。この方法ではあらかじめ、様々な実践の間に序列があることを前提としない。むしろ、異なる文化的活動の間の分離もしくは近似を精査するなかで、「文化マップ」そのものから文化資本の不均一な分布が検出されるかどうかを推測できる。もちろん、他のどのようなマップとも同様に、このマップもある特定の見方で描かれたものであり、何の媒介もないようなやり方で文化を表現したものではない。われわれのプロジェクトの調査における質問は、幅広いものではあるが、網羅的なものではない。そのため、読者にはわれわれがどのようにして、一連の「文化マップ」としてその様々な次元が描写されるライフスタイル空間を構成している尺度を操作化し定義したのかについても留意してほしい。とはいえ、このアプローチの魅力は、主要な関係性がどのようなものなのかを前もって判断することなく、その帰納的な特徴によってデータから明らかになるパターンを解釈したり報告したりできることにある。

この手法をいっそう魅力的にするのは、以下の三つの特徴である。第一に、文化マップは、嗜好の社会的規定要因に関する想定を暗に持ち込むことなく、文化的生活自体の様々な側面の組織化や互いの関係性だけに基づいて構築される。社会学で従来用いられてきた多変量解析の手法の主要な関心は、ある結果に対して「原因になる」いくつかの変数がもつインパクトの大きさを測定することにあった。われわれの手法はこの点で、多変量解析的手法を活気づけている論法を問うものである。この手法の説明戦略の価値については、社会科学のなかで少なからぬ方法論的論争を巻き起こしてきた。[4] このような論争が重要であることは言うまでもないが、われわれは独断的になることも好まない。われわれは多重対応分析を伝統的な「変数中心」の分析手法とともに用いることができるという見方をもっている。[5]

多重対応分析が魅力的である二つ目の点は、いったん文化マップを構成すれば、そのうえに社会的なカテゴリーを重ね合わせ、これらの「追加（サプリメンタリ）」変数[1]が文化的景観に関連しているかどうかを判断できることにある。このアプローチは、文化マップの座標はそのままに、ライフスタイル空間の様々な次元に社会的特性を「重ね合わせる」ことを含む。そのため、文化的空間の記述的マップを作成したいというわれわれの目的を妨げることはない。しかし同時に、文化的景観を明らかにし、解釈することが可能になるのである。

三つ目の有益な特徴は、それぞれの文化的変数の平均を示す点を配置することにある。「個々人のクラウド」を精査することを通し、どのような個人と個人が近接しているのかを検討することで、文化実践の組織化について、さらなる洞察を得ることができる。この「個々人のクラウド」の分析についての特筆すべき点は、質的インタビューと文化マップの位置を関連づけられることにある。それぞれのインタビュー対象者がどこに位置しているのかを突き止め、量的調査の回答と口頭でしゃべったこととを結び付けることができる。第4章で示すように、この方法をとることで量的データと質的データの間に豊かな対話が生まれることになる。

本章では、われわれがどのようにして文化マップを構築したのかを論じていく。第2節では、文化の嗜好と関与を異ならしめる四つの主要な軸について論じる。第一軸は、「関与」と「非関与」の違いを基準とする軸であり、第二軸は「現代的な／商業的な」文化の嗜好と「地位が確立した」文化の嗜好の違いを隔てる軸である。第三軸は、フィクションジャンルの好き嫌いを識別する軸である。その際、事実に基づき、また物理的根拠があるようなジャンルやスポーツの視聴に関わる選好についての個人的な感心に注目し、「内向き」「外向き」というラベルをつけた。第四軸は、文化の使用についての「旺盛さ」と「穏当さ」を分割する軸である。ブルデューの『ディスタンクシオン』での議論との相違についても論じる。第3節では、判明した文化的なパターンと量的調査の回答者の社会人口学的特性との関連について検討する。最後に結論部分で、現代のイギリスでの文化的嗜好の構造化の全体像について予備的な素描をおこなう。

2　多重対応分析の使用

多重対応分析では、説明されるべきもの、すなわち母集団での文化実践の配分について細心の注意と慎重な構築が求められる。分析に先立って、質問紙のなかから意味があり、かつ関連性がある項目を選び出すことが要求される。われわれの関心は複数の界の間の相同性にあったので、もろもろの界の情報を含めることが必要となった。われわれがあらかじめ保持していた理論的根拠に基づいて関与と嗜好の両方の尺度を含めることも重要だった。ライフスタイル空間を構築するために用いたのは、音楽、読むこと、テレビ、映画、視覚芸術、スポーツ、外食の七つの界にまたがる項目である。この過程で、何度も分析を繰り返した。全体のパターンを捉え、それにしたがって、個人間の距離を定義するために四十一の設問（うち十七が関与に関するもので、二十四が嗜好に関するもの）が用いられ百六十八の有効なモダリティが生成された。それらの設問は以下のとおりである。

テレビ：二問が関与に関するもの、三問が嗜好に関するもの＝計五問
映画：一問が関与に関するもの、二問が嗜好に関するもの＝計三問
読むこと：二問が関与に関するもの、七問が嗜好に関するもの＝計九問
音楽：五問が関与に関するもの、七問が嗜好に関するもの＝計十二問
視覚芸術：四問が関与に関するもの、二問が嗜好に関するもの＝計六問
外食＝二問が関与に関するもの、二問が嗜好に関するもの＝計四問
スポーツ＝一問が関与に関するもの、二問が嗜好に関するもの＝計三問

いくつかの界は他の界と比較して設問数は多いが、すべての界について妥当な範囲を設けている。音楽と読むことについては、すべての回答者に対して挙げられたジャンルへの自らの嗜好を評価することを求めた。そのため、それぞれのジャンルについては嗜好が、好き、どちらでもない、嫌いとして示されている。(6) 他方、テレビ番組、映画、視覚芸術、スポーツと外食について好みのジャンルを尋ねる質問では、回答者に最も好きなジャンルと最も好きではないジャンルをリストのなかから一つ選択するように求めていた。そのため、音楽と読むこととは異なり、これらの界のジャンルではサンプルの五％以上によって選択されていた場合に、好きな、もしくは嫌いなジャンルとしてコード化した。(7) ある特定の余暇活動への参加頻度について尋ねた設問については、三つのカテゴリー（よくする、ときどきする、しない）に再コードした。結果的には、様々な文化の界からのモダリティ——この場合は、嗜好と実践に関するものだが——がいくぶんか均等化されたものとなった。百六十八の有効なモダリティ[2]が文化的界の幅広い多様性をカバーするものになっている。それらは、テレビ（二十三のモダリティ）、映画（二十のモダリティ）、外食（十六のモダリティ）、読むこと（二十五のモダリティ）、音楽（三十八のモダリティ）、余暇やスポーツへの関与（二十一のモダリティ）である。読者は、このマップ上で音楽の影響が強く表れていることを心にとどめておく必要がある。この多重対応分析で参照しているのはメインサンプルのみから抽出した千五百二十九人である。分析から除外したのは三十五人であり、うち三十二人は読むことの好みに関する四つ以上の質問に回答しなかった人、残り三人は視覚芸術に関する質問にたった一問しか回答しなかった人である。

他の多変量解析の手法と同様に、多重対応分析もクロス表を分析の出発点とする。具体的には、列に質問に対する二値の回答（はい／いいえ）をおき、一行が一人の個人の情報になるように行方向に個人を配置する。このクロス表をもとに多重対応分析では、異なるモダリティ間の関連を算定し、また、項目間の象徴的距離をプロットするために個人個人の回答を一対一で比較して、それぞれの回答を関係的に分離するような軸を見つける。大

表3―1　下位文化界から各軸へのモダリティの寄与率、多重対応分析

下位文化界	第1軸			第2軸			第3軸			第4軸		
	関与	嗜好	合計	関与	嗜好	合計	関与	嗜好	合計	関与	嗜好	合計
テレビ	4.5	2.9	7.4	0.2	6.5	6.7	0.2	22.1	22.3	9.3	3.2	12.5
映画	3.7	2.1	5.8	2.9	10.2	13.1	1.3	18.0	19.2	2.1	4.5	6.6
文芸／読むこと	9.5	13.5	23.0	2.6	7.0	9.6	0.9	18.3	19.2	6.3	9.0	15.3
音楽	14.9	10.3	25.2	19.5	25.9	45.4	2.5	7.5	10.0	10.4	13.0	23.4
視覚芸術	21.1	2.6	23.7	4.1	4.2	8.2	1.4	6.8	8.2	22.3	10.1	32.4
外食	3.6	5.7	9.3	4.0	5.4	9.4	3.4	1.4	4.8	4.4	3.1	7.6
スポーツ	3.0	2.4	5.4	3.7	3.8	7.6	5.3	11.0	16.3	0.8	1.4	2.2
合計	60.4	39.6	100.0	37.0	63.0	100.0	15.1	84.9	100.0	55.6	44.4	100.0

まかに言えば、もしすべての人が「西部劇」と「ソープオペラ」の両方とも好きだとすれば、二つのモダリティは同じ場所に位置づけられることになる。もし両方とも好きという人が誰もいなければ、それぞれ図の正反対の場所に位置づくことになる。異なる軸に沿って項目が表れることで、図を見れば、どのような嗜好と実践（モダリティ）が一緒になったりならなかったりするのかを簡単に視覚的に確認できる。

適切な検定[8]を用いて、ライフスタイル空間の特徴をつかむためにいくつの軸による説明が必要になるのかを決定し、四本の軸による解釈で十分だと判断した。第一軸によって全分散の約半分（修正済みの累積比率は四八%）が説明され、第二軸によって分散の約二三%が説明される。第三軸によって七%、最後の第四軸によって四%が説明されることになる。これら四軸によって説明される累積修正済みウェイトは八二%である。第五軸を加えたとしても、追加で説明される分散はほとんどないため、四本の軸で嗜好と関与を十分に要約できていると捉えられる。

多重対応分析はまた、文化の界ごとに有効なモダリティが、嗜好もしくは参加のいずれを測定しているかにしたがって、四本の主要な軸にどの程度貢献しているのかも推定することができる。表3―1をみると、第一の主要な軸の分散の多く（六〇%）は参加に関する尺度によるものであり、人々が実際に様々な文化的イベントに参加したか否かを最もはっきり区別していることがわかる。そしてまた、この違いには音楽、視覚芸術そして読むことが最も重要であることも見て取れる。

対照的に第二軸では、嗜好に関わる尺度による識別のほうが大きい（六三％）。断然大きな相違を生み出しているのは音楽の嗜好だが、映画の得点も相対的に高い。さらに嗜好に関する違いに依拠しているのが第三軸であり、ここではテレビ、映画、読むこと、スポーツの寄与が大きい。四番目の最も弱い軸では、嗜好と関与の寄与はほぼ互角となっていて、視覚芸術の寄与が特に大きい。

七つの文化の界の変数それぞれの軸に対する相対的な寄与の度合いを考慮することで、界の間の相同性に関して予備的に推測することができる。最低二つの界がそれぞれの軸について大きく影響していて、したがって、一つの界だけに基づいて差異が生じている軸はないことが示唆される。別の言い方をすれば、第一軸が音楽だけから、第二軸は視覚芸術だけから生成されているというわけではないということである。界の間にはいくつかの点で相同性が観察される。また音楽の界と読むことの界は、この四軸の近くに配置されないことも再確認される。もし仮にそうなっているとしたら、検出されたパターンが音楽と読むことに関する質問の形式によって人工的に構築されたことが示唆されたかもしれない。そのようにして、界の間にいくつかの相同性があることがわかる。例として第一軸をみると、音楽、読むこと、視覚芸術に共通する性質があることが示されている。それと同時に、ここでみられるのは完璧な相同からは程遠いものである。人々のグループをどのくらい分化させるかという点で、それぞれの界は大きく異なっていて、最も大きく人々を分化させているのは音楽で、四軸すべてについて平均を超える寄与があるうえに第二軸を支配している。これとは対照的に最初の二つの重要度が高い軸だけをみた場合には、テレビと外食、そしてスポーツによる分化は相対的に小さい。ここから推測されるのは、総体的には、例えばテレビ視聴に比べて音楽への嗜好や参加は文化的に分化していることである。文化の界の間には純粋なる相同性が見受けられないことから、界の働きが異なることが示唆される。この問題について、のちほど取り組んでいく。

3 ライフスタイル空間——二〇〇三年イギリスの文化マップ

四つの軸を一般的な意味で解釈したうえで、四軸それぞれに対して文化への関与や嗜好の様々な形態の間にどのような凝集や亀裂が生じているのかについて子細にみていくことで、文化マップの検討に移ろう。図3—1（二二五ページ）では、ライフスタイル空間を構成し、第一の、そして最も重要な軸に大きく（すなわち平均より上）寄与しているモダリティそれぞれの座標を図示している。異なる文化の界の間の関連を解釈の補助とするため、関与にまつわるモダリティは黒い菱形で、嗜好にまつわるものは赤い正方形で示している。それぞれのモダリティの名前の横にあるそれらの記号の大きさは、そのカテゴリーに該当する人数に比例するものになっている。したがって、近代文学よりはソープオペラを好む人のほうが多いことが見て取れる。関与についての記号に0がついているときは何もなされていないことを、1の場合はときどき、2の場合はしばしばなされることを意味している。嗜好に関する記号にマイナスの符号がついているときはそれを嫌っていることを、プラスの符号の場合はそれを好んでいることを、そして等号の場合は中立であることを示している。絵画の保有枚数や読書冊数、テレビ視聴時間については、カテゴリーのラベルは数量的範囲を示している。

図3—1からは、左から右へと配されている第一軸について、好きな場合や関与しているものの大半は右側にあり、嫌いな場合や関与が欠けているものは左側にあることがわかる。第一軸にとって最も重要なのは関与に関わることである。より具体的に言えば、左側にある肯定的な値をもつのは、西部劇を好むこと、「社会的」スポーツ（すなわちスヌーカーとダーツである）に興じること、フィッシュ・アンド・チップス・レストランでの外食を好むこと、一日五時間以上テレビを視聴することだけである。右側にある否定的項目はたった一つにすぎず、それはフィッシュ・アンド・チップス・レストランでの外食を嫌うことである。右側にある好みの程度や関与の

形態は実際には多様である。右手の極に位置しているのは、高い頻度でオペラ鑑賞することであり、定期的にフランス料理店で外食すること、オーケストラコンサートにいくこと、劇場にいくこと、ロックコンサートにいくこと、そして印象派芸術を好むことが続いている。このような活動の最も対極にあるのは、フィッシュ・アンド・チップスを食すこと、まったく外食しないこと、本を保有しないこと、博物館にいかないことである。要するに、この最も重要な区分によって、幅広い文化活動にいそしむ人々と、この多重対応分析をおこなう際に用いた関与や嗜好の尺度についてはほぼ非活発な人々とが隔てられている。われわれは多重対応分析に用いた変数でしか関与の程度を測ってはいないことをここで再度述べておきたい。

この知見は重要なものである。というのも、ここからわかるのは現在のイギリスの最も重要な文化的区分は、「高尚な」文化と「大衆」文化の間にはないことが示唆されるからである。「正統な」文化形態（例えばオペラ鑑賞）と「大衆的」活動（例えばアーバンミュージックやヘビーメタルなど）は対置されているのではなく、評価が確立した文化形態と大衆的な文化形態の両方（クラシックとロック音楽）に関与している人々を一方に、他方に（テレビを長い時間視聴することを好むことを例外として）あまりもしくはほぼ何にも関与しない人々とが対比されているのである。ここから、「関与」と「非関与」の間に重要な緊張関係があることが示唆される。これについては、以下で再検討を加えることにする。

図3―2（二二五ページ）は第二軸（上から下へ）について分かれているモダリティを強調したものである。そのうちのいくつかは図3―1にも表示していて、それらは両方の軸に不均等に寄与していることを意味している。赤い正方形で示される嗜好を意味する変数が圧倒的に多数を占めていることが明らかである。

どのような種類の好みが遠くに位置づけられているのだろうか。（右側の）「好きなもの」および「関与」と（左側の）「嫌いなもの」および「不参加」とを分離する第一軸とは異なり、第二軸ではこれらは混在している。グラフの上位に集まっているのは映画館やパブに頻繁にいくこと、加えてナイトクラブやロックコンサートにいくことだが、オーケストラコンサートには決していかない。空間のこの部分に関しては、音楽の嗜好が大きく寄与している。ここで優勢となっている嗜好とは、アーバンミュージック、ヘビーメタル、そしてロック音楽を強く好み、クラシック音楽、カントリー・アンド・ウェスタンミュージックを嫌うことである。現代美術を好むことと風景画を嫌うこともまた示されている。同様にホラー映画やコメディー番組を好むことも見て取れ、読み物としてはSFとファンタジー、そしてホラーへの好みが表出されている。

図3—2の下方に向かっても、音楽の嗜好の顕著な影響が表れているが、この場合には主に評価が確立した形態のものであり、クラシック音楽、カントリー・アンド・ウェスタンミュージック、そしてミュージカル映画を好むことが示されている。これらは（テニスやバドミントンなどの）ラケットスポーツ、テレビのニュース番組、風景画、ドラマ、フランス料理店で外食すること、そして自然や歴史ドキュメンタリー番組を好むことと関連している。そしてまた、図3—2の上部に配されている音楽の嗜好の多くに嫌悪感を抱いていることも示されている。このような嫌悪は、オペラ鑑賞からオーケストラコンサートにいくこと、観劇、大邸宅や美術館にいくこと、ミュージカル鑑賞までの一連の文化実践ともまとまりを形成している。このように第二軸の下方には、調査票で尋ねた設問のうち評価が確立した、伝統的な文化の形態にまつわるものの大半が配されていて、音楽の界に関しては特に、われわれが文化的に伝統的な形態だと見なすものと現代的形態だと見なすものとの間に文化的な分離が生じているようにみえることが示唆される。このような文化的に確立していていて比較的正統な形態と新しく比較的商業的な形態との間の分離は、文化資本の形成のされ方もしくは内容に変化が生じていることの証左なのかもしれない。この論点については、以下で深く考察する。

図3—3（二二六ページ）は第三軸について平均以上に寄与しているモダリティを検証するために上から下に配したものである。それらモダリティのうちのいくつかは、すでにみた図のなかにも、すでに登場しているものである。第三軸については、第二軸よりもいっそう嗜好に関する質問の影響が強く表れていて、好きと嫌いが直接的に対比される構図となっている。図3—3の最上部には、恋愛映画、ソープオペラ、肖像画、テレビドラマを好むことが配置されている。他方、風景画、自然と歴史に関するドキュメンタリー番組、スポーツ、クラブス

ポーツ、戦争映画、ニュースへの反感が示されている。図3―3の下部はこれとほぼ対照的な状況となっている。このグラフでは、個人的関心事と家庭中心の活動に焦点づけられたフィクションジャンルへの好みが上部に配され、下部に位置するスポーツのような複数かつ屋外でなされる活動を記録したより事実志向のプログラムへの好みとの分離が生じている。われわれは、これを内向きと外向きを志向する性向の表出が対比されたものとして概念化することにした。

最後に、図3―4（二二六ページ）には第四軸を示している。ここには嗜好（赤い正方形）と参加（黒い菱形）のモダリティの両方がこれまでよりもバランスよく含まれていて、活発な実践と好き嫌いによって、前者のほうが優勢ではあるものの構造化されていると言える。最も強力な識別要素は視覚芸術と音楽への関与である。このグラフの下半分では、オペラ観劇、美術館、博物館、オーケストラコンサートにいくことの、第一軸の場合よりも強力で大きな関与が見て取れ、可能なかぎり少ないテレビ視聴時間（平日週末とも一時間未満）とも併存している。現代芸術やルネサンス美術、現代文学、ワールドミュージックを好んでいることもまた明らかである。この傾向はグラフの下部右方向に集中している。横軸の近くには映画館やナイトクラブに頻繁に通うことや、クラシック音楽やジャズを好むこと、そしてカントリー・アンド・ウェスタン音楽とロマンス小説を嫌うことが配されている。このことは、文化的に評価が確立された活動と顕著に知的であり正統な文化の形態への熱意の次元を素描しているようにも思われる。このような関わり方のパターンは文化との関わり方について旺盛で高尚な性向とも対応しているのかもしれない。グラフの上側では、博物館、劇場、ナイトクラブやコンサートにときどき出かけるが、しばしばいくわけではないといったより穏やかな文化との関わり方を捉えている。かなり多くのクラシック、カントリー・アンド・ウェスタンやアーバンミュージックといった音楽ジャンルへの相対的な無関心の表出、それとともに風景画を肯定的に捉え、印象派を嫌うことも示されている。第一軸が参加や関与の範囲を識別するものだとしたら、この第四軸は、いくつかの正統的活動を含む活動との「穏当な」関与のあり方を一方に、他方にこれらの活動と熱狂的・集中的に関わるような、「旺盛」とラベルづけできるかもしれない性向とを対比し、記述しているのである。

この段階の分析からは、概して以下四点の結論を導き出せることになる。結論の一点目は、四つのマップから文化の諸界の間に一定程度の相同性がみられることである。例えば、第一軸では、印象派絵画を好む人は同時にオペラやフランス料理店も好む傾向にある。現代芸術を最も高く評価している者はまたSF、ホラー小説、ファンタジー小説、そしてヘビーメタルも好む傾向にある。いくつかの界では卓越化を生まない傾向がある。例えばテレビ番組のタイプに対する選好（テレビ視聴時間ではなく）は、文化的な一定以上の凝集の違いを生み出す要素になることはほぼないし、同様に映画のジャンルに対する好みについても違いは生み出さない。とりわけ音楽界でみられるように、区別や差別化がこれらの界ではっきりとは識別できないことは、ここ数十年の間にますます顕著になってきている。これは、他の側面での嗜好がはっきりと異なる集団にもいくつかの点で文化的な収束を生じさせるような役割をこれらのメディアが担っていることを裏づけている（より詳しくは第8章を参照のこと）。

二点目として、多くの変数はマップの中心に向かって位置していて、これらは文化的嗜好のパターンを卓越化するにあたって、何の役割もはたしていないことを示唆している。一〇％程度のものは、どのグラフにも出てきていない。これらに含まれるものには、テレビ番組関連の変数を挙げると、ゲーム番組や料理、園芸、インテリア番組への嫌悪、そして刑事ドラマと映画への好感がある。他にも宗教書への嫌悪、オペラ鑑賞、イタリアンレストランでの外食を好まないことがある。つまり、何ら象徴的な「携行品」も保持せず、文化生活を特徴づける他の識別要素とも凝集しない嗜好がいくつか存在するということである。例えば、イタリアンレストランでの外食を好まないことからは、他の嗜好や関与についてほぼ何の情報も得られない。文化生活にまつわるすべての側面や項目が、緊張関係や対立関係によって特徴づけられているわけではないのである。

第三に、われわれの知見がブルデューの知見とどのように対比されるかについても留意しなければならない。ブルデューは彼の第一軸の両端に消費、嗜好、余暇の過ごし方に関して活発なタイプを発見した。いかにも、これによって彼が高尚な文化と大衆文化を異ならしめることが可能になったのである。公な文化的行動への関与は、われわれの第一軸では右側にしか凝集していないことが見て取れる。この軸の右側にある文化への関与形態の多くは、家の外に位置するものであり、以下の三つの特徴の一つ以上を保持する。それらは、評価が確立した文化（博物館、美術館）と強い関連性があるか、もしくは、入場料が必要になる商業的娯楽（映画、ロックコンサート、ミュージカル）の様態であるか、もしくは、入場料が適用される正統文化（オペラ、劇場、ステイトリー・ホーム、オーケストラコンサート）の様態であるかである。この知見は、社会関係資本と参加についての近年の研究動向と一致しているように思われる。それらの研究では、いくつかの人々のグループが「非参加」になる[9]一方、その他の人々は多数のことに関与するような傾向が近年強まっていることを指摘している。図3—1の左側にある数少ないプラスの活動の一つはテレビを長時間視聴することだが、これは、テレビが社会的「非関与」と「社会関係資本」の危機を招くというロバート・パットナムの議論[10]を支持するものと捉えることができる。しかしながら、のちに第4章などで論じるように、われわれがおこなったデータのさらなる分析からはこの議論が支持されないことが示される。

四点目として、現在のイギリスの文化生活の組織化とブルデューによって明らかにされたものの間には重要な違いがあることがわれわれのデータから示唆される。例えば、ブルデューは三つの軸を区別したが、われわれの場合は四軸である。このこと自体、われわれのデータのほうが文化的に複雑であることの証左として捉えられるものである。加えて、『ディスタンクシオン』では、前衛的で「知的」な文化と、確立していて、高価で贅沢な（「実業家」の）文化の形態とが識別されていた。われわれの場合でも第二軸の下部に評価が確立した嗜好の凝集がみられたが、これは前衛的で知的な活動と対比されるものではなく、むしろ、特に音楽とのつながりが深い大衆的で商業的な形態の活動と並置されているものだった。「知的」文化と「実業家」の文化の識別は第四軸の場合に成立しているのであって、第二軸ではない。われわれの多重対応分析の結果から推測するにあたり、この段階については再び注意を要するものである。『ディスタンクシオン』のなかで、ブルデューの分析は多くの具体的な芸術家や芸術作品の名前を用いていて、われわれが選択したモダリティよりも識別可能性が高くなっている。

しかし、われわれの分析がここまで明らかにしてきたことからは、「カント美学」に焦点を当てた文化資本の説明では、現代イギリスの文脈に関してほぼ手がかりとはならないことが示唆される。残された二軸についてもブルデューのマップと直接対応するものではない。第三軸は、社会的関心よりは個人的関心を、そして屋外と屋内の活動とに焦点化したジャンルについての内向きと外向きを志向する性向を識別するものである。第四軸は文化的に「旺盛な」消費と「穏当な」消費を識別している。ブルデューがライフスタイル空間の構築に用いた指標とわれわれのものは異なっているので、彼の学説との違いを過剰に強調することはできないものの、このような相違はさらなる考察を要請するものである。

4 社会集団とライフスタイル空間

この四本の軸が社会集団の差異と関連しているのかどうかを、すでに考えた読者もいるかもしれない。繰り返しになるが、これらの異なる軸からなる文化マップもしくはライフスタイル空間は完全に文化的モダリティの相対的位置づけをもとに構築されたものであり、回答者の階級、所得、もしくはジェンダーの特徴をもとに作られたものではない。しかしながら、このライフスタイル空間に社会人口学的特徴についての「追加変数」を重ね合わせ、各集団の平均の点がどこに位置づいているのかをみることができる。[11] 年齢、階級、教育、ジェンダー、エスニシティに関する尺度があり、それらを用いて関与と嗜好についての社会的基盤を調べることで、集団のパターンを記述することが可能になる。

第一軸を構成している文化的「関与」と「非関与」の程度についての分散は様々な要素——それらはすべて物質的資産か教育資産に関連しているものである——によって説明される。回答者の学歴が文化的関与の水準に最も強く関連している。[12] しかし、回答者の社会階級の尺度の影響は学歴より多少弱い程度である。十二の職業階級は第一軸に沿って一元的に配置されている。図3―5（二二七ページ）にはこれらの階級の分布が示されている。大企業の雇用主や管理職は第一軸の右側に確固として配置されていて、定型業務従事職は明らかに左に位置している。現代のイギリスの文化的生活を異ならしめる最も重要な軸は職業階級に関連しているというこの点は、強調しておかなければならないだろう。第一軸は嗜好よりも関与に特徴づけられていたことを思い出してほしい。そうならば、階級の違いは文化への関与――例えばコンサート、美術館、博物館、大邸宅などへいくこと――を理解するのに特に有用だと推測できる。しかし、職業階級だけが独占的に第一軸の分化に関連しているわけではない。回答者の職業階級、学歴、出身階級のすべてが文化的消費の特徴を決定づけているのであり、それらの特徴は、ライフスタイル空間での第一の、そして最も重要な軸に何よりも大きく寄与しているのである。

階級は、イギリスの現代的な文化実践を構成する中心的な要素であり続けている。階級は重要なのである。文化的活動に深く関与することによって生じる利益はどのようなものであれ、教育水準が高く、高い職業階級的位置を占め、出身階級が高い人々を利する。社会階級が高いことは、劇場、博物館、美術館、大邸宅、オペラ、映画、ミュージカルそしてロックコンサートに日常的に足を運ぶことと関連がある。そしてまた、絵画を保有していることや読書することとのつながりも深い。最も低い階級に属する場合、このような活動をおこなわない傾向にあるようだ。関与に比べて階級が嗜好を規定する度合いは小さく、直接的に対立する項目は少ない。ただし、高い階級はフィッシュ・アンド・チップス・レストランを嫌い、フランス料理店を好む一方で、低い階級はフィッシュ・アンド・チップス・レストランでの飲食を最も好むし、読書の好みに関して、自伝と近代文学は対角線上に位置している。ロック音楽への態度でも同様に、高い階級では好まれているが、階級が低い者には好まれていない。したがって、われわれの最初の疑問への回答は得られたと言えるだろう。イギリスの文化的消費の構造を最も強力に反映している軸は、階級的位置と直接関連している軸なのである。ただしこれから確認していくように、このことが意味するのはその他の社会的要素が重要ではないことではなく、ただ単に重要度が低いことにすぎない。

第二軸と第三軸の文化的消費に影響を及ぼす主要な要素は、その他の社会人口学的なものである。第二軸の分散は主に年齢と関連している。[13] この軸では、教育と階級の分散の両方とも重要ではない。文化的モダリティの格差の大半は、おそらく異なる年齢集団の好みの違いに起因していると捉えられるだろう。図3―6（二二七ページ）は個人のクラウドでのこの関連性を視覚的に確認できるように示している。ここでは、図の上部に位置している現代的で商業的な実践は年齢層が高まるとともに減少し、同様に下部に位置している地位の確立した文化にまつわる実践は年齢とともに上昇していることが明らかに見て取れる。

第三の軸に示されている分散はジェンダーに強く規定されている。[14] 図3―3の上部にある項目は女性が最も関与しがちな項目であり、テレビドラマ、自己啓発本、ソープオペラ、ロマンス小説が含まれる。男性の好みは図の下部に位置していて、テレビでのスポーツ視聴や西部劇を好んでいる。この軸はおおよそ嗜好に関する軸だと気づかされる。図3―7（二二八ページ）は第三軸に沿って個人のクラウドを配置したものだが、ここには、この軸に対する男女の分離の程度が示されている。ジェンダーの違いについては第12章で詳細に検討する。

文化的な熱狂度を示す第四軸でのばらつきは、ここまでわれわれが分析に投入してきた社会人口学的な特質によっては、あまり顕著に識別できるものではない。第四軸について社会人口学的変数の座標を子細にみると、若干の若さの影響がみられる程度で、[15] 他のものはみられない。文化的なモダリティのパターンは、オムニボアと旺盛さとを識別するものだが、図3―8（二二八ページ）はそのような卓越化の一要素を捉えている。ここでは、父親の学歴が高いことは、旺盛な性向をもつ人々の重要な特徴だと示されている。われわれは第四軸についてのより深い検討を、様々なミドルクラスの集団での文化の相違を扱う第10章でおこなう。

予備的なものではあるが、ここまでわれわれは多様な社会集団と文化生活の組織化の関連を説明してきた。最も強力な第一の軸に沿って配置されているのは職業階級と学歴であり、第二軸には年齢が、第三軸にはジェンダーが表されている。多重対応分析の主要な軸に対して階級、年齢そしてジェンダーが異なる寄与の仕方をしていることは、これらの特徴それぞれに固有の文化的関連性があることを示唆している。もちろん、どのような個人にとってもそれらの影響は複合的に生じる。というのも、これらの社会的区分の印は互いに交わっているからである。個人は他の個人との関係で社会的立ち位置を刷り込まれるが、それは常に諸個人の軌跡と個別の状況による作用を受けている。ある社会的追加変数、とりわけエスニシティと地理的な場所は、これらの四つの軸のどれについても重要な影響を及ぼすものではなかった。しかし、多重対応分析はおおまかなパラメーターしか配置しないため、のちの章ではエスニシティと地理的な場所の両方が重要だと示される。しかしながら、文化の基本的な社会的序列を特徴づけるうえで重要なのは、これら三つの要素であることは確かである。

議論を進める前に、われわれの多重対応分析の知見の解釈について二点指摘しておきたい。一点目は、この結果はブルデューの以下のような見解についてのわれわれの疑問を的確に反映したものだという点である。ブルデューはハビトゥスを一貫したものとして捉え、社会の関係論的な組織化の原則は階級だけによって生じるものと解釈していた。ブルデューがおこなった多重対応分析から得られた主要な軸は二本とも資本の量（第一軸）そして資本の構成（第二軸での経済資本と文化資本の対比）という意味で、階級と関連していた。一方でわれわれの場合は、これら二つは両方とも第一軸に沿って配置されている。第一軸から第三軸へと軸を移動していくと、文化的な相違は別の作用によって生じている。ヘビーメタルが第一軸では右側に、第二軸では上側に、そして第三軸では下側に位置づけられるということは、それが複数の影響を受けていることを示している。ヘビーメタルを好むことについては、若さや男性であることだけでなくミドルクラスであることも影響を与えるのである。

二点目は、モダリティのレベルでおこなった分析と個々人のレベルでおこなった分析の違いを正しく理解する必要があるという点である。ライフスタイル空間で、モダリティが互いに近しい場所にあるのは、相対的な位置取りの問題にすぎない。フランス料理店での食事と美術館にいくことは高い頻度で隣接した場所に配されているが、このことは、これらの活動が、例えば、フィッシュ・アンド・チップス・レストランで食事をすることと美術館にいくことよりは一緒になされがちであることを意味しているにすぎず、フランス料理が好きな個人がみんな、いやむしろその多くでさえも美術館にいくことを示しているわけではない。事実、フランス料理店が好きなタイプのレストランだという人で前年に美術館を訪れていたのは平均の二倍だったものの、四分の一の人は美術館にいったことがなかったのである。個人の嗜好のプロフィールをみると、ライフスタイル空間で互いに隣接する二つだけではなく三つ以上のモダリティに個人の嗜好がまたがる場合の絶対数は、ライールであれば予測するように、しばしば限られたものとなっている（偶然の場合よりは有意に高い確率が観察されるだろうが）。また、ある個人の嗜好の主要部分がライフスタイル空間のあるセクションにある場合でも、その個人が空間の別のセクションに位置している活動にも熱心に取り組んでいる可能性も十分にありうる。これは、幅広く共有されているため、ライフスタイル空間に現れることがなかったモダリティの場合に特に当てはまる。例えば、絵画と文学の関連を取り上げてみよう。近代文学を好むことと抽象画を好むことはいくつかの軸で密接な関係にある。しかし、近代文学を好む人々は、好きな芸術のタイプとしては、抽象画の一・五倍も風景画を選択しやすい。このような近代文学の好みと風景画の好みのつながりは、しかしながら、ライフスタイル空間には表示されない。なぜならば、大半の人々が風景画を好むからである。抽象画を好むことは相対的にまれな現象だということが強く表れているにすぎない。このような意味で、嗜好の一般的な様相ではなく、際立った特徴が多重対応分析では示されている。どのような関連性を強調すべきかは、何を説明しようとしているかに依存するのである。

5　イギリスの階級構造

以上、われわれがみてきたように、階級とは、特に、それを文化資本を包含する資産のパッケージとして解釈するならば[16]、文化的活動への参加と嗜好を構成し続けている。第一軸上のほとんどの分散は、階級の特徴に属していると考えられる。それは、社会学的な目的をもって言えば、特権の世代間再生産を招いてきたものである。しかしながら、現代の階級構造の形は、理論的な原理と階級図式を変数として操作できるようにする方策の双方をめぐっての議論をおこないながら、何十年も社会学者の間で主要課題となってきたものである。紙幅と読者の関心の二つの理由によって、ここではそのような議論には関わらない。[17] そうではあるけれども、われわれは、文化マップに最も対応する階級構造のなかで卓越化するパターンを配置するために、個々人のクラウドを使用する。職業的な階級から得られた個々人は、平均値の周辺に楕円形を描くようにグループ化できるので、それぞれの階級の標準状態からどの程度はずれたかという各階級の個々人の距離を、図表に示すことができる。複数の階級を定義する方法を分析することによって、階級に個々人をグループ化する最も効果的で平均値からの分散を減少させるような方法を明らかにできた。[18] この基本に基づいて、われわれは、三階級に分けるモデルがデータに最もよく適合し、階級を専門職＝幹部階級、中間階級、労働者階級に分割して表現できると結論づけた。この分割は、図3―9（二二九ページ）で個々人のクラウドのなかに表示されている。

この図表から四点を指摘しよう。第一に、この階級構造のモデルは、われわれの文化マップの特徴に最も密接に適合している。そのため、この階級図式こそが、イギリス人の生活の社会的・文化的諸側面を最もよく表現したものである。すなわち、もっぱら職業の経済的な特徴に焦点を当てたほとんどの階級図式よりも、階級の社会的な概念と文化的な概念をよりよく反映したものと言える。第二に、ゴールドソープの階級図式と比較して、この階級図式では、中間階級のなかに下級管理職を配置し、労働者階級のなかに下級の監督職の労働者を配置している。両方の例はともに、彼らが割り当てられる階級の他の人々と文化的に近しいことを基準としている。第三に、この階級図式は、専門職、大組織の管理職、大企業の雇用主など「少数の」専門職＝幹部階級（労働力全体の二四％を占める）、下級管理職を含む中間階級（三〇％）、そして、下級の監督職や技術職を含んでいて相対的に多い労働者階級（四六％）の区別を提案している。一番の特権階級は労働者階級の半分の規模である。最後に、図3―9にみられるように階級間にはかなりの重なり合いが生じている。これは、われわれが関連性を確かめたのではなく、傾向や確率を見いだしたという点を補強するものである。専門職＝幹部階級の平均の点は、中間階級と労働者階級の両方の楕円に囲まれた範囲のなかにあるので、これらの二つの階級に属する少なからぬ割合の人々が、専門職やより上級の管理職と同様の空間のなかにみられると指摘できる。それにもかかわらず、図3―9はまた、これら三つの階級が第一軸に沿ってどのように体系的に配置されているのかを示している。そこでは、三つの階級の人々が第一軸に不均一に分布している明らかな可能性が示されている。専門職＝幹部階級は第二軸上で労働者階級よりも幅広く分散している。これは、専門職と上級の管理職の集団のなかには、年齢を基準として（第二軸）みたときに労働者階級内よりも大きな分散が存在していることを意味する。実際、労働者階級の楕円形はより「平坦」であり、第二軸よりも第一軸でより大きな分散をみることができる。

6 結論

この章では、われわれのプロジェクトの多様で充実した題材の何種かのさわりになる部分と鍵となる知見の要約の両方を提示した。第一に、われわれは、現代イギリスの文化生活のなかのパターンと差異の明確な証拠を示してきた。選好は、有意なパターンをもって集中している。すなわち、ほとんどの文化的嗜好は無作為に分布しているのではなく、個々人は彼・彼女に特有の嗜好を保持している。しかしながら、これらの差異のパターンに寄与している項目は一部にすぎない。注目に値するところでは、テレビ番組や映画の選択にはまったく目立つ結果が出なかった。

第二に、界の間で相同性がみられた。お気に入りの外食の場所がフランス料理である人々は印象派の絵画、クラシック音楽、近代文学を好む傾向がある。ホラー映画とテレビでのスポーツ観戦を好む人々は、インド料理とクラシック音楽を聴くことを嫌う傾向があった。これらの一致関係が首尾一貫していることが何をもたらしているかは現時点では完全には明らかになっていないので、あとでこの点に立ち戻って検討しよう。

第三に、このパターンは四本の軸から描かれうるものであり、この四本すべてをもってイギリスの文化生活のマップを構成している。四本の軸は、次の対立関係によって特徴づけられる。すなわち、文化活動への関与に関わるかあるいは関わらないか、評価が確立した嗜好かあるいは現代の商業的な嗜好か、外向的な性質のものよりもむしろ内向的なジャンルか、そして、適度な関わり方なのかあるいは熱心な関わり方なのか、である。実際には、はるかに複雑なものではあるものの、これは高尚文化か大衆文化かという区別や正統性が高い文化か普通の文化かといった区別に簡単に縮減できるものではない。もちろん、正統性が高い文化と呼ばれうるものが存在し、持続していることや文化マップの異なった諸部分に集まる好みがあることは示されている。第一軸と第四軸はこれを示している。しかしながら、われわれが探知してきた根本的な緊張関係は、「人気がある」文化から「知的」な文化を差異化するものではなく、非関与と関与の形態を区別するものである。また、ある程度まで、大衆文化と考えうるもの（とりわけ音楽について）は、現在では第一軸上でより「評価が確立した」文化的な形態に位置づけられる。

第四に、浮かび上がった文化のパターンと社会構造と資源の分配の間には明確な結び付きがある。社会人口学的追加変数を重ね合わせることによって示したように、第一軸上の項目群は、教育資格、職業的地位、収入の配分と同じ方向性をもって組織化されている。ブルデューの用語法にしたがえば、第一軸は、資本の量と構成に結び付いている。第二軸は年齢によって、第三軸はジェンダーによって構造化されている。

第五に、このように文化的モダリティの中心点と特定の社会集団の平均の座標位置との間の距離を描き出すと、多くの現実の個々人のばらつきが隠れてしまう。「個々人のクラウド」を調べてみると明らかになることは、例えば、職業的な階級（図3―9）、年齢集団（図3―6）そして、性別（図3―7）がライフスタイルの空間に広くばらついていることである。もちろん、このばらつきは、全体を示すものでもなければ、無作為なものでもない。極端な値を示すものは多くなく、隣り合った階級や年齢集団をまたいで多くの好みの重なり合いがみられる。ある人が階級や世代について、共有する文化の好みによって統合されるように考えるのか、競合し合う文化の好みによって差異化づけられるように考えるのか、どちらであるかは、以下の章でさらにわれわれが探究していく解釈の問題である。

第六に、第一軸の性質は、ピーターソンとカーンの現代文化生活の文化的オムニボアの重要性についての議論と一致している。第一軸の右側には、参加と嗜好についての複数の形態をみることができる。そして、それらの参加と嗜好は、評価が確立した文化と現代文化の間に文化的な境界線を引いている嗜好とは、とりわけ、高い地位の人々の間に行き渡っている嗜好である。これは、オムニボアな性向が卓越化の印かもしれないことを示唆する。質的データを用いることによって、複数の説明の妥当性を区別して吟味することも可能になる。

最後に、二つの現象が目立って立ち現れてくる。第一に、いくつかの項目は広くすべての人々によって好まれ、行動されるものであり、ここに差別的な効果はない。第二に、その他の項目は、かなりはっきりと教育的資格がない労働者階級から教育がある中流階級を卓越化させるものである。これら両方の現象は、先行研究のなかで十分に認識されていて、まったく矛盾はない[19]。そのため、われわれはこれらのパターンを解釈するにあたって文化資本の概念がどの程度有効なのかを評価するために、より詳細な分析に立ち戻っていく必要がある。第3部での関心はまさにここにある。しかし、その前に、ライフスタイル空間のなかでの個々人の位置をもっと詳細に検討していこう。

注

（1）本章の多重対応分析の図の作成、その構想と実施はブリジット・ルルーによるものである。幾何学的データ分析（GDA）に関する彼女の専門知識をわれわれに供与してくれたことに大変感謝している。より詳しくは、Le Roux, B., H. Rouanet, M. Savage and A. Warde, "Class and cultural division in the UK," *Sociology*, 42(6), 2008, pp.1049-1071 を参照のこと。

（2）本章と本書では、文化生活（cultural life）という用語を嗜好や参加、知識にまたがるどのような側面も含んだものとして用いる。われわれの分析のほとんどは、「文化生活」でのこれら三つの異なる側面の相対的重要性を明らかにすることを課題としているが、この用語自体に何らかの特別な理論的意味を付与していないことに読者は留意してほしい。

(3) 技術的には、これらは適切には、文化の界 (cultural field) の異なる領域 (domain)、もしくは下位の界 (subfields) と表現されるものだが、ここでは慣習にしたがいこれらを界 (fields) と呼ぶことにする。

(4) 例えば、Abbott, A., *Time Matters*, University of Chicago Press, 2001., Goldthorpe, J. H., *On Sociology: numbers, narratives, and the integration of research and theory*, Clarendon Press, 2000.

(5) 研究を進めていくなかで、われわれは数多くの「伝統的な」多変量解析の手法を用いて分析した。そのうちいくつかの結果については、*Cultural Trend* 誌第十五巻第二/三号に発表していて、他にもまだ発表しつつある結果がある。このような分析結果は多くの点で有益なものであり、また得られた結果は総じて、本章で報告している多重対応分析の結果と整合性がある。

(6) もとの調査票では七段階のリッカート尺度による回答が求められていたので、1—2を好き、3—5をどちらでもない、6—7を嫌いとなるように単純化した。

(7) サンプルの五%の回答が得られないものは、除外するか包括的なカテゴリーに含めるように再コードするかした。

(8) 方法論補遺2を参照のこと。

(9) Hall, P., "Social Capital in Britain," *British Journal of Political Science*, 29(3), 1999, pp.417-461, Li, Y., M. Savage and A. Pickles, "Social Capital and Social Exclusion in England and Wales 1972-1999," *British Journal of Sociology*, 54 (4), 2003, pp.497-526, Warde, A., G. Tampubolon, B. Longhurst, K. Ray, M. Savage and M. Tomlinson, "Notes and Comments: Trends in Social Capital: Membership of Associations in Great Britain, 1991-98," *British Journal of Political Sciences*, 33(3), 2003, pp.515-525.

(10) Putnam, R. D., *Bowling Alone: The Collapse and Revival of American Community*, Simon and Schuster, 2000.(ロバート・D・パットナム『孤独なボウリング——米国コミュニティの崩壊と再生』柴内康文訳、柏書房、二〇〇六年)

(11) この背後にある統計的手続きは、それぞれの軸の社会的カテゴリーについての級内および級間分散の計算である。

(12) 軸の分散への変数の寄与はイータの二乗によって示される。第一軸の場合学歴のイータの二乗は〇・三九で、社会階級は〇・二六だった。

(13) サンプルを七つの年齢集団に分割し、区分についてのイータの二乗は〇・五〇だった。この軸では、学歴や階級についての変数のイータの二乗の値はどれも〇・一〇を超えるものではなかった。

(14) イータの二乗＝〇・四三。

(15) イータの二乗＝〇・〇五。

(16) Savage, M., A. Warde and F. Devine, “Capitals, Assets and Resources: Some Critical Issues,” *British Journal of Sociology*, 56(1), 2005, pp.31-47, Le Roux, B., H. Rouanet, M. Savage and A. Warde, *Class and Cultural Division in the UK*, CRESC Working Paper No.40, Centre for Research on Socio-Cultural Change (CRESC), University of Manchester and Open University, 2007.

(17) この節の技術的な面についてのより詳しい検討は、Le Roux, Rouanet, Savage and Warde, *Class and Cultural Division in the UK* を参照のこと。

(18) *Ibid.* の図6とそれに続く数ページを参照のこと。

(19) Holbrook, M., M. Weiss and J. Habich,“Disentangling Effacement, Omnivore and Distinction Effects on the Consumption of Cultural Activities: An Illustration,” *Marketing Letters*, 13(4), 2002, pp.345-357.

訳注

[1] この訳語は、原語では supplementary variable である。多重対応分析の場合、active と supplementary が（変数ないしはモダリティとして）対比関係にある。前者が軸を構成するのに用いる変数、後者は軸を構成せずに前者で構成された軸上に後から置かれる変数、である。詳細については、M・グリーンエイカー『対応分析の理論と実践』（藤本一男訳、オーム社、二〇一九年）を参照。

[2]「有効な」は active の訳語であり、supplementary と対比関係にある。

第4章 文化マップのなかの諸個人

1 序

第3章でマッピングした社会・文化的な変数を、個人自らの特徴よりも、調査法のあり方に従属させて［説明して］しまうことには、社会学的な分析に特有の危険が伴う。しかしながら、このことにはいくつかの点で問題がありうるということを本書は示してきた。還元主義的なハビトゥス概念に対するベルナール・ライールの批判にしたがうとするならば、様々な個人の文化的実践や文化的嗜好に、どの程度、一貫性と統一性があるかを探る必要がある。文化資本には身体化された側面があるというピエール・ブルデュー自らの主張に注目するならば、諸個人が様々な種類の文化資本についてどれだけ言及しているか、そしてもし言及があるとすれば、それはどのような種類の文化資本についてなのかを考察することができるだろう。文化的オムニボアやスノッブ、あるいは芸術の愛好家たちの姿を描き出すことができるのだろうか。もしそれができるとするならば、どのような種類の人たちがこのような文化的生活に関わっていて、それらの人たちは社会空間のなかでどのように位置づけられるのだろうか。

文化マップの四つの軸上に、モダリティの平均点だけでなく個人の位置も配置することができるのが、多重対応分析の主たる特徴の一つである。質問紙調査の回答者のサブ・サンプルに対してインタビューを実施したおかげで、そのトランスクリプトを使って、文化の界がどのように構成されているかを理解することができる。この点で、われわれは『ディスタンクシオン』のなかで質問紙調査の分析と同時に、質的な描写と事例研究を使用したブルデューの精神にならっている。しかしながら、第3章で試みたように、ブルデューは主にモダリティと変数を位置づけることで満足してしまっていて、「個々人のクラウド」に関しては目立った仕事をしていない[1]。われわれのアプローチが意味するのは、量的なデータと質的なデータとはその体系からして相補的なものだということであり、こうしたわれわれの手法には三つの重要な利点がある。

第一に、質問紙調査の質問票と質的インタビューで、同じ個人についてデータを比較することによって、別々の調査法で生じている文化的空間での選択的親和性の統一性を比較することができる[2]。また、インタビューの回答者が調査上の異なる文脈におかれたときに、質問紙調査で報告される知見をどれだけ修正したり、さらに言えば、(場合によっては根本的に)変化させたりしているかを評価することができる[3]。こうすることで、ある特定の質問に特に大きな問題があろうとも、また社会空間上の特定の場にいる個人が「食い違っている」と呼びうるような発言をしがちだろうとも、質問紙調査の尺度自体の妥当性が点検されることになるのだ。こうした手法のおかげで、質問紙調査の測定結果には誤差が含まれるという一般論にとどまる認識を乗り越え、そのような「誤差」の社会文化的な意味を同定することができるようになる[4]。

第二に、質的インタビューのおかげで、多重対応分析の結果の優位性をいっそう正確に評価できる。複数の個人が、ライフスタイルの空間上で似たような場所に位置づけられているにもかかわらず、その発言が根本的に異なっているとすれば、マップ自体の価値が失われることになるだろう。したがって、文化マップのうえで互いに近い位置にいる者同士の発言においては、相補性の程度を探ることで軸の価値を評価することができる。

第三に、最も重要なことだが、質的インタビューからの情報のおかげで、軸それ自体の意味をより綿密に解釈できる。第3章では、質問紙調査の回答だけに基づきながら各軸の意味を解釈したわけであり、具体的には第一軸は公的な文化活動に参加する人たちと、そうではない人を差異化するものだということが明らかになった。インタビューのおかげで、文化的な関わりをもたないようにみえる、ライフスタイルの空間の左側にいる人たちが、質問紙調査のなかには含まれていなかった活動について報告するか否かを検討することができ、そうすることで第一軸に関する理解を精緻化できる。そうした語りの形態が意味しているのは、マップ上の様々な立場と、文化的な関わりや活動についての人々の多様な話しぶりとの間に対応関係があるかどうかを探ることができるということである。

本章では、第一軸と第二軸に焦点を当てながら、「個々人のクラウド」のなかに位置づけられたインタビュー対象者の姿を取り上げていく。(5) こうした諸個人の調査をおこなう際に分析上のポイントになる事柄について、二点説明しておく。第一に、文化的な関わりと、より多様な社会的な関わりの形態を区別する必要がある。文化的な関わりをもたない人たちが、「社会的に排除」されているわけでもなければ、様々な種類の社会的な交流を欠いているわけでもないということを明確に示す。第二に、文化的な関わりがある個人が自らの嗜好についてどのように語るかを探求していく際、俗物主義やエリート主義に関して明確に言及されることはまずない、ということを明らかにする。かわって、われわれの関心の中心は、多様な文化活動の存在を認識し、かつそこに参加しようとする決意を表す試みにこそある。本章では、こうした言説と第2章で紹介した文化的オムニボア概念との関係を探求する。そのため、ブルデューによるカント美学と必要性の文化の区分は、われわれの回答者の発言には当てはまらない。むしろ対比されるのは、一方の多様な文化的慣習を熟知しているという自信たっぷりな態度と、他方の「日々の雑事」から逃避しようとして何事かに熱中を示す態度である。

2　ライフスタイルの空間での諸個人

図4―1（二二九ページ）は、第一軸と第二軸との関係で位置づけられた、質問紙調査の対象となったすべての個人の位置を示しており、メインサンプルのなかから、自宅でインタビューを受けた二十二人の名前が強調されている。インタビューは多重対応分析の各象限に分布していて、第二象限に四人、第一象限に八人（図の中心に向かって位置がより接近している）、第三象限に五人、第四象限に五人となっている。

図4―1をみると、インタビューの対象者が文化マップの全域から抽出されていることがあらためてわかる。こうした分布は、インタビューの回答者を選択した際の理論的根拠が、特徴が異なる社会集団の間で可能なかぎりはっきりと差異化された場合に十分なものになる。［回答者は］①（学歴によって示されるような）文化資本の構成、②扶養児童の存在、③イギリス内での地理的な位置の分布、④「白人」か「それ以外のエスニシティ」かで区分される世帯の五つの類型、といった基準で選択された。[6] 第一軸の右端にみられる事例の数は他と比べるとわずかに多く、マリア・デリック、ジェームズ・フット、セレン・スターが含まれる。しかしまた、第一軸の左端にはマジッド・レイザ[7]とマーガレット・ステイプルズという二つの事例がみられる。第二軸をみると、最上部のヒルダ・マギーと最下部のサリー・アン・ルイスの間にはさらに大きな距離がある。

第一軸の両端にいる回答者たちを取り上げ、この回答者たちの日常生活上の諸実践に関する発言を検討することから始めてみよう。自分たちに関する発言を洗練させているような、「文化的な関わり」をもつ側の人たちは、自分たちと似た環境にある人たちとどの程度関連づけられるのだろうか。マップ上の文化的な関わりをもたない側の人たちは一般的にみてどのくらいより隔離されていて、「社会的に排除されている」と同定されうるのか。文化的な関わりをもたない側にいるマーガレットに目を向けてみよう。確かに、北アイルランドの田舎、それも人通りが少ない小路にある彼女の自宅を見つけることがどれだけ難しかったかについてインタビュアーが述べていることからもわかるように、彼女は孤立しているという印象を受ける。しかしながら、いったん自宅のなかに入ってみると、彼女は温かく出迎えてくれた。そのときの記録には、次のような記述がみられる。

北アイルランドで暮らすステイプルズ一家は、家族で農園を経営している。そこはフランクが育った場所で、彼がこれまでずっと働いてきた場所でもある。最近、父親が亡くなり、彼が全財産を相続した。母親は健在で、彼が子どもの頃に住んでいた家の近くに暮らしている。約六年前、彼は近くの町で育ったマーガレットと結婚した。現在、二人は自分たちで設計して建てたバンガローで、三人の子どもたちと一緒に暮らしている。

質問紙調査に対するマーガレットの回答をみてみると、なぜ彼女がライフスタイルの空間の左側に登場するかがわかる。彼女はイングマール・ベルイマンやペドロ・アルモドバル、マニ・ラットナム［原書では、Mati Rathnam と表記］、ジェーン・カンピオンといった映画監督の名前を聞いたことがなかった。彼女は探偵ものやロマンス小説が好きで、ジェーン・オースティンやジョン・グリシャムを読んだことがあるものの、年に五冊ほどしか本を読まない。彼女は、ほとんどすべてのジャンルの音楽が嫌いで（モダン・ジャズは除く）、視覚芸術のことはほとんど知らず、積極的に好きだと言えるのはパフォーマンス・アートぐらいである。もっとも、彼女が本当にこのアートを理解しているかどうか、その証左になるような用語は確認することはできていない。彼女はこれまで文化施設にいった経験がほとんどなく、唯一の例外が（誕生日や特別な用事で）たまに劇場に出かけることと、（ほぼパブやホテルで）外食することだった。彼女は水泳に熱中していることを除いては、いまのところスポーツにはほとんど興味がない。

インタビューからは、こうした行動様式に伴う事柄をはっきりと見て取ることができる。彼女の生活は、自分の家族が経営する農園からの頼まれごとと、彼女にとって「精神的にも肉体的にもきつい仕事」である障害者介護施設での仕事、そして三歳の娘と四歳と一歳の息子の子育てで拘束されている。最近、彼女は養鶏をして卵を売るために介護施設での仕事をやめる決意をしたばかりである。いまは土台しか建っていないものの、今後大きな鶏舎が二棟完成すれば、そのことをすぐに実行するつもりである。彼女は自分の家族のために時間がほしいと思っている。子どもに対して真剣に関わることは、彼女にとって人生の最重要課題である。

マーガレット：いえいえ、私は家にいる必要があるんです。わかってもらえると思いますが……。ビリーは病気で学校をずっと休んでいたせいで、今日、四冊の本を宿題で持って帰ってきたんです。それを明日までに全部やらないといけないんです。つまりまあ、いやっていうほどやらないといけないことがあるわけで。ビリーと私でやるのに、二時間半はかかるでしょうね。きっちりやるには……。で、二時に学校から帰ってきてから三時まではスピーチと演劇があって。だから、一時間宿題をやって、出かけてスピーチと演劇をして帰ってくるでしょ、また宿題をして、お茶を飲んで、また宿題。

したがって、インタビューの結果からは、質問紙調査からは集められなかったような活動と関わりの形態、特に家庭と近所付き合いを中心とした余暇への関心が明らかになった。彼女が文化的なつながりをもっていないということは、無数とも言うべきたくさんの社会関係によって時間を取られていることと関係している。マーガレットにとって、余暇とは自宅を中心としたものである。日曜日になると決まって家族で散歩に出かけ、教会に通う。友人たちと家族ぐるみで交際していて、主に自宅で楽しんでいる。男性陣はテレビでスポーツ観戦をする一方、妻たちは子どもたちと一緒にいたり、料理をしたりしながら時間を過ごしている。マーガレットは学校でのネットワークを中心に非常に活発な社会生活を送っている。子どもたちの活動が、彼女にとって他人との交際の中心部分である。

マーガレット：あのう、私がビリーを水泳のレッスンに連れていくときはいつでもそうなんですけど、そこに子どもを連れてくる女性たちと知り合いになるんです（略）どうやって人と出会って、知り合いになっているかってのはびっくりなことですよね。どこにいっても、そういった人たちに会います……。子どもたちのおかげで、まあ、いろんなことに巻き込まれてしまい、時間をとられることにはなりますね。私が働いていなかったら、働いていない日には、子どもたちと過ごすんです。私が働いている日は、フランクが引き継いでくれています。

マーガレットの夫のフランクは、地元の村にある三十二人編成のブラスバンドでコルネットを演奏している。彼はクラブの代表者で、イベントや練習場所をとりまとめている。練習は週に一回あり、クリスマス近くになると練習回数が多くなる。彼はまた「少し」だけピアノを演奏する。彼はクラシック音楽が好きで『クラシックFM』のラジオ放送を聞いている。彼はＢＢＣの『プロムス最終夜（*the Last Night of the Proms*）』を見ており、アバのことが大好きでヒット集をもっている。フランクたちのクラブはチャリティーコンサートも数多く実施している。彼はフットボールとラグビー、Ｆ１観戦が大好きである。

まとめると、こうしたインタビューの結果から示唆されるのは、正統な文化の形態との関連で計測した結果、第一軸上では文化的な関わりがみられないということと、社会的な関わりがないということとは注意深く区別されなければならず、このことについては数多くのエビデンス、特にインフォーマルで家族に関わるエビデンスが数多くみられるということである。マーガレットとフランクは、第一軸の左側にいるかもしれないが、二人は第一軸上では取り上げられないような文化活動をめぐって活発な社会生活を送っている。第一軸の右側にある、文化的実践と関わりがないことと、社会的に孤立しているということとは慎重に区別されなければならない。

図のいちばん右端に位置する個人、マリア・デリックと比較してみよう。質問紙調査に対する彼女の回答からは、彼女がテレビをまったく見ないものの、スピルバーグやベルイマン、ヒッチコックが監督の映画は見たりすること、また彼女がアルモドバル作品を見ることについては一家言ある、ということがわかる。彼女は読書好きで、その範囲は推理小説やSF、伝記、自己啓発本や宗教書にまで及んでいる。まったく信じがたいことではあるが、彼女が主張するには去年読んだ本の数は五百冊である。彼女はジャズ、ロック、クラシック、そしてヘビーメタルの熱狂的なファンである。彼女は視覚芸術にも熱心で、ファン・ゴッホとパブロ・ピカソが好きだ。もっとも、トレイシー・エミンやローレンス＝スティーブン・ラウリー、ジョゼフ＝マロード＝ウィリアム・ターナーやアンディー・ウォーホールを見たことはあるものの、彼女の好みではない。「ポピュラー・カルチャー」から「ハイ・カルチャー」にまでわたるマリアの雑食で貪欲な嗜好ははっきりと裏づけられる。

したがって、マリアは文化活動と強い関わりをもっているわけだが、彼女に対するインタビューの結果からわかるように、このことは身体を動かすことができないという問題と関係していて、部分的には説明づけられる。彼女はずっと以前からME（筋痛性脳脊髄炎）による重い障害を負っていて、レジャー施設に出かけることはめったになく[8]、障害給付金を受けている。しかし、自宅のなかでは文化的なものとの密接な関わり、特にインターネットを通した関わりがある。彼女は、自分と一緒に生活するため、最近イングランド南部から北部へ引っ越してきた現在のパートナーとさえ、インターネットで出会った。文化的なものに対する彼女の熱中ぶりは、彼女が職場の同僚や友達、家族と交際することの実生活上の難しさと、ある程度は関連づけられる。

マリア：私は働くことができませんし、車イスに乗っているせいで自宅から離れることもできません。運転はできますけど、私に同伴してくれて、車から車イスを降ろして押してくれる人が必要です。一日のうち二十四時間ずっと痛みがあって、痛みがとてもひどいせいで鎮静剤を使っています。現在使っている鎮静剤でも効き目はあるんですが、もっとよく効くものが必要ですね。そんなわけで、自宅の周りをぶらぶらしたり、何かをうまくやってのけたりできるというのは……、私にとっては、それがどんなことだったとしても神様からの授かりものなんです。

このように公的な出来事に参加することではなく、彼女の嗜好と家庭内での活動こそが、文化マップでの彼女の位置づけを生み出しているのだ。文化的なものに対するマリアの関わり方は、彼女がインターネットを頻繁に使用していることと密接に関係している。

マリア：パソコンこそがすべてで、パソコン上で生きているのです。

インタビュアー：そのことについて、どう思いますか？

マリア：私はインターネットをするのが好きです。パソコンでゲームをするのが好きなんですね。

インタビュアー：どんな種類のサイトを見たり、どんなゲームをしたりしていますか？

マリア：私は女性特有の問題のせいで、支援団体にずっと頼り続けてきました。でも、まあ、ブロードバンドにしてからは、パソコンを一台、つけっぱなしにしたままにしています。うちには二台パソコンがあるんですが、私のものとフルーツバットのなんです。裏でちょうど鼻歌が聞こえるでしょ……、あれはフルーツバットの鼻歌です。で、彼はパソコン・マニアなんですね……。私たちはいつもパソコンを一台、つけっぱなしにしていて、もし何かをしたり、何か会話のなかで生じたとするでしょ。「あれ、その答えは何かしら。あれ、私は何を知りたかったんだったっけ。あるいは、もしかしたらこうかもしれない」といったことを、私たちはインターネットで検索するんです。だから、インターネットというのは驚くほどたくさんのことに使える、参照ツールなんです。オンライン上のゲームについても同じことで、それを使って、フルーツバットと私は出会ったわけで……。

マリアが明らかにしているのは、強い文化的な関わりをもっていることと、人と直接会わないとできないような公的な社会活動とは、必ずしも関連づけられないということである。実際に、文化的なものに対する彼女の貪欲さは、公的な活動に参加することの難しさを前提としている。この点でマリアは、ライフスタイルの空間のなかの周囲の人たちと比べてみると特殊な存在であり、特定の環境や個人の気質、さらには単純な幸運の巡り合わせによってどのようにマップのうえで互いに近い位置にある諸個人の間で異質な結果が生じるかがわかる。

マーガレット・ステイプルとマリア・デリックの事例が興味深いのは、どちらも、われわれが第3章で探求した緊張関係のあり方を支持するだけでなく、それを制限したり、その特性を照らし出したりしている点と、家族や世帯の関係がどれだけ第一軸の性質と関連しているかを明らかにしているという点である。他のインタビューの結果によって、文化的な関わりと社会的な関わりの間で引かれた区別の正しさが根拠づけられる。ジョー・スミスの事例は興味深い。彼はすでに評価が確立しているような文化の実践や形態についてはほとんど関心も知識も持ち合わせてはいないので、第一軸の左側におかれている。ジョーはほとんど本を読んだことがなく、大好きなパブに通うことを除けば、特定の娯楽施設（劇場や映画館など）に通うことはめったにない。しかし、彼は社会的なもののなかに深く埋め込まれてもいる。ジョーはイングランド南部にある、自分が「生まれ育った」小さな村で暮らしている。彼の家から二軒離れたところに妹が暮らしていて、両親は三軒離れたところで生活している。彼はスポーツとポピュラー音楽に関心がある。しかしながら、彼の勤務時間は非常に長く、そのせいで彼が余暇に使える時間は明らかに限られている。また小さな赤ん坊のせいで、彼が社会的な関わりをもつ機会はますます減っている。それにもかかわらず、彼は大好きなスポーツであるサッカーを中心に、活発な社会生活を楽しんでいる。

ジョー：そうですね。日曜の午前中に、私たちは決まって［サッカーを］するんです。まさに社交的な活動ってやつですね。そうです、それこそがそういった精神の一部でしょうね。毎週日曜日にサッカーをしたあと、私たちはパブで立派な社会生活を送るし、みんなサッカーをするためにベッドから這い起きて、全員が同じ理由でそこに集まっているわけなんです。私たちはいつも勝ってばかりじゃないですが、みんながみんな、情熱を注ぎ込んでいるんです……。

このような、きわめて地元中心で、インフォーマルで、なおかつ社会的な生活が意味するところのものは、彼の妻であるエディの発言からも確認することができる。ジョーとエディに関する話からもまた、フォーマルな文化活動を回避することで社会的な関わりが必ずしもなくなるわけではないことがわかる、二人は、質問紙調査の手法では把握されないような地元中心でかつ親類関係を基盤としたつながりをもっているのである。

マップのうえではジョーと近い位置にあるヒルダ・マクギーの事例が明らかにしているのは、同じような地元や家族に対する愛着と文化的な関わりである。彼女は北アイルランドの村で生まれ育ち、インタビューを受けた時点でも、そこで暮らしていた。インタビューは何度か中断されたのだが、それはヒルダが何度か玄関まで応対に出る必要があったからである。彼女は自分の大家族について、「私たちはみんな、一緒に暮らしているようなものです」と話した。彼女は七人兄弟で、母親には九人の「孫」がいる。ヒルダは販売員として働いていて、日常的にお客たちと知り合いになったり、話したりする機会が多く、そのことを楽しんでいる。彼女は友人や兄弟姉妹たちと本（SFや伝記）を交換しながら読むこと、友人や家族と一緒に音楽を聞くこと、「ちょっとした楽しみのため」に姪っ子のものである「カラオケの機械を引っ張りだすこと」について話をしてくれた。ヒルダには二人の子どもがいるが、子どもたちは彼女が通ったのと同じ小学校に通っていて、そこの校長先生は彼女が在籍していたときと同じ人物である。ヒルダは自らの充実した生活について解説を交えながら、次のように話してくれた。

ヒルダ：……この街を都会と呼ぶ人はいないでしょうけど、ここは、ちっちゃくても活気がある町なんです。まったく、都会ってところじゃないですけどね。私のことを勘違いしないでほしいんですが、私は外に散歩にいったりするのが好きじゃなくて、テレビを見ながら、自分の家でゆったりと座っているだけで十分幸せなんです（笑い声）。自然を［テレビで］見たりしているだけで。

ここでも、たとえフォーマルな文化との関わりを欠いていたとしても、地元にみられるような親族関係を基盤とした人たちの集まりや、家庭を基盤とした文化活動にインフォーマルな形で頻繁に参加することで、埋め合わせがなされるのだ。同じことは、ともにパキスタン出身である、ナミータ・レイザと夫のマジッドについても当てはまる。質問紙調査の結果からは、ナミータが文化的な関わりを欠いている、ということが明らかになっていた。このことは、彼女の夫に対するインタビュー結果のなかで詳述されていて、彼女の家族たちがフォーマルな余暇施設に行くことを避けているということが確認された。それにもかかわらず、インタビューの最中にナミータの孫たちが母親と一緒に訪問してきたということからも家族間のつながりが広範囲に及んでいることが明らかになった。あわせて、衛星テレビが世界各地に普及したことのおかげで、パキスタンの文化にまつわる品々と触れ続けることができる。

では、ここからは第3章で示された第二軸に視線を転じてみよう。第二軸は嗜好と非常に強く関連づけられていて、図の上部には現代的あるいは商業主義的な文化的形態をより好む人たちがいて、図の底辺部には、評価が確立された形態や伝統的な形態を好む人たちが位置していた。空間的な距離の隔たりと、文化マップの象徴的空間の社会的距離の隔たりとがどれほど一致しているかを調査するため、次の四つの事例をみてみよう。それらの事例とは、底辺部の二つ（空間の右にあるものと左にあるもの）と、上部の二つ（こちらもそれぞれ、第二軸の右と左にある）である。

サリー・アン・ルイスは図4―1の右側、最下部に位置している。彼女は七十五歳の白人で、最近、夫に先立たれたばかりである。彼女は北アイルランドにある、小さな町の裕福な中産階級地域に一人で生活していて、自宅は彼女と夫で四十九年前に建築家にデザインを頼んで建てたものである。彼女はまさに「伝統を重んじる個人」といった人物で、看護師として勉強し訓練を受けた期間を除けば、生まれてこの方ずっとこの町で暮らしてきた。彼女の亡くなった夫は医師で、息子と娘とは定期的に連絡をとっている。彼女が話すところでは、医師の妻として働いたことは一度もなかった。彼女はノスタルジックで保守的な嗜好の持ち主である。例えば、テレビ番組について彼女は、「昔のほうがいまよりもずっとよかった」と話す。彼女は「不自然だから」という理由で、ソープオペラが嫌いである。彼女の夫は膝を痛めていて、長時間座っていることができなかったため、映画にいった経験があまりなかった。しかし、彼女は昔の映画作品、特に『風とともに去りぬ』を楽しんだことや、オペラやミュージカルに出かけたりしたことを覚えている。彼女の楽しみは伝記やロマンス小説を読むことであり、新聞は毎日、二紙を読んでいる。彼女の服のスタイルは「クラシック」で、「きちんと仕立てられている」ものである。外食するのは、「すてきできちんとしたレストラン」かワインバーである。彼女の趣味はゴルフとトランプのブリッジで、陶芸や手芸、裁縫もしている。彼女は風景画を描くのは好きだが、もっぱら自分が描きたいと思うものだけを描いている。自分にとって理解できるか否かということが、彼女が何かを認知する際に重要であり、彼女いわくそのことは音楽やバレエ、絵画などに当てはまる。多くの点で、サリー・アンは彼女と同じ世代の典型、すなわち専門職的立場と、評価がすでに確定しているような正統文化に対する選好をバランスよく併せ持った人物である。

ルース・リカードは六十七歳の白人で、一人暮らしの未亡人である。彼女は、図4―1の下方左側に位置しているが、サリー・アンよりは中央寄りである。ルースには、五人の娘と六人の息子の合計十一人の子どもがいる。子どもたちの全員がいまだ彼女の家の近くに住んでいて、その全員が子持ちで自分たちの家で暮らしている。彼女の健康状態は思わしくない。ルースは、スコットランドの都市郊外にある公営住宅の一階で十四年間暮らしてきた。テレビを見ることが、彼女の日常生活の大部分を占めている。例えば、彼女はソープオペラ（開始以来、『コロネーション・ストリート（*Coronation Street*）』をずっと見てきた）や、『フロスト警部（*Touch of Frost The Bill CSI*）』のような警察ものが好きである。サリー・アンと同様、彼女の好みもノスタルジックで、「以前のほうが番組はよかったです」と話している。彼女は昔の映画について、粗筋にもふれながら喜々として説明してくれる。例えば、彼女はジェイムズ・コグニーやハンフリー・ボガードの話をする。また、彼女は「音楽は幅広く聞いています」と話し、日中と夜中ずっとラジオを聞いている。

ルース：『世界の音楽（*Music of the World*）』をつけるでしょ、そしたら、大好きなインド音楽が流れていたりするんですよ。また別のときにつけてみると、ヒルビリーやブルーグラスが流れていたりすることがあるんです（略）。私はクラシック音楽がずっと好きなんです。クラシック作品を歌っていたときのケン・ドッドをもっているし、ドナルド・ピアースももっています……。

インタビュアー：じゃあ、そういうふうに音楽を聴く手段としては、ラジオばかりですか？

ルース：ええと、CDも買いました。CDで『三大テノール（*The Three Tanors*）』は買いました。（略）マリオ・ランザ、私は好きです……。それとロックが好きです。（略）ヘビーロック、ヘビーメタルは好きじゃないですけどね。

サリー・アンとルースの両者について見落としてはならないのが、第二軸に関してはマップの下部に位置づけられている、クラシック音楽やミュージカル、往年の映画、さらにはニュースなどの「すでに評価が確定」している品々に数多く言及している、ということである。しかし、二人は第一軸上では異なる極にある。二人は伝統的で評価が確定したものに言及しているわけだが、サリー・アンのものはハイブラウであり（生のオーケストラによるコンサートやオペラ、大学）、ルースのものはミドルブラウ（『三大テノール』のCD）である。しかし、忘れてはいけないのが、両者には共通する性向がいくらかみられる、ということである。例えば、両者ともにテレビ番組はかつてのほうがよかったと話していて、そこに垣間見られるのは、年齢と関連づけられるノスタルジックで保守的な文化的志向性である。そうした志向性によって、二人は第二軸上で同じ座標へと割り当てられるのだ。

図4―1の右上部にいる、レイチェル・グリフィンは二十六歳である。彼女は白人とアフロ・カリブ系の混血で、六歳の娘を一人で育てている。彼女は学位をとるべく勉強している。北イングランドの大規模な町にある公営住宅に住んでいて、家を買うために住宅ローンが認められるのを待っている。彼女の両親は五分離れたところに住んでいる。彼女は期限付きのソーシャル・ワーカーとして、フルタイムで働いている。彼女が好きなテレビ番組は『セックス・アンド・ザ・シティ（*Sex and the City*）』『シェイムレス（*Shameless*）』『イースト・エンダーズ（*EastEnders*）』である。彼女は『イースト・エンダーズ』について「……現実の生活のようです。他人のゴシップのことが好きじゃない人なんていませんよ」と思っている。大好きな映画のジャンルは推理ものとミステリーで、好きな映画は、「……アクションや恋愛が満載」の『スカーフェイス（*Scarface*）』だ。彼女は伝記を読むのが好きで、デイヴィッド・ペルザの『It と呼ばれた子（*A Child Called It*）』や、スパイス・ガールズのメラニー・ブラウンの自伝のタイトルを挙げている。彼女はいろいろな音楽を楽しんで聞いているが、ヘビーメタルとカントリー・アンド・ウェスタン、クラシックは嫌いである。好きな料理はインド料理である。彼女は健康のため、ムエタイをしている。

レイチェルが現代の文化を好んでいるのは明らかである。また、前に述べたジョー・スミスと同様、レイチェルが挙げる一連の好みは、すべて商業主義的な文化形態である。しかし、レイチェルが挙げるもののなかには、図の右側に位置するようなモダン・アートやインド料理も含まれていて、レイチェルは、テレビでのスポーツ観戦を好み、評価が確立された文化だけでなく、現代的な文化もひどく嫌っているジョー・スミスとはずいぶんかけ離れている（図3―2を参照）。レイチェルもジョーも若くして子持ちだが、二人とも時間もお金も限られるため、なかなか文化的な参加ができない、という問題に直面している。両者ともに、サリー・アンやルースが親しんでいるような、伝統的で評価が確定した文化形態が好きではない。二人ともパブやナイトクラブに通ってはいるが、オーケストラのコンサートには決していかないし、クラシック音楽やカントリー・アンド・ウェスタンのことが嫌いである。

インタビューのなかに登場する大量の好き嫌いによって、すでに評価が確立しているような文化と、現代的な文化との間には分断線が引かれているという主張の正しさが確証される。また、伝統的な選好をもっている人たちのなかにも、階級の境界線に沿って明確な区別があることが明らかになった。階級間の差異は、第二軸の上方にいる現代文化の品々を志向している人たちの間ではそれほど明確にみられないが、ジョーのような専門的で限定された熱中ぶりとレイチェルのようなより広範囲にわたる嗜好との間には、まさしく差異が存在する。彼女の志向性は、第一軸の右側に位置している個人のなかでも特に強いものである。こうした個人はオムニボアと呼ばれうるような個人のクラスターを構成していて、第10章ではこうした人たちのプロフィールについてより詳細に議論することになる。こうした志向性は、次節で示すような、諸個人が文化的な決定をする際にみられる一定の再帰性を伴うことが多い。

要約すると、インタビュー結果というエビデンスによって支持されたのは、第一軸は、形式的で公的な文化活動に関わる人たち（右側）と、そうした活動に関わりをもたない人たちとを差異化しているという知見である。加えて、インタビューによって明らかにされたのは、マップの左側にいる人たちは、しばしば社会生活と余暇の双方に家庭のなかで非常にうまく取り組んでいることと、多くの事例でテレビが中心的な役割を果たしているということである。しかし、このことはただちに孤立を意味するわけではなく、むしろ拡大家族のメンバーや、他の地元の仲間とが集まることができる空間が存在していることを意味しているのだ。ましてや、公的な文化から離脱していることは、社会的排除の表れや、パットナムの概念[9]が意味するところの社会関係資本の衰退などではない。こうした非形式な文化との関わりと、形式的な文化との関わりとの緊張関係こそが、文化マップで把握されているような職業階級と教育のあり方に主に関連づけられる。ここまではわれわれの知見によって、友情と社交関係が形成される際には、階級間の差異が重要になることを明らかにした既存の議論の正しさが確認される[10]。

3　嗜好についての発言における俗物性と多様性

本節では、文化マップのなかで、互いに異なる領域に位置する人たちの発言を読解することで、われわれの関心事、つまり現代のイギリスではどのような種類の文化資本が作用しているかについて、これまでよりも鮮明に描き出せるようになるか否かを検討していく。

ミシェル・ラモンは、アメリカ合衆国の中産階級の語りに関する説明のなかで、文化的な境界が明確に引かれることはめったにみられない、と主張[11]している。文化的なものと関わりをもっている人たちが、文化的な優位性という明確な感覚に言及することはなかった。むしろ、そうした人たちは自信に満ちた感覚に言及することが多く、このような感覚は多様なジャンルや形態の文化活動を取り込むことができる能力と関連している。ジェニー・ハメットについて検討してみよう。ジェニーは、自分が生まれ育ったスコットランドの公営住宅での生活から一転、暮らしぶりが上向いている。彼女は現在、創造的な作家として、また高等教育の現場で非常勤講師として働いていて、隣村の近代的で中産階級向けの不動産物件に住んでいる。文化的なものと密接な関わりをもっていて、同時に深く物事を考えるタイプの彼女はテレビが好きである。だが、ジェニーは『ビッグ・ブラザー（*Big Brother*）』、より一般的に言えば、のぞき見型のテレビ番組のことが好きではない。彼女は社会的なものが、どのように構成されているかということや、「現実」と「知覚」との関係について熟知している。

ジェニー：えっと……。それほど前のことじゃないんですが、面白かったことがあって、私はあんまり映画を見ないんですけどね。テレビでちょうど映画、それもこれまで見たなかでも特にお気に入りの映画を二本見たんです。ねえ、そのことについて、話しましたよね。一本は『マトリックス（*The Matrix*）』、もう一本は十二匹のお猿さんに関する映画です。というか、つまり『12モンキーズ（*Twelve Monkeys*）』のことですね。ブルース・ウィリスが出てるやつですね。どちらも心の状況と、人が現実を受容する仕方を扱っているんです。ブルース・ウィリスのほうは……、まあ……彼は本当に過去にタイムスリップをやってのけて、世界を救ったと言えるのでしょうか。それとも、彼は単なる精神病院の患者にすぎないのでしょうか。それと『マトリックス』のほうなんですが、これも現実をどのように認識するかに関するものですけど、こういったことに私は強く引かれます。それで、ざっくり言うと、これら二本の映画は私のお気に入りというわけです。でも、実は私はケン・ローチの作品が好きだし、『スウィート・シックスティーン（*Sweet Sixteen*）』は大好きですよ。

ジェニーは、［自らの嗜好について］自信をもってジャンルごとにきちんと分類しながら説明できるため、自らの意見をそれ以上、正当化してしまうことの危険を回避できる。「私に説明を求めないでください。私は社会的リアリズムが好きだけど、このことはひょっとしたらニュースに関心があることと、つながりがあるのかもしれませんね」というようにである。彼女は作家の社会的地位に関心があり、分類と知識に関するポリティクスについて考えている。

ジェニー：ええと、私はスコットランドの作家、それもちょうど現代のスコットランドの作家、つまりオレンジ賞の最終選考にも残ったアン・ドノバンのような作家が好きなんです。ただ、デイヴィッド・ミッチェルも捨てがたいですね。彼はスコットランド人じゃないけど、何度もブッカー賞の最終選考にも残っているから、彼のことも好きです。私が書いたものは期待するほど読まれてはいませんけど、文学雑誌、それもほぼスコットランドの文学雑誌で短篇をたくさん読んでますよ。

いろいろなジャンルについて自信ありげに言及していくという態度について、同様の例はシェリー・キャンベルの事例からも確認することができる。

シェリー：私って少し映画オタクなところがあって、好きな映画がとってもたくさんあるんです。だけど、あなたが……、まさにハリウッドをパッケージ化したような映画のことについて話すんじゃないか、と思ってたんですよ。それを見たら、きっと気分がハイになるでしょうね。『雨に唄えば（*Singing in the Rain*）』じゃないといけないんですけどね。この映画の全場面、これ、これってまさに完璧な映画なんですよ。

ここには、こうした文化的なものが「私たちのような人たち」のためにデザインされているという感覚がみられ、インタビュー対象者たちはくつろぎながら、そのことについて関連づけたり語ったりしている。図の右端にいる研究者のジェイズム・フットが、本を執筆することと、どれだけ自分が積極的に文化的なものを生産しているかについて語っていることはおそらく偶然ではない。先に論じたマリアは、まさしくジェニーと同様、表象と現実の関係に魅力を感じている。こうした事柄はいくらか、あるジャンルが逃避主義の対象になるのは「現実」とは異なるからだ、というおなじみの議論を含んでいる。マリアはソープオペラが好きではない。その理由は以下のとおりである……。

ソープオペラには本当にうんざりさせられるし、とっても白々しいものに感じられるんです。ソープオペラは生活を映し出そうとしてはいると思いますよ。でも、普段の人生行路で、現実の生活がすべてこんなソープオペラみたいに進んでいくことにはならないわけだし。例えば、一週間のうちで、非常にたくさんの出来事に出会うわけですけど、いったい、一週間のうちにこの通りのうえでどんなことが起きると思いますか。実際には何にもないわけですよね。だから、ソープオペラっていうものは、とっても非現実的で、現実の生活を描こうとはしているけど、わずらわしいんですよね。……私はクイズ番組があんまり好きじゃないんです。というのも、知性に対する冒瀆だと思うからです。質問はバカげているほど簡単ですよね。というか、『マスターマインド（*Mastermind*）』と『ユニバーシティー・チャレンジ（*University Challenge*）』のようないくつかの番組、これらはまだましなほうで。言うのを忘れていたけれど、［これらの番組を］実際に見てはいますよ。だけど、ほとんどの番組は、私には耐えられないものばっかりで。

ここでは、日常生活からの隔たりをよしとする、抽象的なカント美学のあり方が容認されているわけではない。むしろ、文化的なものの恣意性と、まさに「文化的なものが過剰」に存在している環境で、「現実」を把握することがどれだけ困難かということが発言されているのだ。極論すれば、ここでは文化的なものが多様に存在している環境で、多様なジャンルを使いこなす能力について発言されているのだ。

こうした発言は、図4―1の中央に位置している、ジム・ショウによるそれとは対照的である。彼は、自分にとってなじみがないジャンルに対しては保守的にみえる。すでに論じてきたジョーやマーガレットのように、ともに六十代のジムと妻のジェーンは、西スコットランドにある、かつては炭鉱地域だった地元に根ざした暮らしをしている。ジムは建設労働者で、建設産業のコンサルタントにまで昇進したが、現在は退職している。彼は高級車を所有していて、マジョルカには一軒家をもっている。彼はテレビをよく見ていて、スポーツ、特に自分もプレーしているサッカーとゴルフを熱心に観戦している。しかしながら、彼は映画や特定のテレビジャンルにはほとんど関心がなく、西部劇を除くと、彼から映画に関する話題を引き出すことは容易ではない。また、スポーツに関する自伝のいくつかを別にすれば、彼ははっきり言ってほとんど本を読まない。また、われわれが視覚芸術について話をする際に例として挙げた、ターナーとホックニーのいずれについても、これまで見たことがなかった。こうした質問に対する彼の反応の一般的な調子は、次のやりとりからも明らかである。

インタビュアー：それで、なぜそうなのかを説明するために、さらに理由として付け加えることはありますか……？　つまり、ＳＦは好きじゃないと話されていましたが……。

ジム：特にないですね。ただただ、私のタイプじゃないってだけです。

彼の主たる関心は音楽である。彼の嗜好は広く、ジャズ、ロック、クラシックは含まれるが、ヘビーメタルは含まれない。こうした彼の関心のあり方から、図4―1では、音楽の嗜好が支配的な第一象限に、彼が位置することの理由が説明される。しかし、彼の嗜好の実は個性的な他の側面、それは彼が次のように食べ物について話をするときになどはっきりと説明される。「私がステーキが好きです、と言うんじゃないかなと思っていたでしょ。質素なものが好きで、ごてごてしたものは好みじゃないんです」。このように「地に足」がついていて、「質素」とでも言うべき嗜好を肯定する態度は、マップの中心にある他のインタビュー対象者の事例でも垣間見られるような自己弁護性と同居したものである。中央左側にいるスタッフォード・ラスボーンは、年配のアフロ・カリブ系の男性であり、単身で暮らしている。彼は組立工兼溶接工として、中規模の工場で働いている。仕事が彼の生活のなかで大きな位置を占めていて、それが余暇のあり方にも影響を与えている。テレビ鑑賞や読書、映画、音楽に関する質問に対する彼の答えからわかるのは、彼は特定の文化的なものに対してほとんど関心をもっていない、ということである。彼は、世界の変化においていかれないために、定期的にスポーツとニュースを見ていて、特に彼の出身地であるカリブに関するものを見ている。しかし、彼は映画にはまったく興味がない。彼は「自分が生まれる前に何が起こったのか、あるいはなぜ世界が今日の姿になったかをいくらか理解するため」に『聖書』を読んでいる。「伝記」や現代文学がなぜ嫌いかについて聞かれた際、スタッフォードは次のように答えている。

スタッフォード：伝記は、ただひたすら他の人たちに関するものですからね。幅広く一般的に、人生や他の人たちのことについて書かれているからです。一人の特定の個人の話に限られていませんし。というのも、ある特定の人の人生は、その人以外のものではないからです。

インタビュアー：では、現代文学についてはいかがですか？　まったく好きじゃないって、おっしゃいましたけど。

スタッフォード：実際に好きでないですね。私にとっては、まったくどうでもいいものです。

ジムとスタッフォードの話では、評価が確定している文化であれ、現代的な文化であれ、いずれにしても彼の生活上の大きな部分を占めてはいない。両者は情報を求め、テレビでスポーツを見て、一通りの余暇活動にも意味を認めている。しかし、正統文化への関与は、彼らの生活では重要な場所を占めているわけではないのだ。

文化マップで異なる立場におかれた人たちの多くは、日常生活上の秩序や要望から「逃避」する必要について述べていて、まさに文化というものを使用することで逃避しているわけだが、逃避の方法は構造からして異なっている。労働者階級のセシリア・オコナー（第三象限の縦軸近く）は、ソープオペラに対する愛着について次のように話している。

ソープオペラって、違った世界を見せてくれるものだと思うんです。つまり、あなたがそこにいて、自分が言うのもなんですが、私は本当にそれを楽しんでいて、何にも考えずボーッとしていることが好きです。だから、私はソープオペラを聞いたり見たりするのが好きです。あなたが「まあ、こんなことが本当にこの世で起こったりするのだろうか」と思うぐらい、違った世界を見せてくれるものだと思います。例えば、『マクレオッド・ドーターズ（*Mcleod Daughters*）』ってあるでしょ。朝にスカイ・テレビでやってるやつ。私はこれが大好きで、心底はまってしまっているんです……。私の姉が先週亡くなったんだけど、ここでぼろぼろと泣きながら座っていました（笑い声）。わかるでしょ。逃避ってわけです。

マーガレットは、現実逃避という言葉そのものを使ってはいないものの、セシリアと同様の関心を抱いており、『イースト・エンダーズ（*EastEnders*）』を日々の「雑事」から解放されるための手段だと見なしている。

私は『イースト・エンダーズ』に忠誠を誓っています。この託児所のために何かをするみたいにね。というのも、私は託児所と子ども向けの教会の責任者なので。託児所で子どもたちと一緒に、クリスマスものをやるつもりなんです。もし今晩『イースト・エンダーズ』がかかるなら、フロアにあの絵は飾らないですよ。でも、もしかかるのが『コロネーション・ストリート』だったら、色を塗りながら耳だけ傾けますね。そう、色を塗りながらね。『イースト・エンダーズ』だったら、すべてのことが滞ってしまうでしょうね。

逃避主義は、日常生活を忘れられる場所を見つけるための手段となっている。こうした番組の「非現実的」な性質は、高学歴の中産階級にとってはまさにわずらわしいものでしかない。他方で、低学歴の労働者階級の目には魅力的なものに映るのだ。学歴がある人たちは、これを分類の諸形態をうまく扱うための「乱暴」な手段と見なし、このように癒しを得るための手段として文化活動を使用することにはかなり批判的である。そういった理由から、マリアは「逃避主義者」としての後ろめたさを表明する際、自らの逃避行動を正当化するために、ある一定の「質」と「特徴」を与えてくれるような歴史的なものを参照する。

……もっとも「カドフェル」ものは、作風がほんの少し重厚すぎると思うんですけどね。スザンナ・グレゴリー、彼女もそうなんですけど、彼女のシリーズものには、十五世紀の物理学者でケンブリッジで講師をしているマシュー・バーソロミューが出てくるんですよ。彼女の本は、ある種、世界を生き生きとしたものへと変えてくれるから、特にすばらしいんです。マイケル・ジェックスの本、彼は十四世紀のデボンを舞台に設定していますね。キャンディス・ロッブ、彼女は十五世紀のヨーク、完全に中世の時代を舞台にしています。私は歴史が大好きだし、頭を使って考えることが好きなんです……。そうした時代にいるような気分にしてくれて、人生をまさに活気づけてくれるような本。［それがあれば］私にとって他に何もいらないですね。

マリアの話から示唆されるのは、学歴がある人たちは、また違った形態の逃避主義を求めることがある、ということである。それは「日々の雑事」からの解放というよりは、むしろ歴史的な参照を積み重ねていくための手段であり、想像力を駆使して過去を「甦らせる」ことで、その姿を照らし出すことができるものなのだ。例えば、自分たちの専門分野での会話と関連づけながら、もしくは社会集団の資産として、文化資本を蓄積することは可能である。同様に、ジェイムズにとって、そのことは「現実」を擁護することである。ただし、それは文化的に媒介されていると認知できる「現実」、すなわち価値が認められるようなもののことである。

もう一度、読んでみたいようなドキュメンタリーの話に戻ろうと思うんですけどね。本当にリアルなもの、私が伝記でよく扱っているものは、現実にほんの少しだけでも、ふれているんじゃないのでしょうか。

文化的な自信と、他人の経験を「甦らせる」ような文化形態やジャンルの可能性を慎重に区別することで「現実」を理解しようとする関心は、特定の正統なジャンルを批判するためにも使用されうるものである。言語学の学位をもっているにもかかわらず、マリアは「サルトルのような人たち」のことが好きではなく、「私はこういった人たちが理屈をこねくり回そうとしてしまうせいで、正直に言って、何も進まないままで終わってばかりいるんじゃないかって、ふと考えることがあるんです」と話す。

図4―1からわかるように、図の右側にいる人たちは、特定の文化的な嗜好と実践を互いにどれほど共有して

いるかによって、ある程度は差異化される。またこうした人たちは、文化の鑑賞について、特有の話し方をすることによっても特徴づけられる。そうしたもの言いには、ジャンルを比較したり、どんな文化的な形態であれ、それがいかに構築されているかを認識したり、「構築された現実」を見つけ出そうとしたりするものがある。ピーターソンによるオムニボアに関する論文[12]が明らかにしているように、こうした人たちは特定の文化形態に熱中しているのでもなければ、自分たちが好きなジャンルに属する作品に対して無批判であるわけでもない。このように、文化的なものと濃密な関わりをもっている個人は、自らの社会的地位では典型的でない文化品目を経験することが多い[13]。こうした人たちは、すでに評価が確立したものから、現代的なものにいたるまで、多くのジャンルの文化と関わり、特定のジャンルのなかでも区別をする。二十二ある事例のなかには、いくつかの典型例があった。しかしながら、まさに俗物の典型といった事例には一つも出会えなかった。

以上の観察結果から示唆されるのは、ブルデューの説明とは異なる文化的な力学の存在である。労働者階級（図4―1左側）と結び付けられる機能的で実践的な「必要性の文化」と、日々の生活からの隔たりを称揚する「カント美学」（図右側）の間には、単純な緊張関係はまったく存在しない。本書が取り上げてきたような、学歴がある中産階級の事例では、純粋に抽象的な文化形態に対して共感が寄せられることはほとんどなかった。しかし、文化を領有することによって、「日常」や「現実」が生み出され、それが所有されていた。このことは、豊かな時代の文化的な諸関係のあり方を再構成する営みだと見なすことができるだろう。現代において、文化的な卓越化とは、社会的な隔たりを主張することや、わざわざ立ち止まり注視してまで差異を見つけだそうとすることによってではなく、むしろ幅広い文化的諸実践に関わりをもつことで、そうした隔たりを克服しようとする姿勢から生じるものなのだ。文化資本は折衷主義の価値を高く評価するものとして表され、そこでは、熟考を重ねてなされた判断は、文脈を異にする多様なジャンルに応用することができる。図4―1の左側に位置する人たちがおこなっていた文化的な領有とは、物質的な必要性へと恒常的かつ排他的に集中することで生じる消極性あるいは不活動の問題ではない。それはむしろ、逃避や楽しみ、娯楽、さらには教育のために使うことができるような、日々の必要性を超えたところに存在する空想的で自由な空間を探求することにほかならないのだ。

4 結論

本章では、多重対応分析によって構築された「個々人のクラウド」のなかでの位置関係に対して、質的インタビューの結果を結び付けてきた。その結果、質問紙調査データからだけでは実施できないようなより洗練された方法で、軸の意味を解釈することができた。低学歴で、労働者階級に特有の職業についている人たちの社会生活には、正統文化の優雅さを受け入れる余地はなかったが、他方でそのほとんどは社会的に排除されてはいなかった。すなわち、そうした人たちの多くは生き生きとした社会生活を送っていて、社会的立場が上位にある人たちとの明らかな違いは、家族や親族、友人が果たす様々な役割、また家庭や地域社会で余暇と社交関係が形成されていることと密接に関連している。このように家族と親族がより大きな役割を果たすことで、主に家電製品などを用いるような、家庭を基盤とした仲間付き合いが促進される傾向にある。こうしたことは、分散型の社会的ネットワークをもつ中産階級が、家庭外での活動と積極的に関わっていることとは対照的である。

第一軸と第二軸は、「文化に関する自信」と呼びうるものによって差異化される。単純化して言えば、図4―1の右側の文化的な関わりをもっている人たちは、自らの文化的生活について話をする際、より多くの自信と確信に満ちていて、他方で左側の人たちはためらいがちで受け身である。自信は、図4―1の右側中央部にいる人たちへと向かうにつれて大きくなり、こうした人たちは現代的な文化品目と伝統的な文化品目に関する嗜好をもっているだけでなく、同時により積極的な参加もおこなっている。このことは、ブルデューが『ディスタンクシオン』の最終章で展開していた全体に関わる主張、すなわち、自分たちには物事を判断する権利や意見を述べる権利があると感じている人たちと、そうではない人たちとの間には根本的な差異がある、という主張を支持するものだと見なすことができる。こうしたことは、本書の回答者たちにとっては、文化的な分類を「扱う」際の自信として、［あるいは］文化のジャンルや主題に関する実験的な態度として表れている。

注

（1）『ディスタンクシオン』の図12で、ブルデューはライフスタイルの空間のなかにある、諸個人からなるグループの位置について説明していている。しかし、彼はクラス・フラクションの平均点周囲に、ただひたすら楕円の形を描いたにすぎないのだ。こうした楕円形は、本書の第3章、第10章、第12章でも使用されている。これらがそれぞれのクラス・フラクションに所属する人たちの約八六％を含んでいるおかげで、読者は特定の階級集団が、どの程度、内在的に分散しているかを評価できる。しかし、その空間に一意である所与の個人については位置づけることができない（Bourdieu, P., *Distinction: A Social Critique of the Judgement of Taste*, Routledge, 1984, p.262.〔ピエール・ブルデュー『ディスタンクシオンⅠ――社会的判断力批判』石井洋二郎訳、藤原書店、一九九〇年、同『ディスタンクシオンⅡ――社会的判断力批判』石井洋二郎訳、藤原書店、一九九〇年〕を参照）。

（2）Silva, E. B., "Homologies of Social Space and Elective Affinities: Researching Cultural Capital," *Sociology*, 40(6), 2006, pp.1171-1189.

（3）Silva, E. B. and D. Wright, "Researching Cultural Capital: Complexities in Mixing Methods," *Methodological Innovations*, 2(3), 2008, published 13/12.2007.（http://erdt.plymouth.ac.uk/mionline/public_html/lviewarticle.php?id=65&layout=html）

（4）もちろん、例えば構造方程式モデリングのように、こうした事柄を処理できる統計的手法は存在する。しかし、ここでは、こうした目的のために質的インタビューを用いることの価値と、そうすることで得られる効果について明らかにする。

（5）本書の第11章では、中産階級と関連づけながら第四軸の意味について詳細に検討している。また第12章では、ジェンダーと文化資本に関するわれわれの考察と関連づけながら、第三軸の意味について探っている。

(6) 合計四十四人に対してインタビューを実施した。エスニック・ブースト・サンプル内の個人と、質問紙調査に対する回答者のパートナーは、図4―1には含まれてはいない。研究のうち世帯に関する局面に関しては、詳しくはTechnical Report（Silva, E.B., *Household Study: Technical Report. CCSE document*, 2005.〔http://www.open.ac.uk/socialsciences/cultural-capital-and-social-exclusion/project-publications.php〕）と本書の方法論補遺3を参照のこと。パートナーに対するインタビューの結果はこの分析にも含まれていて、多重対応分析によって予測されるライフスタイルの空間でのカップル間の距離は、多くの事例で最小になると仮定している。界とパートナーの間の「選択的親和性」については、シルヴァの議論（Silva, E. B., "Homologies of Social Space and Elective Affinities"）を参照。

(7) マジッド・レイザに対しては、インタビューを実施したものの、質問紙調査に含まれていたのは彼の妻のほうであり、図4―1にはマジッドの妻の位置が表示されている。

(8) これら質問紙調査で尋ねられた質問に対する彼女の回答は、一度もないではなく、ときどき参加しているというものであり、こうしたことは、なぜ彼女が第1軸の右側に位置づけられているかに対する説明になっている。これらの情報は、インタビューの結果によって「修正」された（Silva, E. B., "Homologies of Social Space and Elective Affinities: Researching Cultural Capital," *Sociology*, 40(6), 2006, pp.1171-1189. を参照)。

(9) Putnam, R. D., *Bowling Alone: The Collapse and Revival of American Community*, Simon and Schuster, 2000.（ロバート・D・パットナム『孤独なボウリング――米国コミュニティの崩壊と再生』柴内康文訳、柏書房、二〇〇六年）

(10) Allan, G., "Friendship, Sociology and Social Structure," *Journal of Social and Personal Relationships* 15(5), 1998, pp.685-702, Allan, G. and Crow, G., *Families, Households and Society*, Palgrave, 2001.

(11) Lamont, M., *Money, Morals and Manners: The Culture of the French and American Upper-Middle Class*, University of Chicago Press, 1992.

(12) Peterson, R. A. and R. M. Kern, "Changing Highbrow Taste: From Snob to Omnivore," *American Sociological Review*, 61(5), 1996, pp.900-907.

(13) Warde, A., D. Wright and M. Gayo-Cal, "Understanding Cultural Omnivorousness: Or, the Myth of the Cultural Omnivore," *Cultural Sociology*, 1(2), 2007, pp.143-164.

第3部

文化界と文化資本の構成

第5章

音楽界の緊張関係

1　序

第3章でみてきたように、特に第二軸で、音楽は最もはっきりとすべての文化の界を分けるものである。音楽は、われわれが検討してきた文化の界のなかでも最も分断的で、論争的になっている。そのため音楽は、現代の文化的なダイナミクスと緊張関係を探究しようとするわれわれの関心の中心にある。この章では、ジャンルや八つの特定の音楽作品の好き嫌いや知識について尋ねた設問による質問紙調査対象者の回答を補完する。そして、こうした回答の結果と、われわれが対象としたグループや世帯に対するインタビューのなかで立ち現れてきた音楽の嗜好についての言及とを結び付けることにする。

われわれは、音楽の研究についての問題、とりわけ「オムニボア」（雑食性）が、クラシック音楽とポピュラー音楽との間にあった嗜好の境界線を侵食してきたという議論について詳しく述べることから議論を開始したい。続いて、調査から得られた知見を用いて音楽の嗜好のクラスターを明らかにする。具体的には、調査対象者のなかには、同系統のジャンルの間でオムニボア（雑食的）な嗜好をもつ人が何人か存在するにもかかわらず、現代の音楽とクラシック音楽の間の分断線はめったに架橋されない、ということを示すことになる。本章の第4節では、どれだけ多様な個人的関わり合いが音楽的な嗜好に対して与えられているかを、質的なデータを用いて明らかにする。ロックや現代音楽を楽しむ人々は、音楽にのめり込んだときの様子や熱狂状態について詳しく語ってくれる。このように、音楽にのめり込んだり興奮したりすることで、同じ趣味をもつ熱狂的な人たちが、相対的に排他的なグループを形成することになる。対照的に、クラシック音楽は（ジャズやカントリー音楽も同様に）そのような熱狂を生み出さず、特にエリート集団の場合には、クラシック音楽のおかげで、公的な正統性を楽しみながらも、社会化のための知識やある種の場を手に入れることができる。クラシック音楽は序列関係と権力、すなわち正統な文化資本のぼんやりした記憶を連想させるものである。現代の音楽の諸形態は、お気に入りのアーティストや作品をめぐって強い愛着や熱狂を引き起こす。本章の第5節では、どれだけ様々な聴衆が演奏の現場に足を運ぶのかを明らかにすることによって、クラシック音楽と現代の音楽とを対比させる。

2　競争的な文化の界としての音楽

音楽は、われわれが調査してきたなかで、最も人気がある活動である。CDやレコードなどをまったく所有していないのは、たったの二%の世帯だった。四〇%の世帯が二百枚以上のCD（や同等のもの）を所有していた。われわれが尋ねた七つの美術作品をまったく知らなかった人が一六%、六つの書籍をまったく知らなかった人が四五%もいたのに比較して、八つの音楽作品を一つも知らなかったのは、サンプル全体でわずか八%だった。半数の人々は、われわれが特定した音楽のイベント（オーケストラの演奏会、オペラ、ナイトクラブ、ロックコンサート、ミュージカル）の少なくとも一つを見にいった経験があった。音楽というものは、録音された音楽をかけたり、ラジオを聞いたり、テレビや映画のBGMとして流れているのを聞いたりするというように、日常生活の表舞台であると同時に、背景にもなっている。[1] これらの知見は音楽を、はるかに人気がない読書や美術鑑賞とは切り離して位置づけるものである。回答者の三分の二は、自分の楽しみのために読む本は年に十冊以下であり、ほとんどの人は美術館に足を運ばない。

けれども、神聖な形態と一般的な形態との間に、長期間にわたる深い緊張関係が存在する点によって、音楽は、特にテレビの視聴のような他の人気がある活動とも異なったものでもある。クラシック音楽は、このような神聖なものに対する保護と結び付きながら、ヨーロッパの文化遺産の中心に位置づけられてきたのであり、本質的に善きものだと見なされてきた。ブルデューの念頭にある「音楽は世界、特に社交的世界に対して、ブルジョア的エートスがあらゆる芸術形式に要求されているような最もラディカルで絶対的な否定の形を示している」という考え方は、こうした伝統に依拠した以外のなにものでもなかった。ブルデューは、カント美学に依拠して音楽を定義していて、そのため音楽を内容よりも形式の観点から捉えていた。ここで言うカント美学とは、文化と日常生活との距離を称揚し、そうした距離こそが、文化資本それ自体の中心的で明確な特質だと考える立場である。ブルデューはまた、ポピュラー音楽の即時的な人気に対してクラシック音楽がどのように対立したのかを突き止めた。そのような対立は、クラシック音楽の伝統よりもさらに長い歴史がある。『ディスタンクシオン』が執筆されてからの数十年間に録音された音楽が普及したことで、特に相対的に不利な立場にある若者やエスニック・マイノリティ集団にとって、人気がある様々なサブカルチャーの中心的な存在として音楽の役割が強調されることになった。

音楽産業の劇的な転換を念頭に、一九九〇年代初頭以来、高尚な文化と低俗な文化の対立の解消を検出するために、社会学者もまた音楽的な嗜好に特化したデータを用いてきた。音楽のジャンルについての人々の嗜好に関するクロスセクショナルな調査データを用いて、アメリカのリチャード・ピーターソンと彼の同僚たちは「文化的オムニボア」になっているアメリカ人が増えてきていると主張した。[2] クラシック音楽であれ、ポピュラー音楽であれ、固定化した特定のジャンルへの嗜好をもっているよりも、むしろ、人々は多様な音楽を聞くようになっていて、複数の音楽形態にまたがるようになっている。「クラシックFM」ラジオ局の番組構成は、ブルジョア［の嗜好］が変化してきていることの典型例としてよく引用される。すなわち、ここでは人々が親しみやすいようにクラシック音楽の「断片」が放送され、BBCラジオ3にみられたクラシック音楽に対するハイブラウの独占状態が終わったことを告げている。この「混交的」な文化がデジタル技術の利用によってさらに強まってきている。そして、聴衆たちは、レコードやさらにはCDの技術でさえ不可だったような方法でプレイリストを組み合わせ、自分の好みに合わせて聞いている。

文化的オムニボアの台頭についてのピーターソンの議論は様々な場面で広く受容されてきているものの、さらなる議論を必要とする重要な問題提起がいくつかなされている。その一つは、多様なジャンルの音楽を鑑賞する人がいるにしても彼らが受け入れる諸ジャンルの範囲には幅があり、一定の音楽の幅を超えられる人は少ない、ということである。アメリカの事例でも、ヘビーメタルは「ハードコア」のファン以外には避けられる。[3] 単純に、より広い範囲のジャンル（例えば、ジャズやロックなど）を含むことによって、「ハイブラウ」な文化が再び作動しているとみることができるかもしれない。一方で、スティグマのように扱われ、少数者の嗜好としてだけみられている別の種類の音楽とは依然として二極化している。

第二の問題提起は方法論的なものである。多くの定量的研究は音楽の嗜好についてのいくつかの指標を用いただけだった。いい例が、イギリスの音楽の嗜好について重要な説明をしたタク・ウィン・チャンとジョン・ゴールドソープの研究[4]である。彼らは、二〇〇一年におこなわれたアーツ・カウンシル・イングランドによる調査を再分析して、四つの音楽的なイベント（オペラ、ジャズ、ロック、クラシックのコンサート）に参加するかしないか、これらのジャンルの録音を聞くか聞かないかの間で区別した。これらの八つの変数の潜在クラス分析に基づいて、チャンとゴールドソープは、ロックに魅力を感じる「ユニボア」の大きなグループとクラシック、ジャズとオペラに魅力を感じる「オムニボア」のより小さい二つのグループの間に分割線があることを見つけ出した。この説明は、必然的に、彼らが利用できた限られた指標によって制限されたものである。確かに、彼らの「オムニボア」はオペラ、クラシック音楽、ジャズを好む人たちによって構成されているものの、われわれがこれから示すように、この「オムニボア」は、同種の音楽の形態として見なすことができるだろう。

第三の問題提起として、入手できるデータが、依然として、大衆的な音楽の形態よりもむしろ「高尚な文化」中心であることが挙げられる。確かに、クラシック音楽の幅広い領域内でのもろもろの差異に集中しているブルデュー自身の音楽の分析にも、このことは当てはまる。すなわち、シュトラウスの「美しき青きドナウ」は労働者階級の間で人気があり、「平均律クラヴィーア曲集」は知識人によって好まれるとされているが、[5]両方ともクラシック音楽の代表作の一つである。この一般的な偏りは、シンタスとアルヴァレスやディマジオとムフタール[6]にも、チャンとゴールドソープ[7]たちの研究と同様にみられるものである。ここにはさらに大きな方法論的な問題が存在している。ポピュラー音楽を研究する人々は一般的に質的・民族誌的方法を用いる傾向があり[8]、文化研究の知識が非常に多い。一方で、クラシック音楽を研究する人々は量的なデータを好む傾向があり、歴史研究やより「正統的な」社会理論に焦点を当てる。より包括的に音楽の嗜好の関係性を理解しようとするならば、われわれはこの分断を超える必要性がある。われわれの調査データは、非常に精細な数のポピュラー音楽のジャンル、すなわち、ロック、ヘビーメタル、カントリー・アンド・ウェスタン、アーバン（ヒップポップやリズム・アンド・ブルース〔R&B〕など）、ワールド、エレクトロニックについて尋ねており、多様な愛好者（の声）や抗議のような批評の輪郭が描けるリッカート尺度を用いているうえ、質的データも含んでいるので、これらの問題に対処することができる。

第四の問題提起は、研究の焦点としてのジャンルの用法である。ほとんどの研究は音楽のジャンルによって嗜好を識別しようとする（例えば、クラシック音楽、カントリー・アンド・ウェスタン、ヘビーメタルなど）。けれども、われわれが以下でみるように、それも重要ではあるが、ジャンルの境界線の特徴こそが分析の課題であるべきだ。この論点は、文化的嗜好研究者の批判に反応したダグラス・ホールトの一九九八年の研究の中心である。彼は、どの音楽が他の音楽とどのように組み合わさりながら、嗜好に関する目印（マーカー）としての役割を果たしているかを正確に知る必要があると考えた。したがって、ただ音楽のジャンルについて尋ねるのではなく、特定の作品や消費形態について問うことが必要であると主張した。あるジャンルのなかに含まれる音楽が何であるかについて、われわれが回答者と同様の理解をしているかは定かではない。また、そのジャンルが根本的に嫌いな人々が、作品を嫌いなのか、聞いたことがないのかは知りえない。例えば、サヴィジ、バグナル、ロングハーストによって集められた詳細なインタビュー調査（二〇〇五年）では、中産階級の集団のなかで混交カテゴリーとしての「ライトクラシック音楽」が広く人気であることを明らかにした。この「ライトクラシック音楽」は公式の調査統計ではみられないが、多くの回答者によって何度も任意に言及されたものだった。これは、シェーンベルクやストラヴィンスキーよりもヴォルフガング・アマデウス・モーツァルトやヴィヴァルディ、というように「気楽に聞ける」種類のクラシック音楽に賛同し、「難解な」前衛音楽の形態を拒絶するカテゴリーである。

アントワヌ・エニオンはこうした論点を、ジャンルとは、相当数の人的・制度的・技術的作用を広く巻き込む実行を通して構築されるということを強調しながら展開させてきた(9)。そして、容易には公式のジャンル分類に位置づけることができないジャンルの名称の流動性と複雑性を、彼は強調するのである。このことが特に重要なのは、音楽形態のデジタル化が、音楽の録音・保存・再生をおこなう様々な機器使用を促すからである。そのため、音楽に関わる人々にとっても、社会科学者たち自身にとっても、音楽のジャンルをカテゴリー化することは、研究のための中立的な前提条件として単純に扱われるのではなく、むしろそれ自体を批判的に解明すべく分類作業を実行するということである。

表5－1　音楽ジャンルの好き嫌い（行%）

ジャンル	1	2	3	4	5	6	7	知らない	n
ロック	15	12	13	10	9	9	29	4	1561
モダンジャズ	5	7	14	12	13	16	32	1	1563
ワールドミュージック	6	7	10	13	14	14	34	3	1562
クラシック（オペラを含む）	16	13	13	14	10	11	23	0	1563
カントリー&ウェスタン	13	13	13	14	12	12	24	1	1562
エレクトロニック	6	6	8	7	9	13	45	7	1557
ヘビーメタル	4	7	6	7	7	12	55	3	1563
アーバン（ヒップホップ、R&Bを含む）	10	9	11	11	11	12	31	5	1559

注
(a)　1「とても大好きである」から7「まったく好きではない」の尺度による音楽の好き嫌い
(b)「わからない」は全体の数から除外している。

3　音楽の嗜好の輪郭

表5—1は、われわれが尋ねた八つのジャンルに対する人々の好き嫌いを表したものである。ほとんどの先行研究とは異なり、これらの選択肢は、比較的人気がある音楽の形態から十分に代表的な回答を得られるように選んだものなので、ワールドミュージック、エレクトロニック、ヘビーメタル、アーバン、ロックを含んでいる。この質問では、本当の熱狂者と穏健なファンを区別したり、所与のジャンルが心底嫌いな人からあまり好きではないという程度の人を区別したりするために、回答者に音楽のジャンルを1（とても大好きである）から7（まったく好きではない）までランクづけてもらった。表5—1の特筆すべき発見は、心底嫌いであることを示唆する「7」のカテゴリーが、すべてのジャンルに対して最も多くの人が選ぶ単一の回答だったことである。人々は、自分が好きではない音楽については中立的あるいは曖昧な回答を示さない傾向にあり、むしろ強く反対する。これは明らかにオムニボア命題をほとんど支持しないエビデンスであり、むしろ、それぞれの音楽形態について熱狂者と誹謗者の間でのある程度の文化的敵対を示すものである。この点は、ロックやクラシック音楽の項目では、7の次に二番目に多

い回答が1であることも注目できるだろう。明らかに、辛辣な批判に対してこよなく愛するファンの支持もあるのである。クラシックとカントリー・アンド・ウェスタン音楽についてのみ、1から2の非常に肯定的な回答や6から7の非常に否定的な回答のいずれかよりも真ん中の範囲の回答、すなわち、3から5の間の回答がより多く集まった。

高尚な音楽と大衆的な音楽の人気の集計をみると、大変興味深い逆転現象が生じていることがわかる。クラシック音楽は普通、最も「高尚な」音楽の形態として同定されていて、知的中産階級に限られたあまり人気がない嗜好だと考えられているかもしれない。しかし実際には、最も人気がある音楽ジャンルであり、一六％の人が大変好んでいると回答していて、四二％の人が肯定的な評価をしている。これとは反対に、より「大衆的＝人気がある」音楽の形態は全体としてあまり好まれていない。アーバン、ワールドジャズ、エレクトロニック、ヘビーメタルは、どれも非常に否定的な回答の割合が高い。七四％の人々はヘビーメタルが好きではなく（5―7にランク付けしている）、六七％はエレクトロニックを好んでいない。五九％の人々はワールドを、五四％の人々はアーバンを好んではいない。

表5―2は、エスニシティ、国、ジェンダーが様々な音楽アーティストによる、異なる音楽ジャンルと作曲時期を代表する八つの音楽作品を回答者が知っているかどうか、また好きかどうかについての回答結果を示している。最も人気があるジャンルの音楽でさえ、それらの音楽作品を支持する人々の割合が四三％を超えることはなかった。一方、表5―2は、ある特定の音楽作品がかなり多くの支持を集めていることがわかる。三分の二に近い人々がフランク・シナトラの「シカゴ」を好み、過半数の人がヴィヴァルディの「四季」を好んでいる。また、半分近い人々は、オアシスの「ワンダーウォール」を好んでいる。反対に、他の音楽作品ははるかに人気がなく、唯一の例外はブリトニー・スピアーズの「ウップス！アイ・ディド・イット・アゲイン」である。これは、これらの作品が嫌われているのではなく、回答者たちが聞いたことがないので（あるいは、少なくとも聞いたことを思い出せないので）、彼らはそれが好きかどうかを言えるようには感じていないのである。八四％の人々がフィリッ

表５－２　音楽作品の知識と作品への好み（行%）

音楽作品	聴いたことがあって好きである	聴いたことがあるが好きではない	聴いたことはないが作品の名前は知っている	作品の名前も聞いたことがない	n
「ワンダーウォール」、オアシス	47	14	13	27	1560
「スタン」、エミネム	31	18	16	35	1563
「四季」、ヴィヴァルディ	56	6	18	21	1562
「海辺のアインシュタイン」、フィリップグラス	3	3	11	84	1563
「交響曲第５番」、マーラー	19	6	21	53	1560
「カインド・オブ・ブルー」、マイルス・デイヴィス	13	3	14	69	1561
「ウップス！アイ・ディド・イット・アゲイン」、ブリトニー・スピアーズ	26	39	12	22	1560
「シカゴ」、シナトラ	65	17	10	8	1560

注
(a)　パーセントはまるめているので合計が100になっていないことがある。
(b)「わからない」は全体の数から除外している。

プ・グラスの「海辺のアインシュタイン」を聞いたことがないのは驚くべきことではない。しかし、より注目すべきは、ジャズ史上の名作であるにもかかわらず、三分の二の回答者はマイルス・デイヴィスの「カインド・オブ・ブルー」を聞いたことがないのである。われわれが選んだ音楽作品は広く知られているものもあれば、あまり知られていないものもあった。ある作品は、広く流通する貨幣のように、多くの人々が知っているし、多くの人が好んでいる。この広がりは、クラシック音楽（ヴィヴァルディ）、ポピュラー音楽（シナトラ）と、現代音楽（オアシス）の間にまたがっている。また、少数派の嗜好と関心の対象になるものも、クラシック音楽、伝統音楽、現代音楽をまたがっている。

第3章でみてきたように、音楽の嗜好はわれわれの文化マップの四軸のうち三軸で有力に差異化される。音楽のジャンルに対する好き嫌いについての回答者へのクラスター分析を実施することによって、われわれは、より体系的に音楽の嗜好がお互いにどのように関連し合うのかを評価する。このクラスター分析では、リッカート尺度の七点法尺度を使用し、音楽界の差異化をいままでにない形でひもとく（表5—3を参照）。それぞれのクラスターは八つのジャンルそれぞれに対する点数を示している。

表5－3　音楽の好みのクラスター分析

	1	2	3	4	5	6	7	8
ロック	2.03	5.08	5.89	4.70	1.88	2.46	6.16	2.41
ジャズ	2.08	4.25	3.12	3.84	1.77	4.51	3.03	2.26
ワールド	1.50	3.16	4.11	4.52	3.68	3.02	2.72	1.83
クラシック	5.96	3.00	2.94	5.06	1.66	6.07	4.03	1.70
カントリー	5.06	2.27	2.60	5.74	2.04	2.39	3.03	4.15
エレクトロニック	1.31	2.49	5.80	2.79	3.69	1.70	1.65	1.49
ヘビーメタル	1.22	1.70	4.41	2.80	1.41	1.40	5.06	1.20
アーバン	1.41	5.26	5.14	3.90	5.77	2.07	2.75	1.56
クラスターの比率	16	11	13	12	11	10	13	15
専門職比率	16	16	12	11	5	14	18	5
女性比率	16	12	10	13	14	11	9	16
18-24 歳の比率	0	11	18	4	42	2	18	4
25-44 歳の比率	3	18	20	10	13	8	16	12
45-64 歳の比率	22	5	6	20	4	12	14	17
65 歳以上の比率	52	2	0	6	0	14	1	25
黒人比率	11	7	12	17	32	11	1	9
大卒比率	12	12	15	16	7	15	19	4
n	215	146	170	167	149	130	181	200

注：クラスターのスコアは最小で1（まったく好きではない）、最大で7（とても好きである）の間の値を取り、4が中立（好きでも嫌いでもない）を表している。

そのため、特定のクラスターでのそれらの構成要素がオムニボアか（複数のジャンルを好んでいる、それはどのようなジャンルか）に加え、あるジャンルに対する特定の嗜好（高い得点）が他のジャンルに対する嫌悪（低い得点）と結び付いているのかを識別することができる。[10] われわれは最も低い値として取りうる1と最も高い値として取りうる7との間で差異化することによって、極端な音楽の好き嫌いともっと穏当な好き嫌いを区別できる。表5—3では、さらに、女性の比率、異なる年齢集団ごとの回答、それぞれのクラスターでの大卒者と専門職の割合などを示したので、それぞれのクラスターがある社会集団と結び付いているかどうかを識別することができる。

もしかすると、最も注目すべき発見は、八つのクラスターのうちの二つ（3と4、回答者全体の二四％で構成される）でしかないかもしれない。この二つのクラスターは、八つのジャンルのうちの少なくとも半分以上程度を好むというオムニボア（すべての値が4以上を示している）の傾向がある。これらの最もオムニボアなグループでさえ、ある音楽のジャンルが嫌いだと示されている。クラスター3は、ロック、エレクトロニック、ワールドには熱心なグループであり、ヘビーメタルやワールドは好きであることを示すが、カントリーとクラシックが嫌いである。クラスター4は、カントリー、クラシック、ロックとワールドを全部好むものの、しかし、エレクトロニック、ヘビーメタル、アーバンをかなり嫌っている。さらに二つのクラスターは、一つのジャンルに対する熱狂者だけで構成されている。クラスター5（一一％）は、孤立していて、アーバン音楽だけが好きであり、クラスター8（一五％）は、カントリー・アンド・ウェスタンが中央値以上の値を得ている。この最後のクラスターは、カントリー・アンド・ウェスタンのスコア（四・一五％）が真ん中の四の値を超えている（だけで）、どの音楽のジャンルにも強い嗜好を示さない人たちである。

その他の四つのクラスターは、少数派のジャンルを好む人たちで構成されていて、他のジャンルへの嫌悪感を示すものとも結び付いている。クラシックとカントリーが好きで、非常にヘビーメタル、エレクトロニック、アーバン、ワールドが嫌いなクラスター（クラスター1、一六％）、アーバン、ロック、それに少しジャズが好きな一方、ヘビーメタルが嫌いで、カントリーとエレクトロニックにもいくぶん否定的なクラスター（クラスター2、一一％）、クラシックが好きで、ジャズが少し好きで、強くヘビーメタル、エレクトロニック、ロック、カントリーの嫌いなクラスター（クラスター6、一〇％）、ロックとヘビーメタルが好きで、エレクトロニック、ワールド、アーバン音楽を強く嫌うクラスター（クラスター7、一三％）である。

この音楽の好き嫌いの複雑な構造は、ユニボア（単一の音楽を好むこと）の嗜好とオムニボア（雑食であること）の嗜好との単純な対比を超えた方向にわれわれを導いていく。第一に、ブライソンの議論[11]にしたがうならば、ほとんどのクラスター（クラスター4以外）は、高い点数よりもより極端に低い点数によって特徴づけられていて、嫌いであることがより象徴的だと示されている。また、ブライソンが示唆したように、ヘビーメタルは最も共通して否定的な参照得点を獲得していて、五つのクラスターで最も低い点が産出されている。エレクトロニックは、これに近い得点で続いている（二点以下のスコア四つ）。カントリー・アンド・ウェスタンは、少なくとも一つのクラスターから非常に低い否定的な点数（二点以下）を引き出すことのなかった唯一のジャンルであり、他のジャンルに比べて好き嫌いが定まっていないことを裏づけている。

第二に、集計するとクラシック音楽は人気があるにもかかわらず、たった一つのクラスターでのみこれとポピュラー音楽に好みがまたがっている。それはクラスター4であり、カントリー・アンド・ウェスタン、クラシック、ロックとワールド音楽を好み、ヘビーメタルでの点数はほとんど無関心であることを示している。要は、音楽のジャンルを結び付けている「短い範囲の」オムニボアについては大量のエビデンスがある。この「幅の狭いオムニボア」とは、お互いに相対的に密接だと見なし合っているかもしれないけれども、一つのクラスターだけで交差しているポピュラー音楽の熱狂者とクラシック音楽の熱狂者の間の強力な分割をはっきりと表したものでもある。

三番目に、人口趨勢として（デモグラフィックに）クラスターの相関をみてみると、ピーターソンとケルン、[12]ブライソン、[13]チャンとゴールドソープ[14]らの見解とは異なり、最もオムニボアであるクラスターが主によく教育を受けた中産階級で構成されているようには表れていない。最も「逸脱」しているクラスター4——これは唯一クラシック音楽とポピュラー音楽にまたがるクラスターでもある——は、専門職はほぼ人口に比例しており、大学院生が少し過剰に割り当てられている。これは四十五歳から六十四歳の間に人口集団として位置するクラスターである（この年齢集団の五五％がこのクラスターを構成している）。他の広い範囲に広がるオムニボアのクラスター3では、二十五歳から四十四歳が過剰に割り当てられているものの、しかし、階級と教育による特徴では区分されていない。

最も若い年齢集団（十八歳から二十四歳まで）が、熱心なアーバン音楽の熱狂者のいるクラスター5に過剰に割り当てられていることから、クラスターを構成する成員の年齢の重要性が低く見積もられていることがわかる。

このクラスターは、黒人の回答者がかなり過剰に割り当てられてもいる。対照的に六十五歳以上の人々は、クラスター1（クラシック音楽とカントリー・アンド・ウェスタン）に過剰に割り当てられていて、それよりは少ない水準でクラスター6（クラシック音楽とジャズ）に割り当てられている。これらの用語法のなかにおいてみると、ポピュラー音楽は若い人々に訴えかけるのに対して、クラシック音楽は年長者に訴えかけるという、年齢が関係する文化の分断線の力をみることができる。この力構造にあって、ポピュラー音楽が初めてクラシック音楽の文化的認知度に対抗して、一九五〇年代から六〇年代に最初に音楽に接することになった中年世代の場合にだけ、これらの形態（ポピュラー音楽とクラシック音楽）の両方をいくぶん好む傾向があることもわかる。われわれが第3章から予見してきたように、他の社会人口学的な変数でこれらのクラスターを明快にマッピングするものは何もない。音楽の嗜好についての境界線は、年齢に密接に結び付いていて、そのためわれわれは、様々な種類のオムニボア性をもった世代の姿についてうまく語ることができるだろう。

4 音楽の嗜好の強さ

われわれはいまや、以上のようにはっきりと分割された音楽の嗜好が、回答者によってどのように発言されているのかを探究することができる。彼らの音楽についての語り方から明らかになったのは、われわれの調査データは、会話のなかで日常的になんの気なく触れているようなジャンルの種類について、その表層をなでたにすぎない、ということである。五十六の異なった音楽のジャンルがフォーカスグループの参加者によって識別されている。これらのジャンルのほぼすべては現代のポピュラー音楽の一種である。クラシック音楽の形態のなかでも、数は少ないが、「ライトクラシック」（パキスタン系中産階級）や「クラシック風アジア音楽」（パキスタン系労働者階級）が挙げられている。ウェールズの合唱音楽（ウェールズ系の熟練肉体労働者）やアイルランド民族音楽（ウエールズ系の作業監督者）への言及もこれらと同じものとして結び付けられるかもしれない。しかし、バロック、ロマン派、合唱音楽あるいは無調音楽のように、クラシック音楽の異なるタイプへの言及はない。これは、現代音楽の場合とはずいぶん違っている。例えば、現代音楽の場合だと複数の参照名があり、「ハード・ハウス」から「トラッシュ・メタル」「白人のヘビー・ロック」「テクノトランス」「チルアウト」というように、非常にきめ細かいレベルで名づけられている。

この重要な対比は、フォーカスグループのなかでクラシック音楽が重要でないことを意味してはいない。クラシック音楽への言及は、われわれが名付けた他の音楽ジャンルよりもより多く、二十五のフォーカスグループのうち十で見られる。もっとも、これらのうち二例では「クラシック」という言葉はモデレーターによって導入されている。この二つの事例を除き、クラシック音楽について自発的に会話をする集団の社会的な範囲は、ビジネスエリート、大土地所有者から、女性専門職や若い専門職、インド系の労働者階級、農業従事者、肉体労働者の監督者やパキスタン系の労働者階級までかなり広範囲にわたっている。けれども、いったんわれわれが「クラシック」という言葉がどのように使われているかを検討してみると、そこにはさらに大きな複雑性を見いだせる。議論のなかで、特定の作曲家として共通認識を得ていたのは、ヴィヴァルディ、ヨハン・ゼバスティアン・バッハ、そしてモーツァルトだけだった。エスニック・マイノリティ集団のほとんどは、西洋音楽の伝統について言及するというよりも、バングラやフュージョンのような新しい音楽と対比させて、「古典的な」という呼び方を自国の国民音楽や民族音楽の古典的なものを意味するように使っていた。いくつかの白人の集団も同様だった。熟練肉体労働者のグループにいたウィンは、彼の興味について「より古いもの、例えば、アッカー・ビルクの「白い渚のブルース」のようなもの。それもクラシック音楽だよね？」と述べている。もちろん、彼のグループの他の人々はより厳格な基準を好んでいたのではあるが。エスニック・マイノリティ集団の回答者が「古典的な」音楽を語ることが突出して多い理由を説明するうえでは、「古典」と「古典的な」という二つの言葉の間の境界線についてのあいまいさを指摘できる。

白人の回答者にとって、クラシック音楽は、依然として、階級と同調したものである。労働者階級にとって、（クラシック音楽という単語は）複雑で不自然な反応を引き起こすものである。南ウェールズに住む肉体労働者の監督者にクラシック音楽が好きかどうかを尋ねた際、ダイは、ヴィヴァルディが好きと答えたが、即座に「俺はラジオでなんか聞いていたら、それがヴィヴァルディだと言っていたんだよ」と付け加えて、自分とは距離をおいた。彼はあとでこの話題に戻ってきたときに、クラシック音楽と自分は距離があることを強調して、「俺が聞いたことがあるクラシック音楽は……俺は作曲家が誰だとかこの曲が何だとか知らないけれども、それにふれたときには「ああ、いい曲だなぁ」と思うんだ。だから俺はそれを聞くんだ。でも、俺には演奏家が誰だとか何を演奏しているかだとかを知るきっかけがないんだ」。他にも、デウィは不意に、クラシック音楽は、「大人の」嗜好だと言ったし、グリンは「知識人」のための音楽だと言っていた（デウィの解釈は、もちろん、全体としてわれわれの分析を支持するものである）。グループ内の他のメンバーたちは、クラシック音楽が「他の人々」のためのものだという意見に反対していた。ただし、その際にこのメンバーたちは、クラシック音楽の「聞きやすさ」という特徴を称賛していて、クラシック音楽を難解だったり素養が必要だったりするものではなく、親しみやすいものだと柔軟に捉えていた。このようにクラシック音楽の大仰さに対してある種の敵意が向けられていて、だからこそ、それを日常的なものに飼いならそうとするのだ。こうした敵意は、非熟練労働者、特にウェールズの非熟練労働者の間でも同様にみられるものである。彼らにおいては、クラシック音楽は難解だという言い方をひっくり返すことも、自分たちのものにしようとする動きの一つである。

スプド：私はクラシック音楽が大好きなんだ。
トム：くそたれ（一同笑い）。
モデレーター：誰もスプド（の意見）を特にいいとは思わないの？
スプド：（だまる）。

ビフ：……こいつは、クラシックの曲の名前を全然知らないんだ、だめに決まっているじゃないか！（一同笑い）けど、俺はちょっとだけ興味あるんだよな。信じてくれないかもしれないけど、そこにたくさんの女が聞きにいくからな。

トム：誰がいくって？

ビフ：女がいくんだよ。

モデレーター：でも、興味がある理由はそれだけではなく……。

デン：あいつは嘘を言っているよ。

ビフ：いや、そんなことないぞ。

こうしたやりとりからわかるのは、クラシック音楽は、労働者階級の人々に対して過剰なまでの意味を与え、はっきりとした拒絶や嫌悪を単に示すだけでなく、もっと複雑な回答をさせうる、ということである。よく知らないと言いながら、クラシック音楽は「やつらの」音楽ではないことを強調するけれども、クラシック音楽が聞きやすいものである、あるいは「女と出会うため」の音楽だと定義することによって、クラシックの文化的優位性には十分疑いを差し挟める。ここで、クラシック音楽は依然としてはっきりと区分された中間階級の嗜好であり、大学卒業者のほうが学位がない人よりも六倍もクラシック音楽を好むというわれわれの調査データに戻ることは有益である。[15] だから、白人労働者階級にとって、クラシック音楽の文化的な普及と正統性は容易には無視しえない。劣等感を示していると解釈されることの危険を冒すことに反して、代わりにより表面的で流動的な「知っていること」そのものについての懸念によって、支配的な意味をひっくり返し、通底する音楽嗜好の従来とは異なる形を発見することにつなげられるのである。

労働者階級インタビュー回答者では、深いクラシック音楽への知識と参加を示している者はいない。対照的に、エリートインタビュー回答者では、二つの指標によって、彼らがクラシック音楽を好きであると答えている（うち一人はオペラ通であることを示している)。十一人中六人のエリートたちは、ブリテン、コープランドやストラヴィンスキーのような二十世紀の作曲家にさえ多くの知識と興味を示しながら、クラシック音楽の正典と言えるような作品に知識があることを示している。何人かはロックミュージックも好きであるけれども、彼らが言及するのは主に一九六〇年代、七〇年代のもの(ボブ・ディラン、ビートルズ、エリック・クラプトン、フリートウッド・マック、クイーン)であって、現在の音楽のトレンドに結び付けるものはほとんどみられなかった。このグループは、われわれのクラスター分析からみえてきた中年世代がロックとクラシックの分断をまたがっている唯一のグループであった事実を体現していると言える。

専門職の人たちが、クラシック音楽を楽しむことと、クラシック音楽のイベントに参加することはかなり大げさに分析されるが、質的なインタビューでは、もっと受動的な楽しみ方をしているのだと気づかされる。四十四のインタビュー回答者のうち七人しかクラシック音楽にはっきりとした熱意を示していなかった。この七人は(マリア、ジャネット、サリー・アンが回答したように)特定の作曲家を識別したり、(ラジオ3のファンであるジェームズやクラシックの演奏会に足を運ぶドギーのように)クラシック音楽の消費について語ったりしていた。これらの人々は全員、われわれが予見したように、図4—1の右側に位置づけられる人々だった。マリアのクラシック音楽への嗜好は、現代音楽への嗜好と並立している。彼女は、クラシック音楽と現代音楽の両者を強く好む「雑食性」の唯一の例だった。彼女は六年生までピアノを習っていて、ドビュッシー、ショパン、セルゲイ・ラフマニノフを「愛している」。しかし、彼女はジャズや「エネルギーに満ちあふれた」「エクストリーム・ロック・ミュージック」も好きだという。彼女は、自分自身を「極端なもの」が好きだというふうに表現していて、一般的でない嗜好によって文化的な境界線を超えていることには十分に気づいている。彼女は、アメリカ由来であるという理由から、一部のカントリー音楽やウェスタン音楽が嫌いだという。

ロナルドは、唯一、本当の意味でのクラシック音楽の愛好者だと言える(彼は質問紙調査には答えていないので図4—1には載っていない)。音楽的な関心について尋ねたとき、彼は次のように答えている。

ロナルド：これはとても簡単な質問ですね。クラシック音楽ですね。全部好きです。

インタビュアー：クラシック音楽で特に好きな点はありますか？

ロナルド：クラシック音楽とはまさに自分のことを言っているようなものです。それは私の魂です。私は、こう実感するのです。クラシック音楽のなかで働くべきであると。

マリアと同様に、ロナルドの熱意はピアノの演奏能力とも関係している（彼はクラリネットも演奏する）。マリアとは異なり、彼は明確にクラシック音楽は他の音楽を判別する正典を提供するものだと述べている。そのために、彼のカントリー・アンド・ウェスタン、ジャズへの嫌悪は、クラシックの価値観にかなう能力がなかったものという見方がほのめかされている。

ロナルド：モダン・ジャズは何か形式があるようには聞こえなくて、ただ鋭い音を鳴らすだけですね。カントリー・アンド・ウェスタンは単にありきたりです。

インタビュアー：あなたが好きな音楽ではおそらく、メロディと予見不可能性を期待していないでしょうか。それとも期待しているものでしょうか。

ロナルド：うーん、クラシック音楽には構造があって、それは、現代クラシック音楽にもあります。そして、同時により現代的になると、ベンジャミン・ブリテンが部分的にそうであるように予見できない音楽になります。しかし、例えば、カントリー・アンド・ウェスタンは、ただ「ダダダデドン、ダダダデドン」とまさに子どもの歌のようなものです。私はほとんどのジャズは即興に基づいていることを知っていますが、モダンジャズは適当に音を拾っているように聞こえますし、次の音がどこにいくかもそうです。これは完全に個人的な意見ですが、こういうことを言うと私を酷評する人もたくさんいます。

カントリー・アンド・ウェスタンとジャズという二つのジャンルに向けられているロナルドの怒りは、われわれのクラスター分析が示すようにクラシック音楽への嗜好と関係している。一方で、現代の音楽は彼の視野からは完全にはずれているという点で興味深い。彼の嗜好が彼の映画や読書に対する通常あまりみられない美的志向性に結び付けられることもまた、興味深い。彼のパートナーのユアンは、何らかのクラシック音楽を聞いて楽しんでいるけれども、家のなかでヘッドホンを付けていることや「彼の音楽にはときどきくたくたにさせられる」と言って、ロナルドの嗜好を極端なものとしてみている。

ロナルドもマリアもクラシック音楽への関心では、表面的にはエリート（層）のインタビュー回答者と同様のようにみえるが、それでもなおエリート層のインタビュー回答者とは異なっている。エリート層の人々がクラシック音楽への熱意について、「好きな人もいるよ」というような感じに、主に、気軽に、そして確信をもった言葉で語る一方で、マリアとロナルドは「ものすごく好き」（マリアの例）、あるいはロナルドの場合「魂に語りかけてくれる」音楽だというように、彼らのアイデンティティと結び付けて、わざとらしくそのような関心をもつ一員であるような態度を見せる。すべての他の（非エリート層の）インタビュー回答者は、もっと「控えめ」でクラシック音楽を敬して遠ざけるような態度をとっていた。何人かは、音楽の「同時代性」に対する基準に沿いながらクラシック音楽を語っていた。科学者のドギーは、クラシック音楽に非常に熱心にのめり込んでいる一人でありオペラも見にいくような人である。それにもかかわらず、彼の説明はロナルドとはだいぶ異なっている。

クラシック音楽を本当に楽しんでいるという意味で、クラシック音楽が大好きです。古い音楽が非常にすばらしいと思っていて、音楽の演奏のされ方と演奏技術には似たものを感じますし、現代の人たちと通じると思います。古楽をあまり聞かない人が多いのには驚きますが、そういう古い音楽を聞かない人が聞いてみたら、なんていい音楽なんだときっと驚くにちがいないと思うんです。だからクラシック音楽が大好きで、とてつもなくたくさんのクラシック音楽を知っているとは言わないけれども、何か音楽を聞いたときに、「お、本当にいいな」と思えるような類いの音楽がクラシックだと思うんですね。

この発言の印象的な点はクラシック音楽を歴史的正典の一部ではなく同時代の音楽と同じぐらいよいものと見ていることである。クラシック音楽を愛好するイアンが、この点について同じようなことを言っている。

クラシック音楽というものは、気持ちをとてもリラックスさせてくれる音楽なんです。こんなことを言うとバカなことを言っているように聞こえるかもしれませんが、クラシック音楽は二、三百年も前に書かれたものなんですよ。ほら、二百年前にこんなとてつもなくすばらしく、複雑な音楽がいったいどうやって書かれたのか、あなたも不思議に思うでしょう。ですが、もちろん現在にいたるまで、ただただ優秀な人たちがいたおかげで「クラシック音楽が書かれた」、というふうに言ってしまうのは、その人たちに対する侮辱になります。しかし、あらためて誰のおかげで、こうしたものが書かれることになったのかと考えてみると……。

このように、音楽の価値を評価する際に、現代という時代状況にかなっているか否かという観点によってたつことで、なぜこれほど多くのクラシック音楽が「癒し」と見なされているかを説明できる。というのも、これはある枠組みのなかではじめて許容されるようなタイプの役割だからである。クラシック音楽は、社会的により恵まれた人々には「背景のなかに」存在している。それ（クラシック音楽）は、親しみがあるレパートリーや「文化的価値の」参照点になるものを提供してはくれるものの、熱狂をもたらすものだと見なされることはない。この点に限ってみれば、多くの中産階級の集団、特に若者の中産階級の集団の間では、クラシック音楽の文化的な力は衰退しつつあるように思われる。

このように、「気持ちをリラックスさせてくれるもの」としてクラシック音楽の特徴を説明するという手法は、インタビューの受け手たちがクラシック音楽の魅力を論じる際に最もよくみられる語り口である。ポピーは、「クラシック音楽を聞くと、気持ちが落ち着くんだ」と話し、また別のときには「程度の差こそあれ、リラックスさせてくれたり癒してくれるものだよ」とも話している。フランクは「リラックスさせてくれる種類の音楽だね」と話していて、シェリーは「一般的に言って、他のものよりもずっと癒しを与えてくれるもの」と話している。クラシック音楽にずいぶんと入れ込んでいる人たちでさえ、クラシック音楽をこうしたものだと積極的ではない言い方で受け入れている。ゲーリーは、クラシックとロックの両方が好きだと率直に話している。

インタビュアー：ロック・ミュージシャンで、誰か好きな人はいますか？
ゲーリー：（略）いまは、誰か特定のミュージシャンにはまっている、ということはないかな。私がもう少し若かった頃は、言うまでもなくU2だったね。そういうものだったから。でも、私がその当時に夢中になったバンドはキーンだね。とてもよかったよ。いちばん下の息子が私のところにやってきて、ザ・ズートンズというバンドの「誰がザ・ズートンズを殺ったのか？」を持ってきたんだ。そのバンドは、まるでアメリカのカントリー・アンド・ウェスタンのようなギターサウンドをやっていて、とても面白かった。これにはかなり驚いたよ。気に入ったね。あと、リズム・アンド・ブルースも好きだよ。
インタビュアー：では、あなたがおっしゃっていたクラシック音楽は……。
ゲーリー：ああ、まさに、ごちゃまぜっていうわけで、特定の誰かというわけではないんだよ。ただ……。
インタビュアー：『クラシックFM』のような番組を聞きますか？
ゲーリー：昔、衛星放送で『クラシックFM』がやっていたときに、ときたま聞きやすい感じのクラシック音楽を聞いていたってところかな。
インタビュアー：これまで、ライブで音楽を聞きにいったことはありますか？
ゲーリー：ライブにはよくいくよ。このあたりじゃ、一年のうちに何度もブルースのフェスティバルがあるんだ。イースターのときや、八月のバンクホリデーの終わり頃にあるライブにはいつも出かけていくよ。

ここで興味深いのは、ロックとクラシックのイメージのされ方がそれぞれ異なっている点である。ゲーリーのロックの嗜好についての議論からは、特定のバンドの名前が、家族の経験に関連づけて上げられた。（他方の）クラシック音楽は、まさにどこにでもあるような中身が伴わないものとしてイメージされていて、「聞きやすい感じのクラシック音楽」という表現にもあるように、非常に一般的な同属を示す言葉でくくられているものにすぎないのだ。クラシック音楽に親しんでいるという主張は、体裁を取り繕うことを意味する。しかし、ロックは熱狂や興奮、コミットメントを意味している。ゲーリーの妻のジャネットも特定の音楽家、すなわちチャイコフスキーやドボルザーク、モーツァルトの名前がわかる程度にはクラシック音楽に対して関心がある。しかし、彼女はクラシックらしいクラシック音楽を敬遠している。

『リフレクションズ（*Reflections*）』と呼ばれる四枚組のCDをもっています。モーツァルトやあらゆるクラシック音楽の選曲集という感じのもので。ええ、そうなの、私はクラシックを聞くのが好きです。というのも、クラシックを聞くと気持ちが落ち着くから。それとミシェル・ボールかな。私はオペラが好き。だけど、難しいオペラは好きじゃないの。つまり、本当に声がよくて……。声がきれいな人が好きで、聞いているだけで鳥肌が立ちます。

フォーカスグループのメンバーの大半が、今日の音楽の形態に対してきわめて強い関心を示していて、自分たちがどのような音楽に関心があるかを説明する際、「ロック」ではなく個別のバンドや歌手といったより詳細なラベルを好んで使っていた。「聞きやすい」という性質を強調することで、クラシック音楽なるものを、自分にとって理解しやすいようにしようとする傾向がみられた一方で、現代の音楽の場合、特定のラベルや識別子を話に付け加えていくことで、ますます風変わりなものになっていき、その結果、そうやって話す人は専門家や熱狂的ファンという立場を獲得していくことになる。そのため、「ロック」という言葉で同属にくくられる意味が、現代的で圧倒的にギター中心の音楽に対する総称だということが理解され、広く支持されているにもかかわらず、フォーカスグループのメンバーたちは、ヘビーメタルやインディー・ロック、R&B、パンクやフォークといった、ロックのなかでも特に限定された形態に執着するときにだけ熱狂するのだ。福祉手当受給者フォーカスグループのメンバーであるマシューは、次のように話している。

……僕にとっては、とても大事なことなんだけど、自分がどのように表現したらいいか、自分がどんな種類のジャンルが好きで、どんなジャンルが嫌いかをどのように表現すべきかを考えているんだ。自分が好きじゃないものを言葉にすることのほうが簡単で、僕はいまの音楽チャートの上位にあるような商業的なものは好きじゃないな。カントリー・アンド・ウェスタンみたいな音楽が好きになれなくて……。オルタナティブやインディーもの、こういったものは僕にとっては大事なんだ。もし音楽かテレビの片方だけ選べとなったら、テレビなしのほうにするだろうね。

このように、ロックのなかでも特定のジャンルをめぐる話の繰り返しにおいて重要なのは、非常に具体的な特定のカテゴリーに対する熱狂ぶりと執着の強さが際立ち、識別される仕方である。こうした繰り返しがみられる際には、激しく言い合ったり、興奮したりしているものである。ここでは女性専門職のフォーカスグループの事例から、一例を取り出してみよう。

アリソン：というのも、実際に私はR&Bが嫌いなの。
モデレーター：なぜ、あなたはR&Bが嫌いなんですか？

アリソン：ただ好きじゃないというだけ。個人の好みというか、本当に好きになれないの。

モデレーター：なぜそれを好きじゃないか、説明ができますか？　バカげていて耳障りなものだと思いますか？

アリソン：単なる雑音で、おぞましいもの。なかでもクレイグ・デイヴィッドにはぞっとする。なかでもね。

ジョー：悪いんだけど、クレイグ・デイヴィットって本当にR&Bと言えるかな？

アリソン：まあ、なんてことを言うの。R&Bじゃないってどういう意味？

ジョー：でも、メイシー・グレイなら？

モデレーター：メイシー・グレイは……。

アリソン：あなたが何を言いたいかはわかるよ。

ジョー：おそらく、いいものもあると思うんだけど。というのも、私はその手の、その手の種類のものはね。

モデレーター：それが「ポップすぎる」と思いますか？　そう思うとすれば、それはなぜでしょうか。というのも、あなたは以前話していましたよね。「認めるのは悲しいことですが、私の友達の何人かは、ポピュラー音楽にしか合わせて踊っていない」と。

ジョー：いえ、ポップ音楽に合わせて踊るのは好きです。これ以上優れたものがないと思っているのは……。

アリソン：アバでしょう。

ジョー：いやだ、なんてことを言うの。アバは耐えられないな。

こうしたやりとりのなかで大変興味深いのは、特定のカテゴリーのアーティストが、非常に高い地位を割り当てられている点であり、はっきりと境界や下位の境界が線引きされながら議論が進められている点である。まさにこうしたプロセスによってこそ、なぜ非常にたくさんのジャンルが、いくつかのフォーカスグループのなかで自然と生じてきているかが説明されるのだ。レズビアンは二十二以上のジャンルを識別していて、互いに競合する関係にあるようなジャンルの価値についても議論をしていた。そのジャンルとは、ジャングル、ハードヘッド、スラッシュメタル、白人のヘビー・ロック、テクノトランス、フォーク、カリプソ、ブリティッシュ／アジアン・フュージョン、そしてフォークである。同様に若い専門職たちは、トランス、ダブ、チル・アウト、インディーについて話をしていた。階級による分断線が引かれているように思われ、より高学歴のフォーカスグループは、非常に広い範囲にわたって、現代の音楽のジャンルを識別していた。反対に非熟練労働者たちは、熱心に議論をしてはいたものの、ラップとレイヴという互いに競合関係にあるようなジャンルの長所を取り上げているなどにすぎなかった。「教育ある」白人のグループの一部や、エスニック・マイノリティ・グループは、エスニック・マイノリティ・グループと結び付いた音楽の形態を、このような拡散の一部として語る。例えば、バンガラ（インド系労働者階級、パキスタン系労働者階級）、ヒップホップ（インド系労働者階級やビジネスエリート、パキスタン系労働者階級）、ラップ（インド系中間階級、女性専門職、ビジネスエリート、非熟練労働者）、レゲエ（レズビアン、黒人労働者階級、インド系労働者階級、専門職）というようである。ここまでみてきたように、［このような音楽には］かなりの異種混交性が存在すると言える。すなわち、特定のエスニック集団と結び付いた音楽の形態は、若い白人グループを含む他のエスニシティの関心を引き寄せ、広い範囲の音楽の形態に押し入っていくことになるのである。

［したがって］現代の音楽は、非常に濃密な文化的空間として作用し、そこではカテゴリーが増殖していて、クラシック音楽がとってこなかったような方法で複数のエスニシティを架橋するようになっている。このことを、複数の音楽のカテゴリーの嗜好が発生するという点で、文化的なオムニボアの始まりとみることができるかもしれない。しかし、そのようなジャンルは、文化的空間でお互いに非常に近いところに存在する。マリアだけがロックに対してクラシック音楽のライバルとしての品質があると議論していた。目立って有意な音楽ジャンルの比較は近しく関連し合ったジャンルの間で、お互いに派生し合いながらおこなわれている。

エスニック・マイノリティ・グループと白人グループの間には、興味深い差異がある。エスニック・マイノリティ・グループは、しばしば「古典的」あるいは「伝統的」な音楽形態や最近のスピンオフ作品を自分たちのアイデンティティと関連あるものと見なし、これらが互いに関連し合っていると見なしている。エスニック・マイノリティ・グループは、伝統的なエスニック音楽の形態とは何かについて説明をする必要に迫られているように思われる。そうした説明が必要になるのは、新しい異種混交的な音楽形態と、古い「古典的」な作品（第13章のサーブヒトラの議論を参照）の関係が真に問われる文脈においてである。白人の集団の場合、「伝統」と「現代」、クラシックとポピュラーの間に明確な対比はない。そこではクラシック音楽は消極的にしか定義されておらず、文化的な関わりもなければ、個人的に意味があるものとしても認められていなかった。現代の音楽諸々は音楽という界の生産的で活発な要素であり、地位獲得戦略を生み出している。この点でわれわれは、ブルデューの『ディスタンクシオン』における、クラシック音楽こそが、界の地位配置戦略を組織するうえでの鍵である、という分析とはまったく異なるやり方で、音楽界の全体像を明らかにしたわけである。

5　音楽と行動

われわれが音楽をめぐって探求してきた二つのグループは、音楽的な嗜好を通じてだけでなく、音楽への参加の仕方をも通じて分類される。インタビューした四十四人のうち、七人しか楽器を演奏することについての興味を話さなかった。演奏する人々は今回のサンプルのなかで明らかに他の人々よりも音楽に関わっている人々であり、そのような人々のなかでも、マリアとロナルドは、クラシック音楽に非常に愛着をもって接している。演奏会にいくことがいちばん広くみられる関与である。ここでも演奏会通いの志向の二極化が見られる。年に一回以上オペラにいく人は五％、ロックのコンサートは一〇％、オーケストラのコンサートは一二％であるけれども、われわれの調査のなかではオペラとロックのコンサートの両方にいったことがあるのは四人（〇・三％）だけで、オーケストラのコンサートとロックのコンサートにいったことがあるのは十一人（〇・七％）だけだった。専門職の人々は両方のイベントにいく傾向があるけれども（とりわけクラシック音楽については）、データでみるところ、どちらかに夢中の人とは別の人である。

興味深いことに、ほとんどのエリートメンバーたちは、オーケストラの演奏会に足を運び、そして、さらに意義深いことに、全員が人生のどこかの段階でオペラに定期的に通った経験があり、何人かはいまもそのような関与を続けている。二つの事例では、地方に住んでいるためにあまりオペラ通いができなくなった例もあった。別の二人にとっては、もうオペラにいかなくなったこととはまるで神の祝福のようなものだった。彼らは実はオペラがあまり好きではなく、専門職の職業上の義務あるいは社会的な義務の感覚から主に通っていたからである。上級地方公務員だったティモシーはそのような一人であり、「公平を期してコメントするならば、たくさんの上級公務員とはお互いにオペラやバレエで会っていた」と述べている。政治家で国の常任政策委員会のメンバーだったシンシアは、一九六〇年代、七〇年代に都市部の政治サークルで活動していて、オペラの招待状をやりとりすることが社交の鍵になる形態であり、結果として頻繁に訪れていた。この集団の組織やつながりを作るうえでオペラが重要な役割を果たしていたことは疑いえない[16]。対照的に、世帯インタビューでは、忘れられないほど印象的な「クラシック」音楽のイベントを挙げた人は誰もおらず、一貫して背景としての役割に力点がおかれていた。ラジオで音楽を聞くことがはるかに強調されていた。

フォーカスグループや世帯インタビューのメンバーたちは、現代の音楽に親しんでいることを主張したり見せびらかしたりするために、ライブのイベントにはるかに頻繁に足を運んでいた。独特のオーラがあるイベントが様々な方法で見分けられていた。いくつかの事例、とりわけ年配のフォーカスグループのなかでは、一回きりの再現不可能なイベントに注目が集まっていて、特にコンサートが「スター」とともに独特なものをもたらしていた。北アイルランド出身で福祉年金受給者フォーカスグループのメンバーの一人は、次のように回想している。

エドナ：若かった頃はたくさんいったものよ。ダンスホールもライブも全部全部。ザ・ムーヴを見て、デイヴ・ディー、ドジー、ビーキー、ミック＆ティッチ［デイヴ・ディー・グループ］も見にいったことがあるわ。

ルース：みんなベルファストに来たのかい。

ジョーイ：おお、みんなベルファストに来ていたよね。

ジョーイ：僕もデイヴ・ディー、ドジー、ビーキー、ミック＆ティッチを覚えているな。

エドナ：うん、私、ザ・トレメローズのチップ・ホークスと話したことがあるの。彼が私に道を聞いてきたからね！　息子と一緒に。

労働者階級のなかの何人かは、典型的な独特のオーラがあるイベントとして、大きな会場でおこなわれた「古典的な」ロックバンドを見にいったことを挙げていた。価格が高かったことがある意味で特別な質を与えていたのであり、通常払えた程度のものよりも、はるかに高価だったもののほうが印象を残していた。次の例は、肉体労働監督者のフォーカスグループによる発言である。

ライアン：八月にポップスのコンサートにいく予定なんだ。ミレニアム・スタジアムにね。昨年もいったけど、超すごかった。あなたが言ったように、雰囲気がね、わくわくしてしびれる感じがしたよ。あらゆる種類のバンドが演奏するだろうけど、とにかく雰囲気がすごいからいってみなよ。

グリン：うん、とにかくものすごいよね、雰囲気が。

モデレーター：それでは、あなたはどこにいって、何を見るの？

グリン：いろいろだよ。いつでもいきたいところにいく。ミートローフがそのエリアにいたら、ミートローフを見にいく。ロビー・ウィリアムズもね、うん、もう二十代ではないけど、彼が演奏するならば見にいきたいなぁ。娘はロビー・ウィリアムズについてこう言うんだ、「お父さんは好きなはず」って。そうさ、だから私はいくんだ。

中産階級のグループは、大規模な記念碑的会場を拒絶する傾向がある。目利き向きの「親密な」空間の会場を好んで選ぶのだ。この態度は、レズビアンのフォーカスグループのラニが述べていることに明らかである。

会場はやっぱり大事だと思います。二週間前に見た公演が小さな会場でよく計画されたものだったから。私はいきたくないな……怖いくらい大きなコンサートには。ロニー・スコッツがいいわね。だいぶ古くなっちゃったけど。本当にすばらしい音楽が聞けるのは、ブレントのザ・ブルみたいなところですね。私はそのくらい小さい会場が好きです。

同様に、こうした「オーラ」がある会場に関する関心は、フェスティバルにいくような人々のなかにも見て取ることができる。フェスティバルでは押し合いへし合いしたり、泥だらけになったり、一般的にみて汚い環境に身をおくような経験もするものだが、それも魅力なのだ（例えば、熟練肉体労働者の間にみられるように）。卓越化に対するこうした主張の別の形態は、お気に入りのバンドを辺鄙な場所にまで追っかける人々の様子からも理解することができる。例えば、カウンティング・クロウズに人生を捧げている若い専門職のヘレンの例が挙げられ、彼女は世界中にいっている。彼女はカウンティング・クロウズを聞くために、次のようなことをしている。

まず、仕事にいくときね。一時間半かかるから、ときどきバスに乗っているときにも、それに夕方や仕事の間、書かないといけないレポートを課されているときもだいたい聞いている。そして、いつでも彼らを見にいきます。私は昨年彼らをオーストラリアにまで見にいきましたし、ロンドンで今年二回見て、オーストラリアで一回、昨年はロンドン、あと今年はパリとその翌週にアイルランドに、そしてアメリカに二回、八月はオーストラリアかな……。

しかしながら、われわれは、「現代的」な類いの熱狂的なファンの間でのライブ会場の重要性を強調しすぎるべきではない。フォーカスグループのメンバーでも、特により学歴がある若いフォーカスグループの人々の場合、音楽を聞く際に異なるメディアを使うことにどれだけ価値をおいているか、また、デジタルコミュニケーションをどれほど必須のものだと見なしているのかを語る人もいる。われわれはロブの話からこのメディアの重要性が喚起されている様子をみることができる。ロブは若い専門職のフォーカスグループのメンバーで、音楽と聴取手段を結び付けて語っている。

僕は仕事をしているときによくクラシック音楽を聞くかな。以前は仕事をしているときは何も聞けなかったものだけど、当時はただ静かにしていないといけなくて、いまはちょっと気を紛らわすためにインターネットでただかけていることが多いかな。たくさん聞いているけど、家に帰る途中やベッドの上にいるときには、音楽が読書に取って代わるような位置を占めているよね。僕は何も読まないけど、昨晩みたいに寝付くまでCDをボーッと聞いているよ。特にバンドや曲などをどれか選ぶわけもなくね。デイヴが前に言ったように、昔いっていたようなCDレンタルで、一週間かそこらCDを借りてきてちょっと試し聞きしたりしていたよ。買うのがいやでダビングしていたね。

6 結論

音楽的オムニボアの発生について展開されてきた議論の内容をすべてふまえたとしても、この用語には特別な意味合いをもたせた理解が必要だということを、われわれのデータははっきりと示している。確かに、多くの人々は幅広いジャンルの音楽を視野に入れているけれども、われわれは、互いにまったく交差しないような重要な境界線が複数存在していることを明らかにしてきた。こうしたことは、ヘビーメタルやカントリーのように相対的に決まったイメージの強い音楽形態の場合に当てはまる。同時に、それはクラシック音楽と現代の音楽のような一般的な音楽形態の場合にも当てはまることである。両者の音楽を好きだという人はわずか六%しかいなかった。大まかに言えば、これらの二つのグループには、異なる社会的支持層が存在している。われわれのサンプル中のエリートは、はっきりとクラシック音楽に没頭していて、労働者階級のインタビュー対象者と対照的だった。これらの二つの群をまたがるような嗜好がみられる事例でさえ、その関係性はある種の同等の関係にあるようなものではなかった。クラシック音楽は受動的でBGMのように位置づけられる傾向があった一方で、現代の音楽はより積極的で活動的な選択だと捉えられてきた。以上のように、つまるところ音楽界とは、嗜好が互いに競合し合うような場所の一つであり、確実にまったく中立的な場ではない。

文化資本を組織立てるうえでの音楽の役割の理解に向けて、この関係が意味することは複雑である。一般的に言えば、現代の音楽に熱烈に関わることは、ソーンストンの一九九五年の言葉によれば、「サブカルチャーの文化資本」としてのその役割に加わるものである。とりわけ音楽界のなかでは、それによって熱狂的な人々が自分たち自身を最新の熱狂者として位置づけることになる。だが、他の社会世界をまたぐような興味や専門知識をもっているというエビデンスはほとんどみられなかった。対照的に、クラシック音楽を明らかに楽しんでいるエリートの人々は、他の世界とのつながりを作るために、音楽の興味を用いていた。そしてそのような興味は、オペラに足を運ぶことによって蓄積され費やされるような社会関係資本に顕著である。ここでブルデューの、音楽界との関係で自律的な位置と他律的な位置の区別の例を挙げよう。前者は現代の音楽によって定義され、美徳は音楽それ自体に内在していると見なされる。後者はクラシック音楽と手を携えながら、利害＝関心はいい教育を受けることなど、立派な社会化を広く含むものである。

ヨーロッパのクラシック音楽の伝統に言及することで、伝統的な立場と「前衛的」な立場の両者が場所取りをする音楽界という観念を、ブルデューは提起した。現在、音楽鑑賞の審美眼をめぐっては、様々な形で力学がはたらいている。今日のクラシック音楽は、この種の強力な空間として作用するものではない。クラシック音楽は、音楽界のなかで地位獲得の主要要素となりうるような積極的な音楽へのかかわりを示すものではない。クラシック音楽は、エリート集団にとっては適切なつながりを提供するものとして依然として重要である。しかし、他のグループの人々にとっては、あまり投資せずに若干の知識を紹介したがっている人にとっての、尊敬に値するような背景としての役割を果たすにとどまっている。クラシック音楽とはくつろぎを与えるBGMであり、現代的な関心にあまり入り込まないという見方が、われわれの世帯インタビュー調査でもみられてきた。この界のなかでの利害区分は、一九六〇年代以降だけに存在してきたような、音楽形態を単位として主に組織されている。

さらにわれわれは、音楽界のなかで利害関係の大きな再配置をみることができる。そこで明らかにされたのは、ジャンルや熱心さを増殖させるような、現代のポピュラー音楽の周囲に描き出される位置である。これは、エスニック音楽の諸形態の異種混交化、音楽ジャンルの専門化、そしてライブイベントの役割と関連している。［音楽界で］結果として緊張関係が、複雑な軸によって引き起こされている。すなわち、ある程度は階級と教育資格の線に沿っているものの、もっと重要なのは年齢とエスニシティである。われわれは年齢グループ内での階級の分断を発見することができた。特に注目すべきは、「教育を受けた」若いグループのほうが、ジャンルや下位ジャンルの間の境界線を正当化したり、主張したりすることに熱心だということだ。その結果、彼らが境界線を形作っていることについて「知識があること」が際立つ。だが、音楽のクラスターへの主な関係性を描き出すうえでは、年齢による分割ほど重要な役割を果たしていない。

文化資本の作用に対する、音楽界の変容の意味合いは深いものかもしれない。エリート層のインタビューでみてきたように、クラシック音楽に親しんでいることは、いまだに制度的な文化資本の形態として作動しているし、クラシック音楽のイベントに足を運ぶことは、客観的な文化資本の形態として作動している。そして、両者ともに、社会関係資本に変換しうるものである。専門職＝幹部階級の人々は、他の人々よりもより広く、そしてより深くクラシック音楽に興味を示していて、音楽への関係としてよりオムニボアな傾向を示しがちである。しかし、専門職＝幹部階級の人々は、鑑識眼というよりも、むしろ限られた熱意しかもっておらず、自分で追求したわけでなくおそらく教育経験を通じて得たような受動的な知識をもっているだけである。クラシック音楽は尊敬を引き付けるし、洗練の象徴である。にもかかわらず、ほとんどの人にとっては、音楽はむしろサブカルチャー資本、熱狂の表明の問題、忠誠、他の現代的諸形態との関係を通した目の肥えた嗜好などとしてはたらいている。これは、インタビュー調査やフォーカスグループの調査にみられるように美学的判断の行使を含む。しかしながら、現在の音楽形態に含まれる様々なジャンルの専門知識が他の形態の資本に変換されることを明らかにしたエビデンスは、ほとんどない。人々が音楽の経験について友人や家族に語り合うことや、隣接し合う音楽形態の特定の項目の相対的な長所について熱烈な議論をおこなうことによって、音楽が社会関係資本の形態としての役割を果たすことは疑いえない。だが、それが一般的に経済資本の蓄積を増やすことにはならないだろう。仮に中産階級の若い世代の人たちが、現代の音楽の諸要素を正統的あるいは擬似正統的なものだと定義するとしても、こうしたことが、時間の経過とともに変化するか否かはわからない。しかしながら、若い中産階級では、音楽を楽しむための方法がこれまでとは異なる形態で存在する、すなわち嗜好のあり方がより限定的な労働者階級の場合とは差異化されるような志向性が存在しているのである。文化資本というものは、音楽界という領域で平等に分配されてはいない。

注

（1）Longhurst, B., *Popular Music and Society*, Polity, 1995, DeNora, T., *Music in Everyday Life*, Cambridge University Press, 2000.

（2）Peterson, R. A. and R. M. Kern, "Changing Highbrow Taste: From Snob to Omnivore," *American Sociological Review*, 61(5), 1996, pp.900-907、および本書第1章の議論を参照。

（3）Bryson, B., "'Anything but Heavy Metal': Symbolic Exclusion and Musical Dislikes," *American Sociological Review*, 61(5), 1996, pp.884-899.

（4）Chan, T.W. and J. H. Goldthorpe, "Social Stratification and Cultural Consumption: Music in England," *European Sociological Review*, 23（1）, 2007, pp.1-19.

（5）Bourdieu, P., *Distinction: A Social Critique of the Judgement of Taste*, Routledge, 1984, p.17.（ピエール・ブルデュー『ディスタンクシオンⅠ――社会的判断力批判』石井洋二郎訳、藤原書店、一九九〇年、同『ディスタンクシオンⅡ――社会的判断力批判』石井洋二郎訳、藤原書店、一九九〇年）

（6）Sintas, J. L. and E. G. Álvarez, "Omnivores Show up Again: The Segmentation of Cultural Consumers in Spanish Social Space," *European Sociological Review*, 18（3）, 2002, pp.353-368.

（7）Chan and Goldthorpe, "Social Stratification and Cultural Consumption: Music in England."

（8）例えば、Martin, P., *Sounds and Society: Themes in the sociology of music*, Manchester University Press, 1995, Cohen, S., *Decline, Renewal and the City in Popular Music Culture: Beyond the Beatles*, Ashgate, 2007, Longhurst, B., *Popular Music and Society*, Polity Press, 1995.

（9）Hennion, A., "Music Lovers: Taste as Performance," *Theory, Culture and Society*, 18(5), 2001, pp.1-22.

（10）ここでは必要なクラスターの数を評価するために、シュワルツのベイズ情報量基準（ＢＩＣ）を用いた。分割停止基準は分割前（一クラスター）より分割後（二クラスター）のあてはまりの改善がＢＩＣ統計量の点で五％以下となることとし、八クラスターの解を得ることとなった。九クラスターに分割しても、ＢＩＣ統計量の点では四％以下

（三・四%）しか改善されなかった。

(11) Bryson, op. cit.

(12) Peterson, R. A. and R. M. Kern, "Changing Highbrow Taste: From Snob to Omnivore," *American Sociological Review*, 61(5), 1996, pp.900-907.

(13) Bryson, op. cit.

(14) Chan, T.-W. and J. H. Goldthorpe, "Social Stratification and Cultural Consumption: Music in England," *European Sociological Review*, 23(1), 2007, pp.1-19.

(15) Savage, M., "The Musical Field," *Cultural Trends*, 15(2-3), 2006, pp.159-174.

(16) さらには、Warde, A. and T. Bennett, "A Culture in Common: The Cultural Consumption of the UK Managerial Elite," in M. Savage and K. Williams eds., *Remembering Elites*, 2008, pp.240-259 を参照のこと。

第6章

人気と稀有と
――読むことの界に関する探究

1 序

われわれの質問紙調査からは、本を読むことは相対的に不人気な活動であることが明らかになった。回答者の二〇%は、調査時点からさかのぼること十二カ月の間に一冊も本を読んでいないと回答し、三分の二は、読んだ本が十冊に満たないと回答している。サンプルのうち一二%だけが前年に四十冊以上の本を読んだ。さらに、サンプルの四五%は、われわれが挙げた六つの文学作品を読んだことがないと答えた。これらの作品のなかには、ジョン・グリシャム、キャサリン・クックソン、J・K・ローリングなどの著名な現代のベストセラー作家、あるいは図書館でたくさん貸出されている作家の作品が含まれているにもかかわらず、である。このような知見は、本の死という根強いモラルパニック、つまり、テレビや映画のように、道徳的にあまり望ましくはないような、様々な形の文化に関与するようになったという見方とよく合致している。と同時に、われわれのデータからは、このような言説に対して二つの重要な修正点が示された。

一点目は、『ハリー・ポッターと秘密の部屋（*Harry Potter and the Chamber of Secrets*)』と『高慢と偏見（*Pride and Prejudice*)』の二冊の本は、われわれが調査で列挙した他のどの本よりもよく知られ、よく読まれているという点である。『高慢と偏見』は、他のどの本よりも既読率が高く、調査対象者の三八%が読んだことがあった。一方で、ほぼ全員（約九六%）が『ハリー・ポッターと秘密の部屋』という本のタイトルを聞いたことがあると答えた。もちろん、これら二つの作品の人気が様々なメディア展開のおかげである、ということは疑いようがない。『高慢と偏見』は、長年イギリスのカリキュラムで主要な教材となってきたし、また、一九九〇年代にBBCによってテレビシリーズとして実写化された際に人気を博した。『ハリー・ポッターと秘密の部屋』は、映画業界と出版業界によるマルチメディア現象を引き起こし、作者はイギリスの最も裕福な女性の一人になった。『高慢と偏見』に関して、このように作品が仲介されることは、「ハイ・カルチャー」が大衆的な娯楽作品として出現しつつあることを反映している。そして、ブルデューのモデルで基盤とされている、文化の諸界の間に整合性や相同性があるという考えに、否応なく異論を差し挟むことになる。[1] これら二冊の本の相対的な位置づけは、これらの本が現代の想像力の指標として、そしてスティーヴン・スピルバーグの映画や、オアシスやブリトニー・スピアーズの歌と同様に、確固たる大衆文化として機能していることを示唆している。

二点目は、より広い意味で「読むことの界」を捉えるために、限定的な「本の界」に新聞や雑誌を含めた場合、回答者のほぼ全員、すなわち約九八%が何らかの形で読むことをしているという点である。現代のイギリスでは、読むという行為は、限定された形態と大衆的な形態の両方で存在している。本章の第3節では、調査結果から、読むことの界の全体像を描いていく。第4節では、イギリスの文化資本に関する理解を深めるうえで、新聞や雑誌を読むことが、どれだけ多様な貢献をするのかについて概略を述べる。とはいっても、最初に、ブルデューや後続の文化資本に関する学説のなかで、読むことや文学の界に関する分析が、どのような役割を果たしてきたのかを検討しておこう。

2　読むことの機能

より包括的な概念化をした場合、読むことというものは正統性を帯びた一般的な活動として立ち現れることになる。フォーカスグループインタビューからも世帯インタビューからも、読むこととは公教育との関係に由来する特異な性質をもった文化的関与だということが熱心に語られた。質的調査の対象者のなかには、自分自身は「本を読まない」にもかかわらず、子どもに対しては、読むことの重要性を強調する者が何人かみられた。彼・彼女らが子どもに読むことの重要性を説くのは、文学作品を一時的にかつ主観的に楽しむというよりも、むしろ読むことで、一般的に必要不可欠だと見なされている読み書きスキルを養うことができる、と考えているからである。そしてこれは、様々な界で文化資本を獲得するための道具としての読むことの重要性が、暗黙裡に認知されていることを示唆している。社会的・発達的な読むことの「利用」という、このような解釈は、読み書き能力と社会変動の間に明確な関連があると見なす歴史的な見方と符合するものである。例えば、産業革命期や、十九世紀後半から二十世紀初頭にかけてのイギリスの階級間関係史[2]のなかで、読書がどのように位置づけられているかをみれば、おぼろげながらも読書の正しい嗜好とは何かがわかる。特にそうした嗜好のあり方は、その当時台頭しつつあった識字能力がある人々が、差異化されない「大衆」として、自らが概念化されてしまわないように展開した闘争のなかに見て取ることができる。読むという行為はハードルが高い行為だったし、そうあり続けている。

以上のことをふまえると、文学活動がブルデューの理論枠組みの中心に据えられ、ハビトゥス、資本、界という理論の三本柱になる概念の確立にとって特に重要だったことは驚くに値しない。文学に関わる何らかの「モノ」の創出に関わるすべての活動や行為者（agent）を包括したものが文学の界だと理解される。これは十九世紀後半のパリ特有の状況をモデルとしていて、ブルデューの思考の内部では、経済界と権力界の間に流動的なつながりをもち、相対的に自律的で独立した活動の形態として、界の観念をより広範に例証するものとなった。ブルデューの文学界についての研究は、『文化生産の界（*The Field of Cultural Production*）』と『芸術の規則（*The Rules of Art*）』に集約されているが、これらの著作では過剰なまでに文学作品の創出の過程に焦点が当てられている。[3] 読み物の消費については『ディスタンクシオン』で扱われているが、こうした分析は他の諸界、とりわけ音楽や視覚芸術の界の場合と比べると、当初の目的からはずれたものになっている。ブルデューの調査では、十のジャンルから三つのジャンルを選択させることで、調査対象者に読書活動の好みについて尋ねている。そして、ビジネスマンや上級幹部職に対しておこなわれた市場調査から得られた「仕事のため以外で本を読むか」「「ル・モンド（*Le Monde*）」を購読しているか」「「ル・フィガロ（*Le Figaro*）」を購読しているか」に関するデータも提示し、支配階級のあちらこちらで、これら三つの文化的活動がどのように実践されているかも言及している。ブルデューによるこの部分の分析でこそ、彼は読書について明示的に、膨大な紙幅を割いて注目しているわけだが、そこでは例えばエンジニアと学校教師では文化に対してとられるべきアプローチが異なるということについては扱われていない。しかし、ここに付随している数多くの挿話のなかでは、読書と文化資本が類義語として扱われている。もっとも興味深いことに、これらの挿話は、雑誌（「科学と生活〔*Science et Vie*〕」や「キュルチュール・オプセルヴァトゥール〔Le Culture Observateur〕」）や新聞の購読としばしば関連づけられている。前者については、非正統的な、すなわち学術的ではないような知識を獲得するための方法を明らかにすることで、自律的な教訓主義の危険性が例証されていて、また、後者については、政治的態度と購読新聞の嗜好との関連性が明らかにされている。

その歴史的な重要性をふまえると驚くべきことに、近年の社会階級と社会移動に関する研究では、例えば音楽などと比較すると、読書の嗜好は中心的には扱われてこなかった。他の界と同様に、教育や出版産業が変化したことの影響を受けて、文学の「高尚」さや「低俗」さの概念は変化してきたが、オムニボアのテーゼが展開され書に関する嗜好を形成する要素として、社会階級だけでなくジェンダーや教育についても考慮することができる。文化資本との関係で読書がどのような位置を占めているかを詳しく知ることができる。それに加えて、現代の読こうすることで、ブルデューであれば「支配層」と名付ける層に特化するのではなく、すべての人々について、

われわれの分析では、限定的な「本の界」に加えて、より広い「読むことの界」についての質問を用意した。

ばいけないという文脈にある女性にとって、読むという身体的行為は、気分転換や息抜きになっている。[9] 女性性に関して様々な言説が明らかになったり、異議を申し立てたり、読み替えたりすることが可能になっているとして、好意的にとらえている。その一方で、母親やパートナーとしての、大変な家庭内役割を遂行しなけれ

文学的嗜好に関する近年の研究では、社会階級の変容よりも、文学の嗜好とジェンダーとの関連に力点がおかれるようになっている。女性の読むことに関する研究では、文学の序列構造価値がどの程度強固で暗黙のうちにジェンダー化されているかが示されている。特に、ロマンス小説は、伝統的に取るに足りない些細なものだとして劣位におかれてきた。[7] しかしながら、近年の評価では、日常的にロマンス小説や女性誌を読むことを通じて、[8]

こうした概念化は、われわれの知見とも一致している。

や雑誌は日々よく読まれているが、十九世紀半ばから二十世紀半ばの期間を特徴づけた「読書する大衆（mass reading）」の時代は終わりを迎えようとしているかもしれず、それは乱読と高学歴によって特徴づけられる、数としては少数だが影響力がある「読書階級」によって取って代わられつつあるかもしれない、ということである。

ディ・グリスワルド、テリー・マクドネルとネイサン・ライトによってなされたアメリカ合衆国、ヨーロッパ、オーストラリアでの社会的実践としての読むことに関する近年の研究[6]では、以下のことが示唆されている。新聞

とが明らかになっている。つまり、本に関する嗜好は、序列構造の民主化の証左になるものではなく、読むことは特定の文脈で特定の機能を果たすような、専門職中産階級の典型的な姿勢を反映したものなのである。ウェン

とに関する研究では、読むことの嗜好は、音楽やアートでのオムニボアに関する議論と類似のパターンになるこ

る際、読むことは周辺的なものにとどまっている。ソ連崩壊後のロシア[4]やオランダ[5]でおこなわれた近年の読むこ

次の節では、日常的に雑誌や新聞を読むことについて考察するのに先立って、読書について、われわれのデータから析出されるパターンについて明らかにしていく。

3　本の文化

読書はあまり頻繁にはされておらず、限定された行為である。とはいえ、本のジャンルに対する好みを尋ねる質問は、読書をする人々に加えて、本を読まない人々の両方におこなった。ジャンルの好みを尋ねる質問のなかには「聞いたことがない」という選択肢があるものの、回答者たちは、それぞれが実際に本の文化にどの程度親しんでいるかに関わりなく、この質問に答えたようである。読書に親しんでいる層は様々なジャンルごとに微妙な好き嫌いの程度を表現できるはずだが、このような層と、特定の知識や元手を動員することなく、ただ本のラベルを見るだけで判断した層とが混在している。すでに論じたように、本のジャンルそのものは、あまり切れ味がいい分析道具とは言えない。ブルデュー自身の研究を含めた他の研究では、さらに専門的な形態もより多く含まれている。しかしながら、われわれの研究で尋ねた七つのジャンル――スリラーや推理小説、ＳＦ、ファンタジーやホラー、ロマンス小説、伝記や自伝、現代文学、宗教関連本、自己啓発本――をみることで、いくつかのパターンを浮き彫りにできる。われわれは、幅広い好みに対応できるように、人気がある小説やノンフィクションだけでなく、カテゴリーとしてはつかみどころがないような現代文学もカテゴリーに含めた。これはブルデューが、「探偵」や「冒険」の物語とは独立したカテゴリーとして［一般］「小説」を設けたことに対応していること[10]に加えて、現代の文学の界における生産の組織化に、ジャンルとジェンダーがどのような関係にあるか、そのことの重要性を考慮に入れるためでもある。ジェンダーの重要性はジャニス・ラドウェイの研究で明らかにされていて、そこではロマンス小説の読者[11]と、文化産業で働く生産者や仲介者の両者がジャンルに対してどれだけ微妙な評価を下しているかということに焦点が当てられている。[12] ノンフィクションの一種として、自己啓発本（心や体や精神に関連する本を含む）がもてはやされている現状を考慮して、このジャンルもわれわれの選択肢のなかに含めることにした。これは、実際に多くの読者がいるという点と、現代のアイデンティティマネジメントの形態の中で理論的に重要だというギデンズの指摘をそれぞれふまえた結果である。

第3章で示された文化マップは、本の七ジャンルと読書の頻度そして本の所有についての二つの質問の回答の結果を示している。音楽と絵画と同じく、読書は現代の文化の嗜好の分化に対して最も寄与している。しかしながら読むことは四つの軸すべてに対して寄与しており、その意味で多面的である。第一軸は関与の度合いを識別するもので、読むこと（伝記物や現代文学に関する嗜好と、相対的に多くの本を所有していることや本を多く読むことによって例証される）は右側で活発である。そして、現代文学については、美術館や画廊にいくことやフレンチレストランを好むことと強い近接性がある。第二軸と第三軸は、それぞれ「評価が確立された嗜好と萌芽的な嗜好」とジェンダー化された嗜好の関係を測定しているが、ある特定のジャンルの読書の識別力の高さが特徴的である。SF、ホラーとファンタジー小説は、第二軸でロックやモダンアートなどの現代的形態とともにクラスターをなしている。ロマンス小説と自己啓発本は、それぞれ同じく第三軸の嗜好や関与の「内向的な」形態と強く関連している。これは、感情資本、もしくは「情緒的な」形態を形成するうえで、読書の好みが果たす役割について示唆しているのかもしれない。このような形態は、特に女性によって用いられ、親密な関係性や生活の感情的側面を維持するためのテクニックやマネージメントに関する関心や専門知識を基盤としている。これについてはのちほど詳しく述べる。われわれが提示したジャンルについて言えば、読むことは、音楽に比べて嗜好の階層性に与えている影響は明らかに小さい。しかしながら、現代文学、ロマンス小説、そしてそれほどではないにせよ、自己啓発本やSF、ホラー、ファンタジー小説をみると、いくつかのジャンルについては対立的な位置関係にあり、好みが分かれることが示されている。これらを区分する重要な要素がジェンダーと教育である。

七つのジャンルすべてが第四軸に寄与している。ほどほどに文化に親しんでいる人は、ロマンス小説を好み、

表6－1　本のジャンル、好き嫌い

ジャンル	好き				嫌い			好き	嫌い
	1	2	3	4	5	6	7	%	%
推理小説	20 (n=304)	10 (158)	17 (268)	13 (199)	9 (148)	7 (110)	20 (316)	47 (730)	37 (574)
SF、ファンタジー、ホラー小説	8 (131)	6 (94)	7 (111)	7 (105)	8 (124)	10 (158)	51 (792)	22 (336)	69 (1074)
ロマンス小説	12 (184)	9 (136)	10 (162)	11 (175)	10 (157)	12 (183)	33 (523)	31 (482)	55 (863)
伝記／自伝	20 (308)	19 (297)	16 (247)	12 (192)	7 (111)	6 (101)	17 (264)	54 (852)	30 (476)
現代文学	4 (68)	9 (142)	11 (165)	15 (231)	14 (216)	12 (193)	30 (466)	24 (375)	56 (875)
宗教本	4 (69)	4 (64)	6 (90)	8 (118)	9 (140)	16 (248)	51 (792)	14 (223)	76 (1180)
自己啓発本	13 (99)	10 (154)	11 (176)	11 (167)	9 (147)	13 (207)	36 (564)	34 (429)	59 (918)

合計 n=1564（列には「聞いたことがない」もしくは「回答拒否」を含めていない）

SF、ホラー、ファンタジー小説を嫌い、伝記にはほとんど関心をもたない。一方で、文化に対して「貪欲な」人は、現代文学を好むことが示されている。そしてこれは、音楽会（コンサート）にいくことに強く関連していてテレビを長時間視聴することを敬遠する傾向にある。つまり、現代文学は特定のジャンルフィクションよりも乱読者というプロフィールを形成しがちだと示唆されている。

表6―1は、これらのジャンルの好き嫌いの分布を示したものである。大衆小説のジャンルが数多く含まれているにもかかわらず、伝記や自伝が最も選択されていることがわかる。調査対象者の半数以上は、伝記や自伝を

好むと回答し、とても好きであることを示す尺度でも1か2を四〇%が選択している。推理小説と伝記/自伝だけで好きが上回っている以外は、たいていのジャンルについては嫌いだという回答が勝っている。この二つのジャンルについての回答は七つの選択肢に満遍なく分布していて、負の感情が喚起される度合いが最も低いことが示されている。つまり、回答者の半数はこれらのジャンルを一般的に好む傾向にはあるが、際立って好まれるというわけではない。最後に、相対的には現代文学が嫌いという回答が集中していることが見て取れる。このジャンルをとても好きだと回答しているのはたった四%にすぎず、とても嫌いだと回答している人が三分の一もいる。しかし、現代文学を好むことと伝記/自伝を好むことには強く一貫した関連があり、これら二つのジャンルが互いに近接していること、そしてライフスタイルの空間での他の象徴的で難しい文化的な嗜好や関与とも近接していることが示されている。つまり、これら二つのジャンルが、両方とも文学のまさに正典と言える形態だと解釈できることが示唆される。しかしながら、同時に留意しておかないといけないのは、フォーカスグループインタビューや世帯インタビューでは、テレビやメディアの有名人の伝記や自伝の人気が高かったことである。モデルのジョーダン(ケイティ・プライス)やジャーナリストでキャスター、クイズ番組司会者のアン・ロビンソン、俳優のデイヴィッド・ニーヴン、F1ドライバーのミハエル・シューマッハ、サッカー選手のジム・バクスターなどの自伝や、例えばコメディアンのビリー・コノリーやダイアナ妃などの、耳目を集めた伝記などが言及される傾向にあった。このようなものがよく読まれる背景には、もちろん他人の人生について関心が向けられているということがある。一方で伝記物に対する何らかの学術的な関心があるとはとうてい言えない。むしろ、スポーツであれ、映画であれ、テレビであれ、他の文化生産の界を、読むことの界が「媒介」している様相が浮かび上がってくる。エディーは、南イングランドでパートタイムの銀行事務をしていて、若い母親でもあるが、最近デイヴィッド・ベッカムとルルの伝記を読んだという。このような伝記を読むことは、著名人やテレビ文化に対する興味の延長にあり、(第4章で論じたように)現実からのちょっとした「逃避」を意味している。

エディー：うーん、たぶん誰か知っている人で注目を浴びている人の人生に興味があるんだと思う。
インタビュアー：それは、彼らの人生をみて、自分の人生も彼らみたいになったらいいのにと思うから？それとも？
エディー：彼らのような人生を歩みたいとは思わないけど、なんていうか彼らが日々、どんなふうに暮らしているのかには興味があるし。私みたいな人が日々どんな生活をしているかは知っているけど、ただ富と名声を得た人が日々どんなふうにしているかを知ることはとても面白いと思うの。

一方で例えばゲリーのような人にとっては、伝記物を読むことはまさにこの著名人の文化と自分との距離をはっきりさせるための手段である。

いままで読んだなかでいちばん好きなのは、ピーター・ユスティノフの自伝『ディア・ミー（*Oh Dear Me*）』だね。彼は、とてもウィットに富んだヤツで、頭の回転が速くてとても面白い男だと思ったんだよね。何か気になることがあっても、そのときどきの流行ものは避けるようにしてるんだ。例えばデイヴィッド・ベッカムとかの自伝なんかは読まないね。政治家の伝記なんかは面白いと思うけどね。

自伝や伝記物に対する好みは、正統な読書を揺るがすと同時に強化するものだと解釈できる。その一方で、現代文学の位置づけははっきりとしている。好きな本に現代文学のタイトルを挙げたごく少数のインタビュー対象者は、予想されたように、多くの文化資本を保持していて、様々な「文化的な」仕事についている専門職や大卒者だった。ウェールズで大学教師をしているジェームズは、どれか一つを選ぶのは難しいと言いながらも、第二次世界大戦について描かれたオランダの小説『追想のかなた（*The Assault*）』をお気に入りの小説として挙げた。第4章ですでにふれたように、スコットランド西部で文章の書き方を教えているジェニーは、文学賞作家や文芸雑誌を読んで得た知識を挙げて彼女の本に対する好みを説明している。

しかしながら興味深いことに、文芸に関するブルデュー流の序列基準からみると（この観点では、正統的なものとして奉じられる文学にとっては形式やスタイルがより中心的な役割を果たすわけだが）ジェニーが現代文学を好むのは、現代文学が「社会的リアリズム」に対する関心を示しているからであり、また現代文学が同時代の体験を取り上げ、訴えているからだという。

> 物事がどうなっているのか、いままさにここで生きているとはどういうことなのか、社会問題や人々の状態、いまこのとき、ここで人として生きるとはどういうことなのかを扱い、論じている。

文学賞は、ブルデュー流の用語で言えば他律的・市場志向的な現代の文芸生産の場のなかでの、文化資本の性質を考えるうえで重要である。[13] フォーカスグループインタビューやインタビューについての議論から、専門職中産階級にとってこれらの文学賞が特に大きな影響を与えていることが明らかになった。ロンドンでおこなわれた専門職フォーカスグループの対象者だったインカは、次のように述べている。

> インカ：候補作が発表されたら、ブッカー賞やオレンジ賞の最終候補作リストを買って、いくつかの候補作を読むの。でも、ほら、そういう本を買って読書に取り組むのよ。
> モデレーター：なんでそうするのですか？
> インカ：うーん、そういうリストを見ないとどうやって本を選んだらいいのかがわからないから。そうやって選んだなかで私が好きな作家もいるし……、ずっと前にブッカー賞ショートリストを買って、マーガレット・アトウッドの本を読んだんです。いままでは、マーガレット・アトウッドは大好きな作家です。

文学賞受賞作で他に挙げられたのは、一九九七年のブッカー賞受賞者のアルンダティ・ロイ[1]、二〇〇二年にブッカー賞を受賞したヤン・マーテル[2]、二〇〇〇年にウィットブレッド賞を含め数々の文学賞を受賞したゼイディー・スミスなどである。ここから、現代文学の文化への関与と都市部の教育を受けた専門家とが結び付いている様相が浮かび上がってくる。たとえ、その文化が他の界の文化産業の販売戦略の影響をますます強く受けるようになっていても、である。

ブルデューやその後継者がおこなった本の嗜好に対する研究とは異なり、われわれは本のジャンルに関する質問に加えて、具体的な本のタイトルを六つ提示して、回答者がそれらの本をすでに読んだか、読もうとしていたか、もしくはそのタイトルを耳にしたことがあるかについても尋ねている（表6―2）。

表6－2　文学作品に対する知識と好み（行%）

タイトル	読んだことがある	読もうと考えている	知っているが読もうとは思わない	その本のことは知らない
	%（n）	%（n）	%（n）	%（n）
ハリー・ポッターと秘密の部屋	21（330）	14（221）	61（955）	4（56）
高慢と偏見	38（594）	9（142）	46（714）	7（114）
罪の慰め	8（118）	7（114）	37（576）	48（754）
歌え、翔べない鳥たちよ――マヤ・アンジェロウ自伝	4（62）	4（65）	12（186）	80（1,249）
法律事務所	17（268）	12（189）	36（561）	35（545）
ボヴァリー夫人	7（106）	3（51）	30（473）	60（933）

合計　n=1564

そのなかでも最も読まれておらず、認知度が低かったのは、アフリカ系アメリカ人の詩人マヤ・アンジェロウによる回顧録だった。一方で、ギュスターブ・フロベールの『ボヴァリー夫人（*Madame Bovary*）』は、イギリスの図書館での貸出数が最も多かった作家であるキャサリン・クックソンのロマンス小説と同じくらい頻繁に読まれていた。クックソンの著作である『罪の慰め（*The Solace of Sin*）』は、一九九九年から二〇〇〇年にかけて最も貸出回数が多かった本である。この表をみると、『高慢と偏見』『ハリー・ポッターと秘密の部屋』『法律事務所（*The Firm*）』とその他の本との間に分断線があることがわかる。これらの本は出版業界で宣伝がおこなわれただけではなく映画やテレビドラマとして実写化され、これに付随したプロモーショナル活動がおこなわれた。そのことによって、他の本とは異なり様々な界が共鳴するような影響力をもったと考えられる。これらの本以外のタイトル、すなわちアンジェロウ、クックソンやフロベールの著作を読んだとする回答は有意に低くなっている。この意味で、あるジャンルでの読書に関する嗜好と、他の界での似たようなジャンルにおける嗜好とを分別することは難しい。文化マップでも、例えばロマンス小説を好むことと、ロマンス映画を好むことは近しい関係にあることが見事に示されている。しかし、あまり知られておらず「メディア化されていない」本を読む少数の人々は、もしかしたら、文芸小説であれ、回顧録であれ、ロマンス小説であれ、どのようなジャンルの本でも読むような熱心な読書家なのかもしれない。

二人のインタビュー対象者が『高慢と偏見』を好きな本として挙げた。南ウェールズで病院のコンサルタントをしているスーザンと、ヨークの歴史的観光名所で働きツアーガイドもしているシェリーである。スーザンは「たぶん三冊もって」いて、「二、三年に一度読み返す」という。シェリーは犯罪小説や探偵小説も読むが、本当に気に入っている本は二冊あり、それらはオースティンの『説得（*Persuasion*）』と『高慢と偏見』だという。これら専門職に就いている二人の女性と著しい対照をなすのは、ヒルダである。ヒルダは、彼女が住んでいるベルファストの団地にある店で、パートタイムで働いている。ロマンス小説の熱心な読者だったヒルダは、最近友人の勧めでジェームズ・ハーバートのSF小説やホラー小説を読むようになったという。彼女はこの理由について、次のように説明している。

みんな、ロマンス小説から始めるのよね。それで、しばらくたって、多くのロマンス小説を読み終えたら、ロマンス小説って全部同じ筋立てだって気づくわけですね。女の子が男の子に出会って（略）、行き違いがあって、ひどいけんかをして、そして最後には誤解が解けてわかり合うっていう。いくつかロマンス小説を読んだら飽き飽きしてくるんです。

ヒルダは、テレビドラマ化された際にどう思ったかを引き合いに出しながら、『高慢と偏見』にどうして興味がもてないのかを詳細に語ってくれた。

ヒルダ：テレビでちょっと見ました。それで見る気が失せました。テレビドラマになったじゃない、それがとてもヘビーすぎるように思えたんです。時代小説を読んだことはあるんだけど、なんていったらいいのか……、うーん、もしかしたらただ単にテレビで見たものがとても気に入らなかっただけかもしれない。
インタビュアー：以前にお読みになったロマンス小説やロマンス小説の設定はすべて現代だったんですか？
ヒルダ：はい、そうですね。なんでだかわからないんだけど、だって『高慢と偏見』のことはずっと知っていたわけだし。なんか考え方がおかしいのかもしれないけど、そんなこと考えたこともないんだけど、何かのせいで好きではないのだと思うんだけど……、好きじゃないんですよ。
インタビュアー：何かに興味がないと思ったら、その考えは変わらないほうですか？
ヒルダ：ええ、変わりません。何か読むものはないかと探していたことがあって、ミルズ・アンド・ブーンの本を選んだことがあるんです。『高慢と偏見』を読むくらいなら、十冊のミルズ・アンド・ブーンを選びます。『高慢と偏見』は、たぶんいい本なんだと思うんだけど……、ただ私は、好きじゃないんです。

『高慢と偏見』ではなく、ミルズ・アンド・ブーン[3]を好むあり方は、ヒルダの個人的な特異性の表れかもしれない。しかし、先の女のロマンス本の紋切り型のストーリー展開に対する否定的な見解を合わせみると、これは自身の読むことの嗜好に対する自己防衛の感覚をヒルダが伝えているのだとみることもできる。そして、この感覚は女性の読書についての先行研究でなされた議論にも呼応している。[14]

似たような自己防衛性は、リタも表明していた。リタはスコットランド西部の元郵便局員である。彼女もミルズ・アンド・ブーンの熱心な読者で、ロマンス小説が下品だという考え方に対して、彼女の選択を正当化するように次のように述べている。

そうなんです、ミルズ・アンド・ブーンの本はいいんですよ、そりゃ少しは惚れた腫れたはありますよね、だけどそういうところはゴミみたいなものですね。だから私は、ジャッキー・コリンズの本は読みません。言ってることわかりますよね！（笑い）ミルズ・アンド・ブーンの本には、もっとわくわくするようなことが書いてあると思っています……、そうですね、もし主人公たちがベッドから出ることがなかったら、私にとっては、ストーリーはないのと同じですね。私はわくわくするような話が好きなんですよ。

女性の読書に関する研究者たちは、このような自己防衛的な反応の背後には、正統な文学のジェンダー化された構造を指摘している。しかし、これに加えてこのような反応は、家庭という領域や特定の職業領域で有利になるような感情資本を蓄積し表示するため、女性がロマンス小説を利用しているという側面をも表しているのかもしれない。女性にとって読書とは、学術的な評価の点でも、一般の読者による評価の点でも、「逃避」として語られるという特徴をもっているが、こうしたことによって、他の様々な義務から時間を取り戻すための実用的な手段となったり、親密な関係性や生活の感情的側面についての知識を問い直し、熟考し、発展させるための手段になったりしている。男性に比して女性は、この形態の資本に容易にアクセスすることができる。男性の好みについては、公認され、かつ正統な文化の形態への関与からかけ離れたものではなく、むしろそれに近しいという仮定が前提とされている。したがって、イングランド北西部で警察官をしていて、『指輪物語（*The Load of the Rings*）』も好きなゲリーは、彼のお気に入りのジャンルである推理小説の重層的なテクストから得られる「異なるレベル」の考え方が与えてくれる快楽について熱弁をふるう。

スリラー小説には、僕は異なるレベルのことについて考えることが好きなんだけど、イアン・ランキンっていう男がいて、彼の書く探偵小説を読むつもりなんだ。だけどウィルバー・スミスも好きだね。そして、もちろん『指輪物語』とかもね。こういうのは特別さ、重層的な物語が好きなんだ。

イングランド北部で検眼士をしているフルーツバットも、似たようなことを指摘している。彼は、SF小説の魅力とベストセラーSF／コメディー小説作家のテリー・プラチェットについて次のように説明する。

他の人の意見やものの見方、新しい傾向なんかを読むことが面白いと思うんだ。そういうのはどっちにしたって現実世界のあり方に対応していると思うしね。僕はテリー・プラチェットの『ディスクワールド（*Disc World*）』の大ファンなんだけど、カメの背中の上に世界があるっていう話を聞いたことがあるでしょ、世界は真っ平なんだ。そういうふうに世界を見るのって、歪んだレンズを通して見ているわけで、そういうのが面白いんだ。何もかも同じなんだけど、どこかがねじれているっていうか。

男性がジャンルに限らず、広く本を読むことを有意義に感じていることと、女性がロマンス小説を読む際に、批判的であるもしくは部分的にしか熱中しないこととは、著しい対照をなしている。女性はプロットが単純であることや筋立てにバリエーションがないことを理由に、ロマンス小説を拒否する傾向にあるが、これは、ロマンス小説がおかれているある特有の社会的な位置づけを示唆している。このジャンルを特に敬遠したのは、インタビュー調査のサンプル中の教育を受けた専門職女性だった。ツアーガイドのシェリーは、ロマンス小説が感情的にも知的にも未熟であることを指摘する。

そうですね。ロマンス小説には熱中できませんね。人生のなかで、そんな小説を読む時期もあってもいいんでしょうけど、十七歳頃とか。まぁ、そういう時期ってあるじゃないですか。恋愛がとても重要な時期っていうか。だけどいまは——大人の女性になっても、いまだにロマンス小説を読んでいるっていうのは、おかしいと思うんです。

南ウェールズでソーシャルワーカーをしているセレンは、ロマンス小説を肯定的に評価するということは、ある種の虚偽意識によるものだと断じている。セレンによれば、そのような評価をする女性は自らの人生の現実を認識することができないか、またはテクストの作為性について理解することができていないのだという。

だって、現実にはありえないじゃないですか。そうでしょ。現実じゃないんですから。ロマンス小説を読むことによって、本来はありえないような期待を抱くようになるんじゃないかと思うんです。何か書かれたものの根底には現実性があるべきだと思っているんですけど、ねえ、そうですよね。私だって現実ではありえないような空想をすることは楽しいですよ。だけど、私はそれが現実逃避だってわかっているんです。それははっきりしています。だけど、私が何か本を読むとしたら、その本には現実が描かれてないとダメですね。

このような現実や真面目さに関する認識は、自己啓発本に関する議論のなかでも提起された。インタビュー対象者のなかには、自己啓発本の熱心な読者はほとんどいなかった。イースト・ミッドランズのヘレンは、スーパーマーケットのパートをしている主婦であり、かつ母親でもあるが、広く一般的な意味で健康的な生活を送るために気をつけていることの一部分として、このような本への関心があるという。同じくイースト・ミッドランズで文化遺産の管理専門職をしている三十代半ばのゲイのユアンは、自己啓発本を好んで読むのは、自己管理をするための有益なテクニックが得られるからだという。これも資本の感情としての形態を反映している。

僕は自分のことを高めようとする努力をしているんだ。ちょっと神経質かもしれないっていうくらいに。何かをすれば、何かを学べるという考えをもっているしね。この二年間くらい状況をよくしようと思ってカウンセリングを受けていて、だからかな、そういう本、自己啓発本にはとても興味をそそられるし、有益だと思うんだ。それは自分自身をよくするためだけじゃなくって、その他にも、ほらカウンセリングがいいところっていうのは、それによって他の人たちがどんなふうに活動していてどうしてそうなっているのかについての理解が深まるっていうことなんだよ。

以上のような関連づけは決して多く見られるものではないとはいえ、ここからは読むことが独特の特徴をもった営みであることが示唆される。ある人々にとっては、ある特定のジャンルやテクストの文体や美しさではなく、読むことそのものが正統なのである。しかし、このような捉えられ方のなかにも根強い区分があり、その区分はジェンダーや教育水準と強く関連している。

表6—3には、教育とジェンダーが読書の嗜好をどの程度規定するかについての回帰分析の結果を示している。さして驚くことには値しないかもしれないが、女性は男性に比べて十五倍もロマンス小説を好むことが示されている。実際、女性は自伝／伝記とSF小説を除いたすべてのジャンルを好みがちだという結果が得られている。自伝／伝記については性別による差はない。SF小説の場合は男性が好むと選択しがちだが、これは女性におけるロマンス小説と潜在的に似たような使われ方をしていると

表6—3　文学のジャンルの好みに対するジェンダーと教育の効果　二項ロジスティック回帰分析

	推理小説	SF	ロマンス小説	伝記／自伝	現代文学	自己啓発本	宗教本
女性	1.04	0.295	14.968	0.992	1.472	1.3	1.446
O レベル	0.974	1.568	0.858	1.844	1.090	1.345	0.793
A レベル	1.09	1.127	0.608	2.474	2.289	1.263	1.032
学位	1.195	1.950	0.597	2.79	4.591	1.715	1.249

レファレンスカテゴリー：男性、教育資格なし。

解釈できるのかもしれない。テリーは男性で、南ロンドンで倉庫管理の仕事をしている。彼は本を読んで仕事の疲れが癒されることで、どのように現実を忘れることができるのかについて次のように説明している。なぜ彼がSF小説、ファンタジー小説、そしてホラー小説を好きなジャンルとして選んだのか（彼が好きな作家はジョン・ロナルド・ロウエル・トールキンとテリー・ブルックスである）という問いかけに、彼は「心をリラックスさせるためにいつもそういう本を読んできたんだ。というか、それを読むのは何かを忘れたり、それに集中して他のいやなことなどを考えないようにするため」だと答えた。

われわれの調査対象者の間では、SFを好むのは男性に限られているわけではないが、SF小説への嗜好が「男性的」なものと考えられるのは、このジャンルと、男性的なものだと見なされてきたテクニカルで、テクノロジカルな専門知識との間には親近性があるからかもしれない。男性には楽しみのためではなく、技術マニュアルや業界誌、そしてその他の道具的な読み物などを読む嗜好がある。SF小説の位置づけは、男性がこのような技術的な形態の読み物を特に好む傾向があることを反映している。そして、これはまた、ジェンダー化された形態の文化資本が存在していることを示しているのかもしれない。男性の場合、このような技術的な形態のものをすぐに利用できる一方で、特にロマンス小説や自己啓発本、現代文学のジャンルで顕著であるような、感情資本を必要とする文章への愛着はほとんどない。文化資本のこうした非対称性がどれだけ重要かは、しかし人気の［本の］諸形態のなかで、教育資格との関連でどれが最も著しくジェンダー化されているかをみればわかる。大卒者は、学歴資格をもっていない者に比べてSF小説を約二倍好みがちであり、またロマンス小説を好む傾向は半分にとどまっている。実際、ロマンス小説は学卒者が好まない唯一のジャンルである。ということは、感情資本は変換可能性が低い形態の文化資本である可能性が示されている。

ここでも、現代文学と自伝／伝記物の位置が、正統とされる読書嗜好のクラスターとなっていることが確認される。大卒の読者は、学歴資格がない者に比べて伝記物を約三倍好む傾向にあり、現代文学を好む傾向は約四・五倍となっている。ハイ・カルチャーという概念を、いくぶん同語反復にはなるが、高いレベルの文化資本をもっている人々がいそしみがちなものだと定義するならば、一般に本を読むこと（ロマンス小説を読むことを除いて）、そして現代文学や自伝／伝記物を読むことは明らかにハイ・カルチャーに当てはまる。ジェンダーに関する諸問題によって明らかになる内部での区分と、結果として「正典」の大衆化や民主化に帰結する文学界とメディア界のほかの側面との間のつながりが存在しているにもかかわらず、読書の界は、いまだに圧倒的に教育を受けた中産階級によって担われているのである。

4　新聞と雑誌――日常的に読むことの利用

本の文化への関与は、相対的にはまれで特異なことである。それとは対照的に、新聞や雑誌は幅広くよく読まれている。少なくとも何人かの人々にとっては、本を読むことは、娯楽としての読書という特別な感覚を呼び起こさせるものだが、新聞や雑誌を読むことはもっと日常に溶け込んだものである。新聞や雑誌を読むことは、様々な形で人々の生活に構造を与えている。また、回答者がアイデンティティを形成したり、他の界で活動をしたりするときに役に立つような、指針や情報を得るための実践的で個人的な手段ともなっている。

新聞は一般的によく読まれていて、対象者の七六％が何らかの日刊紙名を好きな新聞として挙げている。最も人気が高いのは「ザ・サン（*The Sun*）」と「ザ・デイリー・メール（*The Daily Mail*）」であり、「ザ・サン」は二百六十六人、すなわち一七％の人に、「ザ・デイリー・メール」は二百三十七人、すなわち一五％の人に選択されている。大判の新聞で最も人気があったのは「ザ・デイリー・テレグラフ（*the Daily Telegraph*）」で六％の人がこの新聞を選択している。「ザ・ファイナンシャル・タイムズ（*The Financial Times*）」を選んだのは、たった八人しかいない。少数の人にしか選択されていないということ、それ自体が重要性をもっている。それは、ブルデューが提起した社会的・政治的な関与と新聞の読者層との結び付きの問題に関連しているからである。さらに、読むことの界、特に本の文化の場合、大判の新聞では、書評、映画評、音楽評に多くの紙面が割かれていることと、こうした新聞の読者数がそれほど多くないことからも、相対的に少ない熱心な読者の関与によって、読むことの界が組織されていることがわかる。全国的な大判のうち、どの新聞をとっても地方紙の読者を統合したよりも多くの読者がいるものはなかった。いくつかの有名な地方紙（例えば「ザ・ウェスタン・メール（*the Western Mail*）」や「ベルファスト・テレグラフ（*Belfast Telegraph*）」など）を統合して地方紙というカテゴリーにまとめると、日刊紙の読者のおよそ一〇%を占めるようになる。

そして、サンプルの六八%は、尋ねられればお気に入りの雑誌名を答えることができる。三百を超える雑誌名が挙げられたが、それは、「ザ・エコノミスト（*The Economist*）」（この雑誌を挙げたのはたった二人だった）、男性向けおよび女性向けのライフスタイルマガジン、スポーツや車の総合誌から例えば「セラミック・レビュー（*Ceramic Review*）」や「ナーシング・タイム（*Nursing Time*）」といったある特定の趣味や職業に関する雑誌までも含んだ幅広いものだった。この多様性は出版業界の雑誌部門の規模の大きさを示している。ただし、幅広いために数が少なくなり、統計的な分析が難しくなる。最も人気があった雑誌は「テイク・ア・ブレイク（*Take a Break*）」であり、七十一人の回答者がこのタイトルを挙げた。「テイク・ア・ブレイク」は「実話」誌であり、読者から投稿された実際の家族の物語や悲劇的な話に加えてクイズや懸賞などが載っている。フォーカスグループへのインタビューでは、南ウェールズの半熟練労働者の女性たちや、ミッドランズでおこなわれた労働者階級の年金生活者のグループに参加していたイーディスが、この雑誌名について言及していた。イーディスは、友達や近所の人々と似たような雑誌を回し読みしていることを説明してくれた。

ええ、そうですね、私は「テイク・ア・ブレイク」と「ピープルズ・フレンド（*People's Friend*）」を買っています。それで私のご近所さんは「マイ・ウィークリー（*My Weekly*）」を定期購読しているんです。それで、彼女は「マイ・ウィークリー」を私にくれるんですね。私は「ザ・ウィークリー・ニュース（*The*

Weekly News)」も購読してるんだけど、スコットランドの新聞の。それを読み終えたら、彼女に渡すんです。そうやって回し読みするんです。

それぞれの雑誌名を、似たような種類でまとめて新たなカテゴリーを作ると、女性誌が最も人気があるカテゴリーとなり、二〇%がここに当てはまった。セレブ文化や芸能界についての雑誌が二番目に人気のカテゴリーとなり、回答者の八%がこのような雑誌を挙げていた。その次に人気だったのは、機械や技術に関する雑誌（コンピューター雑誌もここに含まれる）であり、七%の回答者が選択していた。ブルデュー本人によって見いだされたものの、メディア分野のブルデュー研究者たちが発展させ、具体的に明らかにした、読むことの界の他界へ伝達する役割[15]が、ここで重要になってくる。新聞に掲載されている批評は、映画や音楽、旅行、さらには食についての専門雑誌、特に女性向けあるいは男性向けの「ライフスタイル提案型」雑誌とともに、人々の他界での行動を組織化し、方向づけている。テリーは労働組合幹部で、ロンドンの女性専門職に対するフォーカスグループの参加者だが、この点について以下のように簡潔にまとめている。

私は週に一度新聞を読んでいます。いや、違います、一週間ずっと読んでいるけど、新聞を買うのは週に一度なんです。新聞は隅から隅まで読むことにしていて、「ザ・ガーディアン（*The Guardian*）」なんですけど。私は、実際には絶対読むことはないだろう本の書評や絶対に見ることはないような芝居の劇評を全部読んでいるんです。それが習慣なんですね。世の中には私がふれることがないような文化が展開されているっていうんですかね。それは、たぶん、私なりの接点の持ち方だと思います。

同時に市場調査の用語を借りれば、どの新聞の読者かということは階級の目印／シンボルとなっている。タブロイド紙を読むか大判、つまり高級紙を読むかによって労働者階級と中産階級が分けられるといった具合にである。このような言い回しは、フォーカスグループでの議論やインタビューのなかで、明確にかつ頻繁に登場する。それは、読者たちが関係を深めようとしたり、絶とうとしたりする様々な新聞の社会的に認知された政治的・社会的価値に連動したものである。スコットランドの田舎のサービス業従事者たちからは、「ザ・ガーディアン」は「知的な」フォーカスグループの主催者が読むものだと見なされていたし、黒人の専門職のグループのメンバーは、「ザ・デイリー・メール」に「人種主義者の掃き溜め」という烙印を押していた。回答者が新聞の購読者層についてどのようなイメージをもっているかに関する見解の相違は、読書の場合よりも幅広く、議論すべきことは多いと思われる。例えば、黒人の専門職を対象にしたインタビューで、エリックは日曜版のタブロイド紙である「ザ・ニューズ・オブ・ザ・ワールド（*The News of the World*）」を読んでいると「告白」した。ローラは、「文化」に関する議論の文脈で、それを「勇気ある」主張だと表現している。

エリック：僕がちょっとよくわからないのは、僕の「ザ・ニューズ・オブ・ザ・ワールド」を読んでいるという発言に対して、なぜ君が勇気あると思うかなんだよね。
ローラ：なぜって、私はまだ何かを区別する基準っていうものがあると思うし、表には出さないけど、私たちは実際には趣味がいいものと悪いものがあると思って判断しているもの。正直には言わないけどね。

この意見はグループ内で賛同を得たが、エリックは、その新聞「ザ・ニューズ・オブ・ザ・ワールド」を読むのは特にテクノロジーやガジェットに関する付録を読むためであり、新たな技術に関する最新事情に通じておくことが仕事上必要だと強調して、最後まで、ローラの意見に対して異議を唱えた。映画業界で働くリーは、トップレベルの管理職やビジネスエリートのフォーカスグループの参加者である。彼は自分には様々なタイプの新聞を読みこなし、それぞれの新聞の歴史や受け入れられ方を巧みに評価できる能力があると言い、その点が他のエリートたちとは「違う点」だと主張した。

僕が住んでいる通りの端っこにある売店で新聞を買ってたんだけど、僕が「ザ・ガーディアン」と「ザ・サン」を同時に買うものだから、何年かの間、そこの売店の売り子は本当に混乱したみたいだよ。僕が「ザ・サン」を買い始めたのは、まだケルビン・マッケンジーが編集長をしていた頃で、その頃の「ザ・サン」は本当に面白かったんだ。もちろん政治的には「ザ・ガーディアン」のほうが僕の立場に近いけどね。「ザ・サン」は買うけど、「ザ・メール（*The Mail*）」は絶対買わないね。「ザ・テレグラフ（*The Telegraph*）」だけど、なんていうか、そういう政治的立場のことは知っているし、無視していいと思っているんだ。だけど、例えば「ザ・タイムズ（*The Times*）」は何があったって絶対に買わないね。だって、不愉快なほど反動的だから。私にとって「ザ・テレグラフ」はある意味まだリベラルにみえるんだ。っていうかね、政治的意見を除けば、まだ有益な情報が得られるというかね、だけど「ザ・タイムズ」については、掲載されているものすべてがまったく信用ならないね。

スウォンジーでおこなった単純労働者のフォーカスグループでは、専門職がしたような新聞の位置づけに関する詳細な省察や懸念を吐露するという事態は、あまりみられなかった。彼らは「ザ・サン」を好んで読むと語ったが、それを語る際には、「ザ・サン」のとっつきやすさや扱われている題材の軽妙さという点が強調された。それは、以下の二つの点にみられた。一つは、中心的な紙面が有名人の文化やゴシップで構成されているという、グループ全体としての意見と、ケヴだけが語った、投書欄に採用された読者の考えに対する興味である。

ケヴ：「ザ・サン」はいいよね。
スティーブ：ゴシップ紙。
リズ：ゴシップ紙には間違いないですね。

ウェイン：有名人についての記事を読むんだろ。有名人の世界で何が起こっているのかを知っておきたいものな。

ケヴ：そういうことに関心があるわけじゃないんだけどね。関心があるのは、他の人の意見なんだ。「ザ・サン」には、様々なことに対するいろんな人の意見が載っているコラムがあるじゃないか。

モデレーター：投書欄のこと？

ケヴ：それそれ。いまいちばん社会的な関心が高いもの、例えば不法移民とかさ、そういうやつだよ。人が何を考えているのかとか、そういうのを読むのが好きなんだ。

ダズ：僕はリズが言ったことが、ズバリだと思うな。「ザ・サン」はゴシップ紙だよ。読むのは面白いけどね、それだけさ。朝にざっと目を通せばすむみたいな。

ケヴ：まぁ、それはそうだけどね。

ウェイン：「ザ・サン」と「ザ・スター（*The Star*）」で有名人に関する記事を何か読むとするじゃないか、そしたら、その半分はデタラメだって知らないわけじゃないだろ？

両方のケースから読み取れるタブロイド紙の位置づけの鍵は、ウェインが強く指摘するように、真面目に受け取るものではないということである。むしろ、タブロイド紙は、忙しい日常のなかで「ざっと目を通すだけ」のため、ちょっとだけ手に取られるにすぎない。

フォーカスグループからは、様々な新聞や雑誌が特定の購読者層と結び付いているという認識が示された。そこから、新聞や雑誌には、読者のアイデンティティ形成を仲介する重要な役割があることが示唆される。アイデンティティに注目した新聞・雑誌の様々な位置については、それぞれの読者層の間でも微妙に異なった発言の証拠が得られた。アフロ・カリブ系を対象にしたフォーカスグループでは、「ザ・ヴォイス（*The Voice*）」や「ザ・ネイション（*The Nation*）」が「黒人文化」を示すことの優劣が語られた。レズビアンたちからは、「ディーヴァ

(*Diva*)」「ゲイ・タイムズ(*Gay Times*)」などの他の雑誌は、レズビアンまたはゲイとしてのアイデンティティ形成を促すものと見なされ、評論されていた。一方で、女性や男性のためのライフスタイルマガジンに関しては、このような観点から論じられることはあまりなかった。ただ、幅広い社会的地位についている男性(スウォンジーの半熟練労働者や、ロンドンの専門職についている黒人男性など)が「エフ・エイチ・エム(*FHM*)」「メンズ・ヘルス(*Men's Health*)」、そして「アリーナ(*Arena*)」といった雑誌を活用していることを報告していた。このような雑誌は、男性的な消費主体の出現を示唆するものでもあるとされる。[16] 女性が女性誌を読んでいることを報告する場合は、これまでの事例と同様に自らの読書習慣についてけなす傾向があった。キャサリンは、若い専門職や学生を対象にしたフォーカスグループの参加者で看護師をしているが、一カ月にだいたい十八誌くらいの雑誌を読むと主張したあとすぐに、「全部似たようなものだけど」と述べた。これら十八誌には音楽雑誌や映画雑誌に加え、彼女が積極的に定期購読している女性誌四誌も、彼女いわく「「コスモ(*Cosmo*)」や「グラマー(*Glamour*)」とか、そういう陳腐なヤツ」も含まれている。キャサリン自身も「なんでそれを読んでいるのかわからない」というが、もしかしたら、あまりよく知らない人々に対して、それらを読むことで得られるやましい快楽を弁解したくなかったのかもしれない。彼女は、例えば風変りなカナダ人作家として知られているダグラス・クープランドの作品など、より「正統」な読書の好みについての説明をしているときのほうが楽しそうだった。レズビアンを対象としたフォーカスグループの協力者で大規模な報道機関で働いているターニャは、自分のことを「雑誌女子」と称していた。しかし、彼女は「くだらなくてゴミみたいな「コスモ」」を「結構」好きと認めながらも、女性誌については同様にさほど興味がないとしていた。それに対して、彼女が特に強く関心をもっているのは「ニューヨーカー(*New Yorker*)」誌であり、この雑誌のことを現代のジャーナリズムの美点の見本だと称していた。

「ニューヨーカー」っていう雑誌はですね、もしあなたが火星から地球にやってきた宇宙人だったとしたら、環境面で周りに何があるのかとか、どのような人々の関心が政治を動かしているのかとか、そういうことがすぐに知りたいって思うじゃないですか。そういう感じのものですね。山ほどの評論やたくさんの記事が掲載されていますよね。だから「ニューヨーカー」はお気に入りの雑誌の一つなんです。

このような「グローバルな」雑誌に関する指摘は、ロンドンの専門職を対象としたフォーカスグループでも顕著なものだった。リーと「コスモポリタン（*Cosmopolitan*）」も読むマヤは「ニューヨーカー」の魅力を次のように語る。

マヤ：政治に関する重めの長い記事が掲載されていたり、一方で、まったく軽めのエンターテインメント系の記事が掲載されていたりするんです。例えば、パフ・ダディのファッションの趣味とかが扱われてたことが一度あったし、かと思ったら、戦争に関するものがあったりとか。様々なジャンルの記事が掲載されているんです。

リー：「ヴァニティ・フェア（*Vanity Fair*）」が刊行され始めた頃は読んでたんだけど。だけど考えてみたら、何て名前だっけ……、彼女が編集長になってから——そうティナ・ブラウン。

マヤ：ティナ・ブラウン。そう、彼女が編集するようになってから、だんだんと変わっていったっていうか……一つ一つの記事が長くて書きすぎになったし、少なくなった。対して、「ニューヨーカー」のほうは一つ一つの記事がよく練られているし、厳選されていますよね。大衆文化、古代史、現代政治とかいう幅広い事柄について少しずつ知ることができるんです。

雑誌の国際的な性質が、この文脈では見逃せない点である。ロンドンの専門職エリートたちは、そこに書かれた文章を活用し、彼らの世界を意味づけるものとしてそれを解釈しているのである。これらの雑誌を、（ヒップホップ・プロデューサーでパフォーマーのパフ・ダディから、「古代史」まで）「様々な事柄をちょっとずつ」掲載するものとして評価することで、雑誌業界のある人物に関してわかる程度にまで、雑誌文化のある特別な領域に関与することが、読者にとっては、自らを投影しうるようなオムニボア、コスモポリタン、専門的といった志向性を象徴的に映し出すものとなる。これは、先のイーディスが描写していたような、「テイク・ア・ブレイク」を回し読みするといったこととは隔絶した有様である。両者の違いからわかるのは、読むことの界のなかで表面的には開放されていて、誰でもアクセス可能にみえるこの部分でさえ、分断化のプロセスがいまだに作用している、ということである。

5 結論

読むことの界について検討した結果、文化資本の形成と分配で読むことの嗜好が重要な役割を果たしていることが明らかになった。幅広い意味での読むことの界、そして狭い意味での本の界について掘り下げて探究したことで、重要で根強い関係性がいくつか示唆された。

一般的に人気があるジャンルやタイトルを含めたり、書籍以外の読み物を考慮に入れたりしたことで、イギリス国民全体の読むことに関する嗜好のあり方を描き出すことに成功した。これは、主要な階級内の区別についてしか明らかにできなかった、という状況とは異なっている。しかしながら、「本の文化」にいそしんでいるのは、都会の高い教育を受けた国際的な人々に限定されている、ということも明らかになった。音楽界の場合とは異なり、読むことの界に関して、特段強固なクラスターが形成されることはなかった。SF、ホラー、ファンタジー、そしてロマンス小説に対する好みがジェンダーの点ではっきり分かれたことを除けば、好き嫌いの関連性は顕著なものとは言えなかった。ジェンダーは、ジャンル間のそしてジャンル内（特に伝記と自伝）の差異によって界を特徴づけ、文化マップで、第三軸の活動や好みを差異化させる特にダイナミックな力である。読むことに関する好みの違いによって、様々な形態の資本が生じることになる。自己や親密な関係の知識と管理に関係する「情緒的」資本、読書の専門的・実践的、そして技術的利用に関係する「テクニカル」な資本などである。性別によって、どのような形態にアクセス可能かについては違いがあるようであり、また、それが他の資本という形態に変換されるときには異なる価値が生じるのかもしれない。

驚嘆に値するかもしれないのは、本を読むことそれ自体を秀でた活動だと見なす主張がほとんどみられなかったことである。これは、過剰にスノッブな文化的志向の弱さを示した第4章の議論の証左でもある。ノンフィクションのジャンルを読むことに、かろうじて自己啓発や独学といった性格をもつことが指摘されることはあるものの、楽しみのために読むとか、単に読書が日課だというほうがずっと一般的であり、文化資本に富んでいる人々の間でも観察されるものだった。『ボヴァリー夫人』のような権威がある本は、それほど読まれておらず、そのような文学的テクストに本来的に価値が備わっているという表明は、少なくともスノッブ的な、もしくは排他的な文脈ではほとんど聞かれることがなかった。『高慢と偏見』のような本が人気を集めているという点は、控えめに言っても、文学的な価値に変容が生じていることを示唆するものである。このような本を読むことは、他の大衆文化の界に参加する際に生じている。そこで暗示されているのは、正典としての形態であれ、当世流な形態であれ「文芸」なるものとの関わりが、専門職中産階級にとっては、オムニボア的ポートフォリオの一要素になりうる、ということである。

自伝／伝記文学と現代文学の間には持続的で強力な関連があり、そこから、正統文化やハイ・カルチャーに対する志向性が生まれている。特に現代文学は、高い学歴資格をもっている人々の間で著しく好まれている。毎年恒例の文学賞を通じた出版業界の販売活動と、現代文学の読者の間には深いつながりがあり、議論の余地はあるものの、おそらくこのような読者こそがそうした販売活動の主要なターゲットとなっている。と同時に、アスリートやテレビに登場する有名人の伝記、あるいは自伝の方が人気があるのは、それを読んで自らの教訓にしたり、ている。しかし、読むことはいまだに文化資本の蓄積にとって重要な手段であり、仲介役であり続けているのだ。うことは紛れもない事実であり、表示された画像や放送は知識の源となり、文化的な判断を下す際の指針となっことは有用である。現在では、このような機能のうちのいくつかは、電子メディアによって代替されているとい資本が増加することがあった。客観的な文化資本の運用能力を示すための正しい項目を選択する場合にも、読む位文化資本へのアクセスが可能になっていた。議論の余地はあるものの、自己啓発本との親和性によって感情的ことは、他の形態の資本を獲得するための必須条件にもなっている。専門雑誌によって、テクニカルな資本と下のすべての形態のなかで、おそらく最も重要でその制度的形態でもある教育資格へのアクセスが開かれる。読む的な形式の活動である一方、他の形態の文化資本への導線としても機能している。読むことによって、文化資本

読み書き能力は、現代社会でも鍵になる資源であり続けている。読むことは、それ自体で高く評価される正統

くなってきている、ということである。

をしている。ここで示唆されているのは、文化資本が配分されるとした際に、読むということがアクセスしやす神経質である。これとは対照的に、タブロイド紙や「テイク・ア・ブレイク」の読者は、どこか俗っぽい読み方ンティティ形成のために、新聞や雑誌を用いていた。大判の新聞やグローバルな雑誌の読者は、真面目でどこか示された。調査対象者たちは、政治文化のなかでの自らの立ち位置を検討したり、そして、様々な種類のアイデ討した結果、多様で幅広い対象者たちが、日常的にどのように読むことを用いているかについて重要な実例が提義だが、同時に読むことの界は、他の界への橋渡し役にもなっている。新聞や雑誌を読むことの嗜好について検いう意味で重要であり、この点こそが最も重要な知見かもしれない。いまでも読むことは文化資本そのものと同テレビで実写化されたりすることは、それによって文学的知識、また新聞・雑誌文化への知識が切り開かれるとる。このことは、自伝／伝記文学の正統的性格を和らげるはたらきをもっている。文学作品が映画化されたり、無関心さを示したり、学術的な省察などをしたりする形ではなく、噂話やおしゃべりの楽しみの延長としてであ

注

(1) Collins, J., "High-Pop: An introduction" in J.Collins eds., *High-Pop: Making Culture into Popular Entertainment*, Ashgate, 2002 を参照のこと。

(2) Vincent, D., *Bread, Knowledge and Freedom: A Study of Nineteenth-Century Working-Class Autobiography*, Methuen, 1981（デイヴィド・ヴィンセント『パンと知識と解放と――19世紀イギリス労働者階級の自叙伝を読む』川北稔／松浦京子訳、岩波書店、一九九九年）, Rose, J., *The Intellectual Life of the British Working Class*, Yale University Press, 2001.

(3) Boschetti, A., "Bourdieu's Work on Literature: Contexts, Stakes and Perspectives," *Theory, Culture and Society*, 23(6), 2006, pp.135-155 では、こうした研究がブルデュー理論の集成のなかに位置づけられていて有益である。

(4) Zavisca, J., "The Status of Cultural Omnivorism: A Case Study of Reading in Russia," *Social Forces*, 84(2), 2005, pp.1233-1255.

(5) Van Rees, K., J. Vermunt and M. Verboord, "Cultural Classifications under Discussion: Latent Class Analysis of Highbrow and Lowbrow Reading," *Poetics*, 26(5-6), 1999, pp.349-365.

(6) Griswold, W., T. McDonnel and N. Wright, "Reading and the Reading Class in the Twenty-First Century," *Annual Review of Sociology*, 31, 2005, pp.127-141.

(7) Radway, J., *Reading the Romance: Women, Patriarchy, and Popular Literature*, University of North Carolina Press, 1984, Fowler, B., *The Alienated Reader: Women and Popular Romantic Literature in the Twentieth Century*, Harvester Wheatsheaf, 1991.

(8) Hermes, J., *Reading Women's Magazines: An Analysis of Everyday Media Use*, Polity Press, 1995.

(9) Bennett, T., M. Emmison and J. Frow, *Accounting for Tastes: Australian Everyday Cultures*, Cambridge University Press, 1999 も参照のこと。

(10) Bourdieu, P., *Distinction: A Social Critique of the Judgement of Taste*, Routledge, 1984, p.119.（ピエール・ブルデ

ュー『ディスタンクシオンI——社会的判断力批判』石井洋二郎訳、藤原書店、一九九〇年、同『ディスタンクシオンII——社会的判断力批判』石井洋二郎訳、藤原書店、一九九〇年）

(11) Radway, J., *Reading the Romance: Women Patriarchy, and Popular Literature*, University of North Carolina Press, 1994.

(12) Radway, J.,"Reception Study: Ethnography and the Problems of Dispersed Audiences and Nomadic Subjects," *Cultural Studies*, 2(3), 1988.

(13) English, J. F., *The Economy of Prestige: Prizes, Awards and the Circulation of Cultural Value*, Harvard University Press, 2005, Street, J., "'Showbusiness of a Serious Kind': A Cultural Politics of the Arts Prize," *Media, Culture and Society*, 27(6), 2005, pp.819-840.

(14) Radway, J., *Reading the Romance: Women, Patriarchy, and Popular Literature*, University of North Carolina Press, 1984.

(15) Benson, R., "Field Theory in Comparative Context: A New Paradigm for Media Studies," *Theory and Society*, 28(3), 1999, pp.463-498, Benson, R. and E. Neveu eds., *Bourdieu and the Journalistic Field*, Polity, 2005.

(16) Jackson, P., N. Stevenson and K. Brooks, *Making Sense of Men's Magazines*, Polity Press, 2001.

訳注

[1] Arundhati Roy：一九九七年に『小さきものたちの神（*The God of Small Things*）』でブッカー賞を受賞。

[2] Yann Martel：二〇〇二年に『パイの物語（*Life of Pi*）』でブッカー賞を受賞。

[3] Mills & Boon：イギリスで出版されているロマンス小説の出版社。現在はハーレクイン社に買収されている。

第7章

視覚芸術の社会学的カンバス

1　序

視覚芸術は文化社会学で等閑視されてきた。しかしながら、アメリカの家庭についてのデイヴィッド・ハレの研究[1]とイギリスに焦点を当てたコリン・ペインターによる重要な経験的研究によって、最近、注目を集めるようになっている。マイケル・グレンフェルとチェリル・ハーディー[2]も、ブルデューの枠組みに依拠しながら、現代の視覚芸術の文化実践のあり方を議論しているが、そこには絵画の歴史的展開だけでなく、ヨーロッパやアメリカの博物館や美術館の利用も含まれている。それらの研究は、社会の組織化をおこなう構造が、階級的位置という面から周囲のものに関する諸個人の感覚と知覚をまとめ上げる、というブルデューの見解を裏づけている。美術館の利用しやすさを改善しようとする政府や運営者側によるもろもろの施策にもかかわらず、美術館の利用者は依然として中産階級のままである。階級と教育が教養ある世界への入り口を形作っているような世界では、画家や絵画の流派に親しんでいることと社会階級とは関連し合っている。クレイグ・アップライト[3]はブルデューに触発され、アメリカで、文化実践に作用するものとは、文化資本の伝達と教育や家族によるそれまでの社会化だけではなく、現代の社会的関係、とりわけ、第12章で詳しくみるように、結婚もあることを明らかにした。まったく反対の見方が、タク・ウィン・チャンとジョン・ゴールドソープ[4]によって提示されている。彼らは、イギリスで博物館や美術館にいくことを、社会階層や文化消費の議論の一形態として検証している。彼らはブルデューの考えを限定的に解釈しながら、階級と文化的嗜好とが直接的に同一であるような実例を探し求めた。そのような例が見当たらないので、かわって彼らは地位の重要性と、その結果として経済的な関係が有意でないことを主張している。彼らの研究では、われわれの研究を参照しながら[5]視覚芸術での嗜好が階級とは結び付いてはいない、ということが示唆されているが、後で理由を述べるようにわれわれはこうした考えに賛同しない。

本章では、博物館や美術館との関わりやそこで展示されているものについてふれていきながら、視覚芸術について探究していく。われわれは、人と絵画の関わり方に特権的な意味を与え、正統性が高い芸術家や作品といったものを、視覚芸術と諸個人との結び付きを評価するための基準点と見なしている。しかしながら、現代社会では写真、映画、マスメディア、そしてインターネット上の視覚像というものが非常に重要な意味をもっているので、われわれはより広い範囲の視覚文化に対しても注意を払った。視覚像によって、社会的差異が構成されることもあれば、視覚化されたり隠されたりすることもあることを認めながら、その一方で、ブルデューが『ディスタンクシオン』で写真を用いて探究したように、本章では分析対象を限定して、視覚芸術の界の分析に特権的な地位を与えている。しかしそれと同時に、この界を適切に探究するために、われわれはより広い視覚文化のなかに埋め込まれた視覚芸術の像を取り上げる。視覚芸術の界は、われわれの量的研究の資料によって明らかにしていくように、はっきりとその範囲が定められるものではないからである。

第3章でみてきたように、音楽は調査サンプルのなかの嗜好を、最も強く、かつ互いに競合するようなやり方で分断するものである。その一方で視覚芸術は、その他の文化の界と比べて、ある特定の排他的な嗜好を差異化させるような文化である。われわれの文化マップでは、第一軸で、視覚芸術は二番目に有力な界であり、いまのところ、第四軸で最も大きく寄与している界である。第一軸は、文化活動への関与の土台を差異化する軸である。第四軸は、主に現代的で商業的な文化を通じて、文化的な生活に中程度関与する人々を、高い水準の興味と参加志向をもって正統的な文化に熱心な関わりをもつ人々と区別する軸である。われわれは、視覚文化への関わりは全般的に熱心におこなわれており、さまざまな社会集団によって多様な視覚表現への投資がおこなわれていることを明らかにした。しかしながら、視覚芸術の界はもっと制限されたものなのである。ギャラリーやミュージアムに足を運ぶ（あるいは運ばない）水準［の行動］が様々な集団間で異なっていることや、どれほど芸術作品の原画や高品質の複製画をもっているかという指標に示されているように、視覚芸術に関与する度合いの強さは社会的地位と強く関連し合っている。

われわれが文化活動への関与を強調している点は、ブルデューの主張[6]とも全体的には合致している。文化への接近手段というのは、振る舞い方、態度、収入、マナーなどに基礎づけられたもろもろの財が位置づけられる文化の文脈に関する知識であるというよりも、諸個人が他者からどう認識されるか、また結局どんな社会的地位に位置づけられるかに重要な意味をもっている。［文化を］知ることや好むことは、このような界のなかでは、高度に聖別化される界のなかの諸個人の位置を描くには、まったくもって不十分である。ヴェラ・ゾルバーグ[7]が指摘しているように、博識な鑑賞眼を有するのはしばしばそう重点がおかれるのである。難解な芸術をある程度理解しても個人の地位を強めるわけではない。他方で、ある種の専門家にとどまるものである。モダンアートの拒絶は、実際に評価される身体化された実践に伴われていれば、社会的地位を高める可能性がある。関与とは、上品で洗練され、文化的な振る舞いの基準としての、公的振る舞いの形態を表現する場面なのであり、視覚芸術の界以上にそれに適した場はない。

われわれのデータは、視覚芸術での嗜好、知識、そして参加の構造の間の関係を理解させてくれるものである。われわれはフォーカスグループの議論のなかで語られた話題について探究する。インタビュー調査では、調査対象者として選択された世帯主とエリートというそれぞれの参加者と絵画や複製画のことについて議論した。その際、各自の自宅の壁に飾られていて、われわれ自身が近づくことができた絵画や複製画についても取り上げた。われわれは、過去ならびに現在で視覚芸術にそれぞれの人々がどのように関わっているかについても議論した。本章の第2節で、われわれは、インタビューの成果に基づいて、イギリスの芸術界のなかで異なる地位の例証となるような二つの絵画を取り上げて、（絵画の）嗜好と知識の間の結び付きを探究した。この分析では、諸個人の位置は、文化資本をもっていることによって主に決まることがわかるけれども、特定の人口学的あるいは個人史的パターンと結び付いた屈折を伴っている。階級差と結び付いた卓越化の諸形態は、より新しい「企業文化」を通じて再活性化することもあるけれども、視覚芸術の界の伝統に特有であることをわれわれは発見した。第3節では、われわれの質問紙調査とインタビュー調査の両方の成果から視覚芸術の消費について論じる。この節では、階級と文化実践の結び付きを確認する。すなわち、より教育があり、より高い職業に就いている人々は全調査対象者の他の人たちよりもギャラリーやミュージアムにより頻繁にいき、ずっと高い割合で芸術作品を所有している。しかし、われわれは、女性やエスニック・マイノリティ集団の若者の視覚芸術との関わり方については、いくつか驚くべき発見もしている。第4節では調査データに基づき、様々なタイプの諸作品や広範囲の芸術家たちに対する諸個人の関わり方を考察する。様々な社会的世界が界の歴史性と階級的輪郭の双方に沿って存在している。けれども、ジェンダー、年齢、エスニシティ差を通してみると顕著なのだが、異なったタイプの芸術作品にふれたり、特定の年代の参加者グループに限定された芸術と関わる経験をしたりすることによって、「芸術と」階級との整然とした結び付きに疑義を呈するような、特有の屈折が生じることになる。結論では、われわれの知見とブルデューの知見とを対比し、視覚芸術の界で文化実践が分類される際に、嗜好、知識、参加がどのように関連し合っているかについてと、そうした諸実践と文化的卓越化との関係について言及する。

2　絵画を対照化すること

芸術界への関与について最も詳細におこなった調査は、インタビュー対象者にわれわれが見せた二点の絵画について話してもらうものだった。ジョゼフ＝マロード＝ウィリアム・ターナーの『解体のため最後の停泊地に曳かれていく戦艦テメレール号』（一八三九年以前）とデイヴィッド・ホックニーの『ペーパー・プール』（一九八〇年）（図7―1、図7―2、二三〇ページ）である。両方ともイギリス絵画の世界では、異なった伝統における代表作品である。ターナーは、イギリスロマン主義の風景画家と定義されていて、印象派の基礎を築いたと言われている。われわれが選んだ絵はおそらくターナーのなかでも最もよく知られている作品であり、ロンドンのナショナルギャラリーで展示されている。ホックニーは一九六〇年代のイギリスポップアート運動の重要な功労者であり、二十世紀の芸術家のなかで最も影響力がある人物の一人である。選んだ絵は彼の「ペーパー・プール・シリーズ」の一つで、彼の作品のなかでもよく知られたものである。著作権の制限のため比較的初期の絵から選ばざるをえなかった。二つの絵は、高品質印刷でラミネート加工されたA４判の複製画を用いて、インタビュー回答者に提示された。われわれは回答者にどちらの絵が好きか、どちらの絵を自宅の壁に貼りたいか、知っている絵か、画家の名前を知っていたか、さらには、これらの絵に関する会話にだいたい熱中できたか尋ねた。壁に掛けて「一緒に住みたい」かどうかの質問に対してはどちらともいえない感情を抱いた事例の回答も含まれるものの、インタビュー回答者の主な反応を捉えてみると、驚くべきことではないが、見知っている割合はターナーのほうがホックニーよりもはるかに高く、好む人の割合も同様にターナーのほうが高かった。世帯インタビューに参加し二つの絵に関わる回答を得た四十二人のうち（二人は回答を得られなかったが）、大多数（三十二人）はターナーを好み、男女の割合は同じだった。一方、ホックニーを好んでいたのは七人だけだった。

インタビュー回答者の二つの絵に対する反応は三つのグループに分けることができる。①自信がある愛好家、②ゆるやかな消費者、③自己弁護的個人の三つである。これら三つでは、それぞれ特有の水準の回答が優勢ではあるけれども、文化資本という水準で直ちにマッピングできるようなものではない。各グループの特徴はフォーカスグループの回答および質問紙調査から得られた知見と共振し合っている。三つのグループは、基本的に二点の絵に対する次の反応に基づいて分類された。すなわち、ⓐ作品そのものと画家の識別、画家あるいは作品に関連する任意の話題、ⓑそれぞれの画家あるいは作品に対しての個人的な反応の様子やつながり、ⓒそれぞれの絵画への関与の強さ、である。個々の回答者全員がこれら三つの特徴を結び付けながら表現をしていたわけではない。自信がある愛好家のほとんどは、画家や作品についての知識が豊富だった。彼らは、視覚芸術に対しての何らかの深い関与を表明しながら、自らが絵画に関わってきた話をし、見ているものに関連づけた反応を示してくれた。ゆるやかな消費者もしばしば話の種をもっていて、二点の絵画に触発されて話をした。そして彼らの話、すなわち、彼らがターナーとホックニーの複製画と、家に飾っている絵画とを比較しながら、自分たち自身の視覚芸術作品消費という話からは、絵画にただただ楽しみながら、感性のままに関わっている様子が見て取れる。自己弁護的個人は、回答者の無関心についての説明を含みながら、もっとその人自身の個人的で、しばしば作品からは離れた、絵画に対する反応が語りに含まれていた。興味深いことに、このいちばん最後のグループの何人かは、強い感情を示していた。もっとも、こうした感情は、視覚芸術それ自体よりも、何かから排除されているような感覚（疎外感）と結び付けられていた。

十五人の自信がある愛好家の大多数（第3章と第4章でみたように、文化的関与の第一軸の右側に位置する人がほとんどである）が画家の名前を特定し、ほぼ全員がターナーを好み、さらにホックニーを好んでいた少数派のほとんど（七人中五人）はこのグループのなかにいた。エスニック・マイノリティの出身者は一人しか含まれていない（スーザン・ミルザ・フット。開業医で芸術関係の講師と結婚している）。［そこでは］幅広い知識が誇示されていた。何人かは絵画技法、制作年代、印象派やモダンアートとのつながりについてそれらしく話していたし、他の何人かは、より正確に作品そのものや、ターナーの作品でこれまで見てきたもの、ホックニーのプールの作品のシリーズについて知っていること、そして歴史的に他の美術とこの二つの作品との結び付きを認識していることなどを語っていた。

最初の絵を見せると、科学者のドギー・ハメットは即座に「ターナーの絵だね。つい最近、ロルフ・ハリスの『ロルフの美術教室』でやっていたよ」とテレビの美術番組について話し始め、さらに、現代視覚文化における視覚芸術の位置について語ってくれた。彼は調査者に次のように述べている。

(番組のなかで)ターナーについて、彼がこれらの事物をどのように描いていて、彼が雲や空にどれだけ魅了されていたのか、を話していたんだよ。なるほど、この絵全体がまさに空なんだよ。あたかも空が船を付き従えているようにね。……いいかい、これらの船は空に付き従っているんだよ。空のなかの炎のようなものにみんな引き付けられるからね。……うーん、たぶん、懐かしさを感じるんだろうね。この船を見ると。何か引き寄せられるようなものがあって、炎のようなものがこの曳船「戦艦テメレール号」に及びつつあるよね。

インタビュアーがこの絵を知っているかと確認をとると、ドギーは「テレビでもう何度も見た絵だ!」と言った。そして、彼は熱を込めながらホックニーについて語った。

私はこの絵の抽象性が好きなんだ。それで、とても単純な主題を扱っていて、飛び込み台とプールのようにね、この波の描き方がなんというか、プールの水面から光が反射している印象も与えてくれるよね。しかし同時に、水の中も見えるわけだ……。いやぁ、とてもいいなぁ。

語学教師のマリア・デリックは修士号をもっている。彼女は（ターナーの作品を）芸術分野に一定の位置を占める絵画だとして評価し認めるけれども、ターナーの作品は嫌いである。ホックニーについてのコメントをみてみよう。

マリア：デイヴィッド・ホックニーのプールの絵について話すつもりだったんですけど……私にとっては深みが感じられない絵ね、十代の子どもたちがお絵描き教室で描くような絵です。プールのなかの青色がのたくった殴り書きは……うーん、何かの反射かしら、誰が飛び込んだときのプールのなかのさざ波かしら？それとも、水面の光の動きか、うーん、いえ……魚か、ウナギかしら？　この絵はまったく好きになれない。暗すぎて、何の深みもない。もう一つの絵はずっと深みがあって、驚くような色の重なりあいがあって、特に空のなかにね、でも子どもじみた絵ね。
インタビュアー：この絵をもっていたいですか？
マリア：全然、ありえない。どちらの絵も嫌いよ。ルノワールの絵を見せてくれれば幸せな気分になれる。あとはモネかな。

ジェームズ・フットは芸術についての大学講師であり、ターナーの絵画を専門家の視点をもって判別している。

その絵についてはそれなりに知っていると思っています。実際にナショナルギャラリーで展示されているのを見たことがあります。はい。とても魅力的で、非常に豊かな絵です、すてきな様式とこの色合いなど。本当にすばらしいですね。

ホックニーについては、ジェームズは次のように述べている。

はい、こちらの絵も……確かにすてきだと思います。はい。ただ、この絵のなかのいくつかの要素、例えばさざ波のようなものなどは、あまりうまく描かれていないように考えています。やっぱりあまりうまく描かれてないですね。この波は魚か何かのように見えますが、波がね。でも、いや、もちろんいい絵ですよ、はい。すてきです。すてきな絵ですし、いいコンセプトをもったものですし……。

専門家のフォーカスグループの何人かの間では、絵画を所有することについて説明が一致している。美術品をもつことについての議論で、若い専門家や学生たちのフォーカスグループは金銭的にできることが限られているので、重要な作品をもてないことを打ち明けている。だが、デイヴィッドは、作品を買うことは「自分が家をもったとしたら払うような多大な注意を作品に払うようなものだ」と言っている。彼らにとって「芸術」とはつながりや、比較的いい階級の出身であることや、美的快楽と、価値が高くて聖別化されるような様式や芸術家とを結び付けていることを開陳するようなものである。このようなことを彼らは気軽に語り、何げなく判断している。

クレア：私の姉妹がAレベル（高校卒業資格）を芸術でとっていて、それから学部の学位を芸術でとっていまして、彼女は本当いろんな芸術っぽいことをしていて絵もたくさん描いていて、それで二枚もらったことがあって、はい……。

モデレーター：他の方は？

レズリー：何枚か（マーク・）ロスコのリプリントをもらっていて、結婚祝いのプレゼントでもらったのかな、あとは何枚かマットが描いた絵ももらったな、抽象画ね、……おおっと、イケアで買ったものもあるな。イケアで買った写真と、あとは私の義理の兄弟が返してくれたアフリカンアートの作品も何枚かあったな。

パトリック：地元の絵画展で十五ポンドぐらいで買った鉛筆の素描画をもっているよ。すてきな裸体の女性だったからね！　……あと何枚か自分で撮影して、引き伸ばして額装した写真ももっているはずだな。

第4章で示してきたように、われわれの質的調査のサンプルでの高い文化資本をもった人々の割合は全国抽出調査よりも大きい。ここで例に出すグループと完全に対応するわけではないが、芸術に関する見方と文化資本の水準を結び付ける一貫性が、特に視覚芸術への関与と関連している。この一貫性はフォーカスグループでの議論でも見られる。ここでは、芸術や鑑賞、習い事についての興味を大きく示したのは専門家グループだけである。この点を裏づけるものとして、すべてのエリートにおこなったインタビュー調査では、一貫して高い水準まで視覚芸術と密接に関わりをもっていることが明らかになっている。こうしたエリートたちは、特にロンドンで、定期的に美術館を訪れていて、さらに出張時や休暇にも訪れるため、様々な世界的に著名な美術館の価値についてコメントすることができる。(8)

［第二のグループである］くつろいだ消費者は十四人で構成されている。彼らは、絵画について、色や形について楽しんで関わっていくことを求めながら、これら二点の絵やそれ以外の類似した作品の知識を一般的に示すことなく、主に感覚の水準で関わりをもっている人々である。このグループの何人かは今回提示した絵を好まなかった。というのも、これらの絵が楽しさや喜びを呼び起こすようなものではなかったからである。このグループのうち、三人だけが高い文化資本をもっていると階級的に分類された。エスニック・マイノリティのグループの回答者は大多数がこのグループに集中していた。装飾としての芸術が、表明された意見のなかでは主に言及されていた。

例えば、トニー・ブライアントは白人、既婚で学齢期の子どもが二人いて、世帯の文化資本は低い。ターナーの絵を見せると、彼は「かわいらしい船と一緒にたくさんの船が浮かんでいるな。どれも古い蒸気船だな。たぶん」。この絵が好きかと尋ねると、彼は次のように答えている。

いやぁ、私が海の近くの出身だからさ、海と、ちょっといやたくさん何かつながりがあるだろ、海岸や他のものやさ、うん、とても、とてもすてきな絵だよ。誰が描いたなんて全然思い当たらないけどさ、何かの版画か何かの類いかな。

フェルハン・アフメドはパキスタン系の四十四歳で既婚、十歳から二十歳までの五人の子どもがいて、パートタイムで運転インストラクターとして働いている。彼は簡潔にターナーの絵を好きだと述べて、非常に好意的だったが、しかし、ホックニーについてはかなり不明瞭な言い方となった。

フェルハン：この絵について実のところを言えば、嫌いなんだ。でも、私はプールは大好きなんだ。これは［聞き取れず］私は嫌いだ。なんというか、どうしてかはわからないけれど、そんなにすてきには見えない。
面接調査者：この絵についてあなたが嫌いだという理由が何かありますか？
フェルハン：これだね、見た目、見た感じ、まさにその見た感じがね。だから嫌いだよ。

サーブヒトラ・ゴパルはインド系の五十三歳で既婚、すでに結婚した子どもがいて、学校のパートタイムの給食係をやっている。

というか……、これは何？　あ、船ね、水に浮かぶ船、真っ赤な空をバックにね、そうね、考えられないね、自宅の壁にこれを貼るなんて、私はこういう絵が嫌い、本当嫌い、私の趣味ではないな、全然、まったく、火のなかの船、そんな風に描かれただけなのかしら？　……できあがったとおりに描かれたとしか言えないでしょ。こんなの壁には貼らない。（略）この絵のどこが美しいの？　そう思わない？

このグループのなかでホックニーを好む人は一人もおらず、彼らは一様に水のなかの「さざ波」のことを「何かそこに描いてある変なもの」「みみず」「おたまじゃくし」「ヒル」「精子」「魚」などと呼んでいた。何人かの対象者はこれらのモチーフが怖がらせたり、いらいらさせたりする［と話していた］。彼らは単に飾りのような絵画を求めるだけでなく、動物、花、風景、肖像画のように、装飾的な絵にも特有の嗜好をもっていた。退職した労働者階級のフォーカスグループの人たちは、美術品を所有することについて意見交換をした際に、こうした嗜好を具体的に説明している。その際、絵画作品や写真作品の優劣をめぐってちょっとした議論になる一方で、個人的な絵画とのつながりの重要性が繰り返し強調されていた。

ドロシー：私は応接間に二枚、飾っています。一つは娘が住んでいて、私が大好きな村のもの、もう一つは、彼女の村の隣のもので、これもとてもすてきです。
ペギー：それは写真、それとも絵ですか？
ドロシー：写真は壁には掛けていないです。写真立てのなかに入れています。
ペギー：うーん、ということは村の写真ということ？
ドロシー：いえいえ、写真ではないの。それは人が描いたものです。
ペギー：あら、絵なのね。それみてみたいなぁ。
フローリー：私は写真をもっているわ。写真が好きでたくさん撮ってきたのよ。結婚式のとか、自分の写真とか、金婚式のときの子どもたちの写真とか、他の部屋には孫を撮った写真もあるわよ。

［第三の類型の］十三人の自己弁護的個人（主に図4―1の中心か左側に位置している）にみられる主立った反応として、何人かはターナーが好きで、そして、注目すべき有意なこととして二人はホックニーが好きであることを除けば、両方の絵とも嫌いだということが一つ挙げられる。このグループは全体としては文化資本が低いけれど

も、三つのグループのなかでは文化資本の水準が最も交ざり合ったグループである。ここでは自己弁護の範囲が広範にわたっていて、これはインタビューをする側が知識をもっているだろうと対象者が考える場合に表明されていた。ほとんどの場合、知識の欠如、集団への同一化を拒むエスニックな立場、排除の感覚に対する敵対的反応などを隠そうとするとき、自己弁護が表れていた。

アリ・マッケイは三十一歳の白人で既婚、よちよち歩きくらいの二人の子どもがいて、農村出身であり、農産物のセールスマンをしている。彼は、まるで学校のテストでも受けているかのように、コメントすることに苦心しながら、会話のなかで不快な表情を浮かべていた。

違う。嫌いと言いたいわけじゃないんだ。なんというか……思うに昔の油絵だろ。うーん、たぶん、画廊に絵を買いに足を踏み入れたとしても、俺が選ぶ絵ではないな。何だか細かいところが欠けている絵だよね。でも、それよりも、なんていうか、あなたが（私に）何を述べてほしいのかがわからないんだよ。どんな絵だかわからないし。（知識のテストをしているわけではないことを彼に再確認してもらうためにインタビューは中断）

ロナルド・ライトは、白人のゲイの男性で三十代の半ばであり、弁護士事務所で高級管理職として働いている。ターナーの作品が好きで、彼はこの絵を知っている。だが、彼はホックニーを知らず、知っているべきだと感じているようだった。インタビュアーがホックニーの絵について考えたことを話すように促す。［すると途端に］彼は「あまり知らない。誰だろう……ギャリーかギャヴィンかそのあたりだろ？」と言い始める（作品の署名を見ながら）、言葉やジェスチャーが自己弁護的な振る舞いになり始めた。インタビュアーが「これは実際にはデイヴィッド・ホックニーの絵ですよ」と言った。彼は不快な表情を浮かべながらそれを知っていたかのように、「いやぁ、私にとっては、彼は終わった画家だと思うな。ある種の人は好きだろうね。オリジナルの原画は複製よりはもっと価値があると思うけどね」。このロナルドにみられるような自己弁護的な態度からは、彼自身が文化について「たくさん知っていること」を自分に期待していることの表れが見て取れる。実際によく知っているのは確かであり、もしかしたら、ホックニーのことを知らなかった恥ずかしさが、この画家がゲイであることを知っているために、さらに輪をかけたかもしれない。知識が不足していたことを心配しながら埋め合わせようとする、原画に対する複製の価格についてコメントするなかで彼の恥ずかしそうな表情は明らかだった。

インタビュー調査というものはある関係性を示しているものであり、ここで使っている引用はずっと幅広くおこなわれた会話の一部分である。インタビュアーがターナーの絵をスタッフォード・ラスボーンに「これはかなり古い絵なのですが」と言いながら見せた段階では、インタビュー調査での関係性が、最初にインタビュー調査を始めたばかりの「社会の研究については何も知らないよ」と話していた頃より、非常にいいものになっていた。スタッフォードはアフロ・カリブ系で一人暮らしである。彼は溶接工として働いている。

スタッフォード：これが気になるな、これは古い海賊船のようなものなんだよね？

インタビュアー：このような絵を博物館か美術館かどこかで見たとします。絵を見られるような場所に行きたいですか？

スタッフォード：そういう場所が近くにあるならば「はい」と答えるけど、でも、特にそこに行きたいというわけではないな。言いたいことはわかると思うけど、近所にそういうところがあるとわかったらちょっと行ってみたいかな、そして、何がそこで起きているかを見るかな。うーん。

インタビュアー：いわゆる、その……。はい、では二枚目にいきましょう。二枚目の絵です、何か思い付くことはありますか？

スタッフォード：これはもっと現代的なアートだね。モダンな芸術家だと思うな、現代芸術だね。実際のところ、あまりそういうものと関わったことがないんだけどね。

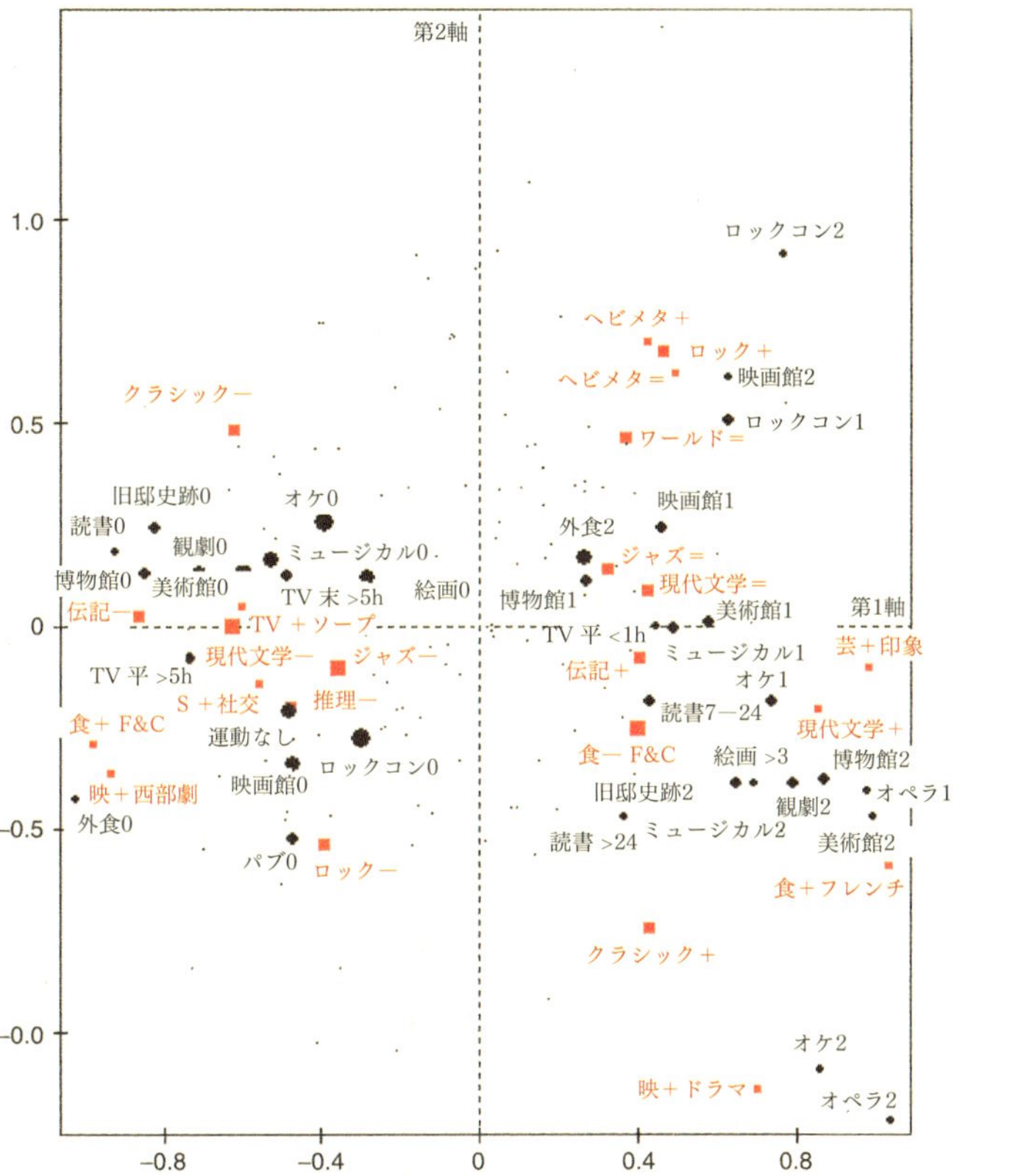

図3—1　多重対応分析　第1軸と第2軸　第1軸に寄与している変数

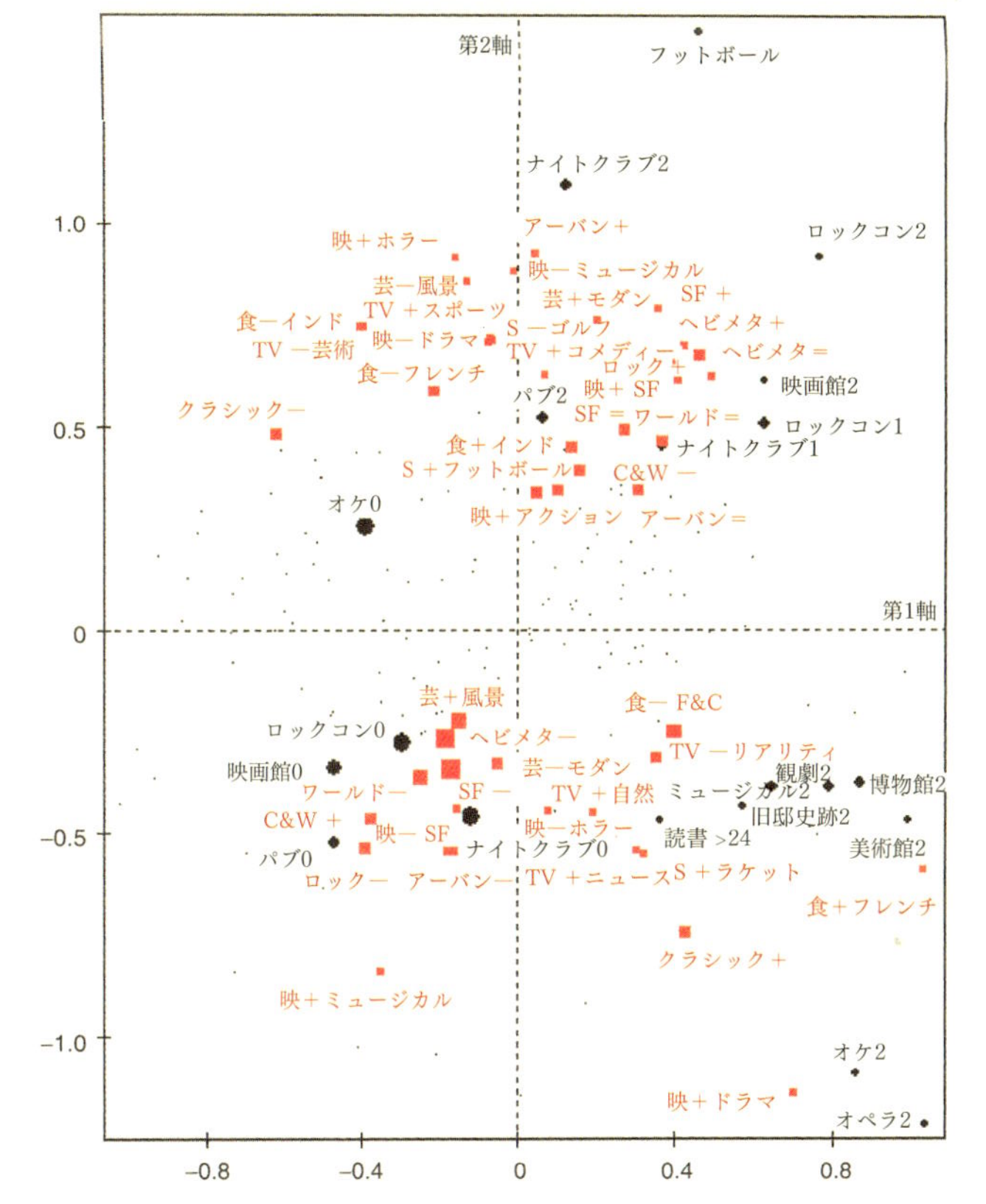

図3—2　多重対応分析　第1軸と第2軸　第2軸に寄与している変数

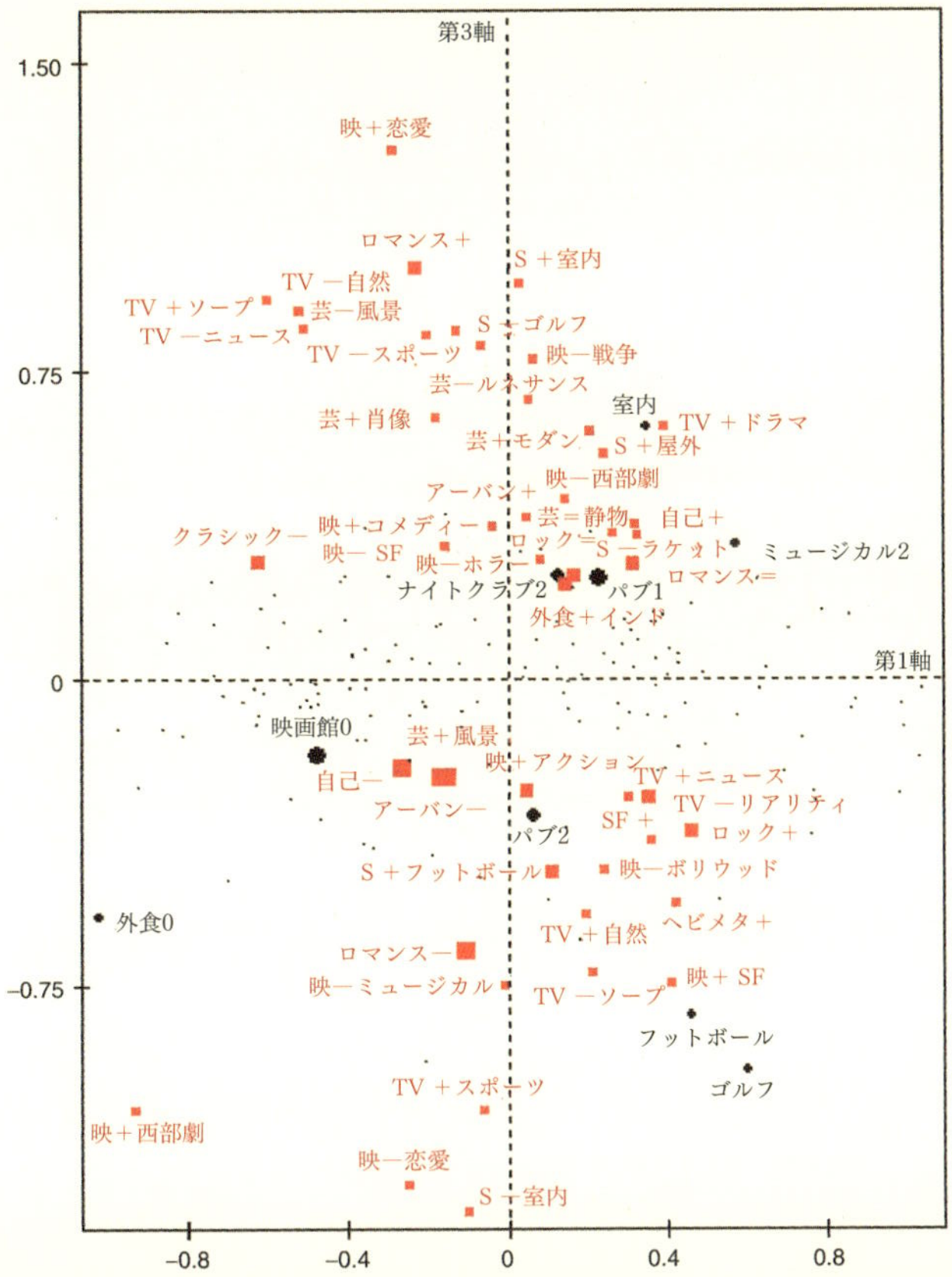

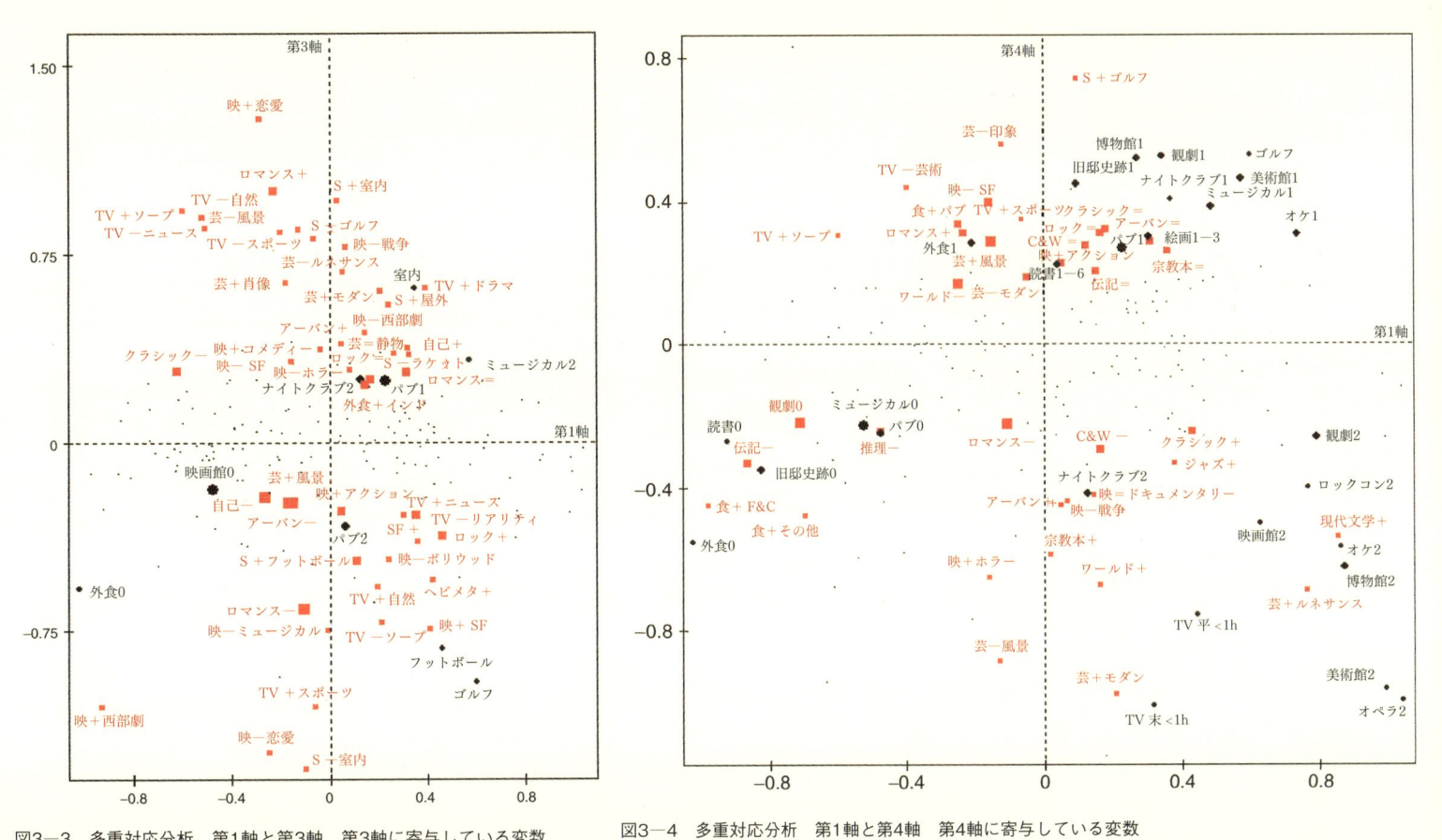

図3－3　多重対応分析　第1軸と第3軸　第3軸に寄与している変数

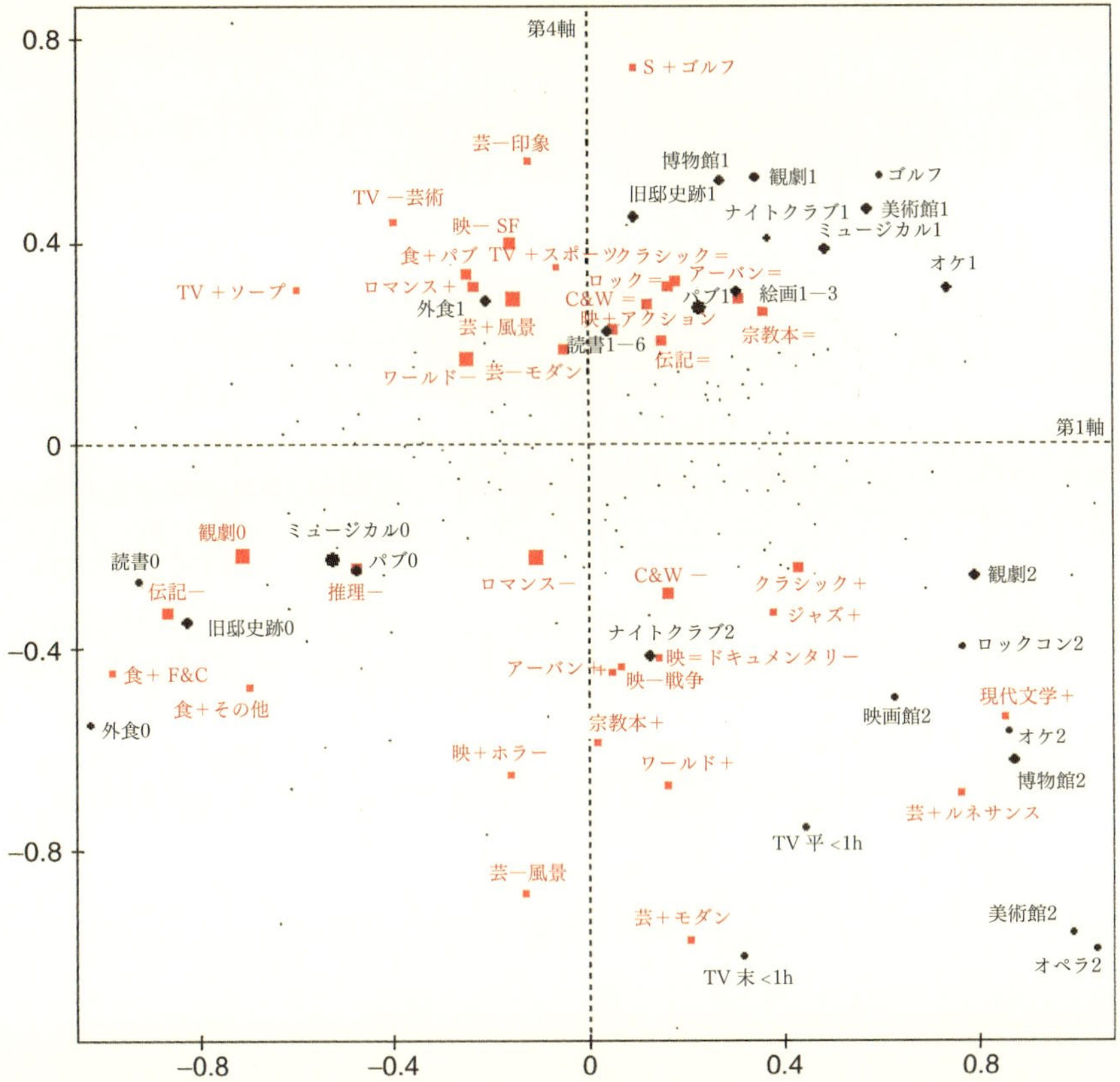

図3－4　多重対応分析　第1軸と第4軸　第4軸に寄与している変数

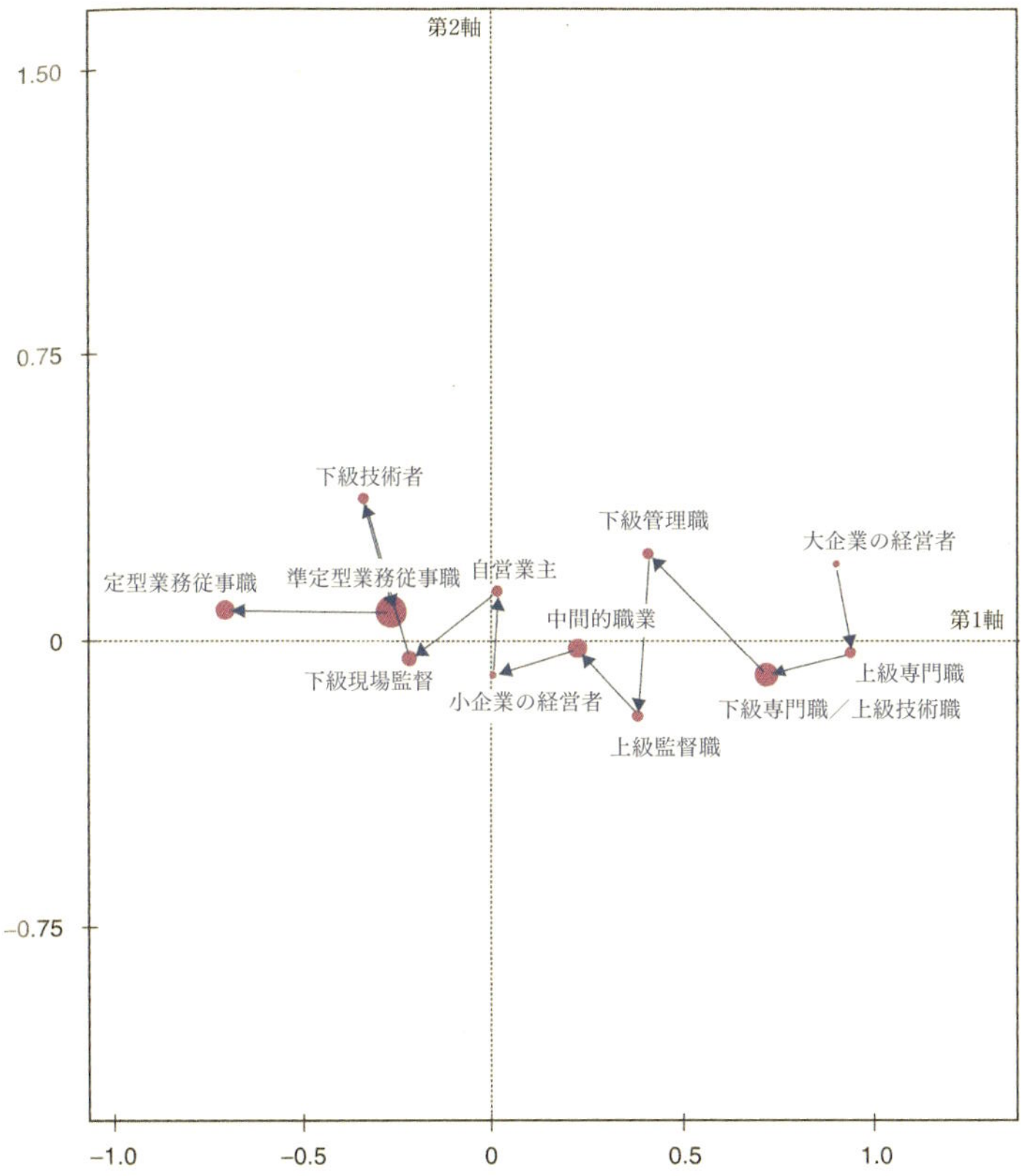

図3−5　多重対応分析　12職業階級（第1軸と第2軸）

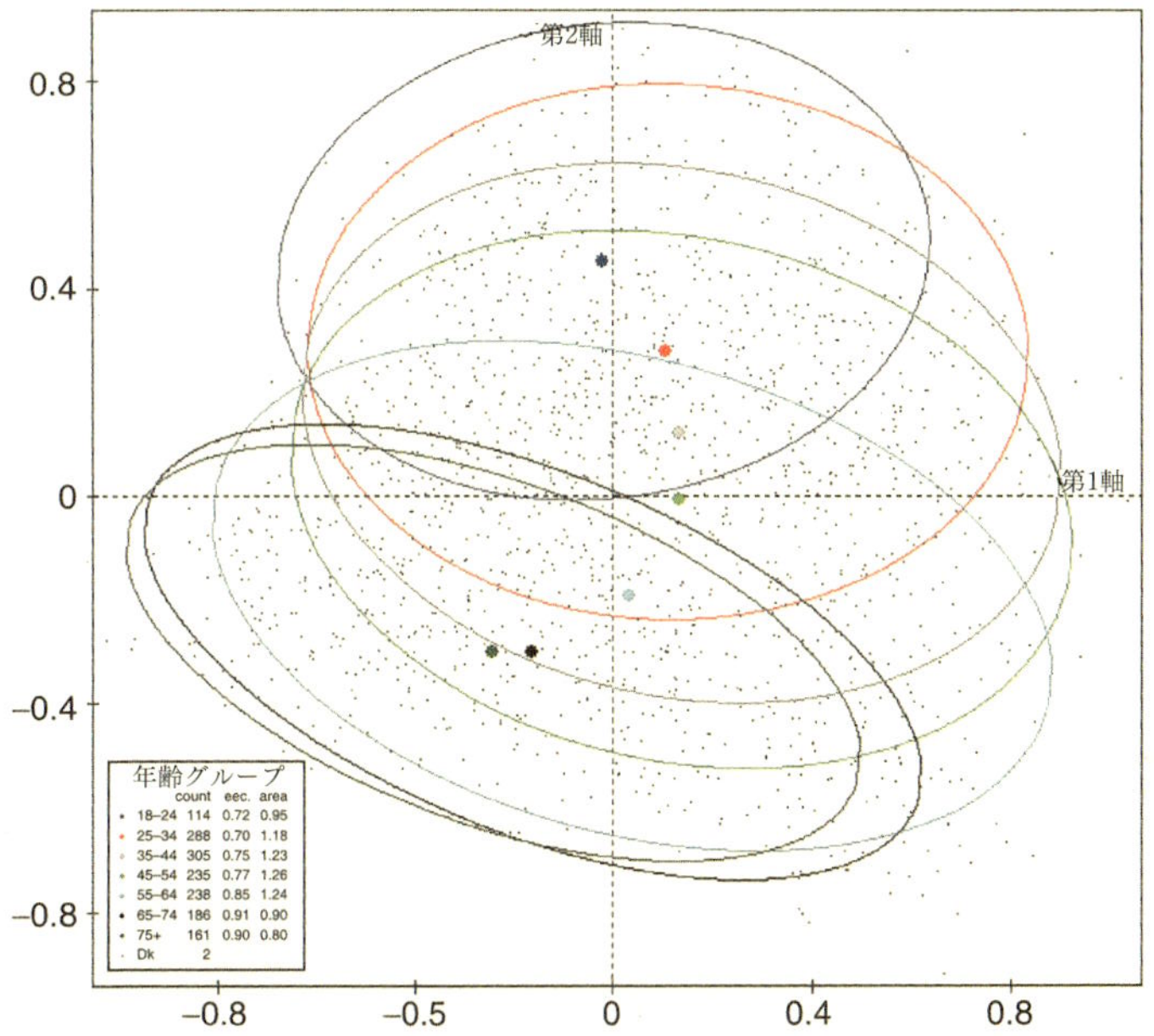

図3−6　年齢グループごとの楕円　（第1軸と第2軸）

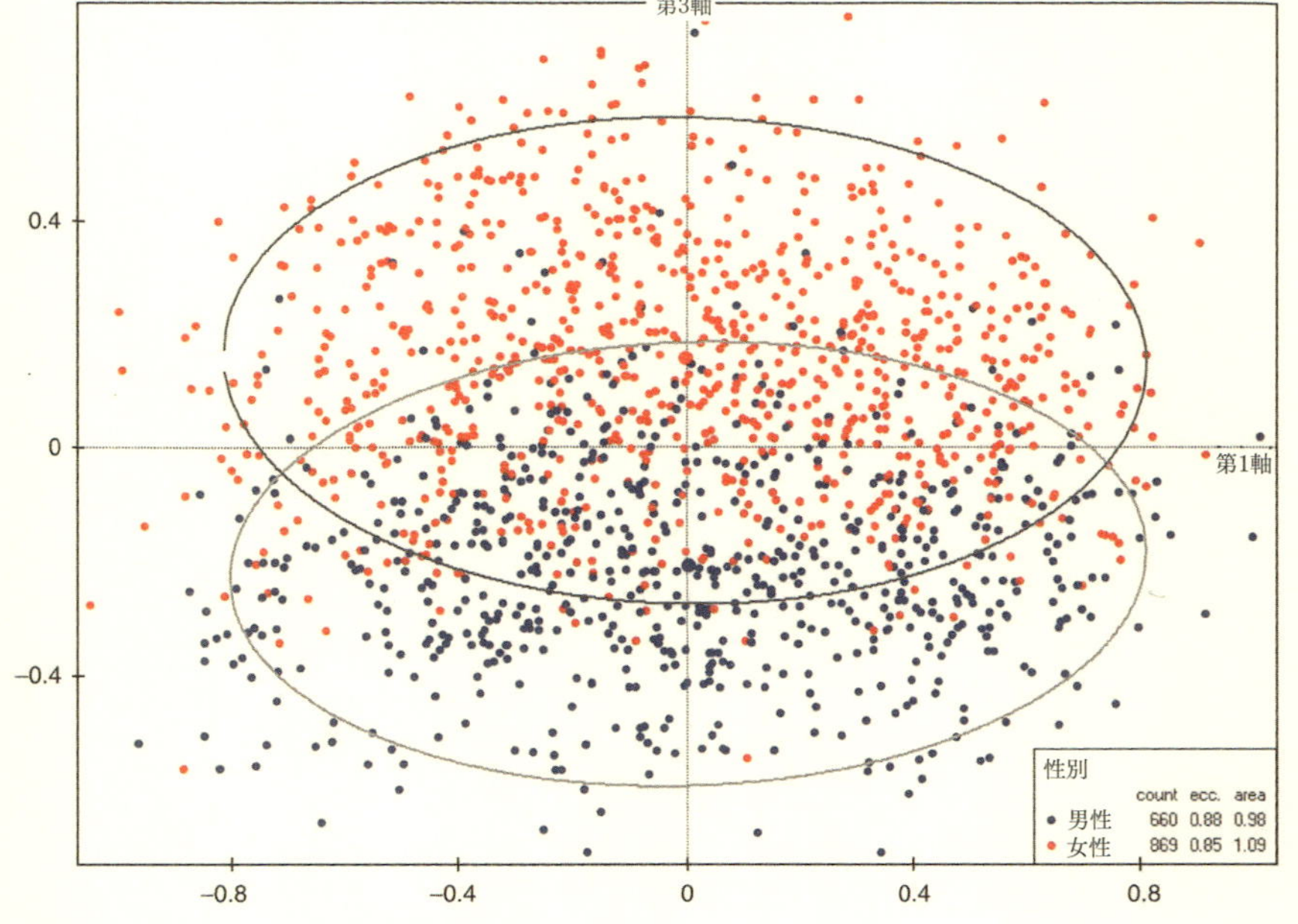

図3—7　性別のばらつき（第1軸と第3軸）

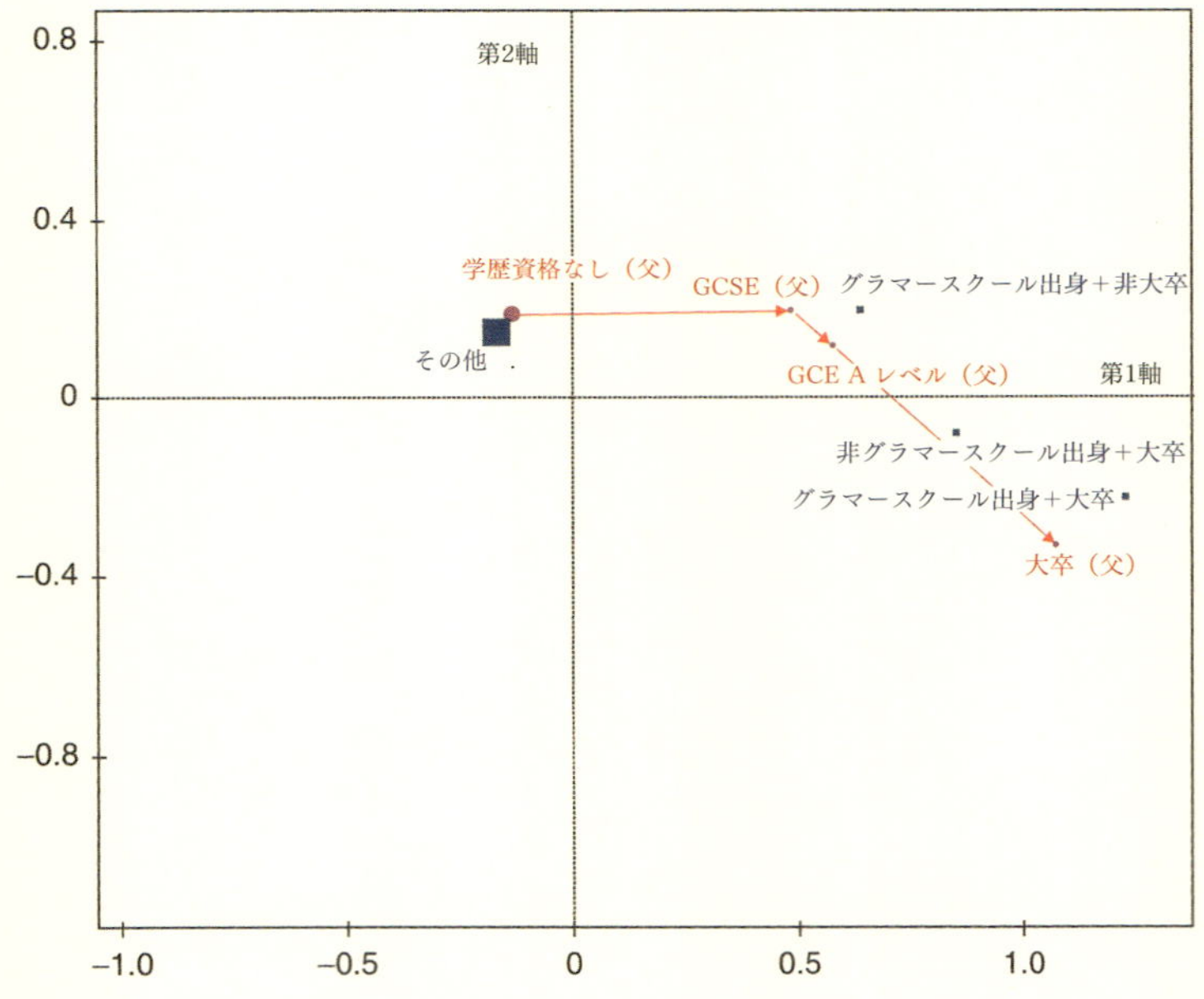

図3—8　父の最高学歴資格と回答者の教育歴（第1軸と第2軸）

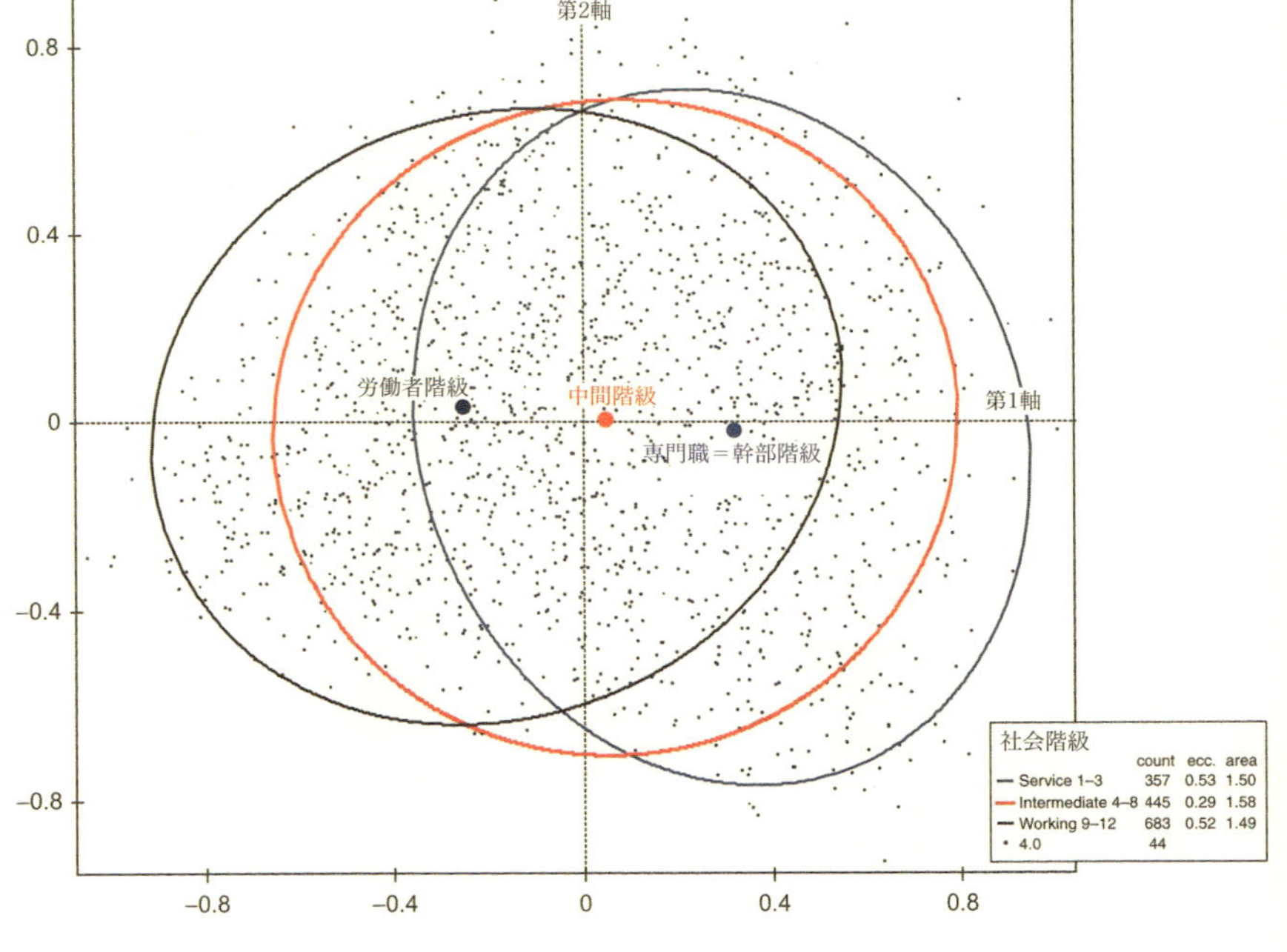

図3—9　3つの社会階級の分布（第1軸と第2軸）

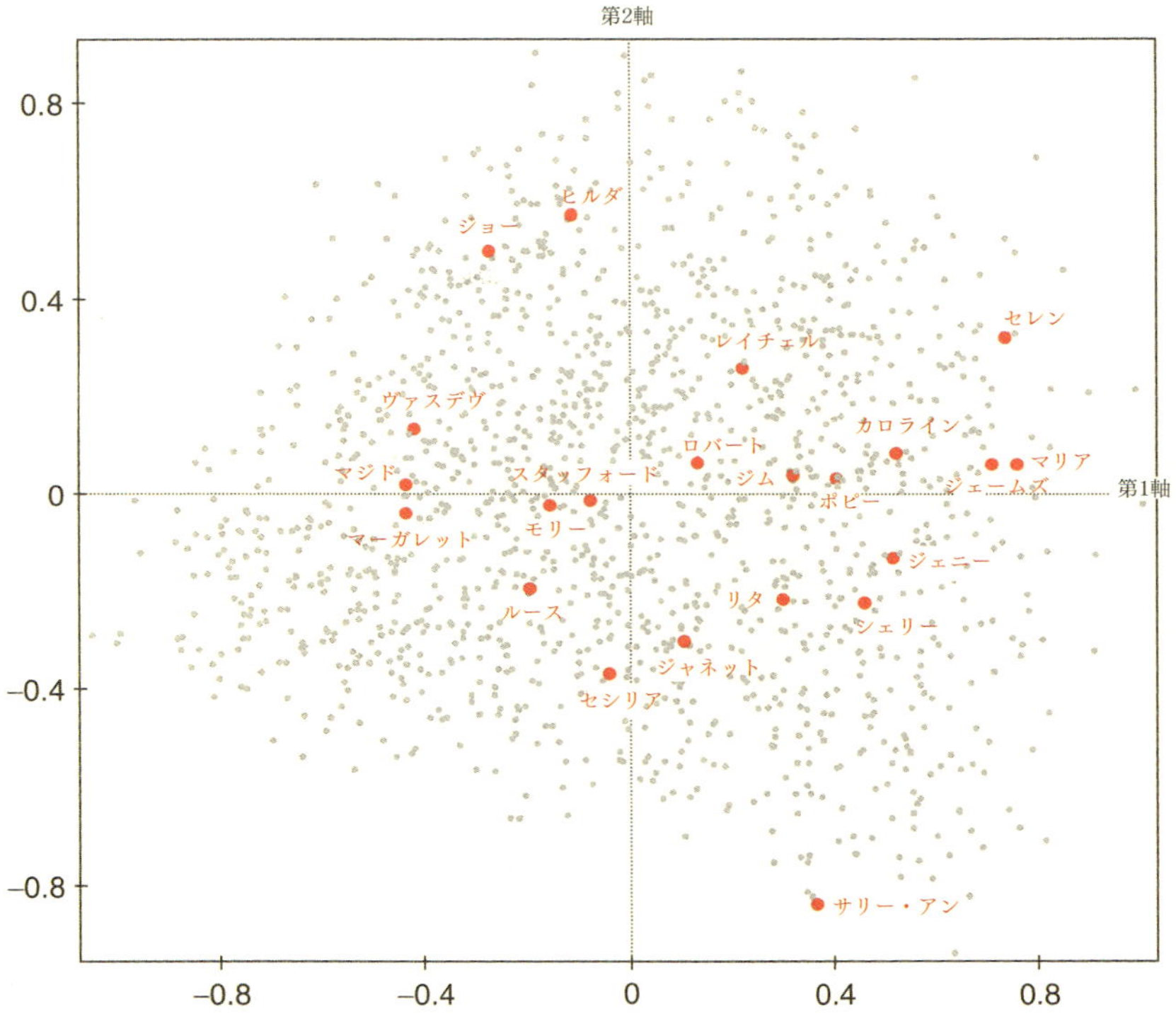

図4—1　ライフスタイル空間におけるメインサンプルのインタビュー協力者の配置（第1軸と第2軸）

図7―1　ジョゼフ＝マロード＝ウィリアム・ターナー『解体のため最後の停泊地に曳かれていく戦艦テメレール号』1839年以前、カンヴァス・油彩、90.7×121.6センチ、ナショナル・ギャラリー、ロンドン／The Bridgeman Art Library Nationality.

図7―2　デイヴィッド・ホックニー『ペーパー・プール』
デイヴィッド・ホックニー『紙と青いインクによるプール』リトグラフ、26.7×22.9センチ（*Paper Pools* Deluxe book、1980年、本の付録）©David Hockney/Tyler Graphics Ltd.

第2軸
第1軸
下級管理職
下級専門職
大企業の経営者
上級専門職
0.8
0.4
0
−0.4
−0.8
−0.8
−0.4
0
0.4
0.8

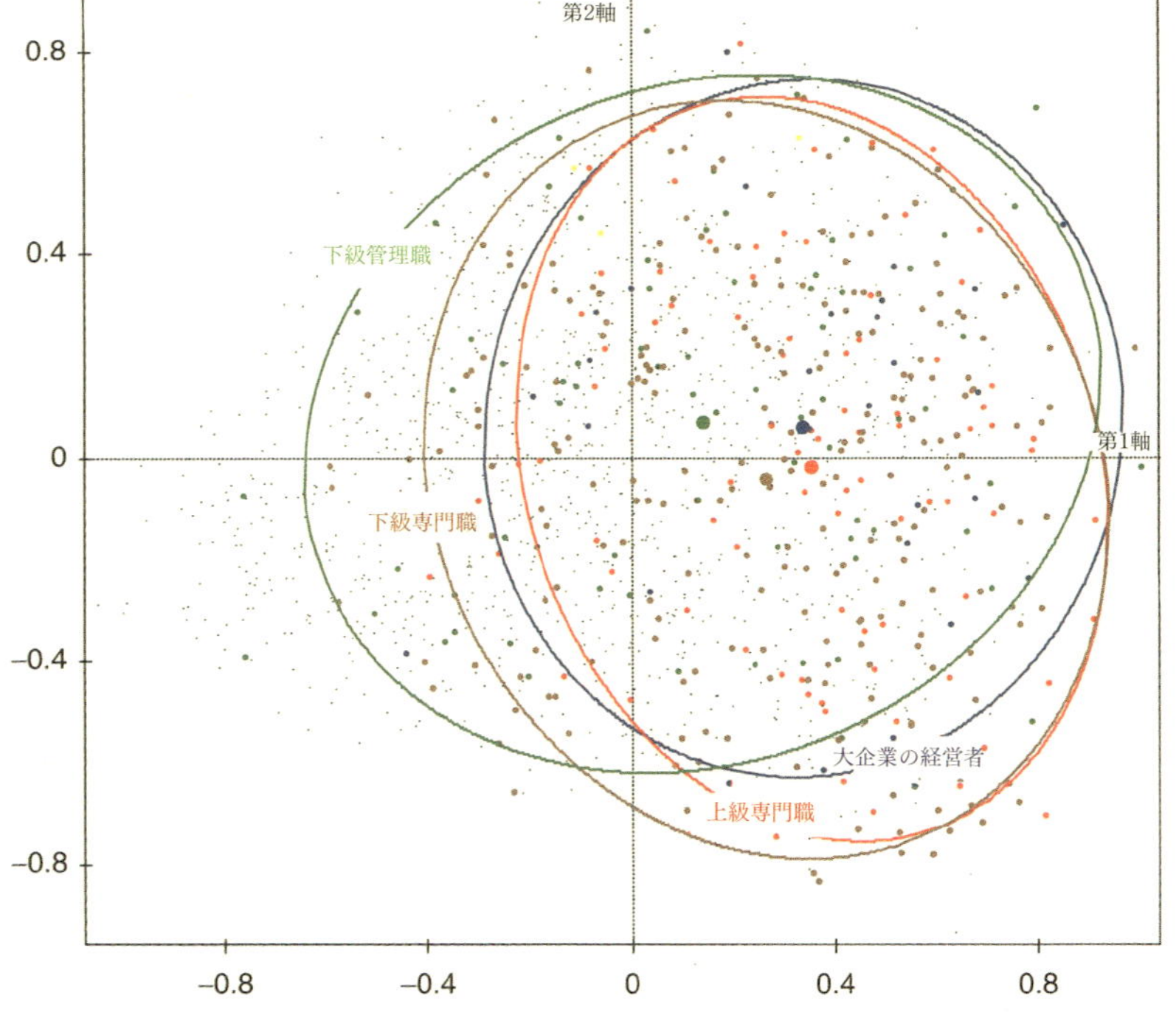

図10―1　個々人のクラウドにおける中産階級（4職業階級）

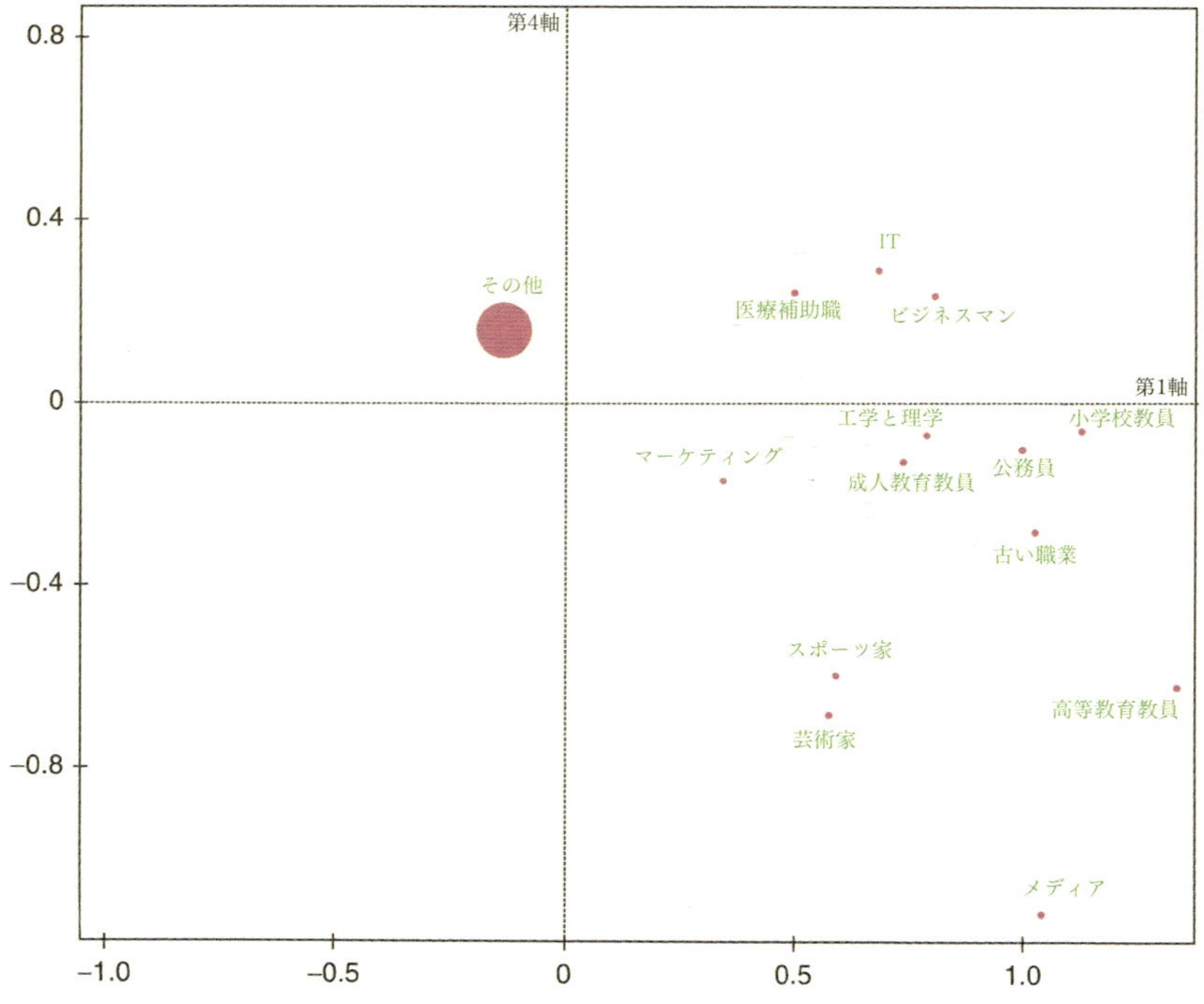

第4軸
第1軸
IT
その他
医療補助職
ビジネスマン
工学と理学
小学校教員
マーケティング
公務員
成人教育教員
古い職業
スポーツ家
高等教育教員
芸術家
メディア
0.8
0.4
0
−0.4
−0.8
−1.0
−0.5
0
0.5
1.0

図10―2　専門職の平均点の分布（第1軸と第4軸）
注：第1軸と第4軸における文化的モダリティの分布については図3―4を参照のこと。

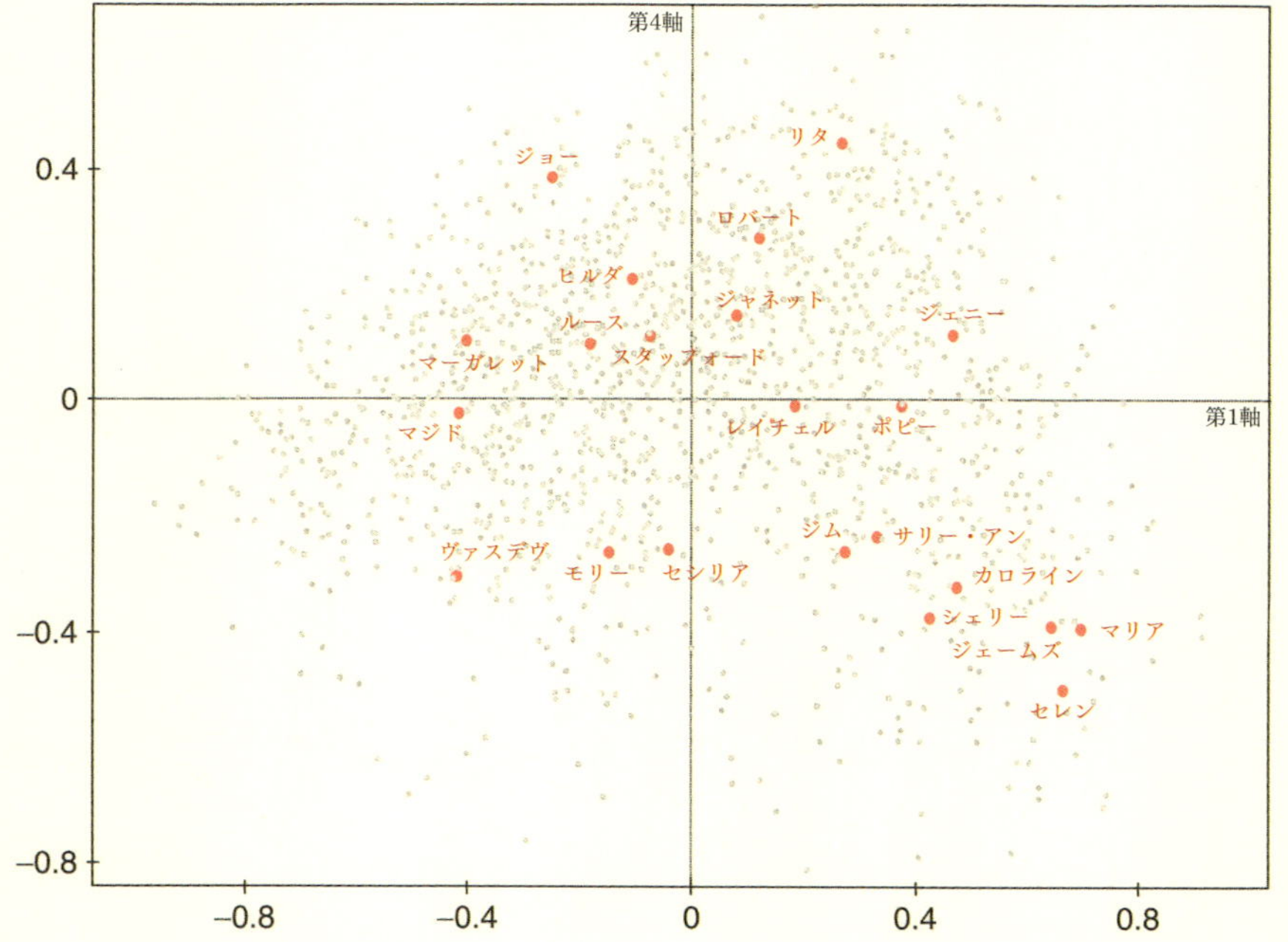

図10―3　ライフスタイル空間におけるメインサンプルのインタビュー協力者の配置（第1軸と第4軸）

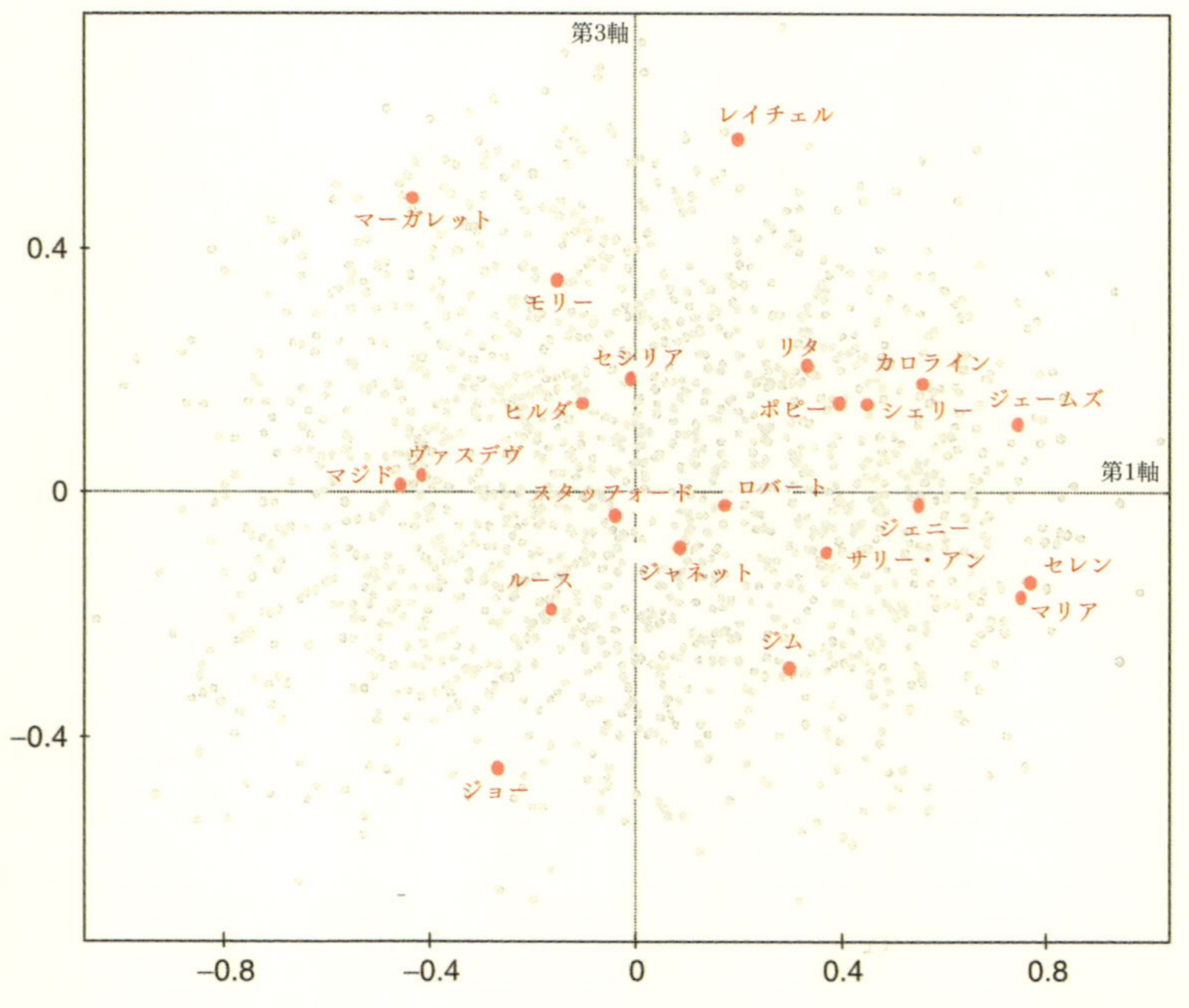

図12―1　インタビュー協力者（メインサンプル）の個人のクラウド上の配置（第1軸と第3軸）

インタビュアー：あまりこういうのに関わったことがないですか？

スタッフォード：ないね。全然関わったことがないな。

同じような知識のなさと排除は、ヴァスデヴ・レーマンのコメントにもはっきりみられる。「いやぁ、大好きだよ、本当。嵐のような感じだよね」。インタビュアーがどこがいいかを尋ねると、彼は「水のように見える背景以外はどこもよくないな、まるで世界のなかのバングラデシュみたいだな」と言った。このような絵を家に飾りたいかと尋ねると、彼は飾りたくないと答えた。美術館でみてみたいかを尋ねると、彼はそうしたいと認めて、さらに、専門はインタビュアーと異なるが、（インタビュアーと同じく）医者の友人を思い起こすことで、自分をインタビュアーと同じレベルに上げようとするようなコメントを付け加えている。

ヴァスデヴ：まあいい絵なんじゃないですか、あ、そういえば友人がくれたような……バングラデシュにいる友人はこういうはがきを私にくれるんです、医者の友人です、博士号ももっています、彼は私の、……私の何かが好きなんでしょうが……。

インタビュアー：それではこの二枚目の絵は？

ヴァスデヴ：いわゆるモダンアートですかね、これは家の装飾か何かでしょうか？　私にとってはこの作品の価値を正しく見極めることは難しいです。無理ですね、それ以上の意見はありません。

ヴァスデヴはテレビも映画もみず、健康、ヨガ、シーク教の信仰に関する本しか読まない。しかしながら、彼は空き時間に物を書くことに強く興味をもっていて、インドの作家たちの会議に出席したこともあり、グジャラート語の雑誌に作品が掲載されたこともある。彼は妻に先立たれ、大きくなった二人の子どもがおり、娘はイギリスでコンサルタントとして働いていて、息子は日本でライターとしてのキャリアを求め続けている。彼は自分の文化資本が高いことに自覚的だが、このことはヴァステヴが絵画のなかに認めるものとは異なるナショナルな文脈と関わり、文化資本に何らかの国民的な含意をもたらしている（第13章を参照のこと）。

半熟練あるいは非熟練の労働者のフォーカスグループに対し、担当のモデレーターが「芸術」について議論することを提案したとき、まず迎えてくれたのが「芸術に興味があるやつなんていねぇと思うよ」というデンの回答である。拒絶と排除の感覚が明らかな、生き生きとした会話が続いている。

ビフ：芸術について話すことなんてないな……。立派すぎるテーマで、大きすぎる。みなさま、それぞれご立派な生活を送っていて、それぞれご立派なお人柄の持ち主でしょうがね。せいぜいそんなもんだから話変えねえか。

リン：でもみんないいなと思う絵もあるよね。

ビフ：そんなのねえよ。いいってみんなが言っているのを知っているだけさ。

ターナーの作品とホックニーの作品との関与には、人々が視覚芸術を認識する振る舞いには強い緊張関係があることが示されている。ある一方の極端として、自信がある愛好家は気軽に認める判断をしているようにみえるし、一方で自己弁護的個人は、自分たちが属しておらず、自分たちに属してもいないと感じる界に不快感を示している。その中間として、ゆるやかな消費者たちは個人的感覚と結び付いた日常的美的感覚に基づいてどこが好きかを明確にしながら、彼らが自分に合うと感じるところで価値を査定する。視覚芸術との関与は広く行き渡りつつあるけれども、関わり合う視覚芸術のタイプによって、作品を評価する振る舞い方を通じて、社会空間のなかで諸個人が差異化されている。このことはまた、量的［質問紙調査による］エビデンスによっても支持されている。

視覚芸術の分野は、音楽、文学、映画、そしてテレビとは異なり、人気があるジャンルと結び付くことが困難で、制度的な資源を得られることに大きく依存している。もし、絵画、複製画、ポスター、写真のように、多様な種類の視覚展示物を考慮に入れたならば、視覚文化への参加はもっと広くみられただろう。もちろん、芸術が公共空間におかれる場合、アントニー・ゴームリーの、『北の天使』（一九九五年）、リヴァプールのクロスビー海岸での『アナザープレイス』（二〇〇五―〇六年）の人体像群、マーゲートで燃やされた『ザ・ウェイスト・マン』（二〇〇六年）、あるいはロンドンで高層ビルの屋上に設置された三十一点の実物大の鉄の男性像（二〇〇七年）などの最近の作品にみられるように、人々の関与は非常に多くなる。例えば、グラフィティ・アーティストや、アンディ・ゴールズワージーが二〇〇七年にヨークシャーでおこなった野外展覧会のような野外彫刻公園、あるいは、レベッカ・リーチが〇二年の論文で記録している「ホームベース」のプロジェクトのような、企業主導でおこなわれている活動は、芸術作品自体と、個人が作品と階級差を超えた形で関わることとの関連を追求するための重要な第一歩になる。十九世紀以来、絵画は大衆に訴えかけてきていて[9]、美術品の消費における階級の境界線が近年速度を増しながら移行してきている。嗜好というものが、単にそこで生じるわけではなく、階級によって固定化したものだというよりも、むしろ、学習され、身体化される実践として、発展していくものなので、芸術へのアクセスや社会的排除が根本的な問題になる。けれども、美術品は、展示される場所によって定義され、それによって聖別されるようなことがいまだにあり、そのような場所は特権階級の地位にある人によって支配されていることが多い[10]。例えば、われわれの調査サンプルのエリートの人々は、国の管理運営機関や行政委員会に参加しているだけでなく、テート・ギャラリー友の会、ロイヤルアカデミー、ナショナルトラスト、イングリッシュ・ヘリテッジ、イギリス王立芸術協会のように、芸術に関わる組織の財政的支援をしたり、評議委員会のメンバーだったりすることを通じて、視覚芸術に強い関わり合いをもっている。これらのつながりは、行政機関にも企業にも広くみられるものである。前者の行政機関は芸術分野へのエリートの参加の伝統的な形態として見なすことができる一方で、後者の企業活動は、一九八〇年代半ばにアメリカやイギリスで登場してきて、呉金桃（ウチンタオ）が[11]「エンタープライズ・カルチャー」と呼ぶものを反映している。この時期は、いたるところで、美術館や画廊と結び付きながら、企業が自身所有のコレクション、キュレーターや芸術に関わる部署をもち、現代文化の言説と実践が広く活発に形作られるようになってきた頃である。呉は、社会経済的な関係ネットワークを維持するための手段として、また、より洗練された社会集団に対する宣伝活動の一つの形態として、それら社会集団がもっている特別な嗜好を取り入れるための差異化を通した、オックスブリッジやアイヴィーリーグの大学で教育を受けた高級幹部職が、芸術の世界と深く関わっていることを示した。ブルデュー学派の意味で、芸術に企業が関わることで、市場のなかでのプロフィールを高めることによって、企業の力を代表する諸個人だけでなく、その企業に文化資本をもたらすことになる。職業的地位によって芸術の世界とつながりをもつことは、われわれの文化マップの第四軸に同じようにはっきりと識別されている。ここでは、右下の四分円が、専門上級管理職が占める部分で、芸術文化により幅広く関わりをもっていることを示している。

芸術への異なったレベルでの関わり合いについて、さらに検討を深めるために、芸術の制度的な空間における参加と、ジャンルや特定の芸術家たちとの関係について、次に探究してみよう。

3　視覚芸術を消費すること

われわれの社会調査データによると、半分以上の人々（五五％）は、美術館にはいったことがないことが示されている。三〇％近くの人々は年に一回かそれ以下でいくと答え、一三％の人だけが年に何回かいくと答えている。この回答パターンは、他の研究や西洋社会全体で類似してみられるものである。(12) イギリスでは、全人口でより教育を受けた人が多くなり、もともとエリートのものだった芸術の形態がより広く入手可能なものになった二十世紀に視覚芸術の鑑賞者がかなり増えてきた。(13) また、とりわけ一九五〇年代以来、文化形態の多様性が爆発的に増えたことによって、エリート文化の独占が壊された。(14) けれども、われわれのデータでは、高い教育を受けた

表7－1　視覚芸術に関するいくつかの活動への関与

活動	合計（%）	大卒者（a）	学歴資格なし（b）	比（a/b）
美術館にいったことがある	45	38	13	3.04
博物館にいったことがある	63	32	17	1.86
絵画（原画、リプリント）を保有	39	31	19	1.67
挙げられた画家の絵を見たことがある	89	25	24	1.03
n		366	419	

合計　n=1564
注
(a) その活動に関与している人全体に占める大卒者の割合
(b) その活動に関与している人全体に占める学歴資格なしの人の割合

人が依然として美術館に足を運ぶ人の多数派を成している。美術館にいく人のうち、学歴資格をもっていないのは一三%しかいないのに比較して、三八%が大卒の学位をもっていて、この構図は博物館でも同様である（表7―1）。しかし、社会階層の一般的なパターンが表出する場の一つとして、社会の構造が個人の視覚芸術での実践とどのように対応しているかを理解するためには、美術館や博物館への訪問を探究することでは十分でない。

質問紙調査への回答者に、職業芸術家の作品の原画や限定版のリプリントが自宅に何枚あるかを尋ねた。前節のインタビュー調査の分析でみてきたように、「芸術」（アート）という単語は非常に様々な市場価値を含んでいて、質問紙調査の質問紙からは、芸術家といっても、地元の市場(いちば)に参加して水彩画を売るような人なのか、それとも有名な画家なのか、それを知る方法もない。しかしながら、回答者のかなり大きな割合を占めている、作品をもっているという回答（三九%）を見ると、どうやら「職業芸術家」という単語を広い意味での画家を含むものと解釈していることと、「職業」芸術家による作品の取得は質問紙調査に表れた数字よりも実際にはずっと少ないことがわかる。エスニック・ブースト・サンプルでは、二四%の人々が少なくとも一枚の原画や限定版のリプリントを自宅にもっている。高い地位の職業集団はよりたくさんの原画を所有している傾向がある。例えば、メインサンプルでは、専門職＝幹部階級の三一%が四枚以上の絵を所有していて、一方で、準定型業務従事職の一一%しか同様の枚数の絵画やリプリントを所有していない。この傾向を確認するように、われわれのエリートインタビュー対象者ではすべて、複数枚の絵をもっていると話していて、そのいくつかがオフィスや自宅に掛けられているのをわれわれも見ている。所有される絵の品質と価格は、質的インタビューのコメントに見られるように、大きく異なっていた。例えば、ゆるやかな消費者であるマーガレット・ステイプルズがターナーの作品が嫌いであることを正当化しようとしたときに、自分の個人的実践と努力に結び付いた装飾に対する嗜好の範囲内でのみ、美術作品の消費をおこなっていることを示していた。

マーガレット：この船の絵をそこに飾るとしたら、キッチンには全然合わないな。……私がキッチンに似合うように物を買っているのがわかるでしょ。あと……、そう、あれあれ（略）。（壁を指し示しながら）ここに合うこれらの絵を選ぶまでに三、四日かかったわ。言いたいことはわかるでしょ、ちょっと出かけて最初に見かけたものを買ったわけじゃないのよ。

対照的に、投資顧問会社取締役のベバリーや政治家で有名な画家の娘のシンシアからはこのような努力をしないで自宅の美術品と接していることが見て取れる。二人とも、芸術の界の主な人物たちとの非常に親密なつながりについて語っている。

ベバリー：私はモダンアートにそんなに熱心ではないです、私のいまの夫は大学出の芸術家なので、家にはたくさんの絵があります。
インタビュアー：それは彼が描いたのですか？　それとも買ってくるのでしょうか？
ベバリー：彼が描いたものです。私が絵を買います。
インタビュアー：なるほど、彼はどんな種類の絵を描くのでしょうか？　どんな様式のものを描くのでしょうか？

ベバリー：彼は水彩画を描くことを好んでいるけど何でもできます。……様々な折に、人から……えっと……何か委嘱を受けたらね、うちには様々な作品のあらゆる類いのものがあります。

インタビュアー：では、あなたはどんな種類の絵画を買うのですか？

ベバリー：私が何枚か買った画家は（名前）という名で……ええと、地元に住んでいます、でも……彼はイギリス中で作品をたくさん売っていて私たち夫婦の友達です。……私は彼の作品が大好きだけど作品を買うのには他の理由もあります。

インタビュアー：彼の作品の様式は何ですか？

ベバリー：彼のスタイルは素朴なものです。（略）

インタビュアー：彼からしか作品は買わないのですか？　それとも他にそういう人はいるのですか？

ベバリー：……すでに亡くなったけど私にはとても芸術家気質の兄弟がいて、彼の作品ももっています……。展示されていたものです。（略）私たちには他にも仲がいい友達がいて、（名前）（略）彫刻家をしていて彼女の作品……もいくつか壁に飾っています。

シンシア：　美術の世界に大の仲良しの友人がいます、……彼女は十九世紀絵画の専門家で彼女を通じて、私は（名前）が好きになりました……そして彼の絵を一つ手に入れたのですが、ご想像できるかと思いますが、めちゃめちゃ価値が上がった絵ですよ。うれしかった。（略）でも私が本当に好きな作品は、ターナーです。（略）実は私の父の友達でいろいろなものがあって、作品ではないものをたくさんいただきました（聞き取れず）父に対して、書き散らしたようなとりとめがないものもね。だけど、それ以外はもっていません。

女性と男性とでは所有している絵画の枚数は同じである。しかしながら、エスニック・マイノリティの集団では少し異なっていて、二六％の男性と二〇％の女性が少なくとも一枚以上の絵画を所有している。これは、おそらく白人女性には経済的に独立している人が相対的に多いことの結果だろう。

教育と原画の所有の相関関係は非常に強い。学位をもっている人の三〇％は四枚以上、オリジナルの絵画を所有しているのに対して、教育資格がない人々でそれだけ所有している人は一〇％しかいない。年齢との相関も非常に強く、四十五歳から七十四歳の人々が絵画の所有者の多数派であり、若い人たちのほぼ二倍所有している。しかしながら、この傾向はエスニック・マイノリティの集団では反対になっていて、サンプル内の比較的若いメンバーのほうがより絵画を所有する傾向がある（エスニック・ブースト・サンプル内の十八歳から二十四歳の人々では、一八％が四枚から六枚の絵画を所有していた。これに対して、メインサンプルの同年齢層では一二％である）。これは、ひょっとすると、エスニック・マイノリティの若い世代の人々にとっては、絵画を所有することは社会統合の要因としての機能を果たすことが理由として挙げられるのかもしれず、このような人々は、イギリス市場で入手可能な美術品に対して、「イギリス居住者として」より強く自己を同一化しているのかもしれない。ダニエル・ケーンの研究[15]から示唆されるのは、文化的出自が異なる諸個人が、友人のような重要な他者との関係を維持しようとする場合には、すぐには接近することができないような文化であっても、その価値を理解することができるだけの能力を要求されうる、ということである。社会関係をよくするためのこのような努力によって、文化を鑑賞することに対しても、さらなる努力を喜んで払うようになるのかもしれない。そのため、イギリス社会のエスニック・マイノリティ・グループのような混交した界のなかでは、難しい文化的作品に近づきたいという欲求が増していて、難しい文化に近づける人たちの間では、そうした文化に対する理解がいっそう広がっている、と言えるかもしれない。

メインサンプルの四つの主要なエスニック集団のなかで原画を所有している人の分布をみてみると、「それ以外の白人」が四枚以上の絵画を所有している最大のグループであり（三六％）、続いて「イングランド系の白人」のグループ（一七％）、そして「他のイギリス系とアイルランド系白人」（一五％）であり、「他の出自」が四枚以上の絵画をもつ所有者が最も少なかった（九％）。あとで第13章でみていくように、「それ以外の白人」のカテゴリーに含まれる人々は、すべてのエスニック集団のなかで、最も教育を受けていて職業的にも最も高い地位に就いていて、収入も最も高い。したがって、彼らの多くが絵画を所有していることは、文化資本と経済資本が高水準であることを反映している。彼らが芸術作品を所有していることは、絵画の役割が、運搬可能な資産の投資であるだけでなく、地理的に移動する際に記憶までも運ぶことが手段であることを反映している。インタビュー対象者が、聞き取りのために選ばれた絵と自分との関わりについてコメントをする際に、出身地と結び付けてしばしば語る、ということもよくみられた。

4　視覚芸術を鑑賞すること

われわれは、視覚文化の鑑賞についての調査では、「公認の正統性」が様々に異なる、幅広い視覚芸術の種類と芸術家に焦点を当てた。質問紙調査での選択肢の範囲は絵画を中心とした。これは、部分的には、質問紙のなかでリストに掲げられた芸術の種類、例えば、パフォーマンスアート、風景画、ルネサンス美術、静物画、肖像画、モダンアート、印象派のなかで、絵画が優勢なのが理由として挙げられる。われわれが名前を掲げた芸術家には、パブロ・ピカソ、フィンセント・ファン・ゴッホ、フリーダ・カーロ、ローレンス＝スティーヴン・ラウリー、アンディ・ウォーホール、ジョゼフ＝マロード＝ウィリアム・ターナー、そしてトレイシー・エミンである。ほとんどは、絵画作品が最もよく知られている。ただし、エミンについてはまちがいなく、彼女の作品で最もよく知られた作品は、一九九九年のターナー賞をとり、テート・ギャラリーに展示されたインスタレーション作品『マイ・ベッド』である。

ブルデューは、音楽とともに、絵画が文化の最も正統性ある分野の一つだと主張した。[16] ただし、絵画の界のなかでは、音楽や文学の界と同様に、あるジャンルやある作品が、社会的地位の差異に結び付けられているような階層が存在する。このような社会的地位の差異は、「ハイブラウ」の作品が「ミドルブラウ」として再分類されたり、その逆があったりすることを通じて、作品が時を経るなかで大衆化する過程（価値の切り下げ過程でもある）から歴史的に生じた差異である。

ここまで確認してきたように先に概略を示したような人々と芸術との関わり方を社会経済的な観点から説明してみると、社会的経路というものは教育達成と強い関係性をもっていて、視覚芸術の界に関与することとも非常に強く相関している。しかし、教育は、経済資本を含む、他の変数とも関連し合っている。視覚芸術の界のなかで社会世界の二極化が生じていることを、人口学的には確認することができる。社会世界での差異は芸術の世界での異なった関与の仕方と関わり合っているのだ。例えば、以上でみてきたように、高い職業的地位に就いているベバリーとシンシアは、自身の生活史と結び付いた個人的な作品として、聖別化されたオリジナルの絵を鑑賞するし、一方で、マーガレットや、経済資本も社会資本もあまり恵まれていないような人は、台所の装飾に合うように、地元の市場で入手したような、比較して質が低いオリジナルの芸術作品を飾っている。絵画のオリジナルやリプリントの所有はかなり広がっているとしても、そのことは、はっきりとわかるような社会的分断と結び付いているのである。もちろん、われわれの質問紙調査では、所有している芸術作品の種類をはっきりと区別できないとしても、ある特定の様式の芸術との関わり方について検証することは、これまでの疑問に対して興味深い視点から明らかにするだろう。

メインサンプルのなかで、様々な芸術様式に対する嗜好を探究してみると、風景画に対する非常に偏った好みが明らかになった（四七％）。印象派、モダンアート、肖像画、パフォーマンスアートはそれぞれサンプルの一〇％以下の人々にしか好まれなかった。しかし、質的なインタビュー調査やフォーカスグループの調査でもみてきたように、何が嫌いかのほうが、視覚芸術の嗜好の指標として、ずっと有意なものである。芸術の様式で最も嫌われていたのはモダンアート（四〇％）であり、パフォーマンスアート、印象派、静物画よりも嫌う人が多かった。また、どの様式も好きでも嫌いでもない、あるいは、好きか嫌いかわからないと答えているような視覚芸術と関わりがない人々の割合が有意に大きかった。すなわち、こうした関わりがない人の割合は、他のどの界よりも高かったのである（表7―2）。視覚芸術のどの様式にもまったく関わりをもたない人は、質問紙調査の場合ではほとんどが男性で、いくぶん年齢層が若く、そして教育があまり高くない人々だった。

パフォーマンスアートは、比較的年齢層の若い人々や非白人と、女性にとっていくぶん魅力的であり、比較的教育レベルが高い人たちにも好まれていた。風景画は男性と比較的年齢層が高い人々に好まれていた。風景画は、すべての職業階級のなかで強く好まれる傾向がみられたけれども、そのなかで最も好まれなかったのは、上級専門職に就く人たちだということが明らかになった。ルネサンス美術は、男性よりも女性に好まれ、年齢層が高い人々に好まれていた。イギリス出身ではない白人の人々は「イギリス系白人」の人々よりも四倍もルネサンス美術を好んでいた。ルネサンス美術を好む人には、高い教育資格をもった人が多く、学位を取得している回答者は、教育資格をもたない人の五倍近くも好んでいた。静物画は女性や若い人々に好まれていた。肖像画は、全体のパターンにしたがって、女性に好まれていて、いくぶん若い人たちのほうが好んでいた。教育を受けていればいるほど、肖像画は好まれていなかった。女性は男性よりもモダンアートを好む傾向があり、その割合は一・五倍以上だった。最も多くモダンアートを好んでいたのは、最も若い回答者たちだった。女性は男性よりも印象派を好み、いくぶん年齢層が高い人たちのほうが印象派を好んで選ぶ傾向があった。教育水準が高い人々は、学位がない人々よりもずっと印象派を好む傾向があった。(17)

表７－２　美術の各ジャンルに対する好き嫌い（％）

美術の種類	最も好き	最も嫌い
パフォーマンスアート	8	13
風景画	47	6
ルネサンス	4	5
静物画	5	10
肖像画	9	5
モダンアート	9	40
印象派	9	12
どれでもない／わからない	9	10
合計（％）	100	101

合計　n=1560

視覚芸術についての知識と参加を調べ、嗜好に対する探究を深めるために、われわれは、最も好きだと答えた美術様式と関係づけて、美術館（ギャラリー）に足を運ぶことについて検討してみた。通例、ギャラリーとは、十九世紀以来の公共の美術館、テート・ブリテンやテート・モダンのような近・現代芸術の美術館に加え、ロンドン中心部以外のいくつかの美術館や現代アートの展示空間も含めて理解されていると仮定している。もちろん、商業的な画廊もこの範疇に含まれるし、このような画廊は、特にロンドンのなかでは顕著に増えていて、一九九五年から二〇〇五年までの間に一五％も伸びている。[18]

概括すると、五五％はまったくギャラリーにはいかず、三〇％近くは年に一回程度、一三％は年に数回いく。興味深いことに、ギャラリーに足を運ぶことははっきりと芸術の嗜好と相関している（表7―3）。ルネサンス美術（四％）と印象派（九％）を好む人々は最も熱心にギャラリーに足を運ぶ人たちである。このような様式の芸術を好む人のほとんどは活発に芸術を見ることで芸術と関わりあっている。これはイギリス美術の分野の歴史的な発展と共振しており、テート・ギャラリーでは、早くから印象派の作品に多大な投資がおこなわれたことが、イギリスの専門職中産階級の形成に鍵になる重要な役割を果たした。ブレンドン・テイラー[19]が報告するところによると、一八九七年に開設してから一九二六年に拡張するまで、テート・ギャラリーは最も基本的な美術展示場として機能していて、能力主義に基づいた専門中産階級が自らを労働者階級から切り離す手段を提供していた。一方で、イギリスの貴族制が残した覇権主義の断片や破片と向き合いながら、文化的な主導権と卓越性も

表7―3　最も好きな美術のジャンルと美術館（ギャラリー）へ行く頻度（行%）

頻度	月1回	年に数回	年に1回以下	まったくいかない	n
パフォーマンスアート	2	14	31	54	129
風景画	2	10	28	61	738
ルネサンス	6	44	34	16	68
静物画	2	4	34	60	70
肖像画	1	10	26	62	136
モダンアート	9	13	32	47	142
印象派	6	29	47	18	146
どれでもない	—	1	12	87	132
わからない	—	—	—	100	3
合計	3	13	29	55	1564

テート・ギャラリーは主張してきたのである。テート・ギャラリーの影響を経ることによって、とりわけヨーロッパのモダニズム絵画とフランスの印象派は、社会的差異を作り出す鍵として、受け入れられていった。グレンフェルとハーディー[20]は、現在の芸術と階級のつながりがこの歴史のあたりから形成されてきていることを明らかにしていて、そこで重要な役割を果たしているのが印象派である。この歴史性は分断として形に表れている。すなわち、伝統に深く根ざした階級と芸術のつながりを表象する「後衛」（ティツィアーノ、ミケランジェロ、プッサン、ジェリコー、ゴヤ）とヨーロッパのモダニズム絵画の代表的画家たちによって構成され、聖別化されている「前衛」（ゴッホ、モネ、ボナール、ピカソ、モンドリアン、デュシャン）との分断、また、のちの時代に形成されてきた二つの潮流である、アメリカの前衛芸術（ホッパー、ポロック、ロスコ、トゥオンブリー、クーンズ、バスキア）と最近のイギリスの前衛芸術（シッカート、スペンサー、ムーア、ホックニー、ベーコン、ギルバート&ジョージ、ハースト）との分断として表れている。たぶんまったく驚くべきことではないが、ホックニーの絵が少数の人にしか真価を認められなかったように、エリート層のなかでも、他のインタビュー調査者のなかでも、イギリス系前衛主義はあまり好まれていない。一方で、ターナーの作品には、多くの安らぎが見いだされていて、すなわち、イギリスの中産階級ではどのような教育的・社会的経路を経ていても、より心地よいと感じる嗜好が見いだされる。表7―3が示しているように、嗜好とギャラリー訪問はお互い影響している。すなわち、最も大きな割合を示すギャラリーにはまったくいかない（関与がない）人々は、肖像画、風景画、静物画やパフォーマンスアートが好きな人々のなかにみられる。

われわれは、特定の画家の作品に対する様々な関わり方についても尋ねている。ここでは、画家についての知識とは、その画家の作品を見たことがある（印刷物での複製、テレビ、インターネット経由のいずれか）、またはその画家や作品について聞いたことがあると述べることだという仮定をおいている。また、嗜好は見てきた作品に対する好き嫌いを提示することで表現されるとした。ただし、例えば、関与していないということは、ある画家の作品に積極的に関わったわけでなくても嫌いと答える場合もあるかもしれないので、これらの仮定には限界がある。メキシコの芸術作品が嫌いだという人は、単純に、フリーダ・カーロの作品をまったく見たことがないだけなのにそれらを嫌いだと決めつけてしまっているのかもしれない。また、ある人は、トレイシー・エミンの『マイ・ベッド』をめぐるテレビでの議論を聞いていて、自分は彼女の作品が嫌いだと結論づけるようになってしまうかもしれない。より評価が確立された画家による作品は、この類いの判断によって苦しむことはあまりなさそうだ。われわれは、多様な視覚芸術の様式に関連づけながら、嗜好を探究することを選んだので、画家の正統性の水準が異なっていることが、回答者によって表現される見方に大きく影響を及ぼすかもしれないということについて触れておく必要がある。われわれは、確立された美的分類の体系によって、かなりの程度まで、正統性がある嗜好、すなわちゴッホ、ピカソ、ターナーに対するような嗜好が下支えされていることに関心をもっている。例えば、ゴッホの作品が広く認められていることが、このような見方に沿って分析されうる。ゴッホの作品はみんなから認められている。けれども、そこにどんな差異がありうるかは調べてみる価値があることである。

風景画が好きな人が最も見にいくのがターナーの作品なのか。例えば、モダンアートが好きな人が最も見にいくのは、例えばピカソやアンディ・ウォーホール、あるいはフリーダ・カーロなのか。ある芸術の様式に対する嗜好は、その様式の代表的画家の作品を見ることをはじめ、どのように活動的な関わり方と関係するのだろうか。作品を肯定的に表現する場合、すなわち、風景画を好むこととターナーやピカソの作品と関わり合いをもつようなことが顕示されるような場合には、好んで選ぶ芸術の様式と実際の関与の間にみられる相関は低いけれども一貫してみられる。このような相関は、例えば、モダンアートを好むこととカーロ、エミン、ウォーホールを知っていて、好んでいることとの間にも同様にみられる。[21]また、芸術様式に対する選好はその様式への関与を制限しない。だが、印象派のような一部の様式は、われわれのインタビュー調査で実証されたように、写実的な絵画よりも、大雑把に言って正確に表象したものでないというようなラベル付けとして利用されてきたようである。「選好」は、熱心に自ら好んで選ばれたものでは必ずしもないのである。ジャンルと芸術家が一致するかどうかの緊張関係には注目すべき価値がある。印象派を好む人があまり多くないのにゴッホとターナーへの人気が高いことは、印象派での彼らの影響は広く認められており、実際、彼らは共通に印象派画家と呼ばれることもあることを考えると奇妙なようにみえる。おそらく表7―3で報告した知見では、芸術作品に対してよりも、「言葉どおりのカテゴリー」に反応して回答されている、ということが理由として挙げられるだろう。だから、「ルネサンス美術」のカテゴリーは低得点を引き出してしまったとしても、もし、この質問紙調査にレオナルド・ダ・ヴィンチの『モナリザ』やミケランジェロの『最後の審判』のような作品を含めたならば、おそらく非常に高い得点が得られたのではないか、とわれわれは予見していた。われわれがインタビュー調査で取り上げてきたターナーの作品とホックニーの作品の評価で発見されてきたように、ある特定の作品への印象と、その芸術家の全体像との間には一見調和しているようにみえても緊張関係も存在している。

5 結論

本章では知識、嗜好、関与の観点から、視覚芸術に対して個々人がどのような関わりをもっているのかをみてきた。人々の嗜好の不一致が階級によるものだということをみてきたが、しかし、他の差異、特にジェンダー、年齢、エスニシティは相互に交差し合っていて、ときおり、階級の屈折を変化させていた。ときには、階級分類と物を所有していることや美術品を所有する能力とは、ぴたりと合っていた。芸術という制度に関して存在するはっきりとした社会的分断線が存在している。すなわち、そこでは視覚芸術の世界での個人的なつながりというものがいくらか誇張されているわけだが、本章では社会的分断線に注目しながら、視覚芸術の界のわれわれが探究してきたすべての文化実践の界のなかで最も排他的なものだという特徴を支持するものである。

われわれが自信がある愛好家、ゆるやかな消費者、自己弁護的個人の間に発見してきた差異は、嗜好、知識、関与のすべてに関連して生じていた。社会空間のなかの個人という視点、社会的地位を反映するような視覚芸術への関わり方、芸術分野での知識、個人的な反応、そして、人生経験への考慮から、芸術に対するこれらの違いが生じていることがわかった。

この分類は、ブルデューが、芸術作品、博物館と美術館への関係を、主に三種類に識別しているものと対比できる。[22]［ブルデューの分類の］第一としては、美術品を買う人が挙げられる。彼らは経済資本の点で豊かであり、しばしば高い文化資本も所有している。第二に、芸術についてよく知っている人がいる。彼らは文化資本では豊かだが、一般的に美術品を獲得する手段については乏しい人たちである。このグループは博物館や美術館を訪れる人で構成されており、複製画を買う人も含まれる。第三の集団は、芸術と関わりをもたず、美術館や画廊にもいかない人によって構成されているグループである。彼の分類は、博物館、美術館、そしてそれらへの訪問者から できあがっており、そこでは、社会階級、教育水準、社会的出自と個人の視覚芸術の文化への経験との間の結び付きが実証されてきた。イギリス人の場合、自信がある愛好家のなかでは、物質的な位置が、芸術の理解、または芸術を理解できる能力があることとはっきりとしたつながりをもっている。だが、ゆるやかな消費者と自己弁護的個人の両者のグループではこの点は明瞭ではなかった。より多くの知識をもっていることが、自信がある愛好家によって顕示されていて、自己弁護的個人もいくぶんこの傾向がある。一方で、美術館や博物館への訪問は、自信がある愛好家のグループの領分であり、他の集団では関連が少なかった。

われわれの分類は、ブルデューが『ディスタンクシオン』のなかでカント美学を「応用」して特徴づけた、「機能」と「形態」という二つしか選択肢がない二律背反を乗り越えていくものである。機能と形態は、われわれの研究への参加者たちが、社会空間内での立ち位置や、コスモポリタン的志向との関係、国家への所属への疑い、サブカルチャーとの関連性などの実際的な要求にしたがって、視覚芸術との関わりのかじ取りに利用するような、多様な評価システムのなかで多様な方法で交じり合うものである。美的な価値がどこに由来するかは、労働者階級の必要性志向とブルジョア層の無関心性という区分よりも、現代のイギリスではもっと複雑なのである。視覚芸術は依然として、社会的地位を分類する強い界である。広い意味での視覚文化の一部として、視覚芸術への関与は普及している。また、かなりの芸術作品は入手可能なものとなっていて、ますますアクセスしやすいものとなっている。けれども、集団の間の境界線に割れ目や亀裂が生じていたとしても、より裕福な集団が中心的に参加していることは依然として変わらない。正統性が高い文化は依然としてしっかりと掌握されている。これは部分的には、作品を所有することができるようになることであり、比較的高価な作品を所有することによって威信が高まっていく。この界で、作品を所有することによって客観的な文化資本を獲得することができるのは少数派である。より高い教育を受けた中産階級の人々、特にエリート層の人々の場合では、はるかに頻繁にギャラリーに足を運び、芸術作品の質について意見をもつ傾向がはっきりとみられる。このような人々とその子どもたちが、制度的な文化資本を増やすことに寄与するような知識や鑑賞態度を他と比べて不均等に発達させていくことになる。おそらく、質問に対してゆるやかな消費者が気軽に答えていたような、昔風の態度はあまりみられなくなるだろう。けれども同時に、自己弁護的個人の集団の存在が示すように、ある人々にとって、芸術はいまだに不快感を引き起こすものである。われわれは音楽の界については同じやり方では分析しなかったけれども、自己弁護的傾向については、比較可能な兆候はほとんどみられなかった。芸術は、相対的にみて依然として排他的な界なのである。

注

（1）Halle, D., *Inside Culture: Art and Class in the American Home*, University of Chicago Press, 1993.

（2）Grenfell, M. and C. Hardy, "Field Manoeuvres: Bourdieu and Young British Artists," *Space and Culture*, 6(1), 2003, pp.19-34, Grenfell, M. and C. Hardy, *Art Rules: Pierre Bourdieu and the Visual Arts*, Berg, 2007.

（3）Upright, C. B., "Social Capital and Cultural Participation: Spousal Influences on Attendance at Arts Events," *Poetics*, 32(2), 2004, pp.129-143.

（4）Chan, T.-W. and J. H. Goldthorpe, "Social Stratification and Cultural Consumption: The Visual Arts in England,"

Poetics, 35, 2007, pp.168-190.

(5) Silva, E. B., “Distinction through Visual Art,” *Cultural Trends*, 15(2-3), 2006, pp.141-158.

(6) Bourdieu, P., *Distinction: A Social Critique of the Judgement of Taste*, Routledge, 1984（ピエール・ブルデュー『ディスタンクシオンI――社会的判断力批判』石井洋二郎訳、藤原書店、一九九〇年、同『ディスタンクシオンII――社会的判断力批判』石井洋二郎訳、藤原書店、一九九〇年）、Bourdieu, P., “La domination masculine,” *Actes de la recherche en sciences sociales*, 84, 1990, pp.2-31.（ピエール・ブルデュー『男性支配』坂本さやか／坂本浩也訳〔Bourdieu library〕、藤原書店、二〇一七年）

(7) Zolberg, V., “Barrier or Leveler? The Case of the Art Museum,” in M. Lamont and M. Fournier eds., *Cultivating Differences: Symbolic Boundaries and the Making of Inequality*, University of Chicago Press, 1992, p.199.

(8) Warde, A. and T. Bennett, “A Culture in Common: The Cultural Consumption of the UK Managerial Elite,” in M. Savage and K. Williams eds., *Remembering Elites*, 2008, pp.240-259.

(9) Taylor, B., *Art for the Nation: Exhibitions and the London Public, 1747-2001*, Manchester University Press, 1999, p.34.

(10) Grenfell, M. and C. Hardy, *Art Rules: Pierre Bourdieu and the Visual Arts*, Berg, 2007, p.105.

(11) Wu, C., *Privatising Culture: Corporate Art Intervention Since the 1980s*, Verso, 2002.

(12) イギリスについては、Merriman, N., “Museum Visiting as a Cultural Phenomenon,” in P. Vergo ed., *The New Museology*, Reacktion Books, 1989, Selwood, S.,“Audiences for Contemporary Art: Assertion vs Evidence,” in C. Painter ed., *Contemporary Art and the Home*, Berg, 2002. アメリカについては、DiMaggio, P. et al., *Audience Studies of the Performing Arts and Museums: A Critical Review*, National Endowment for the Arts, Research Division, Report 9, 1978, National Endowment for the Arts, *Demographic Characteristics of Arts Attendance: 1997*, National Endowment for the Arts, Research Division, Report 71, 1999、オーストラリアについては、Bennett, T. and J. Frow, *Art Galleries: Who Goes?: A Study of Visitors to Three Australian Art Galleries, with International Comparisons*, Australia Council, 1991.

(13) Taylor, B., *Art for the Nation: Exhibitions and the London Public, 1747-2001*, Manchester University Press, 1999.

(14) Zolberg, op. cit.

(15) Kane, D., “A Network Approach to the Puzzle of Women’s Cultural Participation,” *Poetics*, 32(2), 2004, pp.105-127.

(16) Bourdieu, *Distinction*.（前掲『ディスタンクシオンⅠ』、前掲『ディスタンクシオンⅡ』）

(17) Silva, E. B., “Distinction through Visual Art,” *Cultural Trends*, 15(2-3), 2006, pp.141-158. の表2を参照。

(18) 「ガーディアン」二〇〇五年十月二十一日付、G2面

(19) Taylor, B., *Art for the Nation: Exhibitions and the London Public, 1747-2001*, Manchester University Press, 1999.

(20) Grenfell and Hardy, *Art Rules*.

(21) より詳細な分析は Silva, E. B., “Distinction through Visual Art,” *Cultural Trends*, 15(2-3), 2006, pp.141-158 を参照。

(22) Bourdieu, P., (with A. Darbel and D. Schnapper,) *The Love of Art: European Art Museums and Their Public*, Polity, 1991.（ピエール・ブルデュー／アラン・ダルベル／ドミニク・シュナッペー『美術愛好――ヨーロッパの美術館と観衆』山下雅之訳、木鐸社、一九九四年）

第8章

卓越化の対照的なダイナミクス

――メディア領域

1　序

ブルデューが『ディスタンクシオン』を著して以降、放送メディアは急激に拡大し、広い範囲で嗜好や文化実践が共有されるようになった。これは、ブルデューによって描写されたような鋭く分裂した階級文化の様相とは矛盾するものである。仮に一九六〇年代半ばのフランスでの放送メディアの役割に十分な注意を払っていたとすれば、ブルデュー自身の見解も異なったものになっていたかもしれない。ラジオやテレビ番組の選択に関しては、ブルデューはたった二つの質問しか尋ねていない。その当時のフランスでは、ラジオは幅広く保有されていたものの、彼は得られた知見をラジオに直接結び付けようとはせず、より一般的な音楽の嗜好に関する議論のほうに組み込むことを選んだ。『ディスタンクシオン』のフィールドワークがおこなわれていた六三年から六八年の間に、テレビもフランス文化のごく限られた側面から、マスメディアへと成長を遂げた。実際、六〇年のフランス家庭におけるテレビ普及率はわずか一三%だったものの、六七年には五二%にまで増加している。(1) ブルデューはテレビの嗜好に関する知見もほとんど活用しなかった。またブルデューは、形式主義的技法を実験的に用いたテレビ番組に対して労働者階級が抵抗したことの意味を、現代芸術での形式の新展開に対する態度の代理的表明であると解釈したため、ブルデューのテレビに関する長い議論は、他の目的を達成するための手段に転じることになった。[2]

日常的に新聞を読むことと同じく、テレビを視聴すること、映画館にいくことは、われわれが調査対象とした両方のサンプルで幅広く実践され、また共有された文化的活動である。もちろん音楽や読書、視覚芸術と比較すれば、これらの活動の階級との結び付きは弱い。第3章で論じたわれわれの文化マップに再び目を移すと、テレビや映画に関する項目が第一軸に及ぼす影響はさほど大きくない（図3―1を参照）。第一軸は職業階級や教育水準と明らかに関連している軸であり、経済資本と文化資本とがパラレルな軌道をもっていることから、それらが互いに強化し合うような関係性にあることが示唆されている。第一軸の左側にあるメディア分野の項目は、ソープオペラを好むこと、一日五時間以上テレビを視聴すること、西部劇を好むこと、映画館にいかないことしかなく、右側にある項目は、一日のテレビ視聴時間が一時間未満であること、ときどきもしくは頻繁に映画館にいくこと、文学作品の映像化や時代劇を好むことしかない。加えて、多くのテレビ番組のジャンル――警察物や探偵物、クイズやゲームショー、映画、自然や歴史に関するドキュメンタリー、そして料理番組、インテリアやガーデニングの番組など――は、それぞれの軸の分化に対してほとんど影響力をもっていないことにも気づかされる。それは、このようなジャンルが一般的に好まれているためか、あるいは、ある特定の社会集団との間に際立った関係性が見いだされていないためだろう。

第二軸に目を転じると、状況は大きく異なっている。上部から下部へとみてみると（図3―2を参照）、第二軸は年齢的な嗜好に関する軸であり、上部に現代的な（若者の）嗜好や趣味が集まり、下にいくほど伝統的な（年長者の）嗜好や趣味が集まっている。この軸には、映画やテレビ番組を見る時間の長さよりも、映画やテレビ番組への嗜好が大きく反映され、程度の差はあるが、上下対称に配置されている。

第二軸：上側――ホラー映画、ＳＦ映画、アクション、スリラー、冒険映画が好き。文学作品の映像化や時代劇が嫌い。ときどき映画館にいく。スポーツ番組やコメディーが好き。美術番組は嫌い。

第二軸：下側――ホラー映画は嫌い。ミュージカル映画、文学作品の映像化や時代劇が好き。ＳＦ映画は嫌い。映画館にいかない。リアリティショーは嫌い。テレビニュース、時事問題の番組、自然や歴史ドキュメンタリー番組が好き。

第三軸についても同様に、対になる項目が対照的に配置されていることがはっきりと見て取れる（図3―3を参照）。第三軸は主として性別による違いを反映したもので、女性に関わるものが上部に多く、男性に関わるものが下部に集中している。

第三軸：上側――恋愛物やコメディー映画が好き。戦争映画、西部劇、ホラーやＳＦ映画は嫌い。ソープオペラやテレビドラマが好き。自然や歴史ドキュメンタリー番組、ニュース、時事問題の番組、スポーツ番組は嫌い。

第三軸：下側――アクションやスリラー、冒険映画、ＳＦ映画、西部劇が好き。ボリウッド、恋愛映画、ミュージカル映画は嫌い。映画館にはいかない。テレビニュースや時事問題の番組、自然や歴史ドキュメンタリー番組、スポーツ番組が好き。ソープオペラやリアリティショーは嫌い。

階級による違いは相対的に弱いものの、年齢そして性別によって映画やテレビ番組に関する嗜好は明らかに異なっている。しかしながら、ここで問題になるのは、これらの年齢やジェンダーに関する違いをただ単に階級という視点で組織した構図にあてはめることではなく、メディアの界での関係性を特徴づける区分の変化するダイナミクスという文脈で、年齢、階級、ジェンダーの三つの要素がそれぞれにどう関連し合っているのかを探求することである。

以上のような事柄に適切に対応するためには、映画やテレビに固有の性質、そして、このような性質が互いに、また他の文化的実践との間でどのような位置を占めるのかを考慮に入れる必要がある。ジョルジーナ・ボーンは、これに関して以下のようにふれている。[3] ブルデューは、一方では互いに独立した個別のジャンルの間で相関関係が成立すること、他方では階級の位置がはっきりと区別できる、ということを仮定しているが、この仮定はテレビの場合には当てはまらない。それは、テレビのテクストが属を超えたもしくは属間の性質を本質的にもっているからである。われわれの調査では、近しいジャンルがクラスターとなってグループを形成していた。ソープオペラ、リアリティショー、バラエティやトークショーが好きであることは一緒になりがちだし、同様に、ニュースや時事問題の番組、ドキュメンタリー、スポーツ番組は塊を形成しやすい傾向にある。嫌悪についても同じようにクラスター化しやすい。ソープオペラが好きな人は、ニュースや時事問題の番組、ドキュメンタリーや美術番組、スポーツ番組、そしてテレビで映画を見ることを好まない傾向にある。[4] 文化の界で正統性を編成する学術的な制度、もしくはその他の制度との関係が弱いということも、映画とテレビの特徴となっている。この傾向は、テレビに特に当てはまる。一九八〇年代以降、メディア研究の研究者たちは、テレビの美学に対して根拠を与えてくれるような判断基準を明らかにするべく努力を重ねてきた。ここで言う根拠とは、映画研究や芸術、文学に関して展開されてきた判断手続きに見合うものである。[5] 加えて、中等段階や高等段階での研究領域として、メディア研究は急激な成長を見せてきた（二〇〇六年に高等段階で最も急速に拡大した十個の科目のうちの一つだった）。それにもかかわらず、映画研究やテレビ研究は、いずれも「ミッキー・マウス研究」などと侮蔑的に呼ばれる通俗的分野のそしりをいまだ逃れることができていない。それでもなお、これら二つの領域の拡大には目を見張るものがある。[6] この傾向は特に、若者のサンプルで顕著にみられ、また、その起源や影響がライフスタイルの社会空間のなかにある、相対的に局所的な場所に限られるような差異の諸関係の組織化に顕著にみられるものである。

『ディスタンクシオン』で、ブルデューのテレビの扱いは適切ではない[7]が、彼が言うところの「中間芸術」、例えば、映画やジャズ、漫画、SFや探偵小説などの役割に関する指摘は、非常に有益なものである。ブルデューは、自らが保持する文化資本を教育資本に変換しきれていない人や正統文化との関係が不安定な人の場合に、このような芸術に対して惜しみない時間と労力が投資されると論じている。このような芸術は、「学歴資本を多く保持している者からは軽蔑され無視されている」が、「そうした芸術作品を用いることで、(特にその文化資本が学校教育によって十分に認められていない場合は)文化資本から最大の利益を確保しようとすると同時に、正統性と利潤に関する既存のヒエラルキーに対して異議申し立てをすることを手柄に思う人々に対しては、一つの避難所、もしくは雪辱の機会を提供しているのである」[8]。ジェレミー・スコンスは、こうした視点を取り入れ、様々なジャンル(ホラー、SF、ポルノ)の「クズ」映画のパロディー的な解釈が、アメリカの大卒者の教育的・文化的、そして社会的軌道との関連で果たす役割について論じていて、ブルデューの見解を用いて次のように指摘する。[9]明らかに正統性があったり欠如したりしているものではなく、むしろ安定しておらず目立たないような位置を占める文化の諸形態でこそ、社会空間で近接するグループ同士の区別をめぐって競争が引き起こされる場合が多い。そして彼は、『ディスタンクシオン』でのポピュラーソングに関するブルデューの次のような分析を引用している。ポピュラーソングは経営者と専門職には嫌悪され、まとめて否定されるが、中間職や労働者階級の間やそのなかでは微細な区別の場となっているのである。

このような観点のもとで、映画やテレビの役割を最も明瞭に示すことができる。文化資本の組織化、教育レベルや職業階層といったライフスタイルの空間の第一軸に強く影響するものと、映画やテレビに関する嗜好との関連はそれほど強くない。しかし、映画やテレビに関する嗜好は、このような分析からは可視化できないような、より微細で局所的な差異化の構成と深く関わっていることが多い。したがって、このような局所的な区別を適切に確認するためには、よりきめ細やかな分析が要求される。これには、このような過程におけるテレビや映画の位置づけを区別する必要性も含まれる。なぜならば、両者の間には生産や消費の界という点ではっきりとした類似点があり、両者はますます重なり合うようになってきているにもかかわらず、多くの点で相違点も存在しているからである。

2　テレビと映画での階級間の相違

すでに述べたように、メディア領域で階級差が最も大きくみられるのは関与の度合いについてである。テレビと映画の両者についてジェンダー差はほとんどまったくといっていいほど観察されないが、エスニシティは映画館にいくかどうかについて大きな影響力をもっている。エスニック・ブースト・サンプルで、インド系、パキスタン系の四〇％以上が月一回以上映画館にいくと回答したのに対し、メインサンプルでそう回答したのは一八％にすぎなかった。これほど明確ではないが、映画館にいくことやテレビを視聴することの度合いに関する階級による違いは、映画とテレビでは様相が異なるものの確認することはできる。映画の場合、上位の階級になるほど日常的に関与しているという傾向がみられる。年に数回以上映画館にいくと回答した専門職＝幹部階級は六七％であるのに比較して、中間階級では五〇％、労働者階級では四二％だった。しかし、おそらくテレビ視聴の場合、他の二つの階級と比較した専門職＝幹部階級で最も特徴的な点は、彼らがテレビを見ないことを報告している点である。平日にテレビを一時間未満しか見ないと回答したのは専門職＝幹部階級で二四％なのに対し、労働者階級では一〇％だった。一方で週末に一日五時間以上テレビを見ると回答したのは専門職＝幹部階級ではたった一九％なのに対し、中間階級では三〇％、労働者階級では四三％にのぼっていた。教育についても似たような傾向がみられた。テレビをあまり見ないと回答する傾向は大卒者（五八％）で何の学歴資格もない者（二一％）の約三倍となっていた。

ビジネス、政治、公務員エリートに対するインタビュー調査で何度も繰り返して強調される話題は、彼らがどれだけテレビを見ないかということである。それは時間がないからであり、夜や週末にも仕事をしないといけないという専門的な責務のせいだとされている。しかし、このような物言いはまた、何であれ放映されているものを見ることと、それとは反対に何か目的をもって見ることとの区分を明確化するようにも作用している。意図をもって注意深く鑑賞することと大衆娯楽メディアの散漫な視聴者の間にある伝統的な区分を繰り返しているとも言える。ジョナサン・クレーリー[10]はこの区分、特にそれが十九世紀後半に形成されたことについて最も広範で厳密な議論を展開している。しかし、この区分には、起源にまでさかのぼらなくても長きにわたる歴史があり、カントは美学について説明する際に、そうした歴史を自らの重要な足場としている。つまり、カントによれば真なる判断とはただ心地がいいだけの悦楽とは区別されるものであり、その区別はまさにそうした悦楽を超越して支配するような能力によっておこなわれる[11]。この点は、カント派の遺産のなかでも重要であり、ブルデューが論究し続けた「純粋」な美に対する無関心性と必要性の文化との対立と比べても、おそらく間違いなく重要度が高いものである。なるほど、無関心性の文化と比較しても、イギリスの教育制度に継続的に影響を与えてきたことからも、それは正統化できる。意思力は、ジョン・スチュアート・ミルによって人格形成におけるはたらきに変換され、そこからミルの愛弟子であるアレクサンダー・ベインによって個人の精神経済の説明へと変換された。ベインは、個人というものを「外的物体に起因する気移り（すなわち、感性に対する誘惑）に対する習慣的な注意力の統制[12]」の間で絶えず煩悶し続ける存在だと見なす立場をとっている。意思力の訓練は、二十世紀にいたるまで公教育の哲学と実践の重要な構成要素となってきたのである[13]。

このようなカント派の遺産はエリートインタビュー調査の対象者だったティモシーの告白のなかにもみることができる。

> 六時より早い時間にテレビを見るのはあまりお行儀がいいことではないという感覚があって、それは僕のなかにある規律のようなものなんです。だけど、お昼どきにいればラジオ4の『ワールド・アット・ワン（*World at One*）』は聴きますよ。

アリステアは田舎の大きな屋敷を相続して所有しているが、彼も同じような考えを口にした。彼と彼の妻は「まったく熱中していない」と言い、また彼らがテレビを見るのはだいたい何か特定の目的があるときであることを、若干濁しながらではあるが明かしている。しかしながらアリステアが最もこだわっているのは、自分がそれほどテレビを見ないという事実のほうだった。

だけどわれわれはテレビ好きの部類ではありません。テレビを見るのは、自分たちにとって、なんていうか適切だと思われるときで、そして、何かかなり面白いと思えるようなものが放送されているときだけです し。われわれが見るのは、わずかなものです。スポーツを少しとかね。ウィンブルドンテニスなどは大いに楽しみますけど。地元サッカーチームのゲームがあれば、それも見るかもしれません。だけど、私や、いやうちでは、テレビをたくさん見ることはしないんです。(14)

他のエリートサンプルの男性と同様にアリステアは、スポーツを好みの種類の番組の一つと回答した。しかし彼らの言い分では、スポーツそれ自体に関心があってテレビを見るのであって、テレビそのものに関心があるわけではないこと、つまり、現にテレビを見るのではなく、テレビを通してスポーツを見ていることが示唆される。テレビのフィクションや娯楽のジャンルに没頭することではなく、別の世界を垣間見る窓を提供するテレビの能力を高く評価する感覚は、インタビューで共通して語られたテーマだった。上級公務員を退職したコリンからも同様のことが聞かれた。彼はテレビで映画を見るほかには、歴史ドキュメンタリー、ニュース、ホライゾン(Horizon)[1]、オープン・ユニバーシティー(放送大学)の番組、芸術番組、オペラの放送など、その目的に合致する番組だけを見るという。彼の好みのチャンネルは、地上波であれデジタル環境であれBBCのチャンネルで一貫していた。同じことはエリートサンプル全体についても言え、またメインサンプルでみられたパターンとも一

表８－１　階級的位置とテレビのジャンルの好み（列%）

テレビのジャンル	労働者階級	中間階級	専門職－幹部階級	n
ニュース／時事	13	17	22	243
コメディー／シットコム	10	11	11	158
刑事物／探偵物	8	5	7	101
クイズ／ゲームショー	3	3	3	46
ドキュメンタリー	11	11	13	171
スポーツ	13	15	11	195
芸術番組	0.1	1	1	9
映画	9	9	6	128
バラエティ	1	1	1	14
ドラマ	9	8	8	126
リアリティショー	1	1	2	18
ソープオペラ	18	15	10	225
料理／園芸／DIY	4	4	4	64
その他／どれでもない／テレビなし	1	1	3	22
n*	710	449	361	1520

* 階級の合計が、サンプル合計より少ないのは、われわれの三階級モデルの構築に際しての技術的な理由による。この理由は第10章で説明している。

致している。階級が上層になるにつれてBBCとチャンネル4を好むとする回答が上昇し、対照的にITVとチャンネル5が減少するのである。

テレビ番組のジャンルの好みに関する階級の影響はそれほど明瞭ではないものの、専門職＝幹部階級の好みは、中間階級と労働者階級、特に労働者階級とかけはなれていた。彼らの好みは、ニュース、時事問題の番組、ドキュメンタリーといった「外界を垣間見る窓」になる特徴を明らかにもつようなジャンルである（表8―1）。この表の階級による違いは芸術番組で最も大きいものの人数が少なすぎ、区分の関係性を明らかにするという観点から言えばあまりテレビ視聴の重要な点とは言えない。この特質は、テレビとの教育的関係という見方、つまり、テレビを見ないことを自制の一形態だと見なし、テレビなるものを、そうした自制の形態と関連づけられた自己教育や自己改善の資源だと見なすような見方を採用する際によりあらわになる。

ユアンは文化遺産業界で働く専門職だが、アリステアやコリンと同様のテレビとの関係を語っている。なぜ自然や歴史ドキュメンタリーを見ることを好むのかとの質問に対し、以下のように答えている。

　コメディーやシットコムは見てられないんだ。それを見ても何も学べないと思うから。何かを得ているという感覚がほしいんだけど、歴史やドキュメンタリー、ニュースや時事問題の番組のなかなかいいところはそう思えることだね。世界で何が起こっているかを知らない人が多すぎるし、それは本当に茶番だね。もっと世界で何が起きているかに注意を払うべきだよ。

ただ単にくつろぐ目的のためだけに一度でもテレビを見たことがあるかどうかを尋ねた際、ユアンは以下のように否定した。「いいや、ないね。宣伝を見てその番組を見たいと思ったときにしかテレビはつけないよ。他の人がするみたいにバックグラウンドとしてもつけないよ、できないんだ。外出するときに犬のためにつけておくことはときどきあるけどね」

テレビの教育的価値を、逃避やくつろぎといった価値とどう対比させるかをめぐっては複雑な問題がある。テレビの「リアリズム」に対する選好とこのような様々な価値観はどのようにつながっているのか、そして、それらが年齢やジェンダー、そして階級とどう関連しているのか（第4章での議論も参照のこと）。このような課題については、あとで扱うことにする。さしあたって重要な点は、テレビとの教育的関係はリアリティショーとソープオペラという二つの最も嫌われているジャンルに対立させながら明確化される場合が多いことである。リアリティショーはメインサンプルの二七%、そしてソープオペラは一七%によって嫌いだと回答されている。リアリティショーが好きかどうかについて階級差はほぼないが、リアリティショーとソープオペラへの嫌悪は専門職＝幹部階級で特に強いものがあった。これら二つとも、テレビを超えた他の世界への案内になるというよりもむしろテレビの「虚構の」世界へ視聴者を浸らせるようなジャンルであり、インタビュー対象者から最も激しい非難の矛先が向けられた。このことは、これら二つのジャンルの擁護者がいないという意味ではなく、特に女性のなかには男性と比べて熱心なソープオペラファンも存在している。多くの女性にとってソープオペラのこの日常性こそ、日々の生活や体験におけるなじみのジレンマの予行演習の機会を提供するという側面から独特の倫理上の魅力を生み出しているのである。四十七歳のソーシャルワーカーのポピーは、次のように語る。

そのような番組で提示される実生活での問題が好きで、どうしてかっていうと、私たちみんな経験していることなので。だから、何が起きているか自分の経験に照らし合わせることができるのがいくつかあって、もしそんなことが自分の身に起こっていたらってね、私もいくつかはあるし、他の人もあるはずだし。

文化遺産業界で専門職として働いているシェリーも同じくソープオペラを好きだというが、理由が異なっている。彼女はプロットの構成、登場人物の成長、そして作品の質だけを理由として選び出し、より儀礼的で冷やかな見解を下している。

しかしながら、エリート層の女性については、これらのジャンルが好きだと回答した人はほとんどいなかった。ロンドン、イーストエンドの労働者階級出身だが、労働組合や労働党での活動を通じて著名な政界の要人となったカロラインにとって、ソープオペラは堕落や劣化の象徴で、忌避すべきものである。そして、主要な登場人物が始終大声を出して口論していることを、行動規範として受け入れがたいと判断し、われわれに対し、彼女の娘の一人は「二度と自分の娘たちにソープオペラは見せないことにした」と言っていたが、それは「娘たちがとても悪い習慣やひどいしゃべり方をまねして好ましくないから」だという。リアリティショーも、ケンブリッジ大卒でいくつかの部長職を経て国際的大企業でCEOとなったデイヴィッドから似たような強い反感を買っていた。

もし息子が『ビッグ・ブラザー（Big Brother）』とかそういう誰か脱落者を決める投票をおこなうようなひどい番組をつけていたら、部屋から出ていくようにしているよ。文字どおり部屋から歩いて出て、本を読んだりして、それから逃れるんだ。うまく対処できないんだ、すさまじく嫌悪しているものでね。

このようなリアリティショーに対する反感はエリートサンプルに普遍的にみられるものではなかった。キースは家業の全国的な小売業の取締役員で、イートン校を出たあと、スコットランドとアメリカの大学で教育を受け、また、芸術と演劇に対する幅広い文化的な関心をもっているが、リアリティショーを「なかなか驚異的」で「夢中にさせる」ものだという。確かに、その理由の説明に際しては若干入り組んだ解釈がなされる。彼は知識を広げられる一形態としてこのジャンルへの関心を正当化していて、それは他にドキュメンタリーや時事問題の番組などに強い関心をもつ彼のテレビの好みと調和するものでもある。

まとめると、階級の影響が最も顕著に表れるのはチャンネルの選好とテレビ視聴の量に関してである。テレビを視聴しないことは意思の力、そして怠惰な楽しみの誘惑に打ち克つ能力や規律の証しとしての機能を果たしている。専門職＝幹部階級では、テレビを超えて現実世界の知的活動に視聴者を誘うテレビの強い教育的な役割に親和的なジャンルと、それに対して視聴者をテレビの架空でまがいものの世界へと浸らせるようなジャンルが区別され、前者が好まれることもこの点と関連している。

おそらく好きな映画のジャンルの分布についての最も顕著な側面は、どの階級でも最も好きとするのが、アクション、スリラー、そして冒険映画と多かれ少なかれ類似していることである（表8―2を参照のこと）。インタビュー調査からは、これらのジャンルを好む理由にも階級による大きな違いがないことが示された。好きな理由として形式的基準が言及されることはほぼなく、かわりに挙げられたのは、往々にして、娯楽としての有用性とか、映画を見ることで現実逃避の機会が得られることだった。同様に指摘すべき点は、伝統的な「芸術」や「高尚文化」的映画の概念に最も近しいと認識されるジャンルで階級による回答割合が最も大きく違っていたことである。例えばオルタナティブ・シネマもしくはアート映画（六％）は明らかにテレビの芸術番組（一％）よりも専門職＝幹部階級で重要な役割を果たしており、時代劇、文学作品の映像化といったイギリスの「良質な」映画、

表8―2　階級的位置と映画ジャンルの好み（列%）

映画ジャンル	労働者階級	中間階級	専門職―幹部階級	n*
アクション、スリラー	28	27	27	417
オルタナティブ／アートフィルム	1	1	6	31
ボリウッド	1	0.4	1	11
アニメ	1	1	0	8
コメディー	17	15	17	247
時代劇	6	9	13	129
犯罪映画	3	4	5	57
ドキュメンタリー	7	7	5	100
ファンタジー	0.4	2	3	24
フィルム・ノワール	0	0.2	1	6
ホラー	6	4	3	66
ミュージカル	7	5	2	79
恋愛映画	6	10	5	107
SF	7	6	7	96
戦争映画	4	4	1	48
西部劇	6	2	3	66
ない／その他	2	2	1	28
n*	710	449	361	1520

* 階級の合計が、サンプル合計より少ないのは、われわれの三階級モデルの構築に際しての技術的な理由による。この理由は第10章で説明している。

そして規模は小さいもののフィルム・ノワールなどについても同様である。これらとともにSF映画は大卒以上の学歴をもつ者で最も好まれるジャンルでもある。対照的にドキュメンタリー映画は、戦争映画、ミュージカル、西部劇、恋愛映画とともに学歴がない人々の関心を最も引き付けており、専門職＝幹部階級よりも労働者階級や中間階級の人々に人気があるという、同様の傾向もみられた。ここから、テレビとの関係を見た際に観察されたニュースや時事問題の番組、ドキュメンタリー番組など情報系ジャンルでの教育的関係性が、映画の選択という点では同等の価値を保持していないことが指摘できる。ただし、後述のように年齢とジェンダーを考慮に入れた場合、リアリズムという観点はホラーや恋愛映画、戦争映画に対して異なる反応を生むという点で重要な役割を担っている。

一方、すでに述べたように、映画館へ

いくことに関して階級は大きな影響力をもっていて、それには金銭的な問題が多少関わっている。チケット代がかかることに加えて、子どもを預けるのにかかるお金、もしくはもし子どもを伴うのであれば、飲み物やお菓子にかかるお金を毎週の所得からは賄えないことが、低賃金で働く女性や給付金受給者のグループが挙げる映画館にいかない主要な理由だった。熟練もしくは半熟練の作業員たちが映画館にほとんどいかない理由として挙げたのも、コストに関することであり、チケット代金はレンタルビデオやレンタルDVD、もしくは違法コピーに比べて「ぼったくり」だとみられていた。さらに付け加えると、家であればリラックスして堅苦しくなく映画を見られるのに対して、飲み食いやおしゃべりができない映画館の管理された空間はくつろぎに欠けるという指摘も熟練作業員からなされた。

しかしながら、金銭的理由から映画館にいかないと答えた労働者階級がわずか六%しかいないことを考慮すると、先に述べた映画館にいくことに階級間で二五%もの違いが生じるのには、文化的な要因が大きな役割をもっていることにも思い至る。この点は、「大衆的な」映画館、「メイン・ストリーム」もしくは「シネコン」の映画館、「アートシアター」といった異なるタイプの場所に対する態度の違いとして特に当てはまることが、フォーカスグループでの議論から明らかとなった。マーケティング・マネージャーをしているアフロ・カリブ系のピートと医療秘書を引退したシンシアは、アート映画専門の映画館の近くに住んでいるので、それぞれ好みのジャンル（ピートの好みのジャンルはアメリカン・インディペンデント・シネマで、シンシアの好みはイーリングコメディーと文学作品の映像化である）に接することができ、また同時にその場所にもいきやすいという。司書を退職したジョーンの評価も似たようなもので、彼女の近所にあるアートシアターについて「いったら居心地がよくくつろげる場所だし、だいたい誰か知り合いに会える」とコメントしている。文化部門で働く若い専門職たちにとって、場所のタイプの違いは上映されている映画のタイプの違いと同化していて、シネコンでのメイン・ストリームの映画よりも「アートシネマ」系の映画が、知性的で真正なる関与のあり方だと解釈されている。劇場のマーケティング責任者をしているザラと現代アートのギャラリーの教育責任者をしているティナの以下の会話はその格好の事例である。

ザラ：私が思うに、どのような期待があるかっていうと、ゲートウェイ[15]にいった場合、スクリーンで何を見ているかを通して試されていてもおかしくない感じがするのに、ショーケースとかワーナーズにいった場合は、試されているっていう感じはしないですよね。

ティナ：メイン・ストリームですからね。

しかし、すべての階級の人々が異なるタイプの映画館の間を移動する能力を均等に保持しているわけではない。以下の会話は、介護施設の看護師をしているケイト、電話セールスアシスタントのダズ、銀行のコンピューターオペレーターのジェス、衛星テレビのエンジニアのスティーブ、配管工のチャス、そして窓枠取り付け人のウェインからなるすべて二十代の熟練作業員のグループのメンバーのものだが、年齢と階級の両面でアートシアター系の空間が縁遠く感じられることが述べられている。

ケイト：（笑いながら）どうだろう。ウェインがみんなに電話してきて「アートシネマにいこうよ」って誘うなんて想像できる？　みんなで笑い転げてしまいますよ。（みんなの笑い声）

モデレーター：ウェインがそのようなことをしたら、笑い転げるという発言が出たあとで聞くけど、どのような人がアートシネマにいくと思いますか？、一般的に。

ケイト：関心がある人じゃないでしょうか。

ダズ：なにか目的がある人じゃないかと思うな。

チャス：そうそう。

ジェス：何かそういうものから有益なものが得られる人じゃないかな。

ウェイン：例えばクラスの課題のためとか、そういうやつだよ。

モデレーター：ということは、彼らは何かの目的のために映画館にいくということでしょうか。

スティーブ：そういうことだと思うよ。そういう人は、というか、ただレジャーとしてではなくって、何かのために映画館にいくんだと思うな。それは彼らの興味関心なのかもしれないけど、クラスのためとかっていうこともあるかもしれない。

ケヴ：多くはお年寄りだと思うよ。あまり外出しない中年の人とかね。

チャス：お年寄りがたくさんいると思うな。

スティーブ：飲みにいったりとか、そういう社交をあまりしない人じゃないかな。

ケヴ：退職した人だと思うな。博物館とかは、高齢者の人であふれかえっているよね。美術館も、そんなもので、そこには高齢者がいっぱいだよね。

このグループと好対照をなすのはコリンのケースである。退職した元公務員で、テレビに関してすでにふれたような厳格な好みをもっているコリンにとって、大衆的な、もしくはメイン・ストリーム系の映画館での実体的な楽しみとの関係性こそ、忌避すべきものであり、家で映画を見ることをよしとしていた。

映画館の雰囲気全体が大変不快なものなんです。ポップコーンが嫌いですし、そのにおいが嫌なんです。そして映画館というのは、ポップコーンのための場所で、ときおり映画があるという感じなんです。大きな音も苦手ですし、映画館の音声は耳をつんざくほど大きいんです。

しかしまた一方、美術館や博物館に足繁く通うコリンは、熟練作業員たちが自らとは距離をおく年齢グループにまさに属していることも指摘しておかないといけない。そのため、次節では、メディア領域での年齢と階級の関連性について検討する。

3　テレビと卓越化の新しい実践

階級と同様に、映画館にいくこととテレビを視聴することの頻度は、年齢とは逆方向に作用する関係にある。十八―三十四歳の三〇％強が月一回以上映画館にいくと答えているのに対し、三十五―五十四歳では一六％、五十五歳以上では六％であり、まったくいかないと答えるのは最も若いグループの七％に対して最年長のグループでは半数に上る。対照的にテレビ視聴に関しては年齢とともに上昇する傾向にはあるが、それほど明確な違いや一貫性があるわけではない。年齢はチャンネル選択にも大きな影響を及ぼしている。ITVに対する嗜好は全年齢を通して一二％の違いしかなく、それほど大きくないものの、BBCについては、五十五歳以上で十八―三十四歳の約三倍も多くなっている。そして、チャンネル4は四十四歳以下で最も好まれている。

しかし、年齢が最も大きな影響をもつのは、ジャンルとの関連をみたときである。ホラー映画を好むと回答する比率は、十八―三十四歳と五十五歳以上は八：一となり、西部劇の場合は〇・五：一となっている。SF、オルタナティブ／アート映画、そしてコメディーは若年視聴者との強い関連があり、ミュージカル、文芸作品の映像化、時代劇は高齢層で好まれていた（表8―3を参照のこと）。テレビでは、ソープオペラとドラマ、スポーツ番組、料理番組、住宅のリフォームやガーデニングの番組はどの年齢層でもだいたい同じくらいに好まれている。年齢による違いが最も顕著なのは、クイズやゲームショーで、五十五歳以上のほうが十八―三十四歳よりも好む傾向にあり、その比は十二：一だった。ニュースや時事問題では三：一、芸術番組、バラエティ番組、そしてドキュメンタリーで二：一、警察物や推理物で七：五の比となっていた。若い視聴者は五十五歳以上に比較して、コメディー番組やリアリティショーをおおよそ四：一の比で、映画を七：二の比で好む傾向にあった。

表8―3　年齢別の最も好きな映画のジャンル（列%）

映画の種類	18-34 歳	35-54 歳	55 歳＋	若年／高齢者（%）	n
若者が好むジャンル					
ホラー	12	2	1.5	800	71
SF	9	7	3	300	101
オルタナティブ／アート映画	3	3	1	300	31
コメディー	24	18	9	266	258
ファンタジー	2	2	1	200	25
フィルム・ノワール	1	0.5	0	200	6
ボリウッド	0.9	1	0.6	150	13
アクション／アドベンチャー／スリラー	28	33	20	140	423
恋愛映画	7	9	5	140	110
年長者が好むジャンル					
犯罪映画	3	5	4	75	58
戦争映画	2	2	5	40	48
ドキュメンタリー	3	5	10	30	101
アニメ	0.2	1	1	20	11
ミュージカル	2	2	11	18	82
時代劇／文学作品の映像化	2	6	16	12.5	130
西部劇	0.5	3	9	5.5	66
ない／その他					30
n	441	584	539		1564

おおまかなレベルでのこのような ジャンルの嗜好に関する比較に意味がないとは言えないが、第5章と第6章ですでに指摘したように、社会空間で近接するグループ同士で、互いをどのように差異化するのかといった微細な区別を把握するには不十分である。より具体的には、同じジャンル名でも回答者によって理解や解釈が異なることが多いという語義上の不安定性があり、社会的区分の分析をする際の映画とテレビのジャンルの有用性に批判が寄せられている⑯。また、読者、視聴者は時と場合によって同じジャンルに異なる意味や価値を見いだし、異なる正統性を付与することがあるので、映画やテレビのジャンルのカテゴリーについてこのような微細な区別を明らかにすることができないのも

は、ただジャンルに注目して分析するだけでは、わかりきったことではあるが、よく知られるところである。[17] 加えて、そのジャンル、例えばホラーに与えられている価値を転換していく過程を捕捉することができないのだ。[18] すなわち、こうした混合や調和の過程を通して、以下のような属を超えたもしくは属内での混合や調和の過程、様々なサブカルチャーが、確立された正統性の序列のなかで、

われわれのデータからもこの結論を支持する証拠はいくつも得られている。われわれが用いたジャンル名のなかにも明らかな不具合があるものがいくつかある。例えばフィルム・ノワールというジャンルはしばしば間違って解釈されていた。世帯調査の事例を取り上げると、倉庫管理責任者のテリーと母親業に専念しているサンドラは二人ともフィルム・ノワールのジャンルを誤解して、嫌う理由の根拠を提示していた。テリーにとって、フィルム・ノワールは、字幕つきの外国の映画を意味していたし、サンドラにとっては「現代的でアートな感じの映画」を意味していた。このような受け取り方は、もちろん、全面的に誤っているというわけではない。確かにフィルム・ノワールという名前は排他的なラベルとして作用しているし、加えて注目すべきなのは、われわれのインタビュー対象者のなかでは文化の専門家、ブルデューの用語を用いれば、文化的仲介者を除いて、こうした属のラベルを躊躇なく使いこなしている人々はいなかった。[19] しかし、これより重要なのは、属の下位カテゴリーがもつ意味である。われわれの調査ではこの点は、二つの状況として見いだされた。第一に、世帯調査から明らかになったのは、ある特定のジャンルについて尋ねられた際、回答者が思い浮かべるテクスト的言及と、間テクスト的参照枠組みは幅広く異なっていたということである。SF映画は、このような幅広い間テクスト的題辞を特に伴いがちであり、多様な見解が形成されていることを立証するものである。[20] SFは人によって様々に解釈されている。テリーにとってSFは、『スタートレック（*Star Trek*）』に代表されるようなスペースアドベンチャーを意味し、超常現象の探索と結び付いていた。一方、大学で科学研究者をしているドギーにとっては、文学作品の映像化や時代劇に代わるものであり、このジャンルを好むのは、『マトリックス（*The Matrix*）』にみられるように、特に形式的な品質（すなわち筋立て）が満たされているからだという。二十六歳の技術者のフルーツバット

の場合、『ブレードランナー（*Bladerunner*）』に典型的にみられるような複雑でディストピア的な形態をもったものだと解釈されていて、現代の実存的問題を考える手段として価値があると評価されている。ジェニーにとってSFとは、例えば『マトリックス』やテリー・ギリアムの『12モンキーズ（*Twelve Monkeys*）』などに代表される実験的なジャンルであり、相対主義的問題を考える手段として評価されていた。

ジャンル名を用いる際に注意が必要なことは、われわれの質問紙調査からも明らかになった。エスニック・ブースト・サンプルでは、「ソープオペラ」という用語に関してはまったく異なる回答傾向が含まれていた。『コロネーション・ストリート（*Coronation Street*）』を好きと答えたインド系、パキスタン系サンプルは一人もおらず、一方でより国際色がある『イースト・エンダーズ（*East Enders*）』は三つすべてのエスニック集団で人気が高かった。このような傾向は、メインサンプルよりもエスニック・ブースト・サンプルで顕著にみられた。[21] スポーツ番組のカテゴリーの場合も、より精査して検討すると同様に多様だとわかった。生でかテレビ視聴でかにこだわらずどのようなスポーツを見るのが好きかを尋ねた回答を分析したところ、以下のような異なる三つのクラスターが抽出された。

クラスター1：アイスホッケー、ボクシング、レスリング、ダーツ、スヌーカー、自動車レースやストックカーレース
クラスター2：サッカー、ラグビー・リーグ、クリケット、バスケットボール、競馬、水泳、体操、陸上競技、F1レース
クラスター3：ラグビー・ユニオン、テニス、ゴルフ、スキー

スポーツテレビに対するわれわれの調査票の一般的な設問への回答傾向と一致して、クラスター2に分類されたスポーツについての嗜好には階級による違いが少ししかみられないのに対し、クラスター1とクラスター3で

は大きな差がみられた。ラグビー・ユニオンを見ることに対する関心は専門職＝幹部階級で一三％なのに対し、労働者階級では四％と幅があり、ダーツを見ることについても労働者階級の三％に関心があるのに対し、中間階級では一％未満になっている。このような相違は同一階級内での違いを考慮に入れるとより鋭敏に観察できる。ゴルフを見ることは、全体的には三つの階級すべてでそれなりに人気があるが、大企業の経営者や上級管理職の間で一七％と上級専門職の六％、下級専門職の三％を大きく引き離して人気があった。教育水準についても似たような相違が観察された。大卒以上の人々は学歴資格がない人々に比較してクラスター3のスポーツを二倍以上見る傾向にあり、この比は第一クラスターのスポーツについては逆転する傾向にあった。

われわれの調査でテレビのジャンルではなく具体的な番組名への好みを知るための一連の質問をしたのは、以上のような状況に配慮するためである。ここでは広い意味でフィクションのカテゴリーに属している番組への回答に焦点を当て、回答で挙げられた一番目と二番目の選択に相関分析をおこなうことで四つの異なる番組グループが析出された。『コロネーション・ストリート』『イースト・エンダーズ』『ホーム・アンド・アウェイ（*Home and Away*）』『ビッグ・ブラザー』の関連は強くソープ／リアリティショークラスターを形成している。『バーナビー警部（*Midsomer Murders*）』『フロスト警部（*A Touch of Frost*）』『ザ・ビル（*The Bill*）』『バッド・ガールズ（*Bad Girls*）』は人気ドラマグループを構成している。『ザ・ホワイトハウス（*The West Wing*）』『MI―5 英国機密諜報部（*Spooks*）』『シックス・フィート・アンダー（*Six Feet Under*）』には密接な関連があり、「ニュー・ドラマ」クラスターを形成している。そして、『フレンズ（*Friends*）』『セックス・アンド・ザ・シティ（*Sex and the City*）』『サウスパーク（*South Park*）』『アブソリュートリー・ファビュラス（*Absolutely Fabulous*）』は「ニュー・コメディー」クラスターを構成している。

ニュー・コメディーとニュー・ドラマの二つのグループは、「クオリティー・テレビジョン」に関する論争を広く巻き起こしたより幅広い番組グループの一部をなし、テレビテクストの内部に新たな質的な分裂が生じていることの証左として用いられてきた。[22] それらの研究のうち最も厳密な論考の一つで、ジェイソン・ジェイコブスは、『ザ・ホワイトハウス』と『セックス・アンド・ザ・シティ』を例えば、『ザ・ソプラノズ 哀愁のマフィア（*The Sopranos*）』『ツイン・ピークス（*Twin Peaks*）』『Xファイル（*The X-Files*）』などを含むより広い番組群と関連づけ、エピソード単体としても、より大きな全体の一部としても完成されているような、続き物志向をロマン主義的美学と共有するものだと指摘している。ジョン・コールドウェルによる「テレヴィジュアリティ」という現代的形態がもっている特性に関してなされた議論[23]を反復しながら、ジェイコブスは、このような番組にみられる断片的な構成は、テレビ独特の美学の発達によく適合したものだと論じている。なぜならば、これらの番組ではテレビの特性が前面に押し出されるとともに、その特性との遊びが生じているからである。この観点について彼は、「個々のエピソードの境界はくっきりと分かれている。しかし同時に、エピソードそれ自体に内在されるように、こうした境界は、それが商業放送を取り巻く環境だけでなく、商業放送を挟んでストーリーが流れる際の偶発性によっても中断されるということを認識してしまった場合には、ぼやけてしまうのだ[24]」と、説明する。

すでに表8―1でみたように、広いジャンルのカテゴリーからは階級別の関心についてはあまり大きな違いを導き出せないが、これら二つの番組グループへの回答と人気ドラマグループ、ソープ／リアリティショーグループとを比較することは、広いジャンルを分解する方法になるという意味で有益である。例えば、どの階級でもドラマは八％か九％と近似した比率で好まれているが、人気ドラマとニュー・ドラマへの回答を階級別にみると、ニュー・ドラマグループではかなり大きな違いがあるのに対し、人気ドラマグループではすべての階級に共通して関心がもたれていることがわかる（表8―4を参照のこと）。ニュー・コメディーグループについても同様のことが言える。一般的なカテゴリーでのコメディーはすべての階級で同程度にかなり好まれているが、ニュー・コメディーグループはニュー・ドラマと程度は異なるものの似た傾向を示し、階級が高くなるほど好むと回答する比率が高くなる。専門職＝幹部階級のなかで、ニュー・コメディーやニュー・ドラマを好むのは、大企業経営者や上級管理職ではなくむしろ専門職クラスであることも注目に値する。これら二つの番組グループは学歴の上昇とともに高い人気をもつようになり、この点でソープオペラや人気ドラマと異なる。年齢と人気ドラマの関連を

表8―4　テレビ番組の好み　階級、学歴、年齢別（行%）

階級／学歴／年齢	ソープ／リアリティショー	人気ドラマ	ニュー・ドラマ	ニュー・コメディー	n*
専門職―幹部階級	16	27	11	17	256
中間階級	20	32	7	15	335
労働者階級	28	34	3	12	543
学歴資格なし	26	43	3	5	326
GCSE ／ O レベル	28	31	4	13	287
継続教育（Further）	22	32	5	12	158
A レベル以上	22	25	7	21	122
大学	16	21	11	21	252
18-24歳	21	16	5	31	105
25-34歳	27	18	7	25	229
35-44歳	24	29	8	14	237
45-54歳	24	33	6	12	200
55-64歳	25	41	4	8	187
65-74歳	16	50	5	2	123
75歳＋	18	42	0	1	80

* 数値がサンプル合計と一致しないのは、この質問に含まれる番組の種類の一部だけを掲載しているからである。

みると、年齢の上昇とともに好感度が一律に上がっていく傾向があり、若年層と高齢層には約三倍の違いがある。一方でニュー・コメディーについては、年齢の上昇とともに好きと答える比率が急落する。専門職＝幹部階級の内部でも年齢は嗜好を左右していて、ニュー・ドラマを好きと回答する比率は二十四―三十五歳の二一%から、五十五―六十四歳を除くすべての年齢グループで徐々に減少し、七十五歳以上では好きだと回答する者は誰もいない。

これは、ニュー・ドラマと年齢によって異なる差異化の実践の間にあるつながりを裏づけるものであり、若い管理職や専門職は、「世界を垣間見る窓」としての可能性ではなく、テレビ放送に特に適合的な形態の内側でテレビという社会的空間中の独自の立ち位置を確保している。アメリカからの輸入番組が、これら二つの番組クラスター[25]のなかで強い存在感を放っていることは、イギリス[26]とフランス両国の若い経営者と専門職エリート層の社会的軌跡のなかで最先端のアメリカのメディア文化が、伝統的なヨーロッパの文化資本の形態に取って代わっているという見方を支持するものである。世帯インタビューからも似たような傾向が見いだされた。映画名についてなされた九十六の言及のうちヨーロッパの映画名を挙げたものはたった一つしかなく、それは、イングマール・ベルイマン監督の『ファニーとアレクサンデル（*Fanny and Alexander*）』だった。加えて、アメリカのニュー・コメディー番組はエスニック・ブースト・サンプルの若者の間でも人気が高いことは注目に値する。彼らには、強い「中部イングランド」色がある人気ドラマ番組は、良質なイギリス映画の代名詞たるジャンル（時代劇と文学作品の映像化）と同様に、何の関心も引き起こさないのである。この点は第13章で詳細に検討する。

テレビには、社会的な差異を平坦にする一般的な機能があるにもかかわらず、現在ではテレビは、専門職＝幹部階級や中間階級のなかの若く成長途上の人々が、文化的界のなかにどのように自らを位置づけるかについて重要な役割を果たすようになっている。この二つの階級のなかでは、ニュー・ドラマに対する男女の好みに違いはない一方、ニュー・コメディーは男性に比べて女性からの支持が得られやすいという事実は、階級とジェンダーの間にも解明すべき複雑な関係が存在していることを示唆するものである。

4　映画と「美学」と「リアルなもの」という差異化の力

映画とテレビの両方で、ジェンダーの面からみるとジャンルに関する選好は極端に分かれていた。映画では、いちばん好きとする回答は、女性対男性の比の形で示すと、恋愛映画の三十一：一から戦争映画の一：十まで広い範囲にまたがっていた。そのなかで、時代劇、文学作品の映像化、そしてボリウッド作品は女性に高い人気があり、SF、西部劇、ドキュメンタリーとフィルム・ノワールは男性に好まれる傾向にあった（表8—5を参照のこと）。同様にテレビのジャンルの選択についてもジェンダーによる違いははっきりとしていた。ここで両極

表8—5　映画の好みとジェンダー（列%）

映画ジャンル	男性	女性	女性／男性比	n
主に女性				
恋愛映画	0.4	12.5	31：1	110
時代劇／文学作品の映像化	2.7	13.1	5：1	130
ミュージカル	2.5	7.5	3：1	82
ボリウッド	0.4	1.2	3：1	13
犯罪映画	2.3	4.9	2：1	58
コメディー	12.3	20	1.6：1	258
アニメ	0.6	0.7	1.2：1	11
主に男性			男性／女性比	
ホラー	4.6	4.5	1.2：1	71
ファンタジー	1.8	1.4	1.3：1	25
アクション／スリラー	34.8	20.7	1.7：1	423
オルタナティブ／アート映画	3	1.2	2.5：1	31
SF	10.1	3.4	3：1	101
西部劇	7.5	1.5	5：1	66
ドキュメンタリー	8.5	1.4	6：1	101
フィルム・ノワール	0.7	0.1	7：1	6
戦争映画	6.1	0.6	10：1	48
どれでもない／その他				30
n	713	851		1564

に位置するのは、スポーツとソープオペラで、後者を好むのは女性で男性との比は十三：一、前者は後者をほぼ正確に反転したような感じとなっている。男性よりも女性に好まれているその他のジャンルには、三：一の比で料理番組と、家のリフォームやガーデニングの番組があり、二：一の比で芸術番組と警察番組があった。テレビで映画を見ることやリアリティショーについての男女差はほぼなく同程度に好まれている。スポーツに続いて、男性は女性に比べて二：一の比でドキュメンタリー番組を、三：二の比でニュースや時事問題の番組を好んでいた。これらのジャンルよりも差は小さいもののコメディー番組も男性に好まれる傾向があった。

しかし再度指摘すべきなのは、大枠のジャンルの嗜好それぞれの内部での違いこそ、より局所的な差異化のダイナミクスという点で最も重要だということである。ＳＦ、文学作品の映像化、そして時代劇は、他の階級よりも相対的に上位に位置する二つの階級との関係が最も強いジャンルである。専門職＝幹部階級とメインサンプルの平均との比をみると、ＳＦを好む比は五：二と専門職＝幹部階級で高く、時代劇や文学作品の映像化でも七：四となっている。しかし、これら二つの階級の内部での違いに注目すると、男性と女性の好みに大きなばらつきがあることも明らかになる。これら二つの階級に属する女性はおおよそ五：一の比で時代劇や文学作品の映像化を好んでいる。一方で、経営者、上級管理職、専門職では男性は女性と比較して七：一の比でＳＦを好んでいる。これらの階級の大学教育を受けた人々のジェンダー化された教育のパターンを考慮に入れると、このような男女の違いの意味がより明確になる。大学で科学、数学もしくは工学を専攻した者のうち三五％がこれらの階級に属し、うち七七％は男性であるのに対し、社会科学や人文学系の科目を専攻した人の二二％がこれらの階級に属し、うち三分の二弱が女性である。理系科目を専攻した者で、時代劇や文学作品の映像化がとても好きだと回答したのは一％にすぎないが、社会科学や人文学の学位をもつ者では一三％にのぼっている。他方ＳＦの場合、それほど極端ではないものの逆転した傾向がみられる。したがって明らかなのは、性別によって文化資本の形態の獲得にはっきりとした違いがあり、またその違いは階級に参入するプロセスの違いと関係しているが、これらと映画に対する嗜好が結び付いているということである。

精査には若干の難しさが伴うものの、映画とテレビ双方でのリアリズムの価値への言及は、労働者階級の内部で性別による差異の編成について似たような役割を担っている。テレビの場合をみると、特に高齢層の視聴者は、魅惑的なリアリティショーやソープオペラのような明確にテレビ的なジャンルの「架空の世界」よりも、「世界を垣間見る窓」への志向性を具現化するものとしてのニュース、時事問題の番組そしてドキュメンタリー番組に信望を付与していた。しかしこのような信望は映画にそのまま転移されているわけではなく、アート系やオルタナティブ映画、時代劇、文学作品の映像化そしてフィルム・ノワールなど、専門職＝幹部階級と最も強いつながりがある審美的なジャンルの威信が高いとされていた。テレビではなく映画のジャンルとしてのドキュメンタリーは労働者階級で最も人気が高く（表8―2を参照のこと）、同様に女性よりも男性でこのジャンルの人気がずっと高い（表8―5を参照のこと）。

このような結果を最もよく解釈するためのヒントは、世帯インタビュー調査から得ることができる。ファンタジー映画や最も嫌われている映画のジャンルであるホラー映画への嫌悪感を表明するのと似たような言い回しを用いて、ドキュメンタリーや写実的な形態が好きな理由がしばしば語られていた。[27]しかし、ホラー映画への嫌悪感を表明する語りは男性と女性で異なっていた。女性が頻繁に訴えたのは、血や流血といったホラー映画の恐ろしさだった。なぜホラー映画をそれほど嫌うのかと尋ねられたときにテリーの頭に浮かぶのは、自分が小心者であることや「血やストレスにまつわるものは何であれ」嫌いということである。ジャネットも同様に、なぜ人々が「血、はらわたや血糊」に喜びを見いだすことができるのかまったくわからないという。女性が戦争映画を嫌うことについても似たような表現が用いられる。例えばマリアにとっては、戦争映画の暴力性と、彼女の見立てによると、正確な史実という偽りの主張の両方が気に食わないという。しかし、男性の多くは、ホラーに対する嫌悪感、ドキュメンタリー形式を好むこと、戦争映画を好むことを、すべてまとめて歴史への関心という観点から語っていた。ロバートは、テレビドキュメンタリーが好きなことと戦争映画への関心は、どちらも事実を下敷きにして「真実をつかもう」とする方法である点にあるとしている。そして、ソープオペラを純粋に見せかけにすぎないものとして、ホラー映画を非現実的なものとしてこれらと対比する。

労働者階級のカップルであるジョーとエディーの異なる回答傾向は、このような対照的な評価を示す格好の事例となっている。エディーは恋愛映画が好きだというが、これはホラー映画に相対するものとされている。「私は、血や血糊、その他夜にひどい夢を見させるようなものは嫌いなんです」。これに対し、ジョーにとっては、ドキュメンタリーや戦争映画が好きなこと、そしてホラー映画への嫌悪感は彼の「現実」志向と統一的に関連づけられている。

ジョー：僕は、ヒストリーチャンネルで戦争の歴史を見るのが好きです。第一次世界大戦や第二次世界大戦といった戦争について見ることがかなり好きですね。そういうことに結構興味があるんです。そして、過去の歴史上起こった事柄であれば、どんなことでも……。

インタビュアー：いちばん好きではない映画のタイプはホラー映画だとおっしゃっていましたが。

ジョー：ええ、ホラーにはまったく興味関心がわかないんです。

インタビュアー：ホラー映画が好きだと思ったことは一度たりともないんですか？

ジョー：ええ、一度もありません。落ち着いてホラー映画を見たことなんて一度もないと思います。だって、ホラー映画は虚構じゃないですか。私の意見ではがらくたみたいなもんですよ。

インタビュアー：あなたがそれを嫌うのは、虚構だからなんですか？

ジョー：はい、たぶんそうなんだと思います。虚構だし、本物でないし、くだらないものの塊にすぎないんです。もし、ホラー映画かその他の何かを見るという選択肢が与えられたとしたら、僕はその他何かをおそらく選びますね……。

ジョー：好きな映画ですか？　たぶん『プライベート・ライアン（*Saving Private Ryan*）』ですね。いい映画だし、三本の指に入りますね。

インタビュアー：誰が出演しているんですか？

ジョー：トム・ハンクスです。これも戦争関係ですけどね、人生の真実というか、こういうことは実際に起こったわけだし、そのような出来事で、僕は確かに楽しみました。

5　結論

本章の最初で取り上げた、テレビとの関係性をめぐるブルデューの議論に戻ろう。彼の調査がまさにテレビ放送がフランスの大衆文化現象となりつつあるときに実施されたものだとしたら、われわれのフィールドワークもまた同様に、イギリスのメディア状況に重要な変化が生じつつある時期に実施されたものだと言うことができるだろう。衛星放送やケーブルテレビ、そしてデジタルテレビが段階的に導入されたことで、テレビ放送はすでに影響力を大きく失っている。特に公共放送については、テレビ放送の土台はさらに掘り崩されようとしている。家庭での娯楽としてのパソコン利用、コンピューターゲーム、そしてインターネットがますます普及していることは、より広い映像文化という文脈のなかに、テレビと映画の双方の立ち位置を確保しないといけなくなっていることも意味する。われわれの研究は、このような二つのメディア時代の分岐点でなされたものである。そのため、ブルデューと同様にわれわれも、若干控えめにではあるが、現代のメディア文化に関して発達しつつある、以下の二点について尋ねることにした。一点目は、ケーブルテレビや衛星放送へのアクセスとチャンネルの好みに関わるものであり、二点目は、インターネットへのアクセスとその利用に関するものである。二〇〇三／〇四年以降に生じた衛星放送とインターネットの拡大に伴って、すでに状況は変化しているが、これらの質問から得られた最も重要な知見は、ケーブルテレビや衛星放送を契約したり、インターネットへのアクセスがあったりするのは、メインサンプルのおおよそ半数だけだった、ということである。

階級やジェンダーが、ケーブルテレビや衛星放送のチャンネル選択に与える影響に関しても、すでに得られた知見に付け加えるものはほとんどなく、テレビ放送についてみたのと同様の論理が作用していた。しかしながら、ケーブルテレビや衛星放送は、エスニック・ブースト・サンプルのすべてのグループでより多く契約されていて、インド系、パキスタン系グループでは七二%、アフロ・カリブ系では六一%なのに対し、メインサンプルでは五五%だった。驚くに値しないことではあるが、エスニック・ブースト・サンプルの人々はアジアン・ネットワーク、ZEE TV、B4Uといったエスニックチャンネルもしくは海外チャンネルのヘビーユーザーだった。程度は劣るものの、映画と音楽チャンネルとの関わりについても同様の傾向が見受けられた。対照的に、インターネットの利用は、これら三つのエスニック・マイノリティのグループのすべてで低かったものの、その利用の仕方には特徴があった。インド系やパキスタン系のグループの場合、メインサンプルに比較すると、約三倍も動画を見るためにインターネットを利用していたし、アフロ・カリブ系ではメインサンプルの約二倍となっていた。メインサンプルの若年層でも、動画を見るためにインターネットを利用することが好まれていた。

このような進展が卓越化の過程やダイナミクスという点で、どれほど映像文化に影響を与えているのかについては、今後、探求されるべき課題である。しかし、このような過程のなか、現時点で映画やテレビがどのような役割を果たしているのかについては、二つの一般的な結論が導き出せる。一点目は、ライフスタイル空間のなかで、ニッチな差異化にテレビが果たす役割についてである。すでにふれたように、これはジャンルのレベルではなく、個々の番組レベルでよりはっきりと観察することができる。二点目は、映画でもテレビでも、階級という観点からの重要な分断は関与に関して生じていることである。階級が高くなるほど映画館にいくようになるという関係があり、足繁く映画館、特にアートシネマ系映画館に通うことと、専門職＝幹部階級の間には強い関係性が見受けられる。逆に、テレビの視聴とは負の相関があるが、これはテレビを視聴することが価値あることとは見なされていないからである。

実際に、文化資本の形成過程で、テレビは負の資産としての位置を占有している。テレビをまったく見ないか、見過ぎないこと、正しいチャンネル（環境）を選択すること、そのものを楽しむためではなく真面目で教育的な目的をもった正しいやり方でテレビを見ること、このような接し方によってのみ、カウチ・ポテトのイメージに凝縮されているようなマイナスの影響と距離をとることができ、テレビは価値あるものになるのである。マイク・マイケルがまとめているように、これには、以下のようなイメージが含まれる。①不健康な身体、つまり、国家的な健康資源の損失など、②非生産的な身体、つまり、仕事にいくのではなくテレビに魅了されてその前に居座っている様子、③教養がない身体、つまり、その媒体と積極的に知的な関係を結ぶのではなく、その箱から垂れ流されるものを何であれ、漫然と受け取ること、④非市民的な身体、つまり、公的な場での積極的な関与をなおざりにして、家で孤独なもしくは家族だけの娯楽に耽溺すること、といったイメージである。[28] ポスト・カント派の遺産は、このように表れていて、それは、感覚のなすがままに耽溺したいという思いを適切に制御する配慮と並列されるものである。

専門職＝幹部階級、およびエリートサンプルでのインタビュー調査で、リアリティショーに対して憎悪が向けられている理由も、この点から説明できる。というのも、リアリティショーは、これらの階級グループで優勢な価値観である、テレビとの教育的つながりを以下の二つの点で逸脱しているからである。一つ目は、ヘレン・ウッドとベヴァリー・スケグスが指摘するように、リアリティショーでテレビ特有のジャンル、つまり、架空の世界を創造するジャンルと教育的な志向性を司る「世界を垣間見る窓」的な志向性をもつジャンルが、どの程度混同されているかという点である。リアリティショーは両方の世界の性格をもつものであり、その明らかにでっち上げのシチュエーションや関係性にみられるように、テレビのなかで閉じた完全に架空のものであると同時に、ある意味で現実的なテレビの外の世界に光を当てているとも言える。したがって、テレビとの教育的な関係は「現実性の演出」を通して編成されるが、公共文化に資するような社会的に現実主義的な論証としてではなく、娯楽のために作られた不自然なシナリオを通して構成される「現実性」なのである[29]ことからその状況は不安定化する。二つ目はより重要な点かもしれないが、ウッドとスケグスが主張しているように、多くのリアリティショーの型では、リアリティショーの参加者は「不慣れな社会空間のなかで容易に動き回るために必要な文化的・感情的資源を利用できるか、欠如しているかによって」[30] 成功するか失敗するかが決まる、という状況を作り上げることで、階級を戯画化して描いているとの主張である。このことはしばしば、中産階級的な自己制御や自己省察の形態を示せないということで労働者階級を病理化することを意味している。スケグスは、これが階級の境界を概念的・文化的に定めるために、いまや肝要となっていると論じている。[31] それとともに、多くの専門職＝幹部階級のメンバーが不快感をあらわにしているように、そのような自己性の形態に疑義が差し挟まれている、ということでもある。

視覚芸術の分野と比較すれば、電子メディア、特にテレビの消費は文化資本の蓄積にわずかしか貢献していない。その一つの理由は、排他性がないことに求められる。ほぼすべての人が参加し、家のなかからアクセスすることができ、高額だったり居心地が悪かったりするかもしれないイベントに参加する必要もない。芸術界で活動の中核を担っている博物館や美術館のような制度上の保護は、テレビの場合では単純に存在しない。テレビ界では、制度化された文化資本の影響力は（まだ）ない。しかしまた、テレビ界が急激に変化していることも重要な点かもしれない。新たな技術、伝達のための新たなプラットホーム、あるいは急速なチャンネル数の増加などによって、特定の事項や領有の諸形態に関する価値をめぐって、合意を取り付けることが難しくなっている。ここで言う価値とは、蓄積された文化資本を増殖させたあとに交換可能になるものである。むしろ、われわれが述べてきたように、他の界に比べてメディアはずっと均一な様相を呈している。メディアの界は大きな亀裂や争いを生み出すわけではなく、内部の区分も階級の境界にしたがって分かれているわけではない。メディアは、基本的にそしておそらくある程度まで、技術的で、感情的、さらには下位文化的な文化資本を獲得するための源泉として機能している。また、メディアは国民的資本を定義するという点では役割を果たすものの、文化的な序列関係の形成にあたっては、大きな推進力とはならないのである。

注

（1）Lahire, B., *La culture des individus: dissonances culturelles et distinctions de soi*, Editions la Découverte, 2004, p.628.

(2) Bourdieu, P., *Distinction: A Social Critique of the Judgement of Taste*, Routledge, 1984, p.33.（ピエール・ブルデュー『ディスタンクシオンⅠ――社会的判断力批判』石井洋二郎訳、藤原書店、一九九〇年、同『ディスタンクシオンⅡ――社会的判断力批判』石井洋二郎訳、藤原書店、一九九〇年）

(3) Born, G., "Strategy, Positioning and Projection in Digital Television: Channel Four and the Commercialization of Public Service Broadcasting in the UK," *Media, Culture and Society*, 25, 2003, pp.773-799.

(4) これらの知見の元となった相関分析の詳細については、Bennett, T., "Distinction on the Box: Cultural Capital and the Social Space of Broadcasting," *Cultural Trends*, 15(2-3), 2006, pp.193-212 を参照のこと。

(5) Jacobs, J., "Issues of Judgement and Value in Television Studies," *International Journal of Cultural Studies*, 4(4), 2001, pp.427-447, Geraghty, C., "Aesthetics and Quality in Popular Television Drama," *International Journal of Cultural Studies*, 6(1), 2003, pp.25-45, Bjarkman, K., "To Have and to Hold: The Video Collector's Relationship with an Ethereal Medium," *Television and New Media*, 5(3), 2004, pp.217-246.

(6) いまや学生を対象にしたテクストの市場が形成されている。それらのテクストは授業で用いるためのコースリーダーと、そして、『セックス・アンド・ザ・シティ』『シックス・フィート・アンダー（*Six Feet Under*）』や『ザ・ソプラノズ 哀愁のマフィア』といった上質のアメリカからの輸入番組のファンが文化的知識を得るための消費マニュアルとの、両方の中間的性格をもったものである。例えば Akass, K. and J. McCabe eds., *Reading "Sex and the City"*, I. B. Tauris, 2004 を参照のこと。

(7) ブルデューの他の著作についても同様である。のちの彼のテレビについての著作（Bourdieu, P., *On Television and Journalism*, Pluto Press, 1998.〔ピエール・ブルデュー『メディア批判』櫻本陽一訳・解説、藤原書店、二〇〇〇年〕）は、激しく非難されている。しかし、彼の界理論についての一般的教義は、メディア領域内での権力の作用やメディアと他の領域の関係の分析では有益になることも多くの研究者に認識されている（Couldry, N., "Media Meta-Capital: Extending the Range of Bourdieu's Field Theory," *Theory and Society*, 32(5-6), 2003, pp.653-677, Benson, R. and E. Neveu eds., *Bourdieu and the Journalistic Field*, Polity, 2005）。

(8) Bourdieu, *Distinction*, p.87.（前掲『ディスタンクシオンⅠ』、前掲『ディスタンクシオンⅡ』）

(9) Sconce, J., "'Trashing'the Academy: Taste, Excess, and an Emerging Politics of Cinematic Style," *Screen*, 36(4), 1995, pp.371-393.

(10) Crary, J., *Suspensions of perception: attention, spectacle, and modern culture*, MIT Press, 2001.

(11) Kant, I., *Critique of Judgement*, Hackett Publishing Company, 1987 [1790].

(12) Bain, A., *The Emotions and the Will*, John W. Parker and Son, 1859, p.505.

(13) Roberts, N., "Character in the Mind: Citizenship, Education and Psychology in Britain, 1880-1914," *History of Education*, 33(2), 2004, pp.177-197.

(14) エリートサンプルのメンバーのこのような特徴に関しては、Warde, A. and T. Bennett, "A Culture in Common: The Cultural Consumption of the UK Managerial Elite," in M. Savage and K. Williams eds., *Remembering Elites*, 2008, pp.240-259 で詳述している。

(15) ミッドランドに拠点をおく「アート系映画館」の仮名。

(16) Philips, D., "Transformation Scenes: The Television Interior Makeover," *International Journal of Cultural Studies*, 8 (2), 2005, pp.213-229.

(17) Glevarec, H., "La fin du modèle classique de la légitimité culturelle. Hétérogénisation des orders de légitimité et régime contemporain de justice culturelle. L'example du champ musical," in E. Maigret and E. Macé eds., *Penser les médiaculutres: Nouvelles practiques et nouvelles approches de la résentation du monde*, Colin/INA, 2006, pp.69-102.

(18) Penley, C., E. Lyon, L. Spigel and J. Bergstrom eds., *Close Encounters: Film, Feminism, and Science Fiction*, University of Minnesota Press, 1991, Sconce, op. cit., Tulloch, J. and H. Jenkins, *Science Fiction Audiences: Watching Doctor Who and Star Trek*, Routledge, 1995, Jancovich, M., "'A Real Shocker': Authenticity, Genre and the Struggle for Distinction," *Continuum: Journal of Media and Cultural Studies*, 14(1), 2000, pp.23-35.

(19) われわれの研究で用いられたジャンル名に対する誤解についての詳しい議論は Silva, E. B and D. Wright,"The Judgment of Taste and Social Position in Focus Group Research," Special issue on "Focus Group Methodology," *Sociologia e Ricerca Sociale*, 76-77, 2005, pp.241-253 を参照のこと。

(20) オーディエンス／受け手研究の分野では、テクストと読み手の関係を「フィルターがあり」読み手が遭遇するテクストが「テクストそのもの」ではなく、常に文化的に媒介されたテクストになるような間テクスト的媒介を記述し説明するための数多くのタームが発展してきた。われわれがここで依拠している読むことの形成という概念についての議論は、Bennett, T., "Texts, Readers and Reading Formations," *Bulletin of the Mid-Western Modern Languages Association*, Spring, 1983, pp.3-17 と Bennett, T. and J. Woollacott, *Bond and Beyond: the Political Career of a Popular Hero*, Macmillan, 1987 を参照のこと。

(21) エスニック・ブースト・サンプルと、そしてメインサンプルのメンバーのメディア実践についての詳細は、Bennett, T., M. Savage, E. Silva, A. Warde, M. Gayo-Cal and D. Wright, *Media Culture: the social organisation of media practices in contemporary Britain*, British Film Institute, 2006 を参照のこと。

(22) Jacobs, "Issues of Judgement and Value in Television Studies," Geraghty, op. cit., Bjarkman, op. cit., および Smith, G. M. and P. Wilson, "Country Cookin' and Cross-Dressin': Television, Southern White Masculinities and Hierarchies of Cultural Ttaste," *Television and New Media*, 5(3), 2004, pp.175-195 を参照のこと。

(23) Caldwell, J. T., *Televisuality: Style, Crisis, and Authority in American Television*, Rutgers University Press, 1995.

(24) Jacobs, J., "Issues of judgement and value in television studies," *International Journal of Cultural Studies*, 4(4), 2001, pp.428-447.

(25) Savage, M., G. Bagnall and B. Longhurst, *Globalisation and Belonging*, Sage, 2005.

(26) Glevarec, H. and M. Pinet, "'Cent fois mieux qu'un film.' Le goût des jeunes adultes pour les nouvelles séries télévisée américaines," *Médiamorphoses*, no Hors-séries, January, 2007, pp.124-133.

(27) 最も好まれていないジャンルはホラー映画で、サンプルの二〇％がそう回答していた。一三％のSFは二番目に位置しているが、一番目との差は大きく開いている。

(28) Michael, M., *Reconnecting Culture, Technology and Nature: From Society to Heterogeneity*, Routledge, 2000, p.106.

(29) Wood, H. and B. Skeggs, "Spectacular Morality: 'Reality' Television, Individualisation and the Re-making of the Working Class," in D. Hesmondhalgh and J. Toynbee eds., *The Media and Social Theory*, Routledge, 2008, p.181.

（30）Ibid., p.186.

（31）Skeggs, B., *Class, Self, Culture*, Routledge, 2004.

訳注

［1］科学や哲学を扱うＢＢＣのドキュメンタリー番組。

第9章

文化資本と身体

1 序

身体というものにはすべて、それがどのような経験をしてきたかが刻み込まれている。男性か女性か、若者か老人か、白人か黒人かによって社会的に与えられる役割は異なり、また社会的に不平等な評価を受けることになる。こうした役割や評価が体系的に与えられているかぎりで、多くの場合、外見というものが人と人との出会いのあり方を最初に方向づけるのだ。したがって、ジェンダーや人種、年齢、階級によって人々が分類されるときは必ずと言っていいほど、身体的特徴によってなされることになる。例えば、かつては、ある人物がどのような社会階級に所属しているかを見定める際、身体的属性を参照すればほとんど間違いはなかった。肉体労働者、それも屋外で働く肉体労働者の世界ではよくみられることだが、肌の色やきめ、筋肉のつき方こそが階級の指標だった。たぶん、ぱっと見て差異がどこにあるか、すぐにわかるような身体上の指標はなくなりつつあるだろう。ただし、最近にわかに「肥満の危機」が予測されるようになったことで、体形というものが、階級と関連づけられた恥と非難の対象としてあらためて道徳的に語られ始めているように思われる。同時に、健康状態が階級の指標だということは、おそらく今も昔も変わらず議論の余地がないことだろう。最も平等主義的とされる国家でさえ、階級的位置と罹病率ならびに死亡率の尺度の間には単調な関係がみられる。[1] このことは、われわれが自己評価の形式で健康状態に関する質問をした際、そこで得られた回答の結果にも反映されている。「同年齢の人たちと比べた場合、あなたは自分が健康だと思いますか?」という質問に「はい」と答えた専門職の割合は八一%だったのに対して、労働者の場合は六七%だった。

体格による分類は、少なくともステレオタイプの水準では、衣服によってなされる。例えば、職業を分類する際に、ブルーカラー［青い襟］とホワイトカラー［白い襟］を使って言い表すのは、まさにその一例である。特に若者の間では、階級の指標になるようなユニフォームが消失し、ジーンズとTシャツが階級やジェンダー、エスニシティの境界を超えて一般的な服装となっている。それにもかかわらず、人が何を着ているかによって、相変わらずその人の地位は特徴づけられている。緑色のウェリントンブーツ、金色の鎖、ヘッドスカーフ、ブランドもののトレーニングシューズ、フード付きの上着は、［特定の］意味を伝達している。こうした問題は社会学的に様々な形で取り上げられてきたわけだが、ここではブルデューが鋭くも指摘した、文化資本は身体化された特徴によって構成されていて、ある身体化された特徴が他の特徴よりも価値を帯びているという洞察から議論を始めてみたい。身体の管理という点で、すなわち食事、衣服、運動、医療を通して、個人と個人、社会集団と社会集団は差異化される。概して［ある界でみられる］差異というものは、他の界でも同様にみられるものである。例えば、運動の形態、あるいはレストランの好みというものが、社会的序列のあり方を反映しているのだ。しかしながらまた、各世代のコメディーをみればわかるように、方言やアクセント、声の抑揚、表現の下品さ、侮蔑を意味する表情、姿勢や体の動きは、社会的地位と結び付いた「態度」の指標でもある。これらの特徴を、われわれの質問紙調査から把握することは困難である。そこで単一の界だけに議論を限定せず、また、文化資本（と他のタイプの資本）が不平等に分配される際に、身体的実践がどのような影響を及ぼしているかに焦点を合わせることが必要になる。

ここ数十年の間に、身体管理の技術は、自己表現の非常に際立った面となっていて、それは食事や健康、身体トレーニング、外見上の美容改善を扱う商業サービスが発展することで担われている。これは、ブルデューが呼ぶところの「カリフォルニア化」という現象と関連するのかもしれない。カリフォルニア化とは、正統な文化資本をもたない中産階級にとって特に魅力的であるような、身体に関する新たな文化のことである。そのためわれわれは、身体を管理するためにどのような活動に関わっているか、その参加状況について質問した。すなわち、スポーツ活動への取り組みや嗜好について、あるいは、どの程度ジムに通っていたり、運動をしたり、ヨガをしたり、健康維持のための日課に取り組んでいるかについて、また、ピアスやタトゥーを入れることについて、さらには、代替になる健康療法への参加状況について尋ねている。仮説としては、これらの取り組み方が母集団のなかで不均等に分布していると推測した。現代の文化的モザイク状態では、こうした余暇活動と大衆文化の諸形態、「ライフスタイル」のマーカーの組み合わせが、重要な役割を果たしている。

第2節では、身体化された文化資本の概念について説明したあと、身体管理に関する三つの実践を取り上げて分析する。第3節では、スポーツと身体的運動に対する関わりの分布について考察する。その際、回答者がどのスポーツを好んでいるかを検討し、関与のパターンから差異の徴候を探す。そして、なぜスポーツをするか、その理由を尋ねることでこれらの点を補足する。第4節では、身体管理と身体加工の実践への関わり方と、衣服のスタイルに関する嗜好について考察する。第5節では、食事の消費状況、とりわけ外食について分析する。このように本章の内容は多岐にわたっていて、第3部の他の章のように単一の界を取り上げたものではない。ここでは多様な手法で身体と関連した活動や嗜好を扱っている。したがって、学ぶべき教訓も多岐にわたる。外食のような活動は、概して客体としての文化資本の姿を表現するための媒体として機能している。衣服や肉体加工といった他の活動は、身体化された文化資本のあり方をより具体的に表すものであり、自己をどのように身体的に表現するかということと直接的に関わっている。

2　身体化された文化資本という概念

ブルデューは、使い勝手や都合がいいという理由から、資本タイプの数や界の数を増加させがちだった。有名な論文の一つで、ブルデューは文化資本を制度化された形態、客体化された形態、身体化された形態に分類している。[2]身体化された文化資本とは、技能に関わるものであれ、認知能力や身体能力に関わるものであれ、それを所有する場合に他者へ売却したり贈与したりできるような、人的資本と呼ばれる資源を指していることがある。これとは別の場合には、身体的ヘクシス（bodily *hexis*）、すなわちアクセントや姿勢、立ち振る舞い、すなわち外見と他者に対する身体の見せ方を指していることもある。ここで言うところの後者の類型が非常に重要であり、『ディスタンクシオン』のなかでも広範囲にわたって論じられていて、本章でも主題として取り上げる。

近代社会における特権の再生産のあり方を説明したブルデューの業績に目を向けてみると、彼は早くから、身体管理の実践の重要性を認識していたことがわかる。[3]『ディスタンクシオン』では、芸術との関わりと同様の形で、経済資本と文化資本の所有状況を反映し、ライフスタイルを象徴的に差異化させるような、食事、スポーツ、衣服といった日常的な活動に対してかなりの程度、関心が向けられている。ブルデューによると、社会的世界の多くの領域では、人は自らの社会的立場を無意識のうちに認識し表明している。そして、その際に用いられているのは、活動や所有物、行動に対する嗜好の観点から、自らと他者を分類する複雑な過程である。スポーツに対する嗜好とは、ハビトゥスの構成要素であり、そのため身体化された文化資本の要素ともなる性向の一部である。

ブルデューは『ディスタンクシオン』のなかで、活動が分類される際に彼が呼ぶところの身体的ヘクシスがどれだけ重要かについて、一連の意見を述べている。マナーと癖、姿勢と振る舞い、体形と身体表現、アクセントといったものはすべて深く身体化されていて、多くの場合、ほとんど無意識的に再生産と表象がおこなわれ、それらは社会的な出自と地位を完全に示している。もちろん、そのような傾向と性向は学習され、実際に形づくられていく。ブルデューが特に重要だとして強調するのは、階級に基づくハビトゥスであり、それは諸個人が日常生活のなかで依拠している性向を生み出すものである。様々な集団と階級が、様々なタイプの身体を生み出している。身体には社会階級が刻印されている。『ディスタンクシオン』のなかでブルデューは、様々な階級に所属する成員の身体化された特徴を、非常に大雑把なやり方で描き出した。例えば、彼は次のように言っている。

あらゆる事柄が示しているように思われるのは、次の事実である。すなわち、中産階級の場合、身体を鍛えることに対する関心は、基本的には、あたかも健康というカルトを信仰しているかのように、禁酒や栄養制限に禁欲的に精進することとしばしば関連づけられる（こうした事柄は、下級幹部職や医療従事者、とりわけ学校教諭の場合、なかでもこれら女性進出の著しいカテゴリーにある女性で顕著に表れる）。このように中産階級に所属する人たちは、特に外見に気遣い、そのため他者から自らの身体がどのように見られているかを気にしていて、体操のようにきわめて禁欲的なスポーツに非常に熱心に参加する。というのも、そうすることは、ある種のトレーニングのためのトレーニング（自己鍛錬 *askesis*）になるからである。(4)

ブルデューは、こうした中産階級の姿勢を、自らの活動が社会的に独占されたままであることを堅持するブルジョアのそれと対比している。

経済的な障壁というものが、ゴルフやスキー、セーリング、さらには乗馬やテニスの場合にどれだけ大きなものだろうと、それだけでは、これらの活動への参加状況がそれぞれの階級の間で偏っていることを十分に説明することはできない。家柄や早期教育、（衣服や行動にみられる）義務的なマナー、さらには社交上の技法といった隠れた参加資格が存在している。そうした参加資格のために、これらのスポーツは労働者階級と、中産階級や上流階級へと上昇してきた個人に対しては閉ざされたままであり、また、ブルジョアの血統を示す最も確実な指標（チェスや特にブリッジのような知的な室内ゲームも含まれるわけだが）にもなっている。[5]

『ディスタンクシオン』のなかでブルデューは、身体が形成され育まれる三つの領域、すなわち食事、衣服、スポーツのあり方を観察することを通して、それぞれの領域の特徴を区別するための基礎を確立した。彼が言及したのは、身体間の差異は相同性のプロセスによって、音楽、映画、アートといった他の領域での嗜好のあり方と類似するだろう、ということだった。少なくとも一九七〇年代のフランスでは、ゴルフとクロスカントリースキーに対する選好は、ヨハン・ゼバスティアン・バッハやワシリー・カンディンスキーに対する選好に劣らぬほど高い社会的地位を示すものだった。

しかしながら、身体化された文化資本を測定することは容易ではない。ブルデューは、身体管理に対する出費に関する公式統計からいくつもの測定規準を作り出し、インタビュアーに写真を用いて人々の服や髪形、髭、姿勢を記録するよう指示した。外観について記録をとることは、倫理的にみても、観察の信頼性という観点からも問題があると考えられたため、われわれは複雑で多面的なものを扱うデータの幅をより制限している。

われわれはスポーツと外食の両方に関連するモダリティを、多重対応分析（MCA）に組み込んだ。質問紙の回答者に、参加するのが最も好きなスポーツを選んでもらい、あわせて第8章で述べたように、ライブであるいはテレビで観戦するのが好きなスポーツと嫌いなスポーツについて質問した。[6] さらに、パブと外食にいく頻度を測定し、好きなレストランと嫌いなレストランのタイプについても尋ねた。スポーツと外食は、ともにすべての軸で一定の効果を発揮していた。もっとも、それらの効果は、区別されうる諸界のなかでは最も小さなものだった（図3―1を参照）。嗜好に関する質問は、参加状況に関する質問よりも差異を示している。特に第三軸をみると、テレビで観戦をするスポーツについては、ジェンダー上の違いがはっきりと二極化していることがわかる。

3　スポーツと身体的運動

ワシントンとカレンは、スポーツの重要性が完全に評価されることはめったにないと主張している。[7] スポーツは経済や文化、社会に絶大な影響力をもつ領域であり、一大産業である。また国家によって多額の投資がなされていて、ほとんどすべての人がスポーツを観戦する。そして、毎週の報道のなかでも非常に多くの紙面が割かれている。スポーツとは、すべての子どもたちとほとんどの大人が、身体的・社会的な利益のために実施することを推奨されたものである。けれどもスポーツは、非常に些細なトピックとして取り上げられることが多く、経済と文化の関係性を理解する点では、多くのマイノリティ・アートや余暇活動よりも、ずっと重要度が低いものだと考えられている。

スポーツには多くの機能があるが、本来的に言えば、身体と心の両方を鍛えるための手段として、社会的・道徳的美徳を教え込むための資源として、人が交流するための「健康的」な社会的環境として、身体的ウェル・ビーイングを維持するための手段として推奨されてきた。しかし同時に、スポーツとは本質的に言って地位と社会的分類の問題でもある。かつてスポーツからは、階級的な含意がはっきりと読み取れた。例えば、ラグビーの様々なタイプ、そしてラグビーとサッカーの違いは最近まで象徴的な意味で重要だった。こうしたスポーツに関する階級的な含意は、スポーツと社会階級に関するブルデューの論文[8]のなかで手際よく分析されている。ブルデューは、競技の社会的立場が変化し、その結果としてスポーツをする人の種類も変わる、ということを明らかにした。当初、主に労働者階級の間ではやっていたサッカーは、現代では中産階級から非常に多くの観客を引き込んでいるが、その背景には、労働者階級のファン層からサッカーを切り離すように計画された、商業化の戦略と国の規制が存在している。

見るスポーツというものについて考えることで、文化資本がどのように分配されているか、そのいくつかの側面が明らかになるだろう。ブルデューが示唆していたように、スポーツの社会的位置はその観衆の社会的構成に反映されている。しかし同様に、見るスポーツは階級の境界を超えて日常会話のテーマとなっていて、その結果、様々なスポーツについて知ることで、「橋渡し」型の社会関係資本が増えていく。[9] イギリスでは、サッカーはあらゆる見るスポーツのなかでも最も人気がある。十九種類のスポーツのなかから好きなスポーツを選んでもらうと、回答者の三八%が一番目か二番目にサッカーを選択する。テニスはその次に人気があるスポーツであり、一八%の人に選ばれている。そして一四%の人がスヌーカーとラグビー・ユニオンを選び、一三%の人がF1のモーター・レースを選んだ。予想されたとおりにジェンダー差もみられ、女性のうちサッカーを選んだのは二四%だけで、一方で男性の場合では五四%である。ラグビー・ユニオンとモーター・レースの場合も回答は男性に偏っていて、テニスは女性に好まれている。また、ラグビー・ユニオンの場合にも、階級による有意な影響がみられ、専門職階級はラグビー・ユニオンの観戦を好み、労働者階級は好まない。

われわれの文化マップは、イギリスのスポーツと差異化についてさらなる手がかりを与えてくれる（図3—1から図3—4を参照）。スポーツにまったく参加しない人は、第一軸の左側に位置づけられている。第三軸についてみると、体操や健康維持のための運動のようなインドアスポーツはグラフの上部に位置しているのに対して、フットボールやゴルフはグラフの下部にある。以下では、階級差とジェンダー差がどのように表れているかを確認していく。

文化マップからは、参加状況の違いよりも、嗜好の違いのほうがはるかにはっきりと見て取れる。第一軸では、労働者階級は「社交的」なスポーツ（スヌーカー、ダーツ、ボクシング）を好んで観戦していることがわかる。第二軸では、若者がスポーツ観戦、特にフットボール観戦を好んでいるのに対して、ゴルフのような「クラブ」スポーツを観戦することは嫌っていることが見て取れる。第三軸では、女性は一般的にスポーツ観戦、特にクラブスポーツの観戦を嫌っていた。しかし、例えば陸上競技やスキーといったアウトドアスポーツと体操、水泳、エアロビクスといったインドアスポーツを観戦することは大好きである。これとは対照的に、男性はスポーツ観戦、特にフットボール観戦を好んでいて、インドアスポーツを観戦することを嫌っている。第四軸をみると、雑食的ではない回答者がスポーツ観戦を好むことがわかる。

イギリスの「時間の使い方」調査によれば、スポーツ活動への参加に費やす平均合計時間は一九七五年から二〇〇〇年に、一日あたり四分から十一分にまで増加した[10]（MTUSを参照［The Multinational Time Use Study、「多国間生活時間研究」］）。おそらくこれは、健康とフィットネス、身体管理に対する関心の高まりの表れだろう。この文脈で、われわれの調査で最も特筆すべき結果は、回答者のうち四四％の人がスポーツにまったく参加していないという点だろう。[11] 身体的運動への参加頻度は、性差、年齢、教育、職業階級によってかなり異なる。女性はスポーツをしない傾向が高く、四七％がまったくスポーツをせず、一方の男性は四〇％がスポーツをしない。スポーツ活動は年齢に応じて減少するが、これは身体能力の低下に関連していると考えられる。教育歴の影響はかなりあり、なんらかのスポーツをおこなっていたのは、学位取得者の七三％、Ａレベル取得者の六六％、ＨＮＤ［Higher National Diploma、高等国家ディプロマ］か同等の教育歴をもつ人の六二％、ＧＣＳＥ［The General Certificate of Secondary Education、中等教育修了資格試験］をもつ人の五九％、何の教育資格ももたない人の三二％だった。階級とスポーツへの参加頻度の間には単調な［比例］関係があり、階級が高くなるほどスポーツによく参加する。[12] 上級専門職のうち、スポーツをまったくしないのは二五％だけであるのに対して、肉体労働者の場合は五九％がまったくしない。部分的にみれば、物質的な資源がどの程度利用可能かによるところも小さくはないが、他方で身体維持にどの程度の関心があるかによるところも大きいと言えるだろう。

スポーツをしていると回答した人は、多岐にわたる競技と運動に関わっている。報告された活動のなかには、スノーボード、馬車、懸垂下降、貯水池での雑魚釣り、ペイントボール、鹿追いも含まれていた。回答者の少なくとも二％の人に選択されているスポーツを、人気があるスポーツとして、人気が高いものから順に表9―1の第一列に挙げている。

表９－１　ジェンダー別にみた参加するのが好きなスポーツ

スポーツ活動	男性		女性	
	度数	全体に占める比率	度数	全体に占める比率
ない	285	40.1	397	46.7
ウォーキング（犬の散歩含む）	53	7.5	94	11.0
フィットネス／ジム／エアロビクス	30	4.2	98	11.5
水泳	18	2.5	79	9.3
サッカー／フットサル	79	11.1	7	0.8
ゴルフ	63	8.9	7	0.8
サイクリング	30	4.2	21	2.5
ジョギング／ランニング	18	2.5	16	1.9
ダンス	6	0.8	29	3.4
テニス	8	1.1	16	1.9
ローンボーリング	13	1.8	7	0.8
ヨガ	1	0.1	17	2.0
バドミントン	8	1.1	7	0.8
その他	98	13.8	56	6.6
合計	710	99.7	851	100.0

「スポーツ」という用語には特別な含意があり、スポーツとより日常的な身体的運動との間に線引きすることは困難である。運動の形式と起源に加え、典型的に言えば、スポーツにはそれ以外にも属性がいくつかある。つまり、スポーツと言えば、競技に関する定式化されたルールと、通常は競争という潜在的な要素が含まれている。スポーツへの参加に関する質問に加え、われわれはジム通いや運動の頻度などについても質問をした。回答者の四九％がジム通いや運動をときどきおこない、一七％は毎日もしくはほぼ毎日、二三％が少なくとも週に一度はなんらかの運動をおこなっている。また、一八％の人は何もしていないと答えた。すなわち、スポーツをしていると語ることと運動をすることは、多くの点で重複してはいるものの、完全に一致するわけではない。それでもなお、スポーツに参加していると説明する人と、定期的に運動をしていると報告する人とは、多かれ少なかれ同一のカテゴリーに入れられる。「どのくらいジムに通ったり、運動をしたりしていますか？」という質問では、「一度もない」と回答しているのは、専門職＝幹部階級の三六％、定型業

務従事職の六八%だった。[13]

運動の参加頻度からは、現在多くの人が、運動は生活のなかで非常に重要な位置を占めていると見なしていて、フィットネスと身体の訓練を目指して定期的に運動をすることに関心があることがわかる。ブルデューはこれを運動のための運動と呼び、特定の母集団の間で共通点があることを明らかにした。定期的にジムに通うことと運動をすることは、高次の教育を受けた者と社会的地位が高い者によって取り入れられている実践である。われわれのエビデンスからは、こうしたトレーニングのためのトレーニングという禁欲的な日課への関わりについての階級の傾向がわかる。

インタビューからは、学歴がある中産階級は運動文化に関心があることがわかる。十一の文化資本が高い世帯で生活している十六人の成人を対象に、スポーツと身体について議論させた結果を分析したところ、人々が運動をする理由がいくつか明らかになった。学位を取得しているインタビュー対象者たちのほとんどすべてが、運動が一般的なウェル・ビーイングに寄与するものだと考えていた。中産階級に限らず、運動には価値があることに関しては広く合意がみられるが、最も学歴が高い人が運動を最も積極的に楽しんでいる。また、文化資本が高い人はスポーツに抵抗感を感じている場合もある。例えば細かくみると、男性のインタビュー対象者のなかには、自分がスポーツに関心がないことを強調する人が二人いた。このように、運動に対してある一定の嫌悪感が存在することが確認された。フルーツバットは、「身体運動ですか。私は運動のための運動をしません」と話している。しかし、［それを除くと］打算的な感情が強く表明される場合がほとんどである。まったく責務や義務で実施されるわけではないとすれば、運動することは打算的なものである。そして、運動が［運動をする人に］うまく当てはまる場合、運動はされるべきものになる。ここでの主な考察対象は、フィットネスと健康、すなわち、日常会話のなかではめったに区別されない二つのものである。だが、同時にストレスの解消についてもかなりの頻度で述べられている。学歴がある中産階級にとって、身体を整えることは重要な関心事項である。

ブルデューは、異なるハビトゥスをもつ人たちが、ある一つのスポーツに参加する場合、そこで生じる実践が、同一のものに収斂するか否かについて紙幅を割いて論じている。人がスポーツにアプローチする方法は、それ自体、差異化の要因である。ブルデューは、同じ競技をするとしても、階級ごとに競技スタイルが異なることを発見し、それらがクラブの会員資格、服装、マナー、志向性によって区別されることを明らかにした。

スポーツをすることで［得られると］予想される利益は階級ごとに異なる、ということを示すのは簡単である。例えば、特定の身体的な利益、すなわち、身体のスマートさや優美さ、目に見える筋肉のような外的身体に関する効果がそれである。一方、健康や精神的安定のように内的身体に関する効果がある。他にも、スポーツに本来備わっているわけではないような外在的な効果があり、スポーツをすることで得られる交友関係や、それによって可能になるような経済的・社会的な利益などがそれにあたる[14]。

こうした課題を検討するため、回答者にスポーツが好きな主な理由について尋ねることにした。スポーツをしていると答えた人に限ってみれば、回答者の三〇％が、フィットネスこそがスポーツから得られる最も重要な利益だと見なしていて、二一％の人が癒し、一二％が人付き合い、九％が仕事と責務からの逃避と答えていた。また、八％が競争や「スリル」のためにスポーツをおこなっていた。このように様々な動機が入り交じりながら、人はスポーツ活動に取り組み始めるわけだが、身体維持に対する今日の関心の高さを考慮すれば、おそらくフィットネスの優位性は注目に値するものだろう。フィットネスは、多少の違いはあれ、性別によらず等しく選択されている。しかし、男性はスポーツに競争や団結力、社交性を求めるのに対して、女性はリラクゼーションと、仕事や責務からの逃避を求める傾向にある。また、専門職や管理職、中間職がスポーツをする目的は、フィットネスや社交性、仕事からの逃避ということに偏っている。小規模経営者と自営業者は、スポーツの実践に最も競争を求める傾向にある。学位取得者は、特にフィットネスを選択する。健康維持のための運動やエアロビクス、ジム、水泳といったスポーツを好む女性たちは、特にフィットネスこそが、自分たちがスポーツに取り組む際に最も高く評価すべき側面だと考える傾向にある。

世帯インタビューでは、スポーツと運動がどのように日常の生活に取り込まれているかに関連して、様々な意味が明らかになった。きわめて多くのインタビュー対象者が、残念なことではあるが、現在ではかつてほど頻繁に運動をしていないと答えている。スーザン・マリア・フートは、「以前はウォーキングをしていました」と語り、その夫のジェームズは子どもが生まれる前までは、「かなり（水泳に）通っていたんですけどね。スカッシュとバドミントンも以前はしていたけど、もう何年もしていません」と語る。ユアン・トーマスは、この四年間、週に二回ジムにいっている。彼は「ほぼ毎晩走っていました」と語り、「［かつてのほうが］現在よりもずっと健康だという実感がありました」と話す。そして、セレン・スターは「以前は、以前は……」というフレーズを繰り返していた。スポーツに取り組む頻度が減ったのは、急遽、家庭の問題に関わらざるをえなくなったからだと説明されることが多く、同時に仕事の忙しさとも関連していた。文化資本が豊かな人たちの間では、多忙さが、運動をしなくなったことの理由として共通して挙げられていた。[15] インタビュー対象者のほとんどが、一人だけで運動をしている。チームスポーツに参加したのは過去のことであり、現在ではしなくなっている。性別を問わず、定期的に競技スポーツに関わっている人はほとんどいない。しかしながら、定期的に運動に取り組むことに対しては非常に熱心な人もいて、運動を日課にすることがかなり重視されている。おそらくある種の階級に注目すると、非常にたくさんの活動が毎日の生活リズム（犬の散歩、水泳、ヨガ）や一週間のリズムに沿って実施されている。しかし、どのような語りのなかであれ、スポーツへの関与を説明する際には、習慣づけることについて説明されていた。運動は計画されるもの、あるいは計画されなければならないものである。

ジェンダーによる違いも明白である。たいていの女性にとって運動とは手段であり、取り立てて楽しいものではないと考えられているようである。女性は運動を誰にでもすぐにできるものだと認識していて、理想を言えば運動をしたいと思っている。女性の場合、スポーツよりも運動のほうに力点がおかれていて、つまりは競争をするような活動を求めていない。女性にとって運動とは、ほどほどに楽しむためのものなのだ。興味深いことに、ダイエットや身体の外見について語られることはほとんどなかった。語りのなかで、体重に関心が払われることはあまりなかった。運動と身体の外見をはっきりと関連づけていたのは、同性愛者の男性の一人、若い母親の一人、中年期になるにつれて体重が増えることを気にかけている女性の一人しかいなかった。また文化資本が高いインタビュー対象者のほうが、フィットネスと容姿の双方についてより強い関心をもっているものの、インタビューでは容姿よりもフィットネスのほうを強調しないわけにはいかないと感じているように思われる。例えば、このことは、スーザンがインタビューを受けた際、そこに同席していた就学前の娘の言動によって明らかになる。スーザンの娘は、お母さんはもっと運動をすると誓ってばかりいると発言し、そうした発言がきっかけとなって、スーザンは、若くして母親になった自分の悩みの種は、身体に関する事柄に十分に気をつけられていないことだと話してくれた。こうした議論のなかで中心となっているのは、身体維持を機能の観点から理解することであり、運動が楽しみや喜びの観点から語られることはほとんどなかった。女性の場合、他の女性と一緒に運動をすることがあるものの、たいていは一人だけで運動をしていて、子どもが参加する場合に限っては、パートナーと一緒に活動をすることもある。

特定のスポーツへの参加状況については、社会集団の間でそれほど大きな違いはみられない。[16] 例えば、サイクリングやスカッシュ、ゴルフは中産階級の特徴であり、幹部職や上級専門職（同様に、小規模店主と監督労働者にも偏りはあるが）はゴルフを特に好んではいるものの、階級ごとのパターンをはっきりと見て取ることはできない。スポーツの選択にあたっては、教育による違いはほとんどみられない。教育にはスポーツをおこなうか否かを規定する効果があるが、どのタイプを選択するかについての偏りはない。エスニック集団の間には多様性がいくらかみられる。しかし、最も大きな差異はジェンダーによるものである（表9―1を参照）。男性と女性では、違う活動を好んでいる。どのような活動に人気があるかをみてみると、女性では水泳、健康維持のための運動、ウォーキングが大きな割合を占めている（順に、男性の四倍、三倍、一・五倍）。そして、女性の場合、マイナーなスポーツのなかではヨガとダンスが好まれている。リストに挙げた活動のなかでは、好きなスポーツとしてクリケット、ラグビー、魚釣り、バスケットボール、卓球、スキー、水球を挙げる女性は一人もいなかった。また、男性の場合、一人も選択しなかったスポーツの数は女性よりも少なく、それは乗馬、体操、バスケットボールだった。男性が選ぶ主要なスポーツはフットボールとゴルフであり、十個以上の要因ではるかに大きな割合を占めている。また、男性のほうが女性の二倍ほど活動の範囲が広く、またあまり一般的に人気がないスポーツを、個人的に好きなスポーツとして選ぶことが報告されている。

興味深いことに、ジェンダーと階級の間には有意な相互関係がある。すなわち、スポーツへの参加状況の場合には明らかで、日課の運動の場合には、もっとはっきりとわかる。賃労働をしている女性は運動をする傾向にある。ホワイトカラーの女性は労働者階級の女性よりも頻繁にジムに通っていたり、日課として運動をしたりしている。こうしたことは、上級専門職の女性の場合に特に顕著である。下級専門職と管理職の女性のうち二六%だけが運動をしておらず、これに対して定型業務従事職の女性の場合は六九%が運動をしていない。また、ジム通いの場合では、スポーツをする場合よりも、若さや教育経験が強く影響している。すなわち、若くて中産階級の女性は特に、日課として「禁欲的」な運動をする傾向がある。

4　身体の装飾とケア

ほとんどの身体的実践に関して言えば、人々が身体管理、すなわち厳密な意味での身体的外見への関心によって駆り立てられているか否かを判断することは困難である。われわれは、身体加工や衣服、サプリメントといった健康と自己表現に関する多様な諸実践について質問した。

身体の外見、もしくは身体から与えられる印象を変化させ改善することを目的とした様々な活動について、われわれは質問をした。九種類の活動が挙げられ、回答者のうち少なくともそのうちの一つを実施していた人の割合は七二％だった。男性と女性の割合は、表9―2のとおりである。

続いて実施した回帰分析の結果（ここには掲載してはいない）からは、さらなる発見があった。まず、ピアスをする傾向は、女性の場合はもちろん、若者の場合も高い。これは日焼けマシンを使う場合についても同様であるが、下級管理職、中間職、監督労働者の場合に頻繁にみられた。タトゥーについては、若い男性と定型業務のマニュアル労働者の場合に人気がある。これに対して、大学の学士号取得者とエスニック・マイノリティの集団に所属している者はタトゥーを避ける傾向がある。また、ボディービルディングには若者と管理職階級が取り組んでいる。ダイエットは女性の場合に広くみられるが、ダイエットをしないことについては、学歴がある者とそれ以外の人たちとを比べた場合、統計的に有意な差異があった。こうした活動は、全体を見渡してみると、女性、若者、低学歴者、労働者階級によって頻繁に実施されている。

表9―2 ジェンダー別にみた身体加工の活動

身体加工	女性		男性	
	度数	%	度数	%
耳ピアス	712	84	139	16
痩身を目的とした食生活	375	44	114	16
サンベッドを使用した日焼け	260	31	88	12
タトゥー	104	12	110	15
美容歯科	127	15	63	9
ボディービルディング	20	2	129	18
耳以外の場所へのピアス	110	13	30	4
話し方レッスンの受講	41	5	17	2
美容整形のための外科手術	8	1	2	
どれもない	92	11	338	47
n=1564				

表9―2で示したように、われわれが質問をしたほとんどの活動で有意なジェンダー差がみられた。女性の場合、スポーツや運動への実利的な取り組み方が、外見についての広い関心の一部にすぎないかもしれないことがピアス、日焼け、美容整形への関わり方からわかる。しかしながら、男性の場合、これら多くの活動に対する関わり方からもわかるように、今日ではそのような考察から免れないとはいえ、女性よりも男性のほうが頻繁に参加しているのはボディービルディングのみであり、このことは肉体に関する男性的な美意識の表れだと言えるだろう。それでも、サンプルのうち男性の約半数が九種類の活動のうちいずれも実施していない。ここから男性は、身体表現にほとんど関心をもたずともやっていける、ということがはっきりとわかるだろう。明らかに、

耳にピアスをするという最も参加頻度が高い活動であっても、身体加工として市民権を得ているとは言えない。しかし、こうした活動のほとんどの場合で、外見をよくするという明白な目的があるかぎり、それにどの程度関わっているかをみれば、外見をどの程度重要視しているかがわかる。

身体を装飾するという点で、普遍的にみられる実践である衣服を取り上げることで、さらなる手がかりが得られることになる。われわれは服装の好みについて尋ねるため、『ディスタンクシオン』と同様の質問をした。表9―3は、衣服のタイプに関する人々の好みを示している。イギリス人はかなり高い割合で、カジュアルさと快適さという観点から、服装を選んでいる。ブランドものの服装を評価する割合は低いものの、約

表9―3　ジェンダー別にみた服装の好み

スタイル	男性		女性		合計（%）
	度数	%	度数	%	
動きやすい服	397	56	552	65	61
カジュアルな服	466	65	459	54	59
洗練された服	225	32	273	32	32
流行の服	104	15	223	26	21
安価な服	99	14	163	19	17
メンテナンスが楽な服	99	14	162	19	17
伝統的な服	89	13	77	9	11
便利な（convinient）服	78	11	87	10	11
デザイナーズファッション	63	9	56	7	8
その他	2	0	9	1	0
n=1564					

注：回答者は自らが該当すると判断したものをすべて選択しているため、列を合計しても100%にはならない。
質問は「このカードにある項目を使ってあなたの個人的なファッションはどのように表せますか？」であり、追加的に「他には」と尋ねた。

三分の一の人がおしゃれな服を身に着けることを好んでいる。[17]

世帯インタビューから明らかになったのは、回答者は、質問内容を服の好みについて尋ねたものだと理解しているということ、また、これはすべての人が［自分の］意見をもつことを期待されているものだということである。どの人に尋ねてみても、衣服というものは、少なくとも仕事着、普段着、礼服という三つのカテゴリーに区別される。ほとんどの人が、仕事着と礼服についてはほとんど選択の余地がないと考えているようだが、普段着は各人の裁量で選択されていて、普段着を見ればその人がどんなスタイルをもっているかがはっきりとわかる。文化資本をより多くもっている人の［服装の］特徴は、そこからさらに三つの衣服のカテゴリーの中でさらに区

別をしていたことにある。女性の場合、ほぼ全員が、夜に公共の場所に外出する際にはおしゃれをしており、男性もかなりの割合でおしゃれをしていた。こうした状況のために、様々な衣服、またある程度の衣服スタイルが必要とされる。見た目をよくしようと、どれだけ努力しているかについて話してくれる人がいる。ある人たちにとって、そのような努力とは、清潔にしたり、こぎれいにしたり、他人に受け入れてもらいやすくすることである。他方で別の人たちにとっては、おしゃれにしたり、身なりをよくしたりすることである。これとは対照的に、男性のなかには葬儀や結婚式に出席する場合でもないかぎり、いつも同じ服装以外を着ないという人が何人かいる。概してインタビューからわかるのは、衣服とは簡素でかつ機能的であるべきであり、衣服を通して社会的なメッセージを表現したがる人はほとんどいない、ということである。だが同時に、衣服についていっそうの配慮や気遣いが必要だと、少しは頭を悩ませていることもわかる。ジェニーは次のような広くみられる意見を述べていた。

本当にファッションには興味がないんです。だから、ジーンズやジャンパーを着ているときにこそ、私らしくなれるんです。私はそれで満足なんです。もちろん、ときには着飾るのもいいけど、本当にそれほど悩むことはないんです。

「カジュアルさ」と「快適さ」という言葉の意味について議論してみると、そこに含まれる項目は広範囲にわたるが、それらは仕事着のカテゴリーの場合とは対照的であることがわかる。多くの男性がカジュアルな服装をしたいと考えているわけだが、そこにはあらゆるものが含まれている。つまり、トラック・スーツのボトムスとポロシャツに始まり、アイロンがかかったズボンとオーダーメイドのシャツまでが含まれるのだ。快適さは、生地や衣服の裁断のされ方と関係している。同時に、服装はインタビューの回答者にとって、自らの性格にある程度は合致しているというような、親しみを感じられることにも関係している。それでも、快適さとカジュアルさに

表9－4　階級別にみた代替・補完的な医療処置（列%）

処置	専門職＝幹部階級	中間階級	労働者階級	全体
スポーツ傷害	21	24	14	18
カウンセリング	15	12	12	13
心理療法	4	4	5	4
指圧	4	4	2	3
ホメオパシー	6	6	3	5
カイロプラティック	16	13	8	11
鍼治療	11	13	8	10
他の代替医療	19	16	8	13
あてはまるものはない	45	42	60	52
n=1564				

対する嗜好は、流行の服やデザイナーウェアに対する嗜好のあり方とは明らかに異なっている。男女を問わず、流行に遅れないようにしていると話す回答者の数はほんのわずかで、他の回答者たちは、どのような状況であってもおしゃれであることを望んでいる。ほんの少数の人たち、それも文化資本を豊富にもっている人だけが、衣服によって他人に特別な印象を与え、集団のなかで目立ちたいと思っている。そういうわけで、ユアンはミーティングの際にどのような服装をしているかを説明しているが、その理由は、「他人と同じように見られたくないから」である。ずっと多くの人たちに共通しているのは、目立ちたくないという願望である。フランクは「派手すぎず、目立たない服装」を着たいと説明している。とりわけ、こうした服装の話題について話すのが苦手な男性は、自分が目立たない服装を好んでいることを、インタビュアーが若干苛立ちながらそう表現した際に同意していた。

一般的にみて、ほとんどの回答者にとって服装はそれほど大きな関心事ではない。例えば、そうしたことは、服装と家の名誉とを強く関連づけている高齢のインド人女性の例外的な説明からも浮かび上がる。サーブヒトラは、彼女が伝統的な服装を好んで着用していると回答している。彼女は、「私たち、インド人のヒンドゥー教徒のしつけ方は本当に文化に根ざしたものなんです。もし一線を越えたら、町中の噂になってしまいます」と話している。また、彼女は三十歳になる自分の娘のことにふれて、以下のように語る。

私の場合はまだ大丈夫です。親族のところにいくと、伝統衣装を必ず着ることになりますね……。伝統的に言うと、結婚をすればきちんと慎ましくしないといけません。

以上の基準からすれば、多くのイギリス人にとって服装に関する規範が、象徴的な意味で問題になることは少ない。

サプリメント［の利用頻度］をみれば、外見よりもむしろ健康に対して様々な観点から関心が向けられていることがわかる。日々の健康の維持と身体（と精神）の改善に関連して、商業化された活動が様々な形態で登場してきており、現在では広く一般的に利用できる。われわれは、代替療法がどの程度取り入れられているかについて質問し、ほぼ半数（四八％）の人たちが、少なくとも一つは使用しているということがわかった。スポーツでけがをした場合、診察を受けたあとに最も頻繁に利用されていたのがカウンセリングとカイロプラクティック、鍼治療であり、それぞれが一〇％以上の割合を占めている（表9―4を参照）。こうした代替療法を利用する少数派のなかには、労働者階級の人は統計的にみて有意に少ない。加えて、代替療法は、男性よりも女性が、若者よりも高齢者が、大卒以外の学歴の人よりも大卒の人のほうが頻繁に利用している。

5　食事と料理

われわれは、ダイエットをしていると話す人がほんのわずかしかいないということに驚いた。おそらく対象者への質問の意味が、特別な治療法のコースにどれほど支払っているか、あるいは専用のダイエット食品にどれほど出費をしているか、という［限定された］意味に解釈された可能性がある。というのも、ほとんどの人が体重やウエスト回りをしぼるため、何らかの形で食べ物に気を使っているように見えるからである。食事に関する関与と嗜好のあり方を、別の角度から明らかにするため、われわれは外食の頻度とレストランの好みについて質問した。外食というテーマについては、多くのフォーカスグループのなかでも取り上げた。自宅での食事については、ほぼすべての世帯インタビューのなかで論じられていた。

外食は、現代の余暇活動のなかで最も人気のある活動の一つだが、現代［の特徴］は他の時代と比べてみても際立っている。なぜなら、楽しみのために外食にお金をかけるということが、もはやほんの一部の裕福な人たちだけの専売特許ではなくなっていて、外食は、母集団のなかのあらゆる階層（strata）にとってますます身近なものとなっているからだ。サンプルのうち六二％が、少なくとも月に一回は楽しみのために、主たる食事をとる際に外食に出かけていて、まったく外食しないという人はわずか四％だけだった。ほとんど世界中からと言ってもいいぐらい、あらゆる場所から多種多様な食事を取り寄せ、提供してくれる商業施設がたくさん存在する。

文化マップの第一軸では、めったに外食をしない人が左側に、頻繁に外食をする人が右側に分けられていて、予想されたように、この活動が実施される際に階級が重要となっていることが見て取れる。また、レストランの好みについても階級による差異がみられた。フィッシュ・アンド・チップスのレストランと、フランス料理店の好き嫌いについては大きな違いがみられる。フィッシュ・アンド・チップスは労働者階級に人気があり、学歴が高く年配の専門職＝幹部階級には避けられていた。若者で学歴が低い者はフランス料理店を嫌い、これに対して上流階級で高齢の回答者は、自らの嗜好、すなわちハイ・カルチャーにどっぷりと浸っていて、印象派とクラシック音楽を好むという嗜好に合致するものとしてフランス料理を選択している。第三軸では明白な差異はみられず、ジェンダーは、レストランが選択される際の規定要因としてたいして重要なものではないことがわかる。第四軸では、好きな項目としてはパブ・レストランしか選択されておらず、ここでは雑食性が低い者の回答が際立っている。

外食とそれについての語られ方の多様性は、フォーカスグループのなかでも、かなりはっきりと見て取ることができる。経済的に貧しいグループのメンバーは、どのような種類であれ、ほとんどレストランにいくことはない。低所得者の女性グループでおこなった議論の趣旨は、ある一人の人物の発言、すなわち「私は外食には絶対にいきません。ただ、食材を買いに外出すること自体は好きなのですが」という発言に集約することができる。また、南ウェールズの未熟練労働者のグループのメンバーたちも、レストランには決していかないと話している。

キャロル：私たちはレストランにいけるだけのお金がありません。ここ何年間も、レストランにはいってないね。
テル：全員しばらくいってないね。
ティッチ：とにかく、有り金をはたくことになるでしょう。でも、そんな芸当はできませんね。自分だったら、フィッシュ・アンド・チップスの店にいきますね。

実際に、この三人はフィッシュ・アンド・チップスを定期的に食べていて、「余裕があれば」、インド料理や中華料理をテイクアウトしている。

他の労働者階級のグループの外食経験をみると、ほんの少しではあるが、料理の範囲が広くなっている。例えば、互いに友人同士で、定期的に顔を合わせる間柄にある熟練肉体労働者の若者たちは、中華料理とイギリス料理（挙げているのは、ステーキ、チキン、スペアリブ、パブの食事）、そしてインド料理を好んでいて、特にインド料理は飲酒後に利用している。少なくとも男性は、レストランにいくことよりも、カレーを食べにいくことを好んでいる。レストラン［の雰囲気］になじめないということが、悩みの種になっている。ある女性は、「自分のことを、バカだと思われたい人なんていません」と話している。同じ指摘は、あるグループのメンバーと実施した議論にも登場する。すなわち、そのメンバーは、自分より社会的な地位が高い兄弟と外食にいかなければならず、「お上品な食事」を出してくれる「本当にお上品なレストラン」のなかで居心地が悪くなってしまい、自分が「さあさあ、お行儀よくこれをお食べなさい」と言われているかのように感じてしまったのだ。一定の水準の社会・文化的な能力や自信が伴わなければ、ある種の外食を楽しむことはできないのである。

［外食の］経験は、社会的地位が高い者ほど豊かである。自営業のグループと実施した議論の趣旨は簡潔で、おそらく志向性と選好のはっきりとした対比を示すのに有益なものだと言えるだろう。

モデレーター：料理についてはどうですか？　どんなタイプの料理がお好きですか？

フィリッパ：日本料理です。

アレサンドロ：そう、日本料理だね。

ジョアンナ：オーガニック料理かな。何料理でもいいけど、オーガニックの食材だね。おいしいしね。それ以外には、特にないかな。

アンバー：本当に何でも食べますよ。中国料理は好きじゃないけどね。嫌いになったんだ。でも、本当に何でも。ドイツ料理、それとポーランド料理も好きじゃないな。どれもこってりだし。地中海料理は好きです……。

アンバー：でも、まあ、最初から最後まで特別な調理法で食事を出してくれるようなお店で外食したくなることもあるよね。家では作れないようなものをね。

ジョアンナ：友達と一緒に食べにいきたくなるなあ。シェフが回ってきたり、そんなところがいいよね。自分が作れないような食事を食べにね。でも、家は家で落ち着くよね。

南アジア出身の中産階級の集団には、共通点がいくつかある。文字どおり定期的に外食に出かけていて、その際、家族と一緒に、パーティーの形式がとられている。例えば、あるパキスタン人の男性は、「家族とレストランにいくのが好き」だと話し、実際に、われわれがインタビューを実施した前の週末には、買い物をしたあと、レストランで外食をしていた。中産階級のインド人のフォーカスグループは、中華料理、メキシコ料理、ピザを食べていると報告したが、イギリス料理とインド料理は食べていなかった。インド料理を食べない理由としては、「自宅で本場の料理を無料で食べられるからね。本場の味だからね」とあるように、自宅でよりおいしい食事を食べられるからである。

体系立ってはいないものの、こうしたエビデンスからは、イギリスの外食に関する社会組織のあり方をいくらか理解することできる。いずれのグループも、外国の料理について何らかの知見を語っているわけだが、様々な料理のことについて、社会的序列の様々な水準で語られている。嗜好に関する序列関係は、以下のような順になっている。「上品」なレストランとエキゾチックな外国料理を出すレストランに始まり、より一般的な外国料理、なかでもイタリア料理（店で食べるピザを含む）や、メキシコ料理のような少し珍しい料理を出すレストラン（最近流行してはいるものの、一般的には高価ではない）がそれに続き、さらにパブやインド料理のレストランがきて、ファーストフードのレストラン（ピザやハンバーガー）があり、最後にインド料理や中華料理のテイクアウト、フィッシュ・アンド・チップスの店や、ハンバーガーを売っている露店で終わる、というわけである。少数派のエスニック集団を除けば、いずれの職業序列の水準であれ、外国の料理よりもイギリス料理を好む人が何人かみられた。しかし、どのような集団であれ、評価をするため、あるいは経験を報告するために、こうした「レストランの嗜好に関する」連続体の全域に言及することはまずみられない。

労働者階級の回答者たちにとって、日常的に外食をする習慣はなじみがないことであり、それについていくらか気にかけている。特に、男性の場合によくみられ、外食をするかどうか、また、自分が何をなぜ好むかを決定するルールや原理をなんとかして明らかにしようとしている。自営業者の話はもっと豊かで、そこから示唆されるのは、嗜好に関する過去の経験の反映、より明確に言えば、自らの嗜好を正当化できるような心構えと能力の存在である。中産階級はレストランにいてもよりくつろいでいて、様々な種類のレストランが視野と経験のなかに存在している。

このように外食は、われわれのより一般的な知見を再び描き出している。外食は広く一般的にみられる活動であり、社会集団が違っても外食に対する関わり方には共通点がみられる。しかし、より詳細にみてみると、外食の仕方は社会集団ごとに、特に社会階級やエスニシティ、ジェンダーごとに特徴づけられる。とりわけ社会階級に注目してみるならば、社会的連続体の両極で重複することは、ほとんどみられない。外食は、出かける頻度や資源の使い方、そして選好によって分割され区別されていて、特に、そのあり方は、多様なエスニック料理の評価で大きく変わることになる。外食をしない人はいないが、外食の仕方は人によって異なっている。

フォーカスグループで実施した外食に関する議論からは、差異が序列のようにパターン化されているエビデンスが明らかになった。一方、世帯インタビューからは、自宅でどのように食事をとっているかについては文化資本からの影響をまったく受けない、ということがわかった。このテーマについては、ここ最近の平日に自宅で食べた最後の主な食事の準備について質問したうえで、何を誰とどこで食べたかについて尋ねた。こうした質問への回答から得られた印象としては、全体的に言えば、家庭での食事についての理想が広く共有されている、ということだった。すなわち、家庭での食事は重要な社会的イベントだとされている。また、家庭での食事は定期的におこなわれ、新鮮で栄養のある食事が準備されるべきものであり、さらには会話をしながらテーブルに着席しておこなわれるべきものだとされている。とりわけ、こうした食事の取り方は重要な社会的儀礼だと捉えられていて、そのことは「みんな一緒に座ります」（モリー）や、「誰にも気兼ねせず、一家団欒で食事をとるほうが好き」（ジェニー）、という発言からもわかる。実際には、次のような状況によって、理想が実現しないことはよくある。例えば、職場と学校のスケジュールの影響、買い物をする際の制約、金銭上の問題、一人暮らし、ダイニングテーブルをもっていないこと、十代特有の機嫌の悪さ、特定のテレビ番組を見たいといった希望などはみな、きちんとした食事の妨げとなる。［インタビューの際に］食事中にテレビを見るか否かについて言及していた十七世帯のうち、八世帯がインタビューの前日もテレビを見ながら食事をしており、いつもテレビを見ながら食事をとっているということが見て取れた。加えて、個人インタビューを受けた人たちのおよそ三分の一が、食卓を囲んで食事をしていなかった。また、四分の一の人が新鮮な食材を使って調理をしたのではない食事をとっていた。しかしながら、規範から逸脱することは、驚きも謝罪の必要性もほとんど生じさせてはいない。テリーは、他の事例のなかでも広く報告されているような、どれだけ臨機応変に食事を作っているかについて示唆に富む例を提供してくれている。

（昨日）そんなはるか昔のことなんて、思い出せません。まあ、何かは食べたわけだけど。昨日は何曜日だったっけ？　木曜日？　何を食べたか、覚えてないね……。ああ、ニーア（下の娘）はマーティン（どこか別のところに住んでいる父親）のところに出かけていったかな。どんな出来事があったかは覚えてるんですけどね。職場で昼食に出かけ、しっかりと食べたの。それと、ナーサン（息子）は午後に学校を休んだので、私が帰ってくる直前に彼はトーストをしたサンドイッチ、トースティーを作っていました。だから私は彼にチーズとビスケットを出してやって、自分は前日の夜の残り物を食べました。そう、ソーセージ、ブロッコリー、ポテトを食べた夜でした。ナーサンは機嫌が悪くなっちゃって、何も食べなかったから、昨晩、私がそれを食べたんです。

われわれの研究で取り上げた活動のうち、必要性の文化によって特徴づけられるものがあるとすれば、それは家庭での食事である。しかし、文化資本が高い世帯と低い世帯の間で比べてみた場合、両者の間にほとんど違いはみられない。

ここまで説明してきたところの食事とは、ほぼ一皿料理を指している。そして、そこに飲み物や、特に子どもにはヨーグルトが追加されることがよくあるが、プディングがつくことはめったにない。というのも、スイーツを毎日食べてしまうと贅沢すぎるので避けられるべきだということが、強く含意されているからである。人は健康的な食事と、少しは［健康に］気遣わなければいけないということについて、あたかも理解しているかのように語ってくれる。例えば、自分たちがどんな野菜を調理しているかについて詳細に話してくれる。しかし、そうした態度は、状況次第ではずいぶんと抑制されることになる。抑制要因としては、少なくとも、子どもの好き嫌い、みんなが十分な量を食べられるようにすること、個人の好みなどが、議論のなかでは目立つ。文化資本が豊かな一、二人の回答者は、健康的な食事を確保するための戦略について詳細に説明してくれた。文化資本を豊富にもった高齢のインド人であり、一人暮らしをしているヴァスデヴ・レーマンは、自分が口にしたものについて次のように語っている。「鮭、鶏肉、ヨーグルトと野菜、魚と野菜を、これらのスパイスと生姜を使って特別に料理します。……とっても体にいいですよ」。彼は続けて次のように語っている。

……別の穀物、ほらキヌアを試しているところなんです。とても体によさそうでしょ。キヌアは、お米やクスクスみたいに穀物の一種なんです。こいつが優れものなのは、炭水化物もたんぱく質も含まれているところなんですよ。

より典型的なのは、スタフォードに住んでいる、ヴァスデヴと同年齢のアフロ・カリブ系人男性の場合である。彼は昨日の晩ごはんについて「肉と米だけです」と話し、さらに「あとはブロッコリーと、ええと、ちょっとした野菜といったところです。だけど、人工的な香辛料はあまり使っていないんですよ」と話している。実際に、エスニック集団同士を比べてみると、食事の内容について有意な差異がみられ、これに対して白人のイギリス人のほとんどがステーキとポテト、カリフラワー、ブロッコリー、ニンジンを食べている。

ダイエットのことに言及しているのは、シェリー・キャンベルの一人だけである。彼女と彼女のパートナーは、毎年一月から九月までアトキンス・ダイエット［炭水化物の摂取量を減らすダイエット法］に取り組んでいる。残りの数カ月は、ダイエットのごほうびとして、自分たちが好きなものを何でも食べると話している。これとは別に、特別な食事について語ってくれたのは、ベジタリアンの二人と「体重制限」が必要なプロスポーツ選手だけである。ダイエットという話題の欠如によって浮き彫りにされたのは、食事の美的な側面と、それが個人のアイデンティティに与える結果についてである。全体的な傾向としては、料理の楽しみへの熱中や期待というよりもむしろ、実際にやりくりする際に問題となるような、ありふれていたり、お決まりのことだったり、無意識的になされたりすることが話題となっていた。支配的な言説は、材料の調達や時間上の制約、さらには日課といったものである。その次に目立つのは、人付き合いのなかで得られる一体感である。社会的儀礼のあり方について議論する場合でも、十分な栄養摂取の仕方について議論する場合でも、話されている言葉の裏には道徳的な含意がある。これに対して、家族で食事をとる際に、象徴的卓越化がされることはほとんどなかった。

6　結論

われわれの研究から一定の成果が得られたにもかかわらず、いまだ身体化された文化資本に関する重要な側面が数多く残されたままである。それでもなお、われわれは身体的実践が消費のパターンと日課のなかに、どのように組み込まれているかについて多くのことを学ぶことができた。また、そうした身体的実践が、社会的地位と社会的分類のスキーマが形成される際に、どれだけ寄与しているかについても確認することができた。

スポーツごとにそれがどのような社会的な位置を意味するかは異なっている。こうした社会的な位置とスポーツを見ることとの関係は限定的なものだが、スポーツに参加することとはより密接に関係している。特権階級にある者は、人が選ばないようなスポーツを選択する。また、社会階級が高い男性はスポーツに参加する際、その社交的な側面を重視する。こうした人たちはゴルフやスカッシュに参加することで、社会的な「恩恵」を得ているのだろう。しかしながら、階級の主な一般的効果というものは、特定のスポーツの象徴的なアイデンティティのなかではなく、スポーツにどのくらい積極的に参加するか、その傾向のなかにこそ表れている。スポーツと運動への参加頻度は、職業的階級の地位の高さと強く相関する、ということが多い。学歴の高さと、身体の管理を目的とした積極的な身体活動のあり方とは互いに関連している。[18] つまり、一般的に言えば、制度化された文化資本の表れ方と身体化された文化資本の表れ方には一貫性がある。身体維持の形態は階級ごとに分化していて、その特徴は、男性の場合よりも女性の場合で顕著である。

スポーツと運動への取り組み方は、依然として男性と女性を隔てている。身体的実践によってジェンダー上の差異が生み出され、われわれは他の何よりも先に男性と女性という存在になるよう方向づけられる。その後、男性性と女性性の様々なバージョンによって、ステレオタイプに対して疑義が呈されるにもかかわらず、である。女性はスポーツを重要視することを嫌う。とりわけ、このことは女性がテレビでスポーツ観戦することを嫌っている様子からもわかる。しかし、だからといって、女性は運動すること自体を嫌っているわけではない。今日、女性は比較的範囲は狭いものの、熱心にスポーツに参加している。ここからわかるのは、確かにある特定のスポーツが除外されてはいるものの、その半面、運動の目的をめぐっての様々な見解が、より機能しているとも言えることである。女性にとって運動をすることの第一の目的は、フィットネスとリラクゼーションである。そのため、女性にとって運動が果たす機能とは、スポーツイベントやスポーツ観戦の文化に関わることではなく、身体維持にこそあるのだ。

高学歴の中産階級、とりわけ専門職は運動に対して特徴的な態度をとっている。すなわち専門職は、自らの責任で身体を気遣うということは、ほとんど義務に等しいと考えている。当然のことではあるが、一般的に言ってスポーツと運動の意味とは、健康的な身体を維持することだけにあるのではない。スポーツと運動は外見にも影響を及ぼし、自己と自己のアイデンティティを表出するという点で役割を果たしている。いくつかの実践はほとんど中産階級だけによってなされていて、特に代替療法の場合がそうである。それに対して身体加工は、母集団のなかでも階級の垣根を超えて広く分布している。[19]

われわれが検討してきたもう一つの身体実践は、客体としての文化資本の所有状況を表している。外食の利用状況は、社会集団の間で、関与と知識、そして嗜好の点で有意な差があった。レストランに関する経験は、とりわけ階級とエスニック集団ごとで異なっている。衣服による社会的な立場の表明のされ方にも差異があり、そこには有意なジェンダー差がはっきりと観察される。洋服ダンスのなかを調査することができなかったため、人々が衣服についてどのように語るかを分析することしかできなかった。しかし、大多数の人が自分たちの嗜好がカジュアルで快適な服だと話しているという事実からは、インフォーマル化という文化的傾向が強力となっていることが明らかである。[20]おしゃれで流行の服を好む人は少数派であり、そうした人たちはこうした服装について、社会的な関わりをもつ際に、少なくとも象徴的に重要だと考えている。文化資本を豊かにもつ人は、次の点ではっきりと特徴づけられる。それは、様々なタイプやスタイルの衣服を着用することが要求される機会について細かく区別している点と、個人のアイデンティティの表明として、わずかではあるが衣服のことをより強く意識している点である。

ここまで議論したことの全体を通して、われわれが明確な根拠をもって示してきたのは、象徴的な意味で重要な身体管理の文化が発達している、ということである。ブルデューが予測していたように、そこではフィットネスや外見を磨くことが第一の目的となっている。身体は、経済資本と文化資本が生産されたり、再生産されたりする際に多様なやり方で深く関与している。スポーツ、運動、食事、身体管理、身体加工、身体維持を通して、人は他者に対して自らの存在、および自らの社会的戦略と他人に対する価値を提示し、表現している。この実践はすべて重要な社会的差異を示し、象徴的な意味がある。このデータからは、運動で育まれた身体とは社会的な分類のための道具だとわかる。身体は、文化資本がどれだけ不平等に所有されているかを示す印である。

注

(1) Wilkinson, R., *Unhealthy Societies: The Afflictions of Inequality*, Routledge, 1996.

(2) Bourdieu, P., "The Forms of Capital," in J. G. Richardson ed., *Handbook of Theory and Research for the Sociology of*

Education, Greenwood, 1986, pp.241-258.

（3）Bourdieu, P., "Sport and Social Class," *Social Science Information*, 17(6), 1978, pp.819-840, Bourdieu, P., *Distinction: A Social Critique of the Judgement of Taste*, Routledge, 1984[1979].（ピエール・ブルデュー『ディスタンクシオンⅠ——社会的判断力批判』石井洋二郎訳、藤原書店、一九九〇年、同『ディスタンクシオンⅡ——社会的判断力批判』石井洋二郎訳、藤原書店、一九九〇年）

（4）Bourdieu, *Distinction*, p.213.（同書）

（5）Bourdieu, *Distinction*, p.217.（同書）

（6）われわれは、回答結果をグループ分けした。予備的に主成分分析を実施し、そこからスポーツの参加状況と観戦状況の双方に関する分類を取り出した。その結果は、次のとおりである。

「モーター・スポーツ」＝自動車レース、F1、オートバイ、スピードウェー、ストックカー、ドラッグレース

「ラケット」＝テニス、スカッシュ、アイスホッケー、クリケット

「インドア・エアロビクス」＝ジムでの運動、エアロビクス、水泳、バスケットボール

「社交的」または大衆的＝スヌーカー、ボクシング、競馬、ダーツ、レスリング

「アウトドア」＝陸上競技、スキー

「フット・ボール」＝サッカー、ラグビー

「クラブ」＝ゴルフ

（7）Washington, R. and D. Karen, "Sport and Society," *Annual Review of Sociology*, 27, 2001, pp.187-212.

（8）Bourdieu, "Sport and Social Class."

（9）Erickson, B. H., "Culture, Class, and Connections," *American Journal of Sociology*, 102(1), 1996, pp.217-251.

（10）同時期のスポーツへの「受動的な参加」（テレビ観戦、あるいはライブでの観戦）に費す一日あたりの平均時間をみると、二分から一分へと減少している。

（11）「これまでに何かスポーツをしたり、身体的運動をしたりしたことがありますか？」という質問に「はい」と回答した場合には、「最近あなたがしたり、参加したりしたことがあるスポーツや運動は何ですか？」と続けた。

(12) 同様の結果については、質問がいくらか異なってはいるものの、ブルデュー (Bourdieu, *Distinction*, p.216〔前掲『ディスタンクシオンⅠ』、前掲『ディスタンクシオンⅡ』〕の表21) と比較せよ。

(13) 運動への参加率は、職業階級の尺度に比例して減少することが観察されている。定期的に運動している割合が最も高いのは、専門職＝幹部階級の成員であり、五〇％以上が毎週運動をしている。そのなかでも、学位取得者になれば、五五％が少なくとも毎週運動していると回答している。若者は運動をする傾向がある。しかし、性別やエスニシティについては、ほとんど差はみられない。

(14) Bourdieu, *Distinction*, p.211.（前掲『ディスタンクシオンⅠ』、前掲『ディスタンクシオンⅡ』）

(15) cf. Gershuny, J., "Busyness as the Badge of Honor for the New Superordinate Working Class," *Social Research*, 72(2), 2005, pp.287-314.

(16) Warde, A., "Cultural Capital and the Place of Sport," *Cultural Trends*, 15(2-3), 2006, pp.107-122.

(17) クラスターを確定するために主成分分析を実施したところ、四つの成分が確定された。第一主成分は、ファッション性やデザイナー、洗練度である。第二主成分は、便利さ、安価、着やすさである。第三主成分は、「カジュアルさ」については肯定的であるものの、「着心地がいい」服装については強く否定的である。実際に、これらの用語は、多くの人々にとって明らかに両立不可能なものである。第四主成分では、伝統的な様式に対する選好が検出された。

(18) 教育歴と運動の間の関係を説明するメカニズムとは、次のとおりである。特定の教育機関によって、ある競技、それも局所的な範囲で威信があると認められているような、特定のタイプの競技に関する嗜好が育成されるということ。それに加えて、特定の教育機関によって、施設の機能や授業の時間割に応じて競技、それも幅広く競技をプレーする機会が提供されるということ。そして、スポーツ活動やスポーツ施設に長期にわたって接することで、ライフコースを通してさらに［スポーツに］関心をもつようになることである。

(19) Crossley, N., "Mapping Reflexive Body Techniques: On Body Modification and Maintenance," *Body and Society*, 11 (1), 2005, pp.1-35 を参照。

(20) Wouters, C., "Formalization and Informalization: Changing Tension Balances in Civilizing Processes," *Theory, Culture and Society*, 3(2), 1986, pp.1-18.

第3部の要約

文化の界——緊張と動態

第3部の各章を通して、われわれは文化資本を分析する際に中心的なテーマになる様々な文化の界について具体的に理解を深めてきた。なかでも第3章と第4章で議論したように、文化マップのなかにみられる様々なパラメーターを、名のある作品や芸術家について尋ねた質問紙調査の結果と、フォーカスグループと質的インタビューから得られた証言に基づき精査した。こうした豊富な材料のおかげで、第4部の分析のためのお膳立てをすることができた。第4部では文化資本がどのように分配されるか、そしてそれが社会的分割とどのように関連しているかに焦点が当てられる。

第5章から第9章で検討した種々の文化の界は、ブルデューが定義したように、必ずしも、明確で実体的な文化の境界をめぐってなされる位置取りのせめぎ合いによって生じているわけではない。われわれは、緊張と利害関係が識別しうるか否かを帰納的に考察するという戦略をとった。その際、あるときは嗜好と実践が対立するか否かを調べたり、またあるときには選好のクラスターとその内的な構造化の原理を検討したりするという手段をとった。

一方の極には、身体の管理と維持が存在している。これは、種々雑多な活動から構成されているために、これらを一つの界として語ることは困難であり、また確かにそこにはほとんど対立がみられない。スポーツという、歴史的に言えばテニスやゴルフといったエリートのスポーツと、大衆的なスポーツ、特にサッカーのようなスポーツとの間で広く差異が認識されてきた領域でさえ、いまとなっては多少の差異がみられるにすぎない。かわって、「活動的な身体」に対する憧れが広く浸透し共有され始めている。他方の極には音楽がある。そこでは二つのクラスターの間、すなわち現代的な音楽のジャンルと、他方のクラシック音楽との間で緊張関係が生じている。ここには強固ではっきりとした対立がみられ、階級や年齢、エスニシティという社会的区分によってマッピングされる。

他の文化の界は、これら二つの極の間に位置づけられる。視覚芸術は二番目に対立が激しくみられる界であり、そこでは熱心な芸術愛好家、すなわち、頻繁に美術館を訪問する人、特にルネサンスや印象派の絵画に夢中になっている人と、美術館にはほとんどいかず特別な嗜好をもたない人との間で緊張関係が生じている。読むことに関して言えば、一方のきわめて少数派で熱心な読書家と、他方の新聞や雑誌の購読者との間により複雑な対立がみられる。メディアの界では緊張関係は映画に頻繁にいく人たちと、映画にはめったにいかない人の間、また審美的なジャンル、すなわち芸術映画やフィルム・ノワールのようなオルタナティブ映画と、文学作品の実写化、さらには上流の社会階級に最も特徴的な嗜好である時代劇との間で生じている。テレビの場合は視聴の程度や種類、すなわち、視聴時間が多いか少ないか、また視聴が教育的な目的のためか、娯楽のためかをめぐって大きな差異がみられた。こうして全体を通して、界の多様性にもかかわらず、界に共通した特徴を明らかにすることができた。

こうしたもろもろの知見は、第3章で作成された文化マップの精度を確証するうえで大いに役立っている。第3章では、音楽と視覚芸術が第一軸と第二軸のところではっきりと差異化されていることが明らかになった。しかしながら、ここに急いで付け加えなければならないのは、差異は関与よりもむしろ嗜好の違いをめぐって組織化されていて、これらの二つの界では他と比べると「地位の獲得」がより重要になる、という点である。このように音楽の界では、現代的な音楽の形態と、古典的な音楽の形態の好みの間で明確に亀裂が走っていて、差異が第二軸のところではっきりとみられるのだ。しかし、参加も重要である。特定の場所に参加することが必要とされるような文化的実践は、対立をめぐっていまだに最も強力に形成されている。[(1)] 参加の状況は、博物館・美術館への訪問や美術品の所有状況の点で最も差異化されている。このように、音楽と視覚芸術という最も抗争的な二つの界では、特定の活動や展示物に足を運ぶことが重要であり続けている。対照的に、テレビと読むことは通常家庭で実施されることが多く、そこで対立はほとんどみられない。そこでは、境界が正統的な形態を中心としながら広くゆるやかに形成されている。

それぞれの界ごとに、緊張関係が頻繁にみられる局面を一つずつ取り上げてみよう。そこには、生産と受容に関する多様な形態とメカニズムが存在している。オーケストラのコンサートで音楽を聞くことと、デジタルで作られた音楽を聞くことは、ナイトクラブで音楽を聞くこととは異なる経験であり、録音で音楽を聞くこととは別物である。ここから浮かび上がるのは、現代音楽がレコード会社によって商業的に生産される様式と、古典音楽がより公的に助成されて生産される様式との差異である。読むことに関して言えば、生産と受容の論理は本と新聞・雑誌とでは異なる。視覚芸術では、美術館にいく人と他の複製の形で絵を見る人の間に差異がある。界というものは、個人的・技術的、制度的な諸形態が組み合わさることで生まれるものであり、『ディスタンクシオン』のなかでブルデューが界の成り立ちについて分析した際には、この点についてはほとんど考慮されていなかった。こうした点は彼の晩年の、新自由主義的な市場原理が、文化の界という自律的な領域に介入することに対する関心のなかにわずかに見いだすことができる。なぜなら正統な文化の諸形態、例えばクラシック音楽や美術館というものは、いまなお公的な基盤に依存し続けているからだ。

晩年の研究のなかでブルデューは、次のようなやり方で界の動態を探求していた。つまり、彼はある界でみられるいくつかの支配的で有力な地位と地位との間、あるいはある支配的な地位と別の支配的な地位との間、さらには他の資源に依存するような他律的な原理にしたがう地位と、界に固有の性質をもっているような、自律的な原理にしたがう地位との間にある主要な緊張関係に注目していた。これは、「工業実業家」と「知識人」を性質上はっきりと切り離す、ということである。また高価な絵画を購入する人たちと、新進気鋭の前衛芸術に関心をもつ人たちとを区別する、ということでもある。こうした差異のあり方をイギリスの文化の界の全域に応用することは可能だろうか。また、もし可能だとすれば、どのようにすればいいのだろうか。

この点に関して、年齢が重要になる。世代ごとに特定の制度的・技術的形態のために働く行為者が様々な形で存在している。一般的に言って、年齢構成が複雑になればなるほど界の対立は激しくなる。特にこのことは、音楽の場合に顕著である。つまり、音楽の場合、階級が音楽の嗜好の差異と強力に結び付いてはおらず（例えば、学歴がある中産階級は、クラシック音楽とロックの両方を好む傾向がある）、テレビの場合にも同様である。興味深いことに、年齢は視覚芸術や読むことの場合にはそれほど重要ではない。というのも、これら二つの界では出版物による支配的状況が、デジタル化によってたいして掘り崩されてはいないからである。こうした界では、博物館や大学のように強固でしばしば非営利的でもあるような制度によって優越性の基準が確立されていて、そこへのアクセスが制限されている。

ほとんどの界で、伝統的なエリートの形態と大衆的な形態とを明確に分離することは一筋縄でできることではない。こうした分割のされ方は、視覚芸術の領域では非常に重要な意味をもち続けている。そこでは芸術志向の中産階級が存在しており、こうした中産階級は、ルネサンスから印象派にまで及ぶヨーロッパの伝統と関連している有名な芸術家に没頭し、かつモダン・アートを過剰に嫌っている。しかし音楽では、古典的作曲家はクラシック音楽の愛好者の間でさえ、あまり強い興味を持たれない。読むことについてみてみよう。ここで言う熱心な読者とは、あらゆる種類の文学を消費していて、伝記や自伝も含む現代文学から、古典や主に女性読者向けのロマンス小説にまでに関心をもつような人物のことである。こうした知見からは、第3章での次のような議論の正しさが裏づけられる。すなわち、学歴がある少数派の関心を引くような正典の形態と、大規模市場の関心を引くような大衆的な作品とを同一視するという立場に立てば、「エリート」文化と「大衆」文化との間で線引きをすることは難しい、という議論である。事実、視覚芸術と読むことの場合（そして、いくらか程度が弱いものの、音楽の場合）から示唆されるのは、正典としての作品が「主流」の一部となっている、ということである。例えば、パブロ・ピカソやファン・ゴッホ、ジェーン・オースティン、さらにはアントニオ・ヴィヴァルディは、われわれが尋ねた著名な芸術家のなかでは最も大衆的な芸術家である。こうしたことが生じる一つの理由は、このような芸術家たちの作品は広く普及していて、もはやそれが最初に生み出された特定の界からは切り離されているからである。オースティンの知名度の高さは、間違いなくテレビのドラマ化の影響だし、ゴッホとピカソの場合、それらがカラー付録や旅行会社のパンフレット、そして複製品のポスターといったものに使用されているせいである。要するに、歴史的な正典の多くが現在では広く自由に流通していて、その結果、オーディエンスが拡大し文化が消費されることの一つの背景となっている。ブルデューの言葉で言えば、現在では歴史的な正典自体がすっかり他律的な条件に依存していて、大量複製の文化の一部になってしまっている、というわけである。

以上のように、正統文化の境界は、「大量生産」の文化と呼びうるものによって引き直されている。どのようなものであれ文化の界では、広く知られていて認知されているような芸術家や文化の生産者と、一部の人たちにしか知られていないような芸術家や文化の生産者との間で根本的に差異化されている。芸術家たちのなかには、多くのメディアに広く露出していて、全員とはいわないまでも大多数の人たちによって認識されている人たちもいる。その他の芸術家たちは、一部の人々の関心しか引いておらず、特定の界のなかでしか知られていない。そのためわれわれの考えによれば、正統文化とは一つの界で専門的とされる知識や正典とされる人物の認識（それは、「スノッブな文化」と呼ばれてきたものかもしれないが）の射程を超えた広がりをもっていて、オムニボアな志向性をも含むものである。つまり、単に複数の界の間で芸術家やジャンル、さらには作品が流通するということが認識されるだけでなく、（第4章で）文化的なつながりがある人たちが語っていた潜在的な志向性にみたように、そうしたことが批判的に問い直されることにもなる。文化に関する能力とは、ある界と別の界の間でどれだけ「文化の」諸形態が出回っているかを理解する能力と、そうした流れに関する批判的な観察者として自らを位置づけられるような、個人の能力のことである。

こうした力があれば、新進気鋭の芸術家との関係で定義されるような文化の界の活発で強力でおまけに多彩な部分と、「正典」を形式張らず、とっつきやすいものへと領有することとの対比をある程度は説明することができる。音楽の場合にはっきりと見て取れるのは、ラップやヘビーメタル、さらには電子音楽を信奉する熱狂的で興奮的な若者と、クラシックやそれに類する音楽で「落ち着こう」とする人々との対比である。メディアの界で対照的なのは、熱心な映画ファンと、テレビの前でくつろぎがちな人である。［テレビの場合］カウチポテトと呼ばれるような人物の姿を確認することはできないため、エリートと上級専門職はテレビをあまり見ようとしない。現在も身体化の領域で主たる関心事となっているのは、どのように積極的に身体加工をしたり、スポーツによってフィットネスを向上させたりするか、ということである。

そのため、諸界を支配している原理とは、ブルデューが解明したものとは異なっているように思われる。つまりそれは、正統文化との関係によって定義され、界のなかで特権的な位置を占めているような熾烈な領域のことではなく、現代的な形態との関係から定義されるような、人々が関与している圏域のことである。こうした「優位な立場」は、多様性や斬新さと関連している。古い文化の形態を完全に省いてすませることはできない。なぜなら、われわれは年配の作曲家や作家、なかでも芸術家たちが膨大な知識をもっている、ということをこれまでみてきたからである。しかしながら、こうした人たちは神聖で聖化された伝統を生み出してはおらず、かわって親しみがある「背景」を提供してくれる。その好例は、文学の正典に精通している熱心な読者にみられる、現代文学や自伝に対する熱狂ぶりである。ただし、それはいまでは一つの要素にすぎないのだ。界のなかで新しいものと古いものとの場所が逆転し、新しさという観点から動態的で活動的な地位が定義されるようになる。ここで言う新しさとは、若者というエージェントや新しい技術の形態と結び付けられることもあるものである。

それに加えて、われわれの知見からは前衛な形態がはっきりと形成されていることを裏づけるような証拠はほとんど得られなかった。ブルデューが言うように、モダニズム文学や、二十世紀前半から中盤までの音楽と芸術の潮流と関連づけられた「文化的な」関わりという言葉を全面的に受け入れるとすれば、前衛とは文化の界の支配的なセクターのなかで伝統的なエリートと競合していて、文化の諸形態を純化するという名のもとに伝統的な形態と聖典の形態を批判することである。戦後、特に文化の商業化と商品化が進むなかで、「アヴァンギャルドの消耗」について論じた書物がたくさん出版された。しかし、われわれが取り上げたすべての界で作用しているような、前衛のことを明確に定義するエビデンスはほとんど存在しない。その理由は、われわれの調査法を使ってこうした小集団の特徴を明らかにするのが難しいからだけでなく、前衛が対抗しているような強固に制度化された伝統的な形態を廃絶し、それに代わった文化的生活の広い再構築を反映しているからである。われわれが文化の界で検討してきた最も活発な行為者の特徴とは、純粋主義者が追い求めているような抽象化ではなく、異種混交的なやり方で形式やジャンルを結合させることへの関心である。

しかし、文字どおりの前衛を見つけることはできないが、他方できわめて明確で一貫したエリートの地位を見いだすこともできない。インタビューの結果からも明らかになったように、エリートは文化の界、特に芸術と音楽の界にしっかりと帰属している。また、エリートたちは多くの場合、文化的な組織を積極的に管理している。しかし、それにもかかわらず、旧世代の嗜好を体現した存在でもある。エリートたちはほとんどテレビを見ないし、ほとんど、あるいはまったくと言っていいほど現代の音楽を聞かない(ロックの場合だと、一九六〇年代、場合によっては七〇年代までが関心の限界である)。エリートたちの性向は、自らの文化活動に向けられているというよりは、人脈作りに向けられていることがほとんどである。

本書の最終部では、もろもろの界の間の実体的で構造的な差異と実に多様なパターンをもつ文化的嗜好に注目しながら論じていく。一方では文化的実践と文化的嗜好との交点について、他方では社会的な差異と社会的不平等との交点について探求し、そのうえでイギリスでは文化資本がどのような意義をもっているかについて総合的に評価する。

注

（1）一般的なものとしては、Savage, M., M. Gayo-Cal, A. Warde and G. Tampubolon, "Cultural Capital in the UK: a Preliminary Report Using Correspondence Analysis," *CRESC Working Paper*, No.4, University of Manchester and the Open University, 2005 を参照。

第4部

卓越化の社会的次元

第10章

中産階級の文化形成

1 序

ブルデューの文化的卓越化の議論で、中産階級は、社会的・文化的支配の再生産の受益者として、また主たる行為者として、鍵になる役割を果たしている。ブルデューが『ディスタンクシオン』を発表したとき、人口の大多数が農業、製造業、そしてサービス業の定型業務従事者だった。しかし、この五十年の間に、中産階級——その定義の問題はひとまずおいておいて——は驚異的に拡大し、諸階級関係の平衡には変化が生じてきた。それに伴い、労働者階級は徐々に多くの人から端くれ者と見なされ、スティグマ化され、軽視されるようになった[1]。この過程は拡大する所得格差に伴っていて、新自由主義的統治の恩恵を受けてますます裕福になる中産階級がある一方で、不安定な労働者階級と中間階級は置き去りにされてきた。このようにして、中産階級の人々は、高級住宅地に住まい、特有の形態の消費をおこない、そして何よりも自己の利益を最優先することによって、置き去りにされた階級から自らを「自己排除」しているように思われる[2]。

本章では、ブルデューによって描かれたものとはいくぶん違ったかたちで、現代の中産階級の文化形成の様相を明らかにする。私たちはまず、中産階級と他の諸階級を分かつ外的な境界、および中産階級のなかで生じる内的な諸分断について、主な理論的な議論を振り返る。ブルデューが詳しく論じている文化的な中産階級と財力がある中産階級の間の差異は最重要事項というわけではないが、それはいまなお、とりわけ私たちが提示した文化マップの第四軸に見いだすことができる。私たちは相対的にまとまりがあるものとして専門職＝幹部階級を識別する。しかしそれは、地位が確立した正統文化との関係性を通じてではなく、多元的な能力によって定義されるものである。文化的分類に再帰的に対処する中産階級の能力は、彼らの社会的位置の基盤となっている。

本章では、現在の中産階級が多元的な嗜好をもち、オムニボアな志向性が今日の文化資本を規定しているという議論に依拠しながら、専門職＝幹部階級の文化について顕著な特徴を明らかにしていく。専門職集団のなかでのオムニボアな志向性の重要性については、多くのエビデンスがある。ここではフォーカスグループおよびインタビューを用い、知識の獲得と自己省察という形態を通して卓越化が今日展開していることを論じる。教育を受けた中産階級の人々は、評価が定着した文化的正典の知識を使いこなすことで労働者階級との差異化を図るというよりはむしろ、知識、情報、メディアが増殖するなかで、文化的産物の多様性をたくみに操る能力を示すことで、自らを位置づけようとするのである。

最終節では、中産階級が自らの階級アイデンティティをどう主張するのか、そして、彼らが階級や文化をどのように明示的に語り、言及するのかを考察する。ある特定の芸術や文化を好むことこそがよき中産階級として「ふさわしい」振る舞いだとする固有の地位志向的姿勢を取り続けているのは、年配の中産階級だけである。若い中産階級は、社会的に対立が少ないアイデンティティを受け入れ、この堅苦しいイメージを振り払おうとしている。彼らは、様々な分類やジャンルの間を行き来しながら自分たちを位置づけているのである。自己意識的な中産階級という存在については、限られたエビデンスしかない。にもかかわらず、中産階級の文化的支配が広く行き渡るとともに強固なものだという事実が消えることはない。近年の専門職＝幹部階級は、階級自体の優越性を示すために階級という言語を使う（このことで論争を招く可能性がある）というより、どのような明確な階級帰属意識も拒みながら自らの優位は受け入れているのである。

2　中産階級をめぐる議論

近年、中産階級を、基本的に保守的で自分たちの特権を守ろうとしている勢力と見なしている論者、あるいは急進的な介入をするための原動力としてみる論者の間で激しい議論がおこなわれている。前者は、ジョン・ゴールドソープ[3]によって最も強く主張されてきた。彼は、人口の約三分の一を占める専門職ならびに管理職といった「サービス階級」が、現代の社会秩序のよりどころになってきていることを強く主張している。この階級は、専門知識や経営上の役割のおかげで雇用主から得ることができる物質的あるいは象徴的な報酬を頼りにしている。このような立場が現状を維持しようとすることになるのである。サービス階級の個々のメンバーは、急進的な主張をするかもしれないが、これは彼ら個人の事情や性格によるものであって、彼らの階級的位置に起因するものではない。他方、別の論者は、中産階級を動態的な「チェンジ・メーカー」、すなわち社会変動の主要な主体だと論じている。この見解については、アルヴィン・グールドナーの議論[4]にまでさかのぼることができる。彼は、高学歴専門職を新しい階級の一部として捉えていた。高学歴専門職は教育の恩恵をこうむり、確立している社会諸関係を問う「批判言説の文化」[5]を存続させることができたのだと彼は見なしていた。抗議運動や新しい社会運動で中産階級が果たす役割は、社会秩序に異議を申し立てるうえで高学歴層が有する急進的な潜在力の証左とされてきたのである。スコット・ラッシュとジョン・アーリ[6]は、資本主義の「脱組織化」で、サービス階級が重要な役割を担っていると主張している。また、マイク・フェザーストン[7]は、彼らが文化的仲介者として上昇移動の役割を担っていることを強調している。

一九九〇年代の社会学者は、サービス階級には保守派と急進派が存在していると結論づけている。[8] マイク・サヴィジらは、より「文化的な」専門職集団と、管理職および幹部職側との間に構造的な分断が生じていると述べている。[9] 彼らは戦後から八〇年代にかけてのデータを用いながら、専門職の中産階級が優位にあり、次世代を自己補充していて、「高尚な文化」に帰属していることを示した。一方、経営者の立場にいる中産階級は、多くの場合、自らの文化の追求においてそれほど安定しておらず、また特徴的でもないことが多かったと主張している。こうした視点は、保守派と急進派の二つの視点をうまく折衷させた中産階級の関係性についてのブルデュー自身の議論に基づいている。

ブルデューは、中産階級内の主要な分断は、「工業実業家」と「知識人」の間の分断と密接に関係していると述べている。後者は、「純粋」美学を体現する人々であり、機能よりも形態を優先するような現代的な関心をもっていることが特徴的である。このことは、純粋に抽象的なものを求めるモダン主義者のアヴァンギャルドの美学につながるが、それは学歴が高い人や芸術家によって支持されるものである。対照的に、裕福な「工業実業家」は、「大通りの劇場や印象派の絵などに象徴される、気楽さや容易さといった快楽主義的な美学に傾倒する」。[10] これは、くつろぎや贅沢を喜んで受け入れることで日常生活を拒絶するという、「顕示的消費」の美学、または浪費の誇示である。したがって、庶民的あるいは大衆的な日常世界から距離をとろうとするという点で、「知識人」と「工業実業家」は共通していると言える。[11] しかし、庶民的な世界に脅威を感じることが少ない場合、中産階級内部の緊張は表面化する。したがって、たとえ究極的には支配階級の一部としての利害関係を共有していたとしても、中産階級の内部には経済資本そして文化資本という相対的な権力をめぐる緊張関係が存在していることをブルデューは認識していたのである。

ブルデューが知見を得るために用いたのは多重対応分析である。彼の第一の、そして最も重要な軸は「資本の総量」（したがって、特権階級に位置づく人々とそれ以外の人々を区別する）によって定義され、第二軸は「資本の構成」によって定義される。そして、第二軸では、抽象的な文化の諸形態を好む高学歴の人々と裕福で快楽主義の工業実業家とが対照的に配置されている。ブルデューの知見とは異なり、われわれが提示した文化マップでは、第二軸によって高学歴層と富裕層の違いではなく高齢層と若年層の違いが分離されている。このことはイギリスの文脈で中産階級を理解するための第一歩になる。図3—5が示しているのは、専門職階級と経営者階級とは相対的には文化的に一様で、知識人と産業人の間には際立った緊張関係がないことである。追加的分析の結果からは、最も収入が高い人々が配置される第一軸の右側に高学歴保持者も配置され、重なり合っていることが明らかになっている。[12] 加えて、第二軸によっても知識人と工業実業家は区別されない。次節では、サービス階級は概して文化的に一様だというゴールドソープの主張がわれわれの知見からも支持されるのかを検討する。

3　イギリスの中産階級

図10—1（二三一ページ）では文化マップに立ち戻り、「サービス階級」の四つの職種に基づき、個人をそれぞれ異なる色で示している（青は大企業の経営者と大組織の管理職、赤は上級専門職、灰色は下級専門職、緑は下級管理職）。これらの職種のうち最初の三つの職種を示す楕円は同じような場所にある一方で、下級管理職の楕円は異なる場所に位置している。下級管理職の楕円の右側の境界線は専門職と上級管理職を囲む楕円と近接しているが、左側の境界線ははるか左にある。そして、中心点は縦軸よりも少し右側に位置している。そのうえ、下級管理職の楕円は、他の三つのグループよりもかなり平らになっていることも見て取れる。実際に、図3—9を丁寧にみるとわかるように、下級管理職の楕円は中間階級の楕円により近しい。上級管理職は多くの場合は大卒であり、そして専門職ランクの経験者であることが多いことをふまえれば、専門職＝幹部階級はいまや社会空間での特権を握っているために、経営者層と専門職層の間の緊張は弱まっていると考えられる。高学歴の専門職層が組織的・職業的序列関係で主要な地位を保ち続けることができている一方で、中間あるいは下位の管理職は組織再編

表10－1　階級ごとのいくつかの活動への関与と好み（%）

	専門職＝幹部階級	中間階級	労働者階級	全体
平日に５時間以上テレビを見る	8	22	33	24
１年に１回以下しか映画館にいかない	33	52	62	53
去年は１冊も本を読んでいない	8	13	27	19
頻繁にナイトクラブにいく	21	20	23	22
１年に数回オペラにいく	10	4	3	5
美術館に１度もいっていない	15	33	50	39
ミュージカルに１度もいっていない	19	35	60	31
時々オペラにいく	10	4	3	5
オーケストラのコンサートに１度もいっていない	42	64	80	67
週に少なくとも１度はパブにいく	29	29	30	29
好きなテレビ番組はソープオペラである	10	16	22	17
好きなテレビ番組はスポーツである	12	13	12	12
好きなテレビ番組はニュースや時事問題である	24	19	14	18
好きな本は推理小説である	32	30	30	30
嫌いな本は現代文学である	26	39	56	44
クラシック音楽が好きである	43	31	25	31
アーバンミュージック（ヒップホップとR&Bを含む）が好きである	17	17	19	18

による格下げに直面している。つまり、専門職と経営者の雇用が拡大するなかで、文化的境界線が引き直されているのである。これは、ブルデューが『ディスタンクシオン』で注目している現象である。そこで彼は、上昇移動の可能性が一見拡大していくなかでゴールが遠のいていく様子について言及している。かつては下級管理職になることで、安定したサラリーマンの中産階級世界に参入できたが、いまやそれはもう当てはまらない。この点で、私たちの文化マップに描かれる最も有効な階級的境界は、ゴールドソープの「サービス階級」概念から導き出された階級的境界とはいくぶん異なることがわかる。[13] これが、本書で「専門職＝幹部階級」という概念を私たちが好んで使う理由である。

もし、下級管理職が他の中間階級の一部分と嗜好を共有しているとしたら、それらの嗜好はどのくらい特徴的なものなのだろうか。表10―1は第３部で私たちが検討した、階級の実践での相違点をまとめたものである。

ここで見て取れるのは、いくつかの文化的実践――ナイトクラブやパブにいくといったような――には社会階級による違いがみられない一方で、他のものでは階級による違いが際立っているということである。例えば、専門職＝幹部階級でオーケストラのコンサートやオペラにいく人の割合は、労働者階級の三倍以上もある。しかし、たとえ専門職＝幹部階級の間であっても、このような正統的な活動をおこなうのはごく少数であり、映画を見にいくこと、ミュージカルにいくこと、そして美術館や博物館にいくことといった活動が、彼らを他の諸階級から区別するための重要な役割を果たしている。労働者階級の大多数が美術館や博物館にいかないのに対し、専門職＝幹部階級で美術館や博物館にいかない人はごくわずかである。これらはすべて、階級実践で強固な階級的分断が生じていることの大きな証左である。全体的にみると、専門職＝幹部階級は、テレビの視聴を除くすべての実践で、労働者階級よりも多くの活動に関与している。ちなみに、労働者階級は、毎日五時間以上テレビを見る人々の割合が専門職＝幹部階級と比べて四倍になっている。

表10―1では、ここに挙げたすべての活動に対して、中間階級の参加の度合いが、専門職＝幹部階級と労働者階級の中間に位置していることが示されている。テレビのソープオペラ、ニュースや時事問題番組に対する中間階級の嗜好は、他の二つの階級のちょうど真んなかに位置している。彼らは、専門職＝幹部階級よりもたくさんテレビを見ているが、労働者階級ほどではない。そしてまた、博物館やオペラを敬遠することや、クラシック音楽を比較的好まないといった事項について、労働者階級と近い。読書習慣は、むしろ専門職と近くなっている。そして、パブにいくこと、テレビでスポーツを見ること、ナイトクラブにいくことといった、いくつかの実践については、階級による違いは見受けられない。したがって、中間階級は、労働者階級よりも正統文化に関心をもっていて全般的により活動的だが、専門職＝幹部階級ほどではないと言える。

私たちがおこなった多重対応分析の主な結果が示しているのは、第一軸が識別しているように、専門職＝幹部階級は文化的に独特のまとまりである一方で、その内部はきわめて均質的だということである。つまり、ブルデた工業実業家と知識人の間にある緊張関係と同様の結果であるものの、第二軸と第三軸での年齢やジェンダーによって見いだされ具的でビジネス志向の専門職にはあまりみられないということである。これは、ブルデューによって見いだされ特に正統文化に関わるものについては、教育と文化に関連する職業従事者に集中的にみられるのに対し、より道ではない。しかし、この分析は、次のようなことを示唆していると考えられる。すなわち、文化への強い関心、置している。もっとも、これら多くの職業でのケース数が少ないため、この分析を決定的なものとして扱うべきアで働く人々、芸術家や古い職業の人々が集まっている。それに対して、IT関連やビジネスマンは右上側に位下部にも広がっていることがわかる。「貧欲」の極（すなわち、グラフの右下の角）には、高等教育教員、メディ—SEC）[14]。図10—2（二三一ページ）は、様々な種類の専門職を、第一軸と第四軸でプロットしたものである。区別できない。しかし、第四軸は、専門職＝幹部階級の内部での特定の職業集団をはっきりと描いている（NS要とされる職業集団が右側の最も遠い場所に位置している。加えて、しかしながら、これらの職業集団が縦軸の予期されたことではあるが、これらすべての職業集団が右寄りに収まっていると同時に、一般的に高い学歴が必

第3章で述べたように、社会＝人口学的な変数では、「控えめ」な関与者と「旺盛」な関与者をはっきりとは彼らは、例えば印象派の芸術やテレビでの芸術番組といったような正統文化のいくつかの側面は拒否している。（例えばゴルフ）、テレビでのスポーツ観戦、ソープオペラやロマンス小説も好んでいることが見て取れる。また、好まないこともわかる。対照的に図の上部から、「控えめ」に正統文化に関与している人々は、クラブスポーツサンス芸術、ワールドミュージック、ホラー映画、宗教書などを好むことを含んでいる。また、彼らは風景画をれる「旺盛」なほうの嗜好（図の下部）とは、正統文化のイベントへの幅広い参加に加えて、現代アートやルネると、熱心な唯美主義者と控えめな快楽主義者の差異を識別するのは第四軸なのだろうか。図3—4から読み取第四軸は文化を「旺盛」に消費するグループと「控えめ」に関わるグループとを区別するものである。もしかする。しかし、第四軸を子細にみると、それが完全に消失してはいないことも示されている。繰り返しにはなるが、ユーが特定した中産階級の内部の「文化的な人」と「財力のある人」の緊張関係は明確ではないことが示唆され

よる嗜好の差異よりも弱い。したがって、経済資本と文化資本を分析上区別することは有用だが、近年のイギリスではそれらの間に多くの相互作用と「変換」が生じているのである。

4 オムニボア性の解明

専門職＝幹部階級は、世代間の違いがあるとはいえ、文化的に強く分断されてはいない。では、私たちは彼らの文化的志向性をどのように理解するべきなのだろうか。多くの欧米諸国では、教育を受けた中産階級が、文化の象徴的意義に対して固有のアプローチをとっていることが明らかにされてきた。この志向性は、ブルデュー[15]が描いたような、スノッブな俗物根性の表れでもなければ人々の日常生活からの距離の取り方を反映した無関心性の態度でもない。むしろそれはいってみれば、文化的境界の象徴的意義を再評価することに関わる文化的関与への志向性である。

「文化的オムニボア」という術語は、リチャード・ピーターソンによって作り出された[16]。彼とシムクスが示したエビデンスにおいて観察された、例外に対処するための術語である[17]。そこでは、文化的嗜好の「エリート・大衆」モデルに反して、高い社会的地位の人々が大衆文化に関わる活動への関与を嫌っていないということが明らかにされている。確かに、地位が高い人々は、驚くべき速さで、自らの文化のレパートリーのなかに多様な実践や文化形態を加えるようになっている。彼らは、あらゆるものを好むようになっているためにオムニボアなのである。

オムニボア性には二つの定義があり、量の定義と構成の定義と呼ぶことができる[18]。一つめの定義は、単純に、他の人よりも多くの活動や物を好むと見なせる人々を表すものである。ピーターソン[19]は、この定義がますます標準的な操作的定義となりつつあることを指摘している。しかし、ただ量の測定をするだけでは、ある特徴的な地位の志向性に文化の選好パターンが伴っているという先行研究の理論的根拠に対して十分に妥当なものとは言えない。ピーターソンとシムカスは、「エリートの美学は、古典的な芸術作品を肯定するとともにあらゆる余暇活動と創造的形態を肯定するように再定義されつつある」[20]と主張している。これは、エリートの地位がスノッブな俗物根性と関連があったという古い議論に取って代わるものである。

ハイブラウな俗物根性が従来の起業家的上位中産階級のニーズと合致していたように、今日の新しい企業行政管理階級とオムニボア性との間にも選択的親和性が存在しているようにみえる。[21]

これが「見境なく何でも好む」という問題であるという含意を脇におくならば、このようなオムニボア性を寛容や民主化＝大衆化が広がる徴候だという示唆もある。オムニボア性はむしろ、「何でも鑑賞することに開かれている」ことのなかに成立している。このことから、ピーターソンはオムニボア性を「階級、ジェンダー、エスニシティ、宗教、世代、そして類似した境界が交差した嗜好」[22]を含む「趣味のよさの標準として」[23]捉えている。したがって、オムニボア的嗜好の構成という次元への言及を放棄してしまうと、考察として十分ではない。この概念の決定的に重要な切り口は、部分的には特有の文化的内容にあるからである。

われわれは、こうした主題を探究するために、以下のように問う。すなわち、専門職＝幹部階級が（すべてと言わないまでも）ほとんどのことをより多くおこなうとともに好んでいるのだろうか。またそう仮定した場合、このことは中産階級の間でオムニボア性が広まったことのエビデンスなのだろうか。

様々な活動への関わりの度合いを測定する尺度を構成するため、ここでは、参加と嗜好に関する質問紙調査の回答を用いた。われわれは、参加の程度を測定する尺度を作るために、幅広い文化的・余暇的諸活動におよぶ二十七の活動を選択した。そのなかには、外食やテレビ鑑賞などのような誰もがやっているような活動もあれば、ビンゴやオペラといったような限定的な活動もある。選択された活動は多様だが、特定の領域に集中したり少数

表 10 ―2　対象者の参加の頻度を規定する要因：OLS（最小二乗法）の回帰係数

	B	標準誤差	ベータ（標準化）	有意確率
定数	13.48	0.98		0.00
教育				
GCSE、CSE、O レベル、NVQ/SVQ レベル1または2	2.37	0.30	0.21	0.00
RSA/OCR Higher diplpma、City & Guilds Full T	3.17	0.36	0.21	0.00
GCE-A レベル、Scottish Higer Grades、ONC	3.91	0.36	0.28	0.00
University/CNAA 学士号、修士号 / 博士号	5.23	0.35	0.47	0.00
他の資格	0.87	0.76	0.02	0.25
年齢				
年齢	0.16	0.03	0.58	0.00
年齢の二乗	−0.002	0.00	−0.65	0.00
地域				
北部	−0.48	0.40	−0.04	0.24
ミッドランズ	−0.84	0.41	−0.07	0.04
南イングランド	−0.71	0.39	−0.07	0.07
ウェールズ地方	1.25	0.57	0.07	0.03
スコットランド	−0.57	0.61	−0.03	0.35
北アイルランド	−0.59	0.71	−0.02	0.41
世帯のタイプ				
一人暮らし世帯	−1.03	0.29	−0.08	0.00
親族以外の成人	0.02	0.38	0.00	0.97
カップルと扶養する子ども	−1.43	0.29	−0.13	0.00
カップルと扶養しない子ども	−0.50	0.43	−0.03	0.24
ひとり親と扶養する子ども	−0.73	0.53	−0.03	0.16
ひとり親と扶養しない子ども	−0.69	0.58	−0.03	0.23
複合家族	−2.52	0.60	−0.09	0.00
社会階級				
専門職＝幹部階級	1.93	0.30	0.17	0.00
中間階級	1.29	0.24	0.12	0.00
無職	−1.26	0.62	−0.04	0.04
性別				
男性	−0.73	0.20	−0.08	0.00
民族的出自				

	B	標準誤差	ベータ(標準化)	有意確率
白人－他のイングランド系 / アイルランド系	－0.96	0.41	－0.08	0.02
白人－その他	0.55	0.58	0.02	0.34
その他	－3.26	0.43	－0.18	0.00
ケース数	1564			
R 二乗	0.38			
調整済みの R 二乗	0.37			

注：従属変数＝参加の尺度
ベースライン・カテゴリー＝教育のレベルは学歴なし、地域はロンドン、世帯のタイプは子どもがいないカップル、社会階級は労働者階級、性別は女性、人種は白人－イングランド系

派の趣味を過度に強調したりすることによって生じるバイアスの影響はほとんどない。この尺度は、最小値が三、最大値が二十七で中央値が十八をとるように正規分布していた。ジェンダー、職業階級、学歴、エスニック・アイデンティティ、世代とこの尺度の得点とをクロス集計すると、統計的に有意な関連がみられた。その後、これらの関係をより厳密に検討するために、また、(量の側面から) 文化的オムニボア性の社会的基盤を特定するために、重回帰分析をおこなった。独立変数は、三つの階級カテゴリー、最高学歴に基づく五つの教育のカテゴリー、自己申告によるエスニシティ、年齢の二乗、である。年齢の二乗は高齢者で参加の度合いが減少する可能性を検討するために投入した。

回帰分析の結果、関与に関する得点の分散の三分の一以上を説明する、説得力があるモデルが産出された（表10―2を参照)。教育が最も強力な要因であり、学歴のレベルが上がると関与の度合いがその分増加する。学位をもっている者では、関連の大きさが有意に増加している。参加の幅は年齢とともに増加するが、年配になると次第に減少する。ロンドンの人々のサンプルと比較すると、中部と南部に住む人々は活動の幅は狭まるが、他のすべての要因を考慮すると、ウェールズの人々は有意により多くの活動に参加している。子どもがいないカップルと比較すると、単身世帯の人々、子どもを扶養しているカップル、多世帯同居の人々の参加の度合いが有意に低い。社会階級の単独の影響もみられる。専門職＝幹部階級は参加度合いが最も高く、また、中間的な職業に就く人々は

労働者階級より有意に多くの活動に参加している。ジェンダーの影響は有意であり、女性のほうがより幅広い活動に参加する傾向にあることを示している。最後に、エスニックな地位が非常に大きな影響を与えていることを指摘しよう。「その他」のカテゴリーに属する人々、すなわち白人ではない人々の参加の度合いが非常に少なくなっている。しかし、興味深いことに、スコットランド人、アイルランド人、ウェールズ人を含むカテゴリーである「白人のケルト系」でも同じような傾向がみられる。これらのことから、参加の度合いが実質的に個人の社会人口学的な特質によって左右されるということは明らかである。教育と階級は強い独立した影響力をもっていた。活動への参加は、社会的位置や資源と関連しているのである。

われわれは嗜好の尺度、つまり対象者が実際におこなっていることではなく、彼らが何を好きというかについても同じように分析した。(24)右で述べた統計的手順を繰り返すと、分散の一五%だけを説明するモデルを産出することができた。おおむね、独立変数と好みの広さに関する得点の間にある有意な関係性は、参加の場合と同じような傾向にあるが、その結び付きは弱くなっている。これまでみたのと同じように、高い学歴を有する人々は、最も多くのものを好んでいる。しかし、教育の影響は文化的活動の種類ごとに異なっている。大卒者は、幅広い音楽ジャンル、音楽作品、そして芸術家を好む。しかし、ほとんどの本のジャンル、映画監督、テレビで放映される番組を好んでいない。高い社会階級の人々の好みが最も幅広く、階級は総じて規定要因となってはいるが、その影響力は芸術家や音楽作品との関係でだけ顕著である。専門職＝幹部階級と中間階級の間に有意な差がなく、全体的に見れば階級はそこまで重要な要因ではないが、手工業職では多くの好みをもつ傾向が有意に少なくなっている。対照的に、居住地域はかなり重要な要因となっている。もしかするとこれは、流行の周期、あるいはただ単に多くの文化的な財やサービスに簡単に接触することができる機会が、ロンドンに集中しているということを示唆しているのかもしれない。本や音楽のジャンルでみた場合には、白人ではない集団の嗜好がよりカトリック的だといったように、いたるところにエスニック集団の影響がみられる。しかし、具体的な作品名を挙げて測定した場合には、他の要因よりもその影響力は限定されたものになる。ジェンダーの影響力は小さい。また、最も年齢が高い集団が最も限られた嗜好をもっていることから、年齢の影響力が確認できるが、それほど強くはない。したがって、階級（そして教育や民族的出自も）と嗜好のオムニボア性との結び付きは参加の場合と比べて弱いということが言える。

したがって、アメリカ、[25] オランダ、[26] スペイン[27] など諸外国の事例からも示されてきたように、量に関しては、高学歴な人々や高い社会階級に属する人々ほど、より多くの活動に関与していて、多くの項目を好む傾向にある。

他方で構成に関しては、ほぼ自明のことではあるが、専門職＝幹部階級の人々はより多くのことをおこない、より多くを好んでいる。そう考えれば、オムニボア説（命題）が主張するように、彼らは大衆的なものから正統的なものまで、様々な形態の文化に関与している。確かに、専門職＝幹部階級は他の階級のメンバーと同じ程度に、一見するところ大衆的な活動に強く関わっていることがある（表10―1と表11―1を参照のこと）。この結果から、より多様な嗜好によって文化的境界を越境する、または文化的境界が取り崩されていると楽観的にみることもできるだろう。彼らは労働者階級と同じような頻度でパブにいったり、テレビでサッカーのワールドカップを観戦することを好んだりする。教育を受けた階級は、少なくとも他の階級と同じくらい幅広く大衆文化にふれていて、大衆文化を好むことで彼らの文化資本を減少させてしまうという恐れは感じていないようにみえる。しかし、これまでの章で示したように、中産階級のオムニボア的嗜好の交わることがめったにない微妙な分断は、存在し続けている。そう言える理由は、中産階級の万能性・開放性の諸形態がオムニボア説と結び付いている程度を額面どおりに受け取るべきかを問うにあたって、われわれのデータは、それらの複雑な諸境界を識別するのに十分な感度だからである。

質的データは、この多様性の受容の本質や限界を解きほぐす大きな手がかりになる。インタビューとフォーカスグループで、多くの人々、特により高い地位の人々が、すべてでなくとも多くの種類の音楽や絵画を好んでいると語っている。いくつもの文化形態を横断して趣味の多才性を誇示することは、個人のプライドの問題であり、名誉の印のようものになっているのだ。それは、文化の消費の仕方と合致しているだけでなく、スノッブな俗物性とか排他的だといった非難から中産階級を逃れさせるような価値をもった志向性である。ジェームズ・フットのインタビューは、これを例示するものである。

ジェームズは三十代後半の大学講師である。強固な序列関係や構造の消滅を意味する新しく有益で「本当にポジティブな」社会変動の諸過程の結果として、彼は文化的開放性を捉える。それがはっきりと生じつつある「エキサイティングな時代」について彼は語る。特に自身が出会った学生に言及しながらこのことを述べている。「かつて文化と結び付いていた古いスノッブな俗物根性は事実上消え去った」という見解への強い支持を示しながら、彼は次のように語る。

ジェームズ：僕はすごくエキサイティングな時代だと思っているんですよ、本当に。まあ言ってみれば、ポストモダンの文化とかそういうものですよね、その、物事にすごくいろんな要素が含まれているというか、交ざっているじゃないですか。僕は、その、それはすごくポジティブなことだと思うんですよ、実際に。
インタビュアー：あらゆる領域で交ざっているということですか？
ジェームズ：そうです、そうです。おまけに、いろんなものにアクセスできますよね？　本当にすばらしいですよ。
インタビュアー：例えば？　というのも、たぶん、あなたのほうが私よりもっとよく知っているんじゃないかって。
ジェームズ：（お互い笑う）はい。インターネットとかそれと似たようなものとか、じゃないですかね？　インターネットにはすごくたくさんの情報があるじゃないですか。それと、音楽とか、そういった類いのものとか。僕が学生と接するなかで思ったことなんですけどね。僕の同僚なんかはときどき、「ああ、これはとても限定されているようにみえる」って言うんですけど、僕は、実際はそうとは思わない。彼らはとても幅広い趣味をもっているし、その、学生が執着する流行があったりした時代があったけど、でもいまはいろいろあって、なんでもありだと思うんです。彼らは実際に、様々なスタイルに対してとても寛容なんです。

彼は、学術と文化の仲介者としての自らの立場との調和を保ちながら、開放性がもたらす利点に関する反省的な理解を個人的に支持している。これは、最初にピーターソンが提唱し、多くの後続の研究者に参照されてきたオムニボア性の典型的な志向性と強く共鳴するものである。彼はあらゆるタイプの音楽に対して開放的だと明言している。それは、演劇芸術を教える立場にある彼にとって必要不可欠なものとして説明される。また、もろもろのジャンルに対しても目利きよくアプローチしていた。

けれども、ジェームズが決して参入しないだろう文化領域があることも明らかである。彼はジャズが好きだが、「ディキシーランド・ジャズは嫌い」であることをはっきりと述べている。また、同じように、BBCのラジオ3のクラシック音楽番組と商業チャンネルのクラシックFMとを区別している。彼は後者を、少し皮肉を込めて「少女趣味的な音楽」と言い表している。彼は「その方面にはちょっと疎いんだ」と言いながらも、彼がアーバンミュージックを好まないことは明白だ。彼は、「モダン」ミュージックと呼ぶものに興味をもっているというが、これに含まれているものが何なのかは明確ではない。また、「モダン」ミュージックが彼の教職にどれだけ役立つのかについて述べていることも興味深い。彼はソープオペラやリアリティショーを非常に嫌っている。さらに、イングマール・ベルイマン監督の映画を心から信奉しているが、「『ブリジット・ジョーンズの日記』みたいな映画」を見る時間はなく「まったく見たいとは思わない」という。ピーターソンや他の研究者ならば間違いなくジェームズをオムニボアな人物だと認識するだろう。しかし、この志向性には限界があるということに留意しておく必要がある。ジェームズがはっきりと拒んでいるような、ある種の「共通の」文化的活動があるからである。

質問紙調査の回答に基づき、量の観点からオムニボアだと考えられる人を八人、世帯インタビュー対象者のなかから確認することができた。[28] 参加、知識、好みという、量に関する三つの尺度のうち二つで上位四分の一に入れば、オムニボアだと判断した。ジェームズもその一人である。ジェームズ以外の人々も文化的境界を超えて、珍しくて正統的な項目と大衆的なものの両方を好んでいる。図10―3（三三二ページ）は第一軸と第四軸上に個人の群を配置したものだが、この図上に彼らを確認することができる。例えば、ジェニーは現代文学とエミネムの「スタン」を好む一方で、シェリーはメキシコの芸術家フリーダ・カーロとコメディー・アニメの『サウスパーク』を好んでいる。留意すべきは、ジェニー、シェリー、ジェームズの三人はそれぞれ、作家、ツアーガイド、人文学の講師として文化産業での専門職として働いていることである。しかし、対照的に、ポピーも量的にオムニボアだと判断された一人だが、彼女は文化的に素朴である。階級や教育経験の点では他の人々と共有した特徴をもっているし、質問紙調査では同じく高い水準での参加をおこなっていると回答しているが、彼女が述べた自らの嗜好は大衆的主流の範疇にとどまっている。彼女は、いくつかの珍しく正統的である項目を知ってはいるが、それらのどれをも好きだとは言っていない。彼女が好みの文化的形態として選択するのは、最近のベストセラー本（コメディアンのビリー・コノリーの伝記、『ダ・ヴィンチ・コード』）、大衆向けのテレビ番組、例えばロビー・ウィリアムズといった、地位が確立したロックまたはポップスの歌手、あるいはハリウッド映画といったものである。このような選択は、文化的関与の機会の相対的な欠如がある程度反映されている。すなわち、彼女が北部の市場町の中心部から離れて住んでいることから、日常的に家庭やメディアを通じて容易にふれられるもの以外は接する機会が少なくなっているためである。彼女は、冒険心をもつこと、あるいは高尚な文化形態とのつながり、または大衆的なものを批判するといったことはほとんどない。多様性に開放的であることが、ジェームズのように、ある特定的な参加の形態へと変換されることはないのだ。そのかわりに、高学歴の中産階級の一般的な活動や態度というイメージが浮かび上がってくる。そういった人々の日常の利害や関心は、文化に関与するといったことではなく、むしろ家庭生活、キャリア形成、身の安全といった問題に焦点化されている。

最も多く文化に関与する個人の、文化的関与の意味に関する丁寧な分析は、文化的関わりに対するいくつかの異なる志向性が存在することを示唆している。[29] ミシェル・オリヴィエ[30]は、フランス系カナダ人のエビデンスに基づき、人文主義、大衆主義、実用主義、無関心といったいくつかのタイプのオムニボアが存在することを主張している。それらは、高尚な文化、中程度の文化、低俗な文化に対する好みという点で異なるし、文化的娯楽よりもむしろ実用主義と結び付くという点でも異なる。また、芸術や工芸品に対する興味の度合いによっても異なるという。彼女は、これらの異なる志向性の背後にある態度を「多様性に対する開放性」の一環として特徴づけている。われわれの調査結果も、間違いなく異なるタイプのオムニボアの志向性が存在することを示している。また、そのために、現在の文化的風景で、「オムニボア」の存在を単一の像のように描くことに注意が必要なのである。[31]

たとえ、オムニボア尺度の得点が高い人々のほうがその他の人々よりも好きなものが多いことと嫌いなものが少ないことの両方を示していたとしても、彼らは嫌いなことを表明するし、しばしば多弁に語る。具体的に嫌いなものについて検討したところ、いくつかの予測された共通の大衆文化の形態に対する嫌悪が明らかになった。シェリーとキャロラインは二人ともファストフードを強く批判している。ポピー、キャロライン、そしてシェリーは、ラップやエレクトロニック・ダンス・ミュージックのようないくつかの音楽について理解できないという――さらに、うるさいと思っている。ジェニーは昼間のトーク番組が嫌いだ。彼女はジェームズと同じく、リアリティショーを基本的に支持していない。このテレビジャンルは、「オムニボア」なインタビュー対象者から一貫して嫌われているものである。インタビューは、『アイム・ア・セレブリティ・ゲット・ミー・アウト・オブ・ヒア（*I'm a Celebrity Get Me Out of Here*）』[32]と『ビッグ・ブラザー』という、このジャンルで特に有名な二つの番組の放送期間中に実施された。両番組についてジェニーは次のように言及している。

ジェニー：ああ、『アイム・ア・セレブリティ・ゲット・ミー・アウト・オブ・ヒア』みたいな番組、私は絶対に見ないですね。『ビッグ・ブラザー』？　こんな番組名でしたよね？　それも見ません。私、そういうのはまったく見たことがないです。まあ、一回か二回は『ビッグ・ブラザー』を見たかもしれないけど、それで避けるには十分な理由になりましたね。

インタビュアー：何がそんなにいやなのですか？

ジェニー：わからないですけど、なんて言うか、この手の番組って本当につまらないって感じてしまいますし、おまけに屈辱を与える感じなんですよ。じゃあ、なんでソープオペラは好きであれは嫌いなのか考えているんですが、ソープオペラは『ビッグ・ブラザー』よりもいい筋書きがあると思うんです。それと、年齢的なものもあるかもしれないですね。ああいう番組って、ちょっと人を傷つけるように思います。

ジェニーは両方の番組を見たことがあるが、彼女になじまないものであることを認識させるだけだった。「こんな番組名でしたよね？」という言葉は、おそらく、今日のイギリス文化のなかで目にふれる機会が多すぎて避けることができなくなっている番組からの距離を示そうとする、彼女なりの微力な企てのようなものなのかもしれない。彼女は識別力をはたらかせ、自身のソープオペラ好きとの間に一貫性が欠如しているかもしれないことも認識している。ソープオペラは同じく大衆文化的だと見なされうる事柄だが、彼女はライターとしての専門性を発揮し、ソープオペラをリアリティショーよりもいい「筋書きがある」と考察する。

もし、オムニボアであるほど特定の非正統的な項目を嫌う傾向があるとしたら、ジェームズのように、彼らのポートフォリオにも高い割合で正統的な品目が入っているとも考えられる。図10―3の右下の象限の状況は、彼らが高い教育を受けている可能性があることと、正統文化の公演や展示に多く参加する傾向があることの両方を示しているように思われる。この象限に属する個人に対するインタビューは、この印象を裏づけるものだった。つまり、幅広い関与は正統文化を大量に消費することを必ずしも伴うものではないが、ほとんどの専門職＝幹部階級のケースでは正統文化の消費を伴っていた。第3章でわれわれが発見したように、専門職＝幹部階級はいまでも正統文化を好む傾向がずっと強い。彼らは定期的に史跡や演劇、オペラ、コンサート、博物館といった象徴的に正統と見なされるイベントを訪れている。いまや彼らは、これらに加えて幅広い嗜好をもっているかもしれない。しかし、聖別化された文化を使いこなすことは、いまなお卓越化の印であり、おそらく文化資本の有効な形態としての機能をまだ失っていない。また、彼らは大衆的なものに対してはからずも嫌悪感を表すこともある。彼らの好みは正統文化の領域に偏っているために、彼らの多元主義的な態度は純粋な寛容を表現しているというよりは、むしろ卓越化の要素を含んでいるようにみえるのだ。

インタビュー対象者のなかで最も特徴的だったのは、すべてではないがいくつかの大衆文化の領域に対し、必ずしも熱意を伴うわけではないが職業的な関心をもっている文化的仲介者である。彼らの諸特性は、オムニボアの中核的な定義に最も近いところを実例として示している。他の諸類型は、かなり異なる意味とともに共存している。みんなが同等に実践的または象徴的な優位性を得ているかどうかには議論の余地がある。要するに、多様性に対する開放性は、おそらく社会的に有益であり、専門的に深く関与している者にとって、確かに経済的な利益をもたらす。一方、そうでない場合には、文化的にはむしろ卓越化されないということである。

多様性に対する開放性は、いまや中産階級のなかで高い階層にいる人々の間で広く普及している。それは、他の社会集団の嗜好に対する非難や軽蔑を避けるうえで必須のものとなりつつある。彼らが大衆文化の多くの側面に関与し、それらを肯定していることで、このことが可能となっている（ウォールデン[33]によって示唆されたように、これが偽善的な見せかけなのかどうかについては議論の余地がある）。しかし、多様性に対する開放性は、高尚な文化を下方向へ拡散するような結果をもたらしてはいない。正統文化は依然として、多分に専門職＝幹部階級の所有物なのだ。ここで重要な理論的問題になるのは、正統文化を操ることが社会的・物質的な利益をもたらすのかどうかということである。

われわれのエリートに対するインタビューが示唆しているのは、正統文化を操ることが社会のなかで高い階層にいる人々にいまだに利益をもたらしているということである。イギリスの専門職＝幹部階級エリート十一人の実践や嗜好は、論理的見地から予想されたものよりも同質的だと判明した。彼らのほぼ全員が、クラシック音楽、特にオペラに積極的に関与していた。例外なく、彼らは視覚芸術に興味を示して美術館に頻繁に足を運ぶとともにに、休暇や海外出張のおりに他国の有名な美術館を訪れているという。ライブパフォーマンスにいったり文化的な場所を訪れたりする関与は、彼らの行動の目立った特徴である。これらの活動はすべて、イギリスの正統文化の鍵になる要素だと言っても差し支えないものである。彼らにはライフスタイルの他の要素についても共通している部分がある。それは、必ずしも象徴的なほどに特徴的だとは言えないが、文化領域で共有された実践と価値の対が存在しているということを示している。すべての人がよく旅行に出かけ、多くが別荘をもっている。一人を除き全員が定期的に外食をし、すべての人が文化団体のメンバーであり、ほとんどが任意団体で権限がある地位についている。ここまでに述べたいくつかの事柄は、そのような地位に就いている人々にとってほぼ道義的義務のようなものである一方、より任意による場合でもそれらと同じように重要なものもある。[34]

これらの人々の文化的活動に関する第二の重要な特徴は、文化的活動にどの程度投資しているのかということにある。ある部分は、彼らの仕事の機能として生じている。多くの場合、彼らは同僚や顧客とともに文化的な訪問や関与をおこなっていて、ここには、広報活動や商業目的のために会社によって組織された文化的活動も含まれている。しかし、彼らのコンサートへの参加、劇場や美術館への訪問の頻度は、イギリスの標準をはるかに超えるものだし、彼らと同等の制度化された文化資本を所有している人々の標準をも優に上回っている。特に正統な文化活動への関与という観点で、彼らは非常に熱心である。嗜好の構成に基づけば、おそらく彼らは文化的オムニボアではないものの（社会的序列であまり上に位置していないグループの文化を見くびったり嫌悪感を示したりすることはほぼないが、彼らはしばしば大衆的嗜好を象徴するような活動を忌避する）、関与の量については、正統文化と主流文化の領域の両方できわめて活動的な人々だと言える。

その他の誰もが信じていなかったとしても、権力側の人々は正統文化を操ることが投資に値すると信じているようだ。彼らは文化的なポートフォリオに伝統的な正統文化の項目、特に視覚芸術界のものを数多く含めようとしている。彼らはまた、文化資本の価値を認めているように思われるが、その理由の一つにそれが社会関係資本を生み出すことが挙げられる。個人的な紹介、退職後の仕事、社会的回路に乗ったオペラへの招待、任意団体での何らかの地位の獲得、これらすべてが、文化的関与を通じて密接に織り込まれているように思われる。これらはまさに、ブルデューが言うところの卓越化が作動する条件だと言えるだろう。しかし、例えばテレビや映画のように嗜好が広く共有されている新しい文化諸形態を考慮すると、この構図はいくぶん複雑になる。低い階級の嗜好に反発されたり、品がないとか品位を傷つけるものとしてそれらを拒絶したりする上位中産階級のイメージは、はっきりとみえるわけではない。例えば、リアリティショー、テレビの見過ぎ、さらに映画を挙げた例も一つあったが、これらに対して彼らが嫌悪感をはっきりと表明することもたまにある。しかし、かつて大衆の嗜好を社会的に不適当なものと結び付けていたようなある種のスノッブな俗物根性のエビデンスを確認できたのは、たった一人だけだった。確かに、エリートの文化に対する寛容な態度は非常に強固なもので、いまやそれは教育を受けたリベラルな専門職階級や管理職階級の間で共通している事柄である。おそらくもっと重要なのは、彼らが現代の音楽、現代美術そしてアメリカの映画に関心をもっていないことである。たぶん年齢や世代的な特徴から生じたものだろうが、ここから彼らが最も正統で伝統的な文化的項目を擁護しているのだとも読むことができる。第2部の総括のなかで、われわれのエリートのサンプルがその階級全体のなかのエリート層としての典型例だと言えないと述べたのは、このような理由によるものである。若いエリート層は、それほど正統文化に投資していないし、境界を超えるような実践もより受容していると予想される。後者は、電子メディアが諸文化の界内部の組織とそれら界同士の関係の両方を再構築したことと関係している。

5　中産階級のアイデンティティ形成

文化に熱心な興味を示し、文化的諸境界が微妙な中産階級は、自らのことをどのように捉えているのだろうか。彼らが自分たちを中産階級だと表明することは、スノッブな態度の想起を伴うかもしれない。これは明らかに彼

表 10 − 3　職業グループごとの中産階級への階級帰属意識（%）

	非自発的な階級帰属意識	自発的な階級帰属意識	自発的もしくは非自発的な階級帰属意識
雇用主	40	27	70
上級専門職	50	29	60
下級専門職	33	21	49
下級管理職	32	20	50
全サンプル	33	15	39

Q432「あなたは自分が特別な社会階級に位置していると思いますか？」（はい／いいえ）＝「自発的な階級帰属意識」
Q433「このリストから１つ選択するとしたら、あなたはどの社会階級に位置していると言えますか？」＝「非自発的な階級帰属意識」
リスト1：低位の労働者階級、　リスト2：労働者階級、リスト3：高位の労働者階級、
リスト4：低位の中産階級、　リスト5：中産階級、　リスト6：上位の中産階級、
リスト7：上位の階級、　リスト8：あてはまらない
中流階級はリスト4〜6

らの意に反することである。[35] 表10—3は自発的（階級帰属意識の自発的表明）および非自発的（所与の階級分類から選択）な階級アイデンティティに関する調査結果を示したものである。[36] サンプルの三分の一の人々だけが「普段から自分がある社会階級に属していると考えている」。これは他の調査よりもやや低い数字である。[37] 上級専門職の人々は、半数以上が自然と自身を中産階級だと考えている唯一のグループである。しかし、自発的に中産階級としてのアイデンティティを自身に付与しているのは、かろうじて四分の一を超える程度である。実際、四分の一の人々が自身を労働者階級だと考えている。大企業の経営者は、自発的に自らに階級アイデンティティを付与することは少ないが、総合的には中産階級に自己を位置づける度合いは高くなっていることがわかる。下級専門職と下級管理職は、サンプル全体の場合よりもわずかに中産階級のアイデンティティを報告する傾向が強い。専門職＝幹部階級を構成する三つの集団のいずれもが、あからさまには中産階級のアイデンティティを示していない。

中産階級の人々は、階級を目立たせないようなふりをしているのだろうか。ある程度はそう言えるだろう。人々は、いまだに階級の話をするし、ときどき階級的振る舞いのステレオタイプ的対比を引き合いに出すこともある。年配の中産階級のフォーカスグループでジョスは次のように述べている。

中産階級の人々は違っている傾向があるんですよ。中産階級の多くは教育を受けたという強みがあって、それは多くの場合、十代の終わりに家を出て、大学の寮に入って自分で身のまわりの世話をしたということなんです。それに対して、普通の労働者階級の子は大学にいかずに就職するので、母親がずっとそばにいます。母親がずっと家にいるんですよ、たとえ彼女が働いていたとしても。家に帰ったら夕食が用意されているんです。初めて彼らが家を出るのは、結婚するときですね。

フォーカスグループは、生き生きした省察や激しい感情を引き起こすこともある。ほとんどの場合はしかし、その引き起こされた感情は、「階級」分類の政治への考慮、および制度と表象による「階級化」のされ方についての省察を介して表出される。これは、ラベルとしての階級の適切さを訴えるか拒否するかについての両面感情を生じさせる。これはときとして、驚くべき方法で解決される。レズビアンのフォーカスグループでは階級についてかなり長い間話をした。彼女らは階級を、固定的なカテゴリーではなく、ライフスタイルのようなものとして、すなわち個人が部分的に（しかし部分的にすぎないが）装ったり取り払ったりできるものとして語っていた。どのような活動が中産階級と労働者階級にふさわしい活動なのかについての訳知り顔の考察が、次のやりとりに表れている。

アリ：私って実際、かなり中産階級でしょ。労働者階級出身のように見られるけど、でもほら、私は大学に通ってるし、ラジオ4を聞いてるし、クラシック音楽やジャズが好きだし、とかね。カラオケもよくいくけど、でも、私の趣味っていうのは、自分の家族とか育ってきた環境の趣味とよく似ているんです。他の人の選択が気取っているとも思いません。私は、自分が好きなものがわかっているだけなんです。

ラニ：というかね、私はどっちつかずの気がするの。私はブルジョアでくくられそうなんだけど、ブルジョア向けのテレビとか、私に供されるブルジョア向けの文化とかには耐えられない。私からすると、それが私に意味があるとは思えないし、まったくいまふうでもないしね。それで、くだらないって思われてるテレビだけど、私は『ザ・ロイル・ファミリー（*The Royle Family*）』が好きです。それはすばらしい社会評論だから。でも、『イースト・エンダーズ』とか、『コロネーション・ストリート』とかは下品だとしてもね、みんなそう思ってるけれど、人がチャンネルを合わせるのには何か理由があるはず。それはただの現実逃避のためだけでなくて、この国には階級分断があるということだよ。

アリとラニはともに、文化的嗜好に判断を下すことについて一定の困惑を示している。というのも、それによって社会的偏見をもっていることをにおわせかねないので、仮に特定の大衆文化の項目に対して肯定的評価をしていたとしても、慎重さが要求されるのである。

アフロ・カリブ系中産階級のフォーカスグループは、階級についての話を最もしている。モデレーターのメモは、階級という主題がこのグループにとってどれほど繊細な問題なのかを明確にしている。というのも、歴史的に見れば、彼らは労働者階級だと強く自己認識してきたので、自らを中産階級かもしれないと考えることには多少の脅威を感じるからである。このことは、アンジェラが階級とエスニシティの関係を強調していることに結び付く。

はい、両親は間違いなく労働者階級出身ですよ。私は、とてもいい地域（ミッドランドの町）にある女子校に通い、とても上品な高校を卒業して、オックスフォードに入学しました。だから、生まれ育った町（ミッドランドの町）から大学に入って、弁護士になるまでに培った私の人生経験をみると、かなり広がりがあると思います。私は、何をするのか、しないのかを自分で判断してきました。それと、私がとても幸運だと思うのは、多少は中産階級を理解できるということですね。要するに、いま、私は職業から中産階級と見なされていますけど、もし教育システムのなかで培った経験がなかったら、理解できないことがあったかもしれないですね。例えば、中産階級の白人が私を見下したり皮肉ったりすればわかりますし、そういう経験がない同僚とか、さりげなく見下されていることに気づくようなことがなかった同僚とも働いたときもわかります。ただそれだけなんですけど、それってあるタイプの人々とか、あるタイプの価値とかによるものだと思うのです。私は黒人だし、そういったことに気づくことができる手段をもっていますし、どうやって対処すればいいのかもわかります。もし私が職場ではなくて違う環境でそう感じるとき、あるいは、同じようにちょっと見下して人と付き合っている場合であっても、いま何が起こっているのかを私が知っていること、そして私がそんな扱いを受けることがないことをわかっている人への返答としては舌打ちするでしょうか。

アフロ・カリブ系中産階級が［階級］分類の政治を特に明確に理解しているということは、偶然ではない。中産階級にとって重要なことは、自分がはっきりと中産階級だという認識ではなく（概して、われわれが目前にしているのは中産階級の「階級からの脱＝同一化」である。これはベヴァリー・スケグス[38]にしたがうもので、反証するものではない）、むしろ、人々を階級＝分類するために用いられるまさにその分類を、認識し操作することができるという認識である。このような分類の政治を認識することによって、人々は自分たちをあらゆる階級の外にいるものとして表象できるのだ。この知見は、どれだけ現代の階級アイデンティティが分類の操作をめぐって強力に組織化されているのかを論証する他の研究の知見と合致している。人々は彼らの階級間の混合性や移動性を強調しようとするのだ[39]。それと同時に、これが重要な論点なのだが、そのようなアイデンティティが階級の分類とイディオムを要請・再生産するのである。

6 結論

われわれは、専門職＝幹部階級の最も大きな特徴として、幅広い文化的関与の傾向をもつということを示してきた。公の文化的活動への関与が、おそらく最も特徴的だと言える。しかし、彼らはまた、他の社会集団よりもずっと肯定的な好みを述べている。彼らの嗜好は、伝統的で序列的な文化的境界を乗り越え、再帰的で自己認識的な実践を具体化したものなのである。

われわれが論じてきたように、ゴールドソープが定義したようなサービス階級は、実際には文化的境界線にしたがって分裂している。上級管理職や大企業の経営者が、文化的な実践や嗜好を専門職と共有している一方で、下級管理職は中間階級の人々と文化的に近接している。これは、中産階級のキャリアでの大卒資格の役割が変化したことによるものである。幹部職と専門職は、同程度に大学教育を受けている可能性が高い。受けた教育が文化資本の主要な源泉になることを考えると、これら両方の集団が同じようなパターンをもっているのは驚くことではないだろう。それに加えて、教育システムが中産階級の職に就くための主なメカニズムとしてはたらくようになったため、美学と粗野な大衆文化を対比して前者の価値を決める必要はもうなくなってきた。教育システムのお決まりの仕組みのなかでは、そこで価値があるとされるものすべてが文化的な基準の一部になりうるとともに、すべてのものがその権限のうちに潜在的に価値があるものとなっていくのだ。

専門職＝幹部階級のなかで嗜好のパターンが概して類似している一方で、そこには年齢による大きな差異がある。若者は高齢者とは異なった種類の文化形態を高く評価し、クラシック音楽や印象派美術といった伝統的な正統ジャンルをあまり重視していない。文化的仲介者たちは、とりわけ文化の消費に熱心で、文化的序列の境界をまたぐような嗜好をもっていて、おそらく文化的オムニボアの最たる典型と捉えられるプロファイルを示す傾向にある。しかしながら、オムニボア的志向性はこの階級全般にみられるものである。このことは、大衆文化と比較的強く結び付いている他の諸階級に向けたスノッブなほのめかしや見下しを、全体として消し去る結果になっている。大衆文化はそのすべての発現形態で心から受け入れられているわけではないが、大衆文化一般もしくは全体を見下すことはまれである。年長者の態度のなかには、嗜好のよしあしと階級的位置とを結び付けるようなほのめかしや響きが残っている。また専門職＝幹部階級は自分たちの振る舞いを鏡に照らしてみることが特に多く、結果として、彼らは自己の成長よりも快楽を優先しようものなら、羞恥や当惑、失望を感じることになる。彼らはカントリー・アンド・ウェスタンの音楽が嫌いで、また、テレビを見過ぎることをいくぶん退廃的だと考えている。そして、彼らは他の階級よりも古めかしい俗物根性と関わりを持ち続けることに確信的である。したがって彼らは、文化が社会的な位置取りのための道具となりうること、人々が審美的好みに基づいて社会的判断をなしうることを、明らかに認識している。

以上の議論をまとめるならば、文化は中産階級にとって重要なものだし、中産階級内の高い階層ならばなおさらそうである。表現されることなく、客体化された形態と制度化された形態の文化資本は、正統文化の操作を通して排他的に価値ある資源として機能する。求められる志向性とはむしろ、開放性の精神で多様な文化的生産物の再帰的な領有を目指すものである。こうした志向性はしかし、それらを踏み越えることは品がないとされてしまうような微妙な諸境界を生み出し続けている。

注

(1) Skeggs, B., *Formations of Class and Gender: Becoming Respectable*, Sage, 1997, Charlesworth, S. J., *A Phenomenology of Working-Class Experience*, Cambridge University Press, 2000, Savage, M., *Class Analysis and Social Transformation*, Open University Press, 2000.

(2) Majima, S. and A. Warde, "Elite Consumption in Britain, 1961-2001," in M. Savage, and K. Williams eds.,

Remembering Elites, Wiley-Blackwell, 2008, pp.210-239, Blokland, T. and M. Savage eds., *Networked Urbanism: Social Capital and the City*, Ashgate, 2008.

（3）Goldthorpe, J. H., (with C. Llewellyn and C. Payne,) *Social Mobility and Class Sstructure in Modern Britain*, Clarendon Press, 1980, Goldthorpe, J. H.,"The Service Class Revisited," in T. Butler and M. Savage eds., *Social Change and the Middle Classes*, UCL Press, 1995, pp.313-329, Goldthorpe, J. H., "'Cultural Capital': Some Critical Observations," *Sociologica*, 2, 2007.（http://www.sociologica.mulino.it/doi/10.2383/24755）

（4）Gouldner, A., *The Future of Intellectuals and the Rise of the New Class: A Frame of Reference, Theses, Conjectures, Argumentation and an Historical Perspective*, MacMillan, 1979.（A・W・グールドナー『知の資本論――知識人の未来と新しい階級』原田達訳、新曜社、一九八八年）

（5）Bagguley, P., "Middle Class Radicalism Revisited," in T. Butler and M. Savage eds., *Social Change and the Middle Classes*, UCL Press, 1995, pp.293-309.

（6）Lash, S. and J. Urry, *The End of Organised Capitalism*, Polity, 1987.

（7）Featherstone, M., "Lifestyle and Consumer Culture," *Theory, Culture and Society*, 4（1）, 1987, pp.55-70.

（8）Savage, M., J. Barlow, P. Dickens and T. Fielding, *Property, Bureaucracy and Culture: Middle-Class Formation in Contemporary Britain*, Routledge, 1992, Butler, T. and M. Savage eds., *Social Change and the Middle Classes*, UCL Press, 1995.

（9）Savage Barlow, Dickens, Fielding, *op. cit.*

（10）Bourdieu, P., *Distinction: A Social Critique of the Judgement of Taste*, Routledge, 1984, p.176.（ピエール・ブルデュー『ディスタンクシオンI――社会的判断力批判』石井洋二郎訳、藤原書店、一九九〇年、同『ディスタンクシオンII――社会的判断力批判』石井洋二郎訳、藤原書店、一九九〇年）

（11）ここではブルデューの諸カテゴリーを、固定的な職業的分類としてではなく、もろもろの役割として理解することが重要である。いくつかの事例では、われわれが職業集団を役割それ自体の省略表現として扱うこともあるように、確かにこれら役割が職業として具現化されるようになっている。しかし、このようなことが常に当てはまると想定するべきではない。

(12) Le Roux, B., H. Rouanet, M. Savage and A. Warde, *Class and Cultural Division in the UK*, CRESC Working Paper No.40, University of Manchester and Open University, 2007, December.

(13) さらに全体的な議論については、Le Roux, B., H. Rouanet, M. Savage and A. Warde, "Class and cultural division in the UK," *Sociology*, 42(6), 2008, pp.1049-1071 を参照のこと。

(14) NE—SECの分類については、デイヴィッド・ローズとデイヴィッド・ペバリン（Rose, D. and D. Pevalin eds., *A Researcher's Guide to the National Statistics Socio-Economic Classification*, Sage, 2003）を参照のこと。NE—SEC2は上級専門職についての分類であり、NS—SEC3は下級専門職についての分類である。

(15) Bourdieu, *Distinction*.（前掲『ディスタンクシオンI』、前掲『ディスタンクシオンII』）

(16) Peterson, R., "Understanding Audience Segmentation: From Elite and Mass to Omnivore and Univore," *Poetics*, 21(4), 1992, pp.243-258.

(17) Peterson, R. and A. Simkus, "How Musical Tastes Mark Occupational Status Groups," in M. Lamont and M. Fournier eds., *Cultivating Differences: Symbolic Boundaries and the Making of Inequality*, University of Chicago Press, 1992.

(18) Holbrook, M., M. Weiss and J. Habich, "Disentangling Effacement, Omnivore and Distinction Effects on the Consumption of Cultural Activities: An Illustration," *Marketing Letters*, 13(4), 2002, pp.345-357.

(19) Peterson, R., "Problems in Comparative Research: The Example of Omnivorousness," *Poetics*, 33(5-6), 2005, p.264.

(20) Peterson and Simkus, op. cit., p.252.

(21) Peterson, R. A. and R. M. Kern, "Changing Highbrow Taste: From Snob to Omnivore," *American Sociological Review*, 61(5), 1996, p.906.

(22) Peterson, "Problems in Comparative Research," p.260.

(23) Ibid., p.264.

(24) 六つの領域にわたり、回答者があるタイプのテレビ番組や特定の監督の映画を「必ず見るようにしている」かどうかを尋ねる質問と、音楽作品名、アーティスト名、本のジャンル、そして音楽のジャンルについての好き嫌いに関する質問から四十の異なる項目を合成した、一つの尺度を作成した。最も低い得点はゼロで、列挙された項目のどれも好まないとした回答者が八人いた。最も高い得点は二十七である。第一五分位に含まれる人々が好むと回答したのは、六項目以下だった。第四五分位より上にいる人々は十四以上の項目を好んでいた。したがって、人々は通常、文化的な作品とジャンルに対する自らの好みをあまり公言したがらないと言える。

(25) Peterson and Kern, op. cit.

(26) Van Eijck, K. and B. Bargeman, "The Changing Impact of Social Background on Lifestyle: 'Culturalization' instead of Individualization?," *Poetics*, 32(6), 2004, pp.439-461.

(27) Sintas, J. L. and E. G. Álvarez, "Omnivores Show up Again: The Segmentation of Cultural Consumers in Spanish Social Space," *European Sociological Review*, 18(3), 2002, pp.353-368.

(28) 文化的参加の度合いが高いとされた回答者八人中七人が女性であり、一人を除いて白人だった。高等教育の学位をもっていないのは一人だけだった。同様に、彼らは専門職に就いている傾向があり、教職系の仕事に従事している人が三人、フリーランスの文化遺産業従事者が一人、ソーシャルワーカーが二人、そして地方自治体で働く若い大卒の研究者が一人含まれている。残りのケースは母親専業で、学位をもっていなかった。彼らの職業は、ヘルスケア・社会医療、教育関係、文化遺産部門といった、広い意味での公共サービスと関連していた。八人中七人が女性であることは興味深いが、われわれがおこなった世帯インタビューに高い文化資本をもった男性が三人しかいなかったことを考えると、それは有意というよりは偶然だと思われる。回帰分析では、男性のほうが多くの好みを示しているが、参加に関しては女性のほうが少し多かった。

(29) Bellavance, G., V. Myrtille and M. Ratté, "Les goûts des autres: une analyse des répertoires culturels de nouvelles élites omnivores," *Sociologie et Société*, 36(1), 2004, pp.27-58 を参照のこと。

(30) Ollivier, M., "Modes of Openness to Cultural Diversity: Humanist, Populist, Practical and Indifferent," *Poetics*, 36(2), 2008.

(31) 専門家、反体制派、初心者、そして素朴といったオムニボア志向のオルタナティブな分類についてはWarde, A.,

D. Wright and M. Gayo-Cal, "Understanding Cultural Omnivorousness: or, the Myth of the Cultural Omnivore," *Cultural Sociology*, 1(2), 2007, pp.143-164 を参照のこと。

（32）*Survivor* 形式の変形である *I'm a Celebrity Get Me Out of Here* は、有名人の集団がオーストラリアのジャングルでキャンプをしている間、数々の厄介な屈辱に耐えるという、ゴールデンタイムにITVで放映されている番組である。

（33）Walden, G., *New Elites: A Career in the Masses*, Gibson Square, 2006.

（34）詳細については、Warde, A. and T. Bennett, "A Culture in Common: The Cultural Consumption of the UK Managerial Elite," in M. Savage and K. Williams eds., *Remembering Elites*, 2008, pp.240-259 を参照のこと。

（35）概略については、Savage, M., G. Bagnall and B. Longhurst, "Ordinary, Ambivalent and Defensive: Class Identities in the Northwest of England," *Sociology*, 35(4), 2001, pp.875-892, Savage, M.,"Changing Social Class Identities in Post-War Britain: Perspectives from Mass-Observation," *Sociological Research Online*, 12(3), May 30, 2007 を参照のこと。

（36）自発的な階級帰属意識についての回答は、その前の質問で「あなたは普段自分が社会階級に属していると考えていますか？」という質問に「はい」と答えた回答者だけから得られている。非自発的な階級帰属意識は、「いいえ」と答えた回答者が答えた階級帰属意識である。図10—3を作成するために、下位中産階級と上位中産階級を合わせて中産階級とした。

（37）例えば、Heath, A. F., *Class Identity in Britain*, Mimeo, paper presented at University of Manchester, 2007 では四五%の人々が普段から自身を何らかの社会階級に属していると考えている。

（38）Skeggs, *op. cit.*

（39）Savage, Bagnall and Longhurst, op. cit., Savage, "Changing Social Class Identities in Post-War Britain."

第11章

文化と労働者階級

1 序

ブルデューが『ディスタンクシオン』を執筆していたとき、ヨーロッパの労働者階級の運動が資本主義的諸制度を作り変えるだろうというイメージが、まだ広く共有されていた。労働者階級の運動ではそれまでに、労働組合、社会主義的・社会民主主義的な政党によって給与と労働条件の改善、投票のような政治的権利と健康、教育、社会保障給付などの社会的権利の拡大を達成してきた。連帯は、プロレタリアの楽園への扉を開くための鍵だと見なされていて、そのことと対応するように、連帯は社会科学の研究課題の中心におかれていた。しかし、一九八〇年代からの新自由主義の進展や、八九年以後の東欧での共産主義体制の崩壊によって、楽園が待っているという見方は、その扉を開く鍵とともに失われてしまった。それ以降、社会学は労働者階級に対する解釈を見直すことを迫られている。

社会学者の多くは、集合的利害を追求するための連帯という見込みを捨てて、労働者階級の結束力は衰退したと論じるようになった。例えば、生活の質や環境についての「ポスト唯物論」的な関心が高じるにつれ、階級の動員を支える経済的基盤は失われた[1]、階級に基づく特有の文化は解体した[2]、さらには、政治的行動が階級の組織化あるいは階級の利害をめぐって展開されることはなくなった[3]などの主張がある。みながそれに賛同したわけではない。対照的な立場をとる論者は、階級間の差異は経験的には以前と変わっておらず、社会生活に与える階級の影響力は、かつてと同じように強いままだとしている。それを最も端的に主張したゴードン・マーシャルとジョン・ゴールドソープによれば、利用可能な限りで最良な経験的調査では、例えば投票行動、教育機会、社会移動と階級との間にある統計的な関係はほとんど変化していないという[4]。

この論争は、部分的には過去の労働者階級の実態はどうだったのかということに転じていった。労働者階級に関する社会学的説明は、伝統的なプロレタリアのイメージに対して社会学者がとる立場によって異なってくる。それを、肯定的で、ときにノスタルジックで空想的なものだと考えれば、労働者階級の生活や文化はどこか高貴なものとして描かれ、そこには、労働者階級に特有の団結する構造や倫理的な高潔さが伴っている。ヨークシャーの石炭鉱業地域について記述しているノーマン・デニスらの古典的研究[5]や、リーズ地方のハンスレットについて描いたリチャード・ホガートの研究[6]、あるいは、ロンドンのベスナル・グリーンでの労働者階級の生活を記述したピーター・ヤングとマイケル・ウィルモットの研究[7]は、労働者階級の生活のありようを次のように提示した。それは、特に男性にとって過酷な手工業労働であり、また女性にとっては単調でつまらない家事労働と金銭的な不安をもたらす厳しいものだったが、仕事上の仲間意識、居住地域の隣交や協調、尊厳と独立心に関わる集合的感覚を与える実りある生活だった、と。工業化社会での労働者階級の人々は、日々の生活のなかである程度の社会的連帯を育んでいた。それによって過去には、労働組合組織や左派政党として物質的平等と社会正義を目指す運動で政治的な影響力を行使していたし、またもしかしたら今後再び、同じような政治的影響力をもつようになるかもしれない。

このような労働者階級の生活に対する見方は人口に膾炙していたが、一九六〇年代には強く疑義を唱えられるようになった。そのなかでも卓越しているのが、南イングランドの成長都市の工場労働者に関する『裕福な労働者』[8]研究である。この研究は、当時注目されていた「ブルジョア化」論を覆した――「ブルジョア化」論とは、豊かになることで、労働者階級の人々は中産階級の野心や規範を身につけていく、というものである。著者らの主張によれば、社会のなかにある新しい労働者階級のイメージ、つまり、私事化して道具主義的になった労働者というイメージは、ルートン地方のサンプルではおそらく真実である一方、その他の地域ではそれを確認することは難しかった。彼らはまた、労働者階級の人々はおそらく以前から道具主義的だっただろうし、私事化の意味が曖昧である、とも批判した。

その後、このプロジェクトのインタビュー調査が再検討され[9]、次のように結論づけられた。一九六二年のルートン地方の労働者でさえ、社会に対する基本的イメージは「われわれ」と遠くて裕福で理解不能な「彼ら」という、相対的に漠然とした断絶であった。労働者階級のなかにも多様性があるというエビデンスが示されてきた[10]にもかかわらず、社会学的研究では、「われわれ」と「彼ら」を区別する社会の伝統的なプロレタリアのイメージこそが、手工業労働者のなかで主に広く共有された階級意識の形式だと結論づけられていた[11]。もっとも、政治的左翼によって称賛された帰属感や一体感、共同体的アイデンティティなどの感覚に基づく集合的連帯は十分なものとは程遠かったのだが[12]。

2　文化の考慮

以上のような社会学的議論は、文化活動にほとんど注意を払っていなかった。コミュニティのエスノグラフィは、工場や農村の労働者の娯楽活動について記述する場合もあったが、社会学的説明の多くは、労働、家族、近所付き合い、政治をめぐってなされたものだった。ニューレフトであるE・P・トムソン、リチャード・ホガート、レイモンド・ウィリアムズ、さらには、彼らの研究を引き継いで、スチュアート・ホールとバーミンガム現代文化研究センター（ＣＣＣＳ）によって確立された文化研究の新しい伝統は、まさに文化と階級の間にある関係の重要性に目を向けるものだった。新しい文化研究は、階級形成や抵抗のための基盤は様々に存在すると提起し、労働者階級の若者文化に関する生き生きとした研究を生み出した。労働者階級の若者たちは、商業的に生産された文化——音楽、スクーター、娯楽的活動——を生かして、部分的には階級的位置によって、またある部分は親世代の階級文化との対立によって形成された集合的アイデンティティを表現していた。ＣＣＣＳが見いだしたのは、労働者階級が、様々な形式の抵抗——そしてまた、相当程度の順応も——を、職場や家庭にとどまらない活動を通じて表現しているということだ。[13] しかし、おそらくそれよりも重要なのは、ポスト構造主義的な観点からアントニオ・グラムシによるヘゲモニーの説明を再加工しようとする近年の試みだろう。その試みは、階級と文化実践との間に、単純な対応を想定することに批判を投げかけている。ヘゲモニー理論は、階級間が交渉する場として文化の領域を切り開く。支配階級は、大衆階級の承認を得るために、単に自分たちの文化を押し付けるのではなく、大衆の文化的価値を自らの文化に接合させようとするのである。こうした考え方は、結果的に、様々な文化の「混合物」という概念を導き出した。この概念は、それぞれの文化が単に一つの階級に帰属しうるものというよりは、それぞれの階級集団がもつ矛盾した文化的要素が不安定ながらも混合されているものだということを含意している。[14] ニコス・プーランツァス[15]に影響を受けた後年のポスト構造主義の議論は、あらゆる文化実践を本質的な階級帰属から切り離し、階級への所属はもっぱらヘゲモニーをめぐる歴史的闘争の偶発的な産物だと見なしている。[16]

ピエール・ブルデューが『ディスタンクシオン』の準備をしていたのは、一九六〇年代から七〇年代にかけてである。すでにみてきたように、ブルデューは関係論的視座をとっていたのではあるが、階級と文化の関係は弱くゆるやかだとは捉えていなかったし、その後も同様だった。それどころか、彼は文化実践と階級的位置の関連はきわめて強固なものだと見なしていた。考えてみれば、そのことが、フランスの労働者階級に関する論述を非常に論争的にしていたのである。ブルデューは、労働者階級の文化を、必要性に向かう嗜好と順応の原理という観点から特徴づけた。必要性の文化について、彼は次のように述べる。

必要性は必需品に向かう嗜好を押し付けるのだが、そこには必要性への適合の一形式、したがって必要なものの受容、避けられぬものへの服従の一形式が含まれているのであり、これは革命的意図と少しも両立不可能ではない根深い性向である。確かにそれは革命的意図に対して、知識人や芸術家の反抗という様態とはまた違った様態を常に与えるかもしれないが。社会階級は単に生産関係での位置によって規定されているだけでなく、「通常の場合」（つまりかなり高い統計的確率で）この位置に結び付いている階級のハビトゥスによってもまた規定されるものである。[17]

必要性の文化は「必要な財の避けがたい欠乏[18]」を前提にしていて、その特徴は、機能的な倫理観、「お決まりの選択」、諦めが優位にあることである。順応の原理について議論するなかで、ブルデューは、実用性に基づいた慣例主義という形式を見いだした。この慣例主義は特に労働者階級の女性に見られるのだが、美的感覚を重視するブルジョアジーの女性とは対照的なものだった。その基礎にあるものは、自尊心という感覚の不足だ。順応の原理について、ブルデューはこう説明する。

順応の原理は大衆趣味を規定する唯一の明示的規範だが、この原理をはっきり表す種々の警告（「彼女は自分を何様だと思ってるのか」「それは私たちみたいな人間にふさわしいものではない」など）は、いずれにせよ客観的諸条件によって押し付けられてしまう「理にかなった」選択を初めから助長することを目指すもので、さらに他の集団に同一化することで自分を卓越化しようとする野心に対する警告、すなわち階級の連帯を忘れるな、という注意をも含んでいる。[19]

ブルデューは、これらの特性を支配の効果に起因するものだと考えていた。すなわち、これらの特性は、「支配的価値を承認する一つの形式を暗示しているのである」[20]。このことは、労働者階級の人々が「贅沢品」のために「安価な代用品」を使用することに示される。とりわけ音楽やスポーツの分野では、それが顕著である。労働者階級の人々は、「いわゆる「ファン」や過激な「サポーター」の役割にとどまる傾向があるが、それは情熱的で、ときに熱狂的でさえありながらも、受動的で疑似的な参加にすぎず、その道のプロに剝奪されてしまったもののはかない埋め合わせでしかない」[21]。ブルデューによれば、このような劣等な文化的生活は、労働者階級の生活条件に付随する様々な疎外の、ありふれた一例にすぎないのである。

ブルデューは労働者階級がこのような状況にあるのは、学校教育の役割、特に初等教育の役割と、公教育からほとんど利益や資格を得ることができなかった人々が教育の効果を誤認しているためだと考えていた。彼らはそこで、教育的成功が特権の正当な根拠であることを学習し、また、専門家の権限にしたがうことを学ぶことで、自らの文化的剝奪を受け入れるようになるのである。

このような労働者階級の文化の悲観的な解釈や説明は、これまで多くの批判を受けてきた。すでに第2章で批判したように、ブルデューは階級ハビトゥスをある特有の首尾一貫したものだと想定していた。このことは労働者階級の自律性や個人性の多くを否定していて、労働者階級を侮蔑しているようにも思われる。正統文化に対する労働者階級の文化の従属が誇張されているのである。

以上のような問題を抱えているにせよ、ブルデューは一九六〇年代のフランスの手工業労働者階級の特性を正確に捉えていたと論じることも可能だろう。というのも、三九年から四五年にかけての戦争がフランス経済に甚大な被害を与えていたために、フランス社会はまだ大衆消費段階にたどりついておらず、当時のイギリスの労働者階級と比べた場合、フランスの労働者階級が必要性のための選択により迫られていた可能性が高いからである。またイギリスの労働者階級は熟練生産の伝統や職場での自律性をもっていたため、フランスと同程度に文化的権威を承認していたのかという点については明確でない[22]。だが、そうであるにもかかわらず、両国の社会学の議論にはほとんど違いがみられず、労働者階級に特有の文化をどれほど定義できるのかということに関心を寄せてきたのである。

3　イギリスの労働者階級の現在

第3章で、われわれが労働者階級の境界線をどのように描いたのかについて述べた。労働者階級は四つの職業集団——下級現場監督、下級技術者、準定型業務従事者、定型業務従事者——から成っている。七百十人の回答者もそこに含まれ、サンプルの四五％を占めている。したがって、大多数であり続けてはいるわけではないが、いまだにいくらかの差で最も大きい社会階級となっている。男女比はほぼ同数であり、女性の割合は、サンプル平均値五四％よりはわずかに少ない五二％である。教育資格を何ももたない人の割合は高く、サンプル全体での二七％に対して、四三％である。合計すると前期中等教育の資格をもつ者が二六％、後期中等教育の資格をもつ者一三％、そして職業資格をもつ者が一〇％となっていて、これらはすべてサンプル全体の平均、そして他の階級の平均とも近い。しかし、学位レベルの資格をもつ者は、サンプル全体では二三％であるのに対して、労働者階級ではわずか七％となっている。

年齢による差異は相対的に小さく、これが他の階級とは趣を異にする点である。労働者階級の回答者の二二％は六十五歳以上であり、これは中間階級（二一％）とはよく似ているが、専門職での割合（一三％）よりは高い。これは、過去三十年間に職業構造が上方シフトしたことを反映している。つまり、高齢コーホートの時代には、専門職自体がもっと少なかったのである。また、労働者階級の一三％が二十五歳以下だが、これは専門職の三％、中間階級の五％と比較すると高い割合である。このことは、彼ら彼女らが労働市場に参入するのが早いこと、そして、ホワイトカラーの仕事に昇進するのに時間がかかることを反映している。

労働者階級の約一〇%がイギリス系ではなく、さらに、七%強が「非白人」である。この割合は他の階級よりも大きく、中間階級の割合の二倍以上となっている。とはいえ、それは労働者階級を大きく分割させるほどのものではない[23]。

したがって、全体として労働者階級が際立っているのは教育の特徴に関する点であり、とりわけ、無資格者の割合の高さと大卒者の割合の低さにそれが表れている。それだけでなく、労働者階級には、他の階級に比べると、若者とエスニック・マイノリティの人々も高い割合で含まれている。また、他の階級に比べて労働者階級のサンプルでは、非白人のエスニック・マイノリティの人々がずっと若いことも述べておくべきだろう。すなわち、サンプル全体では、五十五歳以下の非白人のエスニック・マイノリティの人々の割合が六六%であるのに対して、労働者階級では八四%となっているのである。

労働者階級では、労働者階級出身者の割合も際立って高い。三分の二は第二世代の労働者階級である。別の言い方をすれば、これ以外の二つの階級の親をもつ者は、それぞれ労働者階級の六分の一ずつである。社会学の観点からすれば、労働者階級の出自はきわめて同質的であり、このことは、文化的性質の伝搬をもたらすことになるとも考えられる。つまり、現代の労働者階級の文化は親世代のものと類似していると同時に、他の階級の人々の文化とは明確に異なっているかもしれない。しかし、本当にそうなのだろうか。次に、彼らの文化的独自性をみるために文化消費のパターンについて検討し、労働者階級内での分断の重要性について見極めよう。

第3章では、文化的参加と文化的嗜好における階級的差異について確認した。そこでは、文化マップ(図3—1を参照)の第一軸が社会階級の分布に関連していることが示された。労働者階級は図3—1の左側に位置していて、ほとんどの参加についての変数は負の値をとっていた。具体的には、博物館、大邸史跡、美術館にいかず、映画館にもいかず、スポーツもしない。そして劇場やコンサートにもいかず、去年本を一冊も読んでいなかった。加えて、嗜好では、伝記や現代文学を読むこととクラシック音楽やジャズを聞くことを嫌うということが見いだされた。肯定的な回答はほとんどなかったが、労働者階級で教育を十分に受けていない層では、一日五時間以上テレビを視聴する傾向や、ソープオペラを好んだりカントリー音楽や西洋音楽を聞いたりする傾向、そしてフィッシュ・アンド・チップス・レストランで外食する傾向が偏って高かった。労働者階級は、いくつかの正統文化に関する項目については否定的であり、その好みは、大衆的な文化形成の限られた領域に向いていたという点で独特だった。他の階級に比べて参加でも嗜好でも積極的でないことは、労働者階級がオムニボアでもないことを意味している。労働者階級の人々は、他の階級に比べると、われわれが尋ねた多くの質問項目に対して嫌いだという意見を表明している。

しかしながら、図3—1の文化マップには、質問紙のなかのいくつかの項目しか含まれていない（方法論補遺2を参照）。例えば、多重対応分析の際に用いた文化についての項目のなかには、固有名詞がついたものは一つもない。調査に含まれている他の項目では、階級的差異が強く示されるものもあった。労働者階級の嗜好の独自性の根拠は、特定のテレビ番組、本、そして楽曲についてみることができる（表11—1を参照）。嗜好に関するほとんどすべての指標で、労働者階級は極端な値を示していて、たいていの場合は、他の階級よりも「好きである」という回答が少ない。例えば、クラシックやジャズの全楽曲で「好きである」という回答が少なく、トレイシー・エミンを除くすべての画家の作品についても同様の結果だった。ほとんどの場合、専門職＝幹部階級と最も対照的だった。嗜好の尺度の一つである固有名詞がついた項目の好みに関しても、労働者階級は独特だった。

しかしながら、表11—1には、階級による回答の差がごくわずかしかない項目もいくつか見いだせる。例えば第8章でもみたように、テレビ番組や映画に関する回答の差異は小さい。ジャンルの選択に関しては、労働者階級とその他のサンプルとの間に広くて系統的な隔たりがあるわけではない。

多重対応分析をおこなうために用いた変数のうちの四分の一だけしか、第一軸には位置づいていない。このことは、そもそも階級的差異が普遍的にみられるものではないことを示している。したがって、階級を問わず共有された実践と嗜好もあるということをわれわれは認める必要がある。図3—9には、第一軸と第二軸上に労働者

表11－1　嗜好：階級ごとのいくつかの文化的項目への好み

活動	平均	専門職＝幹部階級	中間階級	労働者階級
女王のクリスマス放送	17	14	20	17
総選挙	24	34	25	20
グランドナショナル（競馬）	26	23	27	27
サッカーワールドカップ	44	43	44	46
イングマール・ベルイマン	7	9	7	6
アルフレッド・ヒッチコック	34	30	34	37
スティーブン・スピルバーグ	44	39	41	48
「ワンダーウォール」	47	53	49	44
「ウップス」	26	24	28	27
「スタン」	31	31	2	32
「シカゴ」	65	71	72	60
「四季」	56	78	65	43
「交響曲第５番」	19	31	23	13
「カインド・オブ・ブルー」	13	21	15	8
アンディ・ウォーホール	22	32	24	16
パブロ・ピカソ	49	68	50	40
トレイシー・エミン	3	6	2	2
フィンセント・ファン・ゴッホ	67	83	75	58
L.S. ラウリー	55	65	62	48
J.M.W. ターナー	51	67	58	42
フリーダ・カーロ	4	8	3	2
好きなテレビ番組				
『セックス・アンド・ザ・シティ』	4	8	4	2
『パノラマ』	5	7	6	3
『フロスト警部』	14	14	16	13
『イースト・エンダーズ』	12	9	11	13
『フレンズ』	7	6	7	7
『コロネーション・ストリート』	8	6	7	10
『バーナビー警部』	9	8	9	11
好きなテレビ番組のタイプ				
スポーツ番組	13	11	15	13
時事問題に関する番組	16	22	17	13
自然・歴史ドキュメンタリー番組	11	13	11	11
ドラマ番組	8	8	8	9
ソープオペラ	15	10	15	18
	n ＝1564	23.1%	28.7%	45.4%

階級の楕円を示しているが、そこでは労働者階級と他の二つの階級が相当程度重なり合っていることがわかる。階級間に共通する文化的土台があり、手工業労働者のなかには、専門職と似たような文化的ポートフォリオをもつ者もいるのである。階級による区分は相互に排他的なものではない。

そのため、労働者階級の好みについての解釈をめぐっては議論の余地がある。労働者階級は、サンプルの平均に示される一般的なパターンから、はっきりと分離または排除されているわけではない。しかしながら、専門職と比較すると多くの重要な差異があることも明確である。差異が最も際立っているのは、芸術界、文学界、音楽界での伝統的形式をもつ正統文化との関連においてであり、前二者で最も大きくなっている。差異はまた、その正統性が政府資金と関わるような文化――BBCチャンネルを含む――との関連で最も顕著になっている。正統文化への参加の欠如は労働者階級にかなり広範にみられる現象である。他の階級、特に専門職＝幹部階級は、正統文化に関する公的な場やパフォーマンスにふれる経験を多くもっている。金銭的な理由が当てはまる場合もあるが、全体としては、それがこうしたパターンに影響を与えているようにはみえない。すなわち、強固で一貫した「必要性を重視する文化」に関わる兆候はほとんど見いだせないのである。

労働者階級は文化マップ上で特有の分離された位置にあるものの、労働者階級固有の共有された文化をもっているようにはみえない。これは、その文化を最も容易に特定可能にしてくれるものが一見するとないようにみえるからである。印象としては、他の階級の人々にも共有されていることが多い商業的形態の大衆文化と関わるいくつかの項目を除き、労働者階級に共有された嗜好や実践は数少ない。しかしながら、強固に集合的で凝集的な労働者階級文化があるようにはみえないとはいえ、われわれは慎重になる必要がある。すでに第4章でみたように、第一軸の左側に位置する個々人は、社会的に周縁的な存在ではなく、親族、友人、そして地元の人間関係に基づく強固な社会生活を営んでいる。しかし、これらの活動はわれわれの調査では尋ねられていない類いのものである。われわれが異議を唱えたいと思っているステレオタイプを無意識のうちにわれわれの分析が再生産している可能性がある、ということをわれわれは自覚する必要がある。

4　距離化

図3―1の第一軸の際立った特徴は、労働者階級が公的あるいは商業的形態の公共文化に参加していないことである。われわれの質問紙調査の結果からは、労働者階級の人々が公的領域で活動的でないことのさらなる証拠が得られた（ただし、彼らはずっと家にいる――すなわち異なる意味での私事化――のではなくむしろ、一般的な政治的影響力を行使するためのいくつかの手段から隔絶されていると言える）。労働者階級の回答者の半数はどのような任意団体にも所属していない。対して、任意団体に所属している人は中間階級では三六％、そして専門職＝幹部階級では二五％である。労働者階級の人々の加入組織として最も頻繁に言及されたのは労働組合であり、稼働年齢層の一八％が加入している。その他の組織のなかでは、労働者は、社会クラブ、スポーツクラブ、そして教会に所属する傾向にある。他の研究[24]でも見いだされたように、イギリスの労働者階級は市民社会の団体活動には参加しない傾向にある。

労働者階級は、いまでもまだ労働党に投票する傾向がある。仮に明日選挙がおこなわれるとすれば、労働党に投票すると答えた人は、労働者階級の二九％だった。それに対して、保守党に投票するという人は一四％、自由民主党に投票する人は一二％だった。しかしながら、一三％の人は投票にいかないと答えていて（専門職＝幹部階級と比べると二倍の割合）、二一％はわからないと回答していて、この値は専門職＝幹部階級の一・五倍だった。したがって、政治的態度に関する質問の回答にもみられるように、労働者階級は政治的にもある程度独特なのである。

政治姿勢に関する質問への回答から示されるのは、人生を楽にしてくれる可能性があることについて、労働者階級は堅実な感覚をもっていることである。労働者階級は多くの場合、労働組合を支持している――七一％が被

表11－2　階級ごとの政治的意見（賛同と強い賛同の合計割合）

	専門職＝幹部階級	中間階級	労働者階級	全体
強い労働組合は被雇用者の保障にとって不可欠である	63	56	71	65
同性愛的な性的関係は間違っている	22	34	33	31
道徳的基準を維持するための検閲が必要である	73	76	76	75
経済成長を犠牲にしてでも環境は保護するべきである	62	52	51	54
女性が就労できるように保育費は安価に抑えるべきだ	87	79	84	83
入管法は緩すぎであり、厳しくする必要がある	71	88	87	83
高等教育を受ける者が授業料を払うのは公正なことだ	33	36	40	37
法律違反者は厳しい刑罰を受けるべきである	66	85	87	81
あなたはだいたいの他人を信じられると思いますか？→はい	44	36	28	34
年齢の割には自分は健康だと思いますか？→はい	81	77	67	73
自分に起こることはおおむね私自身のおこないによるものである。→同意する	87	83	79	82
n=1564	23%	29%	45%	100%

雇用者を守るために組合は必要だと考えている。しかし、経済成長よりも自然環境を守るべきだという議論には引き付けられていない（表11―2）。三つの階級のすべてで、自らに経済的利益をもたらす、あるいは少なくとも相対的にそうした利益を損なわない項目を選ぶ傾向にある。刑罰、移民、検閲、同性愛に対する見方について、労働者階級は大部分を中間階級と共有している。全体的に、労働者階級は、市民的関心については専門職＝幹部階級ほどにリベラルではなく、経済的関心については中間階級ほど保守的ではない。加えて、労働者階級はどの階級よりも、他者を信頼する者が有意に少なく、自らを健康でないと考えていて、自らの人生の主導権を握っていると回答した者が少ない。

次に、ここまで論じてきたことが質問紙のデザインに影響を受けているのかどうかについて考えよう。そのためには三つの課題をひもとく必要がある。第一の課題は、正統文化に関わる制度や実践への労働者階級の関与の水準と形式に関することである。エビデンスは決定的で、学歴、専門職＝幹部階級の職業的優位性、これらの文化実践への関与や好み、これら三点の間にある関係は、階級独自の資産としての価値を示している。同様に、労働者階級がこの文化―教育―職業の結合体から明確に排除されていることにも疑う余地はない。

第二の課題は、正統文化に関する実践と制度からの距離化、そして公的な政治からの脱離を、文化的不参加のより一般的な形式のエビデンスとして解釈すべきかどうかという問題である。この問題に関しては注意が必要である。われわれがおこなった多重対応分析には、家での非公式な活動はほとんど含まれていない。写真、テレビゲーム、ボードゲーム、ガーデニング、DIY、車いじり、ギャンブル、手芸、ラジオ、コンピューターゲームは、われわれの調査に含まれていないが、これらの活動は家のなかでおこなわれる傾向にあり、比較的費用がかからないものである。また、一日五時間以上テレビを見ることが労働者階級の明確な特徴である一方、テレビ番組のジャンルに対する独自の好みがあるようにはみえない。というのも、お気に入りの番組は他の階級と広く共有されているからである。したがって、労働者階級は文化的に非活動的なのではない。より正確に言えば、労働者階級の文化実践や文化的関心には、一つの階級としての明確な独自性があるわけではないのである。

第三に、質問紙調査ですべての文化活動を網羅していないかもしれないとはいえ、労働者階級に特有の豊かな文化生活をわれわれが見過ごしていることを支持する知見が質的なエビデンスから得られているわけではない。質問紙調査で捉えられなかった熱意や興味関心について言及されることもときおりあった。例えばジョーは、蒸気機関車への情熱をもっていて、それは電気工であり現場監督である彼の仕事で活用される技術的形態の文化資本と共振するものである。しかしながら、労働者階級の人々が充実した生活を送っているというエビデンスが得られているものの、その生活の豊かさは、われわれが見逃してきた労働者階級に特有の集合的文化活動によってもたらされるものではない。

ジョーとエディーは、実直な労働者階級にみられる「文化的正常性」を示すいい例である。自分たちをどのように見なしているかという質問に対して、エディーは次のように回答している。

自分たちのことをどう考えるかって?　たぶん何も特別なことはないですね。私たちはただの労働者階級で、ありふれていて、大金をもっているわけじゃないし、お高くとまっているわけでもないですから。ただの労働者階級にすぎないんです、私たちは。

第4章でみたように、彼らの気晴らしは主に家庭でおこなわれているものの、明らかに親戚を中心とした身近な人々と強いつながりをもっていた。また、社交活動にも熱心に参加していた。彼らの発言からは、幅広い活動に参加し、それらを好むことが明らかになっているが、それらの活動はすべて家庭や近隣、大衆的なメディアや商業文化に限られている。ジョーの無関心や国が美術に補助金を与えることに対するエディーの苛立ちは、彼らと正統文化との隔絶された関係性を示している。正統文化に関わっていないから彼らの生活が豊かでない、と考える道理はない。たとえそれが潜在的に価値がある資産から排除されることにつながっているのだとしても、彼らは不利益や剥奪とは感じていないのである。ジョーは画家のホックニーを「単なる落書き」のようだと退け、ターナーが好きだと言いながらも彼の絵をもう見られないかもしれないと気にかけることもない。またエディーは、テレビの芸術番組は大げさすぎて好きじゃないと言い、この点について、彼女の家の壁にある抽象画に関連させて詳細に語っている。その抽象画はエディーのためにある友人が描いてくれたものだが、彼女はその絵を明らかに好んでいない。

この絵は展示会に出展されたり、見当もつかないような価値があったりするんでしょうけど。私はいらないです。見てそれが何なのかがわかるようなもののことを私は芸術っていうんだと思ってますし、そういう絵は好きですよ。でも、この絵はそうじゃないもの。これは普通の人のためのものじゃないと思います。

国が芸術に設備や資金を提供することへの反論は、労働者階級におこなったインタビューやフォーカスグループでは、どこでもみられた。それはまるで、政治批判の対象がブルジョアジー階級を特定することから国家政策へと移行したかのようだった。例えば労働者階級の五二％が「政府によって資金援助を受けている芸術は、まったく一般の人々のためのものではない」ということに同意しているのに対して、専門職＝幹部階級の人々は三一％しか同意していない。労働者階級は芸術助成金に異議を唱えることによって、自らの好みについて何らかの独立性とその正当性を主張する傾向があり、何をすべきなのか、もしくは何がいいことなのかを教えられることへの抵抗のなかで、その傾向が可視化されるのかもしれない。

文化的パターナリズムの否定は、手工業労働に携わる監督者のフォーカスグループで交わされたやりとりのなかに特徴として表れている。

イヴォンヌ：オーウェンが言うみたいに、みんな出かけて楽しみたいんだよ。それが楽しいって思えなくても、いいことだって思わないといけないんでしょ。
ライアン：いいことだって言われたくもないね。

外的に規定された文化的序列関係を感知すること、およびキャロル（非熟練の労働者階級のフォーカスグループ）がおこなうように「単にあなたの意見」とか「あなたの個人的な好み」と主張すること、この両者の間には緊張関係がある。これは、いずれの労働者階級のグループでもみられたが、結局のところ、他人の意見は無視できるし、そうするべきだという合意がある。

選択基準として通常用いられるのは個人的な好みではあるものの、すべての労働者階級のグループでは、文化的な追求への強く集合的な固執も示されていた。熟練労働者たちは、もし彼らのなかの誰か一人が新しいことを始めたら、残りの人もそれに参加する可能性が非常に高いという意見で一致していた。しかしながら、手工業労働の監督をしている男たちにとってのバレエのように明白に想定外の活動もいくつかあった。多くの場合、はじめに乗り越えなければならない潜在的な冷笑の壁がある。白人の労働者階級にとってユーモアは、文化活動に対する社会統制の強力な手段（見えっ張りと思われるかもしれないという恐れと思われる）となっている。例えば、仮にケヴが社交ダンスに取り組んだとしたら、それは問題になるだろうかと尋ねると、二十六歳の窓整備士のウェインは「俺は気にしないよ。おちょくりはするだろうけどね」と答えた。そして、ウェインはポップスターのような格好を想像しながら、「やっぱ、おちょくるだろうな」と素直に認めた。ここには、調和がどのように維持されているかについてのエビデンスが示されている。

熟練労働者たちの対話にみられるように、労働者階級は嗜好を、複雑な美的判断の機能というよりも、商品、娯楽、エンターテインメントに対する姿勢と考えている。労働者階級の調査対象者は、ときに芸術や文化のカテゴリーに不快感を示すことがあった。例えば、あるグループの議論は「私はまったく芸術には同意できない」という意見で締め括られた。美的観点から悪趣味なことよりも道徳的に悪いことに彼らの注意は向けられている。[25]道徳的な悪趣味は簡単にわかるうえ、人々はその責任をとれるし、とるべきである。他方、文化的な悪趣味の定義は非常に難しく、仮に文化的に趣味が悪かったとしても、それは人々を軽蔑する理由にはまったくあたらない。このような考えは労働者階級グループに共通してみられたが、若い中産階級にはあまりみられなかった。

したがって、労働者階級は、文化的判断について異なった理解をしており、文化実践は、彼らにとって集合的問題として営まれているように思われる。それは集合的連帯の形態をとり、彼らは集団の並びに対する意識のほうが高いのである。このような意識は、個人の不合意というよりは集団的である。また、新しい嗜好を学ぶことは、社会的ネットワークのつながり（そして排除）の問題なのである。彼らは正統文化に畏敬の念を抱いているわけでもなければ、洗練されていることに価値を見いだしているわけでもない。そうした連帯的な集合倫理はしかし、政治的連帯の形態には転化されないのである。

5　卓越化のローカルなゲーム——労働者階級内の分断

仮に労働者階級が、特徴的な生活の仕方を部分的にしか共有していないのであれば、それは階級内部での強い諸分断の結果ではないかと問うことができるだろう。われわれのエビデンスは、階級内が多様であることを示している。問題は、このような分化が系統的なもので、内部の下位区分に起因しているといえるのかどうかということである。雇用関係によって異なる心構え、境遇、あるいは報酬が内的分化の基盤となっているのかもしれないし、また、このような区分間での階級の表れ方の相違となっているのかもしれない。しかしながら同時に、それぞれの下位区分にはジェンダーやエスニシティの構成に違いがあるため、このような問いを切り離して検討することは困難である。そこで、われわれは労働者階級内の差異を検討するなかで、まずこれらの差異がジェンダーとエスニシティによってどのように影響を受けているかを明確にし、これらの問いについて詳細に考察する第12章と第13章の糸口としたい。

労働者階級に関する歴史研究は、熟練労働者と非熟練労働者の間にあった初期の分断が二十世紀の間に着実に消失してきたことを明らかにしている。[26] われわれの調査結果からも、こうした境界線に沿った強い分化はほとんど見いだせず、より複雑な諸分断が見いだせる。われわれのサンプルでは、下級技術者、つまりNS—SECカテゴリーで熟練の手工業労働者に相当する人々は、労働者階級のなかでも相対的に少数であり、サンプル全体の四%を占めるにすぎない。彼らの圧倒的多数が男性であり（九二%）、白人イギリス人の回答者が最も高い割合を占める労働者階級の区分となっている。年齢の特徴をみると、労働者階級全体とほぼ類似した傾向を示すが、若い労働者が若干少ない。下級技術者は相対的に裕福ではあるものの、学歴は低いほうであり、労働者階級のなかでは大卒者のパーセンテージが最も低く（二%）、定型業務従事者に次いで教育資格をもたない者の割合が高い。しかしながら、学歴に関して最も特徴的な点は、後期中等教育資格か職業資格をもつ者の割合が相対的に高いことである。ちなみに、同様のことは彼らの父親世代でも言える。

下級技術者たちは、階級の観点から自らのことを強く同定していて、また、自らを労働者階級だと規定する傾向は労働者階級のなかで最も高く、中産階級だと自認する者が最も少ない。また彼らは、最も労働党に投票する傾向にあり、彼らの社会的態度は相対的にはリベラルでない。そうした傾向は、同性愛に対する寛容度が低く、労働者階級のなかで移民に対する態度が最も否定的である点に見いだすことができる。

最も裕福で、最も男性的で、最も白人的で、最もイギリス的、さらに、階級アイデンティティと労働者階級への政治的所属の感覚が最も強い労働者階級の区分、それが下級技術者たちなのである。伝統的な熟練男性労働者階級は、労働運動の中心的な支持基盤となり、産業界でのリーダーシップを相当程度発揮してきたが、彼らはその残存者なのである。彼らの資源は職業資格と「ノウハウ」という技術形態から構成される「技術資本」の蓄積であり、それは、学校制度と、父から子へと資本の一形態として伝達された技術的熟練が交じり合うことで獲得される。[27] 下級技術者にとっての技術資本の重要性は、彼らが読む雑誌から明らかである。すなわち、彼らは労働者階級——というか、実際にはすべての階級——のすべての部門のなかで、仕事に関わる雑誌だけでなく、工芸や趣味に関する雑誌、機械や技術、コンピューターに関する雑誌を最も読んでいるのである。

表11―3は、多重対応分析の第一軸と第二軸に同定された活動に、労働者階級の各区分がどれほど参加しているのかを要約したものである。この表は、下級技術者、下級現場監督、そして準定型業務従事者のそれぞれの参加の度合いが、定型業務従事者よりも多いか少ないか、あるいは同程度なのかを提示している。太字の項目は下級技術者の参加割合が最も高いものである。ゴチック体で記された項目は、その大半が男性（六九％）である下級現場監督と、大半が女性（七二％）である準定型業務従事者の参加率が、下級技術者と定型業務従事者よりも高いことを示している。残りの項目は、これら三部門の参加率がおおよそ同程度のものである。

ここで明確に表れたパターンが示しているのは、下級現場監督と準定型業務従事者は、労働者階級の外側にまで広がる文化的地平をもっている可能性が高いということだ。中間階級の下級管理職のように、彼らには高い正統的価値が伴っていて、専門職＝幹部階級と強いつながりがある文化実践（例えば、博物館、ステイトリー・ホーム見学、美術館へいく、劇場やオーケストラコンサートへいく、本を読む、ラケット・スポーツをする）に関与しているのである。下級技術者たちは、費用はかかるが正統性を欠いた活動（ナイトクラブへいく、外食をする、パブへ

表11－3　いくつかの活動への参加、労働者階級の下位区分の違い

	下級現場監督	準定型業務従事者	下級技術者
ロックコンサート	*	*	**
ナイトクラブ	(－)	=	*
パブ	=	=	**
外食	=	*	*
平日のテレビ視聴（1時間未満）	*	*	**
博物館	*	*	(－)
オーケストラコンサート	*	*	=
ステイトリー・ホーム	*	*	=
劇場	*	*	(－)
美術館	*	*	(－)
ラケットスポーツ	*	=	*
読書をしない	(－)	(－)	*
ミュージカル（劇場）	*	*	(－)
映画館	*	*	*
所有する絵画（なし）	*	*	*
平日のテレビ視聴（5時間以上）	(－)	(－)	(－)
読書（26冊以上）	=	*	(－)

＊定型業務従事者より高い。＝定型業務従事者と同程度である。(—) 定型型業務従事者未満である。

＊＊下級現場監督および準定型業務従事者より下級技術者が際立って高い。

いく）への参加率が高い。彼らの好む活動は、ライフスタイル空間のより中央に位置している。したがって、もし下級現場監督と準定型業務従事者が、労働者階級からはかけ離れている制度的に保障された形態の文化資本を追求しているとしても、下級技術者はそうではない。

同様のパターンは、嗜好に関しても明確に表れている。下級技術者のジェンダー構成の特異性は、彼らがソープオペラやミュージカルに対して反感を抱いていることや、スポーツ番組や西部劇を愛好していることに反映されている。しかしここでも、様々な界の最も権威あるジャンル——クラシック音楽、印象派、フランス料理店、現代文学、時代劇あるいは文学作品をもとにした映画、加えて界の中心により近いジャンルであるSF映画——との関連をみると、下級現場監督と準定型業務従事者の嗜好は、定型業務従事者とは隔絶し、専門職＝幹部階級に近い傾向にある。下級技術者が最も特徴的なのは音楽の嗜好においてである。ヘビーメタルやカントリー・アンド・ウェスタンへの愛好は、彼らの教育資格を反映したものであ

る。というのも、回帰分析をおこなうと、これらの音楽はそれぞれ、前期中等教育と職業教育資格をもつ者に最も好まれていることが見いだされたからである。[28] 彼らがロック音楽、そしてモダンジャズを好んでいることも同じように、下級技術者たちを音楽界の中位に位置づけている。下級技術者たちの嗜好が労働者階級の外側に広がっているのは、伝統的な形態の文化資本よりも技術資本と経済資本の関係のほうがより重要であるような軌跡上に限られるのである。

エスニック・ブースト・サンプルは十分な大きさではないため、エスニシティ内での階級分断の重要性について断定的な評価を下すことはできない。三つのエスニック集団の階級構成が著しく異なっていることによって、その評価がさらに困難になっている。しかしながら、階級は総体としてみれば、このサンプルの労働者階級の人々を同定する際立った側面ではない。すなわち、自らを特定の階級に属していると考えている人は、エスニック・ブースト・サンプルの二七％に対して、メインサンプルでは三一％であり、そのうち、自らを労働者階級と見なしている人は、このサンプルでは五九％、メインサンプルでは六四％となっている。われわれはすでにこのグループでは、白人労働者階級と強く結び付いている数多くの実践への関心が低いレベルにあることをみてきた。例えば『コロネーション・ストリート』のようなテレビ番組に対する強い嫌悪や、パブとの隔たった関係などである。パキスタンの労働者階級の人々のなかから集められたフォーカスグループから、より詳細なことを明らかにしていく。というのも、われわれが調査対象とした三つのエスニック集団のなかで、パキスタン系の集団には、定型業務従事職と準定型業務従事職——非常に高い割合の失業者も含めて——が最も多く、その一方で下級現場監督や下級技術者はほとんどいなかったからである。

フォーカスグループの議論から、日々の生活にあるいくつかの強固な差異、そして文化消費に重大な影響を与えていることが示された。第一に、生活の中心は労働であり、文化活動やエンターテインメントには懐疑心が向けられていた。これにはある程度の世代的差異があり、(相対的に若い) 対象者のなかには、親世代は働き、読書をし、そして家庭の雑事をおこなうほかは、活動が制限されているという印象をもっている者もいた。若い人々は親世代があまり利用しないテレビやAVメディアを使用している。親たちはとても懸命に働いてきたし、怠惰であることを許さない——そして、息子たちは、そうした習慣を壊したとみられたくない。しかし、イギリスやヨーロッパでは、この数年の間に休暇をとる傾向が高まってきていると報告されており、また、音楽とドラマの質をめぐっても少なからず相反する態度が生じている。そして同時に、商業的エンターテインメントは高額だと見なしていて、そこにかけるお金がないため、地方の自治体や企業がイベントやフェアなどをもっと開催してほしい（しそれらを享受したい）と語る者もいた。女性専用のスポーツやその他の設備——室内プールやジム——の欠如を指摘する者もあった。総じて、宗教的な考察が多くおこなわれており、この点は他のフォーカスグループとは明らかに異なる点だった。地域では、詩、演劇、音楽、そしてスポーツなどのパキスタン人のサークル活動がおこなわれていた。パキスタン人のサッカーチームやクリケットチームに参加している者もいた。また、テレビやラジオの専門チャンネルが利用され、印象としては、多様というよりは統一性がある特殊な文化ジャンル——劇映画や民族音楽など——が視聴されているようである。あまり長時間テレビは見ないし、午後九時以降のテレビはあまりに下世話な番組だから見ようと思わないということだった。彼らは、公的な芸術イベントに足を運ぶことにもためらいを感じていて、劇場や芸術鑑賞にはほとんどいかない。映画に関しては、ヒンディー、西洋、ボリウッドが人気を分けあっている。同様の傾向が音楽についてもみられ、ほとんどの者がインド音楽への嗜好性をもっていた。イギリス白人の労働者階級のグループの場合に比べて、多様な種類の文化活動についての幅広い知識をもち、それらを楽しむことができるのは、地元でのエスニックな社交（「アジアの人々は寄り集まる」）にコミュニティの重点があるからなのかもしれない。確かに、日常文化からみえるものは、非常に異なっている。最も際立っているのは、家庭のホスピタリティの度合いであり、「毎週末、私たちは人を招待する」こと、定期的な（伝統的スポーツや競争が伴う）フェアやフェスティバルへの参加、盛大な結婚式についての話題などは、コミュニティ生活が豊かであることの裏づけなのである。彼らからは全体として状況に適応した文化的嗜好という印象を受ける。というのも、インド亜大陸に由来するとはいえ、社会的文脈のなかに文化をおき、最も重要なのは審美的要素よりもむしろ社会的要素になっているという点で、彼らの文化的嗜好はかなりローカル化された形態であるからである。

6 階級の敵意？

労働者階級の文化実践は、階級関係にどのような帰結をもたらすのか。いい嗜好とはどのように定義されるのかという問いに対して、若い熟練手工業労働者のグループが議論したのはお金と所有物についてだった。ジェスが外食について議論しながらいい嗜好を同定しようとする、以下の会話について考えてみよう。

ジェス：高級ワインとお金をもっていることかな……いい趣味って、新鮮なものを食べられるような本当に高級なレストランにいけるくらいのお金をもっていることじゃないかな。むしろパブなんて冷凍食品ばかりだよね。
ケイト：それから骨董品……
ケヴ：つまりはお金の問題ってことだな。
ケイト：そうそう。
ケヴ：もし俺がいま大富豪だったら、もしそんな感じだったら、大富豪がいまここに歩いてきて、俺らを見てこう言うんだろうね、「あー、なんてことだ」。
ウェイン：世の中はそんな品定めばかり。
ケヴ：そうだよな。
ウェイン：ああ、品定めだらけだよね。あなたみたいな人（モデレーターを指しながら）が「どんな人々が劇場にいくのだろうか？」と言うじゃないか。俺らは、誰が悪いとかそういうんじゃないけど、もし俺たちが劇場にいったら、そこから出てくる人たちのことはオタクだって決め付けるね。

ケヴ：それで、やつらは俺らのことを決め付けるんだろう。

ウェイン：同じように、「あの飲んだくれを見ろよ」ってふうにな。

ケイト：そう決め付けるだろうね。

モデレーター：あなたたちが言うオタクの定義は何ですか？　だいたいでいいので。

ウェイン：楽しみ方を知らないやつのことだよ。

スティーヴ：楽しもうとしないのさ。つまらないことばっかりやって。

ケヴ：笑うのが好きじゃない。

ダス：要するに、俺らと反対のやつらだよ。

ウェイン：たぶん、あいつらはあいつらでかなり幸せなんだろうけど、俺らはやつらをオタクって呼ぶのさ。そしてあいつらは俺らを、飲んだくれとか能なしって言うのさ。

モデレーター：なるほど。そういう事情であなたたちは、その種の場所にいくことを避けているということですか？

ウェイン：いいや。俺は他人がどう思うかはまったく気にしないね。みんな自分の意見をもってるから。

ここでの議論が示しているのは社会的差異についての強い感覚であり、それは暗に階級対立を思い起こさせる。嗜好とは、社会集団を特定する一つの手段であり、そして、それは明らかに優位や劣位といった社会的序列関係の感覚と関わっている。われわれは、「世の中は品定めばかり」という語りのなかに、分類の政治に対する明確な自覚、そして自分が品定めの対象となっているという自覚を見いだすことができるのである。

同様の内容は、非熟練の手工業労働者の集団からも聞かれた。ギャズは、次のように反語的に問いかける。

「どれがいい絵画でどれがそうじゃないかを誰が見分けているんだい？　どこに何を掛けるのかを誰が決めるんだい？」。そして、次のように結論づける。それは「発言権をもっている人さ」。続けて、彼は「俺はそれが誰か知らないけどね。知るわけないじゃないか？　わかるのは、俺の周りにはいないってことぐらいだな」と皮肉った。ここでのギャズの怒りが、大都市に住む権力のある人々が行使する、判断し分類する能力に向けられていることは明白である。

こうした説明から、われわれは「彼ら」と「われわれ」という感覚や他の階級の人々が否定的な評価を下すかもしれないという自覚に潜む敵対心の強い示唆を見いだすことができる。しかし、そこに服従の気配はみられない。ウェインは「オタク」を評価していないし、当然「オタク」になりたいとは思ってもいない。それはギャズやその仲間たちも同様である。

われわれの質問紙調査からの結果によれば、階級意識をもつ人は限られている。「あなたは自分が特定の階級に所属していると思いますか？」という問いに「はい」と答えた人は、サンプル全体の三三%、労働者階級の回答者では三一%しかいなかった。一九八四年のマーシャルらの類似の質問に対して六〇%以上の人が「はい」と回答していることからすれば、階級アイデンティティは弱まってきたのかもしれない[29]。

階級分断が構造的に強められるにつれて階級意識は弱まっていくという、階級のパラドックスが生じていることはこれまでも論じられてきた[30]。スケグスが論じているように[31]、階級という用語で語るのを避けるからといって、必ずしも、人々が階級あるいは自分の階級的位置の重要性を認識していないということではないだろう。スケグスがインタビューした若い労働者階級の女性たちがそうだったように、もし階級について考えることが、羞恥や後ろめたさ、不安などをかき立てるのであれば、階級の影響を経験することが減らなくても、明確に表現することは避けられるのかもしれない。スケグスは、彼女たちには自らや他人に対するある特有の見方があり、それは労働者階級的にならないようにすることと関わっていることを示した。彼女らは、「改善」のための戦略を追求し、「中産階級」として数々の「パッシング」を試みているにもかかわらず、常に不安や不確かさをぬぐえず、自分の嗜好について弁解している。そして、身体管理、服装、インテリアデザインなどのいずれでも、彼女らはうまくやったという確信をただの一度ももてずにいるのである。そこでスケグスは次のように要約する。

階級は、若い女性の主体性の中心にあった。しかし、それは伝統的な意味の認識――私は労働者階級です――として語られるのではなく、むしろ、労働者階級として認識されないようにするための多種多様な努力のなかに示される。彼女らは、身元を隠し、偽るのである。[32]

われわれの調査結果からは、社会的分類の単位としてあからさまに階級を用いることに対する抵抗感が示されている。階級という用語が使われたのは、フォーカスグループの四分の一に満たず、その大半は大卒以上の中産階級によるものだった。「スノッブ」や「上流」のような関連した用語まで含めるとさらに二五％のグループで使われていた。イギリスの政治や社会の言説でより一般的にみられるように、階級の言語は文化の文脈でも衰退傾向にある。とはいえ、多くのフォーカスグループの人々が、社会的圧力が強力に作動していることを認識しているという点で、階級や社会的分断という考え方は「アンダーグラウンド化」しているのである。そのような圧力の例として挙げられたのは、第一次社会化、第二次社会化、社会移動、メディア生産、そして流行などだった。人口の半分は、まだスノッブな態度（われわれが記録した議論のなかではおそらく、「道徳的」に攻撃的なことに次ぐ重罪だとされていた）が存在すると考えている。労働者階級グループと中産階級グループの両方で、「うぬぼれ」や「スノッブ」と見られることへの不安が数多く述べられた。また、労働者階級の人々は、文化活動全領域から排除されているために、不快と感じているときもいまだにあった。

労働者階級が正統文化に対して関与していないことは、必ずしも、彼らが正統文化を嫌っている、あるいは軽んじているということを意味しない。彼らが単に無関心なだけということもありうる。しかしながら、労働者階級の人々は、文化活動が社会的地位のグラデーションを暗示していることをよく理解していて、労働者階級のなかには卓越化の効果に対する苛立ちが潜んでいる。そこには、「洗練されたもの」や「上流」に対する隠れた敵意がある。これを示す一つが、彼らの嫌悪の表現である。われわれが好き嫌いを尋ねた四十項目のうち、多くのものが専門階級よりも労働者階級によって有意に嫌われていた。すなわち、ロック音楽、現代文学、ヘビーメタル、テレビの総選挙特番の視聴、クラシック音楽、モダンジャズ、そして、伝記である。はじめの三つは最も正統化されていて、その他の項目についてもすべて教育資格がない人々よりも大卒の人々により好まれていた。このことは、正統文化の重要な項目に対する労働者階級の敵意の表れだとまでは言えないまでも、確かに距離を示しているのである。嫌悪が単なる美的反感ではなく社会的偏見を表現していることは確証できないが、専門職＝幹部階級と労働者階級の嫌悪の差異に関する検討結果は、特定の項目への嫌悪が社会的境界を顕在化させることを示唆している。

質的調査から得られたエビデンスは、労働者階級が体面のよい人とよくない人に分かれているのではないかという疑念を生じさせるものである。労働者階級の一部のことをメディアは繰り返し「チャヴ」とさげすんで呼び、非難の対象としてきた。何十年も前であれば、このような集団は「粗野」な労働者階級として描写されていただろう。ウェールズでは、「マッシュ」と呼ばれている。美的な趣味の悪さに関して、熟練労働者階級のフォーカスグループでは「マッシュ」が取り上げられ、「シェルスーツ」を着て、「派手なスニーカー」を履いた、「子連れの十五歳」、「大きいゴールドチェーンのネックレス」や「どでかいイヤリング」、「じゃらじゃらと金のアクセサリー」をつけ、そして「ブリーチされた金髪」のような身なりをしている人々として描写された。多くにとって、中産階級では特に、他人や他のグループの嗜好を非難することは容認しがたいことなのだが、労働者階級の一部の人々は、他の労働者階級の人々を指して無能で悪趣味と描写することに何のためらいも感じていない。興味深いことに、現在では不道徳であることと同様に市場でどのような商品を選択するのかによっても人々は同定されているのである。

7 結論

文化への参加と嗜好に照らしてその境界を描き出すとき、労働者階級には総体としては特異性がある。その主要で決定的な特徴は、正統文化への関与の欠如と嫌悪である。参加の欠如は、年長者と若者双方に特徴的にみられる一方で、正統文化に対する嫌悪は、年配の労働者階級の人々よりも若者に顕著に表れていた。

明確で独自の自律的な労働者階級文化というものは存在しないと結論づけざるをえないが、熟練労働者階級の独立した技術的・実用的文化には、過去の反響や残余が表れていた。おそらく男性の熟練手工業労働者で最も際立つものだが、この階級には全体として以下のような傾向がみられる。すなわち、労働党に投票するか投票を棄権する傾向、労働組合に肯定的である傾向、物質的な利害に関心を寄せる傾向、そして自らの状況が改善されるか否かという観点から、芸術、移民、そして経済運営に対する国家政策を判断する傾向である。社会構造を「われわれ」と「やつら」という観点から見がちだが、その感覚が階級という用語の活発な使用に転じることはほとんどない。特定の階級に属するという回答は三分の一に満たないものの、属する階級を選択することを求められれば三分の二の者が労働者階級と答えるというように、弱い階級アイデンティティの感覚がある。

労働者階級のほとんどの人々は正統文化から距離をとっているが、それにもかかわらず、彼らは正統文化によって位置づけられている。彼らが排除されているとは感じていないことから、ここでは排除よりも距離化という概念を用いるほうが適切だろう。ランシマンは、一九六〇年代の代表作(33)で、労働者階級の「準拠集団は限定的」で、彼らは恵まれた中産階級と自分を比較しないと論じている。六〇年代と同じく、現在も正統文化への敬意はみられない。正統文化に特別な価値があることや利益をもたらすことについて、彼らはわずかな認識しかもっていない。労働者階級がこのような文化にふれるのは教育過程を通してだと思われるものの、たいていの場合、教育過程は労働者階級に変換可能な文化資本を提供し損なってきた。しかし、労働者階級の優先事項は別のところにあり、嗜好の領域での審美的な関心は限定的なものである。彼らの生活の優先事項は、陽気であること、家族、労働、おそらく物質的なものを軸に編成されているのであって、決して文化的洗練をめぐっては編成されていない。これについては、第4章でも確認したとおりである。

調査結果は、階級間の文化の実質的な衝突があることを示していない。これは部分的には、労働者階級の文化に独特な要素を中産階級が侵害していることの影響であり、多様なオムニボア性が広がったことの必然的帰結である。またそれは部分的に、脱産業化の影響を受けて手工業労働者階級の共同体が分解していったことの帰結でもある。加えて部分的には、文化領域にまで浸透し代替的・対抗的価値を助長するものでもあった明確な労働者階級の政治が弱体化してきた帰結でもあるのだ。

さらに、労働者階級は現在、商業的大衆文化への十分なアクセスを獲得し、その利用も広がっていると言うこともできるかもしれない。彼らは他の階級の大多数の人々とテレビ、映画、商業的娯楽、そしてスポーツでの幅広い嗜好を共有している。多重対応分析の第一軸によって明らかにされたように三つの階級間は相当程度重なり合っている。しかしながら、肯定的な特異性が何もないことは、労働者階級には、文化的ポートフォリオから導き出せる形態の利益や利点が何一つないことを示している。活動領域の狭さ、下級技術者たちの技術資本はおそらく例外だが、特定の利益を実現するための専門領域の欠如、そして、文化への取り組みの低さ、これらが意味しているのは、専門階級に比較して、労働者階級の文化実践からは、より広い社会の局面で社会経済的な利益を得ることができないということなのである。

したがって、われわれに見いだせるのは、ただ弱い形態のプロレタリア主義だけである。これが最もはっきりしているのは（技術的）熟練の男性手工業労働者たちであるものの、そこにはほぼ実態と呼べるようなものはない。労働者階級は経済的報酬の点では恵まれず、また確実に、正統的文化資本を駆使することもできないままである。また、任意団体への参加が限定的であることからも不利になっている。社会は労働者階級のものではないのだ。労働者階級の人々は、公共的生活の形成から排除されている。つまり、彼らは政治から着実に撤退してきたのである。彼らの経済資本と社会関係資本は微々たるもので、彼らの文化資本を交換しても文化資本は増殖しない。にもかかわらず、労働者階級の調査対象者たちは自らを惨めに感じていないし、陽気さや隣交という独自で自律した文化を営み続けている。彼らは正統文化に捕われていないのだ。不当さや侮辱といった彼らの主要な苦難はおそらく違う原因から生じているのだが、距離化は彼らが恵まれていないことの一要素である。

注

（1）Offe, C., "New Social Movements: Challenging the Boundaries of Institutional Politics," *Social Research*, 52(4), 1985, pp.817-868.

（2）Turner, B., *Status*, Open University Press, 1988, Pakulski, J. and M. Waters, *The Death of Class*, Sage, 1996.

（3）Pahl, R., "Does Class Analysis without Class Theory Have a Promising Future?," *Sociology*, 27(2), 1993, pp.253-258.

（4）Goldthorpe, J. H. and Marshall, G., "The Promising Future of Class Analysis: A Response to Recent Critiques," *Sociology*, 26(3), 1992, pp.381-400.

（5）Dennis, N., F. Henriques and C. Slaughter, *Coal is Our Life*, Eyre and Spottiswoode, 1956.

（6）Hoggart, R., *The Uses of Literacy*, Penguin, 1957.（リチャード・ホガート『読み書き能力の効用』香内三郎訳〔晶文全書〕、晶文社、一九七四年）

（7）Young, M. and P. Willmott, *Family and Kinship in East London*, Routledge and Kegan Paul, 1957.

（8）Goldthorpe, J. H., D. Lockwood, F. Bechhofer and J. Platt, *The Affluent Worker: Industrial Attitudes and Behaviour*, Cambridge University Press, 1968, Goldthorpe, J. H., D. Lockwood, F. Bechhofer and J. Platt, *The Affluent Worker: Political Attitudes and Behaviour*, Cambridge University Press, 1968, Goldthorpe, J. H., D. Lockwood, F. Bechhofer and J. Platt, *The Affluent Worker in the Class Structure*, Cambridge University Press, 1969.

(9) Savage, M., "Working Class Identities in the 1960s: Revisiting the Affluent Worker Study," *Sociology*, 39(5), 2005, pp.929-946.

(10) Martin, R. and R. Fryer, *Redundancy and Paternalist Capitalism: A Study in the Sociology of Work*, Allen and Unwin, 1973, Newby, H., *The Deferential Worker: A Study of Farm Workers in East Anglia*, Penguin, 1978.

(11) Moorhouse, H. F., "Attitudes to Class and Class Relationships in Britain," *Sociology*, 10(3), 1976, pp.469-496, Roberts, K., F. Cook, S. Clark and E. Semeonoff, *The Fragmentary Class Structure*, Heinemann, 1977.

(12) 全体の議論については Savage, M., *Class Analysis and Social Transformation*, Open University Press, 2000 を参照のこと。

(13) バーミンガム・センターでおこなわれてきた研究活動では、しかしながら、イギリスの労働者階級の文化的志向性に関する包括的な研究成果は出されなかった。初期のニューレフトの議論は、労働者階級を組み込んでいく文化的ヘゲモニーという、アントニオ・グラムシから着想を得たものだったが、それは「ニュー・タイムズ」という旗印の下に広がっていたサッチャー主義に対する重要な分析に取って代わられた。

(14) Hall, S., "On Postmodemism and Articulation" (An Interview with Stuart Hall Edited by Lawrence Grossberg), *Journal of Communication Inquiry*, 10(2), 1986, Hall, S., "The Problem of Ideology: Marxism without Guarantees," *Journal of Communication Inquiry*, 10(2), 1986, pp.28-44.

(15) Poulantzas, N., *Classes in Contemporary Capitalism*, Verso, 1974.

(16) Laclau, E. and C. Mouffe, *Hegemony and Socialist Strategy*, Verso, 1985.（エルネスト・ラクラウ／シャンタル・ムフ『ポスト・マルクス主義と政治——根源的民主主義のために』復刻新版、山崎カヲル／石澤武訳、大村書店、二〇〇〇年）

(17) Bourdieu, P., *Distinction: A Social Critique of the Judgement of Taste*, Routledge, 1984, p.372.（ピエール・ブルデュー『ディスタンクシオンI——社会的判断力批判』石井洋二郎訳、藤原書店、一九九〇年、同『ディスタンクシオンII——社会的判断力批判』石井洋二郎訳、藤原書店、一九九〇年）

(18) *Ibid.*

(19) *Ibid*, pp.380-381.

(20) *Ibid*, p.386.

(21) *Ibid.*

(22) McKibbin, R., *Class and Cultures: England 1918-1951*, Clarendon Press, 1998, Savage, *Class Analysis and Social Transformation.*

(23) 同時に指摘しなければならないことは、「非白人」の人々が偏って労働者階級に位置しているということである。労働者階級の「非白人」は五八%であり、サンプル平均の四七%より高くなっている。

(24) Li, Y., M. Savage and A. Pickles, "Social Capital and Social Exclusion in England and Wales 1972-1999," *British Journal of Sociology*, 54(4), 2003, pp.497-526, Warde, A., G. Tampubolon, B. Longhurst, K. Ray, M. Savage and M. Tomlinson, "Trends in Social Capital: Membership of Associations in Great Britain, 1991-98," *British Journal of Political Sciences*, 33(3), 2003, pp.515-534.

(25) Woodward, I. and M. Emmison, "From Aesthetic Principles to Collective Sentiments: The Logics of Everyday Judgements of Taste," *Poetics*, 29(6), 2001, pp.295-316 など。

(26) Savage, M. and A. Miles, *The Remaking of the English Working Class, 1880-1940*, Routledge, 1994, McKibbin, R., *Class and Cultures: England 1918-1951*, Clarendon Press, 1998.

(27) Bourdieu, P., *The Social Structures of the Economy*, Polity, 2005, pp.78-81.（ピエール・ブルデュー『住宅市場の社会経済学』山田鋭夫／渡辺純子訳〔Bourdieu library〕、藤原書店、二〇〇六年）

(28) Savage, M., "The Musical Field," *Cultural Trends*, 15(2-3), 2006, pp.159-174.

(29) ここで留意すべきは、一九八四年のマーシャルらの研究では過大な効果を記録しているかもしれない点である。というのも、質問紙の焦点は階級に強く特化したものだったうえ（Saunders, P., *Social Class and Stratification*, Routledge, 1989 を参照）、炭坑労働者たちが激しくストライキを起こしていた八四年から八五年の期間におこなわれたものだったからだ。

(30) Savage, *Class Analysis and Social Transformation.*

(31) Skeggs, B., *Formations of Class and Gender: Becoming Respectable*, Sage, 1997.

(32) *Ibid.*, p.74.

(33) Runciman, W. G., *Relative Deprivation and Social Justice: A Study of Attitudes to Social Inequality in Twentieth-Century England*, Routledge, 1966.

第12章

ジェンダーと文化資本

1 序

　ブルデューは自身の思考を明瞭に階級の観点から枠づけているが、彼の社会理論は現代のジェンダーをめぐる問題にも適用可能なものである。実際、フェミニストたちの分析にとってブルデューの魅力は、まさに彼の研究が提起した階級という問題にあった。階級の重要性は、両性の性的欲望の諸経験[1]に加え、労働者階級の女性たちの間で遂行される女性性と体面に関わる諸行為[2]のなかに見いだされてきた。階級に基づく判断は、母親の経験にも影響を及ぼしているし[3]、また、親（特に母親）の教育戦略にも深く関わっている[4]。ブルデュー自身[5]は男性性の権力に関する研究のなかで、ジェンダーの問題に理論的に取り組んだ。そのなかで彼は、彼自身の初期のカビリア研究での観察を捉え直し、象徴資本の「対象」として女性を位置づける性別役割分業の自然化という側面を強調した[6]。構造化された性別役割分業が性的に差異化された世界観を生み出すという指摘によって、この点は繰り返されている[7]。しかし、他の著名な男性の研究者と同様に、ブルデューは多くのフェミニスト的研究を無視していた[8]。ジェンダー分析という視点からみたときの『ディスタンクシオン』の「盲点」は、広く知られている。六百ページの分量のなかで、ジェンダーは何度も登場する機会があるにもかかわらず（「女性」であることに明確に言及しているのはたったの二十七ページ）、これについての体系的な分析は一度もなされていない。嗜好のジェンダー化はこの本の主な関心事だったにもかかわらず、である。なぜ、そうなってしまったのか。

ジェンダーは、常態のなかに隠れている。ブルデューの「性的に」組織化された社会秩序は安定している。なぜなら、自然を中心に据え、性別化された身体を文化のなかで恒常化しているからである。性的差異に基づいた、ジェンダー化されたハビトゥスは性別化された身体を前提にしており、性別化された身体が社会的アイデンティティを支える。ブルデューはこの性的アイデンティティを、身体に基づき、「時間と文化を超え、所与・基礎・共通にある」ものと考えた(9)。そのため、性別化された身体の常態が、資本の一形態としてジェンダーとどのように異なるはたらきをするのか、ということを彼は見落としてしまったのである。身体化は、資本の構成と量に関連していて、それらは、ジェンダーと階級に関する様々な道筋を通じて（身体のなかに）獲得・貯蓄されるものである（第9章を参照）。身体が資本の一形態、あるいは身体化された文化資本として作動しているのならば、なぜジェンダーは、ブルデューの思考のなかで資本の一形態を構成するものではないのか。

リーズリー・マッコールは、ブルデューのジェンダー分析をエスニシティ分析と比較して、重大な矛盾を述べている(10)。エスニック集団のメンバーは、エスニック集団の序列関係内の位置にしたがって諸社会階級に広がっているという理由から、エスニシティは経済資本と文化資本の構造を強化する「副次的原理」として特定されている。エスニシティは、社会階層化で垂直上の第二のレイヤーとして機能しているのである。それとは対照的に、ジェンダーは社会階層化の過程内部で作動するものとして捉えられる。したがって、その独立した層化効果が問題にされないかぎり、ジェンダーは隠れたままである。ブルデューによれば、身体化されジェンダー化された資本は、「普遍的で自然なものとして顕在化するために(11)」象徴的なものである。つまり、不平等を作り出すジェンダー化された性向が存在するうえで欠かせない社会過程と社会構造が、首尾よく正統化されることで「ジェンダーの誤認」は生じているのである。[12] たいていの場合、ジェンダーがそのように作動するのは、権力と特権を伴う他の諸性向と交ぜ合わさるときである。

本章では、ジェンダーが、文化資本、経済資本、社会関係資本を横断する不平等の要素として、追加的な軸になっているのか、あるいは、これらの資本自体を「ジェンダー化された」ものとして考える必要があるのか、という問題について検討する。そうすることでわれわれは、これらの資本と関わる様々な女性性と男性性をよりよく理解することができるだろう。われわれは、ブルデューの家族概念を吟味することによってこの課題に取り組むが、ブルデューの家族に関する分析は、家族内や非伝統的なジェンダー実践のなかにある差異と不平等の重要性を消し去った規範的な枠組みのなかでなされている。[13] このことは彼の界分析の展開と関わる論点である。彼の界分析では、私的・個人的諸関係をあまり重要でないものとして退けて、社会空間的差異化の公的世界を暗黙裡に構築してしまっているのである。

われわれは、第3章で検討した文化マップの第三軸の分析から始める。第3章では、内向き志向と外向き志向の間にみられる対立は、単純にジェンダーの違いに置き換えられるわけではないと論じた。その対立は女性と男性の好みを明確に位置づけていたが、それは、特定の文化項目に関わる内向きと外向きの諸性向との様々な関係性を通じて水路づけられているのである。さらに、第三軸は感情資本のテンプレートでもない。というのも、例えば身体的・技術的資産に関する項目が空間に散在しているからである。これからこの軸をさらに詳細に検討していくわれわれのねらいは、文化的嗜好の複雑さを本質主義に還元することなく、様々な形態の文化資本とジェンダー分割との間にある相互関係を説明することにある。

この主要な問題を検討する際に、われわれは次の三つの課題にも取り組む。第一に、資本が構築されるのは、世帯の資源としてか、それとも個人の資源としてか。『ディスタンクシオン』でのブルデューの質問紙調査では、(同じ世帯内ではない)男性と女性を区別していたが、彼らが属する世帯の種類に応じて男女を区別しなかった。このことは、のちに『男性支配』で展開された彼の傾向を反映している。すなわち彼は、男性支配の世帯を普遍的で半永久的な現象として想定し、時間と場所に応じた資本の特有のはたらきを評価する際にそれらを無視できるものと見なしていたのである。しかし今日、世帯は、流動性が高く多様であり、様々な形態で組織されている。そしてもはや、その多くは、伝統的な男性支配モデルとは一致しない。そこでわれわれは、子どもへ資源を継承させる際に、社会的なるものへの埋め込まれ方に応じて、特定の世帯類型がその他の世帯類型よりも効果的に再生産している過程を探求していく。

第二の課題は、ジェンダーがどのように資本の形態の配置と変換に関係しているのかという問題である。資本の形態は、歴史的にジェンダー特性を帯びてきた。経済資本の所有は、所有物や財産資源という形態で、歴史的にもっぱら男性の特権だった。物の所有権を個人化しようとする法的改革が進められてきたものの、例えば同居カップルの給付金の受給権を査定したり、離婚する際の適切な財産分与を決めたりする場合に、男性の特権は維持されている。また、ジェンダー化された形態の社会関係資本に関しては広範囲にわたる研究が存在している。とりわけ、公的・制度的な舞台から女性を排除して周辺化する男性のホモソーシャリティの権力に関するものが多い[14]。しばしばインフォーマルな関係で組織されている女性の強い社会的ネットワークを見いだすことができるが、そうした社会的ネットワークは主に、男性の特権を補完する力としてはたらく。より明確に言えば、このような女性の社会関係資本が様々な界を横断することはまれで、そのために、資本を変換することも男性のネットワークほど容易ではない。さらにこのことと対照的だが、子どもの世話役で教育者という女性の中心的役割は、文化的利益の伝達において重大な力を女性たちに与えてきた。ローズマリー・クロンプトンとケイ・サンダーソン[15]は、一九六〇年代以降の労働市場で女性の地位が向上した際の主要な特徴は、彼女たちが「資格というレバー」を引いたことに由来していて、これによって女性たちは教育資格を用いて専門性のある職業に就けるようになったのだ、と強調している[16]。中産階級セクターでの女性の雇用拡大は、優位な仕事に就いている女性が、男性に匹敵するほどの力をどれほどもつことができるのかという重要な問題を提起した。キャリア昇進のために男性が女性性を横領できることを見いだしたリサ・アドキンスとセリア・ラリー[17]、レイウィン・コンネル[18]の研究をもとに、ベヴァリー・スケグス[19]は、いったん象徴的に正統化されないことには、ジェンダーは文化資本の一形態になりえないと論じている。端的に言えば、ジェンダーと資本形態の複雑で可変的な関係性が認識される必要があるのである。

第三に、われわれは文化実践とジェンダー・アイデンティティの関係性を考察する。現在、ジェンダーとセクシュアリティに関わる様々なアイデンティティは、「生まれつき」あるいは「正常」であることを前提にした考え方とは相いれない諸方向に拡大している。ロイス・マクネイ[20]のようなフェミニストは、批判的フェミニスト・アイデンティティは雇用の界での女性の立場と家族の界での女性の立場のミスマッチから生じる可能性があると論じており、そこでは専門職の女性がとりわけジェンダー規範に批判的な傾向があるかどうかに関心が寄せられている。そのため、以下では、インタビュー対象者たちがどのようなジェンダーとセクシュアリティに関わるアイデンティティを表象したのかを考察し、そして、これらのアイデンティティを複数の界の間にある「ミスマッチ」の産物として見なすことができるのかどうかを見極めたい。

これら三つの課題に焦点を当て、世帯の組織化について考えることから始めよう。その際、家族形態の断片化が、ある観点からはどのように階級分断を強化しているのか、別の観点からはどのように社会的境界を浸食しているのかが見いだされるだろう。とりわけ、それは中間階級の凝集性を制限している。次に第3節でわれわれは、ジェンダーが文化資本とどのように関連しているのかを評価するために、ジェンダーが文化マップの第三軸上にどのように配列されているのかを検討していく。そして第4節では、インタビューから、ジェンダーとセクシュアリティに関わるアイデンティティが、どのようにライフスタイル空間でのインタビュー対象者の位置と関連しているのかを明らかにする。われわれが強調するのは、女性は男性よりも自らのジェンダー化されたアイデンティティを非常に多様に提示するということだ。女性たちは、特に専門職の場合、いくつものやり方で伝統的な女性的アイデンティティに異議を唱える。概して、世帯とジェンダーの関係は多様で変化しつつあるものの、慣習型に近い世帯で生活する女性が文化的利益を得られるようになっている。

2 ジェンダーと世帯関係

『ディスタンクシオン』では、大黒柱としての男性の支配が前提とされていて、男性の稼ぎ手によって世帯全体の立場が定義されていた。その時代の多くの社会学者たちのように[21]、ブルデューは世帯の状況と男性の職業的立場を混同していたのである。男性と女性の不平等な関係を認識しながらも、彼は文化資本を基本的に世帯の資源として分析し、世帯内の資産や投資の不平等を隠蔽したのである。

一九六〇年代以降、労働市場に参入する女性、特に子どもを扶養する女性が増えたために、こうした想定は疑問視されるようになってきた。専門職や管理職に就く女性の増加が、世帯の社会的立場を定義する際に男性の稼ぎ手を重要視するという慣例に疑問を投げかけたのである。「階級交差家族」の増大は、パートナーの男性よりも特権的な職業的立場にいる女性が存在することを意味している[22]。また、「非慣習的」世帯の出現も重要であり、特に単身世帯や、男性＝女性カップルに規定されない複数の成人から成る世帯が増加してきた[23]。

文化へ関与するパターンは、階級と同様に世帯類型とも関係がある。表12―1と表12―2は、回答者のジェンダーと家族類型によって、それぞれの社会階級をどのように分節できるかを示している。ここでわれわれは、現在は労働市場にいない回答者については、就業歴を代用するものとして最後に就いた職業を参照して階級を定めた。

これらの表の最終行をみてみると、男性と女性が比較的同程度に三つの階級に配分されていることがわかる。これは驚くべきことではない。というのも、もし階級構成でジェンダーによる目立った偏りがある場合、文化マップの第一軸上に配置されたジェンダーそれ自体を取り出せるはずだからである。しかしながら、このことは労働市場がジェンダー的に平等であることを意味しない。全体として、男性は女性よりも一貫して稼いでいる。ま

表12－1　家族類型ごとの男性回答者の社会階級（行%）

	社会階級 - 男性			全体	
	専門職＝幹部階級	中間階級	労働者階級	度数	%
単身					
就業者	22	24	52	98	14
退職者	15	24	62	34	5
親族以外の成人	20	14	66	99	14
カップル					
子どもなし	25	33	41	237	34
扶養する子どもと同居	33	32	35	151	22
扶養しない子どもと同居	10	24	66	41	6
ひとり親家庭					
扶養する子どもと同居	20	20	60	5	1
扶養しない子どもと同居	21	29	50	14	2
複合家族	24	19	57	21	3
全体	24	28	48	700	100

表12－2　世帯類型ごとの女性回答者の社会階級（行%）

	社会階級 - 男性			全体	
	専門職＝幹部階級	中間階級	労働者階級	度数	%
単身					
就業者	28	30	42	60	7
退職者	15	27	58	81	10
親族以外の成人	15	27	58	86	11
カップル					
子どもなし	29	34	36	231	28
扶養する子どもと同居	29	29	42	192	24
扶養しない子どもと同居	12	39	49	59	8
ひとり親家庭					
扶養する子どもと同居	17	32	52	54	7
扶養しない子どもと同居	19	22	59	32	4
複合家族	17	33	50	180	2
全体	23	31	46	816	100

表12－3　男性回答者の職業階級とパートナーの職業階級（行%）

男性回答者の職業階級	パートナーの職業階級			合計人数=100%
	専門職＝幹部階級	中間階級	労働者階級	
専門職＝幹部階級	48	35	16	122
中間階級	26	46	28	134
労働者階級	11	32	57	191
全体	26	37	37	447

表12－4　女性回答者の職業階級とパートナーの職業階級（行%）

女性回答者の職業階級	パートナーの職業階級			合計人数=100%
	専門職＝幹部階級	中間階級	労働者階級	
専門職＝幹部階級	57	10	34	134
中間階級	33	18	50	169
労働者階級	20	14	66	212
全体	34	14	52	515

た、同一階級内にも重要な分離があり、例えば専門職のなかでも、女性たちの多くは「下級専門職」グループを占めている。

最終列をみてみると、家族形態がどれだけ多様か、また、この観点からみて、どれだけ男性と女性の間に興味深い差異があるかがわかる。「就業」と「退職」の単身世帯、そして扶養する子どもをもつひとり親として生活している女性を合わせた割合は二四%であり、男性の二〇%に比べて高い割合になっている。この差異のほとんどは、ひとり親の割合の差によって説明される。男性の場合、扶養する子どもをもつ同居カップルという従来の家族形態が、専門職＝幹部階級では大きな比率を占め、その他の階級では少ない比率を占めている。専門職＝幹部階級に属する男性は二四%だが、そのうち三三%の男性がパートナーと扶養する子どもと一緒に住んでいるのである。現役で働いていることの階級の男性の二二%は単身者である。こうした状況は、女性とは異なっている。すなわち、専門職＝幹部階級に属している女性は二三%であり、そのなかの二八%が現役で働きながら一人暮らしをしている。パートナーと被扶養の子どもと一緒に住む専門職＝幹部階級の女性は、二九%である。

表12―1と表12―2は、パートナーと生活をともにしている男性と女性がどの程度の割合で同じ職業階級のパートナーと住んでいるかについて考慮されていない。そこで、男女別に自らの立場とパートナーの立場をクロス表にしてみたのが、表12―3と表12―4である。これらの表をみれば、階級横断家族がどれくらい存在するのか、そして、互いを唯一のパートナーとする二者関係を結ぶ傾向があるのかどうかを判断することができる。全体的に見れば、異なる階級の人々が一緒に住むことはまれで、特に専門職＝幹部階級と労働者階級の場合はそうである。

表12―3をみると、専門職＝幹部階級の男性が、労働者階級の男性に比べて四倍以上も専門職＝幹部階級の女性と住む傾向にある（一一％に対して四八％）。専門職＝幹部階級の女性は、労働者階級の女性に比べて三倍ほど専門職＝幹部階級の男性と一緒に住む傾向にある（五七％に対して二〇％）。全体的に、女性よりも男性に社会的選抜性があるという調査結果になっている。すなわち、専門職＝幹部階級の女性の三四％は労働者階級の男性と一緒に住んでいて、また、労働者階級の女性の二〇％は専門職＝幹部階級の男性と一緒に住んでいるのである。したがって、専門職＝幹部階級の女性は、一人暮らしをしていたり、対照的な階級的序列関係の男性と同居していたりと、慣習型の世帯関係にない可能性が相対的に高いのである。このことは、マクネイ[24]が仮説を立てたように、女性のジェンダー再帰性の形態と関係しているのかもしれない。この問題については、第4節で取り上げる。しかし、専門職＝幹部階級の男性は慣習型の家族形態で生活し、特に労働者階級の女性と同居しない傾向にある。同様のパターンは労働者階級にも当てはまる。労働者階級の男性のうち、専門職＝幹部階級の女性と暮らす者は、一一％しかいない。これは、労働者階級の女性と同居する男性（五七％）の五分の一以下である。その一方で、労働者階級の女性のうち、専門職＝幹部階級の男性と暮らす者は二〇％である。労働者階級の男性と同居する労働者階級の女性が六六％だから、その三分の一よりも少ないことになる。

社会的類似性を基盤にパートナー関係が形成されているために、同じ階級同士の結婚が高い割合で存在している。労働者階級と専門職＝幹部階級では、「階級横断世帯」は比較的まれである。中間階級では、状況は異なっている。中間階級の女性には、相対的に高い社会移動がみられる一方で、労働者階級の人々とパートナー関係を結ぶ傾向も強い。パートナーと暮らす中間階級のうち、四〇％しか他の中間階級のパートナーと同居していないのに対して、労働者階級では労働者階級のパートナーと同居する者の割合が五八％、専門職＝幹部階級では専門職＝幹部階級のパートナーと同居する者の割合が四七％となっている。中間階級の人々が同じ階級よりも専門職＝幹部階級や労働者階級と一緒に住んでいる割合が高いことから、彼・彼女らの比較的特異でない文化的プロファイルを説明できるのかもしれない。

男性の場合、パートナー関係を通じて支配的立場を保持し、さらなる利益を生み出す傾向があるが、それに比べて女性の場合は、パートナーの選択を通じて文化資本を蓄積する可能性を失う傾向があるように思える。しかしながら、われわれは、ブルデューによって提起された男性支配の理論[25]を擁護するわけではない。不平等を女性の男性への経済的従属に帰するよりもむしろ、われわれが強調するのは異なる関係的諸資源の重要性である。それらの資源は、それぞれの文化資本の水準に応じて、女性と男性の様々なジェンダー化された位置と結び付いている。

3　諸文化界と諸個人のジェンダー化

一般的に、文化実践の明白なジェンダー化は、年配のフォーカスグループでよく見いだされたが、若い女性と男性の間では同様の実践をおこなうことが多くなるため、差異は顕著に少なくなっていた。田舎の女性のサービス労働者は、女性協同組合運動の魅力について語る一方、退職した中産階級の女性は、女性のほうが任意団体に参加する傾向にあると話した。後者の女性ジョスは、彼女が生きている間に女性の役割は劇的に変化したと語り、また、すべての女性が、現在ではジェンダー分断は目立たなくなっているということに同意した。同様に、ウェールズの現場監督の男性たちは、男声合唱団に対する熱意が失われたと語った。――「旦那は日曜の夜でも、家にいるよりもパブにいって過ごすだろ」、デューイはそう表現した。フォーカスグループのなかには、ゲイ男性のように、いい嗜好や社会的に好ましい振る舞いについて話しているとき、明確に「性差別的」表現を避けるグループがあった。他方で、現場監督たちは、人種差別的・性差別的な冗談が受け入れられない時代になったと嘆いていた。

スポーツは、ジェンダー分断が重要なものであり続けていることを確認できる主要な分野である。給付金受給者のフォーカスグループの人々は、女性にとってスポーツの重要性が増大していると語った。退職した労働者階級のフォーカスグループの女性たちは、夫がサッカーや競技レースなどのスポーツに熱狂しているせいで相手にしてもらえず、それを女性雑誌への熱意で埋め合わせていて、「未亡人」のようだと語っていた。このグループを含め、「適切な」やり方で女性がスポーツに参加する重要性を語るグループもある。パキスタン人の労働者階級のグループや専門職のフォーカスグループでは女性専用の水泳教室が話題にあがり、インド人の中産階級の人々は、女性専用のジムについて語った。労働者階級のグループにとって、ジェンダーは、好ましい振る舞いに関する問題を引き起こすものだった。例えば熟練の手工業労働者のなかには、男性たちがバレエを見ることは好ましくない振る舞いだと言う人がいた。ＢＪが「男にバレエは似合わないよ、そうだろう?」と言うと、スチュは映画『リトル・ダンサー』を見たことがあると打ち明けた。「だけど、俺はリビングでその映画を見たよ。人目につくような場所では見なかったんだ」

われわれのフォーカスグループでは、文化的嗜好の問題はセクシュアリティの論点をめぐって最も現れやすく、軽い冗談や、場合によっては、より深刻な反省や批判を招いた。このことは、特に若者グループに当てはまる。ダンスへの関心は、(田舎のサービス労働者グループでは)男性と女性の性別を強調する活動についての省察へとつながったが、これはゲイ男性でも(アーサーはデーヴに、ダンスをするときは女装するかと尋ねた)、レズビアンでも同様だった(ストレートの男性とは一緒にダンスをすべきではないという同意のもと、どんな男性ならダンスをしても受け入れられるかという話につながった）。ゲイ男性のフォーカスグループでは、デイヴィッド・ベッカムへの関心が話題に上がった際に、「スポーツ的にどうかってこと?」という一つの皮肉な応答が、大笑いを引き起こし、ゲイに特有の文化実践があるかどうかという議論につながっていった。劇場について話すメンバーもいた。レズビアンのフォーカスグループでは、女性向けの文化実践に対して忌避感が表明され、それは単に広く普及した異性愛志向の女性誌にだけでなく、レズビアン向けの雑誌に対しても向けられていた。「私は、そうしたひどいレズビアン本のすべてに関わりたくありません。正直、くだらないものが多いでしょう。はっきり言って。自分自身を作家だ、レズビアンだという人もいるでしょうけど、そんな本売れ残るでしょう」とアリは話す。黒人の中産階級男性たちが男性誌についての関心を話しているとき、アントンが「若い娘」がたくさん載っているから好きだと言うまで、そうした話題は明らかに防衛的な反応を引き起こしていた。だが、アントンのこの発言のあと、こうした雑誌によって男性と女性というものがどのように構築されていくかについての広い省察につながった。男性誌の性的欲望をとりあげる性質は、ビジネス・エリートたちや、男性を「見かけだおし」と話す専門職の女性たちのなかでも議論された。低賃金労働に就く女性たちは、『シェイムレス』や『フットボーラーズ・ワイズ』のようなテレビ番組でどれだけ女性が性的欲望の対象とされているのかにまで話を広げ、他方、非熟練の男性労働者たちは、クラシック音楽の魅力は「女たちが聞きにいくところさ」と冗談を言った。

このように表明された一般的な見方から言えることは、ジェンダーそれ自体よりもセクシュアリティのほうが文化生活の中心にあるということだ。われわれは、それぞれの文化界、すなわち、音楽、視覚芸術、読むこと、身体化、メディアの諸界を構造化する際にジェンダーが果たす役割を検討することで、質問紙調査のデータから、このことが支持されるかどうかを判断することができる。第3章で見いだされたのは、文化マップの第三軸は、明白に「外向き」を志向する活動と「内向き」を志向する活動を区別でき、それがジェンダー分割と重なっているということだった。この軸は、測定された変数の七％しか説明していないが、それでも文化マップの重要な一側面である。これが、ジェンダーを単なる二次的効果としか捉えていないブルデューの分析とは、決定的に違う点である。[26]

第三軸をみると、実践に差異があるのは一部だけで、嗜好のほうが参加よりも重要である（図3―3を参照）。下部で参加を示す変数は、サッカーをする、クラブスポーツをする、外食をしないほうだ、映画にいかないほうだ、といった項目である。軸の「内向き」の極、すなわち、上部にある変数は、ミュージカルやナイトクラブにいくほうだという項目である。嗜好の違いは比較的際立っているが、それは、テレビ、映画、読むことといった特定の分野に限られている。音楽の嗜好の男女差はあまり目立つものではない。第三軸の「外向き」に位置する変数は、ロックやヘビーメタルをどちらかといえば楽しむほうだというものである。第三軸の「内向き」に位置する変数は、アーバンミュージックがどちらかといえば好きだという項目や、クラシック音楽が嫌いだという項目である。視覚芸術の界で下部に位置する変数は、現代アートと印象派にどちらかといえば興味があるほうだという項目であり、特に上部に位置する人は風景画を好むが、ここでも、これらの差異は相対的にわずかなものでしかない。音楽や視覚芸術が一般的に最も激しくせめぎ合う界だという事実を考慮すると、これらの知見は興味深い。つまり、そうしたせめぎ合いは、主に年齢やエスニシティに起因するものなのであり、特に音楽の場合にはその傾向が強い。読むことやメディアといったあまり階級の分断がみられない界は、「内向き」の志向と「外向き」の志向の違いがより強くなっている。読むことや、テレビと映画の視聴は主に家庭の領域のなかでおこなわれるものであり、「外向き―内向き」の分断を構造化する権力を示しているのである。われわれは「公―私」という区別よりもこの対比を好んで用いている。というのも、「外向き」の極の場合には、その対立は、家庭の外にある活動、特にスポーツやニュースそして時事問題や自然環境に関する活動と関わっているけれども、その一方で、その対立は、私的な家庭界の内部にもあるからである。重要なことに、第三軸上で高度に組織化された嗜好はわずかしかない。最も明白に地図上の「内向き」に位置づけられているのは文学や映画のロマンス分野であり、それほど明白ではないにせよ、「外向き」に位置づけられるスポーツ番組や西部劇と対比すると、テレビのソープオペラも「内向き」に位置づけられる。したがって、家庭領域内部に、ある程度の公―私という分断が再度刻み込まれるのである。例えば男性には、家庭的でない世界についての番組や本、すなわち、自然環境の番組、西部劇、風景画、スポーツ、そして、ニュースや時事問題に関わる番組が好きな人が多いことがそれを示している。

われわれが「外向き」と「内向き」という用語を使っているのは、第三軸のすべてがジェンダーによって位置づけられているわけではないことを強調するためである。すべての男性が外向き志向なわけではないし、すべての女性が内向き志向なわけでもない。にもかかわらず、図3—7をみると、男性と女性がかなり明確に分離している。上部、あるいは「内向き」の極に男性はほとんどおらず、上部に位置する男性よりも下部に向かっている女性のほうが多いとはいえ、下部にいる女性もわずかである。ジェンダー間の分離の鮮明さ——ここでは、嗜好という点から主に編成されているが——はかなり際立っていて、第一軸上の階級間の差異よりも明瞭である。また、男性と女性の分離の程度は、第一軸の左右でほとんど変わらない。ジェンダーは、関与と非関与の領域に対して垂直に位置づけられているのである。そこから暗に示されるのは、ジェンダーと関連して見いだされる第三軸の文化的差異は、専門職＝幹部階級、中間および労働者階級の間で異なるものではないということだ。この点で、「外向き」と「内向き」の実践の間に差異をもたらしているジェンダー化された嗜好は、一般的に階級的区分から独立しているのである。

第4章と同じ戦略を用いると、第三軸の様々な地点に位置する個々の男女の発言について説明することができる。図12—1には、第一軸と第三軸の上にインタビュー対象者が位置づけられている。女性は十五人だが、男性は六人しかいない。その理由は、調査のインタビュー段階で連絡をとることに同意してくれた人に女性が多かったからである[27]（方法論補遺3を参照）。しかしながら、彼女たちを通して、場合によっては同居するパートナーにインタビューをおこなうことができ、ジェンダーのバランスを多少是正することができた（女性二十四人、男性二十人）。下部に向かった第三軸の「外向き」にしっかりと位置する者は、六人の男性のなかで二人（ジョー・スミスとジム・ショー）だけである。その軸の上部の「内向き」の領域に明確にいる者は、われわれがインタビューをした女性十五人のうち、三人（レイチェル・グリフィス、マーガレット・スタープルス、モリー・マクナブ）である。

マップ左側で最も目立つジェンダー的対置は、第4章で紹介したジョーとマーガレットとの間にある。第4章で検討した参加（第一軸）と嗜好（好き嫌い）（第二軸）の点では、ジョーとマーガレットはかなり近くに位置するが、第三軸（主に「好き」で差をみる）で分析するとそれほど近くない。

ジョーは、図の下部すなわち第三軸の「外向き」で、第一軸の左側に位置づいている。すでに確認したように、彼は、確立された文化の実践や形式についての関心や知識をほとんどもっておらず、商業的な形式の文化、特にスポーツやポピュラー音楽のほうに関心を寄せている。サッカーとパブでビールを飲む以外は、たいてい妻や友人とともに、もっぱら自分の家で男性的な文化的な気晴らしをしている。とりわけテレビを見ることが多く、スポーツ番組が好みだが、自然環境や歴史のドキュメンタリーも好きだという。自然環境のドキュメンタリーは、彼が「田舎暮らし」に関心を寄せていることと一致しているが、彼が関心を向けているものは、争いである。「私は肉食動物の世界を見るのが好きですね。ライオンがエサを捕獲するのが」。彼が最も嫌っているものは、料理やガーデニング、室内装飾に関する番組である。映画は主に戦争もの、アクション、冒険スリラーを見る。彼が唯一読んだという本は、アンディ・マクナブによる『ブラボー・ツー・ゼロ』で、一九九一年に起きた湾岸戦争の特殊空挺部隊に所属する兵隊の話だ。「しばらく楽しめましたよ……休日にヒマだったから読んだのです」。われわれがジョーに対して抱く、きわめて伝統的な男性的アイデンティティをもっているという印象は、子育ては手伝うが料理はまったくしないという事実によって際立つものになる。

ジョーの妻エディは、事務員として週に二十時間働いていて、子育ては自分の母親と分業している。彼女は料理が好きで（「私は毎晩ちゃんとした食事を作っています」）、家をきれいにしている。彼女が好きな活動には、ソープオペラ（特に『コロネーション・ストリート』）や料理番組のように、第三軸の上部に見いだされるものが多い。ホラー映画が嫌いで、ロマンスを好む。彼女いわく、特別な日に出かけるときにはおしゃれに見えるようにも努めている。また、家で楽しむときには、最高のディナーを振る舞えるように、特に力を入れるのだという。しかし、すべてが伝統的な女性的ステレオタイプに一致するわけではなく、例えばＤＩＹや木工にも熱中している。

ジョーとエディーはともにはっきりとした世帯内分業に依存し、自らそれを作り出してもいる。エディーは世帯内役割を通じて感情資本を活用し、家庭内にとどまらない労働市場あるいは家庭外の場所で、幅広い資源になる自分のケアラーとしての役回りを確認しているのだと捉えることができるかもしれない。同様に、ジョーは、仕事において技術資本の一形態を活用している。こうした対照的なジョーとエディーの対立的な嗜好は、インタビューのなかでも表面化し、第三軸上に配列された文化的な好みの間にある緊張を示すような、気さくな冗談を招いていた。

インタビュアー：あなたは、『コロネーション・ストリート』を毎回見るのですか？

エディー：そう。ジョーはその番組が大嫌いなのですけれど。ジョーは、ドラマ全般が好きではないのです。

インタビュアー：だからあなたはそれを一人で見るのですか？

エディー：そうですね、私が『コロネーション・ストリート』を見ている間、彼はだいたい皿洗いをしていますね。だからとってもうまくいっているわけ。……そうそう。

インタビュアー：では、彼がサッカーを見ているとき、あなたは何をしているのですか？

エディー：だいたいは気持ちよくシャワーを浴びて、ベッドに入って、好きなテレビを見ています。

このように、男性性と女性性、感情資本と技術資本、ジェンダー化された嗜好についての気楽でありながらも真剣であるやりとりは、互いにぶつかり合い、衝突する。こうした衝突は、家庭内に組織化された界のなかで生じるが、家庭外の様々な界に位置する諸実践とも関わっている。幸運なことに、テレビが二つあるために、ジョーとエディーは同時に互いの嗜好を満たすことができている。しかしながら、実際の実践のなかで生じる緊張は、嗜好をめぐるそれよりも小さい（例えば、ジョーが定期的に皿洗いをしている一方、たまには料理をしてほしいという期待は見られない）。興味深いことに、エディーが「私たちがよくする」外食について語るとき、彼女は「私たちは」や「私たちの」と語りがちで、これらの公的な活動は共同の実践になっていることを暗示させているのである。

第4章でも登場したマーガレットは、文化マップの「内向き」部分の左方に位置している。彼女と夫は、ジョーとエディーとは対照的である。マーガレットは、とても熱心に子育てをしていて、子どもたちに多くの本を読み聞かせている。例えば祖父が亡くなった折には、子どもたちに人生を理解させるために本を利用した。彼女はよくテレビをつけながら、家事をしている。「一時間座ってテレビを見るなんて、本当にありません」。子どもたちは、スピーチや演劇、種々のスポーツに熱中していて、水泳は全員がしている。彼女の学校の友人たちは、学校を卒業してすぐに結婚した。マーガレットいわく、「私は若い頃、結婚したい、子どもがほしいといつも言っていました。そして実際にそうなったのです」。彼女はいまでも年に数回は学生時代の友達に会っていて、電話で頻繁に連絡を取り合っている。彼女は子どもが通う地域の託児所に関わっており、そこの部屋の模様替えをして、様々な年齢集団のニーズを満たすようにした。彼女は友人たちと夫婦同士で外出したり、自宅に招いてもてなしたりしている。

マーガレットの嗜好は、彼女の夫フランクとは対照的である。彼は農夫であり、自らの家を建て、家業に大きな誇りをもっている。ジョーのように、フランクはスポーツ、特にサッカーとラグビーに熱中している。特に好きな映画について話しているとき、「それはマーガレットが主導権をもっていますから」と言いながらも、嫌いな映画は「最後に多くの人が泣くような」ものだと語った。彼はサッカーをしていて、優れたスヌーカー選手でもあった。また、ブラスバンドでも積極的に活動している。フランクは自炊をしようとはしない。妻が仕事で料理ができないとき、彼は夕食を食べるために母親のところにいくし、そのときは学校やデイケアに通う子どもたちのお迎えも彼の母親がするのである。彼はごくまれに子どもの宿題を手伝うだけだ。ジェンダー役割について、冗談まじりのやりとりがなされた。

フランク：友達がくるとき、たまに中国人を一人連れてくるんです。

インタビュアー：そのとき、座っておしゃべりしたりしているんですか？　それとも、テレビを見たりしているんですか？　それとも……

フランク：まあ、おしゃべりをしています。いやべつに、彼らがここにいるとき、テレビは消してることが多いですけど、しかも彼がアーセナルのサポーターで俺がリバプールのサポーターだから、ちょうど二人ともサッカーが好きで、『マッチオブデイ』［サッカー番組］がやっていたら、そのときはテレビをつけました。

インタビュアー：そこではジェンダー的なものはあるんですか？　女性は何をしているんですか？

フランク：そうそう、女の人たちは赤ちゃんの話をしています。いや、まあ一般的に、全員でどんな会話でもするだろうけど、たいていは生活の話、どんな暮らしをしているかとか、政治についてとか……。

われわれはここでも、どれだけマーガレットとフランクの世帯関係が全体として第三軸の一つのフラクタルで要約となっているのかを確認できる。こうした点から、この場合でも、潜在的に緊張をはらみ、衝突が起きそうな状況であるにもかかわらず、世帯が個々の諸性向を結び付けているのである。男性と女性の説明には、しかしながら、非対称性がある。第三軸の外向きの域に表れる男性たちは妻の嗜好から差異化しようとしていたが、第三軸の「内向き」の志向性が高い女性の意識は、男性から差異化することよりも子どもに向けられていた。このことは、フランクについてよりも母親としての責任に語りの焦点があったマーガレットの場合や、子育ての責任を主に担うエディの場合にみられる。マーガレットとジョーは、その配偶者であるフランクとエディと同様に、こうしたジェンダーパターンがうまく適合する文化に組み込まれた伝統的なジェンダー化されたプロファイルを持ち合わせているのである。マーガレットにとって雇用されることは、家族、子ども、世帯に比べるとその重要性ははるかに小さい。ケアリング活動が、彼女の社会的・文化的生活の中心にある。小さい頃から彼女は、彼女が実際にそうしてきたように、結婚して伝統的女性像を追求する母親になりたかったのである。

第一軸の右側では、男女の立場が前の場合と多少異なっている。ここでは、レイチェルとジムのように、高い文化資本を有する諸個人のジェンダー化されたプロファイルを対比することができる。第三軸の「内向き」の空間で最も極端な例が、レイチェルである。レイチェルは二十六歳で、資格をもつ若い労働者である。彼女はフルタイムの臨時雇用で働きつつ、学位取得に向けて勉強している。第4章でみたように、彼女は家を購入するために担保許可が下りるのを待つひとり親である。近所に住む彼女の両親は、子育てを手伝ってくれる。彼女は『セックス・アンド・ザ・シティ』や『シェイムレス』『イーストエンダーズ』といったテレビ番組が好きだ。彼女は、「実話だから」という理由で、伝記を読むことも好む。しかし彼女は、一種の自己啓発本であるセラピストのジェームズ・レッドフィールドが書いた小説『聖なる予言』を読み本当におもしろかったと語っていた。彼女の特に好きな一冊にもあげている。「出来事についての本で、旅するみたいな本なんです。……何かが起こるとき、それには必ず理由があると言いますから」。彼女は「ホラー」が嫌いだ。理由は、ハラハラするし、恐いからだという。彼女はいろいろな音楽を聞くが、ヘビーメタル、カントリー・アンド・ウェスタン、クラシックは嫌いだという。彼女は、インド料理や「いい運動」になるタイボクシング［ムエタイ］が好きだ。彼女は、服は「その人のことを多く」語るものだと考えていて、「ハイストリートデザイナーの服」が好きでトップショップやセルフリッジズで買い物をしているが、買いすぎには注意しているのだという。彼女は家に友人を招き、料理を振る舞ったりもしている。彼女は娘の宿題も手伝う。

図12―1の象限の右下に位置するジムは、レイチェルとは対照的である。ジムは六十四歳で、六十五歳のジェーンと結婚している。彼らは白人であり、結婚して二人の子ども（十九歳と十二歳）をもつ一人娘がいる。ジムは地元の出身である。彼は建設業のエンジニアとして働いていたが、現在は半ば退職していて、同じ企業でコンサルタントとして働いている。二十三年間住んだ近くの村から現在の家に引っ越してきて、十九年がたつ。彼らの娘と、それにジムの母親、そしてジェーンの姉妹は、みんな彼らの近くに住んでいる。二台の車を所有してい

て、一台はジムが運転するBMWで、もう一台はジェーンが近所に買い物にいくときに乗る小さいフィアットである。ライフスタイルは仕事、ペット（二匹の猫）、家族、そしてマヨルカ島にあるアパート（十四年間所有している）、さらには持病をめぐって展開している。彼は心臓に疾患を抱えていて、妻は骨髄ガンである。彼の特に好きなテレビ番組は、コメディー、ホームコメディー、そしてスポーツだ。「私は根っからのスポーツ好きだ。……あと、お笑いや野生生物も好きだね」。彼は西部劇では「ジョン・ウェインが出ているようなもの」を好む。読み物で真っ先に選ぶものは、「彼らが様々な苦難をどのように乗り越えてきたのか」について書かれているような伝記で、特にスポーツ選手のものが好きなのだという。なかでもスコットランドのサッカー選手ジム・バクスターの物語をあげる。しかし、彼は「どちらかいうと車雑誌やゴルフ雑誌を読むほうが好き」で、特に雑誌「クラシック・カー」が好きだという。彼は小説が嫌いで、最も好きな音楽のジャンルはロック――特にエルビス・プレスリー――や、ジャズ――特にクリス・バーバー――である。ステーキハウスで外食することを好み、ゴルフもする。料理は妻がする。彼はDIYをするが、「それ以外のことは全部」彼女がするのだという。明らかにジムはジョーよりも裕福で高齢であり、二人の家族環境は異なっているが、彼らの説明は、「外向き」の文化的な物品と実践に向けられた嗜好に関して、かなり重なり合っている。これらの限られた事例から一般化することはできないが、レイチェルとマーガレットは第三軸上でジョーとジムに対して同じような距離にいるのに、ジョーとジムが表現した男性性が比較的同質である一方で、レイチェルとマーガレットは、より広い女性性の空間で生きているようにみえて、興味深い。

数少ない事例から推定しているという限界がありながらも、ジェンダーと第三軸上の各項目との間にある複雑な関係性が示唆されている。レイチェルの文化的関与は伝統的に女性的なものであり、ジムのそれも伝統的に男性的なものである。彼女の選択とそれについての正当化は、より女性性志向の空間の定義に一致するが、他方で家を自分で購入しようとしているひとり親という彼女の位置は、女性の社会的役割に向けられた伝統的期待とは一致しない部分を含んでいて、そこがマーガレットの場合との重要な違いである。レイチェルの女性性はマーガレットとは異なり、より中産階級的な側面をもっている。娘の存在も重要であるが、それと同様に、家をもうすぐ購入するということに表れている彼女の仕事と経済的な地位も非常に重要である。ジョーに示されるようなパターンと関連づけると、ジムの退職と持病が、ジェンダーの輪郭を曖昧にしているようにみえる。そうした状況に反して、ジムは男性の文化空間にしっかりと位置していて、それはまた、彼が妻と営んでいる相補的で対称的なパートナーシップに反映されている。

4　せめぎ合うジェンダー・アイデンティティ

諸個人のクラウドを用いて考える利点の一つは、伝統的なジェンダー規範からはずれた男性と女性の存在を明らかにできることである。図12―1には、男性と女性の間にある以下のような対照性を見いだすことができる。男性が「内向き」に表れる可能性よりも、女性が第三軸の真ん中から下の「外向き」の領域に表れる可能性のほうがわずかに高い。これは、男性的な活動がより正統的で社会的に承認されているために、女性が男性的な活動を避けることよりも、男性が女性的な活動を避けることにより気を使っていることを反映しているのだろう。その結果、女性は男性よりも第三軸上で拡散する傾向にある。ジェンダー化された実践において、男性は女性よりも画一的なのである。

また、図12―1からは、意外なことにジェンダー間の分化の程度は第一軸の位置によって変化するわけではないことも見いだせる。第一軸の「文化的に関与している」側に位置する男性たちが、われわれの質問紙調査のなかで検討した文化の各項目に関与していないために左側に位置する男性たちよりも「外向き」の位置に存在する可能性が低いという事実はない。また、文化的関与が少ない第一軸の左側に位置する女性たちが、文化的に関与している側に位置する女性たちよりも、多少なりとも「内向き」に存在しているという事実もない。この節では、第三軸の中央に位置する男女による説明に基づいて、次の問いを検討する。女性にとって「外向き」の実践をおこなうことはどのくらい可能なのだろうか。また、男性にとって「内向き」の実践をおこなうことはどのくらい可能なのだろうか。

ルース・リチャードとセレン・スターを比較しよう。両者は明確に、第三軸の外向きのちょうど中央の下にある「男性」領域に位置づけられているが、ルースは左に、セレンは右のほうにいる。セレンは五十七歳であり、離婚して一人暮らしをしている。彼女の髪は真っ赤で、最近、紫から染め直したばかりだという。彼女にはかなり遠くに住んでいる二十七歳の一人息子と一人の孫娘がいる。セレンには三十歳の交際相手がいる。彼女はソーシャルワーカーで、「反抗的な若者」を相手に仕事をしている。彼女は小さなテラスハウスを所有していて、そこで十九年間暮らしている。あと五年でローンを払い終わるのだという。彼女は仕事のためもあって車を一台もっている。彼女は堅苦しい服装をしない。インタビュアーは次のように書いている。「彼女は、私が座れるようにするために散らかった場所を片付けなければならなかった。……家は暖かくすごすための場所にすぎないと考えていて、部屋を片付けることに関してはかなり無頓着だ」

セレンはややエキセントリックでいることに快感を感じているようにみえる。彼女の特に好きなテレビ番組は、ドラマと、刑事や探偵が出てくる番組だ。彼女は自分の人生を次のように生きているのだという。「ドラマに出てくる女王になったような感じで、……かんしゃくを起こすときもあれば、ときにはほしいものを手に入れるためにしなきゃならないことをなんでもするんです」。彼女は「私を教育しようとする類いのもの」が最も嫌いだ。「テレビは私を現実の外に連れ出してくれる……ドラマはまさに純粋なエンターテインメントです……現実逃避と空想……あんまり考えすぎないでいいですから」。彼女の特に好きな映画は『旅する女／シャーリー・バレンタイン』(28)で、「中年女性の実際にありそうな話」だと語った。彼女は自己啓発本が好きで、その理由は「ソーシャルワーカーとして子どもに自分の事は自分でするように教えないといけない」からだという。また、推理ものについては、「現実逃避です。……物語の終わりにはすべてが解決するのがいいんです」と語る。ただし、ロマンスものは嫌いだという。彼女は、ロックが好きで、カントリー・アンド・ウェスタンが嫌いだ。外食する際に彼女が特に好きな場所はイタリアンレストランで、ファーストフードは好きではない。彼女はスパニエル犬と散歩するのが好きで、その犬は彼女を「とても癒してくれる」。彼女は以前はよくダーツをした。彼女はリサイクルの服を買うことに熱中していて、「服装をととのえることに大きな誇り」をもっている。「私はたった十ポンドのカシミアやウールのコートをまとって歩くの。……高い靴を見せびらかすときだってありますよ。……私はイメルダにもなれるわね[29]」。文化マップの「外向き」にいるからといって、それはセレンが男性アイデンティティを身につけているということを意味するわけではない。彼女は明らかにとても強い女性アイデンティティをもっているが、それは、例えば「ドラマに出てくる女王」という役割を採用したり、「だらしなく」いたり、自分をシャーリー・バレンタインと同一化しようとしたりするなど、自分自身で選択する女性という「主体性」を強調したものなのである。

対照的にルースは、スコットランド公営の住宅団地に住んでいる年長者で、近所には娘と孫が住んでいる。十一人の子をもつ母親で、一九六〇年代から「主婦」をしてきたが、近年夫が亡くなった。しかし、彼女は自分の将来についてとても楽観的だ。われわれがインタビューした女性のなかで、彼女は、第三軸の最も下の「外向き」にいる。彼女は、ギャングスター映画（特に好きなのはジェームズ・キャグニー）を好み、「刑事もの」のソープオペラを見るのが好きだ。また、クリケット以外のあらゆるスポーツを見るのも好きだ（若いときはクリケットすることが好きだったのだけれども）。彼女は、ロンドンで育った名残もあってチェルシーのファンである。彼女との映画嗜好についてのやりとりは興味深い。彼女は、戦争映画の中盤でラブシーンがあったりして非現実的だからファンタジー映画が嫌いだというが、このことは、彼女の関心のなかで戦争ものが最上位にあることを暗示している。ルースは自分が、体つきと服装と嗜好によって判断されることを恐れていないが、彼女はこれらを古典的な女性的嗜好、彼女の場合にはミルズ・アンド・ブーンの小説が好きという嗜好と結び付けている。親戚が近くに住んでいるという彼女の女家長的な役割が、彼女にある程度の余裕を与えるとともに、セレンと同じように、強い女性的なアイデンティティと「外向き」の嗜好とを結び付けることを可能にしているのではないかと考えられる。

ルースのように、明らかに女性化された役割を「外向き」の嗜好と結び付けている女性は、他にもいる。サリー・アン・ルイスは、北アイルランドの出身で、四十九年間「医者の妻」として過ごしてきたが、近頃夫が亡くなり、新しいアイデンティティを見つけ出そうともがいている。彼女はかつて看護師として訓練を受けたが、彼女が言うには、子育てが終わってからは、「一度も働いておりませんし、働けるわけがありません。医者の妻が働けるはずはないでしょう」。サリー・アンはスポーツを非常に好み、戦争映画にも興味をもっているが、彼女のこうした嗜好は、彼女が自分を夫に同一化させているということから説明できる。同じようにジャネット・タガートは、子どもが小さい頃には子育てに専念していた。現在は養護ホームの所長としてのフルタイム職としていそがしくしているが、彼女よりも夫の仕事のニーズを優先し、夫に従い続けている。サリー・アンとジャネットはどちらも、「女性的」なソープオペラの表面的で「非現実的」な世界を拒絶する。ジャネットは、自分の「まじめ」でスピリチュアルな志向を強調し、それがマルチナ・コールの小説を読むことやクラシック音楽の鑑賞につながっている。二人とも、ある種の「体面のよさ」を身につけていて、そのために、彼女たちが表面的な「女性的」な嗜好と見なすものからの一定の距離をとると同時に、より「まじめ」な文化的嗜好と見なされるものへ関与しているのである。以上から、「外向き」の空間に位置することは、女性が慣習的なジェンダー化された見方を体現できていないという意味ではないことがわかる。おそらく彼女らが境界の下部に表れているのは、ニュースと時事問題番組が好きだからだろう。

われわれは、これら二人の女性と「内向き」に位置する男性を対比することができる。ジェームズ・フットは三十八歳で、四歳と一歳の娘をもつ父親である。妻はインド系の病院コンサルタントをしている。彼らは大きな一軒家に住んでいる。第4章でみたように、ジェームズは、どちらかといえば女性の領域である「アートと演劇」を担当する大学講師であり、上級行政職である。彼は多忙であり、インタビューの日程を決めるのにおよそ三カ月を要した。ジェームズは娘をインタビューに同席させていたので、何かを描いたり、絵をほめたり、質問に答えたりするために何度もじゃまが入った。ジェームズは、「実用的なので……ミルクの染みやチョコレートの跡がついてもいいですから」と言って、「カジュアル」な服装を支持している。来客との大事な行事のために妻が料理することもあるが、彼は毎日の食事を作っていて、昨晩作った夕飯のことをすらすらと語っていた。ジェームズは、「男性的」な嗜好も持ち合わせている。例えば、お気に入りのテレビ番組はニュースと時事問題を扱ったもの、また、歴史的なドキュメンタリーも大好きで、それは、古い写真やインタビュー映像を専門的な眼で楽しめるからだという。

だが、自分の家庭的な姿勢を強調するのにためらいはないが、ジェームズは、『イースト・エンダー』のような番組や、ソープオペラ、リアリティショーといった「体面のよくない」番組から、慎重に自らを差異化している。彼は劇映画を非常に好む。文学では、ロマンス小説は嫌いだが、次のような条件をつけている。「私は古典が好きです。『ドクトル・ジバコ』や、そうしたものが優れた作品だと思います。……『高慢と偏見』もいいでしょう、……『ブリジット・ジョーンズの日記』などは好きではありません」。彼のお気に入りの映画は、『ファニーとアレクサンデル』で、イングマール・ベルイマン監督によって「一九八〇年代に制作された」ものだ。彼は詳しい様子でこの映画を次のように評した。「物語は一九〇〇年のクリスマスの日から始まります……この物語はある一つの家族の話なのですが、この作品にはありとあらゆることがすべて込められているのです」。彼は伝記にも関心があり、それをドキュメンタリーや歴史に対する関心と関連づけ、オーソン・ウェルズを読み、引用する。彼は時間がなくて運動をしていないが、以前、上の娘が水泳教室に通っていた頃には、彼も泳いでいた。また、以前はよくスカッシュとバドミントンをしていて、ラケットを使うスポーツをテレビで見ていた。彼は車にはまったく興味がなく、「野菜などを育てるぐらいの」ちょっとしたガーデニングをする。

ジェームズに関して興味深いことは、彼には男性的なアイデンティティの特徴がはっきりとは見いだせないことだ。彼は学術的な仕事に積極的に専念していて、最近本を書き終えたところである。また、家族にも深く関わっていて、特に下の娘の面倒をよくみている。嗜好について語る際、彼は子どもたちの好み（『シンプソンズ』）や妻の好み（『アブソリュートリー・ファビュラス』）にも言及した。「妻はこれの大ファンだし、私も以前からとても好きです」。彼は『ブリジット・ジョーンズの日記』の女性的位置から自らを差異化しようとした以外には、「新しい男性性」やオルタナティブな男性アイデンティティを明確に示すことはなかった。つまり、セレンがオルタナティブな女性性を誇りをもって宣言することによって伝統的な女性性に対抗していることに類するような振る舞いは、ジェームズにはみられなかったのである。第三軸の「内向き」のほうに表れる男性性は、男性性にオルタナティブな形式を与えることによってではなく、自らの男性性を控えめにすることによって、伝統的な男性性に対抗しているのである。

ジェームズの妻スーザン・ミルザは、彼と興味深い対照をなしている。彼女は、とても忙しく仕事に没頭している医者で、研究の時間に融通が利くジェームズが主要な家事役割を担ってくれることを必要としている。スーザンの嗜好は、顕著に「外向き」志向である。彼女が好きなテレビ番組は、ニュース、自然環境や歴史のドキュメンタリーであり、ソープオペラは好きではない。お気に入りの映画は『パルプ・フィクション』だ。彼女はロマンス小説が好きだが、それはジェーン・オースティンのような「古典」に限る。彼女は「ジェームズは本当によく料理をしてくれています」と強調していて、第2節で登場したカップルのインタビューとは異なり、自分たちの活動をジェンダー役割に当てはめたりするような冗談交じりのやりとりや言及はない。実際、スーザンのインタビューで目立ったのは、最近、家に招いた人たちとのよき思い出について、娘と気さくに話したことだった。彼女の役割は、特別なときに料理をすることだ。しかし、ジェームズとは異なり、これは女性化されたアイデンティティと一貫している。例えば、彼女は得意げにジョニー・デップが好きだと語ったし、また、社会的にバツが悪い状況についての話を求められた彼女の受け答えは、自信たっぷりに下着や生理の話を女性のインタビュアーに語るほどに大胆なものだった。

私が小さい頃、だいたい十三歳くらいのときに、私のパンツがずり落ちて、本当に気まずい思いをしました。みんな気づいていたんですよ、そう、それで……時が止まったように……（略）七十五歳になる義理の母の話もあります。彼女はわれわれの身の回りをいつもきれいにしてくれますが、だから私は本当に戸惑ってしまいます。だって、彼女は私の生理用ナプキンとかそういうものを拾うのです。だから私は「そんなことしないで。いいから」と言うのですが、（略）彼女は「気にしないで。そんなの気にならないから」と言うのです。ひそかに思っていることですけれど、一つ屋根の下でたくさんの若い女性と一緒にいると、平気になっちゃうのでしょうね。義母は女性向けの下宿みたいなものを経営しているから彼女にとってはなんでもないことなんですよ。

夫のジェームズが自分のアイデンティティを男らしさに関連づけなかったのに対して、スーザンはこの会話で、自分に自信をもった専門職的な女性的アイデンティティを体現し、自らのジェンダーを受け入れている。こうした差異は、ジェームズとスーザンがもつ女性のインタビュアーとのラポールとも関係しているかもしれない一方で（ジェームズが下着の話をしたら軽蔑されるだろう）、他の調査者も強調してきたように[30]、男性は女性ほどためらうことなくジェンダーを受け入れない。アドキンスが論じているように[31]、世帯での女性的役割と職場での役割という対立する役割を常にうまくこなしていかなくてはならないという緊張感が、女性たちの間にジェンダーの再帰性を生じさせ、これを増加させているのであり、そのために彼女たちは、伝統的女らしさを疑うようになるのである[32]。

ジェームズと興味深い対照をなしているのが、やはり、「内向き」の部分に表れているヴァスデヴ・レーマンと、第三軸の中央あたりに位置づいているロバート・スクロギーである。ヴァスデヴは、第4章でも取り上げた人物である。彼は、インドのシーク系の成功したビジネスマンで、ゆとりがある生活をしていて、ミッドランドで働いている。第一軸では左方に位置づいているけれども、実際には彼は文化的関心を強く抱いていて、なかでも宗教的なものや反帝国主義的な書物を熱心に読んでいる。ビジネスでは成功を収めている彼だが、金儲けに対する執着はあまりなく、野心は物を書くことによって表現することのほうに向けていると語っていた。彼がなぜSFが嫌いかを説明しているときに、興味深いことに、彼は明らかに内向きの文化活動に関心を寄せていた。また、彼は心から思っていることを吐露するように次のように語った。「穏やかなものでしたら何でも楽しみますし、楽しむことができます」。彼は身体を動かすスポーツはほとんど好まないが、瞑想状態になれるヨガは例外で、宗教的でスピリチュアルな側面からその魅力を説明した。

ヨガは穏やかなエクササイズですが、このプラナヤマというヨガはちょっと目的が違います。プラナヤマ［呼吸法］は、神とともにあるためのもので、違う言い方をすれば主に脳のためになるのです。脳がリラックスすれば、身体も自動的にリラックスできます。太極拳も同じねらいがありますが、太極拳は身体を動かすことが中心で、そこが唯一違うところだと私は思います。両方をうまく組み合わせる場合もあって、例えば、まずプラナヤマ・ヨガをおこない、それでも首の凝りを感じるときには、太極拳もします。

われわれがインタビューをした男性のなかで、ヴァスデヴは、内向きのアイデンティティを支持したという点で最も珍しい人物である。彼は妻を亡くしていて、子どもたちも独立したので、一人暮らしをしている。他人と連絡をとることもほとんどなく、パブで会ったり一緒にテレビを見たりするような近所の友人もいない。彼がジェンダー化されたアイデンティティから距離があるのは、彼が他者との交際というものから孤立していることと関連している。この点で（他の点からもそう言えるが）、彼は、高齢の白人労働者階級であるスコットランド人のロバート・スクロギーと共通性がある。ロバートは元アルコール依存症であり、また酒に手を出してしまう恐れから「仲間との付き合いはできない」という人物である。

ロバートは、妻が亡くなって三年たったいまでも落胆していて、彼の語りはかなり亡き妻に焦点化されたもので、彼女の話を頻繁に、寂しそうな様子で引き合いに出していた。彼が特に好きなテレビ番組は自然環境や歴史やその他のジャンルのドキュメンタリーである。彼は「ソープオペラを見る時間はない」。そしてSFが嫌いだ。また、彼は伝記を読むのが趣味で、デイヴィット・ニーヴン、ダーク・ボガード、そして、ジュディー・ガーランドなどの伝記を読んでいるのだという。彼は男性にしては珍しくロマンス小説を好み、『風とともに去りぬ』や『野生の女』などの映画にも言及していた。彼はジョン・スタインベックも好み、彼の本には「暴力がない」と評価していた。ロバートの説明からは、「内向き」と「外向き」にある実践と文化項目に対する愛着がうかがえる。彼は孫たちに食事を与え面倒をみるし、女性の伝記を読み、恋愛物の映画も鑑賞する。彼は暴力が嫌いだ。だが、こうしたことは、最も女性的な項目であるソープオペラを彼が嫌いであることや、ドキュメンタリーや自然環境番組、冒険小説を楽しんでいることによって、バランスが保たれている。ジェンダー化された文化的嗜好という観点からも、文化参加の観点からも、ロバートは、ヴァスデヴと同様に、「外向き」の男性アイデンティティを避けている。いずれの場合も、専門的評価やビジネスでの成功という競争的世界に対する明確な関心というものが彼らにはないことが、彼らに「自己準拠的」なアイデンティティを支持するある種の自由を与えているようにみえる。ジェームズの場合は彼らとは異なり、より悩んでいるようにみえるが、ロバートとヴァスデブは、相対的に隠遁生活を営んでいて、他の男性や女性とあまり連絡をとることもないのである。

インタビューを通して示されたのは、外向きの嗜好を支持しない男性たちの説明、および、内向きの嗜好を支持しない女性たちの説明は、対極である伝統的な嗜好を支持する人たちの説明に比べて、より多様性に富んでいたということである。一般的に、第三軸の「外向き」の領域に表れた女性は、雇用されることや、他の女性との接触、自分の世帯を通して社会に積極的に参加している。その一方で、「内向き」に表れた男性は、男らしさを身につけることなく、社会的により孤立している傾向にあった。われわれのインタビューによって得られた分析結果によれば、「伝統的な女性らしさ」（マーガレットとエディー）から「自律した女性性」（レイチェル）、「オルタナティブな専門性」（セレン、スーザン）、「外向きの女家長制」（ルース）、「上品さ」（サリー・アンとジャネット）にいたるまで、女性の実践にはより多くの型が存在している。これに対して、男性の実践はより明快であり、外向きの男性らしさを強く保持するか（ジェームズ、ヴァスデヴ、そしてロバートのように）だった。これらの例から一般化することは適切でないかもしれないが、これらの事例は、公私いずれの世界との関係でも、男性と女性の文化実践の領域には興味深い非対称性があることを示唆している。

5 結論

この章でわれわれが特に焦点を当ててきたのは、ある特定の女性性と男性性との関係のなかで様々に作動しているジェンダーと文化資本の結び付き方である。文化マップの第三軸は、「内向き」と「外向き」の文化嗜好を示すものである。われわれは特定の男性的または女性的な文化嗜好、あるいは特定の感情資本と技術資本を、ジェンダーと一致させることを、意図的に避けてきた。女性がより男性的なライフスタイル空間で活動していることもあったし、男性が女性的とされる文化実践に関心をもっていたり、おこなっていたりすることもあった。感情資本を用いることとも直接的な関連はない。サリー・アンやジャネットのように、文化マップの外向きに位置している女性は、内向きの領域に位置するレイチェルやエディーのような女性と同じように、感情資本をもち、これを用いていた。ジェンダーと文化実践の複雑さを解明するうえで、われわれは、性別化された身体を前提としたブルデューの分析とは一線を画している。

文化資本が世帯の資源か個人の資源かという点については、文化資本は人々がともに生活する動態的な関係のなかで世帯レベルで作動する関係的な資源である、というのが最も妥当な考え方だろう。文化資本は様々な個人間で様々に作動するし、また、世帯レベルの資源としても作動する。ジェンダーと家族類型は、文化資本の組織化といくつかの仕方で深く結び付いている。第一に、われわれの文化マップで類似の位置に位置づいている女性と男性であっても、世帯関係には重要な差異がある。専門職＝幹部階級の男性は、専門職＝幹部階級の女性よりも、伝統的な世帯で生活する可能性が高い。対照的に専門職＝幹部階級の女性は、一人暮らしか、あるいは労働者階級の男性と同居している割合が高かった。したがって、世帯での関係性が多様化することによって、文化的な実践と嗜好の組織化での、階級的・ジェンダー的な不平等は、強まり、増大しているのである。

第二に、ジェンダーは文化的な嗜好と実践の組織化を構造化する重要な力であり、それは階級や年齢に還元できない。このことは、第一軸や第二軸ではなく、第三軸をジェンダーがかなり綿密にたどっている点に明らかである。この分断は、公私の分離それ自体としてではなく、外向きの性向と、より内向きの性向によって組織化される家庭的な活動に向いている。われわれが観察したなかにも、世帯内で確立された伝統的な女性性（例えば、ソープオペラやロマンス小説に向けられた嗜好）と強固で伝統的な男性性（アウトドア趣味、サッカー、戦争など）の対比が成り立つような、女性性と男性性のある特定のモデルと一致したパートナーシップがみられた。

第三に、文化マップの様々な部分に位置づけられる男性と女性による詳細な説明は、女性の文化的レパートリーは、男性のそれよりも多様で変化に富んでいることを示唆している。説明は非対称的である。すなわち、伝統的な男性的実践をあまり身につけていない男性たちは、それでも象徴的に自分自身を女性的嗜好から差異化するように意識していて、相対的に控えめではあるものの、男性アイデンティティをもっていた。これに対して、同等の立場にある女性は、女性的な嗜好を拒否することも、男性的な嗜好に同一化することも意図していないようにみえた。さらに、こうした女性は、女性性を職業的あるいは外向き志向のアイデンティティと融合させることによって、女性的なアイデンティティをはっきりと示すこともできている。伝統的なジェンダー役割というステレオタイプは、高い文化資本をもつ諸個人のなかでより激しく異議を唱えられていて、そうした人々は、様々な種類の転移可能なタイプの文化資本を駆使していた。利用できる文化資本がより変化に乏しく種類の限られている労働者階級の場合には、女らしい女性であること、あるいは男らしい男性であることは、それ自体が文化資本として作動しているのだろう。より流動的なジェンダーの表現形態は、専門職＝幹部階級の人々の間でより広まってきているのである。

注

(1) Walkerdine, V. and H. Lucey, *Democracy in the Kitchen: Regulating Mothers and Socialising Daughters,* Virago, 1989.

(2) Skeggs, B., *Formations of Class and Gender: Becoming Respectable,* Sage, 1997.

(3) Reay, D., *Class Work: Mothers' Involvement in Their Children's Primary Schooling,* University College Press, 1998, Lawler, S., *Mothering the Self: Mothers, Daughters, Subjects,* Routledge, 2000.

(4) Reay, D., "Gendering Bourdieu's Concepts of Capitals? Emotional Capital, Women and Social Class," in L. Adkins, L. and B. Skeggs eds., *Feminism After Bourdieu,* Blackwell/The Sociological Review, 2004.

(5) Bourdieu, P., *Masculine Domination,* Stanford University Press, 2001.（ピエール・ブルデュー『男性支配』坂本さやか／坂本浩也訳〔Bourdieu library〕、藤原書店、二〇一七年）

(6) *Ibid.,* pp.99-100.

(7) Bourdieu, P., *Outline of a Theory of Practice,* Cambridge University Press, 1977, Bourdieu, P., *The Logic of Practice,* Polity, 1990.（ピエール・ブルデュ『実践感覚１』今村仁司／港道隆訳、みすず書房、二〇〇一年、同『実践感覚２』今村仁司／福井憲彦／塚原史／港道隆訳、みすず書房、二〇〇一年）

(8) 以下を参照。Skeggs, B., "Context and Background: Pierre Bourdieu's Analysis of Class, Gender and Sexuality," in L. Adkins and B. Skeggs eds., *Feminism After Bourdieu,* Blackwell/The Sociological Review, 2004, Silva, E. B., "Gender, Home and Family in Cultural Capital Theory," *British Journal of Sociology,* 56(1), 2005, pp.83-103, Lovell, T., "Thinking Feminism with and against Bourdieu," *Feminist Theory,* 1(1), 2000, pp.11-32.

(9) Silva, E. B., "Gender, Home and Family in Cultural Capital Theory," *British Journal of Sociology,* 56(1), 2005, p.92.

(10) McCall, L., "Does Gender Fit? Bourdieu, Feminism, and Conceptions of Social Order," *Theory and Society*, 21(6), 1992, pp.837-867.

(11) Ibid., p.844.

(12) Skeggs, B., "Context and Background: Pierre Bourdieu's Analysis of Class, Gender and Sexuality," in L. Adkins and B. Skeggs eds., *Feminism After Bourdieu*, Blackwell/The Sociological Review, 2004.

(13) Silva, "Gender, Home and Family in Cultural Capital Theory." *British Journal of Sociology*, 56(1), 2005, pp.83-103.

(14) Kanter, R. M., *Men and Women of the Corporation*, Basic Books, 1977（ロザベス・モス・カンター『企業のなかの男と女――女性が増えれば職場が変わる』高井葉子訳、生産性出版、一九九五年), Halford, S., M. Savage and A. Witz, *Gender, Careers and Organisations: Current Developments in Banking, Nursing and Local Government*, MacMillan, 1997, Wajcman, J., *Managing Like a Man: Women and Men in Corporate Management*, Pennsylvania State University Press, 1998.

(15) Crompton, R. and K. Sanderson, *Gendered Jobs and Social Change*, Unwin Hyman, 1990.

(16) より一般的なものとして Savage, M. and M. Egerton, "Social Mobility, Individual Ability and the Inheritance of Class in Inequality," *Sociology*, 31(4), 1997, pp.645-672. を参照。

(17) Adkins, L. and C. Lury, "The Labour of Identity: Performing Identities, Performing Economies," *Economy and Society*, 28(4), 1999, pp.598-614.

(18) Connell, R., "Cool Guys, Swots and Wimps: The Interplay of Masculinity and Education," *Oxford Review of Education*, 15(3), 1989, pp.291-303.

(19) Skeggs, B. "The Making of Class and Gender through visualizing Moral Subject Formation," *Sociology*, 39(5),2005.

(20) McNay, L., *Gender and Agency: Reconfiguring the Subject in Feminist and Social Theory*, Polity Press, 2000.

(21) 著名なものとしては Goldthorpe, J. H., "Women and Class Analysis: in Defence of the Conventional View," *Sociology*, 17(4), 1983.

(22) McRae, S., *Cross-Class Families*, Clarendon, 1986.

(23) Silva, E. B. and C. Smart eds., *The New Family?*, Sage, 1999.
(24) McNay, *op. cit.*
(25) Bourdieu, P., *Masculine Domination*, Stanford University Press, 2001.（ピエール・ブルデュー『男性支配』坂本さやか／坂本浩也訳、藤原書店、二〇一七年）
(26) McCall, op. cit., Weininger, E., "Foundations of Pierre Bourdieu's Class Analysis," in E. O. Wright ed., *Approaches to Class Analysis*, Cambridge University Press, 2005.
(27) 女性の一人であるナミータ・レイザが位置づけられてはいるが、われわれは彼女の家で一度しかインタビューをしておらず、その際にも彼女のかわりに彼女の夫（マジド）が答えるという形でおこなわれた。
(28)『恋する女／シャーリー・バレンタイン』とは、一九八九年にアカデミー賞にノミネートされた映画で、監督はルイス・ギルバート。一人の主婦がギリシャ旅行のなかで、転機になるような解放された経験をするという物語である。
(29) イメルダ・マルコスは、かつてフィリピンのファーストレディだった女性である。一九八六年に夫と亡命したときには、千六十足もの靴が発見された。
(30) Halford, S., M. Savage and A. Witz, *Gender, Careers and Organisations: Current Developments in Banking, Nursing and Local Government*, MacMillan, 1997, Connell, R., *Gender*, Polity Press, 2002.（R・コンネル『ジェンダー学の最前線』多賀太監訳〔Sekaishiso seminar〕、世界思想社、二〇〇八年）
(31) Adkins, L., *Revisions: Gender and Sexuality in Late Modernity*, Open University Press, 2002.
(32) Postone, M., E. LiPuma and C. Calhoun, "Introduction: Bourdieu and Social Theory," in C. J. Calhoun, E. LiPuma and M. Postone eds., *Bourdieu: Critical Perspectives*, University of Chicago Press, 1993, McNay, *op. cit.*

第13章

ネイション、エスニシティ、グローバル化

1 序

ブルデューの研究がおこなわれた時代には、国民国家と「社会」が同一視されるということが多く、都市圏のあり方が旧植民地からの移民によってまだ根本から問われてはいなかった。初期のアルジェリア研究[1]の時点から、彼がエスニシティと植民地主義の関係について深い関心を抱いていたのは明らかであり、晩年の研究のなかでも、移民が有する文化資本の少なさに関心が向けられていたことがはっきりと見て取れる。[2]しかしながら、『ディスタンクシオン』ではこれらの関心が強調されることはなく、社会的なるものは、程度の差こそあれ全体的にネイションとして境界づけられた存在であり、人々や文化のトランスナショナルな流れに影響を受けないものとして描かれている。われわれはすでに第2章で、ブルデューが調査対象者のエスニシティや出生国を聞くことができなかったと指摘した。国境の範囲内にある文化項目群に対する同国内の調査対象者の関係に焦点を当てた結果、必然的にブルデューはエスニシティによって分化していないものとして、フランス社会の姿を描写することになった。固有名がついた文化項目の知識や好みを尋ねる質問のなかでブルデューが列挙したのは、映画を除くとも

っぱらヨーロッパのものであり、それも中心はフランスのものだった。彼が挙げた画家は、レオナルド・ダ・ヴィンチからパブロ・ピカソまで、すべてヨーロッパの伝統的な高尚芸術に属するものだった。音楽作品の好みに関しては、「ハイブラウな」ものから大衆的なものまで幅広い項目が含まれていたが、これもすべてヨーロッパのものだった。彼が挙げた歌手は、イングランド生まれのペトゥラ・クラーク（彼女は一九六〇年代半ばから、フランス人男性と結婚してフランスに住み、主にフランス国内で演奏や録音活動をおこなっていた）を除けば、すべてフランス人だった。映画に関する質問のなかでだけ、現代のフランス映画とともに『雨に唄えば』や『荒野の七人』といったアメリカ映画が挙げられていて、他の界ではヨーロッパ＝フランス文化に限られていたものがアメリカ文化までの広がりを見せた。その理由は、彼が調査時にパリで公開されていた映画を選んだため、他の質問の場合よりも国際市場の力学が反映されていたからである。

当時の学術的・政治的な文脈を考えると、このように外国文化への考慮がなされていなかったとしても、それほど驚くことではない。フランスの共和主義の伝統が、エスニシティを理論的・政治的に非常に重要なものとして扱うことを妨げていたのである。つまり、その当時では、エスニシティの同定に焦点を当てた質問を含む社会科学的な質問紙調査はほとんどなかったのだ。これは、右で述べたように、そのような質問をすること自体がフランスでは非合法であり[1]、文化とグローバル化の関係が議論の俎上に載せられるのは、そこから二十年も先の話だったためである。とはいえ、次第に社会科学的な質問紙調査に限界があることが目立ち始め、人々や文化のトランスナショナルな動きに対応するために文化資本の概念を拡張し、それによって調査を改善しようとする試みが数多く登場してきている。また、こうして新たに検討された文化資本の概念を経験的に応用するための方法が考察され始めている。

エスニシティが、文化資本の組織化や配分、そして変換に与える効果を他の変数の効果と比較して評価するための経験的手法は、文化社会学のアメリカ的伝統のなかで考案されて始まったわけだが、現在はヨーロッパの研究者をも巻き込んだ動きとなっている。この種の研究の嚆矢となったポール・ディマジオとフランシー・オストラウワーの研究[3]は、アメリカでは芸術への参加率を決定する要因として、人種とエスニシティが特別に作用していることを明らかにしている。しかし、ベサニー・ブライソンとボニー・エリクソンの研究では、人種とエスニシティの影響はさらに大きいものだと示されている。ブライソンは、ピーターソンのオムニボア／ユニボアに関する論考、および人種的・階級的な象徴的境界を形作る際の文化の役割について論じたラモンの研究[4]に依拠しながら、多様なエスニック集団の音楽ジャンルに幅広く関与する能力を「多文化資本」の一つの形態だと捉えている[5]。「多文化資本」には、専門職ならびに管理職といった階級が最も強く関与していて、こうした階級は同時に、下層階級集団に親和的な音楽ジャンルに対して強い嫌悪感を示している。エリクソンは主に文化資本や階級、そして社会的つながりの関係について関心を寄せているが、出生地というものが、「主流の」文化実践に関わる知識の形成や、そうした文化実践への参加の仕方に対して有意な影響を与えていることを明らかにするために、カナダ人と海外で出生した人々の違いについても検証している[6]。より最近の研究としては、サンドラ・トリネケンズが、特定のエスニック組織との結び付きの強さや信仰する宗教、使用言語によって測られるエスニックな志向性のほうが、出身国よりも「ハイブラウな文化」への関与に重要な影響を与えていると論じている[7]。この議論は、彼女がコミュニティ・ベース型の文化資本という有用な概念を発展させるきっかけとなっている。これは、コミュニティに特有の文化実践が、マイノリティのエスニック・コミュニティの内部での序列的区分の組織化に関わるというものである。しかし、コミュニティ・ベース型の文化資本は、コミュニティの外部では、広く一般的な社会的通貨としての役割を果たさない。これと同様の指摘をしているのがフリッツ・ヴァン・ウェルらの研究[8]である。彼らは、オランダの若者のオランダ文化に対する様々な関わり方を、モロッコ系、トルコ系、スリナム系、アンティル系の第二世代の若者と比較しながら明らかにしている。

しかし、これらの研究は、既存の質問紙調査のデータを使用しているため、そのほとんどの議論は、ジャンルに関する質問項目への回答にばかり焦点が当てられていて、国内外に由来する様々な文化実践に対して、どの程度親和的かを検討するには切れ味が悪い[9]。さらに言うと、これらの研究はすべて質問紙調査のデータに基づいているため、マイノリティあるいはマジョリティのエスニック集団のメンバーたちが、ナショナルな文化の諸界が組織化されたり、それら諸界を架橋するように文化実践が行き交ったりするなかで、どのように自らの立場を語り、注目し、解釈するのかを明らかにすることができていない。

次の研究群は、一見したところ、これらの問題を克服しているようにみえる。社会理論の研究者は十年以上もの間、国境を打ち破り、人、象徴、モノ、アイデンティティの新しい流動性を促す新たな文化の可能性が、グローバル化によって作り出されることを強調してきた。[10] 一九九〇年代には、そのような流動性が、新たな同質的空間、あるいは有名な言葉で言うとマルク・オジェ[11]が「非＝場所」と呼ぶものを発展させるという議論が広がった。ショッピング・モールや高速道路のインターチェンジ、空港のラウンジ、ウォーターフロント開発や郊外住宅地といった世界は、どこの国でもみられるような新しいグローバルな空間を想起させるようなものだった。より最近では、地政学的な緊張が高まるなかで、グローバル化の流れが新しいディアスポラ的アイデンティティにどのような影響を与えているかという点に議論の焦点が移り変わってきた。[12] ここで言うディアスポラ的アイデンティティとは、多様な文化的シニフィアンの増殖や、グローバルなつながりが多様性を産出するという認識と関わるものである。様々な「スケープ」の流れが増殖するというアルデュン・アパデュライの議論は、ナショナルな文化の領土的境界を押し広げたり、ときに蝕んだりするような特定の想像界を動員することを通して、独自のアイデンティティがどのように構築されるのかを指摘する際に特に影響力をもってきた。

この研究は、様々な文化の対象物や想像界を動員する能力が、ナショナルな文化とトランスナショナルな文化が交差する場での多様な権力の位置と結び付いていることにも着目している。一方では、高い水準の文化資本を用いて自由に移動ができる人々が存在していて、こうした人々は、「コスモポリタン」文化資本という新たな形態の文化資本を蓄積したり展開したりすることができる。カルフーンは、コスモポリタンでリベラルな価値を、企業の重役のような「頻繁に旅行する人々」の世界観と共謀するものと捉えている。[13] ハージも似たような形で、そのような人々のことを「白人世界市民」と呼んでいる。[14] 他方で、移動することが排除や周縁化の印になるような人々が存在している。例えば、亡命希望者や「経済移民」であり、典型的には欧米先進国の労働市場の非熟練・半熟練セクターで働く人々で、大半が滞在国の国籍や参政権をもたない。ハージいわく、このような集団のメンバーは二重の危機に瀕しているという。彼らは、美術館のような主たる象徴的な施設にトランスナショナル・エリートをつなぎとめているようなコスモポリタンな諸形態の文化資本からは排除されており、また、特定のナショナルな形態の文化資本を獲得したり動員したりすることはできない。ナショナルな形態の文化資本とは、すなわち、「ホスト」である人々に対して、特定の国家に帰属するという点での優位性を付与するものであり、マイノリティが容易には得ることができないようなものである。ここでは、トランスナショナルな文化へのつながりが、ディアスポラ的な文化に継続的に参加するという形態をとることになりやすい。ディアスポラ的な文化では、特定の形態の文化的知識が特定のトランスナショナルなネットワークの循環のなかで、あるいはこれを通じて価値をもち、文化的資源として機能しているのである。

アメリカの文化社会学とは対照的に、これらの研究は、変動のなかにある人々と変動のなかにある文化の間にみられる複雑な関係性に対して気を配っている。彼らは、一方では社会的なるものの組織化について、ネイションを基盤として考え続けることの妥当性を否定せずにいながらも、他方では国境を横断するような社会的・文化的な関係性がますます重要となっていることを強調してきた。[15] しかし、このような様々な主張や反論を検討する基礎を提供する経験的な研究成果はわずかである――とはいえ、ワーブナーのマンチェスターでのパキスタン人に関する考察、[16] バーンによる白人の母親に関する研究、[17] サヴィジらのマンチェスター近郊に住む白人の中産階級の研究[18]などは参照されるべきである。

本章の主要な関心は、質問紙調査とインタビューのデータを駆使することによって、「アメリカ的文化社会学と社会理論という」二つの伝統が抱える欠点を乗り越えられるようないくつかの道筋を示すことである。われわれの議論には主に二つの側面があるが、そのいずれによっても、多重対応分析から得られた知見をもとに、現代のイギリスではライフスタイルの社会空間が組織化される際にエスニシティは重要な役割を果たしていない、という知見を批判的に再構成することができるだろう。第3章で述べたように、われわれの予測に反してエスニシティは、階級、学歴、年齢、ジェンダーの分割と同程度には文化マップと強く関連しているわけではなかった。インド系、パキスタン系、アフロ・カリブ系コミュニティのブースト・サンプルを用いて、イギリスの三大エスニック・マイノリティの文化実践を精緻に分析したにもかかわらず、文化マップとエスニシティとの関連性はみられなかった。しかしながら、エスニシティが文化的嗜好に与えている、明示的ではないが強力な影響を拾い上げていくにはまだ十分ではない。というのも、われわれは文学界、芸術界、音楽界、スポーツ界、メディア界の諸ジャンル（個々の作品ではない）の嗜好や選好を尋ねる質問項目を通して、文化マップの空間を構築したからである。

私たちの副次的な関心は、質問紙調査のデータと、半構造化インタビューとフォーカスグループでの議論との関係にある。後者のデータから明らかになることは、様々なエスニック集団の文化的嗜好と文化への関与の間に存在するいくつかの大きな違いや、文化界それ自体の組織化に関するまったく違った理解である。これらは質問紙調査によるデータ分析からは見いだされなかった。調査方法の違いによってなぜ互いに矛盾するような知見が導き出されたのか、その原因を探求することから分析を始めたい。

興味深いのは、マジド・ラザの事例である。彼はパキスタン出身の年配の男性で、大きな商店街にたたずむ狭苦しい建物に妻子と住んでいる。彼はすぐにインタビューが公開用のものだったことに気がつき、演劇やニュース番組が好きだということを強調しようとする。彼は、白人で中産階級に所属するインタビュアーがわかるような言葉に自分の好みを「翻訳」しながら、「インド系」のソープオペラが好きだ、『コーラン』が唯一読んだことがある本で、「ご存じのとおり、『聖書』のようなもの」などと語る。しかし、インタビューのなかで次第にみえてきたのは、彼の回答のほとんどが、われわれが想定する文化的な指示対象の多くからはずれる立場から語られたことである。マジドは、われわれの質問をほとんど理解していないように思えたし、パブで恥ずかしい状況におかれた自分自身を想像してみてほしいと尋ねたときは、彼に聞き流されてしまった（彼が一度でもパブにいったことがあるのかは疑わしい)。彼が緊張を解いて熱心に語りだしたのは、インタビューが終わったあと、テープレコーダーのスイッチが切れて、インタビュアーに温めたお茶を出してくれたときである。彼は、ジョージ・ブッシュ、トニー・ブレア、そして9・11後に生じている諸問題に対して不満をぶちまけた。彼は労働党をずっと支持してきたが、次の選挙では誰に投票するかわからないという。

要するに、シルヴァとライト[19]がより十分に論じていることだが、インタビューでの回答はインタビュー対象者の言説戦略に着目しながら解釈される必要がある。この事例のように、地位が確立した大学教員による産物として認識されるプロジェクトとの関わりで、エスニックな境界を超えた交渉が生じている場合にはなおさらである。インタビューを実施することや、それについての膨大なフィールドノートをつけるという経験から、インタビューがどのように社会的な場として体系的に組織化されるのかを見いだすことができるわけだが、質問紙調査の方法は、そのような文脈上の情報を排除してしまうのだ。

また、ほとんどのエスニック・マイノリティが、必ず周辺的な立場から語るわけではない。エスニック・マイノリティが集合的な立場から語るフォーカスグループ・インタビューでは、もっと自信がある自己主張的な態度がみられる。エスニック・ブースト・サンプルのメンバーに対して実施した個別インタビューでは、多くの場合でより雄弁な語りを引き出すことができたが、それでも文化的周辺性の自覚がどのように語りを特徴づけているのかを、われわれは検討し続けるつもりである。質的資料という通常は採用されないような視点を採用することで、質問紙調査のデータ上では一見つながりがないようにみえた、エスニシティと文化の関係性についてあらためて検討し直すことができるだろう。

2　ホームとアウェー

われわれの質的データは、入り組んだ文化地理学を示している。調査の回答者たちは単に一つの「ナショナルな」文化に関わるのではなく、多様な場から文化的な指示対象や象徴物を想起している。アパデュライ[20]の用語にしたがうならば、移動する想像界を彼らは示しているのである。様々な文化的場にどのように自らを位置づけるのかは、回答者によって異なっている。彼らはしばしば、二つの文化の間にうまく収まらないという感覚をもっていて、両方の要素を共有しながらも完全にはどちらも自分のホームであるとは感じていない。

このことは、サビトラ・ゴパルのインタビューで一貫してみられる特徴である。彼女は五十三歳のインド系女性であり、インタビュー時点でのイングランド在住歴は三十二年だった。長年、夫のニメシュと複数の店を経営し、フルタイムで働いてきたが、最近店を売り払い、現在は地元の学校でパートタイムの食事管理者をしている。彼女がわれわれの質問に回答した際の言葉を最も生き生きと整理する座標は、一つはイングランド文化とインド文化というカテゴリーによって与えられるものだ。もう一つは、それほどはっきりと対照的ではないものの、「古いもの」は嫌いだが伝統には愛着があるという彼女の発言によって与えられる座標である。この発言は、現代的なイングランド流の生活と古風なそれの双方にある問題含みの側面に対して述べられたものだ。イギリスで青年期の終わりと成人期のはじめを過ごした彼女は、イングランドの商業的大衆文化に慣れ親しみ、その様々な面を好んでいる。しかし、彼女は「イングリッシュ」を国民のカテゴリーよりもむしろ、言語のカテゴリーとして解釈している。これは、『インデペンデンス・デイ』『タイタニック』、ジェーム・ボンドの映画など、彼女が好きな映画として挙げた例の多くはアメリカあるいは大西洋を越えた「イングリッシュ」な国のものだったという意味で、である。他方で、「古いイングランド」に対する彼女の嫌悪には熱っぽいものがある。どうしてデイヴィッド・ホックニーの『ペーパー・プール』をとても好きでターナーの『戦艦テレメール号』が嫌いなのかを説明している際、一般的に絵画は古風なものよりも現代的なもののほうが好きかという質問を途中でさえぎって、彼女は熱情を込めて次のように答えた。「私は古いものが嫌い。嫌いなの。古い家具が嫌いなの。古いのはダメ、ダメ、ダメ」。少したってから彼女はこの話題に戻ってくれたのだが、古いという観念と「古いイングランド」という観念との間につながりを認めようとする持論を展開するばかりだった。

シェイクスピアとかそういうのにのめり込む人いますよね、私もシェイクスピアの村に行ったことがありますよ、ちょっと好奇心でね。学校でシェイクスピアやるしね、イングランドに行ったらね、えー来るとね、学校でシェイクスピアを習うんですよ。そういうことなんですね。でも、一回行ったから、もう二度と行きたくはないです、うん。古い建物も、古い教会ももう十分。

サビトラはインドの番組をラジオと衛星放送で日常的に視聴していて、ヒンディー語の映画や音楽を好んでいる。いまは特に、彼女がずっと好きだった一九六〇年代のポピュラー音楽（ビートルズ、ローリングストーンズ、エルヴィス、クリフ・リチャードなど）よりも、ヒンディー語の音楽のほうがずっと好きである。しかしながら、第9章でみたように、彼女の生活で現代に生きる力のようなものと同時に、近代的でもイングランド的でもなく、ましてや「古いイングランド」でもないものを示す言葉である「伝統」の論理は、彼女が伝統的インド衣装は好きだと語るとき明確になる。

それは、私たちの生育環境ですよね。すごく文化的なものです。私たちインド人は、ヒンドゥー教徒は、子どものしつけがとても文化的でした。ちょっと違ったことをしたものなら、町中のうわさになりましたよ。私たちはそれをいつも気にしてたと思います。学校をさぼったり、授業を受けないみたいなこと、そんなこと単にできなかったですよ。いつだって考えているんですよ、私がもし見つかってしまったら、どうなるかって。（略）それから私は、親戚に会いにいくときは民族衣装を着ていくようにと、いまだに念を押していますね。

以上の一連の対照は、自分にとってホームはどこなのか、あるいは何をもってホームにいるとするかについて、彼女の様々な感覚を示している。インタビューの序盤で、いま住んでいる場所をホームと感じると彼女は語っている。「だから、よく知っている場所で、私はどこにも引っ越したくないの。ここがホームだから」。しかし、価格を気にしなくていいのならどんな家がほしいかという質問に対しては、まず最初に育った家を思い浮かべて、住んでいた「バック・ホーム（＝故郷）のような」バンガローと答えた。そして、彼女はすぐにこの発言を修正し、二つのホームの間でどちらのほうがよいか決めかねるような態度になった。

私の家には小さな庭があるけど、バック・ホーム（＝故郷）にはもっと広い庭があります。私が思うのは、人が育つというのは……、だって、私はここで故郷よりも長く住んでいますからね。帰ってそこにずっといたらって言われてもね、帰りませんよ。ここは三十二年もの間私のホームなのですから。

それでも、サビトラは、夫よりもうまく「ホームとアウェー」の間で折り合いを付けられているという。「夫は英語の映画が苦手です。どういうわけか、彼は英語も話せるし、ここに住んでるのですが、ときどき迷子になってしまうんです（笑）。彼はときどき、何もかもわからなくなってしまいます。だから……」。六十歳のニメシュはサビトラよりも年上であり、彼女と同様に夫婦で経営していた店をやめ、現在はフルタイムで食事宅配サービスの監督者をしている。確かに彼は、イギリス文化とインド文化両方に対してより緊張した関係を取り結んでいる。

ニメシュは、自分が夢に描く家は必ずしもイングランドに建てる必要がないものだと気づいたとき、アフリカに建てることも選択肢に入れるようになった。晴天が少ないイングランドの気候と宗教対立が多いインドから逃れられるから、だという。[21] しかし、個人的な食事の選択になると、インド人として徹底的に国民化された身体規範を守ろうとする価値観を見せる。

私は基本的にベジタリアンで、香辛料も好きなんだ。ちょっとした味付けとかそういうのがね。だから、たぶん、それは私がどうやって育ってきたか、味覚がどんなものかっていうことなんだよね。別に他の料理を食べるのはかまわないんだよ。私は同じようにイギリス料理も中華料理も食べてきたよ。でも、私がインド料理にこだわるのは、それがどんなものか知っているから、慣れているから、自分が何を食べているかを知っているから、害がないことがわかっているから、自分の体が消化しやすいからなんだよね。

サビトラとは違い、ニメシュは伝統的イングランド文化（サビトラが言う「古きイングランド」）の様々な面を好んでいる。彼が好きな本はシェイクスピアの『ヴェニスの商人』だが、グジャラート文学を読むなかで並行してシェイクスピアにも関心を抱いていることを彼は強調する。同様に、彼はクラシック音楽やオペラが好きだ（さらにスコットランド音楽やスペイン音楽も好きである）と話すが、それと並行して伝統的ヒンディー音楽も好きだという。このような「交差」する嗜好は、ニメシュが抱く親としての責任の解釈を反映している部分がある。子どもたち（いずれも大学に進学している）の宿題や学校生活の面倒をそれなりに長い間見ていたこともあって、人生での成功と教育の関係、さらにイングランド文化に精通することが前者に果たす役割の関係について、はっきりとした見解をニメシュはもっている。

サビトラとニメシュはマジド・ラジャよりもずっと自信がある語り口だったが、どちらも三十年もの間生活してきたネイションに対して完全に帰属しているわけではなかった。二人ともイギリスの白人の人々と共通する印象的な文化的レパートリーをもっているが、伝統に関しては異なった感覚がある二つの異なる文化の間に自らをどう位置づけるかについては振れ幅がある（二人は異なるが）。

スタッフォードの場合も、同様のことが見て取れる。彼は、ミッドランドの町の中心地近くに住む六十歳のアフロ・カリブ系の男性である。文化的嗜好と文化への参加の仕方では、彼は最も「典型的」なインタビュー対象者であり、われわれの文化マップの第一軸と第二軸の中心近くに位置している。しかし、彼の語りには、微妙に「外部者」としての立場が見え隠れしている。ニメシュとサビトラ同様、彼は移民の第一世代であり、五十年以上もイギリスに住んでいるが、生まれ育ったセントキッツ島やネビス島を自分の故国だと考えている。ニュースや時事関連のテレビ番組の好みを述べるとき、彼が強調するのはやはり、出身地での生活とのつながりを保てるという理由である。

たぶん、私がここの出身ではないからだね。ここに来たのは十代の頃だったけど、私はいまだに世界中で何が起こっているか、カリブ海の地域やそこらへんで何が起こっているのかを知るのが好きなんだよ。

仕事が休みのときや家事をしているとき、スタッフォードの文化生活を組織する焦点は、『聖書』を読んだりラジオでクラシック音楽を聞いたりすることにある（若いときに好きだったリズム・アンド・ブルースよりもクラシック音楽を好んで聞いている）。しかし、彼が最も頻繁におこなうのは、テレビでのスポーツ観戦である。スポーツ観戦は、特にオリンピックやイギリス連邦選手権といった「グローバル」なイベントを通じて、ホームとつながるまた別の感覚をもたらしている。例えば、彼は二〇〇二年のイギリス連邦選手権で偉業を成し遂げたセントキッツ島の選手について誇らしげに話す。他方で、スポーツはスタッフォードに自身の「イギリス性」も語らせる。これは、サッカーのプレミアリーグが好きだということを他の国・地域の球技と対比しながら語った次のような場面に表れている。

野球やアイスホッケー、この手のスポーツは苦手なんだよね。というか嫌いだね。僕がそうしたスポーツを見ないのは、理解できないからだし、理解したくないからだよ、わかるかな……。ゲーリックフットボールやオーストラリアンサッカーみたいに、蹴り合ったりしていることとか、そういうの含めてすべて、何やってるのかがわからないようなものを見てるみたいな感じだよね。

カリム・ラシッドの語りからは、地理的にさらに複雑な文化的つながりがみられた。カリムはパキスタンに生まれ、一九七五年、三歳のときにイングランドに移り住んだ。サビトラ、ニメシュ、スタッフォードよりもかなり若い。パキスタンでお見合い結婚した妻は、彼と住むためについ最近イギリスに移住したばかりで、英語は少ししか話せなかった。しかし、カリムは伝統的なパキスタン文化や南アジアの文化からしきりに距離をおきたがっている。夢の家について尋ねたとき、彼は歴史と現代的利便さを組み合わせるべきだと述べ、もっぱらイングランド風の家を想像している。「私は古いコテージのような家に住みたいですね。築二百年のコテージなのに、スイッチやらなんやらがあるような、私にとって便利な家ですね、わかるでしょうか」。同じように、彼は質問紙調査でインド料理が好きだと答えていたが、これは家族や周りの仲間の影響によるものであり、彼自身はイタリア料理、メキシコ料理、イングランド料理が好きで（どれもインド料理よりおいしいという）、特にフィッシュ・アンド・チップスが好物であることを一生懸命に強調している。彼の服装のセンスは、現代風であり断固として西洋風で、さらに、彼はボリウッド映画やインドのポップミュージックを嫌っていることを強調している。しかし、このような彼のアジア文化との関係と同じように、特定の大衆文化から距離をとるという態度も見られる。夢の家について語るとき、カリムはじょうぜつに述べている。「そうなんですよ、これが典型的な私なんですよね、私はすべてで中間だと思いませんか？　私は両方ともちょっとずつほしい、私っていいところどりしてますよね？」。カリムは、健康と安全に関わる若き相談員として質素な生活を送っているが、将来有望であるため、自分の嗜好の多くがまるで文化界の中間にあるかのように、心得顔に自分の位置を語る。彼はカントリー・アンド・ウェスタンが嫌いだが、政治的なメッセージが含まれた音楽やレゲエを好み（特にイギリスのレゲエ・バンドUB40を好んでいる）、クラシック音楽はお試し程度に聞く。彼はリアリティショーが嫌いで、『パノラマ』のような番組を好む。「チャンネル４」は好きな放送局であり、クエンティン・タランティーノの映画をよく知っているかのように語る。また、彼はほとんどのスポーツが好きだが、エリート主義的だということでゴルフとテニスからは距離をおいている。

しかし、カリムの「中間にいる」という感覚がとりわけ目立っていたのは、自分のイスラムとの関わり方と西洋の世俗的な文化とのそれを並べて話してくれたときだった。質問紙調査で好きな本のジャンルの一つに宗教の本を挙げていたことを指摘されるとすぐに、カリムはそれを訂正した。彼の本当に好んでいるのは、ホラー、スリル、SFといった小説であるという。質問紙調査で宗教の本を選んだ理由として、彼自身が宗教的な家族の出自であること、さらに9・11以後のムスリム・コミュニティでは宗教的問題に対して一般に敏感さがみられることを挙げた。また、彼が宗教的な子育てに傾倒すること（彼の子どもたちは『コーラン』を読むことを奨励され、ウルドゥー語を教わっている）、そこには戦略的な世俗主義が働いている。子どもたちが通っているのは確かに宗教系の学校ではある。しかしそれは、カトリック系である。また、子どもたちは一日に五回の祈りをすることを奨励されているが、一度の祈りにつき二十ペニーを報酬としてもらえる。

同様の戦術的位置取りは、インド系やパキスタン系のフォーカスグループのメンバーでも顕著にみられた。モインは二十代前半のパキスタン系タクシー運転手であり、学生でもある。『マトリックス』とボリウッド映画のヒット作『デーヴダース』の両方に好きなところと感嘆するところがあったという。前者については特殊効果を満喫し、後者については「こんな映画は見たことない」と彼は言う。ここでアメリカ文化は、商業的であり、制作費で価値づけられるものとして捉えられている（モインは、『マトリックス』の制作に二億六千九百万ドルもの金額が費やされていることを熱っぽく語った）。他方で『デーヴダース』については、より真正な映画として高く評価している。彼にとって、両方の映画を楽しめるということは、文化的な忠誠対象を取り換えたり切り替えたりする能力を示す証しになっている。しかしながら、アジア系のフォーカスグループの他のメンバーは、ヒンディー語の映画やボリウッド映画に対して強い嫌悪感を示し、リアリティに欠けていて物語が単純なのが欠陥だという。工場で働くパキスタン系青年であるユーセフは、イングランド文化に対してより近しい関係があることをはっきり述べながら、ヒンディー語映画が嫌いであると語る。

みんなはヒンディー語の映画が好きなのでしょうけど、私はイングランド映画のほうが好きですね。インド映画を見るのは嫌いです。だって、半分以上何言ってるかわかりませんからね。こういうふうに言ってもよければ、ヒンディー語映画はどれも同じに見えるんですよね。でも、イングランドの映画はそれぞれ違う話になっていいます。四つか五つのタイプがありますね。ヒンディー語には、コメディーとかそういうのがありませんし、仮にあったとしても微妙ですね。

アフロ・カリブ系のフォーカスグループの議論からは、異なった関係性がみられる。「黒人的なもの」と相対的に主流の形態にあるイギリス性の間にある諸関係を媒介していることから、彼らはアメリカ文化の重要性を強調する。黒人とイングランド文化の関係が「黒人」とアメリカ文化の関係から引き起こされていることを説明しながら、アフロ・カリブ系にとっては、コミュニティに特有の文化実践を維持することがイギリスのインド人やパキスタン人よりも難しいと彼らは語る。西インド諸島出身で現在はイギリス国籍をもつパトリシアは、この問題がみんなに広く知られているところで一連のやりとりのきっかけになった。

パトリシア：私は思うのですけど、アジア系やユダヤ系の人は、何か輪みたいなものがあって、領域みたいなものがあって。何か生き方とか、よりどころになる特殊なものがあると思うのです。

テレンス：うーん……。ええ、わかりますよ。歴史的な理由であれ何であれ、過去に何かしらの文化がある人たちのことを基本的には話しているのですよね。彼らは自分たちの文化の領域を保持することができていますね。でも、私たちの場合はそれまでと断たれていて、自分たちがどこからきたのかなんて、わからないようなものですよね。

マイケル：でも、それは、るつぼのようなものというか……。

テレンス：全然違いますよね……。でも、私たちが少なくとも自分たちの子どもに伝えていかないといけないのは、黒人文化という種のようなものがあるということですね。そこから出るいくつもの糸を紡ぎ合わせるのを、自分でもやり、子どもにもやらせるべきですよ。ただ単にその芽をつんでしまってあらゆる種類のアメリカ的なものに目を向けたり、取り入れたりするかわりに。私たちがいま取り入れている文化は、ほとんどがアメリカの黒人文化ですから。

中産階級のアフロ・カリブ系グループの最も長い議論には、違った焦点がある。その議論固有の黒人文化を問うというよりも、アフロ・カリブ系のコミュニティ内部あるいはもっと広範な社会のどちらかで、卓越化を誘発する諸要素をもつ文化実践をめぐるものだった。このグループは、「主流」の美徳をアート系映画と区別していた。新聞についても明確に論争があり、グループのなかの多数派がタブロイド紙をつまらないゴシップ紙だとか、「レイシストの食べカス」（「ザ・デイリー・メール」に対するリジーの評価）だとこきおろしていた。第6章でみたように、タブロイド紙が好きであることを打ち明けたグループの一人は、階級や教育レベルのわりには読むものが低級だとか差別的中傷を暗黙裡に容認しているということで他のメンバーから責められ、困難な状況に陥っている。一方で、嗜好に関する議論は、「歯にキスする」[2]あるいは舌打ちをすることをめぐって盛り上がった。このような行為は、アフロ・カリブ系の人々にとって「中指を立てる」ことと同義であり、不作法な下位文化的実践あるいは階級でいえば庶民のすることとして、様々に捉えられる。しかし、このグループで最も注目すべきことは、好きな俳優や映画監督へと話題が移ったときの彼らの態度であり、例として挙げられた俳優や映画監督がかなりアメリカに傾倒したものだったことである。具体的には、マーティン・スコセッシ、マイケル・ダグラス、ジム・キャリー、メリル・ストリープ、ロビン・ウィリアムズ、アーノルド・シュワルツェネッガー、ジョン・トラボルタ、そしてグウィネス・パルトローといった人々である。

われわれがインタビューした白人のイギリス人のサンプルも、イギリスの指示対象に限定されず複雑な文化地理学の様相を呈している。もろもろの参照物の価値は、ヨーロッパかアメリカの文化との関係性での場所感覚から生じることが多い。イギリスの「高尚な文化」のつながりは、伝統的にヨーロッパ系である。これは、「グランド・ツアー」の貴族文化のものにせよ、モダニストのアヴァンギャルドのものにせよ、あてはまる。他方でアメリカ文化は、イギリスでは伝統的に大衆文化の発生と強く結び付いてきた。これは特に音楽や映画の領域に該当し、両大戦間期以来、ハリウッドが重要な存在であり続けている。多くの白人イギリス人のサンプルは、これら二つの場所に文化的吸引力があることを示しているが、これらの伝統的な評価とはしばしば明らかな逆転現象がみられる。ヨーロッパ由来であることがわかると、退屈だとか失われた文化世界だとして過小評価している。もう一度マリアの例に戻ると、彼女はサルトルの隠れた側面についてずばずばと話しながら彼をけなしていたのだった。

フォーカスグループでの議論の利点の一つは、参加者がただ単に質問に応答するのではなく、会話の進行のなかで参加者が自ら言及してくれることである。こうした、「自然発生」的なデータは、これらのグループが利用した地理的範囲を見積もるにあたって有効な方法を与えてくれる。このエビデンスを考慮すると、白人のフォーカスグループの社会的範囲全体で、文学と映画に関してヨーロッパ系[22]への言及が欠如しているということがはっきりとわかる。具体的に挙げられた本は五十三冊である。このなかでヨーロッパ系の著者のものはたった一冊だけである。しかもそれは、ドイツ出身のF1ドライバー、ミハエル・シューマッハの自伝である。第一線の作家ではない彼が著者として言及されること自体に、ヨーロッパ系への言及の欠如が表れている。タイトルが挙げられた映画九十一作品のうち、たった一つだけがヨーロッパ系映画だった（フランス映画『デリカテッセン』）。名前が挙げられた十六人の映画監督のうち、たった二人だけがヨーロッパ系だった（スペイン人のペドロ・アルモドバルとデンマーク人のラース・フォン・トリアー）。同様に、六十五人の俳優のうち、たった一人だけが大陸ヨーロッパの出自だった。これは、オーストリア系アメリカ人のアーノルド・シュワルツェネッガーであり、彼の映画界での経歴はハリウッドと密接な関係がある（事実、もっぱらハリウッドが舞台だった）。音楽の場合でさえも、クラシック音楽を好む者は多いにもかかわらず、言及された百六十七曲のうち七曲だけが大陸ヨーロッパの作曲家のものだった（モーツァルト＝二、バッハ＝二、ベートーベン＝一、ヴィヴァルディ＝一）。現代のイギリスやアメリカの音楽家は強い感情と興奮を生むが、このことは大陸ヨーロッパの音楽家には当てはまらない。

アメリカ文化の魅力は、しばしば仕事という日常の世界から逃避できたり自由になれたりするような言葉と結び付けられ、ヨーロッパへの印象と明確な対照をなしている。ミッドランド出身で退職した工場労働者であるアイリーンは、自分が一九八〇年代のアメリカドラマを好むことについて、自身の人生経験との距離という点から語る。

昔は『ダラス』とか『ザ・コルビーズ』とか、そういった感じのドラマが好きでした。魅力的で、日常から私を連れ出してくれるからですよね。いろんなきれいな洋服を着て、豊かな油田のおかげでね。それから、彼の名前は、えーとですね、なんて名前だったか……。あ、ボビー・ユーイングですね。

レズビアンのフォーカスグループで博士課程の大学院生であるエイミーも同様に、イギリスの『バッド・ガールズ』に対する嫌悪とアメリカの作家アン・タイラーへの好みを対置し、現代的生活について対照的な表現を並べている。

アン・タイラーはアメリカ人の作家で、非常に多くの小説を書いています。それらの多くはどれもが、ある程度、だいたい、少しとっぴな変わった人たちに関するものです。私が好きな作品は、家族と一緒に休暇中の女性についての話です。彼女は浜辺から歩いて抜け出して、ひたすら歩き続けて、一生歩き続けるんですよね。彼女がどんな外見だったか家族も思い出せなくなるんです……。

メイン・サンプルの白人メンバーの大半は、アメリカ文化の好みをこの同じような言葉で表現している。これは、第8章でみた若い管理職や専門職の間でアメリカのドラマがはやっていたことを思い起こすと、エリート主義を誇示せずに優れた趣味判断の能力を示す手段として役立っている。

様々な地域文化、国民文化、トランスナショナルな文化の間にある複雑で多くは対立的な諸関係のなかに、二つのサンプルのメンバーたちが深く巻き込まれていること、これは明らかである。われわれは次に、質問紙調査のエビデンスを検討することで、以上のような文化地理学の性質について詳細に考察する。

3　イギリス・アメリカ・ヨーロッパの文化スケープ

われわれの質問紙調査で固有名詞をあげた文化項目を用いれば、様々な社会集団が、どのように世界各地からの文化的な指示対象に言及するかをさらに体系的に評価できる。世界の様々な地域出身の特定の芸術家、作家、映画作家、音楽家について、様々なエスニック集団のメンバーがどのような知識と好みをもっているのか。これらをみることで、諸グループがそれぞれの文化的想像界で、どのように異なるかを洞察することができる。われわれが理想として抱いていたのは、もろもろの文化項目との関係について、地域による違いはあるものの、白人と主に結び付いているもの以外で、インド系、パキスタン系、アフロ・カリブ系に由来するものを調べることだった。これはしかし、質問紙設計の実際上の都合によってかなわなくなった。われわれの研究でのもろもろのエスニック集団のメンバーが、主に白人系イングランド、アメリカ、大陸ヨーロッパと結び付いた文化項目との関係で、それぞれどのように位置づけられるか、本書ではここまでしか示すことができない。

質問紙には、以下のような地理的広がりがある固有名詞のついた項目が含まれている。イングランドからは、十四本のテレビ番組、三冊の本、一曲の音楽作品、三人の芸術家である。アメリカからは、七本のテレビ番組、二人の映画監督、五曲の音楽作品、一人の芸術家である。大陸ヨーロッパからは、二人の映画監督、二人の芸術家、二人の音楽家、一人の作家が選ばれている。これらを三つの地域の尺度として整理したものを以下に示している。

イングランド尺度

テレビ番組：『MI—5 英国機密諜報部』『バーナビー警部』『バッド・ガールズ』『アブソリュートリー・ファビュラス』『ザ・ユニバーシティー・チャレンジ』『パノラマ』『フロスト警部』『トゥー・パインツ・オブ・ラガー・アンド・ア・パケット・オブ・クリスプス』『イースト・エンダーズ』『ザ・ビル』『コロネーション・ストリート』『グランドナショナル』『エレクションナイト』『女王のクリスマス放送』

文学：J・K・ローリング『ハリー・ポッター』、ジェーン・オースティン『高慢と偏見』、キャサリン・クックソン『罪のなぐさめ』

音楽：オアシス「ワンダーウォール」

視覚芸術：L・S・ラウリー、J・M・W・ターナー、トレイシー・エミン

アメリカ尺度

テレビ番組：『サウスパーク』『セックス・アンド・ザ・シティ』『ザ・シンプソンズ』『フレンズ』『バフィー

——恋する十字架』『ザ・ホワイトハウス』『シックス・フィート・アンダー』
映画：アルフレッド・ヒッチコック、スティーヴン・スピルバーグ
文学：ジョン・グリシャム『ザ・ファーム』、マヤ・アンジェロウ『歌え、翔べない鳥たちよ』
音楽：エミネム「スタン」、フィリップ・グラス「浜辺のアインシュタイン」、マイルス・デイヴィス「カインド・オブ・ブルー」、ブリトニー・スピアーズ「ウップス！・アイ・ディド・イット・アゲイン」、フランク・シナトラ「シカゴ」
視覚芸術：アンディ・ウォーホール

大陸ヨーロッパ尺度

映画：ペドロ・アルモドバル、イングマール・ベルイマン
文学：ギュスタヴ・フロベール『ボヴァリー夫人』
音楽：アントニオ・ヴィヴァルディ「四季」、グスタフ・マーラー「交響曲第五番」
視覚芸術：フィンセント・ファン・ゴッホ、パブロ・ピカソ

われわれが考案した尺度がイギリス的なのか、それともイングランド的なのか、疑問を抱く読者はいるだろう。実際には、J・K・ローリングを除き（彼女は、生まれはイングランドだが、スコットランドに住んでいる）、一つ目の尺度に含まれる項目はすべてイングランドのものである。また、ほとんどの項目（『ザ・ビル』『コロネーション・ストリート』『バーナビー警部』『高慢と偏見』など）にイングランド的な含意があり、いずれもが、アイルランド、スコットランド、ウェールズとの結び付きはない。これはしたがって、的確にイングランド的尺度だと言える。スコットランド、ウェールズ、北アイルランドの調査でのサンプルサイズが限られていたことに加え、（イングランドも加え）四つのネイションごとに質問を変えるのに必要な資源を欠いていたため、イギリスのなかの

文化的多様性についてわれわれがおこなう所見は限定的である。また、これら地域的尺度は、厳密な対応関係にあるわけではない。イングランド尺度とアメリカ尺度にはテレビ番組の項目がいくつも含まれているが、他方で、ヨーロッパ尺度にはその項目が一つも含まれず、伝統的な「高級文化」の項目から尺度が構成されている。さらに、アメリカ尺度の一つ目に含まれるテレビ番組は、主にチャンネル4やBBC2と強いつながりをもつ高品質の輸入品であるのに対し、イングランド尺度の番組にはばらつきがある。したがって、様々なグループがこれら三つの「文化スケープ」を関連づける方法を解釈する際には、次のことが重要になってくる。すなわち、これらのスケールに含まれるもろもろの文化項目は、地域間の差異以外にも、正統性の程度でも異なっているという事実を考慮する必要があるのである。

メイン・サンプル内の白人グループとエスニック・ブースト・サンプル内の三つのマイノリティ集団の三つの地域スケールに対する様々な関係を、表13―1で考察しよう。表の数値は、イギリス・アメリカ・ヨーロッパの三尺度の項目を知っているまたはある程度好きだという両方のサンプルのメンバーについて、その平均水準を整理したものである。これら二つのサンプルでの比較をおこなうために、メイン・サンプルで自らを非白人だと申告している人は除外した。このような制限の設定によって、二つのサンプル間の比較から、黒人対白人の比率についての全体像が提示される。

予想されたとおり、表が示しているのは、ケルト系白人や「その他の白人」、アフロ・カリブ系、インド系、パキスタン系よりも、イングランド系白人のほうがイングランドの諸項目について知識があり、好んでもいるということである。ここでは勾配が顕著である。イングランド系白人のスコアは、パキスタン系のスコアの倍近くもある。エスニシティの分化は、アメリカの項目との関わりでは相対的に顕著ではないが、パキスタン系のスコアだけがそこではかなり低くなっている。大陸ヨーロッパ尺度については、白人諸グループ間である程度の多様性がみられる。しかし、黒人のエスニック・マイノリティに加えて特にパキスタン系は、「その他の白人」を筆頭とする白人諸グループに比べて非常に低いスコアを示している。

表13－1　エスニシティと地域尺度、知っているまたは好きな項目の数

	イングランド尺度	アメリカ尺度	大陸ヨーロッパ尺度	度数
メイン・サンプル（MS）				
イングランド系白人	10.3	8.8	4.7	1117
ケルト系白人	9.6	8.4	4.0	291
その他の白人	8.0	9.7	5.7	46
合計	10.1	8.7	4.6	1453
比				
ケルト系／イングランド系	0.9	1.0	0.9	
その他／イングランド系	0.8	1.1	1.2	
エスニック・ブースト・サンプル（EB）				
アフロ・カリブ系	6.1	8.9	3.0	45
インド系	5.7	7.1	2.7	94
パキスタン系	5.4	5.8	2.0	96
その他	7.9	10.3	4.6	30
合計	5.9	7.3	2.7	265
比				
EB／MS 合計	0.6	0.8	0.6	
アフロ・カリブ系／イングランド系白人	0.6	1.0	0.6	
インド系／イングランド系白人	0.6	0.8	0.6	
パキスタン系／イングランド系白人	0.5	0.7	0.4	

大陸ヨーロッパ尺度が伝統的で高尚な文化にかなり偏っていることに鑑みると、白人諸グループ間の差異を形成しているのは階級であるように思われる。ケルト系白人グループのなかにはかなり多くの割合で労働者階級の構成員が含まれていて、その割合は五〇％を超えている。これに対し、イングランド系白人の場合は四四％である。また、ケルト系白人集団は全体として、教育達成の水準が相対的に低い。「その他の白人」集団についても、諸要素を似たような組み合わせで検討してみる必要がある。大陸ヨーロッパ尺度の諸項目との彼らの強い結び付きは、部分的には出自を反映したものだからである。彼らは主に大陸ヨーロッパ系の出自であり（五四％が大陸ヨーロッパに出生、二七％はイギリスで生まれたという第二世代）、一一％が北米、一一％が旧イギリス植民地（オーストラリア、ニュージーランド、南アフリカ、香港）の出身である。しかしながら、「その他の白人」集団の高

い教育水準もここでは関わってくる。この集団では、教育資格をもたない人の割合が最も低く、大卒の割合は三一%と、サンプル全体の平均値が二三%であるなかで最も高い。

はっきりと一貫しているが、エスニック・ブースト・サンプルとメイン・サンプルそれぞれの合計の関係をみてみると、マイノリティのエスニック集団のイングランド尺度と大陸ヨーロッパ尺度への結び付きはイングランド系白人のそれよりも弱い。これとは対照的に、マイノリティのエスニック集団が、かなり高い水準でアメリカ文化と結び付いていることがわかる。これはとりわけアフロ・カリブ系の場合に当てはまっていて、「その他の白人」に次いで二番目にアメリカ尺度との強い結び付きを示している。また、パキスタン系は三つの尺度すべてで最も低い値を示していて、そのことは、特にヨーロッパ尺度の場合で顕著であることも指摘できるだろう。これはおそらく、前節でみたように、フォーカスグループと世帯インタビューでの、パキスタン系メンバーの一部にみられた共同体特有の伝統と宗教の強い役割を反映しているのかもしれない。[23] しかし、加えて階級と教育も関わっている。パキスタン系の世帯は、われわれの質問紙調査では最も貧しい(年間収入一万五千ポンド未満の世帯が二五%もあり、対してメイン・サンプルの平均では一五%である)。同様に、パキスタン系の人々の高等教育への参入率がメイン・サンプルの平均値に近いにもかかわらず、彼らの職業は定型業務従事職に最も集中している。[24]

前のいくつかの章でみてきたように、われわれが扱った多くの界で、ジェンダーは嗜好と実践を明らかに分割している。しかし、地域の文化的結び付きを区別する際には必ずしもそうではない。エスニック・ブースト・サンプルとメイン・サンプルの両方で、イングランド尺度と大陸ヨーロッパ尺度の両方において、女性のほうが男性よりも高い得点を示している。さらに、両サンプルで、男性はアメリカ尺度では女性よりも高い得点を示している。[25] しかしながら、これらの差異のどれもが大きくはない。この尺度では男女比率が〇・九から一・一という幅でしか変わりないため、集約した非白人/白人の回答を差異化するうえで、ジェンダーは適切な役割を果たさない。

年齢に関しては状況が異なっていて(表13―2を参照)、三つの地域の尺度への感度を構造化するにあたって明

表13－2　年齢と地域尺度、知っているまたは好きな項目の数

年齢	イングランド尺度		アメリカ尺度		大陸ヨーロッパ尺度		度数*	
	メイン・サンプル	ブースト・サンプル	メイン・サンプル	ブースト・サンプル	メイン・サンプル	ブースト・サンプル	メイン・サンプル	ブースト・サンプル
18-24歳	7.6	6.0	10.8	8.2	3.7	3.1	123	68
25-34歳	8.9	5.4	10.4	7.9	4.4	2.5	263	75
35-44歳	10.0	6.4	9.0	7.5	4.6	3.0	297	54
45-54歳	10.8	6.0	9.0	6.8	4.7	2.4	250	34
55-64歳	11.7	5.3	8.2	4.6	5.3	1.9	230	17
65-74歳	10.7	6.8	6.6	3.4	4.5	1.5	167	12
75歳＋	10.2	7.8	5.5	3.4	4.1	3.0	123	4
合計	10.1	5.9	8.7	7.3	4.6	2.7	1451	264

*全体からは年齢不明の者を除いている。

表13－3　回答者の出生国と地域尺度、知っているまたは好きな項目の数（エスニック・ブースト・サンプルだけ）

	イングランド尺度	アメリカ尺度	大陸ヨーロッパ尺度	度数
イギリス生まれ	6.5	9.5	3.7	113
海外生まれ	5.5	5.6	1.9	149
全体	5.9	7.3	2.7	262
イギリス生まれ／海外生まれの比	1.2	1.7	1.9	

らかに有意性が大きい。このことは、違った形ではあるものの、メイン・サンプルでもエスニック・ブースト・サンプルでも該当する。メイン・サンプルでは、中高年の人々は大陸ヨーロッパとイングランドの文化的指示対象を指向する傾向にあり、アメリカのほうにはあまり引かれていない。他方、若者はよりアメリカの項目へと傾いていて、大陸ヨーロッパに対する関心はあまりみられない。エスニック・ブースト・サンプルでは対照的に、若年層では明確にアメリカ尺度と大陸ヨーロッパ尺度への結び付きの程度が比較的高くなっている㉖。それに対して、イングランド尺度については年齢による偏差はあまりなく、最も高いスコアを示すのは七十五歳以上となっている。

エスニック・ブースト・サンプルの出身国の効果を考慮することで、新たに別の側面が浮かび上がってくる。表13―3が示すのは、イギリス生まれの人々はこれらスケールのどれとの結び付きも比較的高いということである。しかし、アメリカ尺度に対しては最も高い。また、大陸ヨーロッパ尺度はイギリス尺度よりも相対的に高くなってい

表13－4　階級と地域尺度

階級	イングランド尺度		アメリカ尺度		大陸ヨーロッパ尺度		度数*	
	メイン・サンプル	ブースト・サンプル	メイン・サンプル	ブースト・サンプル	メイン・サンプル	ブースト・サンプル	メイン・サンプル	ブースト・サンプル
専門職＝幹部階級	11.2	7.0	9.8	9.6	6.3	4.5	338	47
中間階級	10.6	6.7	8.8	8.8	4.8	3.3	433	61
労働者階級	9.3	5.6	8.0	6.3	3.5	2.0	657	130
合計	10.1	5.9	8.7	7.3	4.6	2.7	1428	238
労働者／専門＝幹部の比	0.8	0.8	0.8	0.7	0.6	0.4		

*全体からは階級不明の者を除いている。

る。これは想定内のことと言えるかもしれない。イギリス生まれの八九％が十八歳から三十九歳までの人々であり、一方でイギリス以外の生まれ（当該サンプルの五七％を占めている）でこの年齢層に相当する人々の割合は四二％であるからだ。

最後に、三つの地域尺度との関連で階級的差異をみてみよう（表13―4）。エスニック・ブースト・サンプルではメイン・サンプルに比較して、イングランド尺度よりもアメリカ尺度と大陸ヨーロッパ尺度のほうに関して階級の効果が強く表れている。イングランド尺度では、労働者階級／専門職＝幹部階級の比が同じになっている。ヨーロッパ尺度のエスニック・ブースト・サンプルで、この比が〇・四だということからわかるのは、マイノリティのエスニック集団では、イングランドやアメリカの文化よりも大陸ヨーロッパ文化との親和性が諸階級を差異化＝分化させる、ということである。また、ここから同時にわかるのは、大陸ヨーロッパ文化との親和性は、白人イギリス人の間よりも非白人のマイノリティ集団の間のほうでいっそう階級を差異化＝分化させる、ということである。すでに確認したように、同様のことは「その他白人」の集団にも当てはまる。非白人であれ白人であれ、あらゆるマイノリティのエスニック集団では、イングランド尺度との関係よりも大陸ヨーロッパとアメリカの文化との関係のほうが、階級形成の過程でより重要なのである。

4 結論

本章では、イギリスの国家的、地域的、グローバルという文化的つながりとエスニシティの間でみられる複雑な相互作用について論じてきた。われわれは、四つの要点を提示した。第一に、「実践的ナショナリティ」は帰属感へと投資される「国家的文化資本」の一形態と見なしうるという、ガッサン・ハージの主張を支持するエビデンスが存在していることである。この形態の文化資本は、文化的な諸形態と諸実践に関し、特有のネイションに結び付いたレパートリーとの親近性から引き出される。こうした資本を所有する者は、ネイションという象徴的で支配的な空間の一部として自らを見なすことができる。[27] マジド・ラジャがそのような資本を持ち合わせていないということは、この点の例証となっている。他方で、あらゆるエスニック・マイノリティと移民マイノリティは、教育水準が高くて文化的資源に恵まれている人であっても、われわれの検討したイングランドの文化的な指示対象の多くについては曖昧な立場をとっている。

第二に、文化資本は、境界づけられた国家的な界の内部でしか組織化されないというわけではない。文化社会学の主流のアプローチは、ネイションをあたかも自己充足した容器であるかのように扱い、様々な国における文化諸実践を比較することに関心をもつものである。これとは対照的に、様々な種類のトランスナショナルなアイデンティティのありさまそれ自体が文化資本の重要な構成要素である、ということをわれわれは示してきた。以前のイギリスでは、文化的な力の確立に向けた関心は、ヨーロッパ系のジャンルを知り鑑賞することにあった。しかしながら、若年層の間ではアメリカ的文化諸形態がますます重要になっている。文化資本とは、国という枠組みのなかでだけ組織化されるものではなく、複雑で対立を含んだ文化地理学を引き起こすものである。

第三に、文化は様々なエスニック集団やナショナルな集団と複雑に結び付いていて、エスニック集団の諸類型間を差異化することの必要性を強調する。大陸ヨーロッパ、イギリス、アメリカそれぞれの尺度との関係では、パキスタン系エスニック・マイノリティは主流の白人系文化から最もはずれている。アフロ・カリブ系は、アメリカ文化への親近性を白人系人口と同程度に示しているが、ヨーロッパ文化に対してはその程度はずっと低い。白人とエスニック・マイノリティの間での得点の差は、大陸ヨーロッパ尺度とイングランド尺度の二つよりも、アメリカ尺度で小さい。これは、アメリカ文化の想像界の力を示す興味深い点である。

第四は、年齢、ジェンダー、階級による分割は、様々なマイノリティで作用している。エスニック・マイノリティであるインタビュー対象者たちの多く、特に高学歴の若者たちの多くは、文化のカテゴリーとジャンルの扱いという点で相当程度洗練されていて、内省的に振る舞っている。こうしたインタビュー対象者たちは、これまでマイノリティとして生きてきたなかで、区分と分類の過程についていくらか考えることを余儀なくされてきた。そのため、もろもろの文化的指示対象の間をかなりの程度、自在に行き交うことができる能力があるのである。こうした姿勢はコスモポリタン文化資本に特有な一つの形態であり、多くのエスニック・マイノリティが教育システムのなかでいい成績を上げるために必要な能力をもっていることと結び付いているのかもしれない。(28)

注

（1）Bourdieu, P. and J.-C. Passeron, *The Inheritors: French Students and Their Relation to Culture*, University of Chicago Press, 1979.（ピエール・ブルデュー，ジャン＝クロード・パスロン『遺産相続者たち――学生と文化』石井洋二郎監訳、小澤浩明／高塚浩由樹／戸田清訳〔Bourdieu library〕、藤原書店、一九九七年）

（2）Bourdieu, P. et al., *The Weight of the World: Social Suffering in Contemporary Society*, Stanford University Press, 1999, p.424.

（3）DiMaggio, P. and F. Ostrower, *Race, Ethnicity and Participation in the Arts*, Seven Locks Press, 1992.

（4）Lamont, M., *The Dignity of Working Men: Morality and the Boundaries of Race, Class, and Immigration*, Russell

Sage Foundation/ Harvard University Press, 2000.

(5) Bryson, B., "'Anything but Heavy Metal': Symbolic Exclusion and Musical Dislikes," *American Sociological Review*, 61(5), 1996, pp.884-899.

(6) Erickson, B. H., "Culture, Class, and Connections," *American Journal of Sociology*, 102(1), 1996, pp.217-251.

(7) Trienekens, S., "'Colourful'Distinction: The Role of Ethnicity and Ethnic Orientation in Cultural Consumption," *Poetics*, 30(4), 2002, pp.281-298.

(8) Van Wel, F., N. Couwenbergh-Soeterboek, C. Couwenbergh, T. ter Bogt and Q. Raaijmakers, "Ethnicity, Youth Cultural Participation, and Cultural Reproduction in the Netherlands," *Poetics*, 34(1), 2006, pp.65-82.

(9) ディマジオとオストラウワーは一九八二年と八五年に実施された芸術への関与に関するアメリカ調査に依拠し、ブライソンは九三年に実施されたアメリカ総合社会調査のデータを用いている。他の研究では、トリネケンズの研究で九九年にロッテルダムで実施された余暇と文化への参加に関する調査データが利用されたように、自治体のデータが用いられている。ブライソンの研究は、固有名詞をあげた文化項目を含む独自の質問紙調査に基づいているという点で、これに対しての主たる例外である。その調査はしかし、カナダにおける一部の文化セクターに対象が限られていて、一部の文化界しか扱われていない。同様のことは、舞台芸術に対象を限定したディマジオとオストラウワーの研究についても言える。エリクソンも、特定の音楽ジャンルだけに焦点を当てたことでピーターソンによる限定を繰り返すことになった。ダンス、演劇、絵画といった文化実践に加え、博物館やコンサートなどの文化施設への参加など、ファン・ヴェルらの研究はより広範な対象に関する質問紙調査をおこなっている。しかし、その調査はユトレヒト（オランダ）の若者だけを対象としているため、世代による差異をみることができない。

(10) Robertson, R., "Glocalisation: Time-Space and Homogeneity-Heterogeneity," in M. Featherstone, S. Lash and R. Robertson eds., *Global Modernities*, Sage, 1995, Castells, M., *The Rise of the Network Society*, Blackwell, 1996[1967], Cohen, R., *Global Diasporas : An Introduction*, UCL Press, 1997（ロビン・コーエン『グローバル・ディアスポラ』駒井洋監訳、角谷多佳子訳〔明石ライブラリー〕、明石書店、二〇〇一年）, Szerszynski, B. and J. Urry, "Cultures of Cosmopolitanism," *The Sociological Review*, 50(4), 2002, pp.461-481.

(11) Augé M., *Non-places: Introduction to an Anthropology of Supermodernity*, Verso, 1995.

(12) Appadurai, A., *Modernity at Large: Cultural Dimensions of Globalization*, University of Minnesota Press, 1996（アルジュン・アパデュライ『さまよえる近代——グローバル化の文化研究』門田健一訳、平凡社、二〇〇四年）、Papastergiadis, N., *The Turbulence of Migration: Globalization, Deterritorialization and Hybridity*, Polity, 2000.

(13) Calhoun, C., “The Class Consciousness of Frequent Travellers: Towards a Critique of Actually Existing Cosmopolitanism,” in S. Vertovec and R. Cohen eds., *Conceiving Cosmopolitanism: Theory, Context, and Practice*, Oxford University Press, 2003.

(14) Hage, G., *White Nation: Fantasies of White Supremacy in a Multicultural Society*, Pluto Press, 1998.（ガッサン・ハージ『ホワイト・ネイション——ネオ・ナショナリズム批判』保苅実／塩原良和訳、平凡社、二〇〇三年）

(15)「通常は」という限定が、ここでは重要になる。グローバル化に関する研究は誇張になる傾向があり、特定の地域の貿易圏での金融と文化の取り引きを、差異化されないグローバル化のより一般的な諸過程としばしば混同してしまうからである。ポール・ハーストとグラハム・トンプソン（Hirst, P. and G. Thompson, *Globalisation in Question: The International Economy and the Possibilities of Governance*, Polity Press, 2000）は、こうしたグローバリゼーション研究に警鐘を鳴らした初期の論文であり、われわれの見方では、彼らの主張はいまなお有効であり続けている。

(16) Werbner, P., *Imagined Diasporas among Manchester Muslims*, James Currey, 2002.

(17) Byrne, B., *White Lives: The Interplay of “Race”, Class and Gender in Everyday Life*, Routledge, 2006.

(18) Savage, M., G. Bagnall and B. Longhurst, *Globalisation and Belonging*, Sage, 2005.

(19) Silva, E. B. and D. Wright, “Researching Cultural Capital: Complexities in Mixing Methods,” *Methodological Innovations*, 2(3), 2008, published 13/12.2007.（http://erdt.plymouth.ac.uk/mionline/public_html/lviewarticle.php?id=65&layout=html）

(20) Appadurai, A., *Modernity at Large: Cultural Dimensions of Globalization*, University of Minnesota Press, 1996.（アルジュン・アパデュライ『さまよえる近代——グローバル化の文化研究』門田健一訳、平凡社、二〇〇四年）

(21) CCSEの住宅と夢の家に関する資料の詳細な分析については、Silva, E.B. and D. Wright, “Displaying, Desire and

Distinction in Housing," *Cultural Sociology*, 3(1), 2009, forthcoming を参照。

(22) ここでは、われわれは「ヨーロッパ」を「大陸ヨーロッパ」の意味で用いるか、あるいはイギリス以外のヨーロッパの意味で用いている。

(23) われわれは、ここでは慎重になっている。われわれのフォーカスグループのエビデンスが、この点についてはいくぶんか矛盾しているからである。パキスタン系の管理職と専門職から成るフォーカスグループのメンバーは、コミュニティに特有の諸実践から距離をとったり、あるいはそれらとの関係における役割を主に組織上のものとして見たりすることにつらさを覚えるようになっているようである。

(24) こうしたことから、文化資本と国際的な移民パターンの関係の別の側面が浮かび上がる。つまり、非白人移民がもつ学歴という資産が、白人移民と「ネイティブ」のいずれの学歴であれ、同じ価値と見なされることはめったにない、ということである。また、出生国との関係を強く保持する移民たちの多くにとって、出生国での社会・経済的な地位こそが、文化資本という資産の集積や流通を計算する際の鍵層を提供してくれるものだと認識することは重要である。

(25) エスニック・ブースト・サンプルのジェンダー構成は男性の割合のほうが高く、女性の四五％に対する五五％となっている。これはメインサンプルで女性五四％、男性四六％となっているのとは反対である。

(26) われわれの研究結果はこの観点からは、ジナ・ネトがスコットランドのエスニック・マイノリティによる芸術参加に関する研究（Netto, G., "Multiculturalism in the Devolved Context: Minority Ethnic Negotiation of Identity through Engagement in the Arts in Scotland," *Sociology*, 42(1), 2008, pp.47-64）で示したものに似ている。

(27) Hage, G., *White Nation: Fantasies of White Supremacy in a Multicultural Society*, Pluto Press, 1998, pp.50-55.（ガッサン・ハージ『ホワイト・ネイション――ネオ・ナショナリズム批判』保苅実／塩原良和訳、平凡社、二〇〇三年）

(28) Modood, T., "Capitals, Ethnic Identity and Educational Qualifications," *Cultural Trends*, 13(2), 2004, pp.87-105.

訳注

［1］フランスでは、「人種」やエスニシティによって人口を分類する公式統計の実施は法的に禁止されている。これに

対し、学術研究にはそのような統計が必要だとする意見も研究者からしばしば出されている。また、実際には労働に関する調査など、公的な調査の一部には実質的にエスニシティを尋ねる質問項目が含まれることもあるが、これは容認されている。

［2］歯に舌を当てて吸う音を出すこと。

結論

われわれの研究が明らかにしたのは、文化的嗜好と実践に系統的なパターンが疑いの余地なく存在するということである。このようなパターンは、界の内部そして、界の間に存在している。他の界よりも高度に構造化されている界があり、音楽界では、すでに確立された形態への嗜好と萌芽的な形態への嗜好との対立が最も際立っている。反対にスポーツ、映画、テレビには弱いパターンしかなかったものの、テレビでは例えばニュース、ドキュメンタリー番組と自然に関する番組への嗜好が近くにまとまり、同様にソープオペラと時代劇も近くにまとまっていた。嗜好は特異なものではない。他の誰かの嗜好と完全に一致するような個人はおそらくいないが、人々の選好はグループ化することができる。定期的にオペラ鑑賞をする人々は、印象派の絵画を好みがちで、好きなタイプのレストランとしてフレンチレストランを挙げる傾向にある。テレビでスポーツを見ることを好まない人々は、現代芸術やロマンス小説を好む傾向にある。というわけで、界をまたがる相同性があり、それは全体のなかの人々の集団間で共有されたスタイルを示すものである。

われわれの文化マップによって見いだされた文化のパターンは、これらの異なる文化的ポートフォリオをもつ人々の属性とは関係なく導かれたものである。階級、教育、ジェンダー、年齢といった特性がライフスタイル空間の様々な場所と関連していることは、社会学的観点から見れば、驚くには値しない。われわれが多重対応分析で示し、他の統計的分析で確かめたように、文化的選好は社会的な分割線に沿っている。しかしこのことは、高度に統合された、一様の形を前提としているわけではない。最も強力な文化的な差異の次元である第一軸は、社会階級構造の基盤を形成する文化的・経済的資産の保有、ブルデューが「資本の総量」と呼んだものを反映している。けれども、いくつかの界、例えば、読書、視覚芸術や音楽などでは他の界より教育や職業による違いが大きい。とはいえ音楽の嗜好については年齢による違いのほうが大きく、テレビ番組の好みや身体管理の方法については、ジェンダーによる違いのほうが大きい。ブルデューはジェンダーと年齢を二次的なものとし、フランスの文化的嗜好のパターンを階級ハビトゥスの違いに効果的に縮約したが、二〇〇三年のイギリスに対してはこのような戦略を適切に適用することはできない。

ブルデューに関する膨大な論争から生み出された最大の問題関心は階級の役割に関することである。われわれにとって階級ハビトゥスの概念は参考になるとは言えないものの、文化的性向が社会階級と深く関連しているという彼の主張には大いに同意できる。われわれの文化マップから帰納的に生成した三つの階級は特定の職業地位を超越するものである。しかしながらこのことによって、排他的で、高度に統合された、一様の階級的行動パターンが創出されるわけではない。おそらく、階級を力場のようなものと考え、そのパラメーターのなかの限られた範囲内で個人が変動すると見なしたほうが有益なのかもしれない。個人インタビューでの証言（特に第4章と第12章）からは、中心的な階級パターンの周囲を揺れ動く微妙な個々人の違いが示唆されている。

文化的生活の多くの側面が幅広い社会的地位の人々に共有されるものであることは強調しておかなければならない。中産階級の上位層はいまだにいくつかの文化的活動を、富に、もしくは教養に起因して独占している。専門職＝幹部階級の空間を特徴づけていたのが総じて嗜好の表出でなく公的な文化活動への参加だったことは、偶然ではない。しかし、多くの活動はすべての人々に共通したものだった。われわれの文化マップでの階級間の重なり合い具合が意味していることは、労働者階級の一部と専門職＝幹部階級の一部は多かれ少なかれ同じ嗜好をもっていることである。ただし、このことによって、卓越性が消失するわけではない。

労働者階級だけに独占されている活動はほとんどない。過去には、いくつかのスポーツ、スポーツ観戦やギャンブル、ポピュラー音楽に関する嗜好、社交クラブへの加入資格が独占されていたかもしれないが、それらは、「多様性への寛容性」は高貴だという感覚が高まった中産階級によって侵犯されるようになった。その結果、労働者階級の文化は特徴的ではなくなった。しかし、このことは労働者階級の文化的活動からの排除を伴っていたわけではない。イギリスの労働者階級は一般的に高尚な文化に親しんでおらず、正統文化にまつわる項目やジャンルを好むわけでもなければ関心をもっているわけでもないのだ。それは、労働者階級の人々が美術館、博物館、劇場、クラシックコンサートなどにあまり足を運ばないことに顕著に表れている。彼らは、正統文化から排除されているとは感じていない。一方それは、文化活動に関与しないことで他者に見下されうると考えた際、労働者階級の人々が不当とは感じないということでもない。ただし、われわれは、中産階級の側にあからさまな文化的優越性や侮蔑の感覚が希薄であることを見いだしたが、このことが対立を目立たせなくしているのである。

イギリスの状況は以下のように理解できるかもしれない。第一に中産階級自体、その大半は正統文化を特徴づけるような活動に重きをおいているわけでも、深く精通しているわけでも、関与しているわけでもない。第二に、労働者階級を差異化するような確固とした文化的慣習がないので、中産階級はそれとの関連で自らの文化を確立する必要がない。ブルデューが対象とした中産階級の人々は、労働者階級の文化を粗野だと認識することで、自らを洗練し卓越化しようとした。しかし、（例えば「粗野な」対「教養がある」といった）異なる種類の階級特有の文化的関わり間の対比が明瞭ではない状況下で、加えて、中産階級が文化的関与の主流を担い支配さえしているような場合には、労働者階級の文化は文化の「欠如」として明示されやすい。いまだ人口の約半数を占める労働者階級は、こうして周縁化され、その不足と見なされるものによって不可視化されるのである。[1] われわれは、このような労働者階級をみえないものとして扱う傾向に対して、オルタナティブな労働者階級の文化を対置することを通してではなく――なぜならそのようなエビデンスは得られなかったから――労働者階級の人々の物言いのなかに示された躊躇や無関心を指摘することを通して抗う。このような回復の過程を経ることで、表面的には論争や階級間の不満がほとんどみられなくても、文化関与の政治的重要性を認識できるようになる。

専門職＝幹部階級につく人々の教育水準は圧倒的に高いものの、この階級に属する人々すべてが正統文化をたしなんでいるわけではまったくない。とはいうものの、正統文化はいまだ識別可能なものとなっている。それは、エリートの要であり、社会的コネクションの潤滑油であり、オペラや劇場に親しんでいることは、少なくともこの階級では、社会的な優位性を付与されることにつながる。専門職＝幹部階級以外の人々にとっても、その強度は弱まるものの、おそらく同様の事象が生じている。しかし、ある一つの特定の意味で、正統文化は主として局所的な価値をもつ。なるほど、それは権力側の人間に固有にみられるもので、正統文化の諸側面に没頭したり、もしくは熟知していることは、このようなサークルへの参入を獲得するための手段になるようである。文化資本は社会関係資本へと変換され、そして場合によっては、最終的に経済的な利益をもたらすのである。しかしこのような価値は他の階級ではあまり明らかなものとしては認識されていない。労働者階級は、文化の序列の不公平を強調することはない。したがって、おそらく彼らがアクセス不可能な特権の源が正統文化の運用能力にあるとは信じていない。一九六〇年代のフランスでは、おそらくすべての人々が、学術的正典によって神聖化され、前衛的な趨勢によってだけ意義が唱えられていた特定の芸術遺産に熟知していることがもたらす優位性を認識していただろう。一方で、現代のイギリス社会の状況は異なっているようにみえるのである。

ブルデューの議論では、正統文化の運用能力は支配階級に世代を越えて保持される優位性をもたらすとされた。このように強調することは明らかに、不公平な文化的再生産の過程で、年齢、ジェンダーそしてエスニシティが果たす役割を軽視することにつながっている。われわれの分析結果の主要な貢献の一つは、こういった分割がイギリスの文化生活に深く関与していることを示したことである。そして、このような区分と階級がどのように交差するのかが、われわれの説の核をなしている。もしより大きなサンプルを対象に、より広範な指標を調査していたとすれば、実際に提示したもの以上にエスニシティが重要であることを示すことが可能だっただろう。われわれは、正統文化の運用能力に付随する利益は、ナショナルな文化資本への近さとして通常理解されているものよりも大きいと感じている。またそして、国民文化からある一定の距離をとることで白人イギリス人口の上位層は、卓越性を獲得しているとも感じられるのである。多文化主義、コスモポリタン主義、そして、特にアメリカの文化形態の享受は、若者や人種的に多様な今日の専門職＝幹部階級に特異なもののようにみえる。

いまだその重要性は失われていないものの、イギリスでは、ブルデュー的な解釈で想定されるよりも正統文化の重要性は低い。すでに指摘したように、フランスにおける文化的支配のシステムに関するブルデューの説は、何よりもまず正統文化の運用能力とカント的無関心の性向の操作の組み合わせを提示する。両者は二十一世紀初めのイギリスでもある程度見いだすことができるものの、特に後者は、文化的序列の主要な役割は担っていない。

この意味で、単一のロジックでは説明できないほどイギリスの文化的組織化は多様性に富んでいる。われわれが構築し、分析したライフスタイル空間には、複数の線に沿って文化的な裂け目が生じている。そのような線には、関与の程度、新興の文化形式と確立された文化の形式に対する選好の対立、そして文化消費に対する内向きのもしくは外向きの性向などがある。ある特定の界の検討からは、かなりの程度の多様性が示唆される。対立は以下のようなものをめぐって生じている。それは、音楽の界での異なるジャンルへの関与の強度、複製を通して視覚芸術を消費するのではなく本物を美術館に見にいくこと、そして、雑誌ではなく書籍を読むことである。音楽の界のダイナミクス——そこでは下位文化における現代の商業形式への性向によって熱狂や刷新が生み出されている——は視覚芸術のダイナミクス——そこでは正統文化に関係の深い作品への造詣のいかんによっていまだ社会集団が識別される——とは大きく異なっている。とはいえ、芸術作品に対する性向の相違もまた、正統文化と大衆文化を区分するものである。情熱的なアマチュア、落ち着き払った消費者、そして防衛的な個人といった人物像は、カント派の無関心の精神におよそ負うことがない競合する心性を示すものである。テレビや身体管理といった他の領域では、正統性と無関心のいずれも文化的差異化の重要な役割を担っていない。イギリスの状況はブルデューによって描かれたフランスの状況とは大きく様相を異にしているのである。

ブルデューは確実に利益を実現する文化資本を構成する文化実践を明確にリスト化できた。現在のイギリスでこのようなリストを作成することは困難を極める。古い世代は正統文化への親和性を基盤としたハイブラウ／ミドルブラウという序列を携えて死にゆくだろう。しかし、文化的序列の構造は変化してしまったのである。一方、イギリスで階級間を分かつのが、（正統文化の項目といった）文化の内容の選別ではなく、文化消費への性向になるのかには議論の余地が残る。労働者階級は文化への関与に楽しさやある種の逃避、娯楽そして社交を求め、社会的序列関係を特徴づける文化の役割については無頓着なようにみえる。

イギリスの文化資本についてうまく言い当てた表現があるとすれば、それはオムニボアの性向をとっているという言い方だろう。このような文化資本の表明には柔軟性があり、異なる界に対しても適用可能である。それは、追加的な指示対象の蓄積を可能とし、伝統的な正典だけでなく萌芽的なそして現代的な文化形態への熟慮された性向を示している。それはまた、「固定的な」もしくは「静止した」嗜好——偏狭で限定的なものとして描出され、労働者階級のものと含意される——と対照をなすのである。

しかし、卓越化の一形態としての文化的オムニボアの普及を単純な形式で受け入れることはできない。第一に、イギリスでは、寛容さが美徳であることを否定する個人はいない。第二に、子細に見れば、オムニボアにもいくつかのタイプがあり、ピーターソンによる小論で「オムニボア」なものとされた特質をもつのは少数にとどまるようにみえる。(2) 第三に、オムニボアの範囲には限りがあるので、純粋にあらゆるものに対する嗜好が常に当てはまるわけではない。よく参照されるのは、英語使用者、イギリスそしてアメリカの文化の形態である。文化的界の内側では、肝要な文化的分断はほとんど交差することはない。例えば、音楽の領域で、ロック、ヘビーメタル、エレクトロニック・ミュージックそしてワールド・ミュージックにまたがる人々は多い。しかし、クラシック音楽にまで食指を動かすことなどまずない（逆もまたしかりである）。特に嫌われている嗜好（例えばカントリー・アンド・ウェスタン）があり、「労働者階級の」熱狂的ファンを除いてすべての人に避けられているのである。

とはいえ、オムニボアのエートスは中産階級にとっては安心感の源となっている。オムニボアのエートスは、表面上はリベラルで平等主義の体裁をとり、文化的価値の序列の否定を示唆する。そして、過去には許されなかった楽しみをもたらす享楽的で大衆的な活動に接近することが許される。オムニボア精神は、新しい満足を探してあらゆるものを試そうとする消費主義的義務感にもかなうものである。またそれは、正統文化の運用能力が——イギリスの中産階級にとって必ずしも得意ではないものだが——不要な美徳であることも暗示する。階級的位置と正統文化の運用能力の間にはいまだ親和性があるものの、その運用能力は多種多様な能力のなかに埋め込まれたものとなっている。文化生産の本質の変化から言っても、大衆文化を好むことで、もしくは正統文化を無視することでこうむる不利益が緩和されたことから言っても、オムニボアのエートスの存在は予期されたものだった。そのために、最も特権的な人々の文化資本の構成は一九六〇年代のフランスのそれとは異なるものだし、おそらく六〇年代のイギリスのものとも異なっているだろう。

文化的オムニボアの理論は、文化の境界が識別可能であることに依存している。今日、文化の境界はどこにあるのか。われわれが実施したフォーカスグループとインタビュー調査から示唆を得ることができる。労働者階級の男性はオペラやクラシックコンサートへの誘いを拒絶し、専門職の人々にとっては、「ザ・ニュース・オブ・ザ・ワールド（*The News of the World*）」の購読、長時間のテレビ視聴、リアリティショーを好むこと、「ただ単に」楽しむこと、カントリー・アンド・ウェスタンを味わっていることは認めがたいものである。男性であればほぼ誰でもソープオペラを拒否するし、女性は重要な行事の際に着飾ろうとしない人々を軽蔑する。若者はクラシック音楽を嫌うし、年長者は最近のポピュラー音楽に否定的である。人々は様々な境界線を引き、そのうちの何本かが階級的境界線なのである。しかし、このような境界線は微弱で、厳重には規定されていない。また境界線によってもたらされる行為の規則は相対的には小さなものにとどまり、規則に抵触することに伴う罰則はもはやたいしたものではない。伝統的な規範もしくは正統文化それ自体を、公然と弁護する人は皆無に近い。「ネオトライブ」[3]や「飛び地の文化」[4]といった概念が示すように、いくつかの最も強力で可視的な境界は比較的少数派の下位文化の形式を含む。他の類いの重要な卓越化などもはや存在しないと言う学者もいるかもしれない。けれども、ナショナルな文化資本が実社会の序列化で有効であることを示す証拠については、一考の余地がある。

商業生産そしてこれまでになく多様化した文化伝達の回路は、文化の専門化にまたとない機会を提供している。オタク精神が繁栄している。ポピュラー音楽の下位ジャンルへの執心は、会話を活性化し集合的な結び付きを生み出す。下位文化資本の概念はこの状況をうまく捉えるものである。人々は、小さな社会空間もしくは狭い場所にいて、その特別なあるいは専門的な「社会的世界」[5]から満足や評判、そして集合的な連帯を得るのである。しかし、文化的経験のすべてがこのようなもので占められている人はほぼいない。多くの人はこのような共同体には部内者としてではなく、ときおり足を運ぶような訪問者として関わりをもっている。下位文化資本の交換価値は概して非常に低い。ステビンズが「真剣な娯楽」[6]と名付けたような情熱によって、アマチュアから専門的職業地位獲得への道筋が開けることもあるが、それは例外的である。

文化資本の分布が、ほぼすべての場合で状況依存的だということからも、この点を理解することができる。その文化資本の価値を認め、続いては独自に評価を下せる他者の眼前で公に披露することが資本の転換のためには必要になる。ブルデューにとって、適切な文化資本の形態を保持していることを示すサインは、正統文化の運用能力とカント美学の会得だった。今日のイギリスについて、これと同様に肯定形の文言で、洗練さや能力の巧みな誇示を表す処方を構築することは難しいだろう。高い教養をもつ人間性を示すための規則は、むしろ否定形である。スノッブにはみえないように振る舞うこと。特定の人々の前では、振る舞い方を適切に変更すること。テレビを見過ぎたり、見なさすぎたりしないこと。過度に家にこもらないこと。審美的判断を下す機会をおろそかにしないこと。身体の鍛錬を怠らないこと。下位文化資本について過度に専門化したり、熱中したりしないこと。同一の文化資本の価値が永続的に保持されるとは想定しないこと。卓越化の実行は、一筋縄ではいかないのである。

イギリスの文化の区分はモザイク状を呈している。多様な文化諸実践への関与、そしてそれらの実践内での分化によって、文化の序列は高度に断片化したものとなっている。実践はしばしば社会的断裂の交点でおこなわれ、そのことで、多様性はよりいっそう込み入っているようにもみえる。とはいえ、多重対応分析とインタビュー調査を組み合わせた結果は以下のことを十分に示唆する。それは、階級、年齢、ジェンダー、エスニシティによって下位文化における活動の多くは社会的に形成され、そのような下位文化の活動は、日常の文化的生活を送っている普通の人々に最初の気づきを与えるものだということである。

特定の象徴的に重要な項目に精通していること、そのうちそれなりの数を保持したり使用したりすることによって卓越化を獲得することは可能である。このような項目はわれわれの文化マップにもいくつか含まれている。これの項目は、客体化され身体化された文化資本の源になる。とはいえ、これらの項目が機能するのは第一に、特に文化産業で、職業的地位達成に貢献できること、第二に、援助を得たり、提携してくれるような友人や知人のネットワークであるところの社会関係資本の維持に貢献できることを通してである。

われわれの文化マップはイギリスにおける幅広い嗜好の分布パターンの指針として十分に機能するものである。それは、様々な界にまたがっていくつかの嗜好がまとまりをなす確率を識別し、それらのまとまりの社会的基盤を検討することで、社会的分割が文化的実践とどのように関連しているのかをみることを可能にする。しかしながら、もしマップ以外の他の情報を得ることができなかったとしたら、文化マップの有用性は損なわれていただろう。フォーカスグループによって、人々が自分とは多かれ少なかれ似ている人に直面するような状況で、どのように考え話すのかを垣間見ることができた。特にいくつかのフォーカスグループは友人や知人で構成されていたため、トランスクリプトは親しい友人同士のグループが文化についての話題を話すときの様子を捉えていると考えてもいい。ここから、今日のイギリスで文化的対立は比較的限定されたものだというわれわれの主張がいくぶん裏づけられたとも言える。専門職は、労働者階級の嗜好のせいで彼らのことを嫌いだと言い合うこともできたはずだが、そうは発言しなかった。実際、イギリス人は個人的価値を測る指標として美的嗜好を用いることはほぼないようである。このような後ろ向きの傾向は、広く行き渡っている基準の不明瞭さから生じる当然の帰結なのかもしれない。他人を糾弾するためには、自身の判断に対してある一定の自信があること——大半の人には そのようなものは十分身に付いてはない——が要求される。結果的に、ほとんどの人は社会集団にはパターン化された独自の嗜好があることを、序列化することなく表明するだけになる。そして、質問紙調査に回答した人へのインタビューを利用できることもさらに役立ったと言える。両者を用いることで、概して個人はマップ上の位置では測れない嗜好や実践をもっていることがわかり、加えて、個人がそのような嗜好をもつにいたった特性や由来に関する自身の認知や理由づけに関する基本的な情報を得ることができる。こうして、以前になく豊かな素材が生み出される。それぞれの方法によってより深く理解し、特有な洞察を付加する手段がもたらされるのである。

このような質的情報源を用いることで、人々の文化的実践に対する性向について、よりよい理解を得ることができる。質問紙調査に依存してきたことで、文化的オムニボアの議論は明らかに混乱をきたしてきた。通常の量的データをもとに作成された尺度でオムニボアに該当する人たちに対して、いろいろと質問したところ、統一感がある同質な文化的兆候を見いだすことはできなかった。開放性の傾向はいくつかの形態をとるが、高い水準の文化資本を伝えるものはそのなかのいくつかの形態にすぎない。

そうだとすれば、文化資本はどうなってしまうのだろうか。おそらくブルデューの議論を取り上げ続ける主要な理由は、実践、ハビトゥス、界といった総合的な社会理論での、資本という暗喩的概念の設定によって、文化に関する社会学的説明にユニークかつ潜在的にとても強力な社会科学的な装置が提供されることにある。しかしながら、ブルデューの死に際し、過去にその場限りの反論に徹していた概念の体系化に彼が晩年の十年間取り組んできたとしても、彼が残した概念的武装はいまだ不十分だと言わざるをえない。多くの批判者は、文化資本の概念と資本のタイプ同士の関係性を検討するような理論的プログラムを放棄することを提言してきた。一方で、ブルデューの立ち位置に強い親近性を覚えている一派は、本来の概念の適用可能性を繰り返し主張してきたものの、次第にうまくいかなくなってきている。われわれはどちらの立場にもくみしない。そうではなく、この概念を再定式化し、再特定化することで、その潜在的可能性をよりよく実現できると主張したい。

われわれはすでにピエール・ブルデューの概念形成は不正確であることを指摘した。それだけでなく主に以下の二つの点についても不備がある。一点目は、階級ハビトゥスの広汎な役割について、強力な解釈が要求されることである。社会的・文化的序列の両方を同時に安定化させるような統合的なあり方でハビトゥスが運用されているという前提は、理論的にも実証的にも妥当性に欠ける。二点目に、彼の説はある特定の方向性（無関心性）と内容（正統文化）によって階級的不平等が生まれているという見方を基盤にしている。その性向や内容という形態を通してだけ、文化能力が利益や恩恵をもたらす資産になるわけではない。無関心性はあまり一般的であるとは言えない。それに加えて、その構成要素が容易に識別できたり、いたるところでかなりの利益をもたらすと期待できたりするような正統文化の明らかに固有の領域が存在していると見なすことも合理的でない。

文化資本の広範な構成要素を認めると、ブルデューは正統文化、ハビトゥス、カント美学のつながりを強調しすぎていたという印象が強まる。そのため、われわれはこの概念もしくはそれに似たものを、救い出すことに着手できるのである。第一に、この概念は、個人的な優位性をもたらしうるような文化的資源の蓄積を簡潔に示す表現として魅力的である。第二に、この概念をもってすれば、西洋社会での教育機関、文化産業、階層化のシステムの様相を把握できるという点で万能である。第三に、この概念は、異なる層の人々が異なる価値を付与される文化的活動に不均等に参加しているという事実を整理することに過去には成功してきた。第四に、この概念に、その理論的集成の発端から、経済資本、社会関係資本、象徴資本という他の三種の資本の概念との間に不可欠なつながりをもっていた。これらの資本概念を総合的に用いることで、社会的不平等の生産と再生産を複合的に説明できるのである。現時点の文化資本は概念的に十分なものとはとうてい言えないものの、それに磨きをかけて的確なものとするためにこの概念を維持していく価値がある。

ブルデューには、文化資本の内容を特定しようとする彼の最も簡潔でおそらく最も熟考された試みの範疇に入らない資本の概念は場あたり的に創案する傾向があった[7]。ブルデューの身体化、客体化、制度化という文化資本の三形態の区別は有用ではあるが限定的で、補完することが必要になる。他形態の文化資本を追加することへの留意が認められるように思われるのである。われわれの知見からは、技術、感情、ナショナル、下位文化などの諸形態の文化資本も追加できることがわかった。

第一に、ある種の文化実践は、文化的資源もしくは技能を生み出す。これは、技能や文化的能力が転換可能である――市場での取り引きを通して読み書き、計算といった簡単なものから複雑な技能や知識までを経済的手段へと転換できる――とする人的資本の研究と類似している。人的資本論の議論の中心は経済的な転換可能性にある。後年の研究で[8]、ブルデューは、市場性がある技能を示すものとして「技術資本」という新たな用語を作り出した。もしかすると、過去にベッカーの人的資本の議論に真っ向から反論したことについて、いくぶん間違っていたと認めていたのかもしれない。

第二に、感情的文化資本が蓄積するのはえてして局所的な、家庭内や個人的な交流に基づいた共感や結束の行為との関係においてである。技術的なスキルよりもむしろ感情的スキルを保持するような地位で仕事ができる従業員を求める会社が増加傾向にあること、そして、家族やコミュニティのなかでは、親切で助力を惜しまず個人的な関係性の取り扱いに長けているといい評判が得られることはよく知られている。女性に生来的なものだと不適切に結び付けられることがあるものの、このような能力は個人的、家族的、そして社会的な再生産の手段となっているのである。

第三に、ナショナルな文化資本は、高尚文化、大衆文化を問わず伝統の存在を前提にして運用され、その伝統によって帰属感やナショナルな地位支配の占有が生み出され、正当化される。ナショナルな文化資本は一義的には、その内容物によって定義される。しかし、何が適切なのかは集団によって異なり、同様に追加でどの程度ナショナリスト的志向が求められるかも異なる。この形態は希少ではないため、わずかな交換価値しかもっていない。というのも、定義上、その国の多数派エスニシティの大半の人々が共有するものだからである。しかし、移民が増えれば多数派の割合は減少し、グローバルなコミュニケーションの面前では、多数派の主張は減ぜられてしまう。運用面では、保有することで利益や名声への道筋が開かれるというより、むしろ欠如していることが足枷になるように機能する。

最後に、ソーントンが(9)下位文化資本を生み出すと定義したような実践をわれわれも認識している。特別な専門知識で境界づけられる界の内部では、文化生産の特殊な領域に精通し、対応できることで、経験、名声そしてスキルの蓄積が可能になる。ソーントンはダンスの場でみんながすばらしい踊り手となれるわけではないことに気づいた。どのような文化の界でも、優れた名声を獲得し、そのことで、卓越化した優位な関係性を享受できる人々が一部存在する。とはいえ、それは専門分野それぞれの実行可能性に依存するものである。努力して修練すれば、熱狂的ファンやライフスタイル集団の相対的に小さめの社会的飛び地のなかでの高い評価や評判が約束される。要するに、下位文化資本はとても限定された飛び地や状況で蓄積されるものなのである。ソーントンの例を挙げれば、ダンスの場に関与している人々は、彼らの仲間内では称賛を獲得するものの、週が明けて仕事に戻ったとき、それは何の価値ももっていない。これはブルデュー自身の文化的アヴァンギャルドの説明と類似している。その界の内側では達人（専門家）だと見なされているものの、その専門知識は界に特異なものにすぎないのである。

文化的実践が個人や集団に利益をもたらす多様なあり方を説明するためには、より精緻で特定された資本、あるいは資産についての分析が必要である。それぞれの固有な歴史的文脈で、文化的資産の形態、内容、強度を特定し、それら資産と他の種類の資産がどのようなレートで交換されうるのかを推定することが常に必要になる。異なる時点での資産の価値の関係を正確に測定する厳密な方法はなかなか思い付かない。しかし、相場（交換レート）が歴史的にどのように変化してきたのかをおおまかに描き出すことは可能だろう。現時点のイギリスでは、高尚文化の運用能力を高い社会的地位や評判に直接転換することはいくぶん難しいように思われる。以前は経済資本の蓄積を人生の第一目標とする「ただ単に」金持ちになりたい人々は蔑視の対象だったが、一九八〇年代にそれが転換した。それ以降、正統文化の収益は大きく減少してしまった。社会や文化の変化に対応して、蓄積された文化資本の価値は変動する。このことから、異なる時点や場所での文化資本の収益の歴史的変化を検討することが、将来的に主要な研究課題になることが示唆される。

けれども今日、特定の文化の形態に優越性を認める立場を積極的にとる人はほとんどいないし、また、文化的価値と社会的価値の間の類似性があるとする人もめったにいない。とはいえ、選択的な参加、表明された嗜好が資産として作動するための手段はいまだ残っている。そうした資産は他者に感銘を与えるために結集されたり、もしくは、経済的優位性に転換されたりする。いまだ、文化資本を保有していることで、個人の上昇可能性や卓越化への道筋が開かれる。そのなかでも、教育資格、一定の折衷主義、多少の下位文化のたしなみ、そして、適切な形態での身体化を組み合わせたポートフォリオが最も大きな収益をもたらす。権力側の人間にとって文化は取るに足らないものではないし、中産階級の一部にとっても文化は重要なものであり続けている。文化資本は様々に差異化されたあり方でその効果を発揮し、包括的な倫理をまとってはいるが、いまだ専門職＝幹部階級の特権の再生産を確実なものとすることに貢献している。「趣味がいいこと」の直接的な影響はおそらく過去に比べても、そして一九六〇年代のフランスと比べても小さいものとなっているが、現在でも社会的分割を生成し、特徴づけ、確固なものとし続けているのである。

注

(1) より一般的な議論については、Savage, M., *Class Analysis and Social Transformation*, Open University Press, 2000, Skeggs, B., *Class, Self, Culture*, Routledge, 2004 を参照のこと。

(2) Warde, A. and T. Bennett, "A Culture in Common: The Cultural Consumption of the UK Managerial Elite," in M. Savage and K. Williams eds., *Remembering Elites*, 2008, pp.240-259 を参照のこと。

(3) Maffesoli, M. and C. R. Foulkes, "Jeux de masques: postmodern tribalism," *Design Issues*, 4(1-2), 1988, pp.141-151.

(4) Bellah, R., R. Madsen, W. Sullivan, A. Swidler and S. Tipton, *Habits of the Heart: Middle America Observed*, University of California Press, 1985.（ロバート・N・ベラー／R・マドセン／S・M・ティプトン／W・M・サリヴァン／A・スウィドラー『心の習慣――アメリカ個人主義のゆくえ』島薗進／中村圭志訳、みすず書房、一九九一年）

(5) Gronow J., “Standards of Taste and Varieties of Goodness: The (Un) predictability of Modem Consumption,” in M. Harvey, A. McMeekin and A. Warde eds., *Qualities of Food*, Manchester University Press, 2004.

(6) Stebbins, R., *Amateurs, Professionals, and Serious Leisure*, McGill-Queen’s University Press, 1992.

(7) Bourdieu, P., “The Forms of Capital,” in J. G. Richardson ed., *Handbook of Theory and Research for the Sociology of Education*, Greenwood, 1986, pp.241-258.

(8) Bourdieu, P., *The Social Structures of the Economy*, Polity, 2005.（ピエール・ブルデュー『住宅市場の社会経済学』山田鋭夫／渡辺純子訳〔Bourdieu library〕、藤原書店、二〇〇六年）

(9) Thornton, S., *Club Cultures: Music, Media and Subcultural Capital*, Polity Press, 1995.

補遺1：フォーカスグループ

本研究の第一段階では、六カ月にわたって二十五のフォーカスグループを対象に調査をした。この六カ月の間に質問紙の設計もおこなった。グループ調査は、イギリス国内六カ所で実施したが、田舎、都会、地方、首都を含む様々な地域を選んだ。グループの構成については、幅広い年齢層（当初の計画では三十歳以下、三十―六十歳、六十代以上のグループを想定していた）や社会、職業階級（当初は、労働者階級と中産階級と広く定義し、失業者と給付金受給者も含んでいた）、性的アイデンティティ（レズビアンやゲイなどの同性愛者も含む）、エスニシティ（アフロ・カリブ系、インド系とパキスタン系の男女を含む）を含むように配慮した。女性についての代表性を確保するため、労働者階級と専門職の女性については追加的な調査を実施した。文化や芸術関係の産業で働く人々やその筋の専門家のグループも調査対象のなかには含んでいる。当初は六人から八人を一つのグループとし、一時間半のディスカッションをすることを予定していたが、実際には、一つのグループに含まれる人の数には、二人から八人とばらつきが生じた。フォーカスグループ調査の段階では、合計で百四十三人の参加者を得、うち七十四人

表補1－1　フォーカスグループの参加者

フォーカス・グループ		提供されたトピック	グループの人数（男性 － 女性）
1	地方のサービス職従事者	国内メディア／音楽	5 (0-5)
2	同性愛の男性	スポーツ／食	8 (8-0)
3	中産階級の退職者	読むこと／美術館・博物館	7 (1-6)
4	労働者階級の退職者	国内メディア／読むこと	8 (2-6)
5	同性愛の女性	音楽／読むこと	7 (0-7)
6	黒人中産階級	映画／読むこと	5 (3-2)
7	地主と管理職	読むこと／美術館・博物館	6 (4-2)
8	熟練手工業職	映画／読むこと	7 (5-2)
9	低賃金職の女性	国内メディア／読むこと	7 (0-7)
10	パキスタン系中産階級	読むこと／美術館・博物館	8 (8-0)
11	パキスタン系労働者階級	映画／美術館・博物館	5 (4-1)
12	監督職	音楽／食	7 (5-2)
13	18-30 歳	音楽／映画	7 (3-4)
14	非熟練職と半熟練職	美術館・博物館／スポーツ	7 (4-3)
15	手当受給者	音楽／スポーツ	7 (5-2)
16	農業従事者	国内メディア／スポーツ	4 (4-0)
17	黒人労働者階級	国内メディア／音楽	3 (2-1)
18	インド系中産階級	スポーツ／食	7 (3-4)
19	インド系労働者階級	国内メディア／映画	5 (1-4)
20	文化産業従事者	国内メディア／映画／美術館・博物館	6 (2-4)
21	自営業者	スポーツ／食	4 (1-3)
22	専門職	国内メディア／映画	3 (1-2)
23	女性専門職	音楽／美術館・博物館	5 (0-5)
24	ビジネス・エリート	音楽／読むこと	3 (1-2)
25	管理職	映画／スポーツ	2 (2-0)

が女性で六十九人が男性だった。

グループを招集したのはイギリス全土での調査経験をもつ研究者たちで[1]、対象になる人々を見つけ、彼らの協力を求めるために種々の方法をとった。具体的には、コミュニティ組織にアプローチすること（パキスタン系グループの場合には、コミュニティセンター、労働者階級の年金生活者の場合には教会、同性愛者の男性については、健康保健教育・支援グループ）、職場にアプローチすること（黒人の労働者階級グループ）、専門家組織が提供したネットワークを利用すること（ビジネスエリートと管理職のグループ）、そしてパブや図書館にいる人々に直接声をかけること（スウォンジーの熟練、半熟練作業員と管理職のグループ、および黒人の労働者階級グループ）などの方法を含む。特に見つけるのが難しかったり協力を得られにくかったりする低い社会階層のグループの募集に際して、他の方法に比べていくつかの方法のほうが有効だとわかった。これについては、調査研究に対する経験の欠如もしくは未知のものへの恐れ（インド系の労働者階級との関連で報告された）から詮索する役人ではないかと思われるものに対する完全な不信（スウォンジーとベルファストのグループによって報告された）まで様々な理由が考えられる。そして、多くのグループ招集者は、これらの方法に加えて個人的なつてや職業上のつてを利用したり、スノーボールやキーゲートキーパーなどの様々なテクニックを駆使したりすることで、その場その場でサンプルを集めた。グループディスカッションはパブや図書館、コミュニティセンターの会議室、オープン・ユニバーシティーの地域学習センターの中などでおこなった。

議論には七つの主要なトピックをあらかじめ用意し（国内メディアの利用、音楽の嗜好、映画館へいくこと／観劇、読むことの嗜好、博物館、美術館やイベントへの来訪、スポーツ、料理や食事、どのような家庭内の娯楽が好きかということも含む）、それぞれのグループではうち二つのトピックについてのディスカッションをおこなった。それぞれのグループには家庭内や近所でどのような余暇活動にいそしんでいるのかを考えたり、趣味の良し悪しについてのカテゴリーを考慮したり、文化的参加についての潜在的な障壁を確認したりするような質問をした。トピックを提示する際、司会者にはあらかじめ特定の文化の価値の序列を押し付けないように求めた。

そうすることで、文化活動についての可能なかぎり幅広い定義についての議論を誘発できるからである。フォーカスグループでの会話はテープに録音しNudi*stソフトを用いて書き起こし、分析した。トランスクリプトはテーマ別に索引をつけ、好きな作家や、アーティスト、テレビ番組などの具体的な情報を識別できるようにした。募集担当者は、募集過程と議論自体の簡単なメモ、加えてそれぞれの参加者の来歴に関するメモを提供した。

フォーカスグループの一つの方法論的利点は、調査者と調査対象者の間の権力関係を整理し直せることにある。スー・ウィルキンソン[2]は、ディスカッションの議題に対して主張や異議申し立てをおこない、研究者が押し付ける物言いを拒んだり否定したりするグループメンバーの能力の概要を述べている。本研究のような研究にとって、このような類いの価値の転換の認識は重要になる。そして、フォーカスグループの解明力が最も発揮されるのは、他の社会調査方法ではなかなか明確にならないグループの文化生活との関係においてである。このような開放性は、しかしながら、われわれの質問紙の作成に有益なデータを生成することに関する実用的な懸念と緊張関係にある。[3]社会調査の技法としての、フォーカスグループには注目すべき歴史と発展過程があり、それを認識しておくことは重要である。[4]ブルデューが『ディスタンクシオン』を著した時点ですでに様々なフォーカスグループインタビューの手法が知られていたが、社会調査の手法としてのフォーカスグループが隆盛し、確固とした位置づけを与えられるようになったのは、二十世紀の後半になってからである。とりわけ、マーケティング、製品開発、世論や政策研究の分野でそれは起こった。ブロアらは、フォーカスグループがいまや盛んにおこなわれている理由として、「社会的イベント」であり、「時間がかからず」、また「グループのメンバーに対して一切の技術的なスキルを要求しない」ことを挙げている。[5]最初の二点はわれわれの調査にとっても肝要な点だったが、三点目については本調査ではあまり明瞭に表れなかった。というのも、グループディスカッション形式に際してどの程度たやすく議論できたり、どの程度経験豊富だったりするかはグループやメンバーによって違いがあったからである。トーマス・オズボーンとニコラス・ローズは、研究者のテクニックによる世論形成に関する議論で、世論調査の対象者の「意見を表明するための政治教育[6]」の重要性の概要を述べている。同様に、フォーカスグループサンプル内の［会話］能力の高低は幅広く、混乱や話の脱線が生じていたことからも、この手法を成功裏に用いるには、文化資本の構成的役割が必要になることが示唆されている。

補遺2：質問紙調査とその分析

サンプル

質問紙調査は二〇〇三年十一月から〇四年四月にかけて国立社会調査センターが実施した。横断的サンプルは、イングランド、ウェールズ、スコットランド、北アイルランドの一般家庭の成人（十八歳以上）を代表するように層化、クラスター化された無作為抽出サンプルである。対象となる個人を抽出したあとは、どのような段階でも他の個人に代替することはしなかった。オリジナルサンプルに対する回収率は五三％だった。これだけでは回収票（interviewee）の数が少なすぎたため、追加的なサンプル抽出をおこない、二百九十二の面接調査を実施した。追加サンプルの調査期間は短く、再交付が不可能だったため、回収率は四三％となった。この結果、最終的な横断的調査のサンプルサイズは千五百六十四人となった。エスニック・ブースト・サンプルから、加えて二百二十七票を回収した。このエスニック・ブースト・サンプルには、イギリスの三大マイノリティエスニック集団であるインド系、パキスタン系、そしてアフロ・カリブ系のいずれかに属する人が選ばれた。

ＣＡＰＩ（Computer Assisted Personal Interviewing）の質問紙はパイロット調査を二〇〇三年の十月に実施したあと、本調査の前に見直して修正した。面接調査は平均で六十分かかった。

対象範囲となったすべての個人の抽出確率が同じではないという事実を考慮に入れるため、メイン横断サンプルには重みづけをした。サンプル抽出の際に用いた三つの段階、居住地、世帯、個人、で個人が選ばれる相対確率を反映するようにウェイトを算出した。

質問紙のデザイン

質問紙の作成段階では、複数の界のそれぞれについて項目の範囲を定めることを目的にした。そのうちのいくつかは、先行研究によって高尚文化や大衆文化を示す明確な項目だと判明していたものであり、いくつかは、主流で多数派の好みであり、またいくつかは、下位文化や前衛に関わる特別な項目だった。かなり精選した項目選択をおこなったこともあり、それは必ずしも絶対的なものとは言えず、われわれが選ばなかった項目が選ばれる可能性は常に開かれている。項目を選ぶ際には、フォーカスグループでのディスカッション（補遺1を参照のこと）や十人ほどの社会学者と芸術方面での専門家たちのアドバイスも参考にした。特定の社会集団や趣味の支持集団に偏らないようにするため、候補となった項目の意味や魅力についての議論が後者の人々によっておこなわれた。われわれはまた、以前に実施された調査の質問や先行研究も参照することで、象徴的に意味があって社会的な解釈に適した文化的生成物や文化的実践を広く用意した。設問には、回答者の職業、経済資本や社会関係資本、それだけではなく、本人の学歴や親の経歴、エスニシティなど包括的なデータも含まれている。このようにしてできあがった質問紙は、われわれの知るかぎりで、この類いの調査のなかでは最も詳細なものとなっている。

分析手順[7]

多重対応分析：独特なテクニック

量的調査データの分析技法で特筆すべきことは、多重対応分析（ＭＣＡ）を用いたことである。[8] より正確に言えば、幾何学的データ分析（ジオメトリック・データ・アナリシス：ＧＤＡ）[9]の一形態である特定的ＭＣＡ（specific MCA）を用いた。多重対応分析はブルデュー[10]が好んで使った手法であり、しばしばフランスの社会学者によってフランス社会の分析に用いられてきたものである。しかしながら、この手法はイギリスではあまり好んで使われるものではなかった。多重対応分析の適用にあたっては、説明すべきこと――われわれの場合で言えば母集団での文化資源の配分――への細心の注意、また慎重な解釈が求められる。多重対応分析は通常の多変量解析の手法とは異なった手順で進められ、事前に定めた従属変数を独立変数の組み合わせによって説明することはしない。そうではなく、個々人と変数から帰納的に進められ、そこでは、変数はカテゴリー化され、モダリティによって構成されることになる。この幾何学的アプローチによって、二種類の点の集合が得られる。すなわち、

原点への距離の二乗	第 1 軸	第 2 軸	第 3 軸	第 4 軸
5.59052	0.44	0.00	0.02	**3.36**
0.65476	0.30	0.02	0.00	0.48
3.13243	**1.94**	0.03	0.00	0.14
	2.69	0.05	0.02	3.99
7.54190	0.17	0.01	0.00	**4.63**
0.85558	0.47	0.04	0.07	0.32
1.92352	**1.21**	0.11	0.13	0.33
	1.85	0.16	0.20	5.28
4.70522	0.24	**1.07**	0.47	0.39
7.73714	0.01	**0.91**	0.03	0.05
13.42450	0.06	0.09	0.01	0.04
7.17647	0.07	0.51	**1.32**	0.02
7.26486	0.01	**1.26**	**4.40**	0.57
9.92143	0.02	0.37	0.06	0.40
9.69231	0.21	0.25	**1.14**	0.11
4.83588	**0.91**	0.01	**4.81**	**0.61**
	1.52	4.46	12.24	2.18
0.00000	0.16	0.12	**1.00**	0.12
16.17980	0.00	0.00	0.18	0.05
0.00000	0.17	0.15	**1.12**	0.04
5.29218	0.10	0.02	**3.66**	0.03
11.03940	0.19	**0.95**	0.00	**0.61**
2.79404	0.49	0.54	**0.73**	0.14
4.85824	0.11	0.03	**2.86**	0.04
0.00000	0.11	0.22	0.29	0.00
	1.33	2.03	9.84	1.04
4.85824	**0.99**	**1.31**	0.33	**1.64**
2.28112	**0.96**	0.36	0.34	0.36
0.90648	**1.73**	**1.24**	0.59	0.08
	3.69	2.91	1.26	2.08
2.47500	0.01	**0.66**	**0.69**	0.56

表補２－１　アクティブなカテゴリーの寄与

ラベル	変数	サンプル平均（%）	相対的ウェイト（%）
テレビ視聴時間（ふだんの平日）			
TV 平＜ 1h	2 時間未満	15	0.370
TV 平 2 － 5h	2 時間から 5 時間	60	1.474
TV 平＞ 5h	5 時間以上	24	0.590
合計			2.434
テレビ視聴時間（ふだんの週末）			
TV 末＜ 1h	2 時間未満	12	0.286
TV 末 2 － 5h	2 時間から 5 時間	54	1.314
TV 末＞ 5h	5 時間以上	34	0.834
合計			2.434
最も好きなテレビ番組のジャンル			
TV ＋ニュース	ニュース／時事問題	18	0.428
TV ＋コメディー	コメディー／シットコム	11	0.279
TV ＋警察	警察番組／探偵番組	7	0.169
TV ＋自然	自然／歴史ドキュメンタリー	12	0.298
TV ＋スポーツ	スポーツ	12	0.295
TV ＋映画	映画	9	0.223
TV ＋ドラマ	ドラマ	9	0.228
TV ＋ソープ	ソープオペラ	17	0.418
合計			2.339
最も嫌いなテレビ番組のジャンル			
TV －ニュース	ニュース／時事問題	4	0.102
TV －クイズ	クイズ番組／ゲームショー	6	0.142
TV －自然	自然／歴史ドキュメンタリー	4	0.104
TV －スポーツ	スポーツ	16	0.388
TV －芸術	芸術番組	8	0.203
TV －リアリティ	リアリティショー	26	0.643
TV －ソープ	ソープオペラ	17	0.416
TV －料理	料理／園芸／インテリア	6	0.136
合計			2.133
映画館にいく頻度			
映画館 2	最低でも月 1 回	17	0.416
映画館 1	年に数回	31	0.743
映画館 0	年に 1 回／まったくいかない		1.279
合計			2.439
最も好きな映画のジャンル			
映＋アクション	アクション／冒険／スリラー	29	0.702

「モダリティのクラウド」と「個々人のクラウド」であり、その後それらの主軸を求める。

文化の嗜好や関与に関する広範な側面について設問で扱う必要があり、そうすることで多くのモダリティのなかからどれだけのパターンを見つけることができるかについての評価は実証的な問題になる。もしあるタイプの設問が優勢なのであれば、結果の図での点の分布はこの優勢性を反映したものになるはずである。多重対応分析に投入された項目は音楽、読むこと、テレビ、映画、視覚芸術、スポーツ、外食といった幅広く多様な文化の界を扱い、関与や嗜好に関する質問も取り交ぜたものだった。このように複雑になったのも以下のような意図があ

原点への距離の二乗	第1軸	第2軸	第3軸	第4軸
4.50000	0.00	0.44	**0.82**	0.01
8.92857	**0.74**	**2.68**	0.05	0.01
12.06840	0.02	0.50	0.33	0.52
0.00000	0.02	**0.83**	0.26	**0.80**
13.56190	0.13	**1.00**	0.31	0.27
11.74170	0.10	0.00	**4.25**	0.26
12.65180	0.18	0.56	**1.34**	0.17
0.00000	**0.65**	0.14	**1.83**	0.00
	1.85	6.79	9.88	2.60
7.13298	0.10	0.30	**0.87**	0.05
0.00000	0.00	0.53	0.39	0.04
3.94822	0.02	**0.82**	0.55	0.07
13.56190	0.00	**1.10**	**1.27**	0.15
0.00000	0.04	0.10	**2.34**	0.06
6.31579	0.05	0.54	0.45	**0.83**
11.43090	0.01	0.01	**1.60**	**0.60**
9.26175	0.03	0.01	**0.61**	0.13
	0.25	3.40	8.08	1.93
2.89059	**2.39**	**0.80**	0.24	**0.67**
2.25319	0.54	0.13	0.07	**3.32**
1.29580	**3.27**	0.14	0.02	**0.82**
	6.20	1.08	0.33	4.80
4.29066	**2.39**	0.13	0.42	0.52
1.40409	0.01	0.40	0.01	**0.79**
3.67584	**0.58**	0.15	0.01	0.12
4.51986	**0.36**	0.82	0.15	0.06
	3.34	1.50	0.60	1.49
2.30238	0.08	0.02	0.01	0.17
1.51480	0.41	0.05	0.02	0.21
2.55581	**0.94**	0.23	0.01	**0.64**
	1.44	0.30	0.04	1.02
5.82589	0.28	**1.88**	**0.74**	0.24
3.63333	0.24	**1.07**	0.10	0.04

ラベル	変数	サンプル平均（%）	相対的ウェイト(%)
映＋コメディー	コメディー	18	0.443
映＋ドラマ	時代劇／文芸作品の映像化	10	0.246
映＋ドキュメント	ドキュメンタリー	8	0.187
映＋ホラー	ホラー	5	0.118
映＋ミュージカル	ミュージカル	7	0.167
映＋恋愛	恋愛映画	8	0.191
映＋ SF	SF	7	0.179
映＋西部劇	西部劇	5	0.123
合計			2.356
最も嫌いな映画の映像ジャンル			
映―ボリウッド	ボリウッド	12	0.300
映―ドラマ	時代劇／文芸作品の映像化	5	0.126
映―ホラー	ホラー	20	0.493
映―ミュージカル	ミュージカル	7	0.167
映―恋愛	恋愛映画	5	0.115
映― SF	SF	14	0.333
映―戦争	戦争映画	8	0.196
映―西部劇	西部劇	10	0.238
合計			1.968
劇場にいく頻度			
観劇 2	最低でも月 1 回	26	0.627
観劇 1	年に数回	31	0.750
観劇 0	年に 1 回／まったくいかない	44	1.062
合計			2.439
昨年読んだ本の冊数			
読書 0	1 冊もない	19	0.461
読書 1 ― 6	1 ― 6 冊	42	1.015
読書 7 ― 24	7 ― 24 冊	21	0.522
読書＞ 24	25 冊以上	18	0.442
合計			2.439
どの程度推理小説が好きか			
推理＋	好き	30	0.739
推理＝	どちらでもない	40	0.970
推理－	嫌い	28	0.686
合計			2.394
どの程度 SF 小説、ファンタジー小説、ホラー小説が好きか			
SF ＋	好き	15	0.357
SF ＝	どちらでもない	22	0.526

ったからだった。分析の目的は、幾何学的データ分析（GDA）を用い、多数の領域に共通する構造の特徴があるかどうかを知ることにあった。われわれが構成した空間は並外れて大きく充実したものであり、多くの文化変数の位置づけについて、いままでにないほど詳細に評価することが可能となっている。

われわれの多重対応分析では、四十一の設問を用いた。うち、十七は関与に関するもので二十四は嗜好に関するものである。そしてモダリティの数は百九十八となり（関与に関するものが六十一、嗜好に関するものが百三十七）、そのなかの百六十八が個人間の距離を定義するのに用いられた。除外されたのは、（四％以下の頻度の）稀

原点への距離の二乗	第1軸	第2軸	第3軸	第4軸
0.59271	0.27	**1.54**	0.36	0.15
	0.79	4.49	1.20	0.44
3.70462	0.17	0.08	**6.97**	**0.79**
2.07646	0.47	0.15	**0.82**	0.17
1.19369	0.08	0.27	**6.56**	**0.87**
	0.72	0.50	14.34	1.83
1.55259	**0.96**	0.05	0.07	0.01
1.76492	0.12	0.04	0.00	0.58
3.20055	**2.64**	0.00	0.11	**1.00**
	3.71	0.09	0.18	1.59
6.31579	**1.49**	0.12	0.11	**1.54**
1.51480	**1.06**	0.06	0.05	0.36
1.28550	**2.55**	0.00	0.17	0.01
	5.09	0.18	0.33	1.91
10.49620	0.00	0.50	0.14	**1.16**
3.41908	0.43	0.23	0.14	**0.59**
0.47019	0.13	0.28	0.13	0.00
	0.56	1.01	0.41	1.75
5.11600	0.25	0.01	**0.75**	0.05
2.16563	0.40	0.29	0.22	0.36
0.96530	0.53	0.15	**0.78**	0.09
	1.18	0.44	1.76	0.49
9.47260	**0.83**	**1.63**	0.23	**0.59**
3.76324	**1.24**	**1.09**	0.00	0.37
0.43974	**0.90**	**1.10**	0.04	0.00
	2.97	3.82	0.28	0.96
0.00000	**0.73**	**1.40**	0.00	**1.76**
7.54190	**1.67**	0.40	0.30	0.03
0.19453	0.47	0.26	0.04	0.14
	2.88	2.06	0.34	1.93

ラベル	変数	サンプル平均（%）	相対的ウェイト（%）
SF －	嫌い	63	1.531
合計			2.415
どの程度ロマンス小説が好きか			
ロマンス＋	好き	21	0.518
ロマンス＝	どちらでもない	33	0.793
ロマンス－	嫌い	46	1.112
合計			2.423
どの程度伝記や自伝が好きか			
伝記＋	好き	39	0.956
伝記＝	どちらでもない	36	0.882
伝記－	嫌い	24	0.581
合計			2.418
どの程度現代文学が好きか			
現代文学＋	好き	14	0.333
現代文学＝	どちらでもない	40	0.970
現代文学－	嫌い	44	1.067
合計			2.370
どの程度宗教本が好きか			
宗教本＋	好き	9	0.212
宗教本＝	どちらでもない	23	0.552
宗教本－	嫌い	68	1.659
合計			2.423
どの程度自己啓発本が好きか			
自己＋	好き	16	0.399
自己＝	どちらでもない	32	0.770
自己－	嫌い	51	1.241
合計			2.410
どのくらいロックコンサートにいくか			
ロックコン 2	ときどき	10	0.233
ロックコン 1	1 年に 1 度以下	21	0.512
ロックコン 0	まったくいかない	70	1.694
合計			2.439
どのくらいオペラを観にいくか			
オペラ 2	ときどき	5	0.112
オペラ 1	1 年に 1 度以下	12	0.286
オペラ 0	まったくいかない	84	2.042
合計			2.439

なモダリティや「その他」もしくは「わからない」というモダリティである。表補2―1の第一列から第三列には、質問とサンプルの回答比率が掲載されている。解析に進む前に、三十五人のケースを取り除いた。うち三十二人は読書の嗜好に関する設問に四つ以上回答しておらず、三人は視覚芸術に関する設問に一つしか答えていなかった。したがって多重対応分析は千五百二十九人に関する結果ということになる。

表補2―2はある特定の界に分布が偏っていないかどうかを確認するためのものである。もし偏りが生じていれば、得られた「ライフスタイル空間」が包括的なものかどうかについての懸念が生じる。実際には、妥当な結

原点への距離の二乗	第1軸	第2軸	第3軸	第4軸
7.44751	**1.31**	**2.89**	0.02	**1.46**
3.64742	**1.73**	0.15	0.14	**0.78**
0.50197	**1.51**	**0.89**	0.07	0.00
	4.55	3.93	0.22	2.24
4.64207	**0.87**	**0.68**	**0.62**	0.04
2.06413	**1.15**	0.00	0.00	**1.87**
1.01449	**2.04**	0.26	0.27	**0.98**
	4.06	0.95	0.90	2.89
3.56418	0.05	**5.37**	0.44	**1.47**
6.53202	0.27	0.54	0.09	**0.85**
0.54289	0.13	**2.83**	0.27	0.08
	0.45	8.74	0.80	2.40
2.81297	**0.83**	**2.45**	**1.20**	0.25
2.21218	0.12	0.18	**0.62**	**1.15**
1.57407	**0.87**	**2.32**	0.05	0.20
	1.83	4.95	1.87	1.60
6.92228	0.27	0.01	0.20	0.53
1.58714	**0.61**	0.15	0.11	0.32
1.08595	**0.90**	0.10	0.01	0.01
	1.78	0.26	0.32	0.86
7.26486	0.05	0.22	0.20	**2.11**
1.90133	**0.69**	**1.50**	0.03	0.01
0.98830	0.45	**1.36**	0.12	0.56
	1.19	3.08	0.35	2.67
2.26013	**0.83**	**3.47**	0.27	**0.70**
1.67776	0.18	0.31	0.13	**1.49**
2.15258	**1.80**	**1.50**	**0.82**	0.22
	2.81	5.27	1.23	2.42
2.81297	0.55	**1.17**	0.18	0.00
1.58714	0.08	0.01	0.01	**1.13**

ラベル	変数	サンプル平均（%）	相対的ウェイト(%)
どのくらいオーケストラや合唱のコンサートにいくか			
オケ 2	ときどき	12	0.289
オケ 1	1 年に 1 度以下	22	0.525
オケ 0	まったくいかない	67	1.624
	合計		2.437
どのくらいミュージカルを観にいくか			
ミュージカル 2	ときどき	18	0.432
ミュージカル 1	1 年に 1 度以下	33	0.796
ミュージカル 0	まったくいかない	50	1.211
	合計		2.439
どのくらいナイトクラブにいくか			
ナイトクラブ 2	ときどき	22	0.534
ナイトクラブ 1	1 年に 1 度以下	13	0.324
ナイトクラブ 0	まったくいかない	65	1.581
	合計		2.439
どの程度ロックが好きか			
ロック＋	好き	26	0.640
ロック＝	どちらでもない	31	0.759
ロック−	嫌い	39	0.948
	合計		2.347
どの程度モダンジャズが好きか			
ジャズ＋	好き	13	0.308
ジャズ＝	どちらでもない	39	0.943
ジャズ−	嫌い	48	1.169
	合計		2.420
どの程度ワールドミュージックが好きか			
ワールド＋	好き	12	0.295
ワールド＝	どちらでもない	35	0.841
ワールド−	嫌い	50	1.227
	合計		2.362
どの程度クラシック音楽（オペラ含む）が好きか			
クラシック＋	好き	31	0.748
クラシック＝	どちらでもない	37	0.911
クラシック−	嫌い	32	0.774
	合計		2.433
どの程度カントリー＆ウェスタン音楽が好きか			
C&W ＋	好き	26	0.640
C&W ＝	どちらでもない	39	0.943

果が保証されたと捉えられる。分散の説明比率は外食から音楽まで二極化していて、外食の分散の説明比率が最も小さい（一〇％）ものの、音楽にしても、説明比率は二〇％未満にすぎない。むしろ三分の二以上の分散は嗜好に関して生じているが、この割合はわれわれの質問紙の嗜好のテーマ部分で扱ったモダリティの割合に相当するものである。

それぞれの軸の固有値を解釈することで、われわれが構成したライフスタイル空間を適切に要約するためにいくつの値が必要なのかを決定することができる。表補2―3から、この文化マップは四つの軸によって構成され

原点への距離の二乗	第1軸	第2軸	第3軸	第4軸
1.89583	0.13	**1.08**	0.08	**1.16**
	0.77	2.26	0.27	2.29
8.55625	0.28	**1.04**	**1.03**	0.47
4.20068	**0.69**	**1.51**	0.15	0.26
0.48159	0.33	**1.00**	0.38	0.00
	1.30	3.56	1.56	0.74
4.58029	0.01	**3.13**	**0.90**	**1.40**
2.09514	0.46	0.77	0.15	**1.03**
1.28550	0.19	**2.60**	**0.81**	0.01
	0.65	6.50	1.87	2.43
3.20055	**2.69**	**0.70**	0.02	**3.59**
1.54833	0.43	0.09	0.04	**4.11**
1.70619	**3.97**	0.12	0.10	0.32
	7.09	0.92	0.16	8.01
2.03976	**2.05**	**1.01**	0.01	0.45
1.70141	0.05	0.17	0.31	**2.91**
2.32391	**3.04**	0.35	0.26	**1.42**
	5.14	1.54	0.58	4.77
5.09163	**2.41**	**0.75**	0.07	**5.89**
2.49087	**1.41**	0.00	0.07	**2.36**
0.82024	**2.91**	0.21	0.11	0.05
	6.73	0.96	0.24	8.30
0.61970	**0.74**	0.18	0.15	0.03
3.49706	0.30	0.01	0.05	**0.76**
5.34440	**1.12**	0.48	0.25	0.48
	2.15	0.67	0.45	1.27
11.63640	0.05	0.09	0.34	0.00
1.09739	0.16	0.50	**0.89**	**1.51**
0.00000	0.35	0.21	0.19	**0.74**
0.00000	0.00	0.01	0.16	0.35
10.41040	0.04	0.21	**1.15**	0.03

ラベル	変数	サンプル平均（%）	相対的ウェイト(%)
C&W —	嫌い	35	0.842
合計			2.425
どの程度ヘビーメタルが好きか			
ヘビメタ＋	好き	11	0.255
ヘビメタ＝	どちらでもない	19	0.469
ヘビメター	嫌い	68	1.646
合計			2.370
どの程度アーバン（ヒップホップと R&B 含む）が好きか			
アーバン＋	好き	18	0.437
アーバン＝	どちらでもない	32	0.788
アーバンー	嫌い	44	1.067
合計			2.292
どのくらい博物館にいくか			
博物館 2	ときどき	24	0.581
博物館 1	1 年に 1 度以下	39	0.957
博物館 0	まったくいかない	37	0.901
合計			2.439
どのくらい旧邸史跡や史跡にいくか			
旧邸史跡 2	ときどき	33	0.802
旧邸史跡 1	1 年に 1 度以下	37	0.903
旧邸史跡 0	まったくいかない	30	0.734
合計			2.439
どのくらい美術館にいくか			
美術館 2	ときどき	16	0.400
美術館 1	1 年に 1 度以下	29	0.699
美術館 0	まったくいかない	55	1.340
合計			2.439
所有している絵画の数			
絵画 0	なし	62	1.506
絵画 1 — 3	1 点以上 3 点以下	22	0.542
絵画 > 3	4 点以上	16	0.384
合計			2.433
最も好きな芸術の種類			
芸＋パフォ	パフォーマンス・アート	8	0.193
芸＋風景	風景画	48	1.163
芸＋ルネサンス	ルネサンス美術	4	0.099
芸＋静物	静物画	5	0.118
芸＋肖像	肖像画	9	0.214

ているとみるのが適切であり、第一軸によって分散の約半分（累積率は四八%）が説明され、第二軸によっては二三%近い分散が説明される。第三軸が説明するのは七%、最後の軸は四%であり、これら四つの軸の累積ウェイトの合計は八二%になる。五軸目を加えたとしても、追加的に説明される分散はごくわずかなものであることから、この四つの軸によって文化的な好みや関与に関する有効な地図が得られたと確証することができた。

それぞれのモダリティが各軸にどの程度貢献しているのかを表補2―1に示し、多重対応分析に投じた具体的な設問を掲載している。それぞれの項目のウェイトを掲載し、そして分析による四つの軸のイナーシャ［分散］

原点への距離の二乗	第1軸	第2軸	第3軸	第4軸
11.03940	0.05	**0.99**	**0.97**	**3.08**
9.33108	**1.40**	0.02	0.01	0.25
	2.06	2.02	3.70	5.96
6.31579	0.31	0.02	0.04	0.30
0.00000	0.01	**0.83**	**1.31**	**1.68**
0.00000	0.00	0.06	**0.65**	0.05
9.26175	0.10	0.22	0.40	0.12
0.00000	0.11	0.11	0.08	0.00
1.52310	0.01	**0.90**	0.56	0.53
7.49444	0.03	0.01	0.01	**1.42**
	0.58	2.14	3.04	4.09
2.46712	0.02	**1.59**	**1.05**	0.45
1.20635	0.35	0.01	**0.89**	**1.27**
2.87089	**0.86**	**1.46**	0.03	**0.60**
	1.23	3.05	1.97	2.33
0.63006	**0.63**	0.35	0.32	0.04
2.49886	0.18	0.25	0.04	**0.88**
8.92857	**1.57**	0.38	**1.10**	**1.18**
	2.39	0.98	1.46	2.10
8.86452	**1.44**	0.18	0.05	**0.79**
4.48029	0.41	0.08	0.14	0.02
2.23941	0.28	0.40	0.40	**1.34**
2.22574	0.09	**1.27**	0.53	0.08
12.41230	**1.19**	0.53	0.09	0.04
	3.41	2.45	1.20	2.28
1.14747	**1.10**	**0.62**	0.00	0.09
0.00000	0.09	0.00	0.01	0.00
5.42437	**0.86**	0.21	0.01	0.15
0.00000	0.12	**0.57**	0.10	0.26
3.56418	0.14	**1.55**	0.02	0.34
	2.31	2.96	0.14	0.85
1.20635	**1.54**	0.41	0.00	0.00

ラベル	変数	サンプル平均（%）	相対的ウェイト（%）
芸＋モダン	モダンアート	8	0.203
芸＋印象	印象派	10	0.236
合計			2.225
最も嫌いな芸術の種類			
芸一パフォ	パフォーマンス・アート	14	0.333
芸一風景	風景画	6	0.136
芸一ルネサンス	ルネサンス美術	4	0.105
芸一静物	静物画	10	0.238
芸一肖像	肖像画	5	0.121
芸一モダン	モダンアート	40	0.967
芸一印象	印象派	12	0.287
合計			2.187
どの程度パブにいくか			
パブ 2	週に 1 回以上	29	0.703
パブ 1	年に数回	45	1.105
パブ 0	年に一度／まったくいかない	26	0.630
合計			2.439
どの程度外食するか			
外食 2	月に 1 回以上	61	1.496
外食 1	年に数回	29	0.697
外食 0	年に一度／まったくいかない	10	0.246
合計			2.439
最も好きな種類の外食レストラン			
食＋ F&C	カフェ／ファーストフード／フィッシュアンドチップス	10	0.247
食＋イタリアン	イタリアンレストラン／ピザ専門店	18	0.445
食＋パブ	パブ／ワインバー／ホテル	31	0.753
食＋インド	インド料理／中華料理／タイ料理		0.756
食＋フレンチ	フレンチレストラン	8	0.182
合計			2.383
最も嫌いな種類の外食レストラン			
食一 F&C	カフェ／ファーストフード／フィッシュアンドチップス	47	1.136
食一イタリアン	イタリアンレストラン／ピザ専門店	5	0.126
食一パブ	パブ／ワインバー／ホテル	16	0.380
食一インド	インド料理／中華料理／タイ料理	5	0.123
食一フレンチ	フレンチレストラン	22	0.534
合計			2.299
プレイするのが好きなスポーツ			
運動なし	なし	45	1.105

に対する寄与も示している。これらの軸を解釈するためにわれわれが設定した一般的ルールは、平均的な寄与、すなわち100/166＝0.6%よりも高いモダリティを採用するというものである。

モダリティ空間には、さらに社会人口的変数を追加要素（*supplementary elements*）として重ね合わせることができる。これらの項目を重ね合わせても個人間の距離の定義と軸の決定には影響するものとはならず、それぞれの座標を有効な（active）[1] モダリティとともに視覚化することができる。

有効なモダリティの構築と解釈をおこない、この空間内で個々人がどこに位置するのかを決定し、ライフスタ

原点への距離の二乗	第1軸	第2軸	第3軸	第4軸
0.00000	0.37	0.26	0.12	0.04
3.79310	0.38	0.22	**2.54**	0.00
5.37083	0.32	0.45	0.00	0.22
0.00000	0.17	**2.34**	**1.16**	0.00
0.00000	0.26	0.03	**1.47**	0.54
	3.03	3.71	5.29	0.81
10.76150	0.09	0.22	0.15	0.02
6.42233	0.21	**0.84**	0.54	0.04
11.43090	0.00	0.00	**2.45**	0.19
4.92636	**0.78**	0.07	0.11	0.16
14.13860	0.06	0.09	**0.64**	0.02
1.85261	0.06	**0.84**	**2.51**	0.05
	1.19	2.06	6.40	0.49
7.94152	0.04	0.25	0.02	0.01
6.38647	0.25	0.32	0.10	0.13
0.00000	0.01	0.32	**3.05**	0.14
1.23212	0.54	0.06	0.11	0.06
7.63842	0.38	0.18	0.05	0.27
15.26600	0.00	**0.64**	1.32	0.29
	1.22	1.78	4.65	0.90

ラベル	変数	サンプル平均（%）	相対的ウェイト(%)
ラケット	テニス／スカッシュ／クリケット	4	0.102
室内	水泳／エアロビクス／体操	21	0.509
屋外	陸上競技／スキー	16	0.383
フットボール	サッカー／ラグビー	5	0.128
ゴルフ	ゴルフ	5	0.120
合計			2.347
見るのが最も好きなスポーツのジャンル			
S＋カーレース	自動車レース／スピードウェイ	9	0.207
S＋ラケット	テニス／クリケット／アイスホッケー	14	0.329
S＋室内	水泳／体操	8	0.196
S＋社交	ダーツ／スヌーカー／ボクシング／競馬	17	0.412
S＋屋外	陸上競技／スキー	7	0.161
S＋フットボール	サッカー／ラグビー	35	0.855
合計			2.160
最も嫌いなスポーツのジャンル			
S－カーレース	自動車レース／スピードウェイ	11	0.273
S－ラケット	テニス／クリケット／アイスホッケー	14	0.330
S－室内	水泳／体操	6	0.134
S－社交	ダーツ／スヌーカー／ボクシング／競馬	45	1.093
S－フットボール	サッカー／ラグビー	12	0.282
S－ゴルフ	ゴルフ	6	0.150
合計			2.262

注：太字は寄与度が平均よりも大きく、軸の構築に貢献しているモダリティを示す。

表補2－2　関与や嗜好からみた7つの界それぞれの全分散への寄与（%）

各界の寄与度	テレビ	映画	読むこと	音楽	視覚芸術	外食	スポーツ	合計
関与	3.2	1.6	4.0	7.9	6.3	3.2	4.0	30.2
嗜好	11.2	12.1	11.2	11.2	9.7	6.4	8.1	69.8
合計	14.4	13.7	15.2	19.1	16.0	9.6	12.1	100.0

表補2－3　固有値、分散率、Benzécri 修正値の累積率＊

軸ごとの値	第1軸	第2軸	第3軸	第4軸	第5軸	第6軸
固有値	0.1641	0.1188	0.0746	0.0633	0.0503	0.0472
分散率	5.333	3.860	2.0416	2.056	1.634	1.533
累積率	48.2	70.8	77.6	82.0	—	—

＊：Le Roux, B. and H. Rouanet, *Geometric Data Analysis: From Correspondence Analysis to Structured Data Analysis*, Kluwer, 2004, p.200 を参照のこと。

イル空間の序列について検討できる。それに加えて、「諸個人のクラウド」についても検討することができる。この諸個人のクラウドは、アングロ・アメリカ社会学ではほとんど用いられてこなかった。われわれがここでそれを用いていることは大きな躍進と言える。諸個人のクラウドには、追加変数の情報がすべて網羅されている。個々の変数との関係で個々人についての下位クラウド（sub-cloud）を生成することもできる。例えば、性別それぞれは個々人の下位クラウドを規定するものになる。それぞれの下位クラウドには平均の点があり、モダリティのクラウドのモダリティと対応させて位置づけることが可能である。

構造化要因（structuring factor）は、個々人のクラウドのなかを分割するものである。それぞれの下位クラウドについて平均の点をプロットすると、平均の点のクラウドが生成されることになり、この［平均の点］クラウドの分散は、分割された区分間の分散（between-variance）として定義される。下位クラウドの分散の平均は区分内の分散（within-variance）と定義される。イータの二乗（η^2）係数は、区分間分散を全分散（区分間分散＋区分内分散）で割ったものに等しい。平面上の下位クラウドに関する有益な幾何学的要約は集中楕円（concentration ellipses）によって得られる。集中楕円のそれぞれの軸の半径の長さは、下位クラウドでの同じ方向の標準偏差の二倍に等しくなる。標準的な形のクラウドであれば、集中楕円のなかには、そのクラウドに含まれる点の八六％が含まれることになる。[11] この集中楕円は第3章、第10章、および第12章で用いられている。

多重対応分析での新たな発展によって、量的調査から明らかになったパターンの関連について質的研究を用いて探究することが可能となった。多重対応分析で「諸個人のクラウド」を見ることができるようになったのは、ブルデューが『ディスタンクシオン』を著したあとになってからである。個々人の多重対応分析の図も作成でき、どのような二つの軸の組み合わせに対しても回答にしたがって、個人は個別の点として位置づく。目印になる人（landmark individuals）の位置も正確に示すことができ、その人たちの特徴を記述できる。これは、特に第4章、第10章、第12章の世帯インタビューの解釈に際して非常に有益なものだと判明した。このようにして、ライフスタイル空間のある帯域に該当する個人を特定し、しかるのちに、態度や動機づけを明確化するためその人たちに質的なインタビューを実施した。

質問紙データの分析

最終的には、従来使われてきた他の手法による分析もおこなった。主成分分析を採用し、ＯＬＳによる回帰分析とロジスティック回帰分析の両手法を用いて、社会集団と文化的参加の関係が探求された。例えば、コスモポリタン性やオムニボア性に関する尺度を作成し、われわれの知見と他の研究から得られた知見を比較した。しかしながら、文化項目とグループの性質の関連について記述する際には、可能なかぎり度数分布表とクロス表を掲載することとした。本研究を通して、われわれは多種多様な手法を採用したが、検討課題となっている現象を最も的確に記述し、説明しうる手法を採用するよう心がけたものである。統計的検定もおこなわれたが、必要以上に技術的な記述で文章を損なわないようその結果は常に表示されているわけではない。

補遺3：世帯インタビュー

インタビューと観察記録

本プロジェクトでのこの段階でのわれわれの目的はジェンダー、世帯、そして文化資本の関連について、以下の三点を検討することにあった。

1、質問紙への回答によって明らかになった文化への参加、嗜好や知識と経済的・社会的・文化的資産といった個別プロフィール［個人特性］の間の関連性。

2、文化資本の蓄積や展開で、世帯のダイナミクスはどのような役割を担っているのか。パートナーとの関係や子育て、重大な家族変動、文化集団に「属すること」、重要な「他者」との関係が文化資本（の種類、量、方向性）にどのような影響を与えるのか。

3、相互依存のダイナミクス。個々人の様々なネットワークや重要なつながりが判断力や、文化的活動の嗜好や関与に関してもっている重要性、そのようなネットワークやつながりが同居している人や親密にしている人によってどれだけ影響を受け、また影響を与えるのか。

この目的を達成するため、以下の四つの側面からの世帯の分布を考慮し、理論的に定義されたサンプルを基準として、世帯を選んだ。四つの側面とは、①文化資本の構成、②扶養を必要とする子どもの存在、③地理的な分散、④世帯の基本的な五類型（単独世帯、ひとり親世帯、カップルと扶養を必要とする子ども、カップルだけ、ゲイ／レズビアン）を「白人」と「エスニック」の構成に応じてさらに分割したもの、である。多様な地域を選ぶ際には、質問紙調査のサンプル抽出がおこなわれたイギリスの四つのカントリー、すなわちイングランド、スコットランド、ウェールズ、北アイルランドを含み、かつ、イングランドでの多様性をいくぶんかは引き出せるように配慮された。現実的には、集約的な質的研究では小さなサンプル［少数のケース］しか維持することはできない。こうした異質な調査対象者の内部にわれわれの目的を達成しうるように十分な相違点を見つけ、かつ、パターンを識別するのに足りうる数のグループを保持するためにはどうすればいいのだろうか。質的なサンプリングの結果、三十世帯の四十四人にインタビューをすることができた（うち二十人が男性で二十四人が女性）。このなかには質問紙調査の回答者だった二十八人、フォーカスグループの二人が含まれ、必要に応じてそのパートナーの協力も仰いだ。パートナーのインタビューは十四人におこなった。

最初に手紙を送ることで接触をはかり、インタビューの前には電話で連絡もした。質問紙の再度連絡をとることに同意するかどうかという質問によってまず対象者候補を選択した。一部の例では、直接の接触に先んじて様々な交渉がおこなわれることもあり、パートナーへの依頼をおこなった際にはより込み入っていたが、ゲートキーパーの大多数は女性であり、彼女たちが男性パートナーの同意を得ることが一般的だった。エスニック・マイノリティ・グループでの拒否率（十九のアプローチに対し十一の拒否）が全体（四十九のアプローチに対し二十三の拒否）と比較して高かった。一つのインタビューを除いて、回答者の自宅でインタビューを実施した。

当初の予測よりもインタビュー表（interview schedule）は組織化されたものとなった。これは、量的調査の後、質問紙の設問への直接的な言及を必要とするような、文化界への特定の関わり方を探求することの重要性に気づいたからである。われわれが焦点を当てたのは以下の七つのテーマである。それらは、①住居、②仕事や働き方の種類、③文化資本と余暇活動（テレビ、映画、本、音楽、外食、スポーツや運動、私服、態度や意見）、④世帯活動への参加、⑤理想のスタイルや格好、望ましい社会的地位、⑥視覚的嗜好の探求、⑦当惑しうるような状況への関わり方である。二種類のインタビュー調査を実施した。というのも、われわれは手元にこれまでの調査の対象者のプロフィールのデータは保持していたが、パートナーの文化的・娯楽的慣習や彼女／彼の態度、意見についての情報はもっていなかったからである。[12] 質問紙で尋ねたのと似たような質問をインタビュー項目にも入れることとし、質問紙調査の回答者とのやりとりで得た類似のデータとの比較ができるようにした。これによって、パートナーのインタビューにかかった時間は、質問紙調査対象者の平均一時間よりも若干長くなることになった。本研究の第一段階で実施したフォーカスグループディスカッションへ参加した同性カップルの世帯からの参加者についても、このパートナー調査のインタビュー項目を用いた。世帯に関する観察や参加者に関しての記録メモは、インタビュアーによってつけられた。このメモには、住宅の所在地、家屋の特徴、庭、装飾の詳細、所蔵品、家具、回答者の服装や振る舞いについてだけでなく、インタビューにどの程度協力的だったかも記された。

この研究段階は二〇〇四年の九月から〇五年の三月にかけて実施された。九人のインタビュアーたちは、訓練され同一の調査セットを提供された。[13] 質的インタビューは、それが半構造化されたものであっても、個人的な会話を伴うものであり、調査から得られるデータの内容や質を確保するためには、インタビュー対象者とインタビュアーとの間に友好関係が形成されていることが肝要になる。会話形式でインタビューをすることが意図されていて、そのためインタビュアーが出てくる論点に精通していることが要求された。通常は良好でリラックスした会話形式のインタビューが展開されたが、人によってはそれほど「流れるような」会話にはならない場合もあった。

これらの知見の統合は、個々のインタビュアーからの小まめな報告とインタビュアー自身の振り返っての説明によってなされ、とりまとめはわれわれのメンバーの一人によっておこなわれた。音声テープに録音されたトランスクリプトはソフトウェア Nud*ist-Nvivo によって分析できるように整備した。仮名のリストを作成し、パートナー名での相互参照が可能なようにした。

このような複数の方法を併用するアプローチをとったことで、ある特定の個人についての情報を比較することが可能となった。SPSSデータとインタビューを通して得られたデータの齟齬は時としては重要なものとなった。これには、世帯タイプの特性、個々の回答者やそのパートナーの同定から文化的実践や態度表明まで多くの論点が関連していた。場合によっては、質問紙のコードミスが原因で齟齬が生じていたこともあったが、回答者の状況や意見が変化したことによる場合もあった。質問紙に回答してからインタビューまでの期間が一年以上開いていた調査対象者が数多くいたのである。この点については、すでに理論的・方法論的考察を別稿でおこなっていて、[14]われわれの分析はそれをふまえたものになっている。

Social Trends データの人口統計とわれわれの得たサンプルを比較すると、われわれのサンプルのほうでは、扶養すべき子どものいる世帯が多く、エスニック・マイノリティの世帯の比率が高いことが判明したが、これは意図的におこなったものである。われわれのサンプルはまた、高い文化資本をもつ人々の比率が高く、若年層を取り込んでいたことも明らかになった。これは、これらの人々がこのフォローアップ段階の調査への参加に協力的だったことに起因するものである。質問紙調査の回答者でインタビュー調査にも協力してくれた比率は、男性よりも女性で顕著に多かった。しかしながら、これらの女性はしばしば男性パートナーを紹介してくれたので、

男性インタビュー対象者が少ないという欠点はかなりの程度軽減されたと言える。

この段階のわれわれの調査デザインからは主に二つの利点が得られた。一つに、同居するパートナーのそれぞれを個別にインタビューしたことで、われわれは、ある個人が他者の文化的嗜好や参加にどれだけ影響するのかについて、個人と世帯の文化生活のダイナミクスを検討することができた。[15] 二つに、ブルデューが言う「複視(double vision)」——個人データと社会構造データに同時に焦点を当てること——を達成することができた。

補遺4：エリートインタビュー

調査データを予備的に分析していくなかで明らかになったことは、われわれのサンプルには、企業部門、政界そして行政機関のトップの地位にいる人々が含まれていないことだった。そのため、これらのカテゴリーの一つ以上に該当する人々を見つけるため、個人的・組織的な接触をはかることに決めた。したがって、エリートサンプルの参加者を募った方法は完全に日和見主義的なものである。われわれは「登場人物」に仮名で掲載している十一人にインタビューした。引退した個人の場合もすべて、有償、無償で種々の委員会や会議の顧問や委員を務めていて、依然専門的な活動は続けていることには注意する必要がある。

インタビューは研究チームのメンバーによって実施された。インタビュー表は世帯調査のパートナー調査の項目をもとに作成され、仮にインタビュー対象者が質問紙調査に協力してくれていたら回答しただろう文化の選好、知識、関与の形式がわかるように設計された。しかしながら、われわれはまた、彼らエリートの人々が芸術に関する組織や管理運営にどの程度関わっているのか、そのような活動が彼らの職業生活とどの程度つながりがあるもので、彼らの学歴形成のどのような部分を占めてきたのか、社会的ネットワーク活動のなかでどのような役割を果たしてきたのかにも関心があった。そのためインタビュー表はこれらの項目も網羅できるように拡張されたものとなった。

エリート調査の協力者には、どこでも都合がいい場所を指示してもらえるようお願いしたが、一人を除いて、職場か、引退している場合は職業上関連が強い場所がインタビューの場所として指定された。それぞれのインタビュー調査終了後に観察記録が作成され、世帯調査と同様にインタビュー内容をコード化し、分析し、匿名化する作業がおこなわれた。インタビュー対象者のうち一人は録音されることを望まなかったので、分析はインタビューメモをもとにおこなった。この人物は、インタビュー中に配偶者や子どもについて述べたことへの言及は避けるように求めてきたので、この点は守られている。

注

(1) フォーカスグループを招集したのは、Stephanie Adams（スウォンジー）、Chris Archer（スコットランド国境地域）、Surinder Guru（バーミンガム）、Ruth Jackson（ベルファスト）、Karen Wells（ロンドン）そしてDavid Wright（ノッティンガム）である。

(2) Wilkinson, S., "Focus Groups: A Feminist Method," in S. N. Hesse-Biber and M. L. Yaiser eds., *Feminist Perspectives on Social Research*, Oxford University Press, 2004.

(3) このような緊張関係についての議論は Silva, E. B and D. Wright, "The Judgment of Taste and Social Position in Focus Group Research," Special issue on "Focus Group Methodology," *Sociologia e Ricerca Sociale*, 76-77, 2005, pp.241-253 を参照のこと。

(4) Johnson, A., "It's Good to Talk': The Focus Group and the Sociological Imagination," *The Sociological Review*, 44(3), 1996, pp.517-538 を参照のこと。

(5) Bloor, M., J. Frankland, M. Thomas, and K. Robson, *Focus Groups in Social Research*, Sage, 2001, p.13.

(6) Osborne, T. and N. Rose, "Do the Social Sciences Create Phenomena?: The Example of Public Opinion Research," *British Journal of Sociology*, 50(3), 1999, p.387.

(7) 本書で報告される分析結果は、Savage, M., M. Gayo-Cal, A. Warde and G. Tampubolon, "Cultural Capital in the UK: a Preliminary Report Using Correspondence Analysis," *CRESC Working Paper*, No.4, University of Manchester and the Open University, 2005 と Bennett, T., M. Savage, E. Silva, A. Warde, M. Gayo-Cal and D. Wright, *Media Culture: the Social Organisation of Media Practices in Contemporary Britain*, British Film Institute, 2006 で報告されたものに比較してより精密化したものであることに読者は留意してほしい。そのため、ここで示した結果のほうが頑強である。

(8) 詳しくは Greenacre, M. and J. Blasius eds., *Correspondence Analysis in the Social Sciences*, Academic Press, 1994, Clausen, S.-E., *Applied Correspondence Analysis: An Introduction*, Sage, 1998 を参照のこと。

(9) Le Roux, B. and H. Rouanet, *Geometric Data Analysis: From Correspondence Analysis to Structured Data Analysis*, Kluwer, 2004.

(10) Bourdieu, P., *Distinction: A Social Critique of the Judgement of Taste*, Routledge, 1984（ピエール・ブルデュー『ディスタンクシオンI――社会的判断力批判』石井洋二郎訳、藤原書店、一九九〇年、同『ディスタンクシオンII――社会的判断力批判』石井洋二郎訳、藤原書店、一九九〇年）, Bourdieu, P., *Homo Academicus*, Stanford University Press, 1988（ピエール・ブルデュー『ホモ・アカデミクス』石崎晴己／東松秀雄訳、藤原書店、一九九七年）, Bourdieu, P., *The Rules of Art: Genesis and Structure of the Literary Field*, Polity, 1996.（ピエール・ブルデュー『芸術の規則I』石井洋二郎訳、藤原書店、一九九五年、同『芸術の規則II』石井洋二郎訳、藤原書店、一九九六年）

(11) Le Roux and Rouanet, *Geometric Data Analysis*, pp.97-99.

(12) 技術的な点についての詳細な報告は Silva, E. B., "Gender, Home and Family in Cultural Capital Theory," *British Journal of Sociology*, 56(1), 2005, pp.83-103 を参照のこと。

(13) インタビューは Stephanie Adams, Tony Bennett, Chris Archer, Ruth Jackson, Pippa Stevenson, Mike Savage, Elizabeth Silva, Alan Warde, David Wright によって実施された。

(14) Silva, E. B., "Homologies of Social Space and Elective Affinities: Researching Cultural Capital," *Sociology*, 40(6), 2006, pp.1171-1189, Silva, E. B. and D. Wright, "Researching Cultural Capital: Complexities in Mixing Methods,"

Methodological Innovations, 2(3), 2008, published 13/12.2007.（http://journals.sagepub.com/doi/abs/10.4256/mio.2008.0005)

（15）Silva, "Homologies of Social Space and Elective Affinities" を参照のこと。

訳注

［1］「有効な」は active の訳語であり、supplementary と対比関係にある。

登場人物

世帯インタビュー参加者

個人クラウドのなかに位置づけられた量的調査の回答者

カロライン・オルコックは二十五歳で、芸術系大学を最近卒業し、サウス・ウェールズにある市の中心部の近くに新居を購入して、パートナーと犬とともに住んでいる。カロラインは地方自治体の研究官として働いている。

シェリー・キャンベル、四十八歳は北部の古都でフリーランスのツアーガイドをしながら史跡で働いている。彼女は夫でレストランのオーナーシェフをしている**イアン**、五十歳とともに市内のアパートに住んでいる。

マリア・デリック、三十五歳は語学教師である。彼女はヨークシャーにある市に、パートナーで検査技師をしている**フルーツバット**、二十六歳とともに住んでいる。マリアとフルーツバットはオンラインゲームを通じて知り合った。

ポピー・ファリモンド、四十七歳は在宅ソーシャルワーカーでウェスト・ヨークシャーの町に十六歳の息子と拾ってきた猫とともに住んでいる。

ジェームズ・フットは三十八歳の大学教員である。サウス・ウェールズにある市の郊外の一戸建てに妻で病院コンサルタントのスーザン・ミルザ、三十八歳と二人の幼い娘とともに住んでいる。

レイチェル・グリフィスはノース・ウェスト・イングランドにある市の二十六歳の管理人である。彼女は六歳の息子とともに購入を検討している公共住宅に住んでいる。

ジェニー・ハメットには司書経験がある。現在四十七歳の彼女は、作文のパートタイム講師と作家をしている。彼女はリサーチ・サイエンティストをしている夫の**ドギー**、五十歳、そして四人の娘のうちの三人と一緒にウェスト・スコットランドの現代的な郊外型のセミデタッチドハウスに暮らしている（四番目の娘は大学に通うため離れて住んでいる）。

サリー・アン・ルイスは七十五歳で、彼女の亡くなった夫とともに建てた家に一人で住んでいる。彼女の家は北アイルランドの中心に位置する町にあり、亡くなった夫は町の開業医（GP）をしていた。サリー・アンは看護師としての教育を受けたが、彼女の人生の大半は夫の診療のサポートや三人の子どもの子育てに費やされてきた。

ヒルダ・マギーは三十三歳で、パートタイムの店員として働いている。ベルファストの西方に位置する町で、夫と二人の十代の息子とともに彼女自らが育った住宅地に暮らしている。

リタ・マッケイは三十三歳の中等教育学校教師である。彼女は夫で農産物のセールスマンをしている**アリ**、三十一歳と二歳の娘、そして生まれたばかりの息子とともに暮らしている。彼らはリタが生まれ育った南スコットランドの村の近くにあるコテージに住んでいる。

モリー・マクナブ、五十一歳は最近亡くなった彼女の夫とともに建てたモダン・バンガローに住んでいる。彼女の家は北アイルランド国境地域にある。彼女は美容師として訓練を受けたが、成人期の大半を六人の子どもを育てることに費やしてきた。三人の十代の娘たちはまだ一緒に住んでいる。

セシリア・オコナーは五十六歳であり、十代の息子、二十六歳の娘そして孫息子とともにサウス・ウェールズにある公営住宅団地のセミデタッチドハウスに住んでいる。そこには彼女の女きょうだいと親族も居住している。セシリアは最近未亡人となり、退職した。彼女は疾病・障害給付金の支給を受けている。

スタッフォード・ラスボーンは一九六〇年代初頭にカリブからイギリスにやってきた。彼は現在六十二歳でありミッドランズの大都市にある工場で組立工と溶接工として働いている。静かな郊外にある住宅協会のアパートに一人で住んでいる。

ナミータ・ラザは五十四歳で、夫のマジード六十八歳とともに小売商店かレストランを改装した家に住んでいる。彼らの家は、北部の町の交通量の激しい主要道路に面して建っている。夫のマジードは小売店主をしていたが引退し、彼へのインタビューは彼らの家でおこなわれた。彼らは成人した子どもたちと同居している。

ヴァスデヴ・レーマン、六十二歳は、ウェスト・ミッドランズの都市の郊外に住む寡男である。シーク教徒のヴァスデヴは一九六〇年代中頃にインドからイングランドにやってきた。彼は、金属研磨業を営んでいる。

ルース・リチャーズは六十七歳でスコットランドの都市のはずれにある計画住宅のなかのアパートに一人で住んでいる。ホテル業での勤務経験はあるものの、ルースは成人期の大半を専業主婦および十一人の子どもを育てることに費やしてきた。いちばん末の子どもは近くのアパートに住んでいる。

ロバート・スクロギーはサウス・ウエスト・スコットランドの仕事を引退した六十七歳の寡男である。彼は二十九歳の長女とともに元は公営住宅だった住宅に住んでいる。過去には、建築業での助手（builder's mate）をしたり、養豚家であったり、蒸留酒製造所で働いたりしていた。

ジム・ショー、六十四歳は、妻の**ジェーン**、六十五歳とともにジムが生まれたスコットランドの村の近くに住んでいる。ジムは建設作業員をしていたが、建設業でのコンサルタントに転職した。夫妻は自分たちで彼らの家、バンガローを建てた。ジェーンは郵便局での窓口でアシスタント業務についていたが、健康面の理由から退職した。

ジョー・スミスは三十歳で電気技師とサイト管理者として働いている。彼は二十九歳で銀行事務員をしている妻エディーと乳幼児の息子とともにサウス・イースト・イングランドの村にある購入したばかりの家に住んでいる。ジョーはその村で生まれた。

マーガレット・ステイプルズ、三十歳は北アイルランドの田舎に、夫**フランク**、三十五歳と三人の幼い子どもとともに暮らしている。彼らはフランクが継いだ農場の近くに自ら設計したバンガローを建てて住んでいる。マーガレットは介護施設での就労を諦め、フランクとともに家業に従事しようとしている。

セレン・スターは五十五歳のソーシャルワーカーでサウス・ウェールズにある市の郊外に住んでいる。離婚経験者であり、成人した子どもがいる。ペットのスパニエル犬とともに暮らしている。

ジャネット・タガートは宿直業務のある保護観察所で働いている。彼女は四十二歳で警察官の**ゲリー**、四十三歳と結婚している。彼らは成人した息子とともにノース・ウェストの町の端にある大きなテラスハウスに暮らしている。息子がもう一人いるが、勉学のため家を離れている。

エスニック・ブースト・サンプルの調査回答者

シャナズ・アフメド、四十二歳は一九七二年にパキスタンからイングランドにやってきた。彼女は夫の**フェルハン**と五人の子どもとともにヨークシャーの市に生活し、母親業に専念している。以前は西ドイツで暮らし、働いていたフェルハンは現在ではドライビング・インストラクターとして働いている。

ナイオミ・ブライアントはアフロ・カリブ系の血を引く三十三歳の女性であり、サウス・ロンドンに夫の**トニー**と二人の息子と一緒に住んでいる。息子の一人は、以前付き合っていた人との間に生まれたティーンエイジャーであり、もう一人は四歳である。ナイオミは母親業に専念しており、トニーはカーペット卸売でアシスタント・マネージャーとして働いている。

サンドラ・エドワーズは三十三歳のアフロ・カリブ系の女性で、サウス・ロンドンにある公営アパートに二人の幼い息子と一緒に暮らしている。サンドラは現在、給付金を受けているが、以前にやっていた幼稚園での遊戯指導員として復職することを希望している。

サーブヒトラ・ゴパル、五十三歳は、三十五年前にインドからイギリスにやってきた。以前は新聞販売をおこなっていたが、現在では地区の学校でのパートタイムの給食係をやっている。彼女の夫の**ニメシュ**は、地方自治体のためのケータリング業の管理者として働いている。彼らはイースト・ミッドランズにある市の中心地、道の角にあるテラスハウスに住んでいる。

エレレー・ランカスターはイースト・ミッドランズの黒人イギリス人であり、四十歳である。主要都市のはずれに新しく立った団地に住んでいる。現在では退職したものの、エレレーは地元ホテルのバーマネージャーとして働いていた。彼の妻の**ヘレン**、四十二歳は大きなスーパーマーケットチェーンでパートをしている。彼らには二人の子どもがいる。

カリム・ラシドは三十一歳で、ウェスト・ヨークシャーで健康安全コンサルタントをしている。彼はパキスタンで生まれたが、一九七〇年代初頭にイギリスにやってきた。彼は妻と二人の幼い子どもとともに現代的なテラスハウスに暮らしている。

フォーカスグループからのゲイ世帯

テリ・ローウェルは研究員として働いている。彼女はサウス・ロンドンのテラスハウスに十代の息子と八歳の娘とともに暮らしている。

ロナルド・ライト、三十八歳はイースト・ミッドランズの弁護士事務所に勤めている。彼はイースト・ミッドランズにある市のはずれにある高級住宅にパートナーの**ユアン・トーマス**とともに暮らしている。ユアンは、歴史遺産産業の専門職として働いている。

エリートインタビュー対象者

デービッド・ビーヴァン——多国籍大企業のCEO。
ラルフ・コーエン——元上級研究者。
ジェーン・ゴッドフリー——大きな投資会社の財務部長。
ベバリー・ハリス——中規模投資顧問会社のCEO。
カロライン・ジェーンズ——全国的労働組合の組合員で政治家。
ティモシー・ランカスター——元上級公務員。
コリン・ミリバンド——元上級地方公務員。
シンシア・シンプソン——政治家、国の政策委員会の委員長。
アリステア・スメサースト——相続したカントリーハウスの所有者かつ監督者。
キース・トムリンソン——家業の小売店チェーンの監督者。
アラン・ホイッタカー——元国際的銀行での財務部長。

参考文献

Abbott, A., *Time Matters*, University of Chicago Press, 2001.

Adkins, L., *Revisions: Gender and Sexuality in Late Modernity*, Open University Press, 2002.

Adkins, L., "Introduction: Feminism, Bourdieu and after," in L. Adkins and B. Skeggs eds., *Feminism After Bourdieu*, Blackwell/The Sociological Review, 2004.

Adkins, L. and C. Lury, "The Labour of Identity: Performing Identities, Performing Economies," *Economy and Society*, 28(4), 1999, pp.598-614.

Adkins, L. and B. Skeggs eds., *Feminism after Bourdieu*, Blackwell/ The Sociological Review, 2005.

Akass, K. and J. McCabe eds., *Reading "Sex and the City"*, I. B. Tauris, 2004.

Albrow, M., *The Global Age*, Polity, 1996.

Appadurai, A., *Modernity at Large: Cultural Dimensions of Globalization*, University of Minnesota Press, 1996.（アルジュン・アパデュライ『さまよえる近代――グローバル化の文化研究』門田健一訳、平凡社、二〇〇四年）

Augé M., *Non-places: Introduction to an Anthropology of Supermodernity*, Verso, 1995.

Bagguley, P., "Middle Class Radicalism Revisited," in T. Butler and M. Savage eds., *Social Change and the Middle Classes*, UCL Press, 1995, pp.293-309.

Bain, A., *The Emotions and the Will*, John W. Parker and Son, 1859.

Bauman, Zygmunt, *Legislators and Interpreters : on modernity, post-modernity and intellectuals*, Polity Press, 1987.（ジグムント・バウマン『立法者と解釈者――モダニティ・ポストモダニティ・知識人』奈良和重／向山恭一／萩原能久訳〔テオレイン叢書〕、昭和堂、一九九五年）

Bellah, R., R. Madsen, W. Sullivan, A. Swidler and S. Tipton, *Habits of the Heart: Middle America Observed*, University of California Press, 1985.（ロバート・N・ベラー／R・マドセン／S・M・ティプトン／W・M・サリヴァン／A・ス

サイドラー『心の習慣――アメリカ個人主義のゆくえ』島薗進／中村圭志訳、みすず書房、一九九一年）
Bellavance, G., “Where’s High? Who’s Low? What’s New? Classification and Stratification Inside Cultural ‘Repertoires’,” *Poetics*, 36, 2008.
Bellavance, G., V. Myrtille and M. Ratté, “Les goûts des autres: une analyse des répertoires culturels de nouvelles élites omnivores,” *Sociologie et Société*, 36(1), 2004, pp.27-58.
Benjamin, Walter, *Charles Baudelaire : a lyric poet in the era of high capitalism*, NLB, 1973.
Bennett, T., “Texts, Readers and Reading Formations,” *Bulletin of the Mid-Western Modern Languages Association*, Winter, 1982, pp.3-17.
Bennett, T., “The Historical Universal: The Role of Cultural Value in the Historical Sociology of Pierre Bourdieu,” *The British Journal of Sociology*, 56(1), 2005, pp.141-164.
Bennett, T., “Distinction on the Box: Cultural Capital and the Social Space of Broadcasting,” *Cultural Trends*, 15(2-3), 2006, pp.193-212.
Bennett, T., “Habitus clivé: aesthetics and politics in the work of Pierre Bourdieu,” *New Literary History*, 38(1), 2007, pp.201-228.
Bennett, T., “The Work of Culture,” *Cultural Sociology*, 1(1), 2007, pp.31-47.
Bennett, T., M. Emmison and J. Frow, *Accounting for Tastes: Australian Everyday Cultures*, Cambridge University Press, 1999.
Bennett, T. and J. Frow, *Art Galleries: Who Goes?: A Study of Visitors to Three Australian Art Galleries, with International Comparisons*, Australia Council, 1991.
Bennett, T., M. Savage, E. Silva, A. Warde, M. Gayo-Cal and D. Wright, *Cultural Capital and the Cultural Field in Contemporary Britain*, CRESC Working Paper, No.3, Centre for Research on Socio-Cultural Change（CRESC）, 2005.
Bennett, T., M. Savage, E. Silva, A. Warde, M. Gayo-Cal and D. Wright, *Media Culture: The Social Organisation of Media Practices in Contemporary Britain*, British Film Institute, 2006.

Bennett, T. and J. Woollacott, *Bond and Beyond: the Political Career of a Popular Hero*, Macmillan, 1987.

Benson, R., “Field Theory in Comparative Context: A New Paradigm for Media Studies,” *Theory and Society*, 28(3), 1999, pp.463-498.

Benson, R. and E. Neveu eds., *Bourdieu and the Journalistic Field*, Polity, 2005.

Bjarkman, K., “To Have and to Hold: The Video Collector’s Relationship with an Ethereal Medium,” *Television and New Media*, 5(3), 2004, pp.217-246.

Blau, P. M. and O. D. Duncan, *The American Occupational Structure*, Wiley, 1967.

Blokland, T. and M. Savage eds., *Networked Urbanism: Social Capital and the City*, Ashgate, 2008.

Bloor, M., J. Frankland, M. Thomas, and K. Robson, *Focus Groups in Social Research*, Sage, 2001.

Boltanski, L. and L. Thévenot, *On Justification: Economies of Worth*, Princeton University Press, 2006.

Born, G., *Rationalizing Culture: IRCAM, Boulez, and the Institutionalization of the Musical Avant-Garde*, University of California Press, 1995.

Born, G., “Strategy, Positioning and Projection in Digital Television: Channel Four and the Commercialization of Public Service Broadcasting in the UK,” *Media, Culture and Society*, 25, 2003, pp.773-799.

Boschetti, A., “Bourdieu’s Work on Literature: Contexts, Stakes and Perspectives,” *Theory, Culture and Society*, 23(6), 2006, pp.135-155.

Bourdieu, P., *The Algerians*, Beacon Press, 1962.

Bourdieu, P., ed., *Un art moyen : essai sur les usages sociaux de la photographie, 2e éd.*, Éditions de Minuit, 1965.（ピエール・ブルデュー監修『写真論――その社会的効用』山縣熙／山縣直子訳〔叢書・ウニベルシタス〕、法政大学出版局、一九九〇年）

Bourdieu, P., *Outline of a Theory of Practice*, Cambridge University Press, 1977.

Bourdieu, P., “Sport and Social Class,” *Social Science Information*, 17(6), 1978, pp.819-840.

Bourdieu, P., *Distinction: A Social Critique of the Judgement of Taste*, Routledge, 1984.（ピエール・ブルデュー『ディスタ

ンクシオンI——社会的判断力批判』石井洋二郎訳、藤原書店、一九九〇年、同『ディスタンクシオンII——社会的判断力批判』石井洋二郎訳、藤原書店、一九九〇年）
Bourdieu, P., "The Forms of Capital," in J. G. Richardson ed., *Handbook of Theory and Research for the Sociology of Education*, Greenwood, 1986, pp.241-258.
Bourdieu, P., *Homo Academicus*, Stanford University Press, 1988.（ピエール・ブルデュー『ホモ・アカデミクス』石崎晴己／東松秀雄訳、藤原書店、一九九七年）
Bourdieu, P., *In Other Words: Essays Towards a Reflexive Sociology*, Polity, 1990.（ピエール・ブルデュー『構造と実践——ブルデュー自身によるブルデュー』石崎晴己訳、藤原書店、一九九一年）
Bourdieu, P., *The Logic of Practice*, Polity, 1990.（ピエール・ブルデュ『実践感覚1』今村仁司／港道隆訳、みすず書房、二〇〇一年、同『実践感覚2』今村仁司／福井憲彦／塚原史／港道隆訳、みすず書房、二〇〇一年）
Bourdieu, P., "The Kabyle House or the 'World Reversed'," Appendix in *The Logic of Practice*, Polity Press, [1970]1992.
Bourdieu, P., *Sociology in Question*, Sage, 1993.（ピエール・ブルデュー『社会学の社会学』田原音和監訳、藤原書店、一九九一年）
Bourdieu, P.,"Concluding Remarks: For a Sociogenetic Understanding of Intellectual Works," in C. Calhoun, E. LiPuma and M. Postone eds., *Bourdieu: Critical Perspectives*, Polity, 1993.
Bourdieu, P., *The Field of Cultural Production: Essays on Art and Literature*, Columbia University Press, 1993.
Bourdieu, P., *The Rules of Art: Genesis and Structure of the Literary Field*, Polity, 1996.（ピエール・ブルデュー『芸術の規則I』石井洋二郎訳、藤原書店、一九九五年、同『芸術の規則II』石井洋二郎訳、藤原書店、一九九六年）
Bourdieu, P., *On Television and Journalism*, Pluto Press, 1998.（ピエール・ブルデュー『メディア批判』櫻本陽一訳・解説、藤原書店、二〇〇〇年）
Bourdieu, P., *Practical Reason: On the Theory of Action*, Polity, 1998.（ピエール・ブルデュー『実践理性——行動の理論について』加藤晴久／石井洋二郎／三浦信孝／安田尚訳〔Bourdieu library〕、藤原書店、二〇〇七年）
Bourdieu, Pierre, *La domination masculine*, Seuil, 1998.（ピエール・ブルデュー『男性支配』坂本さやか／坂本浩也訳

〔Bourdieu library〕、藤原書店、二〇一七年）
Bourdieu, P., *Pascalian Meditations,* Polity, 2000.（ブルデュー『パスカル的省察』加藤晴久訳〔Bourdieu library〕、藤原書店、二〇〇九年）
Bourdieu, P., *Masculine Domination,* Stanford University Press, 2001.
Bourdieu, P., *Science of Science and Reflexivity,* University of Chicago Press, 2004.（ブルデュー『科学の科学――コレージュ・ド・フランス最終講義』加藤晴久訳〔Bourdieu library〕、藤原書店、二〇一〇年）
Bourdieu, P., *The Social Structures of the Economy,* Polity, 2005.（ピエール・ブルデュー『住宅市場の社会経済学』山田鋭夫／渡辺純子訳〔Bourdieu library〕、藤原書店、二〇〇六年）
Bourdieu, P., A. Darbel and D. Schnapper, *The Love of Art: European Art Museums and Their Public,* Polity, 1990.（ピエール・ブルデュー／アラン・ダルベル／ドミニク・シュナッペー『美術愛好――ヨーロッパの美術館と観衆』山下雅之訳、木鐸社、一九九四年）
Bourdieu, P. and H. Haacke, *Free Exchange,* Polity, 1995.（ピエール・ブルデュー／ハンス・ハーケ『自由―交換――制度批判としての文化生産』コリン・コバヤシ訳〔Bourdieu library〕、藤原書店、一九九六年）
Bourdieu, P. and J.-C. Passeron, *The Inheritors: French Students and Their Relation to Culture,* University of Chicago Press, 1979.（ピエール・ブルデュー／ジャン＝クロード・パスロン『遺産相続者たち――学生と文化』石井洋二郎監訳、小澤浩明／高塚浩由樹／戸田清訳〔Bourdieu library〕、藤原書店、一九九七年）
Bourdieu, P. et al., *The Weight of the World: Social Suffering in Contemporary Society,* Stanford University Press, 1999.
Bryson, B., "'Anything but Heavy Metal': Symbolic Exclusion and Musical Dislikes," *American Sociological Review,* 61(5), 1996, pp.884-899.
Burawoy, M., "Introduction: Reaching for the Global," in M. Burawoy et al. eds., *Global Ethnography: Forces, Connections and Imaginations in a Postmodern World,* University of California Press, 2000.
Butler, T. and M. Savage eds., *Social Change and the Middle Classes,* UCL Press, 1995.
Byrne, B., *White Lives: The Interplay of "Race", Class and Gender in Everyday Life,* Routledge, 2006.

Caldwell, J. T., *Televisuality: Style, Crisis, and Authority in American Television,* Rutgers University Press, 1995.

Calhoun, C., "The Class Consciousness of Frequent Travellers: Towards a Critique of Actually Existing Cosmopolitanism," in S. Vertovec and R. Cohen eds., *Conceiving Cosmopolitanism: Theory, Context, and Practice,* Oxford University Press, 2003.

Callewaert, S., "Bourdieu, Critic of Foucault: The Case of Empirical Social Science against Double-Game-Philosophy," *Theory, Culture and Society,* 23(6), 2006, pp.73-98.

Carrabine, E. and B. Longhurst, "Mosaics of Omnivorousness: Suburban Youth and Popular Music," *New Formations,* 38, 1999, pp.125-140.

Castells, M., *The Rise of the Network Society,* Blackwell, 1996.

Chan, T.-W. and J. H. Goldthorpe, *Social Stratification and Musical Consumption: Music in England,* Mimeo, University of Oxford, 2004.

Chan, T.-W. and J. H. Goldthorpe, "Social Stratification and Cultural Consumption: The Visual Arts in England," *Poetics,* 35, 2007, pp.168-190.

Chan, T.-W. and J. H. Goldthorpe, "Social Stratification and Cultural Consumption: Music in England," *European Sociological Review,* 23(1), 2007, pp.1-19.

Charlesworth, S. J., *A Phenomenology of Working-Class Experience,* Cambridge University Press, 2000.

Clausen, S.-E., *Applied Correspondence Analysis: An Introduction,* Sage, 1998.

Cohen, R., *Global Diasporas : An Introduction,* UCL Press, 1997.（ロビン・コーエン『グローバル・ディアスポラ』駒井洋監訳、角谷多佳子訳〔明石ライブラリー〕、明石書店、二〇〇一年）

Cohen, S., *Decline, Renewal and the City in Popular Music Culture: Beyond the Beatles,* Ashgate, 2007.

Collins, J., "High-Pop: An Introduction," in J. Collins ed., *High-Pop: Making Culture into Popular Entertainment,* Blackwell, 2002, pp.1-31.

Connell, R., "Cool Guys, Swots and Wimps: The Interplay of Masculinity and Education," *Oxford Review of Education,* 15

(3), 1989, pp.291-303.

Connell, R., *Gender*, Polity Press, 2002.（R・コンネル『ジェンダー学の最前線』多賀太監訳〔Sekaishiso seminar〕、世界思想社、二〇〇八年）

Cook, R., “The Mediated Manufacture of an ‘Avant-Garde’: A Bourdieusian Analysis of Contemporary Art in London, 1997-9,” *Sociological Review*, 49, 2000, pp.164-185.

Couldry, N., “Media Meta-Capital: Extending the Range of Bourdieu’s Field Theory,” *Theory and Society*, 32(5-6), 2003, pp.653-677.

Crompton, R. and K. Sanderson, *Gendered Jobs and Social Change*, Unwin Hyman, 1990.

Crossley, N., *The Social Body: Habit, Identity and Desire*, Sage, 2001.（ニック・クロスリー『社会的身体――ハビトゥス・アイデンティティ・欲望』西原和久／堀田裕子訳、新泉社、二〇一二年）

Crossley, N., “Mapping Reflexive Body Techniques: On Body Modification and Maintenance,” *Body and Society*, 11(1), 2005, pp.1-35.

DeLanda, M., *Intensive Science and Virtual Philosophy*, Continuum, 2002.

DeLanda, M., *A New Philosophy of Society: Assemblage Theory and Social Complexity*, Continuum, 2006.（マヌエル・デランダ『社会の新たな哲学』篠原雅武訳、人文書院、二〇一五年）

Deleuze, G. and F. Guattari, *A Thousand Plateaus*, Continuum, 1987.（ジル・ドゥルーズ／フェリックス・ガタリ『千のプラトー――資本主義と分裂症』宇野邦一／田中敏彦／小沢秋広訳、河出書房新社、一九九四年）

Dennis, N., F. Henriques and C. Slaughter, *Coal is Our Life*, Eyre and Spottiswoode, 1956.

De Nooy, W., “Fields and Networks: Correspondence Analysis and Social Network Analysis in the Framework of Field Theory,” *Poetics*, 31(5-6), 2003, pp.305-327.

DeNora, T., *Music in Everyday Life*, Cambridge University Press, 2000.

DiMaggio, P., “Cultural Boundaries and Structural Change: The Extension of the High Culture Model to Theater, Opera, and Dance, 1900-1940,” in M. Lamont and M. Fournier eds., *Cultivating Differences: Symbolic Boundaries and the Making of Inequality*, University of Chicago Press, 1992, pp.21-57.

DiMaggio, P. and T. Mukhtar, "Arts Participation as Cultural Capital in the United States, 1982-2002: Signs of Decline?," *Poetics*, 32, 2004, pp.169-194.

DiMaggio, P. and F. Ostrower, *Race, Ethnicity and Participation in the Arts*, Seven Locks Press, 1992.

DiMaggio, P. et al., *Audience Studies of the Performing Arts and Museums: A Critical Review*, National Endowment for the Arts, Research Division, Report 9, 1978.

English, J. F., *The Economy of Prestige: Prizes, Awards and the Circulation of Cultural Value*, Harvard University Press, 2005.

Erickson, B. H., "Culture, Class, and Connections," *American Journal of Sociology*, 102(1), 1996, pp.217-251.

Fairclough, N., *New Labour, New Language?*, Routledge, 2000.

Featherstone, M., "Lifestyle and Consumer Culture," *Theory, Culture and Society*, 4(1), 1987, pp.55-70.

Fiske, J., "Cultural Studies and the Culture of Everyday Life," in L. Grossberg, C. Nelson and P. Treichler eds., *Cultural Studies*, Routledge, 1992.

Fougeyrollas-Schwebel, D., "Introduction" to "Nouvelles reflexions sur la domination masculine," *Cahiers du Genre*, 33, 2002, pp.221-224.

Fowler, B., *The Alienated Reader: Women and Popular Romantic Literature in the Twentieth Century*, Harvester Wheatsheaf, 1991.

Fridman, V. and M. Ollivier, "Ouverture ostentatoire à la diversité et cosmopolitisme: vers une nouvelle configuration discursive?," *Sociologie et Société*, 36(1), 2004, pp.105-126.

Frow, J., *Cultural Studies and Cultural Value*, Oxford University Press, 1995.

Gelder, K., *Popular Fiction: The Logics and Practices of a Literary Field*, Routledge, 2004.

Gelder, K., ed., *Subcultures: Critical Concepts in media and Cultural Studies*, Vols 1 and 2, Routledge, 2007.

Geraghty, C., "Aesthetics and Quality in Popular Television Drama," *International Journal of Cultural Studies*, 6(1), 2003, pp.25-45.

Gershuny, J., “Busyness as the Badge of Honor for the New Superordinate Working Class,” *Social Research*, 72(2), 2005, pp.287-314.

Giddens, A., *Modernity and Self-Identity: Self and Society in the Late Modern Age*, Polity, 1991.（アンソニー・ギデンズ『モダニティと自己アイデンティティ――後期近代における自己と社会』秋吉美都／安藤太郎／筒井淳也訳、ハーベスト社、二〇〇五年）

Glevarec, H., “La fin du modèle classique de la légitimité culturelle. Hétérogénisation des orders de légitimité et régime contemporain de justice culturelle. L’example du champ musical,” in E. Maigret and E. Macé eds., *Penser les médiaculutres: Nouvelles practiques et nouvelles approches de la résentation du monde*, Colin/INA, 2006, pp.69-102.

Glevarec, H. and M. Pinet, “‘Cent fois mieux qu’un film.’ Le goût des jeunes adultes pour les nouvelles séries télévisée américaines,” *Médiamorphoses*, no Hors-séries, January, 2007, pp.124-133.

Goldthorpe, J. H., “The service class: its formation and future,” in A. Giddens and G. Mackenzie eds., *Social Class and the Division of Labour*, Cambridge University Press, 1982, pp.162-185.

Goldthorpe, J. H., “Women and Class Analysis: in Defence of the Conventional View,” *Sociology*, 17(4), 1983.

Goldthorpe, J. H., “The Service Class Revisited,” in T. Butler and M. Savage eds., *Social Change and the Middle Classes*, UCL Press, 1995, pp.313-329.

Goldthorpe, J. H., *On Sociology: numbers, narratives, and the integration of research and theory*, Clarendon Press, 2000.

Goldthorpe, J. H., “‘Cultural Capital’: Some Critical Observations,” *Sociologica*, 2, 2007.（http://www.sociologica.mulino.it/doi/10.2383/24755）

Goldthorpe, J. H.,（with C. Llewellyn and C. Payne,）*Social Mobility and Class Structure in Modern Britain*, Clarendon Press, 1980.

Goldthorpe, J. H., D. Lockwood, F. Bechhofer and J. Platt, *The Affluent Worker: Industrial Attitudes and Behaviour*, Cambridge University Press, 1968.

Goldthorpe, J. H., D. Lockwood, F. Bechhofer and J. Platt, *The Affluent Worker: Political Attitudes and Behaviour,* Cambridge University Press, 1968.

Goldthorpe, J. H., D. Lockwood, F. Bechhofer and J. Platt, *The Affluent Worker in the Class Structure,* Cambridge University Press, 1969.

Goldthorpe, J. H. and Marshall, G., "The Promising Future of Class Analysis: A Response to Recent Critiques," *Sociology,* 26(3), 1992, pp.381-400.

Gouldner, A., *The Future of Intellectuals and the Rise of the New Class: A Frame of Reference, Theses, Conjectures, Argumentation and an Historical Perspective,* MacMillan, 1979.（A・W・グールドナー『知の資本論――知識人の未来と新しい階級』原田達訳、新曜社、一九八八年）

Greenacre, M. and J. Blasius eds., *Correspondence Analysis in the Social Sciences,* Academic Press, 1994.

Grenfell, M. and C. Hardy, "Field Manoeuvres: Bourdieu and Young British Artists," *Space and Culture,* 6(1), 2003, pp.19-34.

Grenfell, M. and C. Hardy, *Art Rules: Pierre Bourdieu and the Visual Arts,* Berg, 2007.

Griswold, W., T. McDonnel and N. Wright, "Reading and the Reading Class in the Twenty-First Century," *Annual Review of Sociology,* 31, 2005, pp.127-141.

Gronow J., "Standards of Taste and Varieties of Goodness: The (Un) predictability of Modem Consumption," in M. Harvey, A. McMeekin and A. Warde eds., *Qualities of Food,* Manchester University Press, 2004.

Guillory, John, *Cultural Capital : the problem of literary canon formation,* University of Chicago Press, 1993.

Hage, G., *White Nation: Fantasies of White Supremacy in a Multicultural Society,* Pluto Press, 1998.（ガッサン・ハージ『ホワイト・ネイション――ネオ・ナショナリズム批判』保苅実／塩原良和訳、平凡社、二〇〇三年）

Halford, S., M. Savage and A. Witz, *Gender, Careers and Organisations: Current Developments in Banking, Nursing and Local Government,* MacMillan, 1997.

Hall, P., "Social Capital in Britain," *British Journal of Political Science,* 29(3), 1999, pp.417-461.

Hall, S., "Notes on Deconstructing 'the Popular,'" in R. Samuel ed., *People's History and Socialist Theory*, Routledge and Kegan Paul, 1981.

Hall, S., "On Postmodemism and Articulation" (An Interview with Stuart Hall Edited by Lawrence Grossberg) , *Journal of Communication Inquiry*, 10(2), 1986.

Hall, S., "Popular Culture and the State," in T. Bennett, C. Mercer and J. Woollacott eds., *Popular Culture and Social Relations*, Open University Press, 1986, pp.6-21.

Hall, S., "The Problem of Ideology: Marxism without Guarantees," *Journal of Communication Inquiry*, 10(2), 1986, pp.28-44.

Halle, D., *Inside Culture: Art and Class in the American Home*, University of Chicago Press, 1993.

Halsey, A., A. Heath and J. Ridge, *Origins and Destinations: Family, Class and Education in Modern Britain*, Clarendon Press, 1980.

Heath, A. F., *Class Identity in Britain*, Mimeo, paper presented at University of Manchester, 2007.

Hennion, A., "Music Lovers: Taste as Performance," *Theory, Culture and Society*, 18(5), 2001, pp.1-22.

Hermes, J., *Reading Women's Magazines: An Analysis of Everyday Media Use*, Polity Press, 1995.

Hirst, P. and G. Thompson, *Globalisation in Question: The International Economy and the Possibilities of Governance*, Polity Press, 2000.

Hoggart, R., *The Uses of Literacy*, Penguin, 1957.（リチャード・ホガート『読み書き能力の効用』香内三郎訳〔晶文全書〕、晶文社、一九七四年）

Holbrook, M., M. Weiss and J. Habich, "Disentangling Effacement, Omnivore and Distinction Effects on the Consumption of Cultural Activities: An Illustration," *Marketing Letters*, 13(4), 2002, pp.345-357.

Holt, D., "Does Cultural Capital Structure American Consumption?," *Journal of Consumer Research*, 25(1), 1998.

Jackson, P., N. Stevenson and K. Brooks, *Making Sense of Men's Magazines*, Polity Press, 2001.

Jacobs, J., "Issues of Judgement and Value in Television Studies," *International Journal of Cultural Studies*, 4(4), 2001,

pp.427-447.
Jancovich, M., "'A Real Shocker': Authenticity, Genre and the Struggle for Distinction," *Continuum: Journal of Media and Cultural Studies*, 14(1), 2000, pp.23-35.
Jay, M., *The Dialectical Imagination: A History of the Frankfurt School and the Institute of Social Research, 1923-1950*, Little Brown, 1973.（マーティン・ジェイ『弁証法的想像力――フランクフルト学派と社会研究所の歴史 1923-1950』荒川幾男訳、みすず書房、一九七五年）
Johnson, A., "'It's Good to Talk'; The Focus Group and the Sociological Imagination," *The Sociological Review*, 44(3), 1996, pp.517-538.
Kane, D., "A Network Approach to the Puzzle of Women's Cultural Participation," *Poetics*, 32(2), 2004, pp.105-127.
Kant, I., *Critique of Judgement*, Hackett Publishing Company, [1790] 1987.（イマヌエル・カント『判断力批判』熊野純彦訳、作品社、二〇一五年）
Kanter, R. M., *Men and Women of the Corporation*, Basic Books, 1977.（ロザベス・モス・カンター『企業のなかの男と女――女性が増えれば職場が変わる』高井葉子訳、生産性出版、一九九五年）
Krims, A., *Rap Music and the Poetics of Identity*, Cambridge University Press, 2000.
Laclau, E. and C. Mouffe, *Hegemony and Socialist Strategy*, Verso, 1985.（エルネスト・ラクラウ／シャンタル・ムフ『ポスト・マルクス主義と政治――根源的民主主義のために』復刻新版、山崎カヲル／石澤武訳、大村書店、二〇〇〇年）
Lahire, B., "De la théorie de l'habitus à une sociologie psychologique," in B. Lahire ed., *Le travail sociologique de Pierre Bourdieu: dettes et critiques*, Editions la Découverte, 2001, pp.121-152.
Lahire, B., "From the Habitus to an Individual Heritage of Dispositions: Towards a Sociology at the Level of the Individual," *Poetics*, 31(5-6), 2003, pp.329-355.
Lahire, B., *La culture des individus: dissonances culturelles et distinctions de soi*, Editions la Découverte, 2004.
Lamont, M., *Money, Morals and Manners: The Culture of the French and American Upper-Middle Class*, University of

Chicago Press, 1992.

Lamont, M., *The Dignity of Working Men: Morality and the Boundaries of Race, Class, and Immigration*, Russell Sage Foundation/ Harvard University Press, 2000.

Lash, S., *Critique of Information*, Sage, 2002.（スコット・ラッシュ『情報批判論――情報社会における批判理論は可能か』相田敏彦訳，NTT出版，二〇〇六年）

Lash, S. and J. Urry, *The End of Organised Capitalism*, Polity, 1987.

Latour, B., *Politics of Nature: How to Bring the Sciences into Democracy*, Harvard University Press, 2004.

Latour, B., "Why Has Critique Run out of Steam: from Matters of Fact to Matters of Concern," in B. Brown ed., *Things*, University of Chicago Press, 2004.

Latour, B., *Reassembling the Social: An Introduction to Actor-Network-Theory*, Oxford University Press, 2005.

Lawler, S., *Mothering the Self: Mothers, Daughters, Subjects*, Routledge, 2000.

Leach, R., "What Happened at Home with Art: Tracing the Experience of Consumers," in C. Painter ed., *Contemporary Art and the Home*, Berg, 2002.

Le Roux, B. and H. Rouanet, *Geometric Data Analysis: From Correspondence Analysis to Structured Data Analysis*, Kluwer, 2004.

Le Roux, B., H. Rouanet, M. Savage and A. Warde, *Class and Cultural Division in the UK*, CRESC Working Paper No.40, Centre for Research on Socio-Cultural Change (CRESC), University of Manchester and Open University, 2007.

Le Roux, B., H. Rouanet, M. Savage and A. Warde, "Class and cultural division in the UK," *Sociology*, 42(6), 2008, pp.1049-1071.

Lewis, J., "Thinking by Numbers: Cultural Analysis and the Use of Data," in T. Bennett and J. Frow eds., *The SAGE Handbook of Cultural Analysis*, Sage, 2008, pp.654-673.

Li, Y., M. Savage and A. Pickles, "Social Capital and Social Exclusion in England and Wales 1972-1999," *British Journal of Sociology*, 54(4), 2003, pp.497-526.

Lierberson, S., *Making It Count: The Improvement of Social Research and Theory*, University of California Press, 1985.

Longhurst, B., *Popular Music and Society*, Polity, 1995.

Longhurst, B. and M. Savage, “Social Class, Consumption and the Influence of Bourdieu: Some Critical Issues,” in S. Edgell, K. Hetherington and A. Warde eds., *Consumption Matters* (Sociological Review Monograph) , Blackwells, 1996, pp.274-301.

Lovell, T., “Thinking Feminism with and against Bourdieu,” *Feminist Theory*, 1(1), 2000, pp.11-32.

Maffesoli, M. and C. R. Foulkes, “Jeux de masques: postmodern tribalism,” *Design Issues*, 4(1-2), 1988, pp.141-151.

Majima, S. and A. Warde, “Elite Consumption in Britain, 1961-2001,” in M. Savage, and K. Williams eds., *Remembering Elites*, Wiley-Blackwell, 2008, pp.210-239.

Marshall, G., D. Rose, H. Newby and C. Vogler, *Social Class in Modern Britain*, Unwin Hyman, 1988.

Martin, J. L., “What is Field Theory?,” *American Journal of Sociology*, 109 (1) , 2003, pp.1-49.

Martin, P., *Sounds and Society: Themes in the sociology of music*, Manchester University Press, 1995.

Martin, R. and R. Fryer, *Redundancy and Paternalist Capitalism: A Study in the Sociology of Work*, Allen and Unwin, 1973.

McCall, L.,“Does Gender Fit? Bourdieu, Feminism, and Conceptions of Social Order,” *Theory and Society*, 21(6), 1992, pp.837-867.

McKibbin, R., *Class and Cultures: England 1918-1951*, Clarendon Press, 1998.

McNay, L., *Gender and Agency: Reconfiguring the Subject in Feminist and Social Theory*, Polity Press, 2000.

McRae, S., *Cross-Class Families*, Clarendon, 1986.

Merriman, N., “Museum Visiting as a Cultural Phenomenon,” in P. Vergo ed., *The New Museology*, Reacktion Books, 1989.

Michael, M., *Reconnecting Culture, Technology and Nature: From Society to Heterogeneity*, Routledge, 2000.

Modood, T., “Capitals, Ethnic Identity and Educational Qualifications,” *Cultural Trends*, 13(2), 2004, pp.87-105.

Moorhouse, H. F., “Attitudes to Class and Class Relationships in Britain,” *Sociology*, 10(3), 1976, pp.469-496.

Morley, D., *The‘Nationwide’ Audience: Structure and Decoding*, BFI Monograph 11, British Film Institute, 1980.

MTUS: Multinational Time Use Study. *User's Guide and Manual*, University of Essex. (http://www.iser.essex.ac.uk/mtus/)

National Endowment for the Arts, *Demographic Characteristics of Arts Attendance: 1997*, National Endowment for the Arts, Research Division, Report 71, 1999.

Netto, G., "Multiculturalism in the Devolved Context: Minority Ethnic Negotiation of Identity through Engagement in the Arts in Scotland," *Sociology*, 42(1), 2008, pp.47-64.

Neveu, E., "Bourdieu, the Frankfurt School and Cultural Studies: On Some Misunderstandings," in R. Benson and E. Neveu eds., *Bourdieu and the Journalistic Field*, Cambridge University Press, 2005.

Newby, H., *The Deferential Worker: A Study of Farm Workers in East Anglia*, Penguin, 1978.

Offe, C., "New Social Movements: Challenging the Boundaries of Institutional Politics," *Social Research*, 52(4), 1985, pp.817-868.

Ollivier, M., "Modes of Openness to Cultural Diversity: Humanist, Populist, Practical and Indifferent ," *Poetics*, 36(2), 2008.

Osborne, T. and N. Rose, "Do the Social Sciences Create Phenomena?: The Example of Public Opinion Research," *British Journal of Sociology*, 50(3), 1999, pp.367-396.

Pahl, R., "Does Class Analysis without Class Theory Have a Promising Future?," *Sociology*, 27(2), 1993, pp.253-258.

Painter, C. ed., *Contemporary Art and the Home*, Berg, 2002.

Pakulski, J. and M. Waters, *The Death of Class*, Sage, 1996.

Papastergiadis, N., *The Turbulence of Migration: Globalization, Deterritorialization and Hybridity*, Polity, 2000.

Parker, R., *The Subversive Stitch: Embroidery and the Making of the Feminine*, Women's Press, 1984.

Parker, R. and G. Pollock, *Old Mistresses: Women, Art and Ideology*, Pandora Press, 1981.（ロジカ・パーカー／グリゼルダ・ポロック『女・アート・イデオロギー——フェミニストが読みなおす芸術表現の歴史』萩原弘子訳〔ウイメンズブックス〕、新水社、一九九二年）

Pêcheux, M., *Language, Semantics and Ideology*, MacMillan, 1982.

Penley, C., E. Lyon, L. Spigel and J. Bergstrom eds., *Close Encounters: Film, Feminism, and Science Fiction*, University of

Minnesota Press, 1991.

Peterson, R., "Understanding Audience Segmentation: From Elite and Mass to Omnivore and Univore," *Poetics*, 21(4), 1992, pp.243-258.

Peterson, R., "Problems in Comparative Research: The Example of Omnivorousness," *Poetics*, 33(5-6), 2005, pp.257-282.

Peterson, R. A. and R. M. Kern, "Changing Highbrow Taste: From Snob to Omnivore," *American Sociological Review*, 61(5), 1996, pp.900-907.

Peterson, R. and A. Simkus, "How Musical Tastes Mark Occupational Status Groups," in M. Lamont and M. Fournier eds., *Cultivating Differences: Symbolic Boundaries and the Making of Inequality*, University of Chicago Press, 1992.

Philips, D., "Transformation Scenes: The Television Interior Makeover," *International Journal of Cultural Studies*, 8(2), 2005, pp.213-229.

Poster, M., *The Second Media Age*, Polity Press, 1995.

Postone, M., E. LiPuma and C. Calhoun, "Introduction: Bourdieu and Social Theory," in C. J. Calhoun, E. LiPuma and M. Postone eds., *Bourdieu: Critical Perspectives*, University of Chicago Press, 1993.

Poulantzas, N., *Classes in Contemporary Capitalism*, Verso, 1974.

Putnam, R. D., *Bowling Alone: The Collapse and Revival of American Community*, Simon and Schuster, 2000.（ロバート・D・パットナム『孤独なボウリング――米国コミュニティの崩壊と再生』柴内康文訳、柏書房、二〇〇六年）

Radway, J., *Reading the Romance: Women, Patriarchy, and Popular Literature*, University of North Carolina Press, 1984.

Radway, J., "Reception Study: Ethnography and the Problems of Dispersed Audiences and Nomadic Subjects," *Cultural Studies*, 2(3), 1988.

Ragin, C. and H. Becker eds., *What is a Case?: Exploring the Foundations of Social Inquiry*, Cambridge University Press, 1992.

Rancière, J., *The Philosopher and His Poor*, Duke University Press, 2004.

Reay, D., *Class Work: Mothers' Involvement in Children's Schooling: Mothers' Involvement in their Children's Primary*

Schooling, University College London Press, 1998.

Reay, D., "A Useful Extension of Bourdieu's Conceptual Framework?: Emotional Capital as a Way of Understanding Mothers' Involvement in Their Children's Education?," *Sociological Review*, 48(4), 2000, pp.568-585.

Reay, D., "Gendering Bourdieu's Concepts of Capitals? Emotional Capital, Women and Social Class," in L. Adkins, L. and B. Skeggs eds., *Feminism After Bourdieu*, Blackwell/The Sociological Review, 2004.

Robbins, D., "The Origins, Early Development and Status of Bourdieu's Concept of 'Cultural Capital,'" *British Journal of Sociology*, 56(1), 2005, pp.13-30.

Roberts, K., *Leisure in Contemporary Society*, CABI Publishing, 1999.

Roberts, K., F. Cook, S. Clark and E. Semeonoff, *The Fragmentary Class Structure*, Heinemann, 1977.

Roberts, N., "Character in the Mind: Citizenship, Education and Psychology in Britain, 1880-1914," *History of Education*, 33 (2), 2004, pp.177-197.

Robertson, R., "Glocalisation: Time-Space and Homogeneity-Heterogeneity," in M. Featherstone, S. Lash and R. Robertson eds., *Global Modernities*, Sage, 1995.

Rose, D. and D. Pevalin eds., *A Researcher's Guide to the National Statistics Socio-Economic Classification*, Sage, 2003.

Rose, J., *The Intellectual Life of the British Working Classes*, Yale University Press, 2001.

Rouanet, H., W. Ackermann and B. Le Roux, "The Geometric Analysis of Questionnaires: The Lessons of Bourdieu's La Distinction," *Bulletin de Méthodologie Sociologique*, 65(1), 2005, pp.5-18.

Runciman, W. G., *Relative Deprivation and Social Justice: A Study of Attitudes to Social Inequality in Twentieth-Century England*, Routledge, 1966.

Saunders, P., *Social Class and Stratification*, Longman, 1989.

Savage, M., *Class Analysis and Social Transformation*, Open University Press, 2000.

Savage, M., "Working Class Identities in the 1960s: Revisiting the Affluent Worker Study," *Sociology*, 39(5), 2005, pp.929-946.

Savage, M., “The Musical Field,” *Cultural Trends*, 15(2-3), 2006, pp.159-174.

Savage, M., “Changing Social Class Identities in Post-War Britain: Perspectives from Mass-Observation,” *Sociological Research Online*, 12(3), May 29, 2007.

Savage, M., G. Bagnall and B. Longhurst, “Ordinary, Ambivalent and Defensive: Class Identities in the Northwest of England,” *Sociology*, 35(4), 2001, pp.875-892.

Savage, M., G. Bagnall and B. Longhurst, *Globalisation and Belonging*, Sage, 2005.

Savage, M., J. Barlow, P. Dickens and T. Fielding, *Property, Bureaucracy and Culture: Middle-Class Formation in Contemporary Britain*, Routledge, 1992.

Savage, M. and R. Burrows, “The Coming Crisis of Empirical Sociology,” *Sociology*. 41(5), 2007, pp.885-899.

Savage, M. and M. Egerton, “Social Mobility, Individual Ability and the Inheritance of Class in Inequality,” *Sociology*, 31(4), 1997, pp.645-672.

Savage, M., M. Gayo-Cal, A. Warde and G. Tampubolon, “Cultural Capital in the UK: a Preliminary Report Using Correspondence Analysis,” *CRESC Working Paper*, No.4, University of Manchester and the Open University, 2005.

Savage, M. and A. Miles, *The Remaking of the English Working Class, 1880-1940*, Routledge, 1994.

Savage, M., A. Warde and F. Devine, “Capitals, Assets and Resources: Some Critical Issues,” *British Journal of Sociology*, 56(1), 2005, pp.31-47.

Sconce, J., “‘Trashing’the Academy: Taste, Excess, and an Emerging Politics of Cinematic Style,” *Screen*, 36(4), 1995, pp.371-393.

Selwood, S., “Audiences for Contemporary Art: Assertion vs Evidence,” in C. Painter ed., *Contemporary Art and the Home*, Berg, 2002.

Silva, E. B., “The Politics of Consumption @ Home: Practices and Dispositions in the Uses of Technologies,” *Pavis Papers*, 1, The Open University, 2000.

Silva, E. B., “Gender, Home and Family in Cultural Capital Theory,” *British Journal of Sociology*, 56(1), 2005, pp.83-103.

Silva, E. B., *Household Study: Technical Report.* CCSE document, 2005. (http://www.open.ac.uk/socialsciences/cultural-capital-and-social-exclusion/project-publications.php)

Silva, E. B., "Distinction through Visual Art," *Cultural Trends,* 15(2-3), 2006, pp.141-158.

Silva, E. B., "Homologies of Social Space and Elective Affinities: Researching Cultural Capital," *Sociology,* 40(6), 2006, pp.1171-1189.

Silva, E. B. and C. Smart eds., *The New Family?,* Sage, 1999.

Silva, E. B. and D. Wright, "The Judgment of Taste and Social Position in Focus Group Research," Special issue on "Focus Group Methodology," *Sociologia e Ricerca Sociale,* 76-77, 2005, pp.241-253.

Silva, E. B. and D. Wright, "Researching Cultural Capital: Complexities in Mixing Methods," *Methodological Innovations,* 2 (3), 2008, published 13/12.2007. (http://erdt.plymouth.ac.uk/mionline/public_html/lviewarticle.php?id=65&layout=html)

Silva, E. B. and D. Wright, "Displaying, Desire and Distinction in Housing," *Cultural Sociology,* 3(1), 2009, forthcoming.

Sintas, J. L. and E. G. Álvarez, "Omnivores Show up Again: The Segmentation of Cultural Consumers in Spanish Social Space," *European Sociological Review,* 18(3), 2002, pp.353-368.

Skeggs, B., *Formations of Class and Gender: Becoming Respectable,* Sage, 1997.

Skeggs, B., "Context and Background: Pierre Bourdieu's Analysis of Class, Gender and Sexuality," in L. Adkins and B. Skeggs eds., *Feminism After Bourdieu,* Blackwell/The Sociological Review, 2004.

Skeggs, B., *Class, Self, Culture,* Routledge, 2004.

Smith, G. M. and P. Wilson, "Country Cookin' and Cross-Dressin': Television, Southern White Masculinities and Hierarchies of Cultural Ttaste," *Television and New Media,* 5(3), 2004, pp.175-195.

Stebbins, R., *Amateurs, Professionals, and Serious Leisure,* McGill-Queen's University Press, 1992.

Steinberg, L. and R. Johnson eds., *Blairism and the War of Persuasion: Labour's Passive Revolution,* Lawrence and Wishart, 2004.

Street, J., "'Showbusiness of a Serious Kind': A Cultural Politics of the Arts Prize," *Media, Culture and Society*, 27(6), 2005, pp.819-840.

Szerszynski, B. and J. Urry, "Cultures of Cosmopolitanism," *The Sociological Review*, 50(4), 2002, pp.461-481.

Taylor, B., *Art for the Nation: Exhibitions and the London Public, 1747-2001*, Manchester University Press, 1999.

Thebaud, F., "La loi du genre," *Mouvements*, 2, 1999, pp.127-128.

Thornton, S., *Club Cultures: Music, Media and Subcultural Capital*, Polity Press, 1995.

Trat, J., "Bourdieu et la domination masculine," "En débat," *Les Cahiers du Féminisme*, 81, 1998.

Trienekens, S., "'Colourful'Distinction: The Role of Ethnicity and Ethnic Orientation in Cultural Consumption," *Poetics*, 30(4), 2002, pp.281-298.

Tulloch, J. and H. Jenkins, *Science Fiction Audiences: Watching Doctor Who and Star Trek*, Routledge, 1995.

Turner, B., *Status*, Open University Press, 1988.

Upright, C. B., "Social Capital and Cultural Participation: Spousal Influences on Attendance at Arts Events," *Poetics*, 32(2), 2004, pp.129-143.

Uzel, J.-P., "Kant et la socialité du goût," *Sociologie et Société*, 36(1), 2004, pp.13-25.

Van Eijck, K. and B. Bargeman, "The Changing Impact of Social Background on Lifestyle: 'Culturalization'instead of Individualization?," *Poetics*, 32(6), 2004, pp.439-461.

Van Rees, K., J. Vermunt and M. Verboord, "Cultural Classifications under Discussion: Latent Class Analysis of Highbrow and Lowbrow Reading," *Poetics*, 26(5-6), 1999, pp.349-365.

Van Wel, F., N. Couwenbergh-Soeterboek, C. Couwenbergh, T. ter Bogt and Q. Raaijmakers, "Ethnicity, Youth Cultural Participation, and Cultural Reproduction in the Netherlands," *Poetics*, 34(1), 2006, pp.65-82.

Vester, M., "Class and Culture in Germany," in F. Devine, M. Savage, R. Crompton, and J. Scott eds., *Rethinking Class: Cultures, Identities and Lifestyles*, Palgrave, 2004.

Vincent, D., *Bread, Knowledge and Freedom: A Study of Nineteenth-Century Working-Class Autobiography*, Methuen, 1981.

（デイヴィド・ヴィンセント『パンと知識と解放と――19世紀イギリス労働者階級の自叙伝を読む』川北稔／松浦京子訳、岩波書店、一九九九年）

Wajcman, J., *Managing Like a Man: Women and Men in Corporate Management*, Pennsylvania State University Press, 1998.

Walden, G., *New Elites: A Career in the Masses*, Gibson Square, 2006.

Walkerdine, V. and H. Lucey, *Democracy in the Kitchen: Regulating Mothers and Socialising Daughters*, Virago, 1989.

Warde, A., “Cultural Capital and the Place of Sport,” *Cultural Trends*, 15(2-3), 2006, pp.107-122.

Warde, A. and T. Bennett, “A Culture in Common: The Cultural Consumption of the UK Managerial Elite,” in M. Savage and K. Williams eds., *Remembering Elites*, 2008, pp.240-259.

Warde, A., L. Martens and W. Olsen, “Consumption and the Problem of Variety: Cultural Omnivorousness, Social Distinction, and Dining Out,” *Sociology*, 33(1), 1999, pp.105-127.

Warde, A., G. Tampubolon, B. Longhurst, K. Ray, M. Savage and M. Tomlinson, “Notes and Comments: Trends in Social Capital: Membership of Associations in Great Britain, 1991-98,” *British Journal of Political Sciences*, 33(3), 2003, pp.515-525.

Warde, A., D. Wright and M. Gayo-Cal, “Understanding Cultural Omnivorousness: Or, the Myth of the Cultural Omnivore,” *Cultural Sociology*, 1(2), 2007, pp.143-164.

Washington, R. and D. Karen, “Sport and Society,” *Annual Review of Sociology*, 27, 2001, pp.187-212.

Weininger, E., “Foundations of Pierre Bourdieu’s Class Analysis,” in E. O. Wright ed., *Approaches to Class Analysis*, Cambridge University Press, 2005.

Werbner, P., *Imagined Diasporas among Manchester Muslims*, James Currey, 2002.

Wilkinson, R., *Unhealthy Societies: The Afflictions of Inequality*, Routledge, 1996.

Wilkinson, S., “Focus Groups: A Feminist Method,” in S. N. Hesse-Biber and M. L. Yaiser eds., *Feminist Perspectives on Social Research*, Oxford University Press, 2004.

Wood, H. and B. Skeggs, "Spectacular Morality: 'Reality' Television, Individualisation and the Re-making of the Working Class," in D. Hesmondhalgh and J. Toynbee eds., *The Media and Social Theory*, Routledge, 2008.

Woodward, I. and M. Emmison, "From Aesthetic Principles to Collective Sentiments: The Logics of Everyday Judgements of Taste," *Poetics*, 29(6), 2001, pp.295-316.

Wouters, C., "Formalization and Informalization: Changing Tension Balances in Civilizing Processes," *Theory, Culture and Society*, 3(2), 1986, pp.1-18.

Wright, E. O., *Class Counts: Comparative Studies in Class Analysis*, Cambridge University Press/Maison des Sciences de l'Homme, 1997.

Wu, C., *Privatising Culture: Corporate Art Intervention Since the 1980s*, Verso, 2002.

Young, M. and P. Willmott, *Family and Kinship in East London*, Routledge and Kegan Paul, 1957.

Zavisca, J., "The Status of Cultural Omnivorism: A Case Study of Reading in Russia," *Social Forces*, 84(2), 2005, pp.1233-1255.

Zolberg, V., "Barrier or Leveler? The Case of the Art Museum," in M. Lamont and M. Fournier eds., *Cultivating Differences: Symbolic Boundaries and the Making of Inequality*, University of Chicago Press, 1992.

訳者解説

磯 直樹／相澤真一

本書は、ラウトレッジ社から二〇〇九年に出版された *Culture, Class, Distinction* の翻訳である。これはイギリスのマンチェスター大学とオープン・ユニバーシティのスタッフで構成していたCRESCという研究グループのなかの共同研究の成果であり、六人の著者による共著である。なかでも中心的な役割を担っていたと思われるのが、トニー・ベネットとマイク・サヴィジの二人である。

ベネットは現在、ウェスタン・シドニー大学の教授だが、二〇〇九年まではイギリスのオープン・ユニバーシティの教授を務めていた。文化研究と文化社会学が専門であり、ミュージアム研究の著作がある。

マイク・サヴィジは十九世紀から二十世紀にかけての階級・政治・都市に関する研究を重ねてきた。近年の関心は社会学的な階級分析にあり、本書のほか、知識社会学的なイギリス階級論も著している。彼の名をイギリスのアカデミアの外で有名にしたのは、二〇一一年以降にBBCと共同でおこなっているイギリス階級調査（GBCS）である。これは、十六万人から得た調査の回答と別途おこなった無作為抽出の質問紙調査をもとに、現代イギリスの階級の実態を解明しようとする試みである。この調査に関する体系的な議論は、*Social Class in the 21st Century*[1]で展開されている。サヴィジは、現在、ロンドン・スクール・オブ・エコノミクスの教授である。

本書の特徴（磯）

本書の特徴はまず、ピエール・ブルデューの『ディスタンクシオン』[2]の問題設定・理論・方法を批判的に継承し、現代イギリス社会の分析に応用していることである。後述するように、「関係論的思考」に依拠し、計量分析では多重対応分析を用いているのはブルデューと同様である。ただし、『ディスタンクシオン』とは質問紙の設計も調査法も大きく異なっている。

もう一つ『ディスタンクシオン』と異なるのは、イギリスの新自由主義と移民人口の増加という社会的背景を前提にしていることである。また、ジェンダーやエスニシティといった、『ディスタンクシオン』ではほとんど扱われていない枠組みを前面に出している。嗜好（趣味）と文化資本に関しても、文化的オムニボアをめぐる議論をふまえ、再定義を試みている。

本書は、ブルデュー社会学の受容という点では一面的である。例えば、ブルデューのアルジェリア研究の多くは英訳されておらず、第1章の一ページ目で参照されているのはさらにその一部にすぎない。また、『国家貴族[3]』などで展開されているメタ界としての権力界という理論的概念が、本書では等閑視されている。

訳語について（磯）

本書ではイギリス政府による階級分類が部分的に用いられているが、その分類自体にも独自性がある。階級に関する訳語は、日本語では冗長で不自然に感じられるかもしれないが、英語の原文での使い分けを意識して表1のように訳語を作成した。

階級に関する訳語以外では、主にブルデューの諸概念の訳語が問題になる。邦訳では「界」とも「場」とも訳されるフランス語の champ は英語では field と訳されているが、本訳書では「界」という訳語を当てた。

原書で用いられている taste という語は、美学研究の「趣味」概念を意識して用いられている。フランス語では、goût に対応する。『ディスタンクシオン』の邦訳でも、これは「趣味」と訳されてきた。しかし、本訳書ではほとんどの個所で taste を「嗜好」と訳し、文脈と語呂の関係によって一部で「趣味」という訳語を当てた。

これはなぜかというと、美学研究を離れたところでは、「趣味」が taste ではなく hobby の意味に、つまり余暇の娯楽のような意味にとられてしまうことが多いと思われるからである。本訳書では、このような意味にとられることを避けるために、あえて「嗜好」という訳語を当てている。

このような嗜好によって階級が条件づけられる（決定されるわけではない）ことは本書の要点の一つだが、嗜好の優越性や趣味のよさを表す形容詞が複数あり、本訳書では以下のように訳し分けた。

educated 教育を受けた、学歴がある
cultivated 洗練された
cultured 文化的な

三つ目の「文化的な」は、基本的に moneyed（財力がある）と対比されている。これはブルデューにおいてマクロな階級構造を含意する「社会空間」の議論での図式化に対応しているが、文化資本が相対的に豊富な人々が前者に、経済資本が相対的に豊富な人々は後者に相当する。

表１　階級と職業の訳語対照表

intermediate class	中間階級
middle class	中産階級
upper-middle class	上位中産階級
lower-middle class	下位中産階級
business-administrative class	企業行政管理階級
manual working class	手工業労働者階級
service-class	サービス階級
intellectuals	知識人
higher professionals	上級専門職
lower professionals	下級専門職
senior managers	上級管理職
lower managers	下級管理職
professional-executive class	専門職＝幹部階級
senior executive	上級幹部職
junior executive	下級幹部職
professional	専門職
industrialist	工業実業家
lower supervisory	下級現場監督
routine worker	定型業務従事職

ブルデュー受容という観点（磯）

本書はブルデュー研究ではなく、『ディスタンクシオン』の理論と方法を現代イギリス社会に応用する試みである。それでは、ブルデュー社会学の何がどのように受容されているのだろうか。概念という観点からは、ハビトゥス、資本、界の諸概念が特に重視されている。ハビト

ゥスに関しては、ベルナール・ライールのブルデュー批判をふまえ、複数性という点が強調されている。資本と界に関してはセットで考えられている。本書では「文化資本」概念の表層的な応用はおこなわず、文化の諸界を調べたうえで文化資本概念を含む資本概念を再定義している。

本書の方法に関する特徴は、関係論的思考が基礎におかれていることにある。すなわち、認識する主体と認識される対象（客体）との関係を方法に取り込むとともに、対象（客体）間の関係を捉えることを調査の目的としている。このような関係論的思考を反映し、計量分析では多重対応分析が用いられている。本書では量的方法と質的方法が深く結び付けられているのも特徴的で、インタビュー調査と質問紙調査が共通の理論的・方法論的着想に支えられている。

本書のこのような特徴は、つい読み飛ばしてしまいそうな「変換」という概念にもみることができる。原文では、これは conversion であり、フランス語でも同じつづりである。本書での「変換」の用法は、ブルデューと同様である。その用法をみるために、少し長くなるが、第5章の一節を引用しよう。

> 文化資本の作用に対する、音楽界の変容の意味合いは深いものかもしれない。エリート層のインタビューでみてきたように、クラシック音楽に親しんでいることはいまだに、制度的な文化資本の形態として作動しているし、クラシック音楽のイベントに足を運ぶことは、客観的な文化資本の形態として作動している。そして、両者ともに、社会関係資本に変換しうるものである。（本書一七六ページ）

ここでは、クラシック音楽との関わりが複数の資本になりうるという議論がなされている。ある行為や資源が自動的に特定の種類の資本に類型化されるのではなく、個別の状況と界の特性によって、文化資本にも社会関係資本にもなりうるということがここでは示されている。理論上は、どのような資本にもならない可能性もある。このように、社会的・文化的資源は界の特性に応じて様々な資本になりうるものの、資本としての価値は界によって異なる。ブルデューはこのことを「為替レート」と表現するため、この「変換」という概念は「兌換」と訳すことも可能である。この概念は、ブルデューの関係論的思考の特徴をよく表している。

ところで、本書は基本的には『ディスタンクシオン』の応用という性格を帯びていることから、ブルデューが他の著作で論じたことは重視されていないか、等閑視されている。例えば、ブルデューの「支配」や「国家」といった問題は、本書では省かれている。ブルデュー社会学に関する基本的な予備知識を得たいという読者には、藤原書店から邦訳が出ている『リフレクシヴ・ソシオロジーへの招待』(4)と『実践理性』(5)を推薦する。両者ともブルデュー自身によるブルデュー入門として優れているからである。

ブルデューは様々な主題について研究してきたこともあり、彼の業績の受容のされ方も様々である。イギリスのブルデュー受容では、ブルデューは還元論者であり、行為や知覚を何でも社会構造に還元してしまうとして、批判されてきた。(6)また、ゴールドソープらによって、ブルデューのハビトゥス概念はブラックボックスであって論を成さないといった批判も投げかけられてきた。本書ではそうした批判に対する反批判が前提となっているが、イギリスでブルデュー受容の質を高めたのはデレク・ロビンズとマイケル・グレンフェルらである。彼らは一九八〇年代から一貫して、ブルデューが何を言わんとしたか、ブルデューをイギリスでどのように受容すべきかを議論してきた。彼らの努力があってこそ、本書のような応用研究も可能になったと考えられる。

イギリスと日本では、一九九〇年代までは「再生産」の理論家としてブルデューを受容する傾向が強かったように思われる。しかし、本書ではそのような理論家としてブルデューを見なしていない。著者たちはその理由を明示していないが、『再生産』の英訳一九九〇年版(7)をよく読めばそれは必然だと考えられる。『再生産』一九九〇年英語版序文のブルデューの言によれば、彼は再生産の理論を提示することを目的とはしていなかった。にもかかわらず、彼が一九八〇年代のイギリスでそのような理論家として受容されてしまったのは、当時流行していたアルチュセール主義の影響ではないかとブルデューは述べている。実際、タイトルとの関連からは混乱を招くことではあるが、『再生産』では再生産があまり論じられていない。ブルデューの著作のなかで最も再生産論として読めるのはパスロンとの共著『遺産相続者たち』[8]だが、ここでもやはり再生産の理論モデルは何も提示されていない。「再生産の理論家」というくくりをブルデューに対して当てはめるのは、かなり無理がある。

イギリスの階級論として（磯）

本書の議論の理論的な部分は、主にトニー・ベネットとマイク・サヴィジによって展開されたと考えることができる。本書の第2章は、ベネットの二〇〇七年の論文 "Habitus clivé"[9] と内容の大半が重なっている。また、サヴィジは〇〇年に刊行された階級論 *Class Analysis and Social Transformation*[10] で本書の着想の萌芽を示していて、そこではブルデューに重要な位置を与えている。本書はまた、イギリスの階級論として位置づけることが可能だが、その詳細な議論はサヴィジ自身によるこの著作を参照していただきたい。

サヴィジは、ブルデューらの議論に依拠した「カルチュラル・ターン」という広い理論的潮流に自身の議論を位置づけることに自覚的だが、国際比較も想定している。実際、彼が編者の一人である論文集『階級を再考する』[11]は一九九九年にマンチェスター大学で催されたセミナーがもとになっているが、ここではドイツ、アメリカ、オーストラリアに関する論考も所収されている。

しかしながら、サヴィジの名を研究者以外にも広く知らしめたのは、BBCの全面的な協力によって実施された Great British Class Survey だろう。これは、本書で用いた理論と方法をより大規模に展開し、現代イギリスの階級の見取り図を提示する野心的なプロジェクトである。その成果の主要な部分は、二〇一五年に刊行されたサヴィジの *Social Class in the 21st Century* にまとめられている。

社会学的な階級論一般での本書の位置づけについては、ウィル・アトキンソンによる階級論の概説書 *Class*[12] を参照するといい。この概説書では、マルクスやヴェーバーなどの古典的な議論から近年の階級をめぐる理論的論争まで手際よくまとめられている。

日本の社会階層研究との比較（相澤）

日本では、一九五五年から十年に一回、「社会階層と社会移動」調査（ＳＳＭ調査）がおこなわれてきていて、現在、五五年から二〇〇五年までのすべての調査データが東京大学社会科学研究所のＳＳＪデータアーカイブで、学術研究目的の公開がおこなわれている。

この調査は、日本国内の「文化・階級・卓越化」を明らかにする重要なデータ資源となってきたものの、もちろん、ＳＳＭ調査は『ディスタンクシオン』とは異なる学問的背景からおこなわれている。ＳＳＭ調査は、第一回調査から「ＳＳＭ」（Social Stratification and Social Mobility、第一回時点では Social Stratification and Mobility）と名乗っているように、英語圏、とりわけアメリカの計量社会学と社会移動研究の流れに強く影響されてきた調査だった。特に、富永健一を代表としておこなわれた一九七五年調査の報告書『社会階層と社会移動』ならびにそれを書籍とした『日本の階層構造』[13]では、六〇年代、七〇年代のアメリカ計量社会学の成果が強くみられる。例えば、階級の地位達成については、複数の回帰分析を組み合わせたパス解析モデルに基づくブラウやダンカンの『アメリカの職業構造』[14]の地位達成モデルやシーウェルらの「ウィスコンシン・モデル」[15]が日本の調査データに応用された。

このＳＳＭ調査は様々なことを明らかにしてきたが、社会現象として耳目を集めたことの一つに「中」意識がある。一九五五年の調査では、全体の五五％以上の人々が「下の上」か「下の下」と答えていた階層帰属意識で、七五年調査では、七五％以上の人々が「中の上」か「中の下」と答えるようになった。これが「一億総中流」と呼ばれた高度経済成長期後の日本社会の姿を表す数字としての根拠の一つとなってきた。その一方で、ＳＳＭ調査を用いて国際的な比較研究をおこなってきた石田浩は、日本・アメリカ・イギリスの階層構造には、日本の戦後の高度経済成長などによる絶対的な移動量の点での違いの差異は認められるものの、社会階層研究が注目する相対的な移動量（＝親の出身階層による子どもの到達階層へのなりやすさ）については、大きな違いがみられないことを明らかにしてきた。[16]

このように、みなが「中くらい」にいると思っているにもかかわらず、階層間格差がある社会だった日本社会に、実はどのような格差があるのか、という問題意識に多大なる示唆を与えた一人がピエール・ブルデューだった。特に、一九九〇年の『ディスタンクシオン』の邦訳[17]出版のあとにおこなわれた九五年のSSM調査では、調査票をA票とB票の二種類用意し、サンプル全体をA票に答えてもらうサンプルとB票に答えてもらうサンプルに分けた調査がおこなわれた。SSMの従来の関心だった職業経歴についてはA票だけで尋ねられ、もう一方のB票では、職業に関する項目は現時点のものにとどめ、文化活動や社会意識の項目を充実させて、「新しい不平等」を測定する試みがおこなわれた。この成果は、九五年の調査の書籍化のなかでも、とりわけ第二巻『公平感と政治意識』ならびに第五巻『社会階層のポストモダン』[18]に反映されている。

SSM調査を代表例として考えた場合、社会階層の研究者がしばしば重視してきたのは、地位達成モデルやウィスコンシン・モデルでも使用されてきた回帰分析だった。一方で、ブルデューや本書が重視してきた関係論的思考に基づく計量分析を試みた例はきわめて少なかった。これにはフランス語という言語の壁が存在していることは否めない。本書でも対応分析については、著者に入っていないフランスのブリジット・ルルーが分析をおこなっているように、イギリス・アメリカ圏では、対応分析をおこなった分析は非常に少ない。その結果、英語圏の文献から示唆を得た研究が多い日本の計量社会学の分野では、本書第3章のように、全体の「文化マップ」を示す試みが少ない一方、アメリカでおこなわれてきたオムニボア（文化的雑食性）に関する分析は、原著論文の発表のすぐ後から片岡栄美らによって日本でも応用[19]されてきた。

その後、二〇〇五年のSSM調査では、近藤博之がブルデューを援用して社会空間の分析をおこなっている。[20]その結果、日本社会では、経済資本による説明力の高さが際立っていることが明らかにされている。コンピューターそのものやソフトウェアの進化とともに、対応分析だけでなく潜在クラス分析、系列分析などを用いて、回帰分析のような単一の線形関係を想定せずに、空間やパターンを捉えようという動きが盛んになりつつある。

ＳＳＭを代表例とする日本の社会階層研究と比較して、社会調査と計量分析の面から本書をみた場合、すべての計量分析や統計的検定の結果が常に表示されているわけではない点を差し引いたとしても、サンプルサイズと計量分析の深め方については、量的調査に携わる人々にとってはいささか不十分なものに映るかもしれない。その一方で、いくつかの重要な示唆も与えてくれる。ここでは、三点に絞って、その意義を掲げたい。第一に、きわめて多様な文化活動を取り上げることによって、アプリオリに「文化資本」として想定してきたもの以上に多様な関係を取り上げることを可能にした点だろう。第二に、グローバル化に対して、どのような社会調査ができるかを明らかにした点だろう。二〇一五年のＳＳＭ調査でも、調査サンプルの抽出は、住民基本台帳をもとに日本国籍者だけを対象としている。しかしながら、特別永住者を含む外国人を含まないことについては、研究者の間で議論が続けられている。そして、第三は、質的調査との組み合わせである。本書の内容が大変興味深いものとなっている最大の理由の一つは、量的調査と質的調査とを組み合わせることによって、人々の社会での位置を、経済・文化・社会などの多様な観点から、複眼的な方法によって検討していることである。近年、混合研究法を早くから取り組んできた保健社会学、医療社会学の分野だけでなく、中村高康らがおこなった教育社会学の調査などでも質的調査と量的調査を組み合わせた研究[21]がおこなわれてきている。本書はこのような混合研究法の可能性を階層・階級研究で示した書物である。

このように多様になっていく社会を多様に捉える調査法を提示した書籍として、本書は、社会のマクロ像を提示してきた階層研究に多大な示唆を与えるものと考える。もちろん、このような示唆をＳＳＭ調査に反映させていくべきだと考える必要はないだろう。二〇〇五年、一五年の調査では、再びサンプル全体に対して職業経歴を尋ねる方式に戻ったＳＳＭ調査は、社会階層研究として確固たる地位を築いたデータであり、本書が与える提案は、職業経歴を重視しているＳＳＭ調査とは明らかに目的を異にしていくものとなっていくだろう。だが、ＳＳＭ調査が明らかにしてきたこととは異なる形で、「文化・階級・卓越化」を社会のなかで発見する調査法を、イギリス社会を事例として提示している点で、本書は重要な位置にある研究と言える。

翻訳分担（磯）

本書の訳文の作成にあたっては、まず各分担者が下訳を作成し、ついでその訳文を他の訳者が読み直し、修正した。図表は香川めいが担当し、訳文全体の最終的な校閲と調整は磯直樹がおこなった。本訳書の分担と翻訳担当者は以下のとおりである。

謝辞　知念 渉
序論　磯 直樹
第1章　磯／森田次朗
第2章　香川めい／磯
第3章　香川／相澤真一
第4章　森田
第5章　相澤
第6章　香川
第7章　相澤
第8章　香川
第9章　森田
第10章　香川／磯
第11章　知念
第12章　知念
第13章　磯／森田

結論　香川
方法論補遺　香川
訳者解説　磯／相澤

翻訳する過程で、多くの方のご協力を得た。北村紗衣さん（武蔵大学）には文学とメディアについて、金子史弥さん（筑波大学）にはスポーツについて、西嶋亜美さん（尾道市立大学）にはアートについて、それぞれ専門的な見地からご教示をいただいた。図表の単語の翻訳や数字入力では、竹内麻貴さん（山形大学）と堀兼大朗さん（中京大学）のお世話になった。参考文献作成と邦訳チェックでは、芝野淳一さん（大阪成蹊大学）のご協力を得た。堀さんと芝野さんには、一部の個所の下訳作成もおこなっていただいた。また、高橋章子さんと工藤啓彦さんにも訳文についてご助言をいただいた。中京大学の相澤ゼミのみなさまにも一部の訳文にコメントをいただき、改訳作業の際に参考にすることができた。本書の翻訳作業ならびに出版にあたり、中京大学特定研究助成による資金援助をいただいた。

本訳書の作業は、企画の段階から編集作業にいたるまで、青弓社の矢野未知生さんが支えてくれた。予定より出版が遅れてしまったが、われわれの作業の遅滞を辛抱強く待ってくれ、ラウトレッジ社との翻訳権の調整にもご尽力をいただいた。本訳書は、矢野さんの力なくして出版することができなかった。訳者一同、心からお礼を申し上げたい。

注

（1）Mike Savage, *Social Class in the 21st Century*, Pelican, 2015.

（2）Bourdieu, P., *Distinction: A Social Critique of the Judgement of Taste*, Routledge, 1984.（ピエール・ブルデュー『ディスタンクシオンⅠ――社会的判断力批判』石井洋二郎訳、藤原書店、一九九〇年、同『ディスタンクシオンⅡ――

社会的判断力批判』石井洋二郎訳、藤原書店、一九九〇年）

（3）ピエール・ブルデュー『国家貴族――エリート教育と支配階級の再生産Ⅰ』立花英裕訳（Bourdieu library）、藤原書店、二〇一二年、ピエール・ブルデュー『国家貴族――エリート教育と支配階級の再生産Ⅱ』立花英裕訳（Bourdieu library）、藤原書店、二〇一二年

（4）ピエール・ブルデュー／ロイック・J・D・ヴァカン『リフレクシヴ・ソシオロジーへの招待――ブルデュー、社会学を語る』水島和則訳（Bourdieu library）、藤原書店、二〇〇七年

（5）ピエール・ブルデュー『実践理性――行動の理論について』加藤晴久／石井洋二郎／三浦信孝／安田尚訳（Bourdieu library）、藤原書店、二〇〇七年

（6）Jenkins, Richard, *Pierre Bourdieu, rev. ed.*, Routledge , 2002.

（7）Bourdieu, Pierre, "Preface to the 1990 edition," in *Reproduction in education, society and culture*, translated by Richard Nice, 2nd ed.,Sage, 1990.

（8）ピエール・ブルデュー／ジャン＝クロード・パスロン『再生産――教育・社会・文化』宮島喬訳（Bourdieu library）、藤原書店、一九九一年

（9）Bennett, T., "Habitus clivé: Aesthetics and Politics in the work of Pierre Bourdieu," *New Literary History*, 38(1), 2007, pp.201-228.

（10）Savage, M., *Class Analysis and Social Transformantion*, Open University Press, 2000.

（11）Devine, F., M. Savage, J. Scott and R. Crompton eds., *Rethinking Class : culture, identities and lifestyles*, Palgrave Macmillan, 2004.

（12）Atkinson, W., *Class*, Polity, 2015.

（13）富永健一編『日本の階層構造』東京大学出版会、一九七九年

（14）Blau, Peter M. and Otis Dudley Duncan, *The American Occupational Structure*, Wiley, 1967.

（15）Sewell, W., & Haller, A., & Portes, A., "The educational and early occupational attainment process," *American Sociological Review* , (34)1, 1969, pp. 82-92.

(16) 石田浩「産業社会の中の日本」、原純輔編『近代化と階層』(「日本の階層システム」第一巻)所収、東京大学出版会、二〇〇〇年

(17) 前掲『ディスタンクシオンⅠ』

(18) 海野道郎編『公平感と政治意識』(「日本の階層システム」第二巻)、東京大学出版会、二〇〇〇年、今田高俊編『社会階層のポストモダン』(「日本の階層システム」第五巻)、東京大学出版会、二〇〇〇年

(19) 片岡栄美「「大衆文化社会」の文化的再生産——階層再生産・文化的再生産とジェンダー構造のリンケージ」、宮島喬/石井洋二郎編『文化の権力——反射するブルデュー』所収、藤原書店、二〇〇三年

(20) 近藤博之「社会空間の構造と相同性仮説——日本のデータによるブルデュー理論の検証」「理論と方法」第二十六巻第一号、数理社会学会、二〇一一年

(21) 中村高康編『進路選択の過程と構造——高校入学から卒業までの量的・質的アプローチ』(MINERVA社会学叢書)、ミネルヴァ書房、二〇一〇年

ま

や

ら・わ

な

は

さ

か

事項索引

マ

ヤ・ラ・ワ

人名索引

［訳者略歴］

磯 直樹（いそ なおき）
1979年、群馬県生まれ
東京藝術大学社会連携センター特任講師
専攻は社会学史、社会調査
著書に『認識と反省性』（法政大学出版局）、共編著に『フランス柔道とは何か』（青弓社）、共訳書にP・ブルデュー／A・サヤド『デラシヌマン』（法政大学出版局、近刊）など

香川めい（かがわ めい）
1976年、香川県生まれ
大東文化大学社会学部准教授
専攻は教育社会学、学校から職業への移行
共著に『大卒就職の社会学』（東京大学出版会）、『〈高卒当然社会〉の戦後史』（新曜社）、共編著に *High School for All in East Asia*（Routledge）など

森田次朗（もりた じろう）
1981年、京都府生まれ
中京大学現代社会学部准教授
専攻は教育社会学、福祉社会学
論文に「不登校問題からみた福祉／教育の境界と子どもの自由」（「福祉社会学研究」第19号）、「オルタナティブ・スクールにおける「自由」と「選択」」（「ソシオロジ」第58巻第2号）、共訳書にフランソワ・デュベ『経験の社会学』（新泉社）など

知念 渉（ちねん あゆむ）
1985年、沖縄県生まれ
神田外語大学グローバル・リベラルアーツ学部准教授
専攻は教育社会学、家族社会学
著書に『〈ヤンチャな子ら〉のエスノグラフィー』（青弓社）、論文に「〈ヤンチャな子ら〉の学校経験」（「教育社会学研究」第91集）、「「貧困家族であること」のリアリティ」（「家族社会学研究」第26巻第2号）、「〈インキャラ〉とは何か」（「教育社会学研究」第100集）など

相澤真一（あいざわ しんいち）
1979年、長崎県生まれ
上智大学総合人間科学部教授
専攻は教育社会学、社会調査、比較歴史社会学
共著に『子どもと貧困の戦後史』（青弓社）、『〈高卒当然社会〉の戦後史』（新曜社）、『音楽で生きる方法』（青弓社）、共編著に *High School for All in East Asia*（Routledge）、『総中流の始まり』（青弓社）など

［著者略歴］

トニー・ベネット（Tony Bennett）
ウェスタンシドニー大学文化研究センター教授とメルボルン大学人文学部プロフェッショナル・フェローを兼任
翻訳書に『フォルマリズムとマルクシズム』（未来社）、共編書に『新キーワード辞典』（ミネルヴァ書房）。そのほかの著書に *The Birth of the Museum: History, Theory, Politics*（Routledge, 1995）、共著に *Accounting for Tastes: Australian Everyday Cultures*（Cambridge University Press, 1999）、*Making Culture, Changing Society*（Routledge, 2013）など

マイク・サヴィジ（Mike Savage）
ロンドン・スクール・オブ・エコノミクスの社会学部教授と国際不平等研究センターの共同所長を兼任
著書に *Class Analysis and Social Transformation*（Open University, 2000）、*Identities and Social Change in Britain since 1940: The Politics of Method*（Oxford University Press, 2010）、共著に *Social class in the 21st century*（Penguin Books, 2016）、共編著に *Routledge International Handbook of the Sociology of Art and Culture*（Routledge, 2015）など

エリザベス・シルヴァ（Elizabeth Silva）
オープン大学教授
共編著に *Cultural Trends: Culture, Taste and Social Divisions in Contemporary Britain*（Routledge, 2006）、*Cultural analysis and Bourdieu's legacy : settling accounts and developing alternatives*（Routldege, 2010）、*Objects and Materials: A Routledge Companion*（Routledge, 2013）など

アラン・ワード（Alan Warde）
マンチェスター大学社会学部教授
著書に *The Practice of Eating*（Polity, 2016）、*Consumption: A Sociological Analysis*（Palgrave Macmillan, 2017）など

モデスト・ガヨ＝カル（Modesto Gayo-Cal）
ディエゴ・ポルタレス大学教授
本書『文化・階級・卓越化』の共著者たちとの共著が多数あるほか、スペイン語での著作も多い

デイヴィッド・ライト（David Wright）
ウォーリック大学准教授
著書に *Understanding Cultural Taste: Sensation, Skill and Sensibility*（Palgrave Macmillan, 2015）など

ソシオロジー選書4

文化・階級・卓越化

発行――――2017年10月26日　第1刷
　　　　　2023年 8 月 2 日　第3刷

定価――――6000円＋税

著者――――トニー・ベネット／マイク・サヴィジ／エリザベス・シルヴァ／アラン・ワード／モデスト・ガヨ＝カル／デイヴィッド・ライト

訳者――――磯 直樹／香川めい／森田次朗／知念 渉／相澤真一

発行者―――矢野未知生

発行所―――株式会社青弓社
〒162-0801 東京都新宿区山吹町337
電話 03-3268-0381（代）
http://www.seikyusha.co.jp

印刷所―――三松堂

製本所―――三松堂

ISBN978-4-7872-3425-4　C0336